花溪年鉴

HUAXI YEARBOOK **2017**

贵阳市花溪区地方志编纂委员会办公室 编

（总第四期）

方志出版社
Publishing House of Local Records

图书在版编目(CIP)数据

花溪年鉴.2017/贵阳市花溪区地方志编纂委员会办公室 编.—北京:方志出版社,2017.9

ISBN 978-7-5144-2542-0

Ⅰ.①花… Ⅱ.①贵… Ⅲ.①区(城市)—贵阳—2017—年鉴 Ⅳ.①Z527.34

中国版本图书馆 CIP 数据核字(2017)第 234024 号

花溪年鉴(2017)

编　　者:贵阳市花溪区地方志编纂委员会办公室
责任编辑:何明忠

出 版 人:冀祥德
出 版 者:方 志 出 版 社
地址　北京市朝阳区潘家园东里 9 号(国家方志馆 4 层)
邮编　100021
网址　http://www.fzph.org
发　　行:方志出版社图书经销中心
电话(010)67110500
经　　销:各地新华书店
印　　刷:成都市标点制版印务有限责任公司

开　　本:889mm×1194mm　1/16
印　　张:29.5
字　　数:896 千
版　　次:2017 年 9 月第 1 版　2017 年 9 月第 1 次印刷
印　　数:0001～1000 册

ISBN 978-7-5144-2542-0　　定价:268.00 元

编辑说明

一、《花溪年鉴》是记述花溪行政区域内自然、政治、经济、文化、社会等方面情况的年度资料性工具书。由花溪区人民政府主办，花溪区地方志编纂委员会主持编纂，全区各部门、驻区单位、乡镇（社区）供稿，区地方志编纂委员会办公室编辑部编纂出版。

二、本年鉴以邓小平理论、“三个代表”重要思想和科学发展观为指导，旨在全面、系统、客观反应全区各行各业的基本情况和发展变化，为党政领导订计划、作决策提供可靠的参考依据，为社会各界人士、中外投资者了解花溪提供丰富详实的信息，为研究区情和续修《花溪区志》积累资料。

三、本期年鉴资料收录范围：时限为2016年1月1日至12月31日；地域为贵阳市花溪区，在本行政区划内不属区管，但对本区有直接影响的事物亦在记述之列；某些特殊、重要信息或必须交代的背景在时限上可适当放宽。

四、本期年鉴除图片专辑外，设特载、大事记、区情概览、中共花溪区委、区人大、区政府、区政协、民主党派、群团组织、法治、军事、经济管理、财政·税务、金融、城乡建设、城市管理、生态文明建设、农业、工业、商务、交通·邮政·电信、旅游业、建筑业·房地产业、科技·社科、教育、文化·新闻、卫生·体育、精神文明建设、人力资源·社会保障、社会生活、乡镇、社区、人物、附录、索引共34个栏目，按栏目、分目、条目3个层次编排。

五、所有收录资料均由部门（单位）指定专人撰写，经单位领导审阅签字盖章，具有可靠性和权威性。

六、本年鉴检索方法有目录和索引两种，目录在卷首，索引在卷尾。目录编排到条目；索引采用主题分析法编制，按标引词首字的汉语拼音顺序排列。

花溪一览

（2016年）

土地面积 964.14 平方公里
平均海拔 1100 米
常住人口 65.21 万人
人口自然增长率 5.25%
乡镇 9 个
社区 18 个
村居委会 174 个
常用耕地 33248.48 公顷
森林面积 369.54 公顷
森林覆盖率 46.1%
人均占有绿地 15.45 平方米
城市园林绿化率 50.88%
区花 桃花、玫瑰花
区树 青岩油杉、桂花树
年平均气温 16.0℃
年日照时数 1312.8 小时
年降水量 1070.2 毫米
水资源总量 8.345 亿立方米
水资源可利用率 41.9%
大中型水库容量 103668 万立方米
水利设施供水能力 1.61 亿立方米
城镇饮用水达标合格率 100%
城镇污水处理率 95%
城乡生活垃圾无害化处理率 95.33%
环境空气优良率 96.7%

国家级历史文化名镇 1 个
国家级文保单位 2 个
省级文保单位 12 个
市级文保单位 15 个
旅游总人数 2182.18 万人（次）
旅游总收入 197.79 亿元
各类学校 259 所
小学在校生 48662 人
初中在校生 20074 人
高中在校生 12094 人
小学学龄儿童入学率 99.9%
公共体育场地 8 个
各级各类医疗卫生机构 343 所
卫生机构床位 0.36 万张
执业（助理）医师 0.16 万人
电视人口覆盖率 100%
固定电话用户 3.25 万户
移动电话用户 89.53 万户
互联网宽带用户 11.38 万户
砂石类矿储量 416 万吨
煤矿储量 5172.94 万吨
粮食产量 4.46 万吨
油菜籽产量 0.39 万吨
社会消费品零售总额 235.76 亿元
居民消费价格指数 101.1%
全区金融机构各项储蓄存款余额 924.64 亿元
全区金融机构各项贷款年末余额 602.39 亿元

外贸进出口总额 7769 万美元
直接利用外资 21008 万美元
引进省外资金 508.40 亿元
农村居民人均可支配收入 13463 元
城镇居民人均可支配收入 28874 元
财政总收入 71.08 亿元
公共财政预算收入 37.52 亿元
公共财政预算支出 60.01 亿元
市场主体总量 22923 户
各类企业 6243 户
注册资本总量 2944658.05 万元
个体工商户 16680 户
注册资本总量 118832.37 万元
城镇登记失业率 3.1%
新就业人数 20347 人
生产总值 536.91 亿元
人均生产总值 82997 元
专利申请 3108 件
专利授权 1628 件

— 时政要闻 —

8 月 10 日，中央巡视组考察贵阳货车帮，中共贵州省委常委、贵阳市委书记陈刚（前排左三）陪同

（王文娟　摄）

9 月 21 日，全国政协副主席齐续春（前排左五）率政协社会和法制委员会调研组一行 30 人调研花溪区法院司法改革工作

（区法院　供稿）

7月11日，中共贵州省委副书记、省委政法委书记谌贻琴（前排右二）率贵州省司法体制改革现场观摩会一行60余人到花溪区法院观摩司法体制改革工作　　（区法院　供稿）

8月6日，中共贵州省委常委、贵阳市委书记陈刚（左）在“筑城公益汇”现场亲切接见花溪区“阳光妈妈”志愿者　　（区委群工委　供稿）

3月15日，贵州省副省长何力（前排左二）视察花溪区全域旅游工作，中共贵阳市委副书记、市长刘文新（前排右二）陪同　　（黄庆松　摄）

8月21日，中共贵阳市委副书记、市长刘文新（前排右二）到大兴国寺调研　　（青岩镇　供稿）

10月14日，贵阳市政协主席王保建（右二）到高坡乡龙云村走访贫困户

（高坡乡　供稿）

10月1日，贵阳市副市长、市公安局局长陈小刚（前排左四）视察天河潭开园安保工作

（公安花溪分局　供稿）

10月25日，中共花溪区第十一次代表大会开幕　（区新闻中心　供稿）

2017年1月5日，花溪区第十七届人民代表大会第一次会议召开　（区人大　供稿）

2017 年 1 月 5 日，政协花溪区第十届委员会第一次会议召开　　（杨小平　摄）

3 月 16 日，贵阳市推进全域旅游发展暨花溪区创建国家全域旅游示范区动员大会，贵州省副省长何力等省市领导出席

（王文娟　摄）

4月10日，花溪区、经开区邀请专家为全区干部上“全域旅游”培训课

（王文娟　摄）

2月29日，贵阳市天河潭旅游综合体项目开工仪式

（王文娟　摄）

11月1日，十三届中国城市网盟年会在花溪闭幕

（杨小平　摄）

12月10日，花溪区委书记钟阳在大数据论坛上讲话

（杨小平 摄）

12月12日，中国青岩古镇峰会开幕

（青岩镇 供稿）

12月12日，中国青岩古镇峰会平行论坛：报旅融合创新发展论坛

（区新闻中心 供稿）

— 文化旅游 —

7 月 17 日，"花溪之夏"艺术节开幕
（王文娟　摄）

9 月 6 日，大兴国寺佛塔开光法事
（董仁海　摄）

9 月 29 日，久安小学开笔礼
（久安小学　供稿）

5月14日，贵阳“四月八”在高坡乡云顶举行

（刘满堂　摄））

8月27日，央视“美丽乡村快乐行“走进青岩

（王文娟　摄）

7月9日，马铃乡谷中村六月六布依风情节

（马铃乡　供稿）

9月30日，青岩古镇采风
（王文娟　摄）

花溪十里河滩
（区新闻中心　供稿）

花溪黄金大道
（李克平　摄）

高坡油菜花　（高坡乡　供稿）

天河潭入口处
（董仁海　供稿）

黔陶乡谷洒村梯田　（董仁海　摄）

—城乡建设—

花溪公园新开辟的溪北广场

（董仁海　摄）

贵州大学南区(原云上村)

（董仁海　摄）

青岩古镇

（青岩镇　供稿）

花溪城市生活垃圾综合处理工程

（区园区管委会　供稿）

12 月 12 日，花溪金龙水泥厂撤除

（董仁海　摄）

久安乡新寨村

（区农业局　供稿）

目　录

特　载

大事记

区情概览

中共贵阳市花溪区委员会

花溪区人民代表大会及其常务委员会

花溪区人民政府

政协花溪区委员会

民主党派

社会群众团体

法　治

军　事

经济管理

财政·税务

金 融

城乡建设

城市管理

生态文明建设

农 业

工 业

商 务

交通·邮政·电信

旅游业

建筑业·房地产业

科技·社科

教　育

文化·新闻

卫生体育

精神文明建设

人力资源·社会保障

社会生活

乡 镇

社　区

人　物

附　录

索　引

特载

花溪年鉴

2017HUA XI YEARBOOK

5月30日，花溪区人民政府区长梅俊在全国全域旅游创建工作现场会上发言(杨小平 供稿)

立足新起点　承担新使命
为加快建设全域文化旅游创新区而努力奋斗

——2016年10月24日在中国共产党贵阳市花溪区第十一次代表大会上的报告

中共花溪区区委书记　钟　阳

各位代表、同志们：

现在，我代表中国共产党花溪区第十届委员会向大会作报告，请予审议。

本次大会的主要任务是：深入贯彻落实五大发展理念，全面总结区第十次党代会以来的工作，研究部署未来五年的目标和任务，选举产生中国共产党花溪区第十一届委员会和纪律检查委员会，组织动员全区各级党组织、广大党员干部群众，立足新起点、承担新使命，奋发勇为、赶超跨越，为加快建成全域文化旅游创新区而努力奋斗。

一、回顾过去的五年，文化旅游创新区建设扬帆起航，站在了新的历史起点

区第十次党代会以来，在省委省政府、市委市政府坚强领导下，我们团结带领广大党员和干部群众，抢抓机遇、攻坚克难，砥砺奋进、全速发力，开创了花溪从“后发”向“先行”的转型新格局，实现了经济社会发展的新跨越。

五年来，我们明晰发展定位，积极推进融合发展，翻开了奋力赶超的新篇章。省委省政府、市委市政府帮助花溪明确了文化旅游创新区战略定位，我们始终将其作为顺应潮流、扬长避短的重大机遇来抓，作为抢占先机、突围赶超的必由之路来走，作为事关发展质量、群众福祉的伟大事业来做。市委市政府先后召开支持花溪建设文化旅游创新区、创建国家全域旅游先行示范区动员大会，出台“32号”和“15号”文件给予花溪11个方面54条支持政策，形成了省、市、区合力共建新格局。新花溪区成立以来，两区叠加优势

凸显，综合实力明显增强，2016 年上半年位列全省 31 个经济强县第 4 位，总量核心指标均位列全省前 5 位、全市前 3 位，人均 GDP 位列全省第 2 位、全市第 1 位。2015 年 GDP 达到 494.97 亿元，年均增长 16.1%，是 2010 年的 3.57 倍，人均 GDP 达到 77635 元。规模以上工业增加值达到 242.2 亿元，年均增长 20.1%，是 2010 年的 5.84 倍。固定资产投资总额达到 464.61 亿元，年均增长 32.4%，是 2010 年的 2.61 倍。社会消费品零售总额达到 208.64 亿元，年均增长 15.1%，是 2010 年的 3.48 倍。财政总收入达到 62.23 亿元，年均增长 26.81%，是 2010 年的 3.28 倍。公共财政预算收入达到 33.89 亿元，年均增长 27.4%，是 2010 年的 3.36 倍。旅游总收入达到 141.99 亿元，年均增长 18.6%，是 2010 年的 2.35 倍。招商引资实际到位资金 442 亿元，年均增长 46.8%，是 2010 年的 5.63 倍。

五年来，我们聚焦园区高端化，积极推进结构调整，构筑了转型发展的新支撑。我们始终把园区建设作为经济发展主战场、主阵地，投入 530 亿元完成小孟工业园 42 个重大基础设施项目建设，基本实现“八通一平”，加快燕楼产业园建设，园区承载能力明显增强。54 个重大产业项目相继建成投（试）产，小孟工业园在全省 100 个产业园区考评中荣获“三连冠”，时任省委主要领导称赞小孟工业园“项目水平高、投资强度大、形象进度好”，将此作为全省“园区建设经验”。我们制定实施工业经济、现代服务业、现代新型农业加快发展的意见和大数据产业发展三年行动计划，高端装备制造、大数据、新医药大健康产业规模快速提升，年产值亿元以上工业企业达 67 家，十亿元以上企业达 11 家，装备制造业增加值占省、市比重分别达 1/6、1/2，工业经济成为全市“顶梁柱”。现代服务业加快发展，成功申报 4 个省级服务业集聚区。农业产业化步伐加快，建成久安高效茶叶、青黔农旅一体、燕马蔬菜保供三大省级农业示范园区。结构调整迈出重大步伐，三次产业比为 3.56∶59.60∶36.84。

五年来，我们优化规划布局，积极推进两化并重，展现了城乡建设的新面貌。我们突出“城区园林化、农村特色化”，更加注重城乡空间布局优化，先后编制发展战略研究、城市总体设计、交通基础设施规划、乡（镇）总规及控规、特色村庄规划等一批急需的城市发展规划，初步构建了“一区、两轴、三片、四组团、多节点”的空间战略布局。我们突出功能完善，投入资金 306 亿元，建成田园南路、贵惠大道等 30 条城市主次干道，加快建设孟溪路、开发大道五期等 20 条城市路网，市域快速铁路、城市轻轨 1 号线加快推进。我们以“六项行动计划”为统揽加快农村基础设施建设，实现 100% 的乡（镇）通油路和 100% 的村通公路、通班车、通自来水。我们严格控制城市建筑红线，完成 30 余个棚户区改造，整治 3800 余栋房屋立面，拆除 400 余万平方米影响景观的建筑，建成贵州汽车超市、万科大都会、林城万宜等城市综合体，探索环卫市场化保洁，城市形象加快改观。我们突出农村环境综合整治，建成“美丽乡村”示范带 6 条、示范点 10 个，农村生态环境进一步优化美化。我们突出生态保护底线，启动花溪湖、经开水域湿地公园等 73 个公园建设，完成阿哈水库一级水源保护区生态搬迁，大力实施天然林保护、封山育林和石漠化治理工程，森林覆盖率提升 4.7 个百分点达 45.6%，城镇污水处理率、环境空气质量优良率保持省、市前列，获批全市首个“国家生态示范区”。

五年来，我们突出文化聚气，积极推进精神文明建设，凝聚了城市发展的新动力。我们紧紧围绕多元文化，打造了孔学堂、花溪大学城及贵州大学新校区等一批文化地标，大力支持孔学堂建成中华传统文化教化基地，城市认同感进一步增强。我们改造提升赵以炯状元故居、桐埜书屋、周恩来父亲曾居地等文化景观，加快“两周文化交流中心”建设，城市文脉进一步延续。青岩古镇登上“国家名片”、入选《中国古镇》特种邮票，久安“古茶树与茶文化系统”成为“中国重要农业文化遗产”，建成久安茶文化展厅和茫父艺术中心。启动了区文化馆、区图书馆和全民健身中心建设，打造了“花溪之夏”艺术节、苗族“四月八”、布依族“六月六”、“正月十三”民族民间歌舞大联欢、孔学堂春节文化庙会等文化品牌，群众精神文化生活日益丰富。“道德讲堂”全面推进，社会主义核心价值观深入人心，市民素质和文明程度全面提高，获评“省级文明城区”。

五年来，我们紧盯景区生态化，积极推进品质提升，构建了全域旅游的新格局。我们全力提升景区品质，投入350亿元实施青岩古镇、天河潭、十里河滩国家城市湿地公园、花溪公园等景区综合提升改造，成功入选全国首批全域旅游示范区创建单位。我们按照“六全”发展路径，委托国内一流规划单位编制了全域旅游战略策划、规划及实施方案，初步构建了“一核、一轴、四组团”规划布局。我们积极探索机制创新，组建了文化旅游创新区管委会，率先在全市成立旅游警察、旅游巡回法庭、旅游市场监管分局，构建了“1+3”旅游管理体制和综合执法体系。我们突出品牌创建，成功举办第九届贵州省旅游产业发展大会等重要活动，湿地公园景区（孔学堂）获批国家4A级旅游景区，青岩古镇成功列入国家5A级旅游景区预备名单和首批中国特色小镇名录。被评定为首批省级旅游度假区，荣获中国旅游风云榜2015年“美丽中国”十佳旅游县（区）。

五年来，我们深化全面改革，积极推进全方位开放，激发了创新发展的新活力。我们持续深化重点领域、关键环节改革。率先开展全国首批司法体制改革试点，“四定促四化”做法得到中央政法委、最高人民法院的高度肯定。流动人口“记账式登记、销账式服务”管理模式成为全国34个亮点示范之一。我们深入推进产学研结合，经开区打造了全省县级唯一的国家级B类生产力促进中心，获批全市首家“全国知名品牌示范区”，六度创客工场、勤邦客栈、久安返乡农民工创业示范基地等创新型孵化器投入使用，人才资源总量、产业人才、院士和“千人计划”专家总数居全市前列。我们紧盯对外开放，两区成功引进21家世界500强、中国500强、民营500强企业，荣获全省“投资环境综合评价十佳县”、“经济社会发展环境十佳县”和“发展与效率十佳县”等荣誉称号，投资创业环境进一步优化。

五年来，我们狠抓民生改善，积极推进社会事业发展，助推了全面小康社会建设进入新阶段。我们全力保障和改善民生，民生支出累计达76亿元，占公共财政预算支出的72.14%。大力推进精准扶贫，实现2个贫困乡、33个贫困村“减贫摘帽”和4.7万人脱贫，改造1.31万户农村危房，解决13.78万人的饮水安全问题。坚持教育优先发展，投入32.3亿元新建、迁建和改扩建14所学校，办学条件进一步改善。引进北京161中学与溪南高中联合办学，清华中学优势特色进一步凸显，高考上线率位居省、市前列。建成区人民医院外科综合大楼、区急救中心，区人民医院、区中医院分别成为贵州医科大学、贵阳中医学院第二附属医院医联体，积极创建“国家慢性病综合防控示范区”，实现基本公共卫生服务全覆盖。实施城乡居民医疗保险大病统筹，基本实现城乡低保、社会救助、社会保险政策全覆盖。城镇、农村居民人均可支配收入分别达到26532元、12414元，年均增长11.6%、14.3%。2013年全面小康社会实现程度达96.4%，提前1年通过达标验收。

五年来，我们凝聚发展力量，积极推进依法治区，巩固了安定和谐民主政治新局面。我们始终在政治、思想、行动上与中央、省委、市委保持高度一致，充分发挥统揽全局、协调各方的领导核心作用，积极支持人大、政府、政协履行职能，民主政治建设成效明显。我们大力推进全面依法治区，全力保障人民群众合法权益，推动领导干部带头学法懂法守法护法用法。我们不断加强和创新社会治理，乡（镇）便民利民服务大厅实现全覆盖，“新型社区·温馨家园”建成率达

95%。“一核多元·五力共治”模式获评全国社会治理创新最佳案例，“阳光妈妈”志愿者协会荣获“全国禁毒工作先进集体”称号。我们深入推进信访维稳“一号工程”、“两严一降”、“禁毒人民战争”专项行动，安全生产形势持续向好，群众安全感由83%提升到97.18%，群众满意度由74.56%提升到91.81%。我们坚持“党建带群建”，统战、民族、宗教、工会、共青团、妇联、红十字会、文联、科协、残联、老龄、关工委、侨联等工作取得新成绩，党管武装工作和国防后备力量建设不断加强，社会大局持续保持稳定。

五年来，我们落实主体责任，积极推进全面从严治党，营造了干事创业的新生态。我们紧跟中央步伐，扎实开展党的群众路线教育实践活动、“三严三实”专题教育、“两学一做”学习教育，推动党的作风建设常态化。实施《从严管理干部双向能动办法（试行）》，干部人事制度改革进一步深化。深入开展“两进两促”专项行动，完成28个软弱涣散基层党组织整顿验收，122个行政村集体经济全部达到30万元目标，成功申报为“全省村级集体经济发展试点县”。率先在全市成立社区“社会建设党委”和探索“互联网+党建”新模式，建立大数据产业党建联盟，打造了货车帮、同济堂、十和田、菊林书院等非公及社会组织党建示范点，被授予“全省基层组织建设先进县”。率先在全市成立全面从严治党主体责任办公室，构建了落实全面从严治党主体责任“6410”体系，以严肃问责推动责任落实。民生监督作用发挥明显，“拍苍蝇”的高压态势持续增强，查处违法违纪案件322件，营造了风清气正的政治生态。

同志们，过去五年，花溪的经济社会突飞猛进，花溪的城乡面貌焕然一新，花溪的巨大成就有目共睹。这些成绩的取得，得益于中央、省、市的关心、关注和厚爱，凝结了历届区委励精图治、奋发图强的智慧和心血，展示了全区党员干部和广大群众不甘落后、勇于赶超的奋斗精神，倾注了各民主党派、工商联、无党派人士戮力同心、和衷共济的辛勤汗水，汇聚了各界客商、区内企业扎根花溪、创业发展的豪迈激情，展现了驻区单位、驻区部队和武警消防官兵无私奉献、共谋发展的崇高境界，饱含了老领导、老同志的殷切关怀。在此，我代表十届区委，向所有关心、支持、参与花溪建设的同志们、朋友们，致以崇高的敬意和衷心的感谢！

回顾五年的发展历程，我们不仅收获了成绩，也积累了宝贵经验，主要有：

必须找准发展思路，始终保持战略定力，一张蓝图绘到底。思路决定出路，层台起于累土。历届区委辛勤付出、接力拼搏，围绕改革发展稳定事业绵绵用力、久久为功。本届区委承前启后，始终坚持文化旅游创新区战略定位不动摇，实现了“一年有明显变化”的既定目标。实践证明，坚持正确的发展战略，秉持“功成不必在我、功夫必须在我”的战略定力是赶超跨越的核心所在。

必须明晰主攻方向，始终坚持创新驱动，示范引领作表率。工欲善其事，必先利其器。通过上级精神与区情实际的紧密结合，我们愈发清晰了今后的主攻任务，正是基于不为传统模式所束缚，不为常规眼光所局限，不为已有经验所羁绊，才创造了社会治理“明珠模式”、园区建设“小孟经验”等一批创新成果。实践证明，改革创新、探索实践是我们赶超跨越的“关键一招”。

必须增强统筹意识，始终坚持融合发展，扬长补短强活力。东风好借力，正是扬帆时。区划调整的重大战略决策，充分体现了省委、市委的高瞻远瞩，奠定了量变到质变的基础。通过两区资源要素全方位、系统化的优势互补，发展空间有效延伸、政策机制一体共享，助推综合实力显著提升。实践证明，推动两区深度融合发展、打好叠加优势牌是我们赶超跨越的基础支撑。

必须突出不忘初心，始终坚持凝心聚力，团结实干谋发展。人心齐，泰山移。五年来，全区上下紧盯目标，抢抓机遇、不等不靠、苦干实干，齐心协力啃下了征拆、融资等“硬骨头”，办成了一批大事要事，集聚了同心谋发展、协力干事业的强大合力。实践证明，团结带领广大干部把精力放在干事创业上、把功夫下在狠抓落实上是赶超跨越强有力的保障。

各位代表、同志们，在肯定成绩的同时，我们也要清醒地认识到存在的问题，主要体现为“五个不相适应”：一是产业转型升级与良好基础条件不相适应。传统产业转型速度慢、新兴产业集聚度不高、标志性领军型企业少、产业融合度偏低。二是现有资源要素与文化旅游创新区需求不相适应。基础设施建设欠账多、管理不精细、服务跟不上，要素整合不充分，城市承载力和环境容量受限。三是文化旅游创新与大旅游的发展趋势不相适应。地方特色文化挖掘不够深入，在旅游核心产品、核心品牌上有短板，深度游、高端游供给不足。四是区域协同发展与有利区位优势不相适应。两区深度融合有待加强，与贵安、黔南、观山湖、双龙航空港的协同联动需要提升。五是公共服务水平与日益增长的服务需求不相适应。教育、医疗、交通等优质公共服务资源供给不足，新矛盾和历史遗留问题相互交织。这些问题，需要我们采取更加有效的措施，切实加以解决。

二、准确把握形势，承担新的历史使命，明确建成全域文化旅游创新区的指导思想和奋斗目标

今后五年，是花溪区全面转型、赶超跨越的关键时期。从外部环境来看，我们面临难得的发展机遇。随着中央深入推进宏观调控方式创新、结构性改革和创新驱动发展战略，支持文化产业、旅游产业、创新创业、实体经济发展的政策红利加快释放，为我们加快发展新经济带来难得的机遇、提供广阔的空间；省委、省政府坚定大数据、大扶贫两大战略不动摇，“三大试验区”加快建设，系列配套政策将为花溪加快以大数据引领经济转型升级，走出一条生态保护和经济发展双赢之路增添新动力；贵阳市以大数据为引领加快打造创新型中心城市，“1+4+1”顶层设计为花溪建成全域文化旅游创新区和经开区建成以大数据骨干企业为导向的经济转型发展先行区提供了最直接有力的政策保障。从自身条件来看，我们发展的优势得天独厚。市委市政府听取花溪、经开工作情况汇报，明确的定位为今后发展提供了遵循，支持发展的54条政策，使我们拥有其他区县无可比拟的优势；工业经济成为全市顶梁柱，旅游业实现“井喷式”增长，正在实施的工业、文化旅游项目建成后必将促进综合实力明显提升；花溪是全市唯一的“国家生态示范区”，将良好的生态优势转化为经济优势，成为全省、全市生态文明的“窗口”大有可为；随着贵阳、贵安“五联十同”一体化发展和区域“五纵七横”对外路网的形成，联通贵安、黔南、双龙航空港的贵阳南部交通枢纽区位优势将愈发凸显。从省市的期盼来看，我们要主动承担起新重任。要在守底线、走新路上担起新使命，我们作为全省唯一的文化旅游创新区，地位特殊、使命重大，必须勇挑重担、主动作为，发挥优势、顺势而谋，在全省作示范、当标杆。要在加快打造创新型中心城市中展现新作为，更加突出大数据引领，聚焦文化、旅游、创新发力，全力“快跑”，力争“领跑”，积极为省、市战略转型升级探索经验。要在建设更高水平的全面小康社会中为人民群众增强新福祉，加快完善城乡基础设施，补齐公共服务短板，增强群众的获得感和自豪感，实现经济、社会效益的有机统一。

基于以上的分析判断，我们提出今后五年花溪发展的指导思想是：认真学习贯彻习近平总书记系列重要讲话精神，全面贯彻落实五大发展理念，围绕以大数据为引领加快打造创新型中心城市的战略部署，坚定“全域文化旅游创新区”定位和“一区四化”路径不动摇，突出“大花园、大溪流”特色，坚持文化为魂、生态为本，高端定位、融合发展，坚持以大数据为引领，以生态保护为底线，以综合交通为先导，以产业发展为支撑，以旅游服务为保障，在以文“化”区、生态文明、全域旅游、新型城镇、党的建设上创新示范，加快建成国家级全域文化旅游创新区和以大数据骨干企业为导向的经济转型发展先行区。

根据上述指导思想，未来五年的奋斗目标是做到六个坚持，努力实现六个新跨越：

——坚持生态为本，力推生态优势凸显，努力实现由城市公园向公园城市的新跨越。初步构建生态集约的公园城市体系，城乡生态环境和人居环境持续改善，生态屏障功能更加完善，生态文明理念深入人心。通过五年的努力，城镇污水处理率、集中式饮用水源地水质达标率、城市环境空气质量优良率位居全市前列，森林覆盖率力争达51%以上，建成高品质的“百园之区”，村落公园比例达60%以上，成功创建国家园林城区。

——坚持文化为魂，力推文化事业繁荣，努力实现由文化资源大区向文化强区的新跨越。文化发展抓手更加多元，文化及相关产业快速发展，文化精品力作不断涌现，公共文化服务体系基本建立，文化生活丰富多彩，文化品牌形成竞争优势，以文“化”区成效显现。通过五年的努力，文化产业增加值占GDP比重力争达到8%左右，建成“全国文化先进区”，成为贵阳市打造世界知名、国内一流文化旅游目的地和文化交流重要平台的先行区。

——坚持高端定位，力推旅游产业发达，努力实现由景点旅游向全域旅游的新跨越。“旅游+”深入推进，初步形成“产业围绕旅游转、产品围绕旅游造、结构围绕旅游调、功能围绕旅游配、民生围绕旅游兴”的全域旅游发展新格局。通过五年的努力，旅游业对GDP的综合贡献率超过18%，建成全国旅游目的地、全省旅游集散地及“贵州会客厅”，成功创建国家级旅游度假区、国家生态旅游示范区、中国国际特色旅游目的地。

——坚持创新驱动，力推经济实力较强，努力实现由传统产业区向经济转型先行区的新跨越。以大数据为引领的现代产业体系初步形成，科技进步指数明显提高，科技支撑体系进一步完善，三次产业结构明显优化，成为优质项目、引领性项目集中的经济转型先行区。GDP年均增长12%左右，通过五年的努力，经济总量达到800亿元，人均GDP达到12万元左右，综合实力位居全市前3位。

——坚持融合发展，力推城乡环境优美，努力实现由城乡一体向产城景教旅一体的新跨越。统筹城乡、产城、城旅、教城、区域一体化发展，打造生产空间集约高效、生活空间宜居适度、生态空间山清水秀的布局和形态，实现共生共荣、协调融合发展，建成布局合理、功能完善、环境优美、集约高效、产城景教旅一体的现代化新型城镇。通过五年的努力，城镇化率力争达到78%。

——坚持共享发展，力推人民生活殷实，努力实现由全面同步小康向更高水平小康的新跨越。“高一格”脱贫取得更大成效，社会事业全面进步，基层民主制度更加完善，社会治理体系更加健全，社会政治保持和谐稳定，群众安全感、获得感、幸福感显著提升。通过五年的努力，低收入农村常住居民人均可支配收入年均增幅高于全市平均水平2个百分点。

各位代表、同志们，思路已经明晰，目标已经明确，全区上下要进一步统一思想、凝聚共识、保持定力、坚定信心，不断在全面转型、赶超跨越的实践中抢占先机、赢得主动，打造优势、赢得未来！

三、突出战略重点，深化知行合一，不断拓宽建成全域文化旅游创新区的科学路径

今后五年，我们要遵循发展规律，突出系统谋划，更加注重创新协调绿色开放共享发展，探索全面转型、赶超跨越的新路径，努力开创建设全域文化旅游创新区新局面。

（一）以转型升级为主线，构建以大数据为引领的现代产业体系，建成主业突出、特色鲜明的绿色产业城市。统筹两区发展要素，聚焦产业重点，优化产业布局，推动一体化发展。

一要紧盯建设千亿量级园区，千方百计推进

产业转型升级，加快聚集战略性新兴产业。坚定“五高”要求不动摇，以“八个攻坚行动”为抓手，强力推进小孟工业园千亿量级园区建设。加快空间拓展，完善服务功能，提高高端企业聚集力。进一步拓展小孟工业园发展空间，按照“一区多园”的空间布局，将孟关、燕楼、石板、麦坪四个片区作为小孟工业园“政策延伸区”。完善存量土地二次开发规划，加快小孟园区南、北地块开发。大力推进园区多规融合，编制《经开区扩区（一区多园）空间发展战略规划》、《小孟工业园区城市设计》和《智慧园区建设规划》等专项规划，以高标准规划推动高标准建设。加快完善园区功能，提升综合承载能力，改善交通基础设施，入驻一批学校、商场、医院等配套设施，建成一批标准厂房、孵化办公楼，增强集聚高端企业的能力。加快燕楼产业园污水处理厂等基础设施建设，确保两年初具雏形。以项目建设为抓手，实施“六个一批”工程，加速主导产业集聚，推进项目快速建设、快速投产达产。坚持绿色集约发展，严格项目准入和退出，将小孟工业园建成西部首个国家生态工业示范园区。突出军民融合发展，壮大实体经济产业集群，激活传统产业新动力。支持现有优势企业做大做强，推动大数据与实体经济深度融合，实施“互联网＋军民融合”示范工程和“互联网＋”协同制造行动计划，加快大数据在军民融合、高端装备制造领域的运用，推动传统产业向数字化、网络化、智能化转型升级。支持智能终端、民用航空整机制造配套、新能源汽车、应急救援装备等制造业发展壮大，大力引进机器人、无人机等项目落户，促进产业和产品向价值链中高端跃升，使高端装备制造产业规模达到350亿元，建成国家军民融合创新示范区、全国应急产业示范基地、全省以大数据为引领的高端制造基地。以大数据、新医药大健康为重点，打造新兴产业集群，培育新的经济增长极。围绕“一区两中心三园六基地”布局，经开片区要在大数据安全、大数据物流、智能制造等方面引领全省发展，花溪片区要在大数据研发创新、智慧旅游、创意设计等方面率先发力，培育骨干企业达50家以上。要聚焦大数据安全产品制造、安全服务两大核心产业，配套发展衍生产品制造，加快建设国家级大数据安全靶场，打造大数据安全千亿级产业集群；要依托货车帮物流产业园，加快形成中国公路物流互联网生态体系，支持传化智能公路港构建大数据“物流＋互联网＋金融”全新生态模式，打造大数据物流千亿级产业集群。要围绕特色民族医药、智能化医疗装备、健康养生、食品安全业态，支持同济堂、宝芝林、勤邦生物、泰邦生物等重点企业及上下游企业提升市场占有率、研制新药品和创建品牌，使新医药大健康产业规模达到150亿元。以“品种、品质、品牌”为核心，培育龙头企业，提升骨干力量支撑力。加大龙头企业培育和技术创新力度，坚持扶优扶强、高进低退的原则，继续实施亩产效益综合评价机制和“千企改造”工程，推动企业加快转型发展。实施“品牌”和“标准化”两大战略，培育一批具有自主知识产权和核心竞争力的名牌产品和品牌企业，鼓励品牌企业、上市企业和优秀企业参与国家品牌价值评价。深入实施新一轮民营经济倍增计划，重点扶持有一定规模和发展潜力的民营企业，使民营经济增加值占GDP比重达50%以上。

二要紧盯大旅游发展契机，千方百计推动文化旅游融合发展，促进服务业向高端化迈进。突出“旅游＋”融合发展模式，将旅游、文化、高端服务业打造成重要支柱性产业。围绕融合抓旅游业态培育。聚焦传统和新兴要素打造旅游产业链和产业群。做强文化旅游产业，依托历史名人文化资源、民族风情文化资源、孔学堂国学文化，大力发展名人文化游、民俗风情游、研学游和商务游。做活养生康体产业，加快以花溪公园为中心的滨水生态休闲健身带、青岩北城门旅游综合体、天河潭苗医馆等大健康旅游项目建设，打造沿天河潭、花溪河周边为重点的运动、养生特色度假村落，加快构建度假养生康体产业体系。做特山地运动产业，依托峡谷瀑布、山地景观、高原台地等资源，积极开展户外休闲体育活动，加快建设高坡国际山地户外运动基地。做精旅游商贸业，实施城市夜景观工程，打造全天候可游的魅力花溪。开发具有吸引力的精品线路和特色食品，规划建设旅游商品开发基地、旅游特色街区，打造以文化为依托、以科技为支撑的大型展示演艺和体验项目，带动吃住行游购娱一体化发展。做大工业旅游，鼓励工业企业参与旅游服务及开展旅游装备制造、户外用品研发，打造山地旅游装备制造品牌。围绕创新抓文化产业培育。制定文化产业扶持政策，依托青岩国家文化产业示范基地建设，孵化一批中小微文化企业。大力发展“互联网＋文化”产业，推动文化产业与制造业、建筑业、休闲旅游业等融合，培育更多文化新兴业态，打造文化创意产业园。以世界童话主题公园、文化娱乐城、文化创意风情商业街、特色现代酒店、购物中心、国际会议中心、户外主题森林公园为主题，加快集大众娱乐、商务交流、休闲度假为一体的恒大花溪谷文旅项目建设，带动演艺、文化商业、文化体育、文化金融等产业链加快形成。围绕高端抓服务业培育。经开片区要优先发展现代物流、电子商务、服务外包、总部经济、特色楼宇经济、研发设计等生产性服务业，培育发展高端酒店、现代商贸和康体娱乐等生活性服务业，推动小孟服务业集聚区提质增效，加快轻轨经济带高端服务业集聚区建设，全面提升高端服务业对产业发展的支撑能力。花溪片区要衔接贵安新区，加快编制区域商业网点规划，大力发展主题娱乐、旅游地产、会展度假经济，建成一批服务业集聚区，有序更新中心城区业态，加快花溪大道文化旅游商业经济走廊及电子商务平台建设，全力打造溪南新区现代服务业发展圈。

三要紧盯一产三产化，千方百计推动农业“接二连三”，做精做细观光休闲农业。按照“融旅于农、显农于特、一产三产化”思路，千方百计做大做强“茶、蔬、果、药、畜”五大主导产业，促进农业增效、农民增收。围绕园区建设发力。按照“基地园区化、园区景区化”的思路，积极培育新型农业经营主体，加大园区招商引资力度，整合各种生产要素向园区聚集，推动园区增量提质，使园区“盆景”向现代农业“风景”转变，打造三个省级现代新型农业示范园区升级版。加大农业对外合作力度，更加注重特优品种、高新技术应用，建成1－2个在全省有影响力的对外交流合作平台。围绕农业新功能发力。进一步优化观光休闲农业规划布局，加快培育农旅综合体、观光休闲、景观旅游等新兴业态，鼓励更多新型经营主体开发休闲农庄、茶庄、乡村酒店、特色民宿、自驾露营、户外运动等乡村休闲度假产品。增强全域乡村旅游、文化旅游功能，全力推动“两群落三示范带”连点成线、连线成面。积极推动文化农业、公园农业等创意休闲农业发展，延长产业链，提高附加值。围绕绿色生态发力。加强农业资源生态保护，加大农村面源污染防治力度，实现化肥农药零增长。大力发展现代新型生态循环农业，推动种养业废弃物资源化利用和无害化处理。强化农产品质量安全监管，大力推进无公害绿色有机食品和农产品地理标志认证，建成“互联网＋农产品”质量安全电子信息追溯系统。加快推进农产品加工升级，重点培育亿元级加工企业，提高农产品加工转化率。以电商进农村引领传统产业转型升级，推动更多无公害绿色有机农产品走进居民餐桌、走向高端市场。

（二）以品质提升为目标，构建生态集约的公园城市体系，建成功能完善、宜居宜业的山水园林城市。坚持用公园城市理念统筹城乡规划、建设和管理，以公园城市建设助推花溪“华丽转身”。一要突出规划引领，优化公园城市布局。加快构建完善的公园城市规划体系，实施“千园之城·百园之区”建设行动，形成以十里河滩国家城市湿地公园、花溪公园、花溪湖公园、天河潭公园等湿地公园和城市公园为龙头，以花溪河、青岩河、南明河（经开段）水系为主线，以大成山脉、斗篷山脉、南岳山脉为骨架，以山体公园和社区公园为补充，以乡镇公园为特色，村落公园均衡分布，城乡绿廊有机串联的公园城市体系，构建“全域为园、全城为景”的城市形态。二要突出功能完善，提升城乡人居环境。更加重视城市设计和风貌管控，重点对“两路六区域”城市形态、要素系统、特色分区、公共空间进行全面控制和引导。强化建筑风貌设计和管理，精心打造特色建筑风貌区，形成一批凸显自然山水、文化底蕴、民族特色的建筑精品，增强城市识别性和可读性。加快完善城市功能，花溪老城区要以微改造为核心，大力推动城市有机更新，加快谋划城市综合中心，增加新城区高端住宅、城市商业综合体等功能。经开片区要加快完善北部老城区居住商贸服务、南部小孟生态产业、西部金竹生态居住、阿哈水库湿地生态区域等四大区块功能，强力推进“三旧改造”，改善城市人居环境。更加突出“文化、古镇、湿地、山水、田园”主题，整合资金打造青岩－黔陶－高坡为核心的主题田园和美丽乡村，建成一批“留得住乡愁”的特色村落，成为市民休闲的乐园。三要突出交通先行，强化城区承载能力。加快建设孟溪路、花石路、航天路、大职路、陈孟路、松柏路、金戈路等横向外联道路，尽快启动珠江路、贵惠大道（青岩－惠水段）城市主干道建设，加快破解纵强横弱瓶颈。配合市域快铁、轻轨 1 号线、3 号线、S1 号线、S4 号线及花安高速建设，启动花溪站（贵阳南站）综合交通枢纽建设，形成集铁路、高速公路、轻轨等为一体的综合交通体系。配合实施好 BRT 射线快速公交建设，推动慢行系统、公交系统、轻轨系统无缝换乘。打通浦江路延伸段、浦江西路、清淮路等城市内部“断头路”，加快选址搬迁花溪车站，建设中心城区生态停车场，加大城市交通堵点治理力度，畅通内循环。四要突出精细高效，提升城乡管理水平。推进数字化管理，打造“智慧城管”、“智慧交通”，逐步构建全方位、全时段、全覆盖的城市管理新格局，提升管理服务效能。推进全员化管理，引入先进技术和优秀团队参与城市管理，建立多元供给的服务管理模式。推进精细化管理，实行标准化管理、条款化考核，细化服务行业管理标准，稳步推进农村环境综合整治市场化，增强市民、游客体验度。推进常态化管理，全面夯实网格化管理基础，深化“条专块统”管理模式，建立更加严格的控违拆违机制，变突击式管理为长效化治理。

（三）以传承创新为手段，构建立体鲜活的多元文化体系，建成文化厚重、开放包容的人文城市。坚持文化为魂，培育发展多元文化资源，在以文“化”区上创新示范，增强文化自觉和文化自信。一要传承文化基因，提振城市精神动力。大力挖掘文化遗产，科学编制并严格落实历史文化、非物质文化、三线工业文化遗产及传统村落保护利用规划，加快“两馆一基地”建设。完善文化遗产长效保护机制，建立文物资源及非物质文化遗产资源数据库，运用大数据技术开展数字化非遗项目保护及研究。保护赵以炯、周渔璜、姚华等文化名人遗迹，修缮利用好贵州茶马古道（青岩段）、川主庙等一批历史文化遗产，促进文化遗产的保护与活化利用。实施“指尖上的贵州”项目，搭建“中国古镇峰会”等文化交流共享平台，促进多元文化有机融合。二要打造文化名片，提升文化影响力。实施“文化＋”系列行动，打造以孔学堂为代表的传统文化、青岩古镇为代表的历史文化、十里河滩国家湿地公园为代表的生态文化、花溪苗绣为代表的民族文化、大学城为代表的时尚文化和创意文化等文化名片。实施文化植入工程，将花溪特色文化元素及符号融入公共建筑、主题酒店、旅游商品及文创产品中，提升孔学堂、青岩古镇、花溪公园、花溪大学城及贵州大学新校区等文化地标，着力打造夜郎谷喀斯特生态公园、孟关汽车运动综合公园、麦坪国家生态体育公园等文化公园和景观，使其成为文化记忆的载体。三要完善公共文化体系，提升文化服务力。抢抓全市实施文化设施建设三年大会战行动计划的机遇，均衡配置城乡公共文化资源，加快“两馆一中心”、青岩数字博物馆、数字影视院等基础设施建设，支持孔学堂三期建设。建立基层综合性文化服务中心，推动公共场所和居民户无线WIFI信号端口全覆盖，打造城区“十五分钟文化圈”、城乡“十里文化圈”。加大政府购买公共文化服务力度，培育文化类社会组织和志愿服务队伍，鼓励群众自办文化，促进公共文化服务方式多元化。四要塑造文化品牌，提升文化软实力。运用大数据手段大力培育和践行社会主义核心价值观，统筹推进“多彩贵州文明行动”等精神文明创建活动，推进“绿丝带”志愿服务常态化、制度化。实施人文素质教育提升工程，建好、用好、管好“道德讲堂”，加快“书香花溪”建设，提升市民文明程度。建立优秀作品创作、评选和推广机制，重点抓好文艺精品创作生产，做大做强“花溪之夏”艺术节等活动品牌。推动传统媒体与新兴媒体融合发展，牢牢把握意识形态和舆论工作的主导权。

（四）以高端定位为引领，构建五态融合的全域旅游体系，建成品牌突出、知名度高的全域旅游城市。进一步优化完善全域旅游布局，打造“生态、生产、生活、休闲、旅游”五态深度融合的全域旅游休闲度假空间。一要打造具有国际影响力的旅游品牌。突出生态休闲、文化传承主要功能，打造国家城市生态湿地公园带；以综合休闲、文化体验、文化创意为主要功能，打造青岩国际特色旅游小城镇；以生态旅游、生活休闲、运动体验及购物娱乐为一体，打造天河潭国际旅游度假目的地；以山地运动、民族体育、民俗体验为特色，启动红岩峡谷户外休闲带和山地运动休闲公园建设，打造高坡国际山地运动基地，以四大国际旅游品牌增强旅游竞争力。二要完善旅游综合服务配套。全力实施全域旅游“十大基础工程”，促进硬件、软件双提升。新建青岩－黔陶－高坡旅游公路，实现旅游通道全域联通。加快完善“两轴八核”快旅慢游体系，启动青岩－高坡生态徒步步道、山地自行车道建设，构建花溪湖公园－天河潭慢游系统，提升旅游舒适度。加快贵州省游客集散服务中心建设，建成一批星级厕所并逐步推进社会厕所开放，完善全域停车、自驾车配套设施与综合咨询服务体系，提升旅游满意度。加快“智慧旅游”平台建设，引进一批“大数据＋旅游”企业，制定智慧旅游城市、景区建设标准，建成全省“智慧旅游”示范区。加强旅游从业人员合法经营、文明经营、诚信经营的教育、培训和管理，提高讲好花溪故事、讲好景点故事的水平，树立一批行业典型，提升旅游满意度。三要抓好旅游产品供给。突出需求导向，处理好大众化与分众化、团队游与自助游、观光式与体验式的关系，增强中高端旅游产品的有效供给。提升产品的体验性，延伸旅游产品链和消费链，构建“春赏花、夏避暑、秋运动、冬养生”四季旅游、全季节体验旅游产品体系。树立大宣传、大营销、大推介的理念，借力传统媒体及“三微一端”新媒体，组织开展多形式、多层次、多领域的旅游宣传推介活动，不断提升花溪知名度和美誉度。四要实施标志性示范引领工程。聚集一批综合性龙头企业、专业型骨干旅游企业和中小型特色旅游企业，力争每年引进2－3家行业200强企业落户。突出大项目引领，每年引进1个国际品牌旅游项目。建好标志性景区，力争4A级景区达到3家以上、3A级景区达到5家，使旅游品质快速提升。2016年底成功创建青岩古镇5A级旅游景区，成为首批国家全域旅游示范区。

（五）以绿色示范为先导，构建功能完备的生态保护体系，建成自然低碳、环境优美的生态文明城市。突出生态为本，巩固国家生态示范区建设成果，当好贵阳生态文明建设“火车头”。一要优化生态景观，绘就“花山水景”四幅画卷。打造“大花园”，按照“处处见花、四季有花、立体种花、人人爱花”要求，全力构建以“四园、六通道、七走廊”为核心的“四季花景”格局，打造“溪隐绿映、花漫花溪”靓丽名片；念好“山字经”，坚持“生态化、景观化、效益化”，合理保护和优化山脉景观，打造一批生态林、景观林、效益林，大力实施义务植树和绿化美化工程，守护城市“绿肺”；突出“大溪流”，打造花溪河、青岩河、马铃河、赵司河四大水系景观，建设一批特色人工湖、湿地、溪流等水生态景观，让水成为流动的风景线；建好“大公园”，制定公园建设标准，加快建成黄金大道、花溪湖、大屯山等市级示范性公园，全力建设青岩－黔陶－高坡沿线山体公园、乡镇公园和村落公园，让公园成为璀璨的“珍珠链”。二要保护生态环境，全力筑牢贵阳南部生态屏障。坚决保护好天蓝、山青、水净、地洁的生态基底。以花溪河全流域治理为重点，加快花溪河、青岩河流域综合治理及沿岸天然林保护等重大生态项目建设，深入实施森林覆盖率提升三年攻坚计划。加大花溪水库、阿哈水库等一级水源地保护力度，加快栗木、红岩、水场堡等水源工程建设，建成高坡、马铃、久安、麦坪等乡镇污水处理厂，推动污水处理全覆盖、排放全达标。抓好全省改善农村人居环境建设工作试点，深入开展农村环境综合整治“三步走”，加快推进城乡垃圾分类试点，促进生态环境持续改善。三要践行生态理念，积极倡导生产生活绿色低碳。推动生产绿色化，大力发展生态利用型、循环高效型、低碳清洁型、环境治理型产业，加快打造一批绿色产业集聚区。推动空间绿色化，坚持把“土地集约化、建筑协调化、环境美观化”原则贯穿规划、建设环节，分类制定生态绿化创建标准，加快建设一批国家级、省级绿色示范乡（镇）、社区和村（居）。推动生活绿色化，推广节能环保建筑材料、智能家居等产品，大力发展绿色交通，积极开展生态文明示范评选活动，厚植生态文明理念。四要加强生态管理，构建齐抓共管格局。打好“组合拳”，鼓励和引导社会力量、社会资本参与生态文明建设。建立一体化的环境数据应用体系，落实重点区域监控探头全覆盖、核心数据采集更新全天候、数据自动分析运用全流程，强化污染源的实时监控和预警处置，建成经开区生态环境大数据平台，率先在全省开展环境管理体系认证，提升环境管理水平。探索建立跨区域、跨部门环境污染防控联动机制，形成齐抓共管的良好局面。

（六）以改革开放为重点，构建配套一体化的创新创业体系，建成活力迸发、动力强劲的创新城市。以改革、开放、创新激发经济社会发展新活力。一要不断深化机制改革。继续深化两区“上合”促“下合”机制，加快推进基础设施、产业、城市管理、公共服务一体化建设。重构投融资平台公司组织架构，推进开发投资公司市场化改革。创新农业发展投融资平台，探索农村宅基地使用权、土地承包权、林权、水权“四权”抵押贷款或折合入股参与旅游景区和项目开发，鼓励更多民营企业和群众成为市场主体和受益者。理顺文化旅游创新区管委会机制，探索建立旅游投资和开发集团公司，形成“管委会＋公司”双引擎协作机制。加快旅游管理体制综合改革，积极打造旅游政务管理、应急指挥、企业诚信管理、移动执法管理为一体的监管平台，构建全域旅游综合管理统筹协调机制。二要不断提升开放水平。抢抓京筑区域合作机遇，经开片区要探索实施与苏州、杭州、上海张江等国家级开发区异地共建园区，更加重视在贸易、金融、科技等领域的国际合作。花溪片区要加快与贵安新区大数据、电子信息等高端产业的联动合作，加强与黔南、黔东南区域联动，推动文化旅游产业互动、设施共建、资源共享；无缝对接双龙航空港经济区，实现优势互补、合作共赢。加大招商引资力度，围绕现有龙头企业加大以商招商、中介招商力度，瞄准国内外行业领军企业主动上门精准招商，新引进世界500强、中国500强、民营企业500强20家以上。鼓励企业抱团出海、共同发展，主动帮扶外向型企业“走出去”、“走进去”、“走上去”，在国际市场占据一席之地。三要不断完善“双创”

生态体系。充分发挥"千人计划"大数据研究院、贵州大数据产业发展应用研究院作用，培育和吸引一批研发中心聚集，加快中电科大数据创新发展研究院、伯克利大数据创新研究中心建设，不断完善成果转化、科技投入、技术、市场四大创新创业支撑体系。充分发挥现有"双创"平台作用，实施文化旅游人才开发"十百千"工程和"百村千人乡村旅游创客行动"，加快"互联网＋文化旅游"创客小镇、乡村旅游创客空间、蓝领创新创业园、全省工商联创客示范基地等"双创"空间建设，加速引进智能制造、大数据、文化、旅游等创新型科技领军人才、研发人才和科研团队，打造知识型、技能型、复合型"蓝领"专业队伍，吸纳更多创业团队、小微企业和"创客"，成为全省极具影响力的创新创业示范基地。加强对创新主体、创新过程、创新成就的宣传引导，支持创新主体创造的新技术、新产品、新模式在区内先行先试，为创新失败提供"容错"环境与空间。

（七）以共建共享为根本，构建便利优质的综合服务体系，建成民生稳定、平安和谐的幸福城市。着力解决人民群众最关心、最直接、最现实的利益问题，全面增进群众福祉。一要打好脱贫第一民生攻坚战，全力建设更高水平小康。按照"高一格"的要求，实施大扶贫战略行动"十项行动计划"，推进帮扶主体"多元化"、帮扶平台"精准化"、帮扶手段"立体化"。大力实施农村路网提档升级，加快改造提升石板－久安－麦坪、燕楼－马铃等城乡连接线，实现城乡道路互联互通。实施农村饮用水巩固提升工程，建立农村饮水安全保障体系。推进信息基础设施全覆盖，实现村村通宽带。实施更为积极的就业、创业政策，大力开发和创造就业岗位，帮助特殊人群充分就业，切实提高中低收入群体收入水平。巩固和提高城乡居民基本养老保险参保率，积极推进机关、事业单位养老保险制度改革，逐步完善社会养老保险体系建设。构建多层次的医疗保障体系，完善城镇困难群众重特大疾病医疗救助制度。加大重点人群的关爱救助力度，提高城乡居民最低生活保障水平，持续巩固脱贫阶段性成果。二要打好公共服务短板攻坚战，竭力提升社会事业水平。强力推进西部教育改革支持活动，系统谋划高校周边教育服务配套，实现区域教育资源优质均衡。进一步扩大公办学校和普惠性民办学校比重及民办教育规模，建成清华中学小孟分校和贵阳一中花溪分校，将溪南高中打造为省级示范性高中。以大数据手段提升教学质量，确保优质教育继续保持省、市前列。以加快公立医院综合改革试点为统揽，推动乡镇卫生院标准化建设、县级医院远程医疗、大病保险、校医、居民健康卡全覆盖。加强卫生基础设施建设，新建区妇幼保健院，重新选址修建区中医院，推动区人民医院创建三级综合医院。引进和鼓励更多高端、民办医疗机构入驻，探索"互联网＋医院"模式，让群众享受便捷优质医疗服务。构建居家为基础、社区为依托、机构为支撑的区、乡镇（社区）、村（居）居家养老三级服务网络，大力发展人口与计划生育、体育、残疾人等社会事业。三要打好社会治理创新攻坚战，持续营造平安和谐环境。健全社会治理体系，进一步创新和完善"明珠模式"，巩固提升"新型社区·温馨家园"创建成果。推动村居规范化、标准化建设，有序推进居委会"一居两站"和"六小联通"建设，打造一批农村社会治理综合示范点。健全社会协同体系，进一步扩大社会组织孵化基地辐射面，建成全市首家区级公共服务管理系统平台，构建"纵到底、横到边、全覆盖、无缝隙"的网格化服务管理体系。健全数据应用体系，围绕"一平台四应用"，有序推进"社会和云"建设，提升社会治理大数据应用水平。以信访维稳"一号工程"为抓手，加强社会矛盾纠纷排查调处和源头治理。加快公共法律服务平台建设，完善法律顾问和公职律师、公司律师制度，形成办事依法、遇事找法、解决问题用法、化解矛盾靠法的良好环境。深入推进"两严一降”升级版和“禁毒人民战争”，构建“打、防、控”立体化防控体系，加强流动人口一体化、均等化服务管理，健全公共安全预防预警和应急处置体系，坚决杜绝重特大责任事故发生，实现安全城市的目标。

四、坚持五力合一，全面从严治党，为全域文化旅游创新区建设保驾护航

建成全域文化旅游创新区，核心在党、关键在人。各级党组织要进一步强化管党治党意识，落实管党治党责任，坚持五力合一，以严要求、严标准、严举措不断提升党建科学化水平，为全域文化旅游创新区建设提供坚强保障。

一要强化理想信念的凝聚力，从严加强思想政治建设。要坚定理想信念，推动“两学一做”学习教育常态化，严格落实“三会一课”、领导干部双重组织生活会、民主评议党员等基本制度，强化党员干部“四个意识”和“四个自信”，争做“四讲四有”合格党员。要深化理论武装，全面推进学习型党组织建设，加强政治理论学习不松懈，教育引导全区广大党员自觉学习好、领会好、运用好习近平总书记系列重要讲话精神，坚持“干中学、学中干”，克服“本领恐慌”。要推动思想解放，引导广大党员干部在新起点上进一步理清思路、明辨方向，着力解决“不想、不敢、不会”的问题。

二要提升先锋堡垒的战斗力，从严加强基层组织建设。要把责任扛起来，坚持“书记抓、抓书记”不放松，不断强化主责主业意识，推进基层党组织书记述职工作常态化、承诺办理“三件党建实事”要求制度化、“一把手上党课”特色做法品牌化。要把组织强起来，加强非公企业及社会组织等领域的党组织建设，探索建立功能性党组织，完善区域化党建体系；常态化开展整顿软弱涣散党组织工作，加强“三支队伍”建设，高标准打造党性教育基地和党建示范点，建设“服务型+堡垒型”基层组织和“先锋型+模范型”党员队伍，推动党组织、党的工作和党员作用发挥有效覆盖。要把党员管起来，进一步做好发展党员工作，积极稳妥处置不合格党员，畅通党员队伍“能进能出”的渠道。探索党员分类管理服务模式，让“口袋”党员“落户”、“隐形”党员“现身”。加快“党建红云”和货车帮“互联网+党建”建设，用大数据助推党员教育管理精准发力。

三要激发关键少数的创造力，从严加强干部队伍建设。要树立正确的选人用人导向，按照“二十字”标准，坚持基层一线、实干实绩、群众公认和清正廉洁的导向，把对抓大数据、抓文化旅游有想法、有办法、有担当、有魄力的好干部选出来、用起来。推进干部交流轮岗常态化，加强后备干部培养，盘活干部资源。要拓宽用人渠道，坚持以事择人、人岗相宜，健全考察机制，多渠道、多层次、多侧面了解干部。强化干部教育培训，优化干部成长路径，让能作为、有作为的优秀干部脱颖而出。重视年轻干部、女干部、党外干部的选拔使用，切实增强干部队伍活力，不断优化领导班子结构。要创新管人机制，完善干部考核评价体系，深化《从严管理干部双向能动办法（试行）》，完善相关配套制度，激励干部“愿为善为、主动作为”和约束干部“不能不为、不敢不为”。

四要增强两个责任的执行力，从严加强党风廉政建设。要落实好“两个责任”，坚决把党委主体责任抓在手上，进一步深化全面从严治党主体责任“6410”工作机制，完善党风廉政建设责任体系；积极支持纪委履行监督责任，持续深化“三转”，严格贯彻执行“一准则、三条例”，有效运用监督执纪“四种形态”，以“无禁区、全覆盖、零容忍”的态度对腐败行为和腐败分子紧抓不放、利剑高悬，健全“不敢腐、不能腐、不想腐”的有效机制。要建好“制度铁笼”及“数据铁笼”，运用大数据手段和法治思维，对权力集中、资金密集、廉政风险易发多发的重点领域、重点部门、重要岗位实施精准化管控。要锤炼好过硬作风，持之以恒贯彻执行中央、省、市作风建设相关规定，坚持暗访、查处、追责、曝光多管齐下，深化民生监督，严查顶风违纪行为。建立作风建设长效机制，坚决防止“四风”反弹，持续释放铁面执纪、越往后越严的强烈信号。

五要凝聚社会各界的向心力，巩固团结干事局面。要加强和改进区委常委会自身建设，提高党委“总揽全局、协调各方”的能力。要不断完善民主集中制，全力支持人大依法履行职能，实施有效的工作监督和法律监督，建立健全决策、执行和监督之间的制约和协调运转机制；积极支持政协履行政治协商、民主监督、参政议政职能，提高协商民主制度化、规范化、程序化水平。要全面加强统一战线工作，积极为各民主党派、工商联、无党派人士发挥作用搭建平台，认真做好民族宗教、港澳台侨工作。持续抓好党管武装工作，大力加强国防后备力量建设，继续巩固“双拥”成果。要拓宽社会工作覆盖面，充分发挥群团组织联系和服务群众的纽带作用，广泛汇聚建设全域文化旅游创新区的正能量。

同志们，承载着伟大使命的花溪站在了新的历史起点，建设全域文化旅游创新区，事业宏伟，责任重大。让我们在省委省政府、市委市政府的坚强领导下，团结带领全区广大党员和63万人民，同心同苦、开拓创新、拼搏奋进，共同开辟更加美好的未来！

注：

1. “32号文件”：指2014年10月30日下发的《中共贵阳市委、贵阳市人民政府关于支持花溪区建设文化旅游创新区的意见》（筑党发〔2014〕32号）。

2. “15号文件”：指2016年8月4日下发的《中共贵阳市委、贵阳市人民政府关于支持花溪创建国家全域旅游示范区的意见》（筑党发〔2016〕15号）。

3. “八通一平”：指道路、电力、电讯、有线电视、供水、雨水、污水、供热等“八通”和场地平整。

4. “一区、两轴、三片、四组团、多节点”：文化旅游创新区空间战略规划布局。“一区”即以建设“文化旅游创新区”为主线，推动全域化发展，从而拓展空间，优化布局。“两轴”即以甲秀南路、花溪大道及轨道交通、环城快铁形成贯穿南北的两条交通轴和景观轴。“三片”即以经开区为核心的高端制造产业片区；以湿地公园、花溪公园、天河潭、青岩古镇组成的文化旅游产业片区；以阿哈水库及周边水系为核心的水源生态涵养片区。“四组团”即依托地形地貌及城市用地分布特征，规划形成孟关、金竹、青岩、石板－天河潭四大相对独立的城市单元。“多节点”即形成四镇五乡的特色乡镇建设节点。

5. “六项行动计划”：指省政府出台《关于实施贵州省“四在农家·美丽乡村”基础设施建设六项行动计划的意见》中提出的建设“小康路、小康水、小康房、小康电、小康讯、小康寨”。

6. “两周文化交流中心”：指位于花溪区黔陶乡的“周渔璜文化交流中心”和“周钟瑄文化交流中心”。

7. “六全”：指2016年5月11日省委书记陈敏尔同志在全省旅游工作推进会上提出要“大力发展全域旅游，实现全景式打造、全季节体验、全产业发展、全社会参与、全方位服务、全区域管理”。

8. “一核一轴四组团”：指全域旅游发展战略规划布局。“一核”即以天河潭、十里河滩、青岩古镇、大学城、花溪公园以及周边民族村寨为重点，打造都市休闲度假、古镇文化体验为一体的全域旅游发展核。“一轴”即以花溪大道—田园南路和青岩古镇—黔陶乡—高坡乡的县道为交通干线，打造花溪全域旅游发展的黄金轴线。“四组团”即以黔陶、高坡为核心的山地运动与民俗体验组团，以马铃、燕楼为核心的乡村休闲与农耕体验组团，以久安、麦坪为核心的茶园休闲与庄园度假组团，以经开区、孟关为核心的工业旅游与文化创意组团。

9. “四定促四化”：指花溪区在推进司法体制改革试点过程中探索形成的“以案定员，推动审判组织架构重组规范化；以案定责，构建审判权运行机制改革科学化；以案定补，激活绩效考评机制效能最大化；以案定档，实现信息监督机制数据留痕化”的改革思路。

10. “一核多元？五力共治”：指花溪区在基层治理中，以明珠社区为试点创新提出的一种社会治理模式。“一核多元”即以社区党委为核心，社区服务中心、居民议事会、居委会、驻社区企事业单位、社会组织等多元主体共同参与治理的体系；“五力共治”即“党委全力、政府主力、社会协力、群众得力、制度给力”，五力协同互助，形成基层社会治理的强大合力。

11. “两进两促”专项行动：指区委常委和区人大、政协主要领导进软弱涣散村，促整改提升、晋位升级；其他县级党员领导干部、乡镇党政班子成员进贫困村，促脱贫致富、同步小康。

12. “6410体系”：指区委实施“6410”工作机制落实全面从严治党主体责任。“6”即确立了主体责任办“组织领导、安排部署、统筹协调、督促检查、考核评价、责任追究”六项工作职责；“4”即实行两月一调度、三月一督查，“任务三知”明责任、“责任三问”促落实的四项工作运行机制；“10”即拟制定《落实党风廉政建设“两个责任”约谈制度》《落实党风廉政建设“签字背书”制度》《全面从严治党定期研究分析制度》《全面从严治党主体责任“三负责”制度》等十项制度。

13. “三大试验区”：指贵州省先后获批建设国家大数据综合试验区、贵州内陆开放型经济试验区、国家生态文明试验区。

14. “1+4+1”：指贵阳市以大数据为引领加快打造创新型中心城市系列文件，包含了“1”个主体文件（《中共贵阳市委关于以大数据为引领加快打造创新型中心城市的意见》（筑党办发〔2016〕12号））、“4”个配套文件（即以大数据为引领加快打造创新型中心城市的十大重点工程、十大开放平台、十条改革措施、十大保障机制）、“1”个指标体系（《以大数据为引领加快打造创新型中心城市监测评价指标体系及说明》），简称“1+4+1”。

15. “五联十同”：指贵阳市与贵安新区签署深化“五联十同”合作协议，即城乡规划联审联批、重大基础设施联建共享、重大项目联报联建、生态环境保护联防联治、招商引资联动联促，规划协同、资源同享、市场同体、交通同网、产业同兴、科技同振、旅游同线、信息同享、管理同治、环境同建。

16. “五纵七横”：指根据文化旅游创新区建设的实际需要，规划形成“五纵七横”对外战略性通道。其中，“五纵”即东纵线经清镇联接马铃；白修大道－宾阳大道－观潭路；贵遵路－甲秀北路－甲秀南路－田园南路；盐沙大道－林城东路延伸段－贵惠大道－贵惠高速；贵遵第二高速－狮都路－东1.5环－孟关大道。“七横”即太金线－四方河路、长江路－龙水路；天河潭大道－金戈路－建设路；贵安大道－南二环－西南环线；磊马路－松柏路－贵筑路－花孟大道－双龙二路；思孟路－孟溪路－水孟路；黔中路－贵龙纵线；燕楼大道。

17. “一区四化”：指2014年9月30日市委市政府在花溪召开支持文化旅游创新区建设动员大会上提出的“要坚持‘一区四化’的发展定位”。“一区”即建设文化旅游创新区；“四化”即园区高端化、城区园林化、农村特色化、景区生态化。

18. “百园之区”：指按照市委市政府打造“千园之城”的工作部署，花溪、经开提出了建设“百园之区”的目标，举全区之力打造公园城市。具体为：新建社区公园36个、森林公园9个、城市公园59个、湿地公园3个、山体公园13个。

19. “五高”：指2014年10月8日陈刚书记调研经开区时强调，园区建设要“高水平定位、高标准规划、高质量建设、高起点发展、高水准服务”。

20. “八个攻坚行动”：指经开区《打造千亿级开放创新平台攻坚行动计划》中提出的实施“空间优化、功能提升、项目建设、产业培育、招商引资、创新创业、要素保障、服务提升”等八个方面的攻坚行动。

21. “六个一批”：指淘汰一批、整合一批、转型一批、升级一批、引进一批、融合一批工程。

22. “一区两中心三园六基地”：“一区”即把花溪、经开打造成大数据产业发展引领区；“两中心”即经开片区重点打造大数据安全与行业应用中心，花溪片区重点打造大数据研发与创新服务中心；“三园”即打造大数据研发与创新产业园、互联网健康产业园、互联网文化旅游产业园；“六基地”即打造电子商务产业示范基地、大数据安全产业基地、智能终端产品产业制造基地、智能制造示范基地、智慧物流产业基地、服务外包与呼叫中心产业基地。

23. “两群落三示范带”：“两群落”即老榜河乡村休闲度假群落、久安麦坪万亩茶园、果庄度假群落；“三示范带”即青岩－黔陶－高坡一线“溪南十锦”乡村旅游示范带、青燕路生态科技农业示范带、马铃河乡村休闲观光农业带。

24. “两路六区域”：“两路”即花溪大道及两侧、甲秀南路及两侧；“六区域”即金竹区域、十里河滩周边、花溪迎宾馆周边、阿哈水库周边、大学城周边、天河潭周边。

25. “微改造”：指在维持现状基本不变的前提下，通过局部拆建、建筑物功能置换、保留修缮以及整治改善、保护、活化、完善基础设施等方式对老旧建筑进行更新。

26. “三旧改造”：指为改善城区人居环境而实施的旧村居、旧厂矿、旧院落改造工程。

27. “两馆一基地”：指花溪文化遗产博物馆、花溪民间艺术陈列馆、花溪非物质文化遗产传习基地。

28. “十大基础工程”：指花溪区为推进全域旅游发展实施的“十大基础工程”建设行动计划，即现代旅游业治理改革创新工程、旅游交通体系建设工程、旅游基础设施与公共服务全域提升工程、全域旅游特色产品开发工程、全域旅游综合消费促进工程、“旅游＋”融合发展工程、全域旅游景观环境优化工程、乡村旅游和旅游扶贫工程、全域旅游整合营销工程、旅游市场主体培育工程。

29. “两轴八核”：“两轴”即沿十里河滩、洛平河、溪南河、青岩河打造花溪慢行纵轴（核心轴），依托花溪公园、黄金大道、花溪水库、天河潭打造花溪慢行横轴。“八核”即三江口公园慢行核、十里河滩慢行核、花溪公园慢行核、黄金大道慢行核、洛平水库慢行核、青岩古镇慢行核、花溪水库慢行核、天河潭慢行核。

30. “三微一端”：指微博、微信、微视频和客户端。

31. “四园、六通道、七走廊”：指为优化景观环境、实现“大花园”目标而构建的四季有花、处处有花的景观格局。“四园”即花溪公园、十里河滩国家城市湿地公园、“黄金大道”景观公园、天河潭公园；“六通道”即甲秀南路、花溪大道、迎宾路、溪北路、阳光水乡至迎宾路段、孔学堂至王宽段；“七走廊”即天河潭大道、孟溪路、花桐路、大职路、印象路、陈孟路、航天路。

32. 农村环境综合整治“三步走”：指为巩固“国家生态示范区”成果，实施4镇5乡100村环境综合整治三步走计划：到2016年，完成全区50%以上的行政村环境综合整治；2017年，完成70%的行政村环境综合整治；2018年，完成85%以上的行政村环境综合整治。

33. “十百千”工程：指到2020年，培育和引进文化旅游产业领军人才（团队）10名（个）、创新型人才100名，吸引带动1000名专业技术和管理人才。

34. “十项行动计划”：指贵州省实施精准扶贫“十项行动计划”，即基础设施建设扶贫行动、产业和就业扶贫行动、扶贫生态移民行动、教育扶贫行动、医疗健康扶贫行动、财政金融扶贫行动、社会保障兜底扶贫行动、社会力量包干扶贫行动、特困地区特困群体扶贫行动、党建扶贫行动。

35. “一居两站”：指在居委会设立群众服务站和综治工作站。

36. “六小联通”：指以“小微社会组织联合会”、“院落楼栋物管自管会”、“工商企业联合会”、“志愿服务联合会”、“驻地单位共治会”、“商务楼宇园区服务社”为重点，推进辖区居民群众自我管理、自我服务、自我监督及居委会民主协商、民主自治工作。

37. “一平台四应用”：“一平台”即“块数据关系平台”。“四应用”即社会动员、网格管理、社区服务、辅助决策四个应用系统。

38. “党建红云”：指贵阳市以大数据为引领搭建的大数据云平台，含党建APP客户端、机关干部管理、党务信息公开、落实“两个责任”评估、党规党纪执行评估、党建数据库、党建信息安全、党员领导干部个人诚信等八大系统。

39. “一准则、三条例”：指《中国共产党廉洁自律准则》《中国共产党纪律处分条例》《中国共产党巡视工作条例》及《中国共产党问责条例》。

40. “四种形态”：指监督执纪“四种形态”，即党内关系要正常化，批评和自我批评要经常开展，让咬耳扯袖、红脸出汗成为常态；党纪轻处分和组织处理要成为大多数；对严重违纪的重处分、作出重大职务调整应当是少数；而严重违纪涉嫌违法立案审查的只能是极少数。

政府工作报告

——2017年1月5日在花溪区第十七届人民代表大会第一次会议上

花溪区人民政府区长　梅　俊

各位代表：

现在，我代表区人民政府向大会作政府工作报告，请予审议，并请各位政协委员和其他列席人员提出意见。

一、过去五年工作回顾

2012年以来，在市委、市政府及区委的坚强领导下，在区人大、区政协的监督支持下，我们认真贯彻落实中央、省、市各项决策部署，牢牢守住发展和生态两条底线，紧紧围绕打造全域文化旅游创新区的战略目标，切实践行“一区四化”的发展路径，团结一心，攻坚克难，认真履行政府职责，圆满完成本届政府任期目标。

这五年，我们以两区融合为契机，加速经济发展，综合实力更加强劲。新花溪区成立以来，按照“双轮驱动、优势互补、深度融合”的思路，积极推动花溪、经开两区深度融合发展，叠加优势不断凸显，综合实力明显增强，主要经济指标保持两位数增长。经初步测算，2016年，全区地区生产总值达到536.91亿元，是2011年的2.99倍，年均增长14.6%，总量位列全省第3位；人均生产总值达到84214元，年均增长13.8%，总量位列全省第1位。规模以上工业增加值达到242.60亿元，是2011年的5.07倍，年均增长15.9%，总量位列全省第1位。固定资产投资达到437.21亿元，是2011年的3.4倍，年均增长27.9%，总量位列全省第3位。社会消费品零售总额达到235.76亿元，是2011年的3.28倍，年均增长13.7%，总量位列全省第3位。招商引资省外实际到位资金达到508.30亿元，是2011年的4.65倍，年均增长36.0%。一般公共预算收入达到37.52亿元，是2011年的2.32倍，年均增长20.39%。旅游总收入达到198.00亿元，是2011

年的2.11倍，年均增长22.9%。示范小城镇建设发展综合指数位列全省第1位。

这五年，我们以做强调优为导向，加速转型升级，产业结构更加优化。三次产业比例调整为3.48∶59.45∶37.07，全区农业稳步发展，科技含量提高、效益凸显，工业经济中高端装备制造业、大健康医药产业和大数据产业比重逐步加大，以旅游、商贸物流为支柱的现代服务业提质增效。现代高效农业发展迅速，累计投资10.04亿元，初步建成了久安现代高效茶叶示范园、青黔现代观光休闲农旅一体化示范园、燕马都市蔬菜保供基地示范园等高效农业示范园区，三大园区产值达19.98亿元。村集体经济发展壮大，全区122个行政村村集体经济收入总量超过2亿元，有91个村超过50万元。培育龙头企业23个，农民专业合作组织和协会128个。大数据产业等新兴业态方兴未艾，依托贵州大学科技园，创建花溪区大学生创业孵化基地，完成“千人计划”大数据研究院建设，贵州伯克利大数据创新研究中心落户花溪。建成乡（镇）、村级电商示范点24个。高新技术产业快速发展，燕楼产业园、泰邦生物科技园加快建设，扶持星天电缆等高新技术企业发展，高新技术企业总数达50家。现代服务业快速推进，小孟工业园生产性服务业集聚区、孟关汽车贸易城现代商贸物流集聚区、青岩文化旅游集聚区、石板农产品市场现代商贸物流集聚区成功申报省级服务业集聚区，改貌货运场、贵阳传化智能公路港投入运营，西南物流中心项目建设取得实质性进展。

这五年，我们以规划布局为引领，加速基础建设，城乡发展更加协调。“多规合一”深入推进，完成新一轮《花溪中心城区总体城市设计》《花溪区城乡一体化规划》《花溪区村庄布局规划》及27个村庄规划编制工作。不断完善以城乡道路、供水、供电、通信等为重点的基础设施，田园南路、杨孟路等30条城市干线（道）建成通车，形成了以贵阳绕城高速、甲秀南路、贵惠大道、孟关大道等公路为主骨架，以县、乡公路为补充的公路网体系，全区公路总里程达1080公里。完成贵州汽车超市、林城万宜、花溪广场及花溪南部水厂（一期）等项目建设。加快疏老城、建新城，实现花溪大道汽车市场整体转移。大力推进青岩、孟关、石板示范小城镇建设，青岩古镇入选全国首批特色小镇名录。实施“路、水、房、电、讯、寨”六个小康行动计划，大力改善农村基础设施，建成通组路321.38公里、人行步道104.45公里，建设乡（镇）客运站7个、建制村招呼站85个，基本实现“乡乡通油路、村村通客车”；改造人饮管网584.89公里、农村危房1332户，提升37个村寨的供电保障能力，完成149个村寨的通讯通信网络建设。加强城乡建筑风貌管控，完成高速公路沿线及美丽乡村示范点周边房屋立面整治3709户，拆除违法建筑190余万平方米。

这五年，我们以治理保护为重点，加速绿色发展，生态环境更加优美。大力实施“治水”“治气”“控污”等工程，建成石板污水处理厂和青岩污水处理厂，完成城市中心片区污水管网改造7883米，对十里河滩、花溪水库、阿哈水库等水源保护区进行综合整治，地表水达标率、集中式饮用水达标率达100%；建成花溪天然气门站，以天然气为主的城市燃气供气系统基本形成，城区新建建筑气化率达100%，开展扬尘和焚烧秸秆治理专项行动，环境空气污染指数（AQI）优良率达90%以上。大力实施美化绿化工程，环卫一体化试点工作取得显著成效，保洁面积从110万平方米扩大到600万平方米，城镇垃圾集中处理率达90%以上；强力推进“千园之城·百园之区”建设，新建各类公园56个，进一步凸显“大花园、大溪流”的特色；完成封山育林、人工造林等13.9万余亩，完成19公里城市道路绿化提升。全区森林覆盖率达45.86%，建成区绿化覆盖率达50.88%，分别比2012年提高了5.4、2.65个百分点，绿色社区、生态文明小城镇、生态文明工业园区创建达标率达100%。

这五年，我们以游客体验为中心，加速要素完善，全域旅游更加成熟。坚持把旅游业作为特色支柱产业来培育，五年来累计接待游客9000余万人次，实现旅游总收入达738亿元。以举办第九届省旅游产业发展大会为契机，改造提升青岩古镇和湿地公园，配套完善快旅慢游体系、青岩北城门旅游综合体和文凡·状元别苑等基础设施，新建改造旅游景区厕所32座。按照“六全”旅游发展理念，丰富吃、住、行、游、购、娱、商、养、学等旅游要素，改造提升花溪公园、天河潭景区，建成花溪旅游门户网站，实施天河潭贵阳故事街（一期）、贵州汽车运动基地等项目，建设美丽乡村示范带6条和美丽乡村“提高型”示范点11个。完成《贵阳市花溪区全域旅游发展规划(2016—2020年)》编制工作。花溪被评定为首批省级旅游度假区，荣获中国旅游风云榜2015年“美丽中国”十佳旅游区，成功入选全国首批全域旅游示范区创建单位。

这五年，我们以多元文化为品牌，加速传承创新，文化事业更加繁荣。坚持文化为魂，突出传统文化、历史文化、民族文化、现代文化品牌，把文化资源转化为发展优势，全区文化产业增加值大幅上升，从2011年的0.82亿元增加到目前的8.13亿元。支持建成孔学堂、中华文化研修园、花溪大学城及贵州大学新校区等一批文化地标，完成“两周文化园”、久安茶文化展厅和茬父艺术中心建设，改造提升赵以炯故居、周恩来父亲曾居地、桐埜书屋等文化景观。连续举办孔学堂春节文化庙会、苗族“四月八”、布依族“六月六”等节日活动，提升“花溪之夏”艺术节文化活动影响力。依托贵州大学等高校资源，积极推动时尚文化和创意文化发展，成功举办贵阳国际马拉松赛、CTCC中国房车锦标赛。文化品牌宣传与推广实现新突破，青岩古镇入选《中国古镇（二）》特种邮票，久安“古茶树与茶文化系统”被列为“中国重要农业文化遗产”。

这五年，我们以关键环节为突破，加速活力释放，改革开放更加深入。深化行政审批制度改革，依法推进简政放权、放管结合、优化服务，建立并公布区级权力清单、责任清单2419项，做到“行政权力进清单，清单之外无权力”。深化管理体制改革，完成工商、质监、食药监“三合一”和卫生、计生合并机构改革，在全省率先按照“1+3”旅游管理模式，成立文化旅游创新区管理委员会，组建旅游警察、旅游法庭、旅游市场监管分局。积极营造招商、亲商、安商、富商的良好环境，荣获全省“投资环境综合评价十佳县”、“经济社会发展环境十佳县”等荣誉称号。借力省市组织的“数博会”、“酒博会”等招商推介活动，引进世界500强、中国500强、民营500强企业10家，引进10亿元以上项目20个，大数据产业、现代服务业、现代新型农业、高端装备制造业等产业实现快速发展。

这五年，我们以人民满意为目标，加速民生改善，群众生活更加幸福。城镇、农村常住居民人均可支配收入年均增长10.0%和11.5%。2013年实现同步小康创建达标，2015年实现全区19个贫困村全部“减贫摘帽”，累计减少贫困人口4.7万人。实施教育扶贫、医疗扶贫、就业扶贫等十项行动计划，花溪区大学生创业园成功创建为省级创业孵化基地、区返乡农民工创业示范园成功创建为市级农民工创业示范基地。新建改扩建幼儿园16个，实现每个乡（镇、社区）都有一所公办或普惠性幼儿园的目标；改扩建农村寄宿制学校11个，完成50所农村中小学食堂建设改造工程，完成溪南高中建设和青岩贵璜中学、青岩中心完小搬迁工程。完成54个村卫生室建设，改造4个乡（镇）卫生院、新建2个社区卫生服务中心、实施3个社区卫生服务中心标准化建设，区人民医院创建为二级甲等综合医院，区中医院创建为二级乙等中医医院，实现“五个全覆盖”。建成公租房（廉租房）2677套，完成棚户区改造10474户，建成安置房2640套。实施农村饮用水源工程，解决3万余人的饮水问题。鼓励发展居家养老，建成阳光社区居家养老服务支持中心，打造24个农村互助幸福院，全区养老机构达到46家。实现城乡统筹就业103346人，城乡居民基本养老保险覆盖率达96.56%，农村新型合作医疗参合率达98.6%。深入开展社会保障兜底扶贫行动，实现农村低保标准与扶贫标准“两线合一”。社会治理格局全方位构建，“一核多元、五力共治”模式列为全国社会治理创新最佳案例。推行“一合三定双平台”模式，建成区、乡、村三级群众工作网络，全区95%的社区建成群众满意的“新型社区·温馨家园”。深入推进信访维稳“一号工程”、“两严一降”专项行动和禁毒人民战争，充分发挥“阳光工程”示范点作用，刑事发案数逐年下降，2015年群众安全感达到97.18%，安全生产形势总体平稳，事故起数及死亡人数呈逐年下降趋势。五年来，国防、人防、国家安全、食品药品安全、审计、司法行政、民族宗教、移民、地方志、档案、侨务、对台、仲裁、气象、老龄、工青妇、关心下一代、慈善、残疾人、红十字、爱国卫生等事业取得显著成绩。

过去五年，我们坚持不懈地加强政府自身建设。配合制定《贵阳市花溪国家城市湿地公园管理规定》、《贵阳市青岩历史文化名镇保护管理办法》等地方性法规、规章70余件。坚持依法行政，自觉接受人大法律监督、工作监督和政协民主监督，办理人大代表建议563件、政协委员提案297件，办复率均达100%。扎实开展党的群众路线教育实践活动、“三严三实”专题教育和“两学一做”学习教育，加强政府廉洁建设，强化审计监督和行政监察，坚决纠正部门和行业不正之风，严肃查处违纪违规案件400件421人，政务环境不断优化，政治生态风清气正。

刚刚过去的2016年，区委坚强领导、正确决策，统揽全局、协调各方，团结带领全区干部群众，围绕创建全域文化旅游创新区的目标，开拓创新，奋力拼搏，经济社会持续快速发展，实现了“十三五”良好开局。预计全区生产总值增长11.7%，固定资产投资增长21.2%，社会消费品零售总额增长13.0%，一般公共预算收入增长19.94%。

一年来，我们突出抓大项目，筑牢发展基础。强力推进“八个一批”项目和“5个100”工程、文化旅游创新区“七大工程”等项目，完成总投资437.21亿元。完成天河潭大道、清溪路改扩建段、思杨路延伸段等项目35个，加快孟关现代商贸物流园、泰邦生物科技园、传化智能公路港等项目建设。积极配合花安高速、龙溪大道等外联路网建设，启动恒大花溪童世界、红岩水库、花石路等重点项目。

一年来，我们突出抓大数据，增强创新能力。实施大数据“五大示范工程”，积极探索“汽车网商+线下实体+文化+旅游”电子商务产业发展模式，加快花溪电子商务及服务外包产业园二、三期建设。大数据产业营业收入达20亿元，签约建设呼叫席位7524席；建成农村电商便民服务点31个。城区光纤入户率达90%，移动4G网络实现行政村全覆盖，为大数据在城市管理、智慧旅游、政务服务等方面的运用打下了坚实基础。

一年来，我们突出抓大扶贫，拓宽致富渠道。按照大扶贫战略行动“五个高一格”的要求，坚持把产业扶贫作为扶贫开发的主抓手，依托久安茶叶示范园、青黔农旅示范园、燕马蔬菜保供示范园，带动周边农户4万余人发展茶叶、豇豆、香葱等特色产业。加快推进青、黔、高“溪南十锦”大扶贫农旅示范带建设，促进乡村旅游发展，辐射带动沿线群众增收致富。全区2435户5167人低收入困难户收入整体越过4300元。

一年来，我们突出抓大旅游，实现全域升级。围绕创建全域旅游先行示范区的目标，编制了《花溪区全域旅游发展规划》。青岩古镇景区实施提升项目55个，创建5A级景区已进入现场检查阶段。改造提升天河潭景区、湿地公园、花溪公园，建成涵盖七大系统的青岩古镇旅游云平台，启动花溪区旅游运行监管及应急指挥平台大厅建设，成功承办2016中国青岩·古镇峰会、“大数据+旅游”产业高峰论坛。花溪区在全国全域旅游创建工作现场会上作交流发言。

一年来，我们突出抓大生态，守住两条底线。在守住发展底线的同时，坚守生态底线不动摇。按照全市打造“一河百山千园”自然生态体系的整体部署，启动花溪河生态环境综合治理工程，集中整治阿哈水库、花溪水库周边区域环境；完成天然林保护55.37万余亩和封山育林、人工造林5.3万余亩，城市景观绿化20万平方米；完成碧桂园1号公园、青岩古镇定广湖公园等49个公园建设。

一年来，我们突出抓大民生，提高幸福指数。全年民生支出累计达21.21亿元，占公共财政预算支出的78.78%。除因规划调整导致“两馆一中心”建设项目未完成外，其它9件民生实事全部完成。顺利通过国家义务教育发展基本均衡评估，新建改扩建幼儿园8所。全区27个乡（镇、社区）实现基本公共卫生服务全覆盖，完成城乡统筹就业2.35万人。城镇、农村常住居民人均可支配收入分别达到29007元、13526元。城市、农村低保标准分别提高636元、516元。大力推广社会治理新模式，群众安全感、幸福感进一步增强。

各位代表，这里要特别向大家报告的是，在经济下行压力加大、社会建设任务加重的情况下，全区上下奋力拼搏，大部分指标逆势上扬，按照新的测评体系和分类口径，今年在全省18个城区方阵中位列第5位，较去年上升9位（同口径）。成绩来之不易，经验弥足珍贵。过去五年，花溪的变化令人鼓舞，花溪的发展振奋人心。这些成绩的取得，是市委、市政府和区委坚强领导的结果，是区人大和区政协监督支持的结果，是全区广大干部和各族群众团结奋斗的结果，是花溪历届老领导、驻区单位和社会各界大力支持的结果。在此，我代表区人民政府，向全区各族人民、各级干部表示崇高的敬意！向人大代表、政协委员，向各民主党派、各人民团体和各界人士，向驻区人民解放军、武警官兵和人民警察，向驻区各级单位，向花溪历届老领导、老同志和所有关心、支持花溪建设发展的各界朋友，表示衷心的感谢！

我们在充分肯定过去五年取得成绩的同时，也清醒地看到存在的问题和不足。主要体现在：一是投资结构不均衡。新型工业、信息技术、商贸服务、科技应用等领域投资项目少、体量小，产业投资占固定资产投资总额比重不高。二是产业特色不明显。传统产业转型速度慢，新兴产业推动力度弱，特色产业、核心企业“青黄不接”，文化旅游特色产业体系尚未形成。三是城市管理不精细。基础设施建设欠账多，管理水平、服务质量与创建全域文化旅游创新区的要求不相适应，城市美誉度还不高。四是协同发展不深入。两区深度融合的体制机制有待健全，与贵安新区、黔南州、双龙航空港和观山湖等周边区域协同联动有待加强。五是民生保障不完善。群众关心的出行难、就医难、上好学难、入好园难等民生问题还未得到根本解决，农村脱贫的基础还不牢固，建成更高水平全面小康社会任务艰巨。在今后的工作中，我们将坚持问题导向，逐步加以解决。

二、今后五年目标任务

今后五年，中央坚持稳中求进的工作总基调，省委、省政府坚持守底线、走新路、奔小康的工作总纲，市委、市政府坚持打造创新型中心城市的战略部署，为我们打造全域文化旅游创新区提供了理论指导和根本遵循。我区既有得天独厚的资源条件，也面临创新发展、先行先试的艰巨任务，仍处于大有可为的重要战略机遇期。今后五年是建成全域文化旅游创新区的关键期。随着全域文化旅游创新区建设的深入推进，我们既面临繁重发展任务，又面临诸多风险挑战，必须以敢为人先、攻坚拔寨的勇气担当，不断探索创新发展新路径。今后五年是产业转型升级发展的突破期。目前我区新兴产业短板突出，传统产业改造提升任务艰巨，我们必须抢抓机遇，以大数据为引领，努力在新兴产业规模和质量上取得重大突破，加速培育新的经济增长极。今后五年是整体城市形象的提升期。我们要突出“大花园、大溪流”的特色，加快建成国家园林城区、全国文化先进区、国家级旅游度假区、国家生态旅游示范区和中国国际特色旅游目的地，努力提升花溪的知名度和美誉度。

今后五年政府工作总体要求：全面贯彻党的十八大和十八届三中、四中、五中、六中全会精神，以邓小平理论、“三个代表”重要思想、科学发展观为指导，深入学习贯彻习近平总书记系列重要讲话特别是视察贵州重要讲话精神，认真贯彻落实省委十一届七次、八次全会，市第十次党代会和区第十一次党代会精神，牢固树立“四个意识”，统筹推进“五位一体”总体布局，协调推进“四个全面”战略布局，坚持稳中求进工作总基调，切实践行新发展理念，牢牢守住发展和生态两条底线，坚持主基调主战略，实施大扶贫大数据两大战略行动，围绕打造创新型中心城市的奋斗目标，坚定“全域文化旅游创新区”定位和“一区四化”路径不动摇，突出“大花园、大溪流”特色，坚持文化为魂、生态为本，高端定位、整合发展，加快建成国家级全域文化旅游创新区和以大数据骨干企业为导向的经济转型发展先行区。

今后五年全区经济社会发展主要目标：地区生产总值年均增长11%左右；规模以上工业增加值年均增长10%左右；固定资产投资年均增长18%左右；社会消费品零售总额年均增长11%左右；公共财政预算收入年均增长8%左右；旅游业对地区生产总值的综合贡献率超过18%，旅游业新增就业占当年新增就业的20%以上；文化产业增加值占地区生产总值比重达8%左右；森林覆盖率达51%以上，空气质量达标率排在全市前列。单位GDP能耗控制在国家和省市的要求以内。亿元GDP生产安全事故死亡率控制在0.23以内。

今后五年政府工作重点任务：围绕区第十一次党代会作出的总体部署，特别是“六个坚持、六个新跨越”的奋斗目标和构建“七个体系”、建成“七个城市”的科学路径，坚持以大数据为引领，以生态保护为底线，以综合交通为先导，以产业发展为支撑，以旅游服务为保障，积极实施“八大工程”，努力实现“八个新突破”。

（一）积极实施大数据引领工程，在优化产业结构上努力实现新突破。坚持把大数据作为产业转型的新动能，围绕“核心业态＋关联业态＋衍生业态”，构建大数据全产业链，加快发展成为一个新兴支柱产业。坚持以大数据为引领，培育一批大数据＋农业、＋工业、＋服务业的新业态，加速推进产业转型升级，构建现代产业体系。一是要推进现代山地特色高效农业快速发展。深入推进农业供给侧结构性改革，更加注重调结构、上规模、创品牌、占市场，更加注重农旅融合发展，实现农业“接二连三”。建立健全农业技术推广、农产品质量安全和农业信息化等服务体系，以现代高效农业园区为载体，整合各种生产要素向园区聚集，实现农业示范园区提质升级。实施主导产业培育和特色品牌塑造工程，大力发展农产品精深加工业，推进“从田间到餐桌”的农产品冷链物流体系建设。深化农村产权制度改革，积极推进土地流转和农村“三变”试点工作。加快电子商务进农村，提高农产品的商品转化率。培育3个国家级农业龙头企业、15个省级农业龙头企业、15个市级农业龙头企业。二是要推进新型工业化提质发展。围绕花溪、经开“一区两中心六基地”大数据产业发展布局，以提高质量效益为目标、以产业结构转型升级为重点，积极利用大数据改造和提升传统产业。以泰邦生物、同济堂等医药企业为基础，抢抓全省推进新医药产业发展的机遇，实行新医药和大健康产业差异化、错位化发展。依托小孟工业园、燕楼产业园等园区，打造产业链长、带动力强、集聚度高的战略性新兴产业集群，加快打造麦坪高端装备制造产业板块。三是要推进现代服务业创新发展。深化服务业供给侧结构性改革，大力发展以现代物流、电子商务、信息产业、研发设计为重点的生产性服务业和适应居民消费升级需求的生活性服务业，继续加快孟关汽贸城服务业集聚区、青岩特色旅游服务业集聚区、石板农产品服务业集聚区建设。推进以传化智能公路港为龙头的第三方物流等业态快速聚集，加快西南商谷建设，着力打造中国公路物流港示范基地。加快打造花溪大道文化旅游商业经济走廊和溪南新区现代服务业发展圈、花溪老城区商业圈，完善商贸物流体系，推进物流信息化、标准化建设，提升花溪作为全省旅游集散地的功能。

（二）积极实施环境提升工程，在统筹城乡发展上努力实现新突破。以改善城乡人居环境为主要目标，统筹规划建设管理三大环节，着力打造“百园之区”，满足城市快节奏与乡村慢生活的不同需求，让城乡各美其美，美美与共。一是在城乡规划上突出一体化。坚持规划先行、“多规融合”，精心编制城乡规划，构建功能定位准确、功能分区清晰、用地划块明确、功能配套完善、空间“留白”恰当的规划体系。将中心城区建成功能完善的城市服务区，将青岩镇建成文化旅游创新区核心区和中国国际特色旅游小城镇，将孟关乡建成“产城互动”的现代示范小城镇，将石板镇建成国际旅游度假小镇，将燕楼镇建成以大数据为引领的工贸新城镇，将麦坪镇建成现代化生态新城，将马铃乡打造成农旅融合发展先行示范乡，将黔陶乡建成以休闲养生、文化体验、避暑度假为特色的生态文化旅游示范区，将高坡乡建成贵州山地旅游休闲度假区，将久安乡建成都市近郊茶旅文化示范区。二是在城区建设上突出园林化。围绕全市“一河百山千园”的总体部署，做好“花”的文章，按照“一路（景）一特”原则，在重要路段、重要节点、重要区域打造四季花景，使花溪成为名副其实的“大花园”；做好“山”的文章，精心保护好、绿化好、美化好山头，全面增绿复绿还绿，让每一个山头绿起来；做好“水”的文章，守住“水清”的底线，实施治水、护水工程，让花溪碧水长流；做好“景”的文章，加快推进“百园之区”建设，实现300米见绿、500米见园。三是在农村发展上突出特色化。以乡村旅游为突破口，以美丽乡村建设为抓手，采取镇、村、企联动的模式，推动基础设施和公共服务向农村延伸，打造一批集文化创意、民俗体验、生态休闲于一体的乡村休闲度假区，辐射带动周边村寨发展。以小城镇建设和民族村寨、古村落、古建筑保护为重点，将民族风情、历史文化等文化元素融入村镇规划、建筑设计和景观打造中，建设一批民族文化与自然山水相得益彰的特色小镇，形成一批“留得住乡愁”的特色村落。

（三）积极实施品牌塑造工程，在提升花溪形象上努力实现新突破。围绕全域文化旅游创新区的定位，以更高的品位打造花溪旅游发展“升级版”，进一步增强花溪旅游的核心竞争力。一是注重全季节体验，谋划全景式打造。加快主题酒店、避暑度假基地、休闲农庄、民宿客栈等主题型、精品型旅游接待设施建设，构建“春赏花、夏避暑、秋运动、冬养生”的四季旅游产品。以主要景区景点及周边民族村寨为重点，将花溪主城区打造成为全域旅游的核心景区，辐射带动北部生态湿地旅游带、南部山地民俗旅游带、西部农旅休闲旅游带和东部工业文化旅游带，精心打造“精品景区、生态湿地、山地民俗、人文景观、农旅休闲、工业文化”六条精品旅游线，着力构建“一核四带六线”的全域旅游发展总体布局。二是吸引全社会参与，带动全产业发展。以“开放、共建、共享”为理念，构建政府、企业、市民、游客共同参与的共建共享机制。引导金融机构加大对旅游企业和旅游项目的支持力度，鼓励私营企业、民间资本与政府合作，允许村集体和村民以民族村寨、土地、林地、宅基地、房屋等作价入股，参与旅游景区建设和项目开发。立足花溪的人文、生态、气候、环境等资源优势，推动旅游业与农业、工业、服务业融合发展，加快发展文化旅游、商务旅游、养生旅游、研学旅游和度假旅游。三是创新全区域管理，提供全方位服务。加快推进旅游体制机制改革，构建全域旅游综合管理的统筹协调机制。以大数据为依托，积极打造集旅游政务管理、旅游应急指挥中心、旅游企业诚信管理以及移动执法管理为一体的旅游监管平台。以提升满意度为出发点，加快旅游专线、快速公交线、自行车专线和旅游步道建设，实施“厕所革命”，加快“智慧旅游”平台建设，建成全省“智慧旅游”示范区，构建现代化、便捷化、网络化的全域旅游服务体系。

（四）积极实施文化共享工程，在促进文旅融合上努力实现新突破。建设文化旅游创新区，文化是核心，旅游是支撑，创新是关键。要提升文化软实力，以文旅融合发展为切入点，充分发挥传统文化、历史文化、民族文化、现代文化在全域文化旅游创新区建设中的特殊作用。一是弘扬传统历史文化。支持孔学堂建成中华传统文化传承教化基地，塑造成集文化研修、交流传播、旅游休闲、城市景观、文化产业于一体的展示多元文化形象的亮丽品牌。收集整理党和国家领导人视察游览花溪和三线建设等史料，保护好、传承好以周渔璜等历史名人、红军长征过花溪等历史事件、青岩古镇历史文化遗产资源等为代表的历史文化，讲述好“云贵第一文状元赵以炯”、“独步京华艺术家姚茫父”等经典故事。二是传承优秀民族文化。深挖、整理和开发利用以苗族“四月八”、布依族“六月六”、高坡芦笙舞、孟关猴鼓舞等为代表的民族文化，打造具有地域特色的文化展示平台和文化旅游品牌。深入推进优秀文化遗产保护工程，着力构建“文化企业＋非遗传承人”、“设计师＋工艺大师”等产业体系，促进传统民族工艺与现代创意设计、现代科技融合。加强民族村寨的统一规划和保护，恢复一批文化遗迹，申报一批省级、国家级和世界民族民俗文化历史遗产。三是创新发展现代文化。积极引导、鼓励、推动时尚文化、高校文化和创新文化发展。充分整合高校、企业等文化创意和文化创新资源，打造集创客空间、音乐酒吧、休闲书屋、艺术社区等为一体的文化休闲街区、创意街区、艺术街区。充分利用互联网技术和大数据平台，推动公共文化服务数字化建设。力争把“花溪之夏”艺术节打造成国内知名的文化活动品牌，把中国青岩·古镇峰会打造成全国乃至世界古镇发展与保护的交流平台，铸就花溪文化新名片。

（五）积极实施绿色发展工程，在生态文明建设上努力实现新突破。坚守发展和生态两条底线，厚植花溪城市绿色发展基因，巩固扩大国家生态示范区建设成果，当好贵阳生态文明建设“火车头”。一是建立更严的环保制度。严格落实污染物排放许可制，建立污染防治区域及生态修复联动机制。严格落实生态环境损害责任终身追究、生态环境损害赔偿和生态保护补偿资金制度，制定环境保护指标体系和考核办法，构建政府、部门、企业“三位一体”的责任制度。严格落实“河长制”，确保全区大小河流“有人查、有人管、有人治”，推动未达标水体综合整治，实现水环境质量全面改善。严格禁止露天焚烧，积极探索农村秸秆处理的新路径，切实保护生态环境和空气质量。二是实施更实的环保措施。大力实施“青山”、“蓝天”、“碧水”、“净土”工程，筑牢绿色生态屏障。建立资源环境承载能力监测预警机制，对饮用水源保护区、生态环境脆弱地区、环境污染指标严重超标地区实行限制性开发政策。用好环境保护的“法治红利”，保持环保执法的高压态势，深入开展“六个一律”环保“利剑”和森林保护“六个严禁”执法专项行动，依法严厉查处偷排、偷放等恶意违法排污行为和篡改、伪造监测数据等弄虚作假行为。实施石漠化整治、森林管护、生态修复工程，大力开展植树造林，强力推进森林保护，新增绿地20万平方米以上，力争森林覆盖率年均增长1个百分点以上。三是倡导更新的环保理念。深入开展生态文明宣传教育，培育生态文化、生态道德，加强生态文明学校、企业、机关、社区建设。开展“美化家园·绿色生活”环保公益活动，营造全社会关注环保、参与环保的氛围，倡导文明、节约、绿色、低碳的消费方式和生活习惯。

（六）积极实施“双创”推进工程，在激发城市活力上努力实现新突破。充分发挥市场在资源配置中的决定性作用，减少行政权力不必要的干预，营造宽松有序的投资环境和发展环境，激发各类主体创新创业的活力。一是要持续推进“放管服”改革。按照“应进必进、进必授权”的原则，公布行政审批事项目录，公开办理程序，强化过程监控，完善行政审批事项动态管理制度，做到政务服务大厅之外无审批，杜绝出现人进事不进、授权不到位、体外循环等现象。充分利用全省“一张网一平台”，推进政务事项办理向电子政务云平台集中，让数据“多跑路”、群众“少跑腿”。二是要持续推进招商引资。围绕花溪全域文化旅游创新区建设的战略目标，聚焦大数据、大旅游、大生态“三块长板”，调整完善招商引资项目库，瞄准适合我区产业发展的500强、央企和优强民营企业，着力引进一批科技含量高、产品附加值高、带动力强的大项目、好项目和高新产业项目，加快形成产业集群。落实安商富商举措，推动项目早日落地、早日建设、早日投产。三是要持续推进“双创”。实行鼓励创新的政策，充分利用现有的创新政策工具，挖掘已有的政策潜力，加大政策落实力度，形成支持众创空间发展的政策体系。充分发挥大学生创业孵化园和农民工创业示范基地的示范带动作用，促进大学生、农民工等群体返乡创业；设立创业基金，对众创空间办公用房网络给予优惠；对小微企业、孵化机构等给予支持，汇聚小微企业发展的“微动力”，掀起万众创新创业的“大浪潮”。

（七）积极实施快旅慢游工程，在完善基础配套上努力实现新突破。以加快完善交通基础设施为重点，统筹推进城乡基础设施建设。一是着力完善快速交通路网。构建“五纵七横”的战略通道，加快建设孟溪路、花石路、航天路、大职路等横向外联道路，启动观潭路等城市主干道建设。配合实施市域快铁建设，支持轻轨3号线、S1号线、S4号线建设，启动花溪站（贵阳南站）综合交通枢纽建设，形成集城市主干道、高速公路、市域快铁、轻轨等为一体的综合交通体系。二是着力建设绿道慢游系统。新建青岩—黔陶—高坡旅游公路，加快推进阿哈水库至天河潭、甲秀南路、孟溪路、花溪大道、黄金大道等5条主要旅游通道建设，有序推进龙燕路等26条次要旅游通道建设，实现景点旅游通道全覆盖，构建“两轴八核”慢行体系。重点沿花溪河、青岩河等水景观打造慢行纵轴，串接花溪公园、青岩古镇、燕楼古堡等自然人文景观，打造富有特色的慢游休闲长廊。三是着力补齐乡村基础设施短板。继续推进“四在农家·美丽乡村”基础设施建设，实施“六个小康”行动计划和农村环境综合整治，加快农村电网改造、生活污水治理、生活垃圾处理、防灾减灾工程建设，全面提升农村人居环境。完成区级再生资源分拣中心建设，实现乡镇、社区再生资源回收分拣点规范管理；推进信息基础设施全覆盖，实现每个村寨通“宽带”。

（八）积极实施幸福花溪工程，在提高服务水平上努力实现新突破。紧盯群众需求，直面社会痛点，在改善民生和创新社会治理的实践中，提高政府服务水平。一是不断加大扶贫开发力度。按照“高一格”扶贫、“快一步”致富的要求，以大扶贫战略行动统揽“三农”工作，以大数据推动精准扶贫，以“六个一体化”为突破口，推进结对帮扶、产业扶持、教育培训、危房改造、生态移民、基础设施等“六个到村到户”精准扶贫工作，深入实施“十项行动计划”，确保到2020年农村低收入困难群众人均可支配收入整体越过6500元，与全市同步在全省率先建成更高水平的全面小康。二是不断补齐民生服务短板。按照每年10%的增幅逐年提高城乡低保标准，确保困难群众基本生活水平与全面小康建设的总体目标相适应。强力推进西部教育改革支持活动，系统谋划大学城周边教育服务配套，均衡布局城乡教育资源，深入推进普及15年教育。扩大公办幼儿园覆盖面，发挥省级示范园辐射作用，形成以公办幼儿园为主、规范民办幼儿园共同发展的新局面。全力破解优质卫生资源短缺的瓶颈，以加快公立医院综合改革试点为统揽，完善分级诊疗模式，使个人卫生支出比例降低到30%以下，构建“15分钟城市社区健康服务圈”和“30分钟乡村健康服务圈”。建设居家养老服务信息系统，引导和支持社会力量开展居家养老服务，促进居家养老服务业标准化、规范化发展，确保在2021年每千名老人养老床位达到40张以上。三是不断提高社会治理水平。深化行政执法体制改革，科学划分执法权限，合理配置执法力量，建立健全协作机制，提高整体执法效能。创新群众工作组织形式，加快建立覆盖全区的公共法律服务平台，加强基层法律服务工作者、人民调解员队伍建设，提升基层社会治理法治化水平。大力提高应对突发事件的能力，构建横向到边、纵向到底，相互衔接、相互支援的应急预案体系。深入推进禁毒人民战争和平安社会建设，构建以大数据为引领的立体化社会治安防控体系，全面推进“六张网”建设。深入开展信访维稳工作，加强社会矛盾纠纷排查调处和源头治理。深入开展安全隐患的全面彻底排查和治理，实现安全生产形势稳定好转。

三、2017年工作安排

今年是新一届区委、区政府履职的第一年，是实施“十三五”规划承上启下的关键之年，是向全域文化旅游创新区建设发起主攻的首战之年，做好今年各项工作，意义重大。今年经济社会发展的预期目标是：地区生产总值增长11.0%；规模以上工业增加值增长8.5%；固定资产投资（500万口径）增长19.0%；社会消费品零售总额增长11.5%；公共财政预算收入增长8.0%；城镇、农村常住居民人均可支配收入分别增长9.0%、9.5%；旅游总收入增长30.0%；城镇登记失业率控制在市下达目标范围内。

2017年，拟办“十件实事”：（1）实施贵惠大道（青岩至惠水段）道路工程。（2）完成清华中学小孟分校主体建设；启动一所标准化学校建设（花溪区华阳小学改扩建）。（3）完成2个社区卫生服务中心标准化建设。（4）启动高坡乡基本农田基础设施建设项目。（5）实施饮水安全巩固提升项目，解决1.4万人人饮问题。（6）实施花溪碧云窝水厂扩容工程（一期）。（7）完成城市道路环卫一体化项目。（8）实施背街小巷15条道路（部分老旧小区）公共基础设施整治提升工程。（9）启动“千园之城·百园之区”65个公园建设。（10）完成花溪旅游运行监管及应急指挥平台建设。

围绕上述新目标、新任务，我们将坚持稳中求进工作总基调，牢固树立和落实新发展理念，坚持以提高发展质量和效益为中心，以推进供给侧结构性改革为主线，全面做好稳增长、促改革、调结构、惠民生、防风险各项工作。当前，花溪已进入加速发展的重要阶段，我们必须牢固树立“打基础、利长远”的思想和“功成不必在我、功夫必须在我”的意识，按照“弹钢琴”、“转盘子”的要求，既要注意统筹谋划和顶层设计，又要注重因势利导和重点突破，进一步打牢发展的基础，进一步厚植发展的优势，为花溪的腾飞注入强劲动能和活力。为此，今年要重点围绕“八个统筹”推进工作，以优异成绩迎接党的十九大和省第十二次党代会胜利召开！

（一）统筹大数据与大旅游两台引擎，在增强发展动力中实现新目标。坚持把大数据作为花溪经济发展的新支柱和产业提升的新动能，把大旅游作为花溪发展的战略目标和战略抓手，实现大数据与大旅游的融合，为花溪经济发展植入两台强劲引擎。在大数据方面，大力发展数字经济，聚焦引领性、应用性、支撑性项目和抓手，探索创新数字经济业态、商业模式、发展路径，向大数据要新的生产力。以实施“信息基础设施三年行动计划”为契机，着力推进城乡光纤宽带升级改造项目、免费WIFI续建项目、移动无线4G网络机站等大数据网络基础设施建设。继续实施大数据研发创新、智慧旅游、电子商务、服务外包等“五大示范工程”，培育大数据研发创新、智慧旅游、创意设计等骨干企业，促进大数据业态快速集聚。突出大数据在政用、民用、商用领域的应用，建立电子政务云服务平台，完善政务服务平台和数据铁笼，简化办事程序、提升政府效能；完善线上线下一体化的便民服务平台，为群众提供更方便、更快捷的服务；加快智慧旅游大数据服务平台建设，实现智慧景区全覆盖；建设大数据物流中心，促进智慧物流产业的发展。在大旅游方面，要推进旅游业供给侧结构性改革，丰富旅游发展要素，提升旅游服务质量，以旅游业“井喷式”增长倒逼各项工作的快速推进，逐步走出一条以文化旅游统揽全域发展的创新之路。完善旅游服务配套功能，开通各景点间旅游巴士，在各高速公路匝道口、主城区设置5个游客咨询服务点。力争实现青岩古镇创建国家5A级旅游景区的目标。推动文旅融合发展，打造一批具有花溪特色和影响力的文化旅游精品，开发一批满足市场需求的文化旅游工艺品、纪念品。加快建设花溪公园滨水生态休闲健身带、天河潭苗医馆等大健康旅游项目，启动红岩峡谷户外休闲带和山地休闲公园建设，打造高坡国际山地户外运动基地。实施城市夜景观工程，加快恒大花溪童世界文旅项目建设，打造全区域、全天候皆可游的魅力花溪。

（二）统筹生态与文化两大资源，在突出发展特色中实现新目标。充分挖掘和利用花溪区生态环境良好、文化底蕴深厚的优势，坚定不移走生态优先、绿色发展之路，把生态文明建设融入经济社会发展各方面和全过程，坚持文化为魂、以文“化”区的理念，厚植城市文化基因，把生态和文化两大资源优势打造成特色品牌。加强生态文明建设。牢固树立“绿水青山就是金山银山”的理念，大力保护生态环境，大力发展绿色经济，把生态优势变成发展优势，把生态财富变成物质财富。完善环保基础设施，加快花溪垃圾焚烧发电项目建设，新建高坡、马铃、久安、麦坪4座乡（镇）污水处理厂，建成燕楼产业园区污水处理厂、孟关污水处理厂并投入运行，扩建花溪污水处理厂，完善青岩和石板两座污水处理厂设施并投入正常运行。围绕打造“百园之区”的年度目标，建成燕楼梓木森林公园、贵筑洛平公园、麦坪甘塘水库观光公园等33个公园。创建2个省级生态乡（镇），力争全区60%乡（镇）达到省级生态乡（镇）标准，60%的行政村成功申报省、市级生态村。强化生态监管执法，全面打击和防控生态破坏行为，继续开展关闭、停办砂石矿山的综合治理，加强大气污染防治，开展露天禁烧整治行动。加强水污染防治，坚持实施“河长制”，将全区现有12条河流全部纳入“河长”管理。加强文化传承创新。加快“两馆一中心”、古镇峰会永久会址、青岩数字博物馆、数字影视院等文化设施建设，支持孔学堂三期建设。继续开展“送文艺下乡”、“我们的节日——正月十三民族民间歌舞大联欢”、农村公益电影放映等文化惠民活动，举办苗族“四月八”、布依族“六月六”等具有民族特色的文化活动，实施乡（镇）农体工程，让群众共享文化成果。加强文物安全保护，积极开展“非遗”项目认定和项目申报，重点推进花溪非物质文化遗产传习基地和非物质文化遗产资源数据库建设。依托孔学堂、大兴国寺、“两周”文化休闲主题公园、周钟瑄文化交流中心、花溪大学城，创新文化活动内容与形式，让文化资源优势“活起来”，促进多元文化有机融合。实施生态与文化融合工程，让生态文化成为花溪城市品牌的最大特色。

（三）统筹项目与产业两个抓手，在强化投资拉动中实现新目标。项目建设和产业培育是推动经济发展的重要抓手，要发挥项目建设在投资拉动中的龙头作用，以重点项目建设为突破口，逐步形成布局好、结构优的产业链，统筹三次产业协调发展。继续抓好重大项目建设。牢固树立抓项目就是抓发展、抓项目就是惠民生的理念，落实项目建设的主体责任。重点围绕《花溪建设文化旅游创新区三年行动计划》和创建国家全域旅游先行示范区确定的项目盘子，加快推进全域文化旅游创新区项目建设，做好区域地块整治项目策划和包装。继续实施“5个100工程”、“八个一批”项目建设，完成项目投资300亿元以上。加快推进以道路交通和房地产开发为核心的基础设施建设项目，以文化旅游和生态建设为核心的功能配套项目，以大数据、新医药大健康、商贸物流和现代农业为核心的产业发展项目，为经济发展增加持续动力。继续加速产业集聚发展。优化农业产业结构和区域布局，强力推进省级现代高效农业示范园建设，加快发展观光休闲农业，促进农业与旅游融合发展，建成久安景观茶叶、高坡中药材基地、马铃“云中百花园”、青岩花卉基地。完善产业园区道路、供水、供电、物流和标准厂房等配套设施建设，为招商引企、产业集聚创造条件，力争园区产值达到55亿元。深入推进“三去一降一补”，继续抓好工业“百千万”工程，支持红阳厂、三五三七厂等企业降本提质增效。大力发展文化旅游、商贸物流、电子商务、康体养生等现代服务业，加快推进孟关汽车贸易城现代商贸物流集聚区、石板农产品市场现代商贸物流集聚区、孟关汽贸城二手车市场、燕楼宇培贵阳电子商务分拨结算中心、黔陶老榜河滨水休闲度假区建设。

（四）统筹城市与乡村两极发展，在缩小城乡差距中实现新目标。按照全域规划、建设、发展的理念，以全域旅游为载体，以特色小城镇和美丽乡村建设为抓手，统筹城市与乡村协调发展。做好城乡共美规划。坚持“以人为本、尊重自然、传承历史、唤起乡愁、绿色低碳、和谐交通”的理念，完成《花溪乡镇发展总体规划》、《花溪区山水田园发展保护规划》等规划编制任务，逐步完善多规融合的规划体系。统筹规划、建设、管理三大环节，加强对违反规划行为的事前事中监管，加大对违法建筑的控制和查处力度，全年拆除违法建筑45万平方米以上。以乡村旅游发展为导向，加快中心城镇及乡村规划，突出乡村特色和产业发展需要，建设一批特色小城镇和美丽乡村。统筹基础设施建设。加快构建“五纵七横”的交通体系，完成孟溪路、花桐路、大职路和思孟路等市政道路建设，加快省道S209燕楼至改尧提等改造，以及青岩至思若、隆昌至岔路口、黔陶至赵司、歪脚至扬眉等农村道路提等升级，启动花溪车站的选址搬迁工作。实施红枫湖至花溪水库水源保护连通工程，加快推进红岩水库、栗木水库和水场堡水库建设。加快城市易涝点改造，推进雨污分流管网和防洪排涝设施建设，实施花溪河两岸截污管网建设工程和花溪养牛大沟、洛平大沟、大水沟综合整治工程。以2017年度“四在农家·美丽乡村”一事一议普惠制建设项目为抓手，统筹推进农村供水、供电、排水、排污、信息等基础设施建设。推进城乡互动发展。乡村旅游是实现城乡互动发展的重要环节，要以全域旅游为主线，大力发展乡村旅游，推动各类要素向农村集聚，实现城乡之间业态、形态、生态等协调互动、融合发展。全力推进“溪南十锦”沿线10个美丽乡村点、2个美丽乡村示范带建设，通过旅游业的发展带动人流、物流、资金流向边远乡（镇）流动，促进公共服务和民生事业向乡（镇）延伸，加快推进城乡一体化发展，逐步实现农业强、农村美、农民富的目标。

（五）统筹花溪与经开两地力量，在深化两区融合中实现新目标。深入实施花溪区与经开区深度融合战略，强化规划设计、产业布局、机制创新，促进两区优势互补、产业共融、成果共享，实现“1+1>2”的目标。以规划统筹两区布局。围绕花溪区、经开区的城市功能和产业发展定位，按照“一区多园”空间布局，统筹花溪区和经开区城市规划、土地规划、林地规划、生态规划和产业规划，优化国土资源空间利用，将孟关、燕楼、石板、麦坪四个片区作为小孟工业园的政策拓展区和产业延伸区，提高产业的空间集聚度，推动两区产业集聚集群发展。以产业促进两区互动。充分运用经开区产业准入、招商引资、建设用地、投融资等方面的优惠政策，提升产业总量和发展质量。依托经开区货车帮、011基地等大数据和军工企业的技术优势，做好产业延伸配套服务，推动花溪区战略性新兴产业发展，培育新的增长极。发挥花溪空间、生态、旅游、人才等资源优势，为经开区拓展发展空间、营造发展环境、提供人才支撑、增强发展后劲。以机制增强两区合力。在两区县级党政干部统一分工、深度融合的基础上，积极配合经开区党工委和区委推动党政干部交叉任职，副科级以上干部轮流到两区相应职能部门或领导岗位互挂，促进部门之间深度融合，提高干部队伍推动两区发展能力。建立两区人才资源库，推动两区优秀的专业人才、管理工作者相互交流，形成既有分工、更重合作的干部管理机制，实现全方位、多层次的人才交流。

（六）统筹改革与开放两条路径，在激发发展活力中实现新目标。加快推进关键性改革，以改革聚内力，以开放借外力，为全域文化旅游创新区建设增添新动力。创新重点领域改革。稳妥推进财税体制改革，制定区、乡（镇、社区）两级财政税收制度，适应“营改增”财政税收政策的需要。深化投融资体制改革，引导社会资本积极参与项目建设。支持区平台公司向实体化转型，推进公司债务发行工作。探索农村宅基地使用权、土地承包权、林权、水权“四权”抵押贷款或折合入股的方式，拓宽农民投融资渠道。加快旅游管理体制综合改革，构建全域旅游综合管理统筹协调机制。推动区域协同发展。坚持开放带动，加强区域协同，推动花溪与周边区域的协作发展。在产业策划、产业定位、产业布局等方面加强与贵安新区的对接统筹，实现错位、互补、差异和融合发展；主动对接小孟工业园、双龙航空港经济区等周边区域，切实发挥区域物流、汽车贸易等中心功能；以发展乡村旅游为载体，聚合黔南州龙里县、惠水县相邻乡（镇）资源，加快集休闲养生、度假避暑和特色餐饮为一体的旅游发展。加大招商引资力度。树立“大招商、招大商”的理念，充分利用“大数据+产业联盟”和“中国青岩·古镇峰会”等对外开放平台，创新招商引资方式，开展精准招商，全年完成招商引资省外实际到位资金214.2亿元，同比增长15%；直接利用外资1.2亿美元，同比增长15%。

（七）统筹社会保障与社会治理两套体系，在完善政府职能中实现新目标。以提升人民群众安全感、幸福感、获得感为目标，着力解决群众最关心的社会保障和社会管理问题，创造和谐稳定安全有序的社会环境。加快完善社会保障。加强医疗救助、临时救助、“救急难”等各项救助保障制度的衔接，提高城乡居民最低生活保障水平，确保城乡困难群众基本生活得到有效保障。建立政策性农房灾害保险制度，推进政策性农房灾害保险，积极申报创建综合减灾示范社区。巩固和提高城乡居民基本养老保险参保率，逐步完善社会养老保险体系。推进青岩中心敬老院“公建民营”试点改革，提高麦坪敬老院医养结合管理服务水平。扎实推进社会治理。整合现有网格化服务管理平台、12345热线、“筑城微治”微信、“百姓—书记、区长交流台”等资源，加快“社会和云”建设。依托大数据，建立市民网上信访平台，推进阳光信访、责任信访、法治信访建设，确保全年信访总量下降、初信初访问题化解率达96%以上。充分发挥村（居）法律顾问作用，完善区级公共法律服务中心功能，为群众提供方便、快捷的法律服务。深入打造“两严一降”升级版，不断健全完善立体化治安防控体系，确保刑事案件稳中有降。深入推进“禁毒人民战争”，确保实现禁毒工作“三年出拐点”的目标。健全公共安全预防预警和应急处置体系，坚决杜绝重特大责任事故发生。

（八）统筹大扶贫与大民生两项任务，在共建共享中实现新目标。围绕扶贫开发“六个精准”、“五个高一格”的总体要求，深入推进大扶贫战略行动，统筹农村经济社会发展。不断补齐民生服务短板，切实解决群众普遍关心的教育、医疗、住房等民生问题，让全区人民共享发展成果。在精准扶贫方面。以大扶贫战略统揽全区“三农”工作，推动“十项行动计划”。完善农村道路、人饮管网、文化广场等生产生活设施。继续推进30个村集体经济发展，力争50个村集体经济收入达100万元以上。发展现代新型农业园区，做大做强优质稻、果茶、中药材、食用菌等优势特色产业，加快农产品精深加工，带动群众脱贫致富。全力推动技能扶贫，有针对性地开展职业技能培训，以农村青壮年为重点，大力培养新型职业农民。健全农村留守儿童、留守妇女、留守老人和残疾人关爱服务体系，继续抓好结对帮扶镇宁县、长顺县代化镇工作。在改善民生方面。继续加大教育投入，实现教育经费“三个增长”。积极推进公立医院综合改革，区域内就诊率达90%以上。积极推动区人民医院创建三级综合医院及区中医院、区妇幼保健院规划选址工作，完成区疾控中心提升改造，实现区人民医院、区中医院与乡（镇）卫生院远程医疗全覆盖。加大棚户区改造力度和保障性住房管理，启动十和田区域地块棚户区改造项目，落实商品房开发建设项目同步配套公租房政策，加快推进农村危房改造和小康房建设。

继续推进国防、人防、国家安全、审计、司法行政、民族宗教、移民、地方志、档案、侨务、对台、仲裁、气象、老龄、慈善、残疾人、爱国卫生等事业发展，支持法院、检察院工作，支持工青妇、关工委、红十字会、计生协会等组织做好工作。

四、切实加强政府自身建设

各位代表，重任千钧惟担当。今年是打造全域文化旅游创新区的关键之年，新形势、新使命对政府工作提出了新的更高要求。我们必须坚定不移贯彻落实全面从严治党的决策部署，以永远在路上的恒心和韧劲，加强政府自身建设，转变政府职能，创新管理方法，促进政府工作再上新台阶。

（一）始终坚定政治方向。切实增强“四个意识”，特别是核心意识和看齐意识，维护党中央权威，坚决在思想上政治上行动上与以习近平同志为核心的党中央保持高度一致。严格遵守《关于新形势下党内政治生活的若干准则》、《中国共产党党内监督条例》，严肃党内政治生活，加强党内监督，努力营造政治生态良好的干事环境。坚持把讲政治、守规矩放在首位，牢牢坚守政治信仰、站稳政治立场、把准政治方向，坚决服从市委、市政府及区委的领导，确保政令畅通。

（二）始终强化宗旨意识。严守党的政治纪律和政治规矩，做到率先垂范、以上率下。坚持以人民为中心的发展思想，增强宗旨意识、为民意识、服务意识，建设服务型政府，更好地为基层、为企业、为群众服务。强化对民生领域项目资金的监察审计，严肃查处损害群众利益行为。加强行政审批标准化建设和管理，充分利用大数据政务平台，归并职能，优化流程，切实提高行政效率。深入持续改政风、转作风，坚决反对为官不为、懒政慢为、违规乱为的现象，推动机关效能建设向重点领域、关键岗位和基层倾斜，打通服务群众“最后一公里”。

（三）始终坚持依法行政。严格遵守宪法和法律，自觉运用法治思维和法治方式推动工作，做到法定职责必须为、法无授权不可为。积极推进“数据铁笼”建设，规范权力运行。督促政府各部门建立权力清单、责任清单制度，规范工作程序，明确完成时限，建立权力运行标准化体系，推动廉政风险防控与权力清单制度相衔接，以制度管权限权。自觉接受人大法律监督、工作监督和政协民主监督，坚决执行人大及其常委会的决议、决定，落实重大事项向人大及其常委会报告、向政协通报制度。认真听取各民主党派、工商联、无党派人士和人民团体的意见，扎实办好建议提案办理工作。

（四）始终严守廉洁底线。坚持纪严于法、纪在法前，严格执行《中国共产党廉洁自律准则》、《中国共产党纪律处分条例》。抓好党风廉洁建设，认真落实从严治党主体责任，切实履行“一岗双责”。按照《中国共产党问责条例》的要求，强化问责工作。认真落实中央八项规定、省委十项规定和市委二十九条实施细则，持之以恒纠“四风”，从严控制“三公”经费。推动党风廉洁建设向基层延伸，切实解决群众身边的腐败问题。坚决查处违法违纪案件，着力构建不敢腐、不能腐、不想腐的有效机制。

各位代表！回顾过去，我们倍感自豪；展望未来，我们信心满怀。时代召唤我们砥砺前行，责任要求我们勇于担当，人民期盼我们奋发有为，让我们紧密团结在以习近平同志为核心的党中央周围，在市委、市政府和区委的坚强领导下，团结依靠全区人民，开拓创新，锐意进取，为加快建成全域文化旅游创新区而努力奋斗！

花溪区人大常委会工作报告

2017年1月6日在花溪区第十七届人民代表大会第一次会议上

花溪区人大常委会主任　任渝生

各位代表、同志们：

我受区十六届人大常委会的委托，向大会报告过去五年的工作，请予审议，并请列席会议的同志提出意见建议。

过去五年工作的回顾

区十六届人大常委会于2011年12月依法履职以来，在中共花溪区委的坚强领导下，在市人大的悉心指导下，深入贯彻党的十八大，十八届三中、四中、五中、六中全会和习近平总书记系列重要讲话精神，全面落实区委各项决策部署和相关要求，紧紧围绕全区改革发展稳定大局，认真履行宪法和法律赋予的各项职责，先后召开人民代表大会6次、常委会会议49次、主任会议81次，听取和审议“一府两院”专项工作报告87项，组织执法检查12次，专题调研24次、专项视察21次，作出《决议》《决定》33项，提出审议意见170余项，任免国家机关工作人员296人，为坚持和完善人民代表大会制度，助推全区经济、政治、文化、社会和生态文明建设，发挥了地方国家权力机关的积极作用。

一、五年来，我们聚焦经济建设，提升监督实效，在加快花溪发展上作出了新贡献

经济发展是社会全面发展的重要基础。五年来，常委会始终把助推全区经济健康持续发展作为开展工作的重要抓手，依法履职，主动作为，用务实的态度、抓根本的方法履行职责，取得较好效果。一是积极筹备，认真组织召开人民代表大会会议，听取和审议各项工作报告，决定每年全区经济社会发展的目标任务。二是依法听取和审议各年度国民经济和社会发展计划、全区和区本级财政预算执行情况报告、全区和区本级财政预算执行情况和其他财政收支情况的审计工作报告、全区和区本级财政决算报告，审查和批准财政决算；听取和审议区人民政府关于每年上半年国民经济和社会发展计划、财政预算执行情况的报告；审查并批准财政预算调整（草案）报告，表决通过相关决议草案。三是高度重视政府债务监督，组织对政府性债务偿还情况进行调研，并多次听取政府债务的借、用、还情况报告，针对存在的问题提出意见和建议。四是在组织开展对区政府组成部门的工作评议中，针对部门预算科学性、准确性不够高，预算约束力不够强等问题，从2013年起，我们把部门预算执行情况列为部门工作评议的重要内容，努力实现预算监督由程序性向实质性转变，提高预算审查监督实效。

二、五年来，我们关注社情民意，助推民生改善，在让群众享有更多获得感上展现了新作为

换届以来，常委会坚持把体察民情、关注民意作为依法履职的前提，广泛有序征集民意，倾听民间心声，认真梳理归纳，将群众合理的诉求或意见转交政府，替人民代言。通过实地调查、会议座谈、代表视察等方式，先后对政府承诺办理实事、城市管理、环境保护、美丽乡村、教育卫生、扶贫攻坚等事关群众切身利益的问题，进行了专题调研或视察，促进了民生问题的有效解决。一是加强对政府承诺办理实事项目进展情况进行监督，确保好事办好，实事办实。二是以主任会议的形式视察了溪南高中后续建设和我区农村寄宿制中小学建设情况，倾听了农村基层教育工作者及老师们的心声。通过视察，促进了工作，并在关心教师、激发教师工作积极性方面向区政府提出了建议和意见。三是以增加农民收入为目标，以推动扶贫攻坚工作为重点，听取和审议了区人民政府关于高坡、马铃两个贫困民族乡“减贫摘帽”工作完成情况的报告、关于同步建成小康社会工作开展情况的报告。提出了做好项目后期管理，建立长效机制，实现可持续发展等建议。四是听取了区人民政府关于就业工作及“9＋3”工作情况的报告、社会保险工作情况汇报。建议区人民政府进一步加大《中华人民共和国就业促进法》的宣传力度，增强技能培训的针对性和实用性，完善就业配套措施，强化社保资金管理。五是三次组织常委会组成人员实地视察了“美丽乡村·幸福家园”建设情况，提出了主动争取上级部门支持，整合各部门资源，积极有序稳步推进等建议。六是开展“创模”专题视察，实地查看了花溪医院污水处理站、青岩污水处理厂建设和黔陶赵司河河段治理工程，听取并审议了《区人民政府关于创建国家环境保护模范城市工作情况的报告》。提出了进一步加大“创模”工作力度，营造良好的“创模”氛围和全民参与意识；“创模”办要进一步细化考核指标，明确各单位职责等建议。七是听取并审议了《区人民政府关于“全年拆除50万平方米存量违法建筑，实现违法建筑零增长管控目标”工作进展情况的报告》，建议区人民政府在重视农房规划的同时，结合“美丽乡村”建设要求，运用法治思维和法治方式落实好土地政策，从源头上做好控违拆违工作。通过检查督促，促进了有关工作的落实，提升了群众的获得感。

三、五年来，我们加强法律监督，助推依法治区，在改善我区法治环境上落实了新举措

保证宪法和法律、法规在本行政区域内的贯彻执行，扎实推进法治花溪建设，是区人大常委会的一项重要任务。五年来，常委会共开展了以下工作：一是加强对区政府依法行政工作的监督，听取和审议了区政府的专项工作报告，提出了健全依法治区工作考核机制，适当增加目标考核分值比例，深入推进“法律七进”活动，及时充实基层司法所工作人员，加强法制副校长队伍建设等审议意见，督促政府认真研究，加以整改落实。二是突出公正司法。听取和审议了区人民法院、区人民检察院关于公正司法的工作报告，要求“两院”要加强队伍建设、狠抓执法规范、深化改革创新。三是认真开展执法检查。就食品安全法、禁毒法、禁毒条例、义务教育法、新环境保护法、旅游法、文物保护法、行政许可法等8部法律的实施情况进行了执法检查，共提出了12条推进法律法规深入贯彻实施的意见。四是严格规范性文件备案审查。制定了规范性文件备案审查办法，要求区政府及相关部门必须在法定时限内向常委会报送已发布的规范性文件，从制度上保证了常委会的知情权和监督权。五是狠抓人大信访工作。坚持把认真办理群众来信来访作为密切联系群众、拓宽监督渠道、促进社会和谐的重要任务。五年共受理群众来信91件、来访466人（次），并按照处理群众来信来访办法的规定，全部及时进行了交办、转办和督办，确保群众反映的合理合法问题得到尽快解决。

四、五年来，我们完善决策机制，推进依法决策，在服务全区发展上注入了新活力

常委会不断强化自我提升，与时俱进，坚持集体研究，集体决定，力争决定具有针对性、有效性和准确性，减少决策失误，提高工作实效，完善了《决定重大事项规定》和《人事任免办法》。在行使重大事项决定权方面：一是助推生态文明示范区建设，在广泛调研、听取报告和审议的基础上，表决通过了《花溪区人大常委会关于命名花溪区“区花、区树”的决定（草案）》。二是积极服务大局，表决通过了《花溪区人大常委会关于同意撤销党武乡、麦坪乡、燕楼乡设置党武镇、麦坪镇、燕楼镇的意见》。三是认真贯彻执行《全国人民代表大会常务委员会关于完善人民陪审员制度的决定》。听取和审议《区人民法院关于提请聘任30名人民陪审员的报告》，并表决通过该报告，为区人民法院实施人民陪审员制度、推动公正司法奠定了坚实的基础。四是助推全域文化旅游创新区建设，听取和审议了区人民政府关于提请审议将文化旅游创新区项目、创“5A”精品景区及青岩小城镇项目建设有关贷款和融资列入区本级财政预算归还的报告，并表决批准了相关决议。要求区人民政府相关部门合理安排项目资金，确保专款专用，提高资金使用效率，并明确财经工作委员会跟踪监督项目资金的使用情况。在行使人事任免权方面：常委会始终坚持党的领导，充分发扬民主，严格依法办事。认真执行《花溪区人民代表大会常务委员会任免国家机关工作人员规定》和《花溪区人大常委会拟任命干部任前法律知识考试制度》，坚持拟任职人员任前法律知识考试和供职报告陈述制度，还向任职人员赠送《宪法》和《监督法》，强化任职人员依法履职和主动接受人大监督的意识。从2016年开始，我们严格举行了任职人员宪法宣誓仪式。五年来，常委会依法任免国家机关工作人员296人。

五、五年来，我们加强代表工作，提高代表综合素质，在发挥主体作用上取得了新成绩

我们坚持把密切联系代表、发挥代表作用作为提高人大工作水平的一项重要措施，适时根据新形势、新任务的要求，丰富代表活动、拓宽履职环境、规范履职行为，努力改进工作方法，提高服务水平，使代表工作更加富有成效。

（一）抓学习培训，提高代表理论水平

在广泛征求意见的基础上，我们制定了《花溪区人大常委会2012—2016年代表培训规划》。一是紧紧依托省委党校、驻区高校、省外人大代表培训基地等阵地，组织人大代表走进课堂，深入系统地学习人民代表大会制度、相关法律法规和业务知识。二是注重对外交流。组织常委会组成人员和部分代表到省内外学习考察，开拓视野，激活思想，得到启迪，获得经验，跳出花溪看花溪，以更准的视角、更宽的视野参政议政。三是为代表订阅学习资料、发送短信，组织代表参加有关公务活动等。四是结合工作实际，我们创办了《花溪人大》等内刊，定期送到每位代表手中，向代表宣传党的路线、方针、政策，报告人大和“一府两院”的工作动态，展现代表履职风采等。通过学习培训，代表的法律意识得到提高，党的领导观念、组织观念和法制观念得到增强，综合素质得到提升。

（二）抓履职环境，激发代表履职热情

一是大力宣传人民代表大会制度。进一步加深群众对人民代表大会制度的认识和了解，提高了代表的社会地位，使群众更加尊重、信任、理解和支持代表。二是充分尊重和保障代表的话语权，鼓励代表积极建言献策。我们实行常委会组成人员联系代表制度，每位常委联系两名基层人大代表，帮助代表从全区的角度了解社情、知晓政情，让代表乐于建言、善于建言。三是保证代表履职时间。督促代表所在单位依法对代表履行职务给予时间保证、提供便利条件。四是保障代表活动经费。对乡镇、社区的代表活动给予充分的经费保障。五是重大事项及时向区委汇报，与政府沟通，获得区委的大力支持和政府的积极配合，努力为代表搭建履职平台，营造履职氛围。六是组织编写了部分省、市、区优秀代表的履职风采，加强人大代表履职宣传，代表履职热情高涨。

（三）抓代表活动，增强代表履职活力

认真开展闭会期间代表活动。一是丰富活动内容。为促进代表之间的交流，增强活动成效，我们注重乡镇与社区代表组的相互搭配，将全区29个代表组组成10个联合组开展活动，紧紧围绕区委的中心工作、政府重点项目，有针对性地提出活动主题，使代表全面了解全区工作，做到议政发言有高度、有全局、有分量、有针对性、有建设性。如我们开展的以“关注民生助改革”、“建言献策议改革”、“维护稳定保改革”为载体的主题活动，让代表直接参与城市基层管理体制改革，取得了明显的效果。二是改进活动方式。主要体现为：第一方面，新花溪区成立后，召开区人大常委会组成人员与小河片区人大代表见面会，通过互相了解，使新花溪的人大代表更加融洽、更加团结、更加步调一致地履行区委所交予的任务及法律所赋予的、人民所托付的神圣使命。第二方面，由常委会主任、副主任牵头，分别走访了各乡镇、社区，了解基层工作开展情况，征求干部职工、人大代表和群众的意见建议，增进与代表的交流，与群众的沟通，形成了上下齐心干事创业的良好氛围。第三方面，坚持邀请代表列席常委会会议和参加有关活动，积极推荐代表列席区政府的相关评审会、论证会，听证会等，保障代表知政权、参与权、表达权、监督权。

（四）抓制度建设，促进代表履职规范

一是科学规范代表履职行为，制定了《花溪区第十六届人大代表履职考核办法》，对代表履职行为进行制度规范，促进代表履职管理工作规范化、科学化，不断增强代表履职的责任感和使命感。二是在试点取得成功的基础上，在全区推行区人大代表向选民述职活动。三是常委会表决通过了《花溪区人民代表大会代表联系选民制度》、《花溪区人民代表大会常务委员会组成人员联系代表制度》，从制度上规范了常委会组成人员与代表之间、代表与选民之间的联系。四是制作区人大代表公示栏，将人大代表基本信息、联系方式等公布于众，方便群众诉求。五是我们结合实际修订了《花溪区人大常委会关于区人大代表辞职的规定》，努力探索人大代表退出机制，使代表履职既有动力、又有压力，使命感和责任心得到增强。

（五）抓建议督办，提升代表履职动力

每次大会闭幕后，我们及时将代表建议、批评和意见分类整理，与区人民政府共同召开了交办会，明确了承办单位和督办责任人。一是实行办理责任制，由主要领导亲自抓，分管领导具体抓，每年例会专门报告办理情况。二是实行开门办理制度。五年来，承办单位与代表的见面率都达到了100%，代表对批评建议办理情况的满意率达90%以上。三是抓重点建议，实现难点突破。我们每年都确定一批常委会督办件和主任督办件，由常委会和常委会主任、副主任亲自督办。四是为确保闭会期间代表批评、意见和建议落到实处，我们与政府协商，在年初财政预算中专门安排专项办理资金50万元，这在花溪人大工作中是一个创新。五是对办理不满意的建议进行跟踪督办。凡是代表对办理不满意的建议，我们责成相关单位重新办理，并在分析研究的基础上分类进行督办。

六、五年来，我们强化自身建设，改进工作作风，在履职能力上凸显了新水平

常委会紧紧围绕“五个坚持”，把如何高效务实开展工作作为一项新课题进行积极探索和实践。一是坚持围绕区委的安排部署谋思路。坚持重要工作、重要会议、重要活动主动向区委请示报告，自觉将接受区委领导贯穿于区人大常委会依法履职全过程。同时，把区委关注的要事、大事、难事，人民群众关心的热点、难点、焦点，以及“一府两院”工作的重点列入常委会议题，精心安排代表视察、专题调研，提出意见建议。坚决做到与区委政治上同向，思想上同心，推动发展上同力。二是坚持用有效的方法抓学习。以建立“学习型机关”为契机，制定了集中学习制度。围绕党的十八大，十八届三中、四中、五中、六中全会，中纪委历次全会，中央“八项规定”，习近平总书记系列重要讲话，以及与人大工作有关的监督法、组织法、代表法、选举法等法律法规进

行了重点学习和研讨交流，为常委会依法履职、廉洁履职奠定了坚实的理论基础。三是坚持用扎实的作风搞调研。在认真听取工作情况报告前提下，将困难多、情况复杂、矛盾尖锐的地方作为视察重点，获得难以听到、不易看到的新情况。通过多层次、多角度、立体式的调研和视察，掌握大量详实的基层材料，形成了50余篇调研报告和视察报告，如：《关于花溪区"平安花溪"创建工作情况暨"两严一降"工作开展情况》、《花溪区旅游宾馆、酒店现状与思考》、《花溪区美丽乡村建设情况》、《强化组织，优化服务，充分发挥代表主体作用》等。四是坚持用有力的举措抓作风。深入开展了保持党的纯洁性、党的群众路线教育、"三严三实"、"两学一做"专题教育活动。活动开展以来，常委会组成人员及机关干部的政治意识、大局意识、核心意识和看齐意识显著增强，工作作风明显转变。五是坚持用开放的理念抓宣传。充分利用相关媒体对人大工作进行宣传。五年来，机关干部在省、市报刊发表人大理论文章11篇、发布人大新闻200多条，参与重大交流发言会12次。通过广泛深入的宣传、交流，深化了全社会对人民代表大会制度的认识，营造了理解和支持人大依法履职的良好氛围。

根据区委的统一安排，区人大常委会各位副主任分别担任有关重点项目、重点工程的常务副指挥长或专职副指挥长，他们做到了"两不误"，本职工作与项目建设都有成就，完成了区委交给的任务。同时，常委会通过召开乡镇人大主席（社区联络组长）会议、深入乡镇（社区）视察、调研等形式，加强对乡镇（社区）人大工作的业务指导。积极配合省、市人大完成了在我区开展的执法检查、立法调研和专项视察活动。

2016年是换届之年，区人大常委会把区乡人大换届工作纳入重要议事日程，始终坚持党的领导、充分发扬民主、严格依法办事，做到周密安排，精心组织，确保了换届各个阶段工作依法顺利进行。去年11月，我们指导的11个乡镇都胜利召开了新一届人大一次会议，依法选举产生了新一届乡镇人大主席、政府领导班子，圆满完成了乡镇人大换届选举任务。

各位代表：过去的五年，是我区经济社会快速发展进步的五年。这得益于区委的正确领导、得益于政府的真抓实干、得益于社会各界和全区人民的全力支持。过去的五年，也是区人大各项工作取得较好成绩的五年，这是区委正确领导、区人大常委会组成人员共同努力、各级人大代表大力支持和"一府两院"积极配合的结果。在此，我谨代表区十六届人大常委会，向关心、支持人大工作的所有同志和各界人士表示崇高的敬意和真诚的感谢！

区人大常委会各项工作虽然取得了一定的成绩，但也应当看到，我区人大工作距党及区委的要求，与宪法和法律的规定，和人民群众的期盼，还存在一定的差距，表现在宣传工作较为薄弱，监督力度仍显不强，代表活动尚需完善，自身建设有待加强等。对此，区人大常委会将高度重视，认真研究，努力克服，不断完善。

五年工作的体会

五年来的实践，加深了我们对人民代表大会制度性质、地位和作用的认识，强化了我们的民主理念和法治观念。同时，也使我们深深感受到，做好人大工作必须坚持以下几点：

一、必须始终坚持党的领导，牢牢把握正确的政治方向

人大工作只有把坚持党的领导同充分发扬民主、依法履职有机统一起来，才能使党的主张通过法定程序变为国家意志。只有紧紧围绕党委的工作大局确定工作重点，才能保证党的路线、方针、政策和决议得到贯彻落实。

二、必须始终坚持科学发展，努力适应经济发展新常态

习近平总书记强调，要认识新常态、适应新

常态、引领新常态。面对我区经济发展遇到的困难和问题，我们既要看到其中面临的挑战，更要看到孕育的机遇，在行使监督权时必须突出发展意识和创新意识，使各项工作都服从、服务于发展这一要务。

三、必须始终坚持以法为基，自觉维护法律的主体地位

地方人大及其常委会的首要职责是维护宪法和法律在本行政区域内的实施。因此，要做好人大工作，没有法治观念不行，法治观念不强也不行，必须以法律为依据研究工作，以法律为标准开展工作，把人大的各项工作都置于法律的规范内。

四、必须始终坚持以人为本，切实维护群众的根本利益

努力提升人民群众幸福指数，切实维护群众根本利益是人大工作的出发点和落脚点。只有坚持以人为本，才能解决好群众最关心、最直接、最现实的利益问题。只有代表人民行使好各项职权，才能最大限度地实现广大人民的根本利益。

五、必须始终坚持与时俱进，不断拓展工作的方法思路

只有坚持与时俱进，才能使我们始终保持思想上的敏锐、行动上的自觉，始终以良好的精神状态，有效探索工作新方法。只有及时审时度势，才能不断巩固和完善人民代表大会制度，才会使社会主义民主法治建设充满生机与活力。

今后工作的建议

今后五年，是我区全面实施“十三五”规划，全力打造国家级全域文化旅游创新区、千亿量级园区关键的五年，也是努力实现经开区、花溪区大数据产业行动计划关键的五年。区第十一次党代会已经明确了今后五年发展的奋斗目标、科学路径和工作任务，即将选举产生的区十七届人大常委会将肩负光荣而艰巨的使命。我们希望：新一届人大常委会一定要在区委的坚强领导下，倍加珍惜来之不易的重大发展机遇，开好头，起好步，认真履行宪法和法律赋予的神圣职责，充分发挥地方国家权力机关的作用。我们深信：新一届区人大常委会将不辱党的使命，不辜负64万花溪人民的殷切托付，完成好区委交给的各项任务。作为上一届的区人大常委会，我们对今后的工作提出以下建议。

一、更加自觉服从党的领导，让人大工作更好地体现政治性

要深入贯彻党的十八大，十八届三中、四中、五中、六中全会和习近平总书记系列重要讲话精神，按照区委提出的“六个坚持”、“六个新跨越”的奋斗目标，依法履行宪法和法律赋予的各项职权，通过代表的作用把人民群众紧密团结在以习近平同志为核心的党中央周围，以坚定的立场、昂扬的斗志，时刻保持与区委同心同向，与政府同舟共济，为把花溪建成“绿色产业城市、山水园林城市、全域旅游城市、生态文明城市、人文城市、创新城市、幸福城市”而主动作为，尽职尽责。

二、更加关注全域文化旅游创新区建设，让人大工作更好地体现主动性

要按照区十一次党代会提出的要求，以全域文化旅游创新区建设为统领，聚焦全区经济发展，改进监督方式，提升监督实效。一要紧盯千亿量级园区建设，助推产业转型升级。密切关注孟关、燕楼、石板、麦坪四个小孟工业园“政策延伸区”建设，认真视察“互联网＋军民融合”示范工程，深入调研大数据、新医药大健康产业集群。二要紧盯文化旅游重点项目建设，如恒大花溪谷、高坡国际山地户外运动基地、青岩国家文化产业示范基地等，助推文化旅游融合发展。三要紧盯现代新型农业示范园、观光休闲农业建设，助推“一产三产化”。四要紧盯以道路交通为主的基础设施建设，提高城区道路承载能力。继续关注城区停车场建设，提高城区道路通行能力。

三、更加注重推进依法治区，让人大工作更好地体现主体性

把维护我区平稳发展局势作为开展工作的主要抓手，进一步发挥好人大在推动依法治区工作中的主导作用。一要以“七五”普法教育为契机，大力宣传宪法和法律以及各类党内法规，引导广大干部群众积极学法、守法、用法。二要推进“一府两院”依法行政和公正司法。稳步开展规范性文件备案审查工作；持续加大对法院执行工作和检察院预防职务犯罪工作审议意见整改情况的监督；继续关注法、检“两院”司法体制改革情况。三要加强对信访问题的监督，增强司法部门运用和解、调解和法定方式等解决矛盾纠纷的能力。四要指导乡镇人大、社区人大代表联络组工作，广泛动员和组织群众依法有序管理社会事务，为全区的和谐稳定献计出力。

四、更加注重增进人民福祉，让人大工作更好地体现实效性

要通过多种方式，着力打造倾听民声、反映民意、维护民利的快捷通道。一要继续把法律监督放在首位，突出对食品安全法、新环境保护法、旅游法、文物保护法等事关全域文化旅游创新区建设的执法检查。二要加大对重大行政决策、政府全口径预算决算、历次审计工作等内容的监督。三要围绕精准扶贫工作，强化对医疗卫生、城乡教育、失地农民就业、农村基础设施、美丽乡村建设等重大民生项目和民生问题的监督。四要在深入做好调研工作的基础上，有针对性地选取一些群众反映问题较多、意见较大的部门进行工作评议，进一步强化“一府两院”及组成部门的为民意识、责任意识、担当意识、服务意识，不断提高依法行政水平。

五、更加注重发挥代表作用，让人大工作更好地体现群众性

要积极探索闭会期间代表活动的形式，不断拓宽代表活动渠道。一要针对换届后的区乡人大代表，认真抓好代表法、监督法、预算法等法律法规的学习培训，进一步提高代表的依法履职能力。二要继续扩大代表对常委会工作的参与面，完善代表列席常委会会议机制，保障代表的意见得到充分发表。三要认真执行常委会联系代表制度，认真听取代表意见，关心代表生产生活，支持代表工作。四要积极组织代表开展专项视察和专题调研活动，增强代表活动的针对性和实效性。五要高度重视代表意见建议跟踪督办工作，力促代表所提问题得到及时、圆满解决。

六、更加注重转变工作作风，让人大工作更好地体现自觉性

坚持围绕区委的决策部署谋思路，力争在工作机制上有新突破、在工作落实上有新举措。一要以“学习型机关”建设为载体，教育引导机关干部加强对政治理论、业务技能和法律知识的学习，为常委会科学决策、民主决策奠定理论基础。二要切实加强党风廉洁建设，不断强化机关干部讲规矩、守纪律的意识。三要把调查研究与常委会会议议题结合起来，与机关作风转变结合起来，坚持问政于民、问需于民、问计于民，为常委会依法履职提供可靠依据。四要进一步加强人民代表大会制度宣传和理论研究工作；切实加强对乡镇人大、社区人大代表联络组的工作指导；认真贯彻落实中发〔2015〕18号文件精神，全力开创全区人大工作新局面。

各位代表、同志们！花溪当前正处于全面转型，赶超跨越关键时期，区第十一次党代会描绘了花溪更加美好的发展蓝图，目标已经确定，任务已经明确，冲锋号角已经吹响。我们一定要在中共花溪区委的坚强领导下，紧紧围绕区第十一次党代会和本次大会确定的目标任务，凝心聚力、开拓创新、苦干实干，为精心打造全域文化旅游创新区、千亿量级园区做出新的更大的贡献，以优异的成绩喜迎党的十九大胜利召开！

政协花溪区第九届委员会常务委员会工作报告

——2017 年 1 月 5 日在政协花溪区第十届委员会第一会议上

花溪区政协副主席　张朝洲

各位委员、同志们：

我受政协花溪区第九届委员会常务委员会的委托，向大会报告工作，请予审议，并请列席会议的同志提出意见。

过去五年工作回顾

政协花溪区第九届委员会任期的五年，是全面实施“十二五”规划的五年。五年来，区政协在中共花溪区委的领导和市政协的指导下，认真学习习近平总书记系列重要讲话精神，全面贯彻落实中央、省、市、区委的决策部署，紧紧围绕习近平总书记“懂政协、会协商、善议政”的重要指示精神，牢牢把握团结、民主两大主题，认真履行政治协商、民主监督、参政议政职能，充分发挥协商民主、汇聚力量、建言献策、服务大局的作用，为全区经济社会发展作出了积极的贡献。

一、坚持党对政协工作的领导

中国共产党的领导是包括各民主党派、各团体、各民族、各阶层、各界人士在内的中国人民的共同选择，是中国特色社会主义最本质的特征，也是人民政协事业发展进步的根本保证。习近平总书记强调指出，我国社会主义政治制度优越性的一个突出特点是党总揽全局、协调各方的领导核心作用。人民政协作为中国共产党领导的多党合作和政治协商制度的重要政治形式和组织形式，坚持党的领导是应有之义，更是政治规矩。

区政协始终坚持和依靠党的领导，正确地履行职能，服从服务于党的中心工作。为贯彻落实好区委书记钟阳同志在区政协九届六次全会上就区政协履行政治协商、民主监督、参政议政的意义、内容、形式、实施程序及保障措施等的指示精神，区政协通过常委会、主席会及委员专题培训等形式，认真学习，深刻领会。在工作中，区政协开展重大活动，召开重要会议，都及时向区委汇报，使区委及时了解政协工作，支持政协工作。

在 2015 年全省政协工作经验交流会上，花溪区政协《大会发言献良策 书记批示即落实》受到与会者的关注。

二、突出团结和民主两大主题

区政协始终坚持高举团结、民主两大旗帜，巩固和发展最广泛的爱国统一战线，使政协大团结、大联合优势得到进一步的发挥。区政协积极组织各民主党派、人民团体、工商联和社会各界人士开展座谈调研、视察，广泛听取意见和建议，认真撰写报告、提案，反映社情民意。

区政协领导班子成员在认真履行政协工作的同时，积极参加县级领导大接访，为区委、区政府排忧解难；积极参加县级领导干部联系乡（镇）、社区工作，为村级组织建设和经济发展献计出力；积极参加全区重点项目建设，政协主席谌业华同志担任石板区域整治和周钟瑄文化交流中心，周氏宗祠建设指挥部指挥长，其他各位副主席分别担任石板区域整治、周钟瑄文化交流中心、周氏宗祠建设、水务建设项目、甲秀南路区域整治、花石路建设、贵惠大道（青岩至惠水段）道路建设、贵安骨干路网、天河潭景区及周边区域整治、花溪久安现代茶叶示范园区、“7+2同心扶贫工程”等项目建设指挥长或副指挥长，直接参与项目的组织实施，为推进项目建设和树立花溪形象发挥了重要作用。积极开展社会治安综合治理，落实“两严一降”治安防控措施，完成县级领导“包案”任务，为促进我区经济发展，社会进步作出了应有贡献。

围绕区委、区政府中心工作，区政协认真履行政协职能，为推动全区经济社会发展提出建设性意见和建议。政协花溪区第九届委员会共组织召开全体会议6次，常委会议30次、主席会议89次、各种专题协商会议60次；开展调研28次，提出建议和意见156条；开展各种视察46次，提出建议和意见193条；收集大会发言材料53篇，提出建议和意见220条；开展政协委员界别小组和乡镇、社区政协委员联络组活动65次，提出建议和意见245条；收集反映民生民意的社情民意44件。

区政协先后在《贵州政协报》发表文章37篇，在贵州政协网、贵阳政协网发表文章130篇；在《花溪电视台》、花溪《高原明珠》发表和宣传政协工作新闻290条；向市政协、区委、区政府报送信息简报201篇；编印《参政议政》专刊8期。

区政协积极参与贵阳市政协牵头帮扶的高坡乡、马铃乡等乡（镇）“7+2同心扶贫工程”工作，认真开展领导干部遍访帮扶，组织协调各民主党派、工商联向高坡乡、马铃乡、久安乡等乡（镇）提供资金和物资帮扶1154万元。积极开展智力支边工作，在市、区相关部门支持下开展农业技术培训25期，培训1500余人，协调智力支边经费420万余元，用于扶贫帮困。倡导企业开展捐资助学，共捐资150余万元，帮助贫困学生80余名。

区政协不断开展对外交流学习活动。2012年，承办全国省会（首府）部分城区政协工作联席会第七次会议、全国二十八城区政协工作联席会第23次常务理事会，协办政协贵阳市第十一届委员会秘书长会议。2014年完成原全国政协副主席卢展工、陈宗兴、王志珍同志到我区青岩古镇、湿地公园视察调研接待工作。2015年完成原全国政协副主席李金华、陈锦华、张怀亚；原全国政协港澳台侨委员会副主任林树森、周恩来邓颖超研究中心顾问赵炜到花溪视察调研接待工作；完成台湾嘉义城隍庙财团董事长叶源助先生一行到花溪开展周钟瑄文化交流活动；完成蒙古国画家协会主席策格米德到我区大兴国寺、青岩古镇文化交流考察活动。2016年9月完成第十二届全国政协副主席、民革中央常务副主席齐续春一行到花溪区人民法院、人民检察院开展“司法体制改革有关问题”专题调研活动；完成全国政协提案委主任孙淦一行，开展“打造滇黔桂民族文化旅游示范区”重点提案督办调研视察十里河滩、青岩古镇活动。五年共完成123个省、市（地）、县（区）政协，1900余人的接待工作。

三、认真履行三大职能，夯实四大平台

人民政协协商民主是在中国共产党领导下，参加人民政协的各党派团体、各族各界人士履行政治协商、民主监督、参政议政职能，围绕改革发展稳定重大问题和涉及群众切身利益的实际问题，在决策之前和决策之中广泛协商、凝聚共识的重要民主形式。加强人民政协协商民主建设，有利于广纳群言、广谋良策、广聚共识；有利于促进党和政府决策科学化、民主化；有利于更好实现人民当家作主；有利于化解矛盾、促进社会和谐稳定；有利于推进社会治理体系和治理能力现代化；有利于夯实提案办理协商、专题协商、界别协商、对口协商的工作平台。

积极开展提案办理协商，助推文化旅游创新区建设。政协花溪区第九届委员会第一次会议以来共收到委员提案364件，经审查立案355件，主

要涉及：交通建设和管理类100件；文教卫体类61件；农业和生态保护类31件；经济建设类21件；民生服务和城市管理类98件；社会治安、安全生产类10件；其他类别34件。其中17件作为主席会议重点督办提案，15件作为各专委会跟踪督办提案。经各提案承办单位的大力支持和共同努力，所有提案全部办理答复完毕，办结率96.62%。

针对我区经济社会发展实际和群众反映强烈的突出问题，积极引导委员抓重点、选热点，认真撰写出真实客观、分析透彻、切实可行的高质量提案。坚持完善主席会督办提案和主席、副主席领衔督办提案制度，由区政协领导班子成员按照分工具体督促落实；坚持完善专委会跟踪督办提案制度，通过组织各专委（办）、政协委员到提案承办单位上门走访、座谈交流等方式，实现提、办双方良性互动；坚持强化对提案承办单位的指导，协调组织提案者、承办单位和相关部门开展联合督办，合力促进提案的办理落实；坚持区政协组织，提案人、提案承办单位、区政府法制办参加的协商座谈会，对主席会督办提案及部分重点提案办理进行协商座谈，加强提案督办力度，创新提案协商办理模式，提高提案办理的效率和质量；坚持牢固树立为提案者和承办单位服务的理念，探索实践"办前走访，充分了解提案者的要求；办中协调，邀请提案者参加调研视察，倾听群众的愿望和呼声；办后回访，民主测评，全面了解提案者对办理结果的满意程度"的督办方式，密切提、办双方的联系，确保提案办理工作取得实效。比如，在区政协九届五次会议上，有委员提出关于《借旅发大会东风，推动我区文化旅游融合发展》的提案，区政府高度重视，借省第九届旅发大会的主会场设在青岩镇的东风，新建和改造5条道路，总长约23公里，同时，同步实施贵安大道至南环线联络线工程建设；委员提出关于《加强对母亲河的管理，提升沿河居民的环保意识》的提案，经开区生态局、建管局采取印制宣传册和在管委会门户网站上设立专题宣传网页等方式，加大宣传力度，提高市民的环保意识，同时制订了沿河巡查制度，加强河道保洁工作，逐步完善措施，让沿河两岸地绿水清。

积极开展专题协商，助推两区深度融合。根据国务院批复，撤销原花溪区、原小河区，新的花溪区于2012年12月成立。按照市委、区委的统一部署，在区委的领导下，区政协主动与原小河区政协对接，派出专人与区委统战部一道，办理113名原小河区政协委员的交接工作。区政协主席会紧紧围绕两区深度融合开展专题协商，分别组成由政协副主席为组长的两个调研小组，到经开片区花溪片区各部门、乡（镇）、社区、村居召开专题座谈会，全面了解两区深度融合过程中，群众在民生方面的急、难问题和群众反映强烈的热点问题，经过专题协商，形成了《花溪区经开区深度融合，服务民生专题调研工作报告》。在区政协九届三次会议上，有政协委员提出关于《便民利民，解决交通困难》的提案，主要内容是原花溪区、小河区合并后，原有公交车已经无法满足群众的生活需求，区政协主席会高度重视，将此提案列入2013年主席会督办件。在主席会重视下，区相关单位认真开展实地视察调研，经过多方努力、协调、专题协商，顺利开通了花溪至小河区域的7路公交车，极大地方便了群众的出行。在区政协九届二次会议上，有委员提出关于《加快发展的士出租车，强化出租车行业管理的建议》的提案，区委、区政府高度重视，责成区有关部门尽快办理。通过交通部门努力，在市相关部门的大力支持下，于2011年4月开通了花溪区1、2路公交车，并新增出租车80辆。

积极开展界别协商，提升议政建言水平。为不断拓展协商民主的包容性，五年来，共计收到大会发言材料53篇，区政协以《大会发言材料》为载体，引导委员代言群众呼声，反映群众诉求。区政协全会期间，各界别委员、各民主党派根据我区经济社会发展的重大问题和人民群众普遍关心的热点难点问题，在深入基层、深入群众调查研究的基础上，提出工作建议220余条，内容涵盖全区经济建设、社会建设、文化建设和生态文明建设等方面，区政协通过认真梳理汇总，汇编成《大会发言材料》呈送区委、区政府。同时，邀请区委、区政府相关领导以及区直相关部门、各乡（镇）、社区负责人参加大会发言，听取各界别委员、各民主党派提出的工作建议。在区政协九届二次会议期间，有委员提出《关于整治花溪公园路口拥堵的建议》的提案，区政协常委会将此提案列入2012年区政协主席会督办提案，通过多次实地视察、召开协商座谈会、听取部门建议和广泛征求市民意见，提出在花溪公园一号门区域修建地下人行通道的建议，得到区委、区政府高度重视和采纳。2013年11月花溪公园一号门区域地下人行通道开工建设，2016年6月投入运行，有效缓解了花溪公园区域交通拥堵问题。

积极开展对口协商，推进平安花溪建设。在区政协九届五次会议上，部分政协委员针对花溪区社会治安综合治理工作形势严峻、人民群众安全感偏低这一情况，区政协常委会、主席会高度重视，主动与区委政法委协商，在广泛深入各乡（镇）、社区、村（居委会）、学校、企业、楼群院落走访调研的基础上，向区委、区政府报送《关于花溪区社会治安综合治理工作的调研报告》，提出"坚持打防结合，遏制刑事案件高发势头；坚持内外结合，压缩城乡结合部犯罪空间；坚持专群结合，打造群防群治网络体系；坚持人防物防技防结合，织牢治安防范网络；坚持点线面相结合的宣传策略，提升群众治安防范意识"等建议，区委、区政府在制定《关于加快推进"平安花溪"创建的实施意见》中采纳。在区政协九届一次会议期间，有委员提出《关于在花溪河道清华中学大门路段安装护栏的建议》的提案，得到区政府高度重视，承办单位积极作为，筹措资金200万元，完成该路段150米长生态护栏安装及路灯、地灯照明，消除了学校学生及市民出行的安全隐患。

四、加强五项建设，强化政协管理

加强政协常委会建设。按照建设学习型、服务性、廉洁型政协的要求，区政协常委会委员带头学习政协理论和业务知识，提高综合素养；带头认真履行职责；带头加强团结；带头做好本职工作；带头遵纪守法、廉洁奉公。同时，制定出台了《政协花溪区委员会常务委员会工作规则》，为提高区政协常委会会议质量提供了制度保证。

加强政协委员队伍建设。在政协委员队伍建设方面，区政协党组高度重视，按照市委、区委的要求，于2011年10月成立花溪区政协委员联络办公室，专门负责全区政协委员联系、管理等工作事务。于2015年7月在全区27个乡（镇）、社区成立政协委员联络组。五年来，区政协不断完善《花溪区政协委员履职管理暂行办法》，进一步增强政协委员的政治意识、大局意识、团结意识、责任意识、自律意识，努力提高政协委员政治协商、民主监督、参政议政的能力和水平。为提升新形势下委员履职能力，每年编写一期《委员学习手册》，供政协委员学习参考。

2014年10月，区政协在贵州省社会主义学院举办了一期政协委员培训班，138名政协委员参加培训；聘请省内著名专家学者对委员的提案撰写、如何当好政协委员、贵州省情、协商民主相关知识，学习把握同心思想，推进中国特色社会主义建设等方面知识，从理论高度到实践经验进行了专题培训，培训效果明显，得到参训委员的一致好评。

2015年10月31日至11月8日组织全区各民主党派、工商联等40名政协委员到青岛参加《全国政协地方干部（委员）第75期培训班》专业培训。参训人员认真学习了《中共中央关于加强社会主义协商民主建设的意见》和《中国共产党第十八届中央委员会第五次全体会议公报》等中央文件精神，听取"人民政协讲坛"专家关于对推进国家治理现代化，发挥政协优势；人民政协的理论与实践；不断提高人民政协履职能力现代化水平等课程，实地考察了青岛规划博物馆等教育基地。参训委员认真撰写学习心得。通过培训，政协委员参政议政的能力和水平有了较大提高。

加强政协专门委员会建设。准确把握区委的总体部署，及时了解全区经济社会发展的进程，把区委、区政府工作的重点和群众普遍关心的热点难点问题作为政协积极建言献策的重要内容。五年来，区政协各专委会紧紧围绕区委、区政府中心工作精心选择视察、调研题目，组织开展委员视察活动46次、专题调研活动28次，完成了有一定影响、可操作性强的视察、调研报告74篇。

加强协商民主文化建设。五年来，区政协常委会注重加强全区文化建设，主动领任务。原花溪桥北西侧曾有一支6米多高的大笔，取名“文笔”，是花溪文化大区的历史见证。按照区委的安排部署，由区政协牵头，负责落实“文笔”的恢复重建工作。区政协就“文笔”设计方案、规划选点等问题多次组织召开专题协商会议，征求区相关部门意见，听取部分老干部老同志和区人大代表、区政协委员的意见和建议，圆满完成了“文笔”的重建工作。同时，区政协开展了“花溪记忆”老照片征集活动，征集、收集花溪历史文化老照片，编印《花溪记忆》老照片画册；编辑出版了《高原明珠花溪》。区政协文史委深入挖掘和整理具有花溪地方特色的文史资料，采写文史资料12篇，其中，8篇文章被市政协《商业的变迁》一书采用。针对青岩古镇创建5A级旅游景区景点申报工作，区政协主席会主动作为，积极收集整理青岩古镇军事、文化，人物、事件，战斗故事等，编印《青岩古镇军事文化集萃》，为创建工作作出了积极贡献。区政协组织开展对我区城市建设方面有关文史资料的收集、征集，“花溪城镇建设今昔观”，“花溪消失的三栋名建筑”，“一个永远忘不掉的校园规划”，“我目睹花溪镇街道60年变迁”等文章被市政协《城市建设发展历程》一书采用。

在花溪文化旅游创新区建设中，区政协发挥自身优势，成立周钟瑄文化研究工作小组，抽调专人，筹集专项经费，远涉山东、湖北等省市查阅相关资料，编辑完成《周钟瑄文化研究资料专辑》。在区委、区政府高度重视下，区政协积极参与“周钟瑄文化交流中心”和“周氏宗祠”项目建设工作，为促进筑台文化交流做出积极贡献。

区政协高度重视《花溪政协志》（2003－2016年）修编工作，拨出专款、成立机构、制定方案，组织政协机关广大干部职工和离退休干部参加修志，现已出版发行。同时，按照贵阳市《百科全书》编委会的工作安排，由花溪区承担的工作有序推进。

加强政协机关建设。区政协党组从加强机关的思想建设、组织建设、作风建设和制度建设入手，要求全体机关干部在思想上尊重群众，感情上贴近群众，行动上深入群众，多做顺应民意、化解民忧、为民谋利的实事好事。同时，建立机关工作目标责任考核、工作督查等制度，努力营造政协机关团结、民主、精干、高效、和谐的良好氛围。

按照区委统一部署，区政协机关五年来开展对青岩镇摆早村、谷通村、北街村，石板镇镇山村、石板二村，高坡乡五寨村，燕楼镇坝楼村、旧盘村开展“部门帮乡、支部结对、干部驻村”工作，派出多名干部驻村挂任村支部副书记或村主任助理。协调各种资金80余万元，帮助发展村集体经济；积极化解矛盾纠纷，实现“解决一件事，温暖一家人，带动一片人”的目标。政协驻村干部表现突出，分别受到市、区表彰。

五、开展专题教育，强化政治意识

根据新时期人民政协工作的新实践、新目标、新要求，区政协坚持从实际出发，加强自身建设，不断提高政协常委会、主席会整体素质。

强化理论学习，提高干部队伍素质。政协花溪区第九届委员会坚持以建设学习型政协，做知识型干部为抓手，始终把加强政协委员、政协机关干部理论学习贯穿于日常工作中，不断增强学习的针对性和实效性。采取党组中心学习组、常委会议、主席会议、干部职工会议、专题协商会议等多种形式，认真学习中共十八大精神、习近平总书记在庆祝人民政协成立65周年大会的重要讲话精神；学习省委、市委、区委全会精神，按照中央、省、市、区统一安排部署，在政协机关开展党的群众路线教育实践活动，在政协机关领导干部中认真开展“三严三实”教育活动，在政协机关全体党员中开展“学党章党规，学系列讲话，做合格党员”学习教育。通过几年来开展专题理论学习，全区政协委员、政协机关干部政治意识、思想意识、看齐意识、服务意识、廉洁意识、法律意识都有较大提高。

强化两个主体责任，推进党风廉洁建设。区政协党组认真按照中央、省、市、区安排部署，认真履行党风廉洁建设主体责任和监督责任。带领全体政协委员和机关干部职工，认真学习党章，认真开展党的群众路线教育实践活动、“三严三实”、“两学一做”等各种教育实践活动，认真贯彻落实《中国共产党廉洁自律准则》《中国共产党党员处分条例》和《中国共产党问责条例》，紧紧围绕“严以修身、严以用权、严以律己、谋事要实、创业要实、做人要实”要求，联系政协班子和个人实际深入查摆问题，严肃认真开展批评和自我批评，坚持真理、修正错误、立规执纪、抓好整改。根据个别政协委员和个别政协主席会成员违反国家法律和党风廉洁的事实，区政协党组按照《中国人民政治协商会议章程》有关规定，及时召开主席会、政协常委会，依法依纪对违法违纪委员进行暂停或撤销政协委员资格。为了进一步狠抓“两个主体”责任落实，区政协党组修订和完善16项管理制度，有效促进政协常委会和政协机关作风转变。

强化委员正能量，关注民生结硕果。政协委员是连接党委、政府和群众的桥梁纽带，是老百姓智慧、诉求的表达者，也是党委政府决策执行的推动者。政协委员涉及面广、范围宽，来自各民主党派，工商联、社会各族各界。政协委员在大会期间或者闭会期间通过调研、视察，以提案和社情民意方式向区委、区政府反映人民群众意愿和诉求。五年来，全区政协委员在各自工作岗位上，通过不同方式，心系民生、为民发声，饱含感情为全区社会发展、民生幸福努力工作，不辱使命。政协委员在打造国家级全域文化旅游创新区和千亿级开放创新平台中，围绕热点、难点、焦点问题，通过广泛深入群众，深入企业、深入农村、深入学校、深入街道，积极协助区委、区政府协调利益关系，化解突出矛盾，察民情、顺民意、解民忧，不断地传递党委和政府的温暖、关怀，传递社会正能量。区委书记钟阳同志在政协花溪区第九届委员会第六次全体会议上讲话指出：“2015年取得的成绩令人难忘，凝结了政协组织和广大政协委员的心血、智慧和汗水。大家自觉与区委同心同德、同心同向、同心同行，做了大量富有成效的工作，给予区委、区政府工作强有力的支持。在全区经济社会发展的实践中，全区政协组织和广大政协委员是有抱负、有能力、有作为的，区委对政协的工作是充分肯定和十分满意的。”

各位委员，回顾过去的工作，政协花溪区第九届委员会认真履行职能，全面贯彻落实区委的决策部署，积极支持配合政府工作，主动在厚植创新发展城市基因，打造国家级全域文化旅游创新区和千亿级开放创新平台上领任务、破难题；主动在文化为魂、文旅融合上领任务、破难题；主动在开放改革上领任务、破难题；主动在城乡统筹、民生保障上领任务、破难题。为促进全区经济社会又好又快、更好更快发展做出了一定的贡献。这些成绩的取得是在中共花溪区委正确领导和在市政协指导下，在区政府支持帮助下，在政协离退休老同志关心下，在全区政协组织和全体政协委员共同努力下，团结、协作、努力、奋斗的结果。在此，我谨代表区政协向所有关心、支持政协工作的各级领导和同志们、朋友们表示崇高的敬意和衷心的感谢！

工作实践告诉我们，做好政协工作，一是必须坚持中国共产党的领导，始终保持正确的政治方向。党的领导是政协履行职能的根本保证。只有自觉维护党的领导，紧紧围绕党委重大决策和部署开展工作，政协工作才能始终沿着正确的政治方向健康发展。二是必须增强大局意识，切实找准政协工作与区委、区政府工作的结合点。围绕中心、服务大局是人民政协履行职能的重要原则。只有找准政协工作与区委、区政府工作的结合点，做到党委想什么、政协议什么，政府干什么、政协帮什么，政协工作才会更有作为。三是必须弘扬主题、广泛联系群众，为推进全区经济社会发展凝心聚力。人民政协具有大团结、大联合的优势。只有充分利用这一组织优势，切实加强与各民主党派、工商联、人民团体和各族各界人士的交流与合作，才能为推动全区经济社会发展凝聚广泛的力量，形成强大的合力。四是必须牢固树立委员主体意识，注重发挥委员的主体作用。政协委员是履行政协职能的主体。只有以服务为宗旨、以活动为载体、以感情为纽带，组织和引导全体政协委员深入实际、走向基层、贴近群众，才能使政协工作更具活力而富有成效。五是必须坚持解放思想，推动政协工作创新发展。创新是政协工作的活力之源。只有不断解放思想，勇于开拓创新，始终把政协的优良传统与时代特点、时代要求有机结合起来，政协工作才能更加充满生机与活力。

尽管我们的工作取得了一定的成绩，但与党和人民的要求相比，与政协承担的使命相比，与全体政协委员的期望相比，还存在不足和差距。比如，履行民主监督职能的制度化、规范化和程序化还需不断完善；委员的主体作用发挥还不够充分；对政协委员党风廉洁教育有待加强等。对这些不足，我们必须高度重视，在今后的工作中认真研究，努力克服，不断完善。

今后五年工作建议

今后五年，是我区全面实施“十三五”规划，奋力打造国家级全域文化旅游创新区、千亿级开放创新平台建设关键时期，是抢抓贵州内陆开放型经济试验区建设新机遇的五年，也是努力实现经开区、花溪区大数据产业行动计划关键的五年，花溪区政协作为花溪区多党合作和政治协商的重要机构，在奋力打造国家级全域文化旅游创新区、在推进花溪经济社会发展进程中有着不可替代的作用，肩负着重要使命。中共花溪区委第十一次党代会，确定了花溪今后五年经济社会发展的指导思想、奋斗目标和主要任务，为政协履行职能明确了努力方向，提供了广阔的舞台。

政协工作始终坚持党的领导，坚持人民政协的性质定位，依照宪法、法律和政协章程认真履行职能，在中共花溪区委的领导下，在市政协指导下，按照区委、区政府制定的“十三五”总体发展思路，紧紧围绕以大数据为引领加快打造创新型中心城市的战略部署，坚定“全域文化旅游创新区”定位和“一区四化”路径不动摇，认真贯彻落实中共花溪区委第十一次党代会精神，按照区委提出指导思想、奋斗目标，进一步发扬民主，加强团结，进一步加强各民主党派、工商联和无党派人士合作，始终牢记政协委员自己的政治责任，始终同中国共产党肝胆相照、荣辱与共、同舟共济，既要懂政协、会协商、善议政，更要守纪律、讲规矩、重品行。恪尽职守、强化本领、改进作风，树立政协良好的社会形象，为创建国家级全域文化旅游创新区作出新贡献。

一、维护核心，构建党政重视、合作共事新格局

做好政协工作，最根本的是坚持党的领导，这是政治规矩，是全区政协组织、政协委员必须遵循的根本原则。区政协在今后工作中，要不断

增强政治自觉性，强化核心意识。区政协党组、区政协常委会将在区委的坚强领导下，站准站稳人民政协的政治立场，坚决维护党的领导核心地位，总结运用、丰富发展多党合作和政治协商的宝贵经验，紧紧围绕区委、区政府制定“十三五”目标和奋力打造国家级全域文化旅游创新区工作任务，高唱主旋律，共画同心圆，努力把区委指导思想和工作部署转化为政协各党派团体和各族各界人士的思想政治共识。

二、服务中心，形成主动站位、积极作为新态势

习近平总书记在全国政协十二届三次会议提出关于“懂政协、会协商、善议政”，深刻回答了人民政协履行职能的方向、目标、原则、方法、途径等重大问题。花溪区政协如何适应经济发展新常态，自觉服从和融入大局，不断提升履职水平。政协常委会将紧紧抓住经开区、花溪区改革发展中的重大问题，围绕“十三五”规划实施建言献策作为今后工作主线，找准服务发展，促进改革与发挥政协优势的结合点，集中各方智慧，缜密思考、论证，通过开展调研、视察，比较决策利弊，拿出站位高、思考深、措施实、对实际工作有推动作用的履职成果。通过调研成果转化，积极助推全区经济社会各项事业健康发展。

三、贴近民心，实现关注民生、履职为民新突破

区政协将充分发挥人民政协协商民主重要渠道作用，使人民政协协商民主成为区委和政府与人民群众广泛商量、经常商量、深入商量的重要平台。认真做好上情下达，及时把区委、政府的决策部署传递到委员和各界群众，积极把党的正确主张变为群众的自觉行为。认真做好下情上报，把蕴藏在民间的真知灼见和群众的首创经验集中起来，反映上去，积极为全区改革发展增动力、减阻力、聚合力。努力在党政和群众之间架起“连心桥”，带着感情倾听群众呼声，带着责任关心群众疾苦，带着担当反映群众诉求，把事关群众根本利益的重大民生问题作为政治协商的重要议题；把群众反映强烈的民生问题作为民主监督的重要内容，把群众关心的现实民生问题作为参政议政的重要领域，使政协履行职能的过程成为推动民生问题切实得到解决的过程。

四、凝聚人心，打造同心协力、和衷共济新平台

区政协将进一步坚持民主与团结，积极探索新形势下，如何进一步促进加强经开区、花溪区合作共事能力，认真研究两区发展中存在的问题，充分利用政协调研、视察活动，发出好声音，传递正能量，多做春风化雨、解疑释惑的工作。

充分发挥全区各个党派团体和各族各界人士政治协商、民主监督、参政议政重要平台作用。运用好政协组织话语权和影响力，切实增强政治意识、大局意识、核心意识、看齐意识。在思想上、政治上、行动上同区委保持高度一致，切实把区委、政府的各项重大决策部署体现和落实到政协履职全过程；切实把花溪区“十三五”目标任务作为今后五年区政协调研、视察工作核心；切实把花溪区创建国家级全域文化旅游创新区各项工作作为区政协中心，努力工作，积极为区委、区政府献良策、建净言。

五、增强信心，开创奋发有为、生动活泼新局面

区政协工作是区委全局工作的重要组成部分，政协岗位肩负着党和人民赋予的重要职责，使命光荣、责任重大。全区政协委员在今后工作中务必增强信心，不断增强履职的责任感、使命感和做好工作的主动性、积极性、创造性，坚持守职尽责、勤勉敬业，努力干好政协事、说好政协话、尽好政协职、当好政协人。用心、用情、用力把每一项政协履职活动都努力做实做细、做精做优。政协常委会组成人员，要带头坚持继承和创新相结合，主动适应新形势、新要求，勇于思考、奋发有为、敢于实践，善于在理念思路上破旧立新，在方式载体上推陈出新，在制度机制上革故鼎新，积极探索、生动活泼的花溪区政协工作载体、方式和机制，使政协履职更好体现时代性、把握规律性、富于创造性。

2017 年主要工作

今年区政协党组和常委会将认真抓好以下工作：一是紧紧围绕中共贵阳市委第十次党代会、中共花溪区委第十一次党代会精神，认真抓好各项工作落实；二是紧紧围绕政协三大职能，认真抓好常委会、主席会调研、视察工作；三是紧紧围绕民主和团结两大主题，进一步加强全区各民主党派，各界别团结合作；四是紧紧围绕“懂政协、会协商、善议政”重要思想，进一步强化全区政协委员政治思想和政协协商能力培训；五是充分发挥政协各专委会职能作用，进一步加强调研、视察工作，向区委、区政府提出有价值调研报告，为区委、区政府积极献良策；六是认真抓好“两学一做”各项工作，认真履行“两个主体”责任落实，进一步抓好政协机关党风廉政建设工作；七是进一步加强全区政协协商民主建设工作，积极探索新常态下政协协商民主新思路、新方法；八是进一步运用好政协提案和社情民意的平台，积极助推花溪建成国家级全域文化旅游创新区。

各位委员、同志们！团结成就伟业，奋斗实现理想，花溪区“十三五”规划和中共花溪区委第十一次党代会绘就了花溪新的更加美好的发展蓝图，“组团式规划，功能性布局，协同化发展”的总要求；“全域发展、轴带辐射、绿化间隔、单元组团”的总思路；“一区、两轴、三片、四组团、多节点”的空间战略布局已制定。今后五年的奋斗目标已经确定，区委提出“六个坚持，六个新跨越”工作任务，作为政协委员，要把履职置于实现花溪打造成为“生态优势凸显，文化事业繁荣，旅游产业发达，城乡环境优美，经济实力较强，人民生活殷实”的国家级全域文化旅游创新区共同理想的格局中，进一步解放思想，求真务实，与时俱进，开拓创新，为实现花溪经济社会发展作出新的更大的贡献。

中共贵阳市花溪区委领导班子 2016 年度述职述廉工作情况报告

2016 年，在市委的坚强领导下，区委领导班子认真执行党的路线、方针、政策和省委、市委的一系列重大决策部署，团结带领全区广大党员、干部和各族群众，解放思想、埋头实干，开拓创新、锐意进取，经济社会持续快速协调健康发展。现将有关情况报告如下：

一、切实贯彻落实党的路线方针政策

区委领导班子始终坚持以邓小平理论和“三个代表”重要思想、科学发展观为指导，认真学习习近平总书记系列重要讲话精神，深入贯彻落实党的十八大、十八届三中、四中、五中、六中全会，省委和市委全会精神，贯彻落实中央和上级党委重大决策部署，始终在思想上、政治上和行动上与以习近平同志为核心的党中央保持高度一致。

（一）不断提高执政水平和领导水平。区委领导班子围绕提高领导水平和执政能力，坚持加强学习，健全中心组理论学习制度，努力在全区起表率作用。凡中央、省、市的重大决策部署和领导同志的重要指示、重要讲话都及时传达学习。同时，加强对经济、法律、科技等现代知识的学习，不断提高班子成员自身的综合素质。始终按照立党为公、执政为民的要求，围绕学习习近平总书记系列重要讲话精神，不断增强总揽全局、协调各方的能力，集中精力研究和解决影响发展的全局性、前瞻性的重大问题，作出了一系列符合花溪实际的决策和部署，促进了我区经济社会协调发展。

（二）努力完善班子内部议事和决策机制。区委领导班子认真按照“集体领导、民主集中、个别酝酿、会议决定”的原则，凡重大问题均由集体讨论决定。班子成员之间做到分工不分家，帮手不插手。保证了区委主要领导把主要精力用在解决主要问题、主要矛盾、主要难题和组织重大问题的调查研究上，保证了区委领导班子成员把主要精力用在抓好集体决策事项的落实和解决分管工作的主要问题、主要矛盾、主要难题上。

（三）充分发挥领导核心和协调各方的作用。区委领导班子始终发挥“总揽全局、协调各方”的领导核心作用，针对关系到花溪发展大局的重大事务，均及时召开会议讨论决定。在充分发挥领导核心作用的同时，支持人大、政府、政协积极主动、独立负责、协调一致地开展工作。区委领导班子集中精力把好方向、抓好大事、出好思路、管好干部，切实做到总揽而不包揽、协调而不取代、参与而不包办，既强化职责又统揽有序。坚持“党建带群建”，统战、民族、宗教、工会、共青团、妇联、红十字会、文联、科协、残联、老龄、关工委、侨联等工作取得了新成绩，党管武装工作和国防后备力量建设不断加强。

二、推进经济社会协调发展

区委领导班子始终把推动发展作为第一要务，带领全区上下团结一心，抢抓机遇，全区经济平稳发展，主要指标均保持了较快增长，圆满完成了全年目标任务。

一是“大融合”促进新增长。全面深化两区融合发展，探索建立经开区和花溪区班子“上合”促“下合”工作机制，全力推动两区协同发展、联动发展、一体化发展，经济社会发展实现了新跨越。2016年，花溪在全省88个市县区增比进位18个城区方阵中综合排名第5位，比2015年上升9位。总量核心指标均位列全省前5位、全市前3位。全年生产总值完成536.91亿元，增长11.7%，总量在18个城区排第3位；人均GDP为84214元，总量在全省排第1位；工业增加值完成258.69亿元，增长8.9%，总量在18个城区排第1位；全社会固定资产投资完成437.21亿元，增长21.2%，总量在18个城区排第3位；社会消费品零售总额完成235.76亿元，增长13%，总量在18个城区排第3位；城镇常住居民人均可支配收入实现29007元，增长9.3%，总量在18个城区排第7位，增速排6位；农村常住居民人均可支配收入实现13526元，增长9%，总量在18个城区排第6位。多数单项指标实现“位前移”，在全省增比进位考核的42项指标中，排在前10位的单项指标有25项，占总指标数的半数以上。

二是“大项目”实现新突破。强力推进“八个一批”项目和“5个100”工程、文化旅游创新区“七大工程”等项目建设，全年完成总投资437.21亿元。2016年在全市的省级重大工程项目和固定资产投资完成情况考核中均位列第一，文创区大建设形象全面展现。紧盯国内外500强企业，成功引进恒大、碧桂园等一批引领性大项目，2016年，省外到位资金累计达197.73亿元，同比增长22.06%。

三是“大数据”加快新转型。实施大数据“五大示范工程”，积极探索“汽车网商+线下实体+文化+旅游”电子商务产业发展模式，加快花溪电子商务及服务外包产业园二、三期建设。建成呼叫席位7524席，建成农村电商便民服务点31个。城区光纤入户率达90%，移动4G网络实现行政村全覆盖。加快传统企业改造提升，航天电器公司的“精密电子元器件智能制造新模式应用”成为贵州省唯一一个国家智能制造新模式应用项目；贵阳海信的“智能电视智能制造试点示范”成为全国电视生产行业唯一一个智能制造示范试点项目。加快构建大数据“物流+互联网+金融”全新生态模式，数字物流引领全省发展，以数字物流为核心的服务业主营业务收入达到306亿元。2016年，以大数据为重点的电子信息产业规模总量全年完成280亿元，成功获批“长江经济带国家级转型升级示范开发区”。

四是“大创新”探索新模式。率先在全省出台“亩产论英雄”倒逼主导产业提质增效，小孟工业园区亩均产值达到695万元，同比增长6%。率先开展全国首批司法体制改革试点，花溪区人民法院荣获“全国优秀法院”。率先在全市成立旅游警察、旅游巡回法庭、旅游市场监管分局，构建了全域旅游“1+5+N”综合管理模式。探索“管委会+旅游文化投资公司”双引擎协作机制，创新社会资金投入新模式。大胆探索建立征收“6个3”工作法推进城市建设，为项目建设奠定了坚实基础，得到省、市领导的充分肯定。

五是“大扶贫”拓宽新渠道。按照“高一格”的要求，坚持把产业作为扶贫开发的主抓手，依托久安茶叶示范园、青黔农旅示范园、燕马蔬菜保供示范园，带动周边农户4万余人发展茶叶、豇豆、香葱等特色产业。加快推进青、黔、高“溪南十锦”大扶贫农旅示范带建设，促进乡村旅游发展，辐射带动沿线群众增收致富。全区2435户5167人低收入困难户收入整体越过4300元，实现全区19个贫困村全部“减贫摘帽”。

六是“大旅游”构建新布局。按照“六全”发展路径，委托国内一流规划单位编制了全域旅游战略策划、规划及实施方案，初步构建了“一核、一轴、四组团”规划布局。投入350亿元实施青岩古镇、天河潭、十里河滩国家城市湿地公园、花溪公园等景区综合提升改造，我区成功入选全国首批全域旅游示范区创建单位。建成青岩古镇旅游云平台，启动花溪区旅游运行监管及应急指挥平台大厅建设，成功承办2016中国青岩?古镇峰会、“大数据+旅游”产业高峰论坛。旅游收入达197.79亿元，同比增长39.3%；旅游接待人数2182.18万人次，同比增长34.2%。

七是“大生态”提升新形象。大力实施天然林保护、石漠化治理工程，完成天然林保护55.37万余亩和封山育林、人工造林5.3万余亩，城市景观绿化20万平方米，森林覆盖率提升4.7个百分点达45.6%；启动花溪河生态环境综合治理工程，集中整治阿哈水库、花溪水库周边区域环境；完成碧桂园1号公园、青岩古镇定广湖公园等49个公园建设，启动花溪湖、经开水域湿地公园等73个公园建设。突出农村环境综合整治，建成“美丽乡村”示范带6条、示范点10个。城镇污水处理率、环境空气质量优良率保持省、市前列。

八是“大文化”增添新品味。紧紧围绕多元文化，编制《花溪区“十三五”文化建设发展专项规划》，支持孔学堂建成中华传统文化教化基地，城市认同感进一步增强。改造提升赵以炯状元故居、桐埜书屋、周恩来父亲曾居地等文化景观，加快“两周文化交流中心”建设，新建大兴国寺、观音祈福寺等宗教地标，城市文脉进一步延续。建成天河潭贵阳故事街，加快青岩古镇文化产业聚集区、孔学堂传统文化产业园、多彩贵州街等文化产业项目建设，夯实文化基础。“道德讲堂”全面推进，成功举办CTCC中国房车锦标赛、筑台两地周钟瑄文化交流活动，展现了“高原明珠·灵秀花溪”的魅力。社会主义核心价值观深入人心，市民素质和文明程度全面提高，获评“省级文明城区”。

九是“大民生”助推新和谐。坚持把改善民生作为全部工作的出发点和落脚点，积极推进实施“民生工程”。全年民生支出累计达21.21亿元，占公共财政预算支出的78.78%。顺利通过国家义务教育发展基本均衡评估，新建改扩建幼儿园8所。建成区人民医院外科综合大楼、区急救中心，区人民医院、区中医院分别成为贵州医科大学、贵阳中医学院第二附属医院医联体，全区27个乡（镇）、社区实现基本公共卫生服务全覆盖。完成城乡统筹就业2.35万人，城镇、农村常住居民人均可支配收入分别达到29007元、13526元。城市、农村低保标准分别提高636元、516元。大力推进公共服务，乡（镇）便民利民服务大厅实现全覆盖。

十是“大治理”巩固新安定。全面落实领导包案、信访接待日等工作制度，深入推进信访维稳“一号工程”、“两严一降”、“禁毒人民战争”专项行动，以加强基础建设为重点，积极稳妥化解人民内部矛盾纠纷，推动社会治安综合治理各项措施的落实，群众安全感、幸福感进一步增强。大力推进全面依法治区，全力保障人民群众合法权益，推动领导干部带头学法懂法守法护法用法。不断加强和创新社会治理，乡（镇）便民利民服务大厅实现全覆盖，“新型社区？温馨家园”建成率达95%。

三、全面落实从严治党主体责任

区委领导班子扎实开展“三严三实”专题教育、“两学一做”学习教育，认真贯彻落实中央八项规定精神、省委十项规定和市委二十九条实施细则要求，坚持立党为公、执政为民，清正廉洁、勤政廉政，自觉接受群众监督，管好家属和身边的工作人员，推动党的作风建设常态化。

（一）落实党风廉政建设责任制。区委领导班子成员带头履行党风廉政建设主体责任，率先在全市成立全面从严治党主体责任办公室，构建了“6410”体系落实全面从严治党主体责任。在工作中，认真学习贯彻《中国共产党党内监督条例（试行）》、《中国共产党纪律处分条例》等党内法规，通过学习，进一步增强拒腐防变的能力。全年，区委班子未发生违纪现象。认真落实干部任免谈话制度，支持纪检监察机关和检察机关按照有关规定，查处违纪、违法、犯罪行为。深入开展专项治理，切实纠正损害群众利益的不正之风。推进党政领导干部任期经济责任审计工作，多形式多渠道开展反腐倡廉宣传教育。

（二）加强干部队伍管理和基础组织建设。实施《从严管理干部双向能动办法（试行）》，干部人事制度改革进一步深化，全年重用优秀干部54人，调整不适宜担任现职务干部17人，在全区营造了“能者上、庸者汰”干事创业良好氛围。深入开展“两进两促”专项行动，加强软弱涣散基层党组织整顿工作，共排查出软弱涣散的村党组织7个、机关党组织6个、非公企业党组织1个并进行了全部整改。率先在全市成立社区“社会建设党委”和探索“互联网＋党建”新模式，建立大数据产业党建联盟，打造了货车帮、同济堂等非公及社会组织党建示范点。

（三）持续保持“反腐拍蝇”高压态势。严肃查处违纪违规行为，全年党政纪立案170件，涉案人员173人，案件查办总量居全市前列。严格“一案双查”，以问责促“两个责任”落实，共追究主体责任8人，追究监督责任2人。强化民生监督，严查民生领域违纪案件，加大对乡镇、社区民生监督组查办案件的指导力度，全区共发现民生监督问题736个，民生案件立案162件，党政纪处分170人。

（四）认真完成换届工作。严格按照上级相关规定开展换届工作，进一步严肃换届纪律，圆满完成村（居）党组织和乡（镇）党委班子选举工作，全区168个村（居）党组织和9个乡（镇）均配强了党组织班子成员；全面完成区委班子换届工作，全面完成区、乡（镇）人大、政府、政协换届工作。

2017年，区委领导班子将进一步认真贯彻落实党的十八大以来历次全会精神，落实省委、省政府，市委、市政府的各项安排部署，团结一心、奋力拼搏，为建成全域文化旅游创新区而努力奋斗。

（责任编辑　杨琴）

大事记

花溪年鉴
2017HUA XI YEARBOOK

8月27日，央视《美丽中国》栏目组在青岩镇（王文娟 摄）

花溪年鉴 HUA XI YEARBOOK 2017

1月

5日

△贵阳经济技术开发区（以下简称经开区）与中国航天科工集团第十研究院签署战略合作协议。经开区、花溪区领导钟阳、向子琨、刘军、余大林，中国航空科工集团第十研究院院长张兆勇等出席签约仪式。

9日

△花溪区2016年“三下乡”“四进社区”“欢乐下基层 文化进万家”活动启动，区委常委、宣传部长卢代康参加启动仪式。活动历时两个月，在全区所有乡（镇）和社区开展。

8日

△国家工商总局党组副书记、副局长刘玉亭率国家工商总局相关负责人到经开区大数据创新中心、贵州国富瑞有限公司考察。

14日

△国家禁毒办处长吴鑫率检查组一行到花溪区检查禁毒工作。

14日至15日

△中共花溪区委十届七次全体（扩大）会议暨经开区党工委2016年第一次（扩大）会议召开。会议表决通过《中共贵阳市花溪区委关于制定花溪区国民经济和社会发展第十三个五年规划的建议》《关于相关人员党纪处分予以追认的报告》，并对相关工作进行安排部署。

16日

△贵州省军区冬季战备拉动演练暨2016年大扶贫活动启动仪式在花溪区举行。贵州省军区副政委吴海涛，贵阳市委常委、贵阳警备区司令沙劲松，贵阳警备区政委杜序良，花溪区委常委、人武部部长黄筱龙，人武部政委吕晋到现场指导。

19日

△花溪区、经开区领导干部大会召开。会议宣布梅俊任中共花溪区委副书记，提名为花溪区人民政府区长候选人；免去向子琨中共花溪区委副书记职务，不再担任花溪区人民政府区长职务。

26日

△花溪区召开领导干部会议。会议宣布贵阳市委关于赵代刚、薛昌柱任中共花溪区委委员、常委的任职决定。花溪区委班子领导钟阳、梅俊、秦建军、韩友芳、宋力、汤慧勇、洪兵、黄筱龙、卢代康、韩匡时、赵代刚、薛昌柱出席会议。

28日

△贵州省质量兴省工作领导小组发布2015年贵州省名牌产品名单公告，贵阳经开区11家企业15个产品榜上有名。其中6个产品为新增，9个产品为复评，涉及电线电缆、汽车零部件、电子元器件、PE管材和药品等6类产品。

花溪年鉴 HUA XI YEARBOOK 2017

2月

1日

△贵阳市政协主席王保建赴高坡乡走访慰问困难户和困难党员、老党员、老干部。

△贵阳市人大常委会副主任龙永平走访慰问久安乡部分贫困户，为他们送去粮油、棉被等慰问品和慰问金。

2日

△花溪区与中国普天信息产业股份有限公司签署战略合作协议。贵阳国家经济技术开发区党工委副书记、管委会主任向子琨，花溪区委副书记、区政府代区长梅俊，经开区党工委委员、管委会副主任余大林，普天通信有限责任公司总裁

郭小鲁，区政府副区长禄竹、区园区办常务副主任管路等出席签约仪式。

3日

△贵阳市委副书记张平赴花溪区慰问帮扶泰邦生物、中意食品、星天电缆等7家“百千万”工程市级企业。

△贵阳市委常委、市委统战部部长帅文到花溪区检查2015年度党风廉政建设责任制落实情况。

5日

△国家旅游局公布首批创建“国家全域旅游示范区”名单，全国262个市县成为首批国家全域旅游示范区创建单位，花溪区榜上有名，成为贵阳唯一入选的区县。

20－23日

△花溪区十六届人大六次会议召开。会议补选梅俊为花溪区人民政府区长，通过《关于花溪区人民政府工作报告的决议》《关于花溪区国民经济和社会发展第十三个五年规划纲要的决议》《关于花溪区2015年国民经济和社会发展计划执行情况及2016年国民经济和社会发展计划报告的决议》《关于花溪区2015年全区和区本级财政预算执行情况及2016年全区和区本级财政预算报告的决议》《关于花溪区人大常委会工作报告的决议》《关于花溪区人民法院工作报告的决议》和《关于花溪区人民检察院工作报告的决议》。

△全市法院院长暨司法改革观摩会议在花溪区法院召开。会议传达学习党的十八届五中全会及习近平总书记对政法工作的重要指示精神以及中央、省市有关政法工作会议精神，回顾总结去年全市法院工作并对今年工作进行研究部署，听取花溪区人民法院介绍的司法改革情况。各基层人民法院就司法改革、信息化建设、基层基础建设、诉调对接等工作进行发言。

24日

△贵阳市人大常委会副主任张海涛，市人大财政经济委员会主任委员、常委会常务副秘书长钟文生率市人大调研组到花溪区调研县乡两级人大工作。

29日

△全省2016年第一批重大项目集中开工仪式在花溪区天河潭旅游综合体项目现场举行。贵州省委常委、常务副省长秦如培，贵阳市委副书记张平，市委常委、常务副市长陈少荣，副市长王玉祥，花溪区政协副主席何勇参加开工仪式。花溪区开工的重大项目有4个。

△国家教育部基础教育一司司长王定华率国家教育部2016年春季开学专项督导组到花溪区检查指导工作。贵州省教育厅副厅长李奇勇，贵阳市委常委、副市长杨赤忠，市政府副秘书长张雪丽，市教育局局长周进、花溪区政府副区长禄竹等参加检查活动。

△阳光社区贵筑居委会获“全国社区侨务工作示范单位”称号，贵州省侨办、贵阳市侨办代表国侨办为其授牌。

花溪年鉴 HUA XI YEARBOOK 2017

3月

3日

△贵州省水利厅副厅长涂集一行到花溪区调研水利工程项目建设、基层水利服务体系建设等工作。

△花溪区举办4场“返乡劳动者、留守儿童困境儿童家庭劳动力”专场招聘活动。求职人员1万余人，现场达成就业意向者800人。

10日

△贵州省委常委、常务副省长秦如培率省发改委、省大数据办、省政府金融办等部门负责人一行，深入经开区、花溪区驻区企业，调研物流业发展情况。贵阳市委常委、市政府副市长刘春

成，经开区党工委副书记、管委会主任向子琨，经开区党工委委员、管委会副主任余大林，花溪区人大常委会副主任王小兵参加调研。

14 日

△花溪区、经开区召开动员会议，启动2016年环保执法“风暴行动”，保护生态环境，为文化旅游创新区建设保驾护航。

15 日

△贵阳市委常委、副市长徐沁率市外事办、台办、文广局、民政局相关负责人调研花溪区外事涉台工作。市政府副秘书长熊国玺，花溪区领导卢代康、谭虎及区相关部门负责人参加调研。

△财政部行政政法司司长耿虹、贵州省财政厅副厅长晏婉萍、财政部行政政法处处长吕建平到花溪区就司法体制改革财务保障工作进行调研。区委常委、政法委书记宋力，区委常委、区政府常务副区长洪兵，贵阳市中院党组成员、区法院党组书记、院长吴涉及区检察院、区财政局负责人参加调研。

16 日

△富士康“贵州黔誉新能源汽车租赁有限公司”注册落户经开区，同时，经开区管委会新能源汽车充电桩建设正式启动。

△贵阳市推进全域旅游发展暨花溪区创建国家全域旅游示范区动员大会在花溪区召开。贵州省政府副省长何力、省旅游局局长李三旗，贵阳市领导刘文新、兰义彤、王玉祥、刘俊、钟汰甬、魏定梅、刘刚、花溪区四大班子领导等参加会议。

25 日

△贵阳市政协主席王保建、副主席陈鲁西、秘书长王廷志一行到经开区调研。经开区党工委书记、花溪区委书记钟阳参加调研。

28 日

△贵阳经济技术开发区管委会与中国航天科工集团第十研究院携手成立贵阳经济技术开发区检验检测中心。经开区管委会副主任余大林、航天十院副院长胡发兴、区政府副区长马彪出席揭牌仪式。

4 月

8 日

△花溪区举行“2016年贵阳市道德模范和身边好人好事迹巡讲暨现场交流会”，来自全国各省、市、区的14名道德模范进行演讲。

10 日

△花溪区、经开区举办学习贯彻党的十八届五中全会及省市区委全会精神，创建国家全域旅游先行示范区专题培训。邀请北京交通大学旅游管理系教授王衍用为两区干部讲授全域旅游相关课程。钟阳、梅俊、任渝生、谌业华、薛昌柱等花溪区、经开区县级以上领导参加培训。

12 日

△全国政协常委、副秘书长、提案委员会副主任，民盟中央副主席徐辉到经开区考察货车帮科技有限公司。民盟贵州省委副主委黄先明，经开区党工委副书记、管委会主任向子琨参加考察。

18－19 日

△贵州省政府督学、贵阳市政府教育督导室副主任李晓率队对花溪区义务教育基本均衡发展进行复核评估，认为花溪区基本达到县域义务教育基本均衡发展评估认定标准。

19 日

△北京市朝阳区委书记吴桂英率党政代表团到货车帮科技有限公司参观考察。贵阳市委书记陈刚，市委常委、常务副市长陈少荣，经开区党工委副书记、管委会主任向子琨参加考察。

21 日

△周钟瑄遗址修复重要部分——周钟瑄文化交流中心主体工程完工。这是继“周氏宗祠”后，该遗址修复的又一部分。

22 日

△贵阳市委常委、市委宣传部长兰义彤带队，到青岩古镇检查“文明在行动，满意在贵州”大排查大整治工作。花溪区委常委、区政府常务副区长洪兵，区人大常委会副主任、青岩镇党委书记孙昕参加检查。

△贵阳市政府市长助理、贵阳创新驱动发展战略研究院院长连玉明到花溪区指导发展定位工作。经开区党工委书记、花溪区委书记钟阳，花溪区委副书记秦建军，区委常委、区政府常务副区长洪兵，区委常委、统战部长、宣传部长卢代康参加会议。

27 日

△贵阳市委常委、市委政法委书记庞鸿调研花溪阳光就业家园燕楼基地。花溪区委常委、区政法委书记宋力参加调研。

△最高人民法院党组成员、副院长李少平到花溪区人民法院，督查司法改革工作情况。贵州省高院党组书记、院长孙潮，贵阳市委常委、政法委书记庞鸿，市中院党组书记、院长赵福全，经开区党工委书记、花溪区委书记钟阳，花溪区委常委、政法委书记宋力，花溪区法院党组书记、院长吴莎参加督查。

28 日

△贵阳市委常委、组织部部长王华平一行到花溪区调研党建工作。经开区党工委书记、花溪区委书记钟阳，花溪区委常委、组织部部长薛昌柱及区委办、区委组织部、乡镇社区相关负责人参加调研。

△贵阳市首家旅游法庭——青岩古镇景区旅游法庭挂牌。花溪区委常委、政法委书记宋力，区委常委、区政府常务副区长洪兵，区人大常委会副主任、青岩镇党委书记孙昕，区法院党组书记、院长吴莎参加挂牌仪式。

花溪年鉴 HUA XI YEARBOOK 2017

5 月

4 日

△贵阳市督查组督查花溪区“千园之城”项目建设情况，花溪区政府党组成员、花溪国家城市湿地公园管理处处长李保军参加督查。

6 日

△贵州省政府副省长陈鸣明率队到贵阳海信电子有限公司开展“工业百千万工程”帮扶工作，经开区党工委副书记、管委会主任向子琨参加调研。

△泰国商业部贸易发展司副司长拉塔娜赴经开区考察。贵州省商务厅市场体系建设处处长潘飞、经开区管委会副主任刘学、经开区园区办常务副主任李辉参加考察。

8 日

△2016“多彩贵州有多彩”系列网络传播文化活动之“山地公园省 多彩贵州风”全国网媒贵州行首站50多家网媒60余名记者来到花溪采风。

9 日

△贵阳孔学堂数字图书馆开馆。

10 日

△贵州省委常委、省军区司令王盛槐到经开区调研贵阳货车帮科技有限公司。省军区参谋长洪晓荣，贵阳警备区司令沙劲松、政委杜序良、参谋长余建国、花溪区人武部政委吕晋参加调研。

△全国人大常委会委员、财经委主任委员李盛霖带队赴经开区调研，贵州省人大常委会副主任李珉，经开区党工委副书记、管委会主任向子琨参加调研。

12 日

△贵阳市关工委常务副主任张承新，副主任叶二仆、郭应祥等到花溪区调研关心下一代工作情况。区委常委、组织部长薛昌柱参加调研。

16 日

△国立台北科技大学教授、博士生导师高宏华到花溪区考察农业产业项目。花溪区委副书记、区政府区长梅俊，副区长禄竹、秦永康参加考察。

19 日

△《中国古镇（二）青岩》特种邮票首发仪式在青岩古镇南门举行。贵阳市政府副市长高卫东，贵阳国家经济技术开发区党工委书记、花溪区委书记钟阳、区委常委、区政府常务副区长洪兵，区委常委、宣传部长卢代康，区人大常委会副主任孙昕及青岩古镇邮票雕刻师郝欧参加启动仪式。

△在清末民初贵州文化名人姚茫父诞辰 140 周年之际，花溪区在其故里，古茶树之乡——久安举行“茫父精神耀千秋 久安古茶香万里”纪念活动。区委常委、区政府副区长张建忠、韩匡时，区委常委、人武部部长黄筱龙，区政协副主席孙剑出席纪念活动。

25 日

△国家统计局总统计师鲜祖德率调研组到贵阳货车帮科技有限公司调研。贵州省政府副秘书长、省统计局局长任湘生，贵阳市政协主席王保建，经开区党工委副书记、管委会主任向子琨，花溪区委常委、常务副区长洪兵以及省、市统计部门负责人参加调研。

26 日

△2016 中国大数据产业峰会暨中国电子商务创新峰会花溪区项目签约活动在青岩古镇北门有待阁举行。区委常委、区政府常务副区长洪兵，区政府副区长禄竹，区政府党组成员、区产业园区办常务副主任管路参加签约活动。

△为期两天的全国全域旅游创建工作现场会暨创建工作培训班在浙江省杭州市桐庐县举办。花溪区委副书记、区长梅俊在会上做题为《全域旅游领新路 高原明珠焕新彩》的交流发言并展示时长为 8 分钟的风光片。

30 日

△贵州省委第一专项督查组组长、省委督查室副主任施建中率督查组到花溪区开展加快县域经济发展专项督查。花溪区委副书记、区长梅俊，贵阳市委副秘书长、市督办督查局局长杨忠德，区委常委、区政府常务副区长洪兵，花溪区人大常委会副主任王小兵参加督查。

31 日

△贵阳市“两学一做”学习教育调研督导组副组长邓国君一行到花溪区实地调研督导工作开展情况。区委常委、组织部长薛昌柱陪同调研。

6 月

1 日

△贵州省委常委、省军区司令员王盛槐率观摩团到货车帮科技有限公司观摩“四新”建设。贵阳警备区司令沙劲松，政委杜序良，参谋长余建国，经开区党工委书记、花溪区委书记钟阳，经开区党工委副书记、管委会主任向子琨，区人武部政委吕晋参加活动。

△贵阳市委副书记、市长刘文新，副市长钟汰甬率市直有关部门负责人调研天河潭景区提升改造及周边基础设施建设情况。经开区党工委书记、花溪区委书记钟阳，区委副书记、区政府区长梅俊，区委常委、区政府常务副区长洪兵等参加调研。

2 日

△贵州省暨贵阳市花溪区“万步有约”职业人群健走激励大奖赛启动仪式在贵州大学人武学院及花溪国家城市湿地公园举行。省卫计委副主任朱征明、党组成员何美、疾控处副处长潘忠伦，贵州省疾控中心副主任王定明、慢病所副所长刘涛，贵阳市卫计委机关党委副书记吴远忠，贵阳市疾控中心副主任李家伟，花溪区政协副主席邹

吉鸿等领导参加启动仪式。

△韩国现代汽车集团李赫埈室长一行赴经开区考察。经开区党工委副书记、管委会主任向子琨陪同考察。

3日

△贵阳市纪委专题宣讲会在花溪区举办。花溪区领导任渝生、宋力、洪兵、汤慧勇、薛昌柱和区纪检干部、乡镇、部门主要负责人参加宣讲会。

12日

△由贵州省人民政府主办的“山地公园省·多彩贵州风”2016贵州旅游推介会在昆明启动。花溪区高效农业旅游项目签约。区委副书记、区政府区长梅俊，区委常委、常务副区长洪兵，副区长禄竹参加推介会。

△贵州省委改革办到花溪区法院督察司法体制改革举措落实情况，省委副秘书长、省委政研室主任、省委改革办主任、省委法制办主任李裴，省委改革办秘书处处长肖章杰，贵阳市委副秘书长、市委政研室主任、市委改革办主任、市委依法治市办主任王黔，花溪区委副书记秦建军，区委常委、政法委书记宋力，区法院院长吴莎参加督察。

△花溪区4268名在职党员实现学习贵阳市“两学一做”学习教育云平台手机APP全覆盖。

15日

△国家旅游局综合服务司公共服务处副处长王守涛一行深入花溪区部分景区景点，调研公共设施配套建设情况，花溪区政府副区长马彪参加调研。

16日

△贵阳市政协主席王保建、副主席夏钢率队到明珠社区调研城乡基层社区协商及政协委员进社区活动开展情况。经开区党工委书记、花溪区委书记钟阳，区委副书记秦建军，区政协副主席李瑾、何勇参加调研。

17日

△贵州省政府金融办主任李瑶率队到高坡乡批林村开展扶贫调研，走访慰问贫困户。

△贵阳市爱卫办主任王灏到花溪区调研爱国卫生工作及国家卫生城市长效管理工作。花溪区政府副区长马彪及相关部门负责人参加调研。

20日

△贵阳市委常委、组织部长王华平，常务副部长赵继红率市规划、住建、国土等部门负责人到花溪调研省重大工程和重大项目推进情况。花溪区领导钟阳、梅俊、洪兵、薛昌柱、王小兵、马彪、李瑾、何勇参加调研。

22日

△贵阳市政协副主席殷勤到花溪区燕楼镇视察精准扶贫工作开展情况。花溪区政协副主席李莎参加活动。

23日

△国家发改委副主任连维良带队赴经开区调研考察。贵州省委常委、贵阳市委书记陈刚，市委常委、市政府常务副市长陈少荣，市委常委、市委秘书长聂雪松，花溪区、经开区领导钟阳、向子琨、刘学及经开区党政办、发改、招商等部门负责人参加调研。

26日

△贵阳市政协主席王保建一行走访慰问青岩镇部分困难党员。花溪区政协主席谌业华，区人大常委会副主任、青岩镇党委书记孙昕参加慰问活动。

28日

△贵阳市换届风气督导四组正式进驻花溪，开展换届风气督导暨选人用人专项检查。督导四组组长，市政协党组副书记、副主席陈鲁西一行，与花溪区乡换届工作领导小组成员见面。区领导钟阳、向子琨、梅俊、秦建军、罗亮、宋力、汤慧勇、卢代康、吴治岑、李瑾陪同检查。

27－28日

△贵州省教育督导评估团对花溪区义务教育

阶段1/3以上乡镇、社区完全小学、一贯制学校、独立初中、完全中学以及辖区内的省、市直属中小学等义务教育均衡发展工作进行督导检查。贵阳市政府副秘书长张雪丽，区领导王小兵、禄竹、张朝洲参加督查活动。

29日

△由贵州省环保厅、贵阳市人民政府主办的2016年突发环境事件应急演练在经开区贵阳航空电机有限公司举行。

30日

△贵阳市政府市长助理、贵州大学贵阳创新驱动发展战略研究院院长连玉明赴花溪区调研特色农村保护与发展。经开区党工委书记、花溪区委书记钟阳，区委常委、区政府常务副区长洪兵参加调研。

花溪年鉴 HUA XI YEARBOOK 2017

7月

1日

△中国新闻网摄制组到夜郎谷景区采访报道。

4–6日

△斯洛文尼亚、爱沙尼亚、波兰、立陶宛等15个中东欧国家的20名美术家到花溪开展采风创作活动。

7日

△贵阳市委改革办赴花溪区督察2016年上半年全面深化改革工作。区委副书记、区委全面深化改革领导小组副组长秦建军参加督察。

11日

△全省非公企业党建工作座谈会暨非公企业和社会组织"两学一做"学习教育推进会在经开区召开。贵州省委组织部副部长、省委非公企业和社会组织工委书记郑德川，省委统战部副部长、省工商联党组书记、常务副主席、省非公企业和社会组织工委副书记肖向阳，省民政厅副书记、副厅长，省委非公企业和社会组织工委副书记麻绍敏，省工商局党组成员、副局长、省非公企业和社会组织工委副书记丁琨，贵阳市委常委、市委组织部部长王华平，花溪区委常委、组织部长薛昌柱出席会议。

15日

△花溪首家公办养老院"公建民营""医养结合"改革试点的麦坪镇中心敬老院举行入住仪式。

13日

△花溪2016年公开招聘事业单位工作人员面试在区第三小学进行，有266名考生参加面试。

22日

△贵阳市政协副主席夏钢，市政协副主席、市城乡规划设计研究院院长魏定梅率市政协视察组视察花溪区农村环境综合治理情况（美丽乡村·四在农家工作）。花溪区政府副区长秦永康，区政协副主席李莎陪同视察。

25日

△为期7天的"花溪杯"全国少年足球邀请赛在溪南高中落下帷幕。

27日

△贵阳市委常委、常务副市长陈少荣率市重大工程和重点项目第六工作队，到花溪调研部分市重大工程和重点项目建设情况。区领导洪兵、孙昕、王小兵、谭虎、李保军参加调研活动。

28日

△贵阳市委常委、常务副市长陈少荣到黔陶乡看望慰问复退军人。区政府副区长谭虎参加慰问活动。

△经开区完成第四次森林资源规划设计调查工作（简称"二类调查"）的外业工作，调查完成林地面积3601.18公顷，完成调查林业样地个数98个，任务完成率100%，排名位列全市第一。

30日

△贵阳市委常委、副市长徐沁到燕楼镇看望

慰问复退军人，花溪区政府副区长谭虎参加慰问活动。

花溪年鉴 HUA XI YEARBOOK 2017

8月

1日

△中国国际工程咨询公司总经理、党组书记、中国工程院院士王安率队到贵阳货车帮科技有限公司调研。贵阳市委常委、常务副市长陈少荣，经开区党工委副书记、管委会主任向子琨，经开区党工委委员、管委会副主任刘学等参加调研。

△贵阳市政府副市长高卫东到阳光社区、花孟社区慰问“两参人员”。

10日

△中央第十五巡视组赴经开区对贵阳货车帮科技有限公司开展考察。贵州省委常委、市委书记陈刚，省编委办主任刘朝容，贵阳市委常委、市委组织部长王华平，市委常委、市委秘书长聂雪松，经开区党工委书记、花溪区委书记钟阳，经开区党工委副书记、管委会主任向子琨参加考察。

△第二届“创引花溪”青年创新创业大赛决赛在贵大科技园举行，贵州优拓新材料有限公司项目金属基陶瓷耐磨材料拔得头筹。区政府副区长谭虎为获奖企业和团队颁奖。

16－17日

△花溪区公务用车领导小组办公室、区机关事务管理局对全区190余辆行政、参公单位公务用车张贴贵阳市公务用车统一标识。

23日

△花溪区总工会对2016年贵阳市劳动模范、先进工作者及工人先锋号进行表彰。贵阳市总工会党组副书记、副主席赵凯，区人大常委会副主任、区总工会主席张吉林参加活动。

27日

△央视七套《美丽乡村快乐行》栏目组走进花溪区青岩古镇录制中秋节特别节目。区领导钟阳、梅俊、任渝生、秦建军、洪兵、卢代康、韩匡时、王小兵、禄竹、胡文院，花溪文化旅游创新区党工委副书记、管委会常务副主任孙昕来到现场观看节目录制。

29日

△中央电视台、人民日报、新华网、法制日报、中国环境报等媒体组成采访团到花溪区采访环境执法情况，对生物制品企业、水资源保护行业等进行实地采访。

花溪年鉴 HUA XI YEARBOOK 2017

9月

5日

△贵阳市智力支边办主任宋猛进一行到花溪区燕楼镇、高坡乡开展帮扶活动，向当地贫困大学生家庭发放助学金11000元。区政协副主席孙剑参加活动。

6日

△大兴国寺举行祈福中华“盛世重兴、国运昌隆”庆典。

7日

△由花溪区委宣传部、经开区党政办出品的青春励志微电影《中国货车》《不破不立》首映式在花溪万宜广场举行。区委常委、宣传部部长、统战部部长卢代康，贵州省黔剧院院长朱宏及多家媒体记者出席首映式。

10日

△贵阳市委讲师团副团长张永健率市委组织部相关负责人到花溪调研建设创新型党组织工作，区委常委、组织部长薛昌柱参加调研。

16日

△由花溪区文体广电局、区群工委主办的

"花溪区首届体育健身舞（排舞）展演"拉开序幕。

19日

△花溪区委组织部和区科协联合举办大数据专题讲座。区直各部门300余名干部职工聆听讲座。

20日

△花溪区人民医院血液透析中心成立。

21日

△贵州广播电视台、贵州日报社、贵州政协报社、中国新闻社贵州分社、香港文汇报等多家知名媒体组成的采访团赴高坡乡采访报道"7+2同心扶贫工程"开展情况。贵阳市政协副主席、民革市委主委殷勤，花溪区政府副区长秦永康、区政协副主席邹吉鸿参加活动。

△孟关国际汽贸城消费者投诉站挂牌成立。

22日

△2016贵阳国际汽车贸易城举办首届汽车嘉年华。贵阳市商务局局长蔡心红，花溪区委副书记、区长梅俊，副区长马彪出席开幕式。

△贵阳市委副书记张平率队到花溪区调研"百千万"工程企业开展"达进度"集中帮扶活动，花溪区领导钟阳、秦建军、韩匡时及市直相关部门有关负责人参加调研。

24日

△贵阳市2016年"世界无车日"公益骑行活动在花溪区举行。

27日

△贵阳市委副书记、市长刘文新现场督查天河潭景区项目建设和旅游安全、服务接待工作。副市长王玉祥一同调研。花溪区领导钟阳、梅俊、洪兵、赵代刚、张宝祎、秦永康、何勇，市直有关部门、项目建设相关单位负责人参加督查。

30日

△花溪区在花溪公园戴安澜将军墓举行烈士纪念日公祭活动。300余名驻区官兵、退伍老兵代表，以及来自社会各界的群众来到现场祭奠革命先烈。区人武部政委吕晋参加活动。

△花溪清溪路（花溪至青岩公路）改扩建工程正式竣工通车。

花溪年鉴 HUA XI YEARBOOK 2017

10月

1日

△天河潭景区一期提升改造工程完工。天河潭景区提升改造项目总占地面积74万平方米，总投资55亿元。一期工程重点改造周边路网、防污治污等基础设施，打造滨水休闲区、贵阳故事街、五色花海等项目。同时对智慧旅游功能进行提升，景区WiFi全覆盖、360度无死角监控、停车诱导系统等，让游客享受智慧出行带来的便捷。

△花溪公园一期提升改造工程完工。花溪公园改造总投资7.8亿元，占地56公顷。在原有基础上对绿化和相关景点的配套设施进行升级改造，将戴安澜将军墓、广场、睡莲池等36个景点进行提升，新增公园大门、倚天亭、清晖楼遗址等10多个景点。公园大门风格按照明清时代风格进行设计，给人古朴典雅的感觉。公园内原有的厕所全部按照星级标准进行改造升级，公园大门由以前的7门改为4门，保留原公园1号、4号门，将原2号门命名为将军门，将原3号门命名为麟秀门；园内原有的餐饮类经营全部清退，餐饮场地全部改造为景观景点和公共服务性设施；原有植被增加近一倍；公园内原有的放鸽桥、百步桥、麟山等景点都保留完好。

△花溪区全域旅游综合执法指挥调度中心成立。

9日

△2016青岩·实景VR项目发布暨启动仪式在青岩古镇举行。贵阳市副市长王玉祥、国家旅游总局监督管理司司长助理刘志怀、国家新闻出版

广电总局电影审查委员会委员、中国电影家协会原书记处书记张思涛，花溪区领导钟阳、梅俊、洪兵、卢代康，花溪文化旅游创新区管委会副主任孙昕出席启动仪式，著名演员廖京生、赵柯及百余位国内外众多知名演员、制片、投资人现场共同见证VR电影项目全球首发盛典。

△贵阳市流动人口服务管理工作月例会暨现场会在花溪区召开，花溪区委常委、政法委书记宋力参加会议。

14日

△贵阳市政协主席王保建率队到花溪区高坡乡走访慰问低收入困难村和困难户。市政协副主席殷勤，市政协秘书长王廷志，经开区党工委书记、花溪区委书记钟阳，区政协主席谌业华，区政府副区长秦永康，区政协副主席邹吉鸿参加帮扶活动。

△在国家住房和城乡建设部公布的第一批全国特色小镇名单中，花溪区青岩镇榜上有名。

16日

△贵惠大道“青岩至惠水段”道路工程开工仪式在花溪区青岩镇歪脚村举行。

18日

△应邀到贵阳参加中国网络媒体论坛的记者们到天河潭景区考察。

△花溪区举办主题为“缅怀先烈 不忘初心”纪念红军长征胜利80周年图片展，区领导秦建军、卢代康、薛昌柱参观图片展并聆听红军长征故事。

20日

△花溪区栗木水库工程举行开工仪式，区政府副区长秦永康宣布工程开工。

23－26日

△中共花溪区第十一次代表大会召开。大会通过关于中共贵阳市花溪区第十届委员会工作报告的决议、中共贵阳市花溪区第十届纪律检查委员会工作报告的决议，选举产生出席市第十次党代会的代表、新一届区委和区纪委。中共贵阳市花溪区第十一届委员会第一次全体会议上，通过无记名投票方式，选举产生中共贵阳市花溪区第十一届委员会常务委员会常务委员和书记、副书记。钟阳、洪兵、卢代康、赵代刚、薛昌柱、谢秩刚、禄竹、马彪、秦永康当选为中共花溪区第十一届委员会常务委员会常务委员，钟阳当选为区委书记，梅俊、洪兵当选区委副书记。在中共花溪区第十一届纪律检查委员会举行第一次全体会议上，投票选举产生中共贵阳市花溪区第十一届纪律检查委员会常务委员和书记、副书记。谢秩刚、汤娜、任海峰、程家新、岳莉、王效宙、周刚当选中共贵阳市花溪区第十一届纪律检查委员会常务委员会委员，谢秩刚当选为区纪委书记，汤娜、任海峰当选为副书记。

27日

△《诗乡青岩》新书首发仪式在青岩古镇北门广场举行。《诗乡青岩》一书汇集青岩古时先贤赵以炯、周渔璜及部分现代名家的200余篇作品，展现青岩古镇的人文风貌。

△出席2016中国贵阳（修文）第五届国际阳明文化节和贵阳市第七届旅游产业发展大会的嘉宾到天河潭景区和青岩古镇参观考察。贵阳市人大常委会副主任刘俊，花溪区领导洪兵参加考察活动。

△两岸黄埔人士共祭抗日名将戴安澜将军活动在花溪公园戴安澜将军衣冠冢处举行。贵州省委统战部副部长王茂爱、省政协副主席谢晓尧，花溪区委常委、宣传部长、统战部长卢代康，区政协副主席邹吉鸿参加祭奠活动。

△出席“2016中国（贵阳）大数据旅游招商推介会”的嘉宾到天河潭景区、青岩古镇观摩考察，了解大数据与旅游产业融合发展情况。贵阳市旅发委主任袁云龙，市旅文投资集团总经理芦军，花溪区领导洪兵，花溪文化旅游创新区管委会副主任孙昕参加考察活动。

28日

△由贵阳市政协、菏泽市政协联合主办的“一带一路 黔鲁情深”书画联展在花溪区板桥艺术村华工艺术馆开幕。市人大常委副主任龙永平、市政协副主席夏钢、区政协副主席李莎等参加开幕式。

30日

△被誉为“中国赛车运动第一品牌”的CTCC中国房车锦标赛贵阳站决赛在青岩骏驰国际赛车场举行。贵阳市政府副市长王玉祥，花溪区委副书记、区政府区长梅俊参加发车仪式。

△由中共贵阳市委、贵阳市人民政府主办，中共贵阳市委宣传部、贵阳市文化新闻出版广电局、中共花溪区委、花溪区人民政府承办，美的·国宾府特约赞助的第十八届“花溪之夏”艺术节在花溪公园音乐广场闭幕。区委常委、宣传部长、统战部长卢代康出席、贵州省黔剧院院长朱宏，贵州大学艺术学院院长张波等出席闭幕式。

11月

1日

△由中国城市新闻网站联盟、贵阳经开区联合主办的百家媒体“中国数谷”行活动在“灵秀花溪、活力经开”启动。中宣部舆情局原副局长孙瑜，中国记协原书记处书记顾勇华，贵州省委宣传部副部长、省互联网信息办公室主任谢念，贵阳市委常委、宣传部长兰义彤，省互联网信息办网络传播处处长江峰，中国城市新闻网站联盟会长胡宝祥，贵阳经开区党工委书记、花溪区委书记钟阳，区政协主席谌业华，区委常委、宣传部长、统战部长卢代康及各城市新闻网站负责人、编辑、记者等出席启动仪式。

2日

△贵阳市验收组到花溪区抽查验收2016年度第一批“新型社区·温馨家园”社区公益事业项目和村（居）群众工作室、村民组群众服务中心建设项目情况。区领导秦建军、洪兵参加验收工作会。

3日

△贵阳市调研组到花溪检查指导贵阳市支持社会组织参与社会服务项目工作开展情况，并对社会领域党建工作进行调研。区领导秦建军、谭虎参加检查调研活动。

4日

△为期2天的百家媒体“中国数谷”行活动圆满落幕。

△经开区党工委书记、花溪区委书记钟阳率经开区相关部门负责人赴贵阳市对口支持脱贫攻坚联系点——长顺县调研园区建设情况。

17日

△贵州省安全监督局贵州煤矿安监局纪检组长廖永涛率队到花溪区开展安全生产大检查。区委常委、区政府副区长秦永康参加检查。

△花石路改造指挥部组织召开花石路吉林村征拆工作动员会。

18日

△中央维稳办副主任于复苓到经开区驻区企业贵阳货车帮科技有限公司调研。贵阳市委常委、市委政法委书记庞鸿，经开区党工委副书记、管委会主任向子琨及省、市、经开区各级相关部门工作人员参加调研。

23日

△贵阳市人大常委会组织在筑贵州省十二届人大代表到花溪区视察。市人大常委会主任、党组书记李忠，副主任李泽，市人民政府副市长钟汰甬，花溪区领导梅俊、秦建军、洪兵、吴治岑等参加视察。

24日

△贵阳日报报业集团召开2015年通联工作表彰会。花溪区对外宣传工作受到重表彰，获先进

集体、宣传工作特别贡献奖、最佳新人奖、优秀通讯员、优秀作品一至三等奖等奖项，创下历史上获奖档次最高、获奖项目最多的成绩。

24 日

△贵州省政府副省长黄家培到花溪调研"2016 中国青岩·古镇峰会"筹备工作，并提出指导意见。贵阳市政府副市长钟汰甬、花溪区委副书记、区长梅俊，花溪文化旅游创新区党工委副书记、管委会常务副主任、青岩镇党委书记孙昕，区政府副区长赵代刚参加调研。

12 月

5 日

△花溪青云山悼念馆启动试运行。青云山悼念馆是花溪区的重点民生工程，该馆位于花溪区把火村，项目占地 52 亩，建筑面积 15000 平方米。现有职工 13 人，灵车 4 辆，主要从事遗体接运、殡殓、遗体冷存、设灵治丧等服务，有大小灵堂 15 套，配备有业务中心、销售中心、食堂、丧属休息室及地下停车场。

6 日

△贵阳市花溪区青岩古镇举行新闻发布会，就"古镇峰会"相关事宜进行说明。中国城市规划学会副理事长兼秘书长、国际城市与区域规划师学会副主席石楠，贵州省住建厅总规划师王春、贵阳市政府副市长钟汰甬、花溪区委副书记、区政府区长梅俊、花溪文化旅游创新区党工委副书记、管委会常务副主任、青岩镇党委书记孙昕出席发布会。

9 日

△在贵阳举行的国家义务教育发展基本均衡县（市、区）督导检查反馈会上，花溪区以 94 分的成绩通过国家对县域义务教育均衡发展的评估认定，达到国家规定的义务教育发展基本均衡县评估认定标准。

11 日

△2016 中国·花溪"大数据 + 旅游"产业高峰论坛在花溪迎宾馆召开。国家旅游局信息中心副主任信宏业，贵州省旅游发展委员会党组成员、副主任牟勇，贵州省大数据发展管理局党组成员、副局长康克岩，贵阳市人民政府党组成员、副市长高卫东，经开区党工委书记、花溪区委书记钟阳，花溪区委副书记、区长梅俊等出席会议。

12 日

△2016 中国·青岩古镇峰会召开古镇协作圆桌会议。国内古镇研究领域和中国城市规划学会、省市住建部门的著名专家、学者，与来自全国知名历史文化名镇的 30 余名代表，花溪区委副书记、区政府区长梅俊，贵阳花溪文化旅游创新区管委会常务副主任、青岩镇党委书记孙昕等参加会议。会议讨论并通过《中国古镇联盟章程（草案）》。

12 日

△2016 中国青岩·古镇峰会音乐节在青岩举行。贵州著名苗族歌手阿娜丹以及齐秦、王铮亮、王闯、耿斯汉等人出席。

15 日

△贵阳市政府考核组检查花溪区 2016 年度消防工作。花溪区委常委、区政府副区长秦永康参加检查。

19 日

△由贵阳市农委总畜牧师、园区办主任李洪清，市农委总经济师陈先睦带队的考核组对花溪区现代高效农业示范园区产业发展进行现场考核和指导。区委常委、区政府副区长秦永康参加活动。

22 日

△贵阳市安委办副主任、安监局副局长杨亚琦率市政府考核组，对花溪区、经开区 2016 年度安全生产工作情况进行检查。区委常委、区政府副区长秦永康参加检查。

23日

△贵阳市服务外包办、市督办督查局等单位组成的联合督查组，对经开区2016年服务外包及呼叫中心产业目标完成情况进行督查。经开区2016年度呼叫坐席建设任务通过验收。

△由经开区贵合公司组织实施的贵阳经开区土地一级开发项目通过竣工验收。

28日

△贵阳市政府副市长王玉祥一行到板桥艺术村调研，了解文创基地项目建设情况。花溪区领导洪兵、卢代康、禄竹，花溪文化旅游创新区管委会常务副主任孙昕参加调研。

30日

△贵阳经开区数字物流龙头企业“货车帮”完成B－1轮股权融资，金额1.1468亿美元。

△经开区小孟园区五号路道路工程陈亮右幅隧道完工。该隧道分为左、右两幅，长度均为210米。（徐小平）

（责任编辑　白尔楠）

区情概览

花溪年鉴
2017HUA XI YEARBOOK

10月11日，湿地公园腾龙湾(董仁海 摄)

花溪年鉴 HUA XI YEARBOOK 2017

区情简介

【概况】 花溪区位于贵州省中部，东邻黔南州龙里县，西接贵安新区，南连黔南州惠水县、长顺县，北与南明区、观山湖区接壤，区治位于贵阳市区中心南部17公里。全区地貌以山地和丘陵为主，处云贵高原东斜坡和苗岭山脉中段，为典型的喀斯特地质地区，是长江水系和珠江水系的分水岭地带，境内河流17条，水量主要靠自然补给。全区土地面积964.14平方公里。全年平均气温16.0℃，冬季平均气温7.0℃，夏季平均气温23.7℃。

花溪区辖4镇5乡、18个社区，122个村，52个居委会。根据贵阳市1%人口抽样调查数据，2016年，全区常住人口65.21万人，出生人口5210人，流入人口48747人，流出人口9286人，全区有汉族、苗族、布依族等40个民族。

少数民族人口中，苗族、布依族占77%。悠久的历史孕育出璀璨的民族文化，形成浓郁的民族风俗。苗族、布依族青年男女，通过歌舞活动寻找意中人。正月初四高坡杉坪有苗族传统“跳洞”，正月初六甲定村有芦笙歌舞会。苗族跳花场包括正月初六孟关乡石龙村、正月初七至初十燕楼镇旧盘村、正月初九花溪桐木岭、二月十三久安乡礼炭窑、二月十九巩固村以及四月八贵阳喷水池苗族聚会。布依族的民俗文化活动有：正月初九青岩龙井村布依联欢会、正月十五花溪大寨布依地戏、正月十二马铃乡水车坝布依族歌会、“六月六”花溪公园布依族歌会。孟关乡的苗族斗牛大赛，猴鼓舞，布依族苗族的刺绣、竹编、服饰、头饰制作工艺，唢呐音乐类等都具有鲜明的民族特色。

花溪区素有“高原明珠”的美誉，是著名的风景旅游区，以十里河滩国家城市湿地公园、孔学堂、花溪公园、天河潭、青岩古镇、苗乡高坡最为著名，2010年，入选贵州十大影响力风景名胜区。天河潭风景区为国家AAAA、青岩古镇景区为国家AAAAA级旅游区。

花溪风味小吃品种多达数十种。最著名的有花溪“飞碗”、“王记”牛肉粉，青岩卤猪脚、鸡辣椒、糕粑稀饭、米豆腐、刺梨糯米酒等。

花溪拥有丰富的科教文化资源，区内有贵州大学、省委党校、贵州民族大学、亚泰职业技术学院等高等院校。

新的花溪区成立以来，整合原花溪区、小河经开区的优势，取长补短，初步实现各种资源要素的优化配置，优化产业结构，壮大区域经济，是贵阳目前经济发展速度最快、最具发展潜力的工业经济区域之一。花溪区先后获得“国家级生态示范区”“全国农产品加工业示范基地”“国家军民结合（装备制造）高新技术产业化基地”“国家新型工业化产业示范基地”“全国电子商务示范基地”“国家循环化改造示范试点园区”等国家级称号。（杨　琴）

【建置沿革】 今花溪区境，西周至春秋时期属牂牁国，秦代属且兰县，汉代属牂牁郡，东晋属晋乐县，唐宋属矩州，元代属八番宣慰司、顺元等路军民宣慰司、中曹百纳等处长官司。明洪武四年（1371年）置贵州宣慰使司，由安、宋两氏分任正、副使，今花溪区境属宋氏（副司）统领，后隶属贵州卫、贵阳府。万历十四年（1586年）置新贵县，花溪区境属新贵县，隶贵阳府。清康熙二十六年（1687年）置贵筑县，县署驻贵阳城西南隅，新贵县原辖地全归贵筑县。

民国3年（1914年），废贵阳府，置贵阳县，贵筑县署移至息烽城，更名息烽县，花溪改属贵阳县。民国30年（1941年），贵阳设市，市郊置贵筑县，县治于民国31年（1942年）7月从市府路移至花溪河北岸蟠龙山南麓，辖今花溪区、白云区、乌当区及观山湖区部分，贵筑县县治花溪一直延续到1958年2月。

1949年11月，贵筑县隶属贵阳专署，1952年7月，贵阳专署由花溪迁贵定县城。贵筑县隶属于贵定专属。1956年贵定专署撤销，置安顺专署，贵筑县隶属安顺专署，县辖7个区40个乡镇。同年10月，高坡苗族自治区划归黔南州惠水县。

1958年2月，贵筑县撤销，所辖区乡镇全部划归贵阳市，以原市郊的黔滇、黔桂公路分界，公路以南置花溪区，以北置乌当区。花溪区辖2镇23乡，7月调整为两镇13乡，9月两镇13乡组建为12个人民公社，称管理委员会。1959年1月，12个人民公社先后并为花溪、青岩、石板、孟关4个大公社。

1961年，高坡人民公社由惠水县划回花溪区，4大人民公社解体，恢复为青岩、燕楼、马铃、石板、湖潮、麦坪、久安、花溪、党武、中曹、孟关、小碧、黔陶13个人民公社，青岩镇、花溪镇从人民公社分出恢复镇建制。1966年6月，13个人民公社2个镇分别组成4个人民公社联社，即花溪联社，石板联社，青岩联社、小河联社。1966年8月，花溪、乌当两区组建为贵阳市郊区，称郊区人民委员会 。1967年2月，造反派夺权，恢复花溪区和14个公社和2个镇建制，称区、公社、镇革命委员会。1981年至1984年区、公社、镇革命委员会逐步改为区、乡、镇人民政府。

1993年，小河镇划归贵阳市小河经济技术开发区管辖。2000年，金竹镇划归小河区，花溪区辖3镇11乡，165个行政村，19个居委会。2005年，花溪区撤部分乡镇建办事处，撤销原花溪镇、花溪乡，建贵筑、溪北、清溪3个办事处，至此，花溪区辖2镇10乡，3个办事处。同年，花溪区小碧乡划归南明区，花溪区辖2镇9乡，3个办事处，151个行政村。2012年，撤办事处建新型社区，撤销3个办事处建贵筑、清溪、溪北、阳光、明珠5个新型社区。同年撤销小河区，与花溪区合并成立新花溪区，新花溪区辖2镇9乡，18个社区，151个村，52个居委会。

2013年12月，党武镇、湖潮布依族苗族乡托管到贵安新区（行政区划仍属花溪区），花溪区辖2镇7乡，18个社区。2014年9月，燕楼、麦坪两乡撤乡建镇，花溪区辖4镇5乡、18个社区，122个村，52个居委会。

（杨　琴）

【现行政区】 花溪区辖4个镇、5个乡、18个社区、122个村、52个居委会。其中：青岩镇辖17个村、2个居委会；石板镇辖13个村、3个居委会；燕楼镇辖8个村；麦坪镇辖13个村；孟关苗族布依族乡辖8个村、2个居委会；久安乡辖7个村；马铃布依族苗族乡辖3个村；黔陶布依族苗族乡辖7个村、1个居委会；高坡苗族乡辖19个村；阳光社区辖8个居民委员会；明珠社区辖2个居民委员会；贵筑社区辖3个村、3个居委会；清溪社区辖1个村；溪北社区辖6个居委会；花孟社区辖3个村；黔江社区辖4个居委会；清浦社区辖3个居委会；瑞华社区辖3个居委会；航天社区辖3个居委会；航空社区辖3个居委会；平桥社区辖3个居委会；金欣社区辖2个居委会；黄河社区辖4个村；三江社区辖6个村；金竹社区辖3个村；兴隆社区辖4个居委会；小孟社区辖7个村。

（杨玉屏）

【人口与民族】 2016年，根据贵阳市1%人口抽样调查数据，全区常住人口65.21万人，比上年末增加1.04万人，年末平均人口64.69万人。全区有汉族、苗族、布依族等40个民族。少数民族人口为15.14万人，占全区总人口的31%。花溪区世居少数民族主要是苗族、布依族。其中：苗族人口5.88万人，占少数民族人口总数的39%；布依族人口5.76万人，占少数民族人口总数的38%。少数民族人口主要分布在4个民族乡，30个民族村。

（杨玉屏）

地理概况

【地形地貌】 花溪区位于贵州高原中部，地处云贵高原由西向东低山丘陵过渡的斜坡，层状地貌比较明显，属贵阳城区向南形成的花溪－中曹－

陈亮－孟关－青岩槽谷盆地和白云－花溪－青岩构成的多级台地及岩溶丘洼地貌。东西两侧山地、丘陵地势较高，海拔1200米以上；中部槽谷盆地地势较低，海拔1100米左右。境内山峰众多，山地性显著，坝地较少。（区国土分局）

【地质】 花溪区位于扬子准地台的黔北台隆和黔南台陷两个次级构造单元的过渡地带，以南北向隔槽式褶皱为主，主要有贵阳向斜、狮子口背斜。经多期构造运动，为不同期构造运动遗迹的组合和叠加，境内有南北向构造体系、北东向早期和晚期新华夏构造体系，各构造体系之间发生斜接、交切，形成较复杂的构造格局。

花溪区出露地层由老至新有泥盆系、石炭系、二叠系、三叠系、侏罗系及第四系。以三叠系、二叠系地层分布最广，于中部及北部大遍区域内出露；石炭系、泥盆系次之，仅在花溪区南部马铃乡、青岩镇一带出露，分布范围相对较小。地层岩性以白云岩、灰岩等硬质岩类为主，其次为石英砂岩、粉砂岩、泥岩、页岩等软硬相间岩类和软质岩类。第四系松散岩类粘土、亚粘土、亚砂土及砂砾石层零星分布。（区国土分局）

【水文】 花溪区是贵阳市唯一跨长江流域和珠江流域的区县，全区现有水资源总量为8.345亿立方米；水库18座（含新增1座大坪水库，不含汪官水库、松柏山水库区划调整2座），塘坝238座，河流16条（不含冷饭河区划调整），河流总长273.9千米，多年平均流量25.32立方米每秒。（张艳利）

【气候】 2016年，花溪区年平均气温16.0℃，其中冬季平均气温7.1℃，春季平均气温16.3℃，夏季平均气温23.6℃，秋季平均气温17.1℃，与历年相比，年平均气温偏高1.1℃，冬季偏高0.9℃，春季偏高1.0℃，夏季偏高1.0℃，秋季偏高1.3℃。全年极端最高气温34.3℃，出现在8月25日，极端最低气温－3.9℃，出现在1月24日。年降水量1070.2毫米，与历年相比，偏少34.5毫米。一日最大降雨量67.8毫米，出现在8月9日；最长连续降水日数8天，降雨量17.7毫米，出现在3月20－27日；最长连续无降水日数22天，出现在9月16－10月7日。年日照时数1312.8小时，比历年偏少73.6小时；年日照百分率30%，≥60%的天数82天，≤20%的天数185天。全年无霜期272天。

2016年，受厄尔尼诺现象影响，花溪区气候异常：全年降水偏少，夏季到秋季高温少雨，平均气温各季均偏高，花溪国家气象站极端最高气温34.3℃，超越历史极值（2010年9月20日，33.6℃）。7月，最高气温超过30.0℃日数出现8天。2016年凝冻、降雪、寒潮天气均较轻，对农业、交通影响不大；7月虽降雨量严重偏少，且气温高，但夜间多有降雨，未出现严重干旱；8月下旬至10月上旬，出现极端天气，高温少雨，对处于乳熟至成熟期农作物造成高温逼熟伤害，影响籽粒形成；少雨天气同时影响秋播工作进行，是较为严重的天气灾害。（吴　丹）

自然资源

【水资源】 花溪区地处长江流域和珠江流域的分水岭地带，多年平均降水量1156毫米，但降雨时空分布不均，资源性缺水和工程性缺水在一定范围内存在，全区多年平均水资源总量为4.415亿立方米。全区有大小河流51条，其中花溪河、凯伦河、车田河、长飦河、打通河、白岩河、小黄河、三江口河等8条汇入长江流域，马林河、湾河、翁岗河、青岩河、杨眉河、老榜河、赵司河、三岔河、坝王河等9条汇入珠江流域。全区现有中型水库2座，为花溪水库和阿哈水库，花溪水库总库容3140万立方米，阿哈水库总库容7200万立方米；小（一）型水库1座，杨眉水库总库容155万立方米；小（二）型水库15座，总库容458万立方米；规模以上山塘9座，总库容28.65万立方米。水库、山塘总水域面积9.59平方公里，中型水库中花溪水库和阿哈水库水质均为二类水质，是贵阳市重要的城市饮用水源地，其余小型水库及山塘水质均为三类水质。（张艳利）

【土地资源】 花溪区行政区域总面积964.14平方公里，耕地面积332.48平方公里，园地面积9.53平方公里，林地面积339.67平方公里，草地面积61.4平方公里，城镇村及工矿83.02平方公里，交通运输用地20.55平方公里，水域及水利设施用地11.98平方公里，其他土地23.61平方公里。（区国土分局）

【矿产资源】 花溪区境内矿产资源较丰富，全区发现矿产13种，已查明资源储量的有12种，主要有煤矿、铁矿、铝土矿、镓矿、冶金用砂岩、铸型用砂岩、水泥用灰岩、玻璃用砂岩、建筑石料用灰岩、饰面用灰岩、建筑用白云岩、砖瓦用页岩和砖瓦用粘土，其中煤矿、铝土矿、水泥用灰岩为区内优势矿产。煤炭主要分布于麦坪镇、燕楼镇、马铃乡，有上表矿区10处，保有资源储量5172.94万吨。铝土矿一处，分布于马店村附近，保有铝土矿资源储量209.99万吨。作为铝土矿的伴生矿产镓矿，保有锑金属资源储量138.83吨。作为铝土矿的共生矿产，保有铁金属资源储量51.32万吨。水泥用灰岩，主要分布于南泥沟地区，保有资源储量9758.02万吨。饰面用灰岩，主要分布于南泥沟地区，保有资源储量363万立方米。冶金用砂岩，主要分布于马铃乡一带，保有资源储量6357.2万吨。建筑用白云岩，主要分布于王家坟附近，保有资源储量32.89万立方米。玻璃用砂岩，主要分布于王家坟附近，保有资源储量890万吨。建筑石料用灰岩，主要分布于彭官村、吴山村、落底村等地区，保有资源储量141.92万吨。砖瓦用页岩，主要分布于花溪乡附近，保有资源储量28.95万立方米。砖瓦用粘土，主要分布于大窝寨附近，保有资源储量426万立方米。（区国土分局）

【生物资源】 根据2010年《花溪区林木种质资源清查报告》，花溪区有木本植物655种，隶属107科280属，其中裸子植物9科19属29种，被子植物98科261属626种。

珍稀保护植物有：国家1级保护植物有红豆杉、南方红豆杉2种；国家2级保护植物有香果树、闽楠、榉木、贵州萍蓬草4种；省级保护树种有刺楸、檫木、青檀、岩生红豆树、青钱柳、川桂、领春木、乐东拟单性木莲、青岩油杉、南方铁杉、三尖杉11种；贵阳市特有植物资源有青岩油杉、黔灵冬青、柳叶溲疏等。

用材树种资源有52科94属145种，其中裸子植物有银杏、青岩油杉、马尾松、杉木、柳杉、柏木等，被子植物有猴樟、云南樟、椤木石楠等。

花溪有经济植物474种，隶属98科239属，其中：裸子植物8科15属21种，被子植物90科224属453种。果树植物如刺梨、樱桃、杨梅、李、柑桔等，药用植物如雪松、水杉、含笑、马桑等，食用油脂植物如香叶树、油茶、花椒、香椿、黄连木等，用材树种资源145种，如银杏、青岩油杉、南方铁杉、马尾松、杉木、柳杉、柏木、猴樟、椤木石楠等。

花溪区动物资源繁多，有野猪、山羊、野兔、白鹭、夜莺等。其中属国家重点保护的珍稀濒危动物有大鲵、穿山甲、猕猴等。（区生态局）

花溪年鉴 HUA XI YEARBOOK 2017

国民经济和社会发展

【概况】 2016年，花溪在全省18个城区方阵中综合排名第5位，地区生产总值、固定资产投资、社会消费品零售总额等总量核心指标均位列全省和全市前3，人均GDP、工业增加值均位列全省和全市第1。（马　磊）

【产业转型升级】 2016年，花溪区生产总值完成536.91亿元，比上年增长11.7%。其中：第一产业完成18.71亿元，比上年增长6.1%；第二产业完成319.18亿元，比上年增长10.2%；第三产业完成199.01亿元，比上年增长14.6%。三次产业结构从2015年的3.6∶59.6∶36.8发展为2016年的3.5∶59.4∶37.1，一产、二产比重分别降低0.1、0.2个百分点，三产比重提高0.3个百分点。农业产业化步伐加快。久安茶叶、青黔农旅、燕马蔬菜三个省级农业示范园提质扩量，“茶、蔬、果、药、畜”五大主导产业初具规模，“茶、蔬”产值占全市比重1/5以上，非粮产业增加值占第一产业增加值比重96.8%。通过落实“一企一策”，推动传统产业升级改造、产品创新和技术创新，产业内部结构调整不断优化，呈现出多点开花的局面。贵州华工、贵州北极熊等成为全市重点工业转型升级试点示范企业。贵州贵茶公司、贵州北极熊被评为贵州省工业品牌培育示范企业。组织企业直购电交易，补助28家企业186万元工业扶持发展资金；化解煤炭过剩产能，保留3处煤矿企业全部关停。新兴高端装备制造业产值267亿元，比上年增长15.0%；大数据产业前景广阔，探索“汽车网商+线下实体+文化+旅游”电子商务产业发展模式，加快花溪电子商务及服务外包产业园二、三期建设。大数据产业营业收入20亿元，建成呼叫席位7524席；建成农村电商便民服务点31个，电商销售额10亿元。全区规模以上工业增加值完成241.09亿元，比上年增长8.7%（其中：花溪片区完成32.20亿元，比上年增长22.7%；经开区完成213.81亿元，比上年增长7.0%）。服务业发展态势良好。国家全域文化旅游创新区建设步伐加快，天河潭、花溪公园“十一黄金周”开园，青岩古镇创国家AAAAA级旅游景区和创建国家全域旅游示范区工作稳步推进。全年旅游接待2150万人次、旅游总收入197.79亿元，分别增长34.0%、39.3%。社会消费品零售总额完成235.76亿元，比上年增长13.0%。孟关汽车贸易城、青岩古镇特色优势服务产业集聚区、贵阳地利农产品专业批发市场、贵阳小孟工业园综合型生产性服务业集聚区四个省级服务业集聚区初见成效，以服务业为主导的第三产业增速分别高于GDP和第二产业2.9、4.4个百分点。

（马　磊）

【城乡统筹发展】 清溪路改扩建、天河潭大道、思杨路延伸段等道路建成通车，正在实施孟溪路、花溪互通、大职路、花石路、青黔高道路改扩建等路网建设工程，初步形成城乡交通路网大骨架和微循环。花溪区农村饮用水工程建成高坡乡苦篙冲提水工程，解决高坡乡云顶村、青岩镇思潜村、孟关乡谷立村等地17000余人的饮水安全问题。完成孟关污水处理厂、花溪区保障性住房配套基础设施污水项目，启动石板污水处理二厂、燕楼污水处理厂建设，杜绝“小污”变“大污”。建立城市管理“数据铁笼”，促进城区市容环境信息化、网格化、科学化、精细化管理。建立查违控违日常巡查机制，违法违章建筑得到控制。打造镇山、花街、摆陇、芦荻、马场、石门、绕挠等7个村（寨）示范点，实施县乡村公路提等改造100公里，农村饮用水巩固提升2.5万人，农村危房改造126户和小康房建设300户。青岩、孟关示范小城镇建设步伐加快，基础设施更加完善，产业初具规模，青岩古镇入选全国首批特色小镇，示范小城镇建设发展综合指数在全省18个城区位列第一。云上棚户区、万达棚户区改造正在加快推进，尖山、龙滩、花溪湖等4个棚改项目采用货币化安置方式。保利溪湖、美的国宾府、碧桂园花溪1号等高端生态房地产项目加快建设，城区居住环境不断改善。（马　磊）

【区域改革创新】 花溪区成功入选2016年度中国中小城市创新创业（双创）百强区。花溪区大学生创业园成功创建为省级创业孵化示范基地、花溪区返乡农民工创业示范园成功创建为市级农民工创业示范基地。贵州大学科技园入驻企业90户，黔龙、六度等4家创客空间建成投入使用。全区专利申请2308项，专利授权1213项，综合科技进步水平指数89.3%，在全省18个城区位列第3。改革工作取得新突破，在全省率先成立文化旅游创新区管理委员会，组建花溪旅游警察、花溪旅游法庭、花溪旅游市场监管分局。推进供给侧结构性改革，出台《花溪区推进供给侧结构性改革提高经济发展质量和效益的实施方案》等系列配套改革政策文件。招商引资成效显著，利用好省市组织的云上贵州·大数据招商引智（北京）推介会、绿博会、酒博会、生态文明贵阳国际论坛等招商推介活动，引进恒大花溪童世界、碧桂园·花溪1号、美的·国宾府、宇培贵阳电子商务分拨结算中心、全国临床用血大数据应用中心、花溪区家有在线电商平台等项目。全区引进省外实际到位资金508.4亿元，比上年增长15.0%；直接利用外资21008万美元，比上年增长20.8%。

（马　磊）

【项目投资建设】　2016年，花溪区建立省级重大工程和重点项目常态化监测机制，实行挂图作战、动态监测。抓好花溪、经开、贵安三大片区项目统筹协调管理，投资继续保持高位增长，全区固定资产投资437.27亿元，比上年增长21.2%，投资总量在全省排名第3位、全市第2位。其中，36个省重大工程项目，完成固定资产投资205亿元，占全区固定资产投资总量的47%，在全市综合排名继续保持领先地位。花安高速、孟溪路、清溪路、花溪公园提升改造、天河潭景区提升改造、青岩创AAAAA级景区基础设施建设、燕楼园区、小孟工业园区、区域内房地产开发等重点项目建设，改善居民交通出行。提升旅游服务配套设施、夯实产业发展基础、改善居住条件，实现投资拉动经济增长、统筹城乡发展、改善社会民生的预期目标，投资继续对经济增长发挥关键作用。

（马　磊）

【生态文明乡村建设】　2016年，花溪区抓好十里河滩、花溪水库、阿哈水库流域的综合整治，对人民日常生活用水水源、水体完成监测工作，花溪饮用水源水质常年保持100%达标。推进百园之区建设，开工建设55个项目，其中，老榜河休闲避暑公园、布朗李观光公园、花溪广场、平桥广场、麒龙社区公园等49个公园基本完成。按照“一路（景）一特”原则，形成重要路段、重要节点、重要区域、重要景区、重要乡（镇）及村（居）一年四季有不同的花景，建成区、乡、镇新增绿地160万平方米，全区绿地率49.35%，绿化覆盖率50.88%，建成区人均公园绿地面积15.45平方米。实施县乡村造林绿化封山育林工程、石漠化综合治理工程、环城绿化建设工程，完成人工造林2335.3亩、城乡绿化3047.9亩、封山育林5546.1亩，完成市县级植被恢复费涉及的封山育林、人工造林、荒山造林、经济林建设等项目35000余亩，全区森林覆盖率45.86%。环境空气质量优良率全年保持在90.0%以上。生态文明小城镇、社区、工业园区创建达标率为100%。青岩镇、久安乡、马铃乡获“省级生态乡镇”，青岩镇龙井村等35个行政村获“省、市级生态村”。工业固体废物处置利用率95%以上，危险废物安全处置率100%。单位GDP综合能耗下降3.21%、达到市下达年度节能减排3.2%的目标。（马　磊）

【民生保障】　2016年，全区公共财政预算支出中用于民生方面的支出21.21亿元，占公共财政预算支出的78.78%。城市低保从530元/人/月提高到583元/人/月，农村居民最低生活保障标准从2820元/年/人提高到3336元/年/人。2468户低收入困难户人均收入全部达到4300元以上。实现城镇新增就业20300人、农村劳动力转移就业3381人，完成职业技能培训2810人，城镇登记失业率为3.01%、控制在年度目标4.5%以内。城镇居民人均可支配收入28874元，增长8.8%；农村居民人均可支配收入13463元，增长8.5%。发放创业担保贷款金额2719万元，新增扶持人数314人，新创建充分就业社区1个。城镇职工基本养老保险、失业保险、医疗保险、工伤保险、生育保险等五险参保人数均达到全年目标任务的100%以上，城乡居民基本养老保险覆盖率96.56%。新农合筹资水平提高到510元，农村新型合作医疗参合率98.6%。实现乡镇卫生院标准化建设、县级以上公立医院远程医疗、新农合大病保险、乡镇卫生院全科医生、村、校医“五个全覆盖”。坚持防治结合，开展“国家慢病防控示范区”创建活动。取消公立医院药品加成，实行零差率销售。推进义务教育均衡发展，通过国家级督导评估考核验收。启动建设高坡小学塑胶运动场、第三小学教学楼新建、漓江小学教学综合楼维修改造，新建、改建幼儿园8所。完成597套班班通、429台教学计算机的配备。向6所规范民办幼儿园购买学位，解决6个无公办幼儿园社区的适龄幼儿入园问题。举办苗族“四月八”、布依族“六月六”等节日活动。花溪非物质文化遗产传习基地建设基本完工，完成花溪苗绣、青岩玫瑰糖制作工艺、高坡苗族射背牌、芦笙、银饰制作工艺基础数据采集，建立集展示、传承于一体的区非物质文化遗产馆。全年物价水平控制在2－3%之间，市场供求总量基本平衡，总体保持稳定。全区刑事发案数比上年继续下降，刑事破案率继续上升，群众安全感增强。围绕信访“一号工程”，省、市集中交办的信访案件均在规定时限办结，矛盾化解。各类安全生产指标均控制在市下达指标范围内，全年没有发生重大安全生产事故。（马　磊）

花溪年鉴 HUA XI YEARBOOK 2017

花溪区2016年十大新闻

1. 贵阳经济技术开发区十五个产品获评省名牌产品

1月28日，贵州省质量兴省工作领导小组发布2015年贵州省名牌产品名单公告，贵阳经开区11家企业15个产品榜上有名，其中6个产品为新增，9个产品为复评，涉及电线电缆、汽车零部件、电子元器件、PE管材和药品等6类产品11家企业。

2. 花溪区入围“国家全域旅游示范区”创建单位

2月5日，国家旅游局公布首批创建“国家全域旅游示范区”名单，全国262个市县成为首批国家全域旅游示范区创建单位，花溪区榜上有名，成为贵阳唯一入选的区县。

3. 周钟瑄文化交流中心主体工程完工

4月21日，周钟瑄遗址修复重要部分——周钟瑄文化交流中心主体工程完工。这是继“周氏宗祠”后，该遗址修复的又一部分。周氏宗祠遗址位于花溪区黔陶乡骑龙村大将军坡，与著名的“桐埜书屋”相距不远。此次遗址修复工程主要包括“周钟瑄文化交流中心”及“周氏宗祠”两个项目，总投资估算3617万元，分两期进行建设。一期工程中的“周氏宗祠”项目于去年全部完工。

4. 经开区完成ISO14001环境管理体系认证审核

7月21日，经开区ISO14001环境管理体系通过认证中心专家组的审核。今年5月，经开区ISO14001环境管理体系认证工作启动以来，经开区高度重视，成立以分管副区长为组长的贵阳经开区ISO14001环境管理体系认证工作领导小组，协调认证的各项工作。5月下旬，经认证咨询机构分别进驻经开区13个部门进行技术指导，完成《环境管理手册》及《程序文件》的编制。

5. 花溪区残疾人工作委员会获评全国残疾人工作先进单位

9月26日，花溪区残工委被国务院残疾人工作委员会评为全国残疾人工作先进单位。

“十二五”期间，花溪区残工委以改善残疾人基本生活状况为主线，实施惠残民生工程，为3350名农村贫困残疾人参加农村合作医疗提供22.35万元的资金补助，解决农村残疾人看病难、看病贵的问题；对750户重度残疾人实施“阳光家园”扶助项目，发放托养经费50余万元；为

462 名重度残疾人和贫困残疾人发放困难残疾人生活和重度残疾人护理补贴 27.72 万元；对 300 多名残疾学生进行扶残助学。

6. 青岩镇入选全国首批特色小镇

10 月 14 日，在国家住房和城乡建设部公布的第一批全国特色小镇名单中，青岩镇榜上有名。经专家复核，国家发展改革委员会、财政部以及住房和城乡建设部共同认定 127 个镇为全国首批特色小镇，贵州省有 5 个入列。

7. 中国共产党花溪区第十一次代表大会召开

10 月 23—26 日，中国共产党花溪区第十一次代表大会召开。大会通过关于中国共产党贵阳市花溪区第十届委员会工作报告的决议、中国共产党贵阳市花溪区第十届纪律检查委员会工作报告的决议，选举产生出席市第十次党代会的代表、新一届区委和区纪委。

在举行的中共贵阳市花溪区第十一届委员会第一次全体会议上，通过无记名投票方式，选举产生中共贵阳市花溪区第十一届委员会常务委员会常务委员和书记、副书记。钟阳、洪兵、卢代康、赵代刚、薛昌柱、谢秩刚、禄竹、马彪、秦永康当选为中共花溪区第十一届委员会常务委员会常务委员，钟阳当选为区委书记，梅俊、洪兵当选区委副书记。中国共产党花溪区第十一届纪律检查委员会举行第一次全体会议，投票选举产生中共贵阳市花溪区第十一届纪律检查委员会常务委员和书记、副书记。谢秩刚、汤娜、任海峰、程家新、岳莉、王效宙、周刚当选中国共产党贵阳市花溪区第十一届纪律检查委员会常务委员会委员，谢秩刚当选为区纪委书记，汤娜、任海峰当选为副书记。

8. 第十八届花溪之夏艺术节闭幕

10 月 30 日，由中共贵阳市委、贵阳市人民政府主办，中共贵阳市委宣传部、贵阳市文化新闻出版广电局、中共花溪区委、花溪区人民政府承办，美的·国宾府特约赞助的第十八届“花溪之夏”艺术节在花溪公园音乐广场闭幕。

本届“花溪之夏”艺术节历时 3 个月，通过举办班芙小镇美食文化、“六月六”民族风情节、花溪湿地公园七夕相亲会、孔学堂世界汉服形象大赛等一系列文化、旅游活动，吸引游客参与，展现“高原明珠·灵秀花溪”的魅力和贵州的民族风情，彰显花溪区文化发展的生机和前景，助推花溪创建国家全域旅游先行示范区。

9. 花溪区大学生创业孵化基地被认定为市级创业孵化基地

11 月 21 日，贵阳市花溪区大学生创业孵化基地（贵州大学科技园发展有限公司）被认定为贵阳市级创业孵化基地。

基地创建以来，深化“校地合作”，围绕发展大数据、现代制造、智慧城市建设和山地特色生态农业的产业发展战略，加大技术革新和市场化应用，突出区域经济发展特点，吸引高校毕业生创业就业。基地入驻企业 81 家，吸引 10 余万大学生入园发展。

10. 花溪区义务教育均衡发展工作通过国检

12 月 9 日，在贵阳举行的国家义务教育发展基本均衡县（市、区）督导检查反馈会上，花溪区以 94 分的成绩通过国家对县域义务教育均衡发展的评估认定，达到国家规定的义务教育发展基本均衡县评估认定标准。

花溪区以“办好人民满意教育”为目标，从合理布局教育资源、加大投入提升配套设施、优化师资提高教育水平等方面入手，围绕全域文化旅游创新区的定位，以大数据手段提升教学质量，实现区域教育资源优质均衡，教学水平、师资力量、办学成果有质的飞跃。截至 12 月底，全区有义务教育阶段学校 130 所，1661 个教学班；平均班额中学为 38.6 人，小学为 44.6 人，教职工 2976 人（公办学校）。在校学生 66929 人，小学毛入学率 116.67 %，初中毛入学率 109.16%。

（区新闻中心）

2016年先进集体

全国创新社会治理优秀城市：花溪区

全国五一劳动奖状：花溪农商银行

全国优秀巾帼志愿服务队：花溪阳光妈妈志愿者协会

全国AAA级信用企业：花溪农商银行

中国银行业文明规范服务千佳示范单位：花溪农商银行学士路支行

全国残疾人工作先进单位：花溪区人民政府残疾人工作委员会

第三届中国青年志愿服务项目大赛总决赛银奖：花溪区团区委

全国社区侨务工作示范单位：花溪区阳光社区贵筑居委会

国家卫生乡镇：花溪区马铃乡

中国特色小镇：花溪区青岩古镇

全国农村科普示范基地：花溪区久安乡茶叶基地

贵州省"五四"红旗团委：花溪区马铃乡团委

贵州省安全文明校园：第一实验学校、溪南高中

贵州省卫生乡镇：花溪区高坡乡、久安乡、孟关乡

贵州省卫生村寨：花溪区高坡乡杉坪村、扰绕村、平寨村、石门村、云顶村，久安乡久安村新寨组、巩固村、小山村光头组，孟关乡孟关村、石龙村、五星村，黔陶乡关口村，青岩镇歪脚村、杨眉村

贵州省先进基层党组织：贵州十和田企业集团有限公司党支部

贵州省先进集体：花溪区邮政局

贵州省第三届广场舞大赛银杏奖：花溪农村商业银行代表队

贵州省2015年度信用A级纳税人（2016年获奖）：花溪农商银行

贵州省农信系统2015—2016年度"五好"党支部和"样板"党支部：花溪农商银行贵安片区党支部

贵州省文联系统2016年度先进集体：花溪区文联

贵州省五星级示范妇女之家：花溪区清浦社区妇联

贵阳市先进基层党组织：贵州十和田企业集团有限公司党支部、花溪区青岩镇党委、花溪区孟关乡沙坡村党支部、花溪区青岩镇菊林书院党支部、花溪区第一中学党支部、花溪区人力资源和社会保障局机关党支部、贵阳市公安局花溪分局巡逻（特警）大队党支部、花溪区久安乡巩固村党支部、花溪区平桥社区中曹居委会党支部、花溪区政协离退休党支部

贵阳市体育特色学校：花溪实验中学

贵阳市卫生乡镇：花溪区麦坪镇

贵阳市卫生村寨：花溪区麦坪镇彭官村、刘庄村、施庄村、麦坪村，燕楼镇谷蒙村，高坡乡大洪村、高坡村，石板镇花街村花街组、石板一村

贵阳市优秀志愿服务组织：花溪区团区委

贵阳市2015年度诚信单位（2016年6月获奖）：花溪区财政局

贵阳市首届"五比五看——群众最喜爱的'十佳'社会组织"：花溪区阳光妈妈志愿者协会

贵阳市民族团结进步创建活动示范社区：花溪区花孟社区

贵阳市高考成绩第三名：清华中学

2015年贵阳市"社会治理创新十佳案例"：花溪区阳光妈妈志愿者协会 （余朝霞）

2016 年花溪区国民经济和社会发展统计公报

花溪区统计局　国家统计局花溪调查队

2017 年 4 月 26 日

2016 年，在区委、区政府的坚强领导下，全区上下认真贯彻落实中央、省、市各项决策部署，牢牢守住发展和生态两条底线，牢固树立和自觉践行五大发展新理念，坚定不移推进全面从严治党，不断加强党委对经济工作的领导，全面加快全域文化旅游创新区建设，全力推进供给侧结构性改革，全区经济社会发展取得新的成绩。

一、综合

初步核算，2016 年全区生产总值 536.91 亿元，比上年增长 11.7%。分产业看，第一产业增加值 18.71 亿元，比上年增长 6.1%；第二产业增加值 319.19 亿元，比上年增长 10.2%；第三产业增加值 199.01 亿元，比上年增长 14.6%。三次产业结构由上年的 3.56∶59.60∶36.84 调整为 3.48∶59.45∶37.07，第一产业、第二产业比重分别下降 0.08 个和 0.15 个百分点，第三产业比重提高 0.23 个百分点。人均生产总值达 82997 元，比上年增长 10.1%。

表 1　2016 年花溪区生产总值

指　标	绝对数（万元）	比上年增长（%）
生产总值	5369053	11.7
第一产业	187140	6.1
第二产业	3191848	10.2
#工业	2586906	8.9
建筑业	604942	16.3
第三产业	1990065	14.6
#交通运输、仓储和邮政业	253737	18.3
批发和零售业	230256	15.9
住宿和餐饮业	137970	14.8
金融业	394834	15.5
房地产	184627	7.2
营利性服务业	197487	24.1
非营利性服务业	579544	11.7

图1　花溪区2012—2016年生产总值及其增长速度

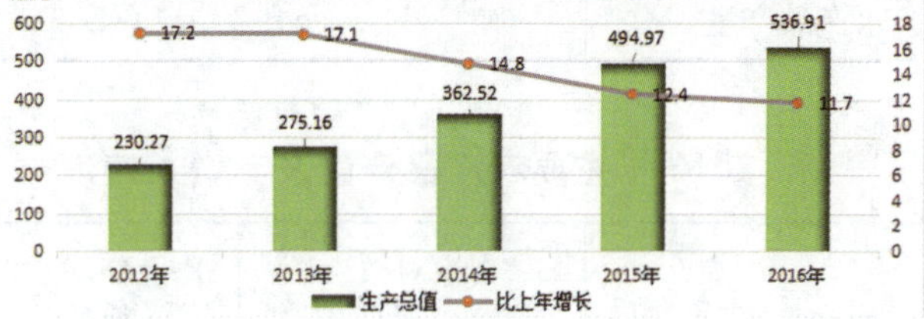

图2　花溪区2012—2016年三次产业增加值占生产总值比重

2016 年，全区非公有制经济实现增加值 226.86 亿元，比上年增长 19.8%，占全区生产总值的比重达 42.3%。

二、农业

全年粮食作物播种面积 8557 公顷，比上年下降 3.4%；油菜籽种植面积 2286 公顷，比上年下降

10.9%；蔬菜种植面积17891公顷，比上年增长6.1%。

全年粮食总产量4.46万吨，比上年下降2.0%；油菜籽产量0.39万吨，比上年下降14.4%；蔬菜产量43.58万吨，比上年增长7.4%。

年末生猪存栏7.73万头，比上年下降3.7%；家禽存栏105.38万只，比上年下降2.1%。全年生猪出栏10.00万头，比上年下降29.6%；肉类总产量1.31万吨，比上年下降25.8%；禽蛋产量0.53万吨，比上年增长4.5%；家禽出栏115.65万只，比上年下降1.7%。

表2 2016年主要畜产品和水产品产量

指　标	单位	绝对数	比上年增长（%）
肉类总产量	吨	13103	-25.8
禽蛋产量	吨	5300	4.5
猪出栏数	头	100032	-29.6
家禽出栏数	只	1156502	-1.7
水产品产量	吨	54	-5.3

表3 2016年主要农产品产量及其增长速度

指　标	绝对数（吨）	比上年增长（%）
粮食	44608	-2.0
#夏粮	3401	2.6
秋粮	41207	-2.4
蔬菜	435818	7.4
油料	4094	-16.2
#油菜籽	3932	-14.4
水果	4008	-14.8
茶叶	826	-13.5

三、工业和建筑业

全年实现规模以上工业（年主营业务收入2000万元及以上口径）增加值241.09亿元，比上年增长8.7%。其中，烟草制造业增加值144.72亿元，比上年下降8.9%；汽车制造业增加值14.73亿元，比上年增长15.0%；医药制造业增加值6.36亿元，比上年增长24.2%；计算机、通信和其他电子设备制造业增加值11.37亿元，比上年增长10.9%。

表4 2016年规模以上工业（2000万元及以上口径）企业主要产品产量及其增长速度

指　标	单　位	绝对数	比上年增长（%）
软饮料	吨	207824	-8.7
钢材	吨	485533	51.2
中成药	吨	1161.29	-1.0
玻璃容器	吨	33204	-2.5
卷烟	亿支	503.26	-9.1
饲料	吨	133831	-48.5
彩色电视机	万台	119.30	-3.0

表5 2016年规模以上工业（2000万元及以上口径）分行业增加值及其增长速度

指标名称	单　位	绝对数	比上年增长（%）
烟草制品业	万元	1447166	-8.9
卷烟制造	万元	1447166	-8.9
汽车制造业	万元	147328.5	15.0
改装汽车制造	万元	44119.2	-8.2
汽车零部件及配件制造	万元	103209.3	28.3
铁路、船舶、航空航天和其他运输设备制造业	万元	88816.8	9.7
制鞋业	万元	22570.1	-7.1
医药制造业	万元	63592.6	24.2
中成药生产	万元	19684.0	29.6
化学药品制剂制造	万元	3.5	11.4
生物药品制造	万元	43905.1	22.0

指标名称	单 位	绝对数	比上年增长（%）
金属制品业	万元	45253.0	－43.6
计算机、通信和其他电子设备制造业	万元	113737.2	10.9
水泥制造	万元	8646.6	8.4

全年建筑业实现增加值60.49亿元，比上年增长16.3%。年末全区具有资质等级的总承包和专业承包建筑业企业28户，完成建筑施工面积87.56万平方米，房屋建筑竣工面积14.07万平方米。

四、固定资产投资

全年固定资产投资（500万元及以上口径固定资产投资和房地产开发投资）437.27亿元，比上年增长21.2%。分产业看，第一产业投资3.39亿元，比上年增长361.1%；第二产业投资105.57亿元，比上年增长11.9%；第三产业投资328.31亿元，比上年增长23.6%。

年末，全区房地产开发经营企业86户，实施房地产开发项目60个，完成投资121.61亿元，比上年增长6.1%。全年全区实现商品房销售面积156.34万平方米，比上年增长63.7%。

表6 2016年固定资产分产业投资(500万元口径)及其增长速度

指 标	单 位	绝对数	比上年增长（%）
500万元固定资产投资	亿元	437.27	21.2
#第一产业投资	亿元	3.39	361.1
第二产业投资	亿元	105.57	11.9
第三产业投资	亿元	328.31	23.6

五、市场消费与物价

全年实现社会消费品零售总额235.76亿元，同比增长13.0%。其中：批发业销售额86.98亿元，同比增长64.0%；零售业销售额199.94亿元，同比增长15.5%；住宿业营业额4.57亿元，同比增长14.4%；餐饮业营业额12.78亿元，同比增长19.3%。分商品类别看，全区限额以上汽车类零售额160.24亿元，同比增长15.1%，占全区社会消费品零售总额的比重达68.0%。

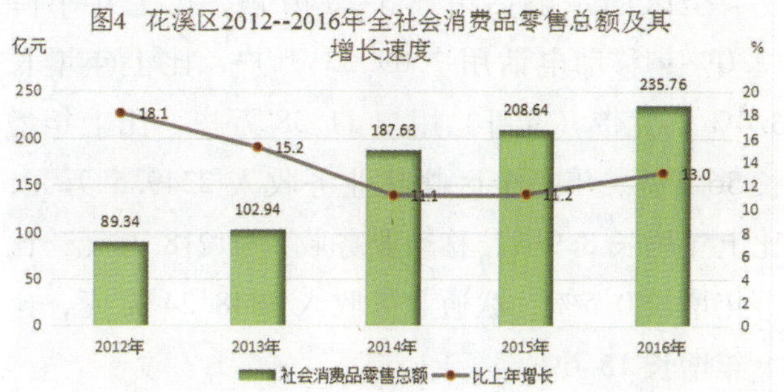

全年居民消费价格指数101.1%，比上年上涨1.1%。消费品价格指数100.8%，比上年上涨0.8%；服务项目价格指数101.6%，比上年上涨1.6%。其中，食品烟酒类价格指数102.9%，上涨2.9%；衣着类价格指数100.2%，上涨0.2%；居住类价格指数99.2%，下降0.8%；生活用品及服务类价格指数99.6%，下降0.4%。交通和通信类价格指数98.6%，下降1.4%；教育文化和娱乐类价格指数101.4%，上涨1.4%。医疗保健类价格指数105.2%，上涨5.2%；其他用品及服务类价格指数101.2%，上涨1.2%。

六、对外经济

全年招商引资签约省级调度重点项目16个，市级调度重点项目16个；招商签约项目32个。成功引进重大项目16个，全区引进省外实际到位资金508.40亿元，比上年增长15.0%；实际直接利用外资21008万美元，比上年增长20.8%；外贸进出口总额7769万美元，比上年增长11.4%。

七、交通、邮电和旅游

年末客运车辆168辆，比上年下降1.2%；客位量2682位，比上年增长1.0%；载货汽车25744辆，比上年增长26.7%；载货吨位11.18万吨，比上年增长42.7%。

全年新增天然气汽车21辆，新上线12辆花溪至贵安新区平寨农村班线公交车，新立项37个农村客运招呼站建设项目。进行X1W1青岩歪脚至黔陶公路、S104黔陶至高坡石门公路改造扩建，编制S209燕楼至改尧公路、S104孟关至黔陶公路、青岩至思若公路规划。

全区固定电话用户3.25万户，比上年下降12.0%；移动电话用户89.53万户，比上年增长3.4%；宽带（光纤）用户11.38万户，比上年增长56.1%。年末全区邮政业务收入2249.5万元，比上年增长8.9%；移动业务收入41218万元，比上年增长0.5%；联通业务收入3848.24万元，比上年增长15.6%。

全年旅游总人数2182.18万人次，比上年增长34.2%。其中，接待入境旅游人数2.97万人次，比上年增长16.1%；接待外省游客1391.84万人次，比上年增长36.2%。实现旅游总收入197.79亿元，比上年增长39.3%。

图5 花溪区2012--2016年旅游总收入及其增长速度

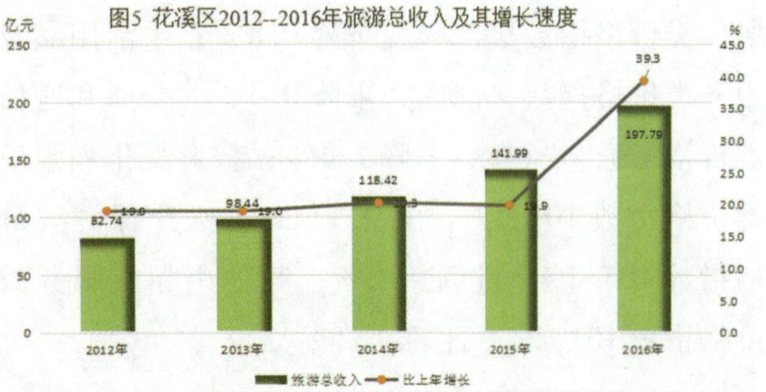

八、财政与金融

2016年，全区实现财政总收入71.08亿元，比上年增长13.2%。公共财政预算收入37.52亿元，比上年增长19.9%；公共财政预算支出60.01亿元，比上年增长5.7%。

图6 花溪区2012--2016年财政总收入及其增长速度

年末全区金融机构人民币各项存款余额924.64亿元，比上年增长27.2%；年末金融机构人民币各项贷款余额602.39亿元，比上年增长14.2%。

九、教育和科学技术

大力推进“中心校——村级小学分层同步管理”、“民族文化进校园”及“四位一体农村留守儿童管理体系”试验工作，着力强化教育领域的软、硬件建设。年末，全区副高级专业技术教师379人。新建幼儿园7所、改建幼儿园1所，完成农村寄宿制浴室的改造学校8所。小学和初中辍学率分别为0.01%、0.15%，“三残”儿童入学率为91.3%，义务教育巩固率为97.4%，高中阶段毛入学率92%以上，进城务工人员随迁子女义务教育就读公办学校的比例达到65.4%。

全区共有各类学校259所，城区156所，镇区36所，乡村67所。其中，幼儿园127所，九年义务教育阶段学校120所（小学78所，初级中学42所），高中教育阶段学校10所（完全中学4所，高级中学3所，十二年一贯制学校3所），特殊教育学校1所，工读学校1所。全区共有各类毕业生27216人，学前教育毕业生8684人，小学毕业生7031人，初中毕业生7499人，高中毕业生3914人，工读学校毕业生88人。全区招生31477人，学前招生10938人，小学招生9742人，初中招生6597人，高中招生4079人，特殊教育招生59人，工读学校招生62人。全区共有在校生103856人，学前教育在校生22903人，小学在校生48662人，初中在校生20074人，高中在校生12094人，特殊教育在校生61人，工读学校在校生62人。

全年申请专利3108件，专利授权1628件。新增在孵企业315家，科技研发机构3家，高新技术企业7家，国家级科技企业孵化器1个。获省科技厅省级重点实验建设项目立项的重点实验室1家，获省科技厅计划项目公示的科技平台及人才团队6个。年度收集37个区级科技计划项目；技术合作项目达179个，其中9个项目获得省科技进步奖，4个项目获省成果转化奖。引入2家国家级生产力促进中心，全年综合科技进步水平指数89.3%。

十、文化、卫生和体育

全年开展文化活动89场，其中组织开展“文化·科技·卫生”为主题的活动26场，群众文化活动63场。参加“周末大舞台、市民展风采”——2016筑城广场市民才艺大赛之“群众综合舞蹈比赛”演出获最佳表演奖，“周末大舞台、市民展风采”——2016贵阳市市民才艺大赛之“第五届百姓健康舞”获擂台王称号，“多彩贵州·激情广场·金彩盘县”贵州省第三届广场舞大赛获银杏奖。利用“文化服务流动大篷车”进乡（镇）、社区培训64次，开展“民族文化进校园”活动20次。年末区图书馆接待读者5.9万余人次，图书借阅量达5.16万余册，新办借书证130个，新建数字电影城2座，放映公益电影2274场。

全区各级各类医疗卫生机构343所，其中社会办医136所。新增医疗机构17所，其中社会办医15所。年末签约社区全科医生1.3万人，提供服务6.9万人次；乡村医生签约服务3.2万份，服务人数12.3万人，签约率达55.1%。年末卫生机构床位总数0.36万张，执业助理医师0.16万人。

全年成功举办青岩骏驰CTCC国际房车比赛、“九月重阳文体展演”、中老年体育健身运动会等活动。组织实施“农民体育健身工程”和“花溪区体育健身中心”工程，完成“乡镇农体工程”1个、“村级农体工程”9个、“健身路径”6条；参加“贵阳市第十届‘百村农民’篮球赛”总决赛；开展“贵州省第一次体育产业调查登记”和“2013—2015贵州省体育场地普查”工作。

十一、人口与就业

全区年末常住人口65.21万人，比上年末增加1.04万人；年平均人口64.69万人。

城镇新增就业20347人，比上年增长3.0%；完成职业技能培训2810人，农村劳动力转移就业3421人。年末城镇登记失业率3.1%。发放创业担保贷款新增贷款金额2719万元，新增扶持人数341人。新创建黔江社区黄河居委会为充分就业社区，充分就业社区创建率为79.5%。

十二、人民生活与社会保障

全年全区城镇常住居民人均可支配收入28874元，比上年增长8.8%；城镇常住居民人均消费支出19129元，比上年增长10.6%。农村常住居民人均可支配收入13463元，比上年增长8.5%；农村常住居民人均消费支出13086元，比上年增长11.0%。

全区城乡低保对象3766户6676人，其中，城市低保对象1736户2903人，农村低保对象2030户3773人。城市低保标准由530元/月提高到583元/月，农村低保标准由2820元/年·人提高到3336元/年·人；全年累计发放城乡低保金、春节慰问金及“两节物价补助”等资金共计3456.798万元。年末全区共有五保对象108户112人，其中，分散供养90户94人，集中供养18户18人，全年共计发放供养资金及春节慰问等资金62.916万元。

年末全区参加城镇职工基本养老保险人数111915人，失业保险参保人数89745人，城镇职工医疗保险参保人数69079人，工伤保险参保人数53356人，生育保险参保人数55615人，城镇居民基本医疗保险参保人数133564人，城乡居民社会养老保险参保人数80100人。

十三、生态环境和安全生产

“千园之城·百园之区”有序推进。全力打造“花园城市”，建成32个公园；提升生态旅游示范区景观，建成区新增绿地116.47万平方米；保护好天然林，守住“青山”，年末人工封山育林0.43万亩，人工造林0.96万亩，森林覆盖率为46.1%。

全区林业生态建设保护和发展综合指数84.45，城市（县城）环境空气质量综合指数3.83，城乡生活垃圾无害化处理率95.33%，全年环境空气质量优良率为96.7%。集中式饮用水源水质达标率100%，水体环境功能区达标率100%，农村饮水安全达标率100%。

生态环境进一步优化。全区生态文明绿色社区创建达标率100%，生态文明绿色学校94.9%，生态文明机关创建达标率89.8%，生态文明小城镇创建达标率100%。青岩镇、久安乡、马铃乡3个乡（镇）获“省级生态乡镇”，青岩镇龙井村等35个行政村获省、市级生态村。久安乡、马铃乡申报国家级生态乡。

全年平均气温16.0℃，极端最高气温34.3℃，极端最低气温零下3.9℃。全年平均相对湿度82%，年降水量1070.2毫米，日照时数1312.8小时。

全年发生各类生产安全事故31起，比上年下降3.1%；死亡22人。亿元GDP生产安全事故死亡率为0.041，比上年下降6.8%。

注释：

1. 公报中所列数据为初步统计数，统计指标相对数按同口径计算。

2. 公报所列数据按行政区统计，如无特殊说明统计口径均包括经开区、贵安新区直管区党武镇和湖潮乡。

3. 部分数据因四舍五入的原因，存在着与部门统计数据不完全一致的情况。

4. 生产总值、各产业增加值和人均生产总值绝对数按现价计算，增长速度按可比价格计算。

5. 居民消费价格指数为贵阳市居民消费价格指数。

6. 部门统计资料来源于相关行业主管部门，经开区有关统计资料来源于经开区产业发展局。

（责任编辑　张乡里）

中共贵阳市花溪区委员会

花溪年鉴
2017HUA XI YEARBOOK

7月1日，区委书记钟阳(中)在高坡乡石门村上党课(区新闻中心 供稿)

工作综述

【概况】 2016年，中共花溪区委以“大融合”促进新增长，深化两区融合发展，探索建立经开区和花溪区班子“上合”促“下合”工作机制，推动两区协同发展、联动发展、一体化发展，经济社会发展实现新跨越。2016年，花溪在全省88个市县区增比进位18个城区方阵中综合排名第5位，比2015年上升9位。总量核心指标均位列全省前5位、全市前3位。全年生产总值完成536.91亿元，增长11.7%，总量在18个城区排第3位；人均GDP为84214元，总量在全省排第1位；工业增加值完成258.69亿元，增长8.9%，总量在18个城区排第1位；全社会固定资产投资完成437.21亿元，增长21.2%，总量在18个城区排第3位；社会消费品零售总额完成235.76亿元，增长13%，总量在18个城区排第3位；城镇常住居民人均可支配收入实现29007元，增长9.3%，总量在18个城区排第7位，增速排6位；农村常住居民人均可支配收入实现13526元，增长9%，总量在18个城区排第6位。多数单项指标实现“位前移”，在全省增比进位考核的42项指标中，排在前10位的单项指标有25项，占总指标数的半数以上。

通过“大项目”实现新突破，推进“八个一批”项目和“5个100”工程、文化旅游创新区“七大工程”等项目建设，全年完成总投资437.21亿元。2016年，在全市的省级重大工程项目和固定资产投资完成情况考核中均位列第一，文创区大建设形象全面展现。引进恒大、碧桂园等一批引领性大项目，2016年，省外到位资金197.73亿元，比上年增长22.06%。

利用“大数据”，加快新转型。实施大数据“五大示范工程”，探索“汽车网商+线下实体+文化+旅游”电子商务产业发展模式，加快花溪电子商务及服务外包产业园二、三期建设。建成呼叫席位7524席，建成农村电商便民服务点31个。城区光纤入户率90%，移动4G网络实现行政村全覆盖。加快传统企业改造提升，航天电器公司的“精密电子元器件智能制造新模式应用”成为贵州省唯一一个国家智能制造新模式应用项目；贵阳海信的“智能电视智能制造试点示范”成为全国电视生产行业唯一一个智能制造示范试点项目。加快构建大数据“物流+互联网+金融”全新生态模式，数字物流引领全省发展，以数字物流为核心的服务业主营业务收入306亿元。2016年，以大数据为重点的电子信息产业规模总量全年完成280亿元，获批“长江经济带国家级转型升级示范开发区”。

“大创新”探索新模式，率先在全省出台“亩产论英雄”倒逼主导产业提质增效，小孟工业园区亩均产值695万元，比上年增长6%。率先开展全国首批司法体制改革试点，花溪区人民法院获“全国优秀法院”。率先在全市成立旅游警察、旅游巡回法庭、旅游市场监管分局，构建全域旅游“1+5+N”综合管理模式。探索“管委会+旅游文化投资公司”双引擎协作机制，创新社会资金投入新模式。大胆探索建立征收“6个3”工作法推进城市建设，为项目建设奠定基础，得到省、市领导的肯定。

“大扶贫”拓宽新渠道。按照“高一格”的要求，坚持把产业作为扶贫开发的主抓手，依托久安茶叶示范园、青黔农旅示范园、燕马蔬菜保供示范园，带动周边农户4万余人发展茶叶、豇豆、香葱等特色产业。加快推进青、黔、高“溪南十锦”大扶贫农旅示范带建设，促进乡村旅游发展，辐射带动沿线群众增收致富。全区2435户5167人低收入困难户收入整体越过4300元，实现全区19个贫困村全部“减贫摘帽”。

“大旅游”构建新布局。按照“六全”发展路径，委托国内一流规划单位编制全域旅游战略策划、规划及实施方案，初步构建“一核、一轴、四组团”规划布局。投入350亿元实施青岩古镇、天河潭、十里河滩国家城市湿地公园、花溪公园等景区综合提升改造。花溪区入选全国首批全域旅游示范区创建单位。建成青岩古镇旅游云平台，启动花溪区旅游运行监管及应急指挥平台大厅建设，成功承办2016中国青岩·古镇峰会、“大数据+旅游”产业高峰论坛。旅游收入197.79亿元，比上年增长39.3%；旅游接待人数2182.18万人次，比上年增长34.2%。

“大生态”提升新形象。实施天然林保护、石漠化治理工程，完成天然林保护55.37万余亩和封山育林、人工造林5.3万余亩，城市景观绿化20万平方米，森林覆盖率提升4.7个百分点达45.6%；启动花溪河生态环境综合治理工程，集中整治阿哈水库、花溪水库周边区域环境；完成碧桂园1号公园、青岩古镇定广湖公园等49个公园建设，启动花溪湖、经开水域湿地公园等73个公园建设。突出农村环境综合整治，建成“美丽乡村”示范带6条、示范点10个。城镇污水处理率、环境空气质量优良率保持省、市前列。

“大文化”增添新品味。围绕多元文化，编制《花溪区“十三五”文化建设发展专项规划》，支持孔学堂建成中华传统文化教化基地，城市认同感进一步增强。改造提升赵以炯状元故居、桐埜书屋、周恩来父亲曾居地等文化景观，加快“两周文化交流中心”建设，新建大兴国寺、观音祈福寺等宗教地标，城市文脉进一步延续。建成天河潭贵阳故事街，加快青岩古镇文化产业聚集区、孔学堂传统文化产业园、多彩贵州街等文化产业项目建设，夯实文化基础。“道德讲堂”全面推进，举办CTCC中国房车锦标赛、筑台两地周钟瑄文化交流活动，展现“高原明珠·灵秀花溪”的魅力。社会主义核心价值观深入人心，市民素质和文明程度全面提高，获评“省级文明城区”。

“大民生”助推新和谐。坚持把改善民生作为全部工作的出发点和落脚点，推进实施“民生工程”。全年民生支出21.21亿元，占公共财政预算支出的78.78%。通过国家义务教育发展基本均衡评估，新建改扩建幼儿园8所。建成区人民医院外科综合大楼、区急救中心，区人民医院、区中医院分别成为贵州医科大学、贵阳中医学院第二附属医院医联体，全区27个乡（镇）、社区实现基本公共卫生服务全覆盖。完成城乡统筹就业2.35万人，城镇、农村常住居民人均可支配收入分别达到29007元、13526元。城市、农村低保标准分别提高636元、516元。大力推进公共服务，乡（镇）便民利民服务大厅实现全覆盖。

“大治理”巩固新安定。全面落实领导包案、信访接待日等工作制度，推进信访维稳“一号工程”“两严一降”“禁毒人民战争”专项行动，以加强基础建设为重点，稳妥化解人民内部矛盾纠纷，推动社会治安综合治理各项措施的落实，群众安全感、幸福感进一步增强。推进全面依法治区，保障人民群众合法权益，推动领导干部带头学法懂法守法护法用法。加强和创新社会治理，乡（镇）便民利民服务大厅实现全覆盖，“新型社区·温馨家园”建成率95%。（区委办）

【从严治党主体责任】 区委领导班子开展“三严三实”专题教育、“两学一做”学习教育，贯彻落实中央八项规定精神、省委十项规定和市委二十九条实施细则要求，坚持立党为公、执政为民，清正廉洁、勤政廉政，自觉接受群众监督，管好家属和身边的工作人员，推动党的作风建设常态化。

区委领导班子成员带头履行党风廉政建设主体责任，率先在全市成立全面从严治党主体责任办公室，构建“6410”体系落实全面从严治党主体责任。在工作中，认真学习贯彻《中国共产党党内监督条例（试行）》《中国共产党纪律处分条例》等党内法规。全年，区委班子未发生违纪现象。落实干部任免谈话制度，支持纪检监察机关和检察机关按照有关规定，查处违纪、违法、犯罪行为。深入开展专项治理，切实纠正损害群众利益的不正之风。推进党政领导干部任期经济责任审计工作，多形式多渠道开展反腐倡廉宣传教育。

加强干部队伍管理和基层组织建设。实施《从严管理干部双向能动办法（试行）》，干部人事制度改革进一步深化，全年重用优秀干部54人，调整不适宜担任现职务干部17人，在全区营造“能者上、庸者汰”干事创业良好氛围。开展“两进两促”专项行动，加强软弱涣散基层党组织整顿工作，排查出软弱涣散的村党组织7个、机关党组织6个、非公企业党组织1个并进行全部整改。率先在全市成立社区“社会建设党委”和探索“互联网+党建”新模式，建立大数据产业党建联盟，打造货车帮、同济堂等非公及社会组织党建示范点。

保持“反腐拍蝇”高压态势，查处违纪违规行为。全年党政纪立案170件，涉案人员173人，案件查办总量居全市前列。严格“一案双查”，以问责促“两个责任”落实，追究主体责任8人，追究监督责任2人。强化民生监督，严查民生领域违纪案件，加大对乡镇、社区民生监督组查办案件的指导力度，全区发现民生监督问题736个，民生案件立案162件，党政纪处分170人。

9月26日，区委书记钟阳（前排左四）调研景区景点社会治理工作(区委群工委　供稿)

完成换届工作。按照上级相关规定开展换届工作，严肃换届纪律，完成村（居）党组织和乡（镇）党委班子选举工作，全区168个村（居）党组织和9个乡（镇）均配齐党组织班子成员；完成区委班子换届工作，完成区、乡（镇）人大、政府、政协换届工作。（区委办）

政策研究

【概况】 2016年，中共花溪区委政策研究室承担或协同参与完成区委十届七次全会报告、区第十一次党代会报告、《大扶贫战略实施意见》等重要会议文件、重要文件文稿、区委向市委常委会专题汇报等文稿的起草工作。拟订《花溪决策参考》，组织开展“助力推动全域文化旅游创新区建设”课题调研，完成《“一带一路”战略意义及对策》《创新扶贫机制，变“输血”为“造血”，同步小康驻村步伐铿锵有力——记花溪区五寨村驻村干部组扶贫的做法与成效》《关于涉农资金审计监督情况调研》《花溪区推行法律顾问制度调研》等调研报告，以供区委决策参政。发挥沟通上下、联系左右、协调各方的作用，通过实地走访、查阅资料、座谈会等方式，配合省委政研室、市委政研室等部门完成加快县域经济发展、花溪专题调研等调研活动。参与《贵阳蓝皮书之花溪篇》《贵阳市建设生态文明年鉴材料之花溪篇》《贵阳市经济社会发展报告(2015)》的编写，并向《今日贵阳》等刊物投稿。（区政研室）

【同步小康巩固提升】 2016年，区政研室完成监测2015年度指标。2015年度全面建设小康社会实现程度达97.1%，在全省88个县（市、区）中位列第二，三项核心指标均超过省统计监测标准，其中，人均GDP 77635元，城镇居民人均可支配收入26532元，农村居民人均可支配收入12414元。开展全面小康统计监测数据的采集整理和统计分析，形成《花溪区2015年度以县为单位全面建设小康社会统计监测数据分析报告》。

区政研室联合区委组织部、区委宣传部等单位编排出版发放《花溪·小康·脚印——花溪区同步小康进行时掠影》画册，用影像展示花溪区在经济、政治、文化、社会、民生等各领域所呈现的同步小康创建活动新面貌。组织开展“我歌我快乐——贵州省同步小康民间歌谣”征集活动，在全区范围内征集小康民间歌谣100余首，并联合区文联、区音协等部门组成专家评审组评选，制作《我歌我快乐——花溪同步小康民间歌谣选集》，其中《花溪辣椒红了天》《花溪这个迷人的地方》《迎客歌》三首歌谣入选《我歌我快乐—贵州省同步小康优秀民间歌谣省选本》。（区政研室）

【16件改革事项审议通过】 中央、省、市召开全面深化改革领导小组会议后，花溪区第一时间召开领导小组会传达学习会议精神，安排部署改革工作，2016年召开6次领导小组会，审议通过16件改革事项。以建设试点、要点、“痛点”三大台帐为突破口，强化对各项改革任务的管理。2016年，花溪区承担中央部署在花溪区的改革试点任务有2项，按照统一安排改革任务仍在进行当中；承担省部署在花溪区的改革试点任务4项，有2项完成销号，另外2项仍在进行当中。建立“五大机制”，确保改革举措取得实效。花溪区建立保障机制、沟通机制、督查机制、考核机制、宣传机制五大工作机制，加快推动改革举措早落地、见实效。制定下发区委全面深化改革领导小组、专项小组工作规则和办公室工作细则，出台区委全面深化改革领导小组《会议服务制度》《工作督察制度》和《信息报送制度》三项工作制度，组建花溪改革信息员队伍，对全区的全面深化改革工作按季度开展定期督察，推出《花溪改革动态》内部刊物。同时，及时向省委改革办、市委改革办报送改革信息，报告改革成效，营造深化改革、推动发展的良好氛围。（区政研室）

督查工作

【概况】 2016年初，区督查办将区委、区政府全年的主要目标任务细化分解落实到全区各单位，制定区级各目标考核单位的目标责任书。年中，针对各单位的目标任务，开展定期和不定期的跟踪督查，对目标任务推进缓慢的单位，帮助分析原因，提出解决的措施和建议，促进全区目标任务完成。年底，根据市、区综合目标绩效考核办法，组织相关责任部门对各目标考核单位完成目标任务的情况进行考核，评定等次。

执行省、市规范年度目标绩效考核奖励相关政策，做好花溪区2016年度目标奖自查工作，及时向市督查局、市纪委报送花溪区2016年度目标奖发放情况报告。

完成市委九届五次全会精神明确目标涉及花溪区任务、市政府工作报告涉及花溪区工作任务、区委全会报告、区政府工作报告、市委市政府综合目标责任书和“十件实事”等的责任分解。

加强“四重”工作的督办督查。围绕文化旅游创新区建设和创建国家全域旅游先行示范区的总体目标，加强“四重”（经济社区重要发展指标、重点项目和重大工程、重大会议活动、重要任务）工作督查，印发《督查通报》23期。

针对市委、市政府“十件”实事和区委、区政府“八件”实事的推进情况实行月督查，对区委、区政府安排的巩固创文创卫创模攻坚、森林防火和育林工作、信访维稳“一号工程”、精准扶贫、农村环境整治、文化旅游创新区项目建设等重要工作开展阶段性日督查或周督查，掌握情况，了解存在问题，提出督查建议，开展跟踪督办。

按照区委区政府要求，与区纪委、区委组织部组建全域旅游先行示范区创建工作监督督查组，每周对全域旅游创建工作开展督查，印发全域旅游督查专报13期。 （区督办督查局）

党的建设

【概况】 2016年，区委组织部紧扣从严治党主线，聚集全域文化旅游创新区建设，开展“两学一做”学习教育，强化理论武装，夯实基础工作，推动机制创新。在促学习、强信仰上取得新成效，在谋主业、强政治上取得新成果，在夯文化、强氛围上取得新成绩。以树立组工干部“讲政治、重公道、业务精、作风好”四种形象，着力建设“四形四家”模范部门，为加快推进文化旅游创新区建设提供组织保障。 （区委组织部）

【履行党建工作主体责任】 区机关工委组织党员参加“再读党章”“入党为什么 为党做什么”“如何做一名合格的支部书记”“甩开膀子，干出样子——党员和党组织如何在建设全域文化旅游创新区中发挥作用大家谈”等四场党课集中宣讲，把机关党员干部的思想和行动统一到党的十八届六中全会精神上来。把握新时期机关党建的总体要求，召开12次会议研究党建工作。下发《2016年区直机关党建工作要点》《关于开展2016年度微型党课活动的通知》《关于开展2016年“最美瞬间”拍摄比赛的通知》《关于开展基层党建创新案例征集活动的通知》等文件，明确工作思路及目标任务。层层签订党建工作目标责任书，平时注重督促检查，年终加强综合考核；加强对“一把手”党建履职的管理，55名党组织书记书面述职、5名党组织书记现场述职，并进行现场测评与点评。以“温暖花溪、扮靓花溪”为主题，组织党员志愿者深入乡镇、社区，为群众提供生活照料、医疗保健、健康咨询、法律援助、家电维修、就业咨询、义务家教、禁毒知识宣传、文艺演出、科技文化及食品安全知识普及等志愿服务，开展活动23次，参加服务党员1088人次，接受服务群众2300余人次。开展纪念建党95周年、红军长征胜利80周年活动。“喜迎党的95岁诞辰”主题宣传板报晒成绩，“跨越时代的对话”接力党性火炬，知识竞赛中近4000名机关党员学党史、知党恩、颂党情。 （区直机关工委）

【班子抓党建职责落实】 根据《2016年花溪区党风廉政建设主体责任任务清单》要求，制定工委主体责任任务清单并抓落实。党组织书记履行抓党建工作第一责任人职责，班子成员履行分管领域党建责任，把从严治党政治责任和机关党的建设任务牢牢抓在手上。配合上级纪委推进反腐倡廉教育基地、廉政文化“六进六增”示范点建设，组织机关党员干部参观机关廉洁文化示范点、机关警示教育基地2600余人次；制定工作方案8个，完善工作制度12个、台账管理表格51张，开展监督执纪检查26次。组织学习《中国共产党廉洁自律准则》和《中国共产党纪律处分条例》，开展警示教育10次；根据《花溪区落实党风廉政建设“两个责任”约谈制度》（花委〔2016〕28号）规定，组织开展“四类约谈”19人次。工委班子成员和工作人员没有被党纪政纪处分和被上级纪委问责情况。 （区直机关工委）

【“两学一做”学习教育活动】 区直机关工委创立“工委定主题、支部选切口、党员轮流讲、听众齐议论、书记作点评、成果要公示”六步法，组织党员学习党章党规和系列讲话，工委书记做《坚决服从共产党的领导》宣讲，副书记做《政治生态你、我、他》宣讲。以“读书讲学”为载体，运用微型党课形式，领导讲读、骨干领读、交流共读、相互荐读，区直机关各党组织书记以普通党员身份参加所在支部的学习教育，开展“两学一做”专题党课89场，集中宣讲四场；“一把手”

讲评党课54场，其中到乡镇、村寨、企业宣讲7场；普通党员讲党课207人次；报送优秀课件、视频各50个；《贵阳日报》以《党课上得“接地气”服务大局添“利器”——花溪区创新党员教育开展“微型党课”扫描》为题进行报道。将微型党课运用到入党积极分子竞争发展、中层干部竞争上岗、各种党员培训考试等工作中去，实现微型党课功能从单一向多元的转变，成为交流党建的工作平台。将工委会议室打造为机关公用活动场地，2016年各级党组织使用36次。对花溪三小、金竹民族学校、黔鹰事务所、国土分局、花溪第一实验学校等47家党组织开展“两学一做”学习教育情况、APP答题情况、党建工作进行督导，对发现的问题提出整改建议。

区委组织部推动区委主要领导统筹制定学习方案，分时段、定时限、按步骤逐项学习，组织开展党员县级领导到各联系点进行宣讲，形成领导示范带头，全员主动参与的学习氛围。指导支部细化学习方案、组织开展系统学习，密切关注贵阳“两学一做”手机APP，按时完成每个工作日的答题任务，在“学习动态”专栏发布通讯文章。据统计，花溪区所发布的通讯文章阅读量、点击率及评价率都位居全市前列。同时把全域文化旅游创新区建设纳入到“两学一做”中来考量，将青岩镇创建国家级AAAAA景区等重点项目纳入到“两学一做”来实践，确定每月21日为党员主题活动日，打造“微型党课”品牌，开展“党的声音进万家、总书记话儿在心上”宣讲，“城市夜话”升级为学习教育“大课堂”，全区上党课1000余次，开展“坝坝会”“城市夜话”、进乡进村集中宣讲等99场。将“三访四查五看六保”工作与“两学一做”学习教育有机结合起来，作为学习教育的抓手。（区委组织部）

【基层党建重点任务】 区直机关工委对4名失联党员按程序处置；所有党组织按期换届；党代表、人大代表中的党员、政协委员中的党员和党员受到行政处罚未给予相应党内处理的排查已完成；2016年到账党费141.98万元；本级支出29.48万元，其中：赴基层慰问生活困难党员和老党员支出4.85万元，占支出总额的16.45%；开展微型党课、党建示范点建设及党内教育培训支出9.25万元；占支出总额的31.38%；购买党务工作资料支出2.61万元，占支出总额的8.85%；编印《花溪机关党建信息汇编》支出7.30万元，占支出总额的24.78%；其他支出5.47万元，占支出总额的18.55%；上交区委组织部65.91万元，其中：2008年4月—2015年度党费排查部分34.98万元。抓好党组织的优化设置，完成教育系统89家党支部的整合与组织设置；实行区直机关党务干部上岗履职证制度；及时对26个任期届满或干部调整的基层党支部进行换届或增补，新任党务工作者74名，其中；女性34名，占46%；大专以上学历68人，占91%；35岁以下17名，占23%，提高党务干部履职能力，确保机关党建工作不放松、不落空。按要求完成区直机关73名党代表选举、人大代表选举指导、39名政协委员推荐等工作任务。在发展党员工作中做到三看两坚持，坚持把政治标准放在首位，突出先进性；坚持成熟一个发展一个，防止降低标准把不具备党员条件的人吸收到党内，从92名优秀的入党积极分子中，好中选好、优中选优，确定46名发展对象，并通过入党积极分子“微型党课”对战方式确定5个发展名额；办理党员组织关系转入290名、转出198名，现有机关党员5238名。梳理“区直机关党建问题清单”，倒逼“一把手”抓牢第一主业；180件党建实事围绕花溪大局，解难事、办实事，深受群众欢迎；邀请省市专家、机关部门领导为机关党员干部授课10余场，开展党务干部业务练兵，党务专题培训4期培训253人次；加大对基层党组织在创建党建示范点、慰问贫困党员方面的支出力度，支出7.55万元。对查摆出离机关党建工作“走前列、树标杆”的要求有差距，对思考推动机关党建围绕中心、建设队伍的办法不多、措施不力，党建创新力度不足，缺少对党组织的规范运行思考不足，对基层党组织书记的督导力度不足，工委认真抓整改，全面落实，但仍需长期坚持；市场监管局机关支部、水利局机关支部等5家软弱涣散党组织整顿后通过验收。（区直机关工委）

【基层党建基础工作】 区直机关工委秉持基层是最好的课堂、群众是最好的老师的观念，开展“三访四查五看六保”活动，走访慰问困难人群119人次20.23万元。强化典型示范引导，命名4个机关党建示范点，使区直机关各基层党组织工作看有榜样、学有经验、做有借鉴，发挥典型引领作用；开展立足岗位奉献——创百佳效能科室，展现党员风采——争百优服务标兵评选，评选表彰“百佳效能科室”29个、“百优服务标兵”30名；2016年区直机关获得省、市、区优秀个人79名，市、区级先进基层党组织37个。开展“最美花溪”景物摄影比赛，助力全域文化旅游创新区建设；开展“最美瞬间”人物摄影比赛，提高机关党员干部的职业自信心和自豪感；《我志愿 我快乐》《大雨中的交警》《城市美容师》等56个作品获得表彰。《花溪区机关党建信息汇编》办刊4期，刊发优质党课20余篇；促进机关党建工作经验的内外交流学习。（区直机关工委）

【创新工作释放机关活力】 区直机关工委结合机关离退休老同志多、国有企业发展困难的现状，在党委与党总支留存25%党费、党支部留存15%党费的基础上，明确困难企业党费留存50%、离退休党员缴纳党费留存50%，将工委留存党费比例由50%降低到17%左右，增强基层党组织自主开展党的活动的能力。为新增的13名老党员颁发“在党60年纪念牌”、集中过政治生日，强化党员身份意识和责任意识；党内开展谈心和探访活动，走访慰问党员79人，发放资金（物资）15.8万元；推荐“身边好党员”10名；在职党员开展“亮身份、晒承诺”工作。党建创新案例征集，涌现一线亮点7个（区直机关工委党支部“集中过政治生日”，区老干局党支部“建立小区及院落离退休党支部或离退休党小组”，区水务局党委“廉政文化进工地”，区人社局党委“创意网络墙——绽放青春 激发能量”，“寻找身边焦裕禄式优秀共产党员”，劳动仲裁支部“组建服务农民工党员先锋队”，区检察院党总支“警示教育推进廉洁自律”，区国税局党委“抓好四个围绕 推动先进基层党组织建设”）；“重走长征路”传递党的好作风；党务辩论推动思想交锋；固定党员活动日活动充分发挥党支部的主体作用，人社局青春支部建设“创意网络墙”，水务局廉政文化进工地，花溪医院开展“三心服务”等。（区直机关工委）

【干部管理】 2016年，区委组织部在全市率先出台《花溪区、经开区从严管理干部双向能动办法（试行）》，对落实重大任务、敢于创新等9个方面正向激励情形进行界定，明确提拔重用、容错减责等4个方面的正向激励具体措施。对干部思想动摇、履职不力、品行不端等9种情况，明确约谈提醒、召回管理等4种惩戒约束措施，在全区形成“能者上、庸者下、劣者汰”的选人用人氛围。按照区委要求，由区委主要领导带队开展“大走访”工作，干部科协助做好相关调研和优秀干部推荐工作。对全区87家单位、12个项目指挥部及14个下设办公室进行实地调研，掌握全区干部思想动态、干部储备、各单位领导班子运行以及贯彻落实区委十届七次全会情况，及时储备120名优秀干部，并组织开展为期1个月的专题培训。按照“发现一批、使用一批、储备一批”的工作思路，经部务会议研究，将235名同志列入后备干部库进行管理，实行后备干部动态管理。通过让后备干部在“三重”工作中进行实践锻炼，结合下村任职、到信访系统挂职等形式，提高后备干部思想政治素质和实战能力。防止“带病提拔”“带病提名”，围绕干部“三龄二历一身份”等信息，落实“凡考察对象的干部人事档案必审，凡干部公示信息必核，凡发现干部档案造假必查”的要求。完成干部档案审核工作，将630人次的干部人事档案提交区委组织部部务会议进行专项认定，为换届选举做足干部人事档案审核准备。配合市委组织部完成35名县级干部个人有关事项报告的填报工作，完成近700名区管干部个人有关事项报告的填报工作。按照新时期好干部“二十字”标准，坚持“不唯票”论人品、“不唯分”论能力、“不唯GDP”论实绩、“不唯年龄”论资历选拔干部配班子，加大领导班子和干部队伍分析研判力度，考虑干部的性别、年龄、民族、学历、专业、党派等因素，选优配强领导班子和领导干部，推动干部队伍结构持续优化。2016年，全区提拔54人（正科18人、副科36人），交流78人，免职56人（退休免职33人、其他免职23人）。

（区委组织部）

【换届选举工作】 6月24日，花溪区完成第十届村（居）党组织换届选举工作。全区168个村（居）党组织均配强班子成员，完成率100%。在换届过程中，通过严把“五关”（培训、推荐、考察、审查、选举），换届工作没有出现因为换届程序出错导致选举无效或重新选举，没有出现到省、市上访的情况，没有出现另选人当选和上届刑释解教人员继续当选的情况，没有出现负面舆情报道。

以乡（镇）领导班子换届为契机，加强乡（镇）领导班子和干部队伍建设，营造风清气正的选人用人环境。8月，完成乡（镇）党委班子换届工作，选举产生乡（镇）党委班子成员81名。从年龄结构来看，党委班子平均年龄39岁，年龄最小的28岁，年龄最大的50岁，35岁左右的25人（党政正职2人），占31%。大专及以上学历80人，占99%；少数民族干部26人，占32%；女干部18人，占22%，比上届增长4%。在18名乡（镇）党政正职中，女干部有5名。具有2年以上乡（镇）（新型社区、原街道）工作经历的人员有79人，占97%。党政正职均符合“累计有2—3年或3年以上乡（镇）、街道领导经历的条件。组织推荐的81名党委班子候选人全部当选，各项数据、指标、比例、结构等均符合换届有关要求。11月，完成乡（镇）人大、政府换届工作，所有候选人均以满票或高票当选。（区委组织部）

【组织建设】 为加强党员干部的党性教育，提高党员干部的党性观念，结合“两学一做”学习教育以及区委新建“花溪党性教育基地”党建实事要求，区委组织部先后组织区委党校、区委党研室、财政、审计、发改、城南公司等相关单位商议党建基地建设相关工作。通过外出考察、到设计单位调研等方式，按照10月26日区领导调研花溪党性教育基地建设工作要求，分解落实具体任务，修订完善设计方案，加快推进基地建设，确保基地具有科学性、可行性、实用性。

5月18日，花溪区举办优秀中层后备干部综合能力提升培训班（区委组织部 供稿）

2016年，按照市委组织部的安排，结合《花溪区软弱涣散基层党组织整顿工作长效机制实施意见》，全区排查出软弱涣散的村党组织7个、机关党组织6个、非公企业党组织1个。在整顿考核验收工作中，2个村党支部验收结果达到“效果明显”标准，5个村党支部验收结果为“达到要求”。软弱涣散机关党组织和非公企业党组织全部较好地完成整顿提升工作。在整顿软弱涣散基层党组织“回头看”工作中，花溪区对2014年的37个软弱涣散基层党组织、2015年的14个软弱涣散基层党组织，以及2016年的14个软弱涣散基层党组织，以市委提出的“五有”为整顿目标，开展整顿软弱涣散基层党组织“回头看”工作，各个软弱涣散基层党组织均取得较为明显的整顿成效，基层组织战斗力得到提升。

区委组织部以“理顺组织关系、确保全员参学”为目标，坚持“横向到边、纵向到底，不留死角、不漏一人”的原则，按照集中摸排、联系查找、登记造册、规范管理、组织处置和分析总结等五个阶段工作，完成各项工作任务。296名流动党员全部发放《流动党员活动证》纳入规范管理，4名“口袋”党员也全部核实解决并纳入组织管理，52名失联党员中纳入组织管理17人，限期整改4人，取消预备党员资格2人，劝退1人，自行脱党除名28人。

中国共产党建党95周年之际，全区开展“优秀共产党员、优秀党务工作者、先进基层党组织”评选表彰工作。通过评选，花溪区选出1名省级“优秀共产党员”、1名“优秀党务工作者”、1个“先进基层党组织”，8名市级“优秀共产党员”、9名“优秀党务工作者”、10个“先进基层党组织”。区级“两优一先”表彰100名“优秀共产党员”、80名“优秀党务工作者”和80个“先进基层党组织”，并颁发奖牌、奖杯及证书，以及1000元/人、集体3000元/个的物质奖励。

在2016年元旦、春节前夕、纪念建党95周年期间，向各基层党委下拨党费31万元，用于开展走访慰问困难党员、老党员和老干部工作。各级党员领导干部走访慰问400余人，帮助解决生活困难问题80余个，听取意见建议120余条。

2008年以来，全区党员应交纳党费545.95万元，实收488.71万元，应补交57.24万元，涉及补交党费的党员3009人次，其中离退休干部职工中的党员842人次；基层党支部应向上级党组织上缴党费363.01万元，实缴328.49万元，应补缴34.72万元。

11月23日，花溪区举办2016年社会治理和群众工作专题培训班（区群工委 供稿）

按照从严治党要求，把好党员“入口关”，坚持宁缺毋滥、确保质量的原则，根据市委组织部分配的指导任务数，按照程序，做好党员发展工作，2016年，全区发展党员204名。

（区委组织部）

【人才管理】 2016年2月、8月、11月四次征集高层次人才需求及大数据人才计划。“尊重”

用人单位自主测试，用人单位和主管部门按照岗位需求，结合单位实际制定引进高层次人才推荐测试工作方案，按照择优的原则每个岗位按1：3的比例确定推荐对象进入面试阶段，确保引进的人才用得上。此外，“侧重”用人单位专业化问题，识别专业人才。在高层次人才引进面试程序中采用“1+N+1”（即1个5分钟的竞职陈述演讲，由“流动考官”现场提出的N个专业化问题，1次为期一周的实习测试并撰写调研报告）模式，让优秀人才脱颖而出。上半年，花溪区引进高层次人才48人，其中副高职称5人，全日制硕士研究生43人。下半年为文创区管委会、文广局、旅游局等单位引进高层次人才21人，副高职称1人，全日制硕士研究生20人。

花溪区实施各类人才培养工程，扩大全区人才总量，重点加强农村实用人才队伍建设，开办专题强化培训，重点学习农村政策法规、农村市场与发展、贵阳市农家旅游业发展趋势，提升农村经济创业带头人在创业思路、计划和实施等方面的能力素质；与产业结构相匹配，加强创新创意产业人才队伍建设，培养、储备文化旅游、创新创意、大数据、大健康医药等产业急需人才，促进人才与产业、技术“无缝对接”，扩大全区人才资本总量，解决人才“不够用”的问题。

花溪区组织县级领导对优秀专家人才进行慰问，并送去慰问金。区领导听取各位专家人才为花溪发展提出的宝贵建议，同时了解各位优秀人才的实际工作生活情况，为其排忧解难。

全区开展25期自主办班专题培训，培训各级干部2795人次；举办专题讲座53期，培训各级干部8489人次；同时，配合省、市委组织部完成490人次的干部抽调培训工作，其中涉及县级领导81人次，科（局）级领导162人次，一般干部89人次。（区委组织部）

【基层党建】 按照近年来花溪党建工作的经验做法，花溪区组织区属各单位党委书记开展述职工作，将区属党（工）委书记抓党建工作述职评议作为检验和倒逼基层党组织抓党建责任重要方式，采取“述—问—评—学”四位一体的方式向区委常委会述职。在述职会议上，围绕党建主体责任、基层党组织软弱涣散、村集体经济发展、信访维稳、拆违控违等问题，“考官”向“考生”现场提问、即兴作答、阳光承诺，真正使“一把手”党建责任扛起来。2016年，组织9个乡镇，18个社区和5个重点区直部门32名党组织书记进行述职评议。参加评议的基层党组织书记查摆出突出问题96个，剖析具体原因109条，提出113相关整改措施，承诺拟办实事96件。

按照联动化摸底、行业化指导、区域化兜底思路，组织市场监管、民政、地税、农业、教育、卫计、司法、工信等摸清底数；全区有相对固定场所、相对稳定收入的非公企业512个，正常开展工作的社会组织121个，采取“单建优先、联建次第、排员挂建”方式成立非公党组织512个（单建65个，联建18个），覆盖企业267个，社会组织党组织121个（单建32个，联建12个），覆盖社会组织100家。（区委组织部）

【党建扶贫工作】 针对全区2435户低收入困难户，花溪区组织发动1297名党员干部开展遍访结对帮扶，把握“深入基层知民情、针对问题解民忧、维护权益化民怨、精准扶贫帮民富、尽心竭力暖民心”五个关键，实现联系服务群众工作制度化、常态化、长效化。区委常委班子成员和区人大、区政府、区政协班子中的县级领导干部每人联系1个乡（镇）、社区、2个村（居），结对帮扶低收入困难户3户。全年到所联系村蹲点调研累计时间不少于6天，每年集中驻村蹲点调研不少于1次，每次连续驻村蹲点调研时间不少于2天，每年针对调研工作完成至少一篇调查报告，对蹲点调研中发现的重大、亟需解决的民生问题要制定可行性方案，限期办结。全区科级党员领导干部（含非领导职务）和部分优秀中层干部（后备干部）原则上结对帮扶低收入困难户2户。有低收入困难户的乡镇、社区党政“一把手”原则上各帮扶本辖区内2-3户低收入困难户。全区乡（镇）、社区一般干部原则上结对帮扶低收入困难户1户，并依照乡（镇）、社区的基本情况进行统筹调整。因低收入困难户基数较大，将部分中、小学校长纳入遍访干部范围，每位校长结对帮扶2户低收入困难户。

区、乡两级党政机关、事业单位所属党组织（党委、党组、机关党支部）分别负责结对帮扶2户低收入困难户，推动机关在职党员结对帮扶全区5167名低收入困难群众全覆盖、常态化。区属各部门党组织要发挥组织优势，利用本单位的政策、项目、资金、技术等资源优势，突出针对性进行精准帮扶，区各相关部门党组织所属的党员干部至少要为结对户办理2件实实在在的事情。区属各部门“一把手”每年到结对帮扶村集中驻村蹲点调研不少于2次，每次连续蹲点调研时间不少于2天，每次驻村蹲点调研走访2-3个村民小组和3-5户困难群众，吃住在群众家中，帮助解决低收入困难户生活生产问题。

乡（镇）、社区党委履行好发展村集体经济的第一责任，按照党建目标责任的相关要求，围绕2016年各村完成50万元的目标任务，调整充实专门工作力量，对低于50万以下的村，加大精准施策力度，成立专门机构，落实一村一策，整合资源要素、加强工作指导，推进发展的组织领导和统筹协调。把握全省村级集体经济发展试点的机遇，用活政策，用足政策。对获得全省村级集体经济试点县支持30万的村，要全力支持，重点打造，创新集体经济发展的筹资方式，建立贷款贴息机制、村干部激励机制，对集体经济发展出政策、减程序、开绿灯；设立区级扶持村级集体经济发展专项资金，争取中央、省、市、区财政部门3000万元，发展村级集体经济。发挥党组织优势，按照“电商引领、‘三资’转股、帮扶带动”的思路，探索“三变”方式，指导各村组建农村新型集体经济组织，推动村级集体经济规模化、组织化、市场化发展，农村基层党组织服务群众、服务发展的能力明显提升。把发展集体经济作为加强基层党建、决战脱贫攻坚的重要措施。盘活资源实现共享，将村集体资源资产和群众自有耕地、林地承包经营权等折价入股经营，产业带动实现共享，向生态产业化、产业生态化发展。

按照省、市安排部署，精准选派干部、实施精准帮扶，抓好同步小康驻村和第一书记工作。选派130名驻村干部（含10名第一书记），其中，省派8人、市派27人、区派55人、乡派13人、村派27人，组建28个同步小康驻村工作组。2016年，全区同步小康驻村干部和第一书记走访群众3964人次，召开调研座谈会335次，帮助谋划出路点子195个，解决困难问题189个，化解矛盾纠纷74起（件），办理好事实事214件，协调各类项目134个，协调各类资金940.98万元。

（区委组织部）

【远程教育】 2016年，花溪区争取远程教育工作经费105万元，比上年增加5%。建立党员创业带富专项经费20万元，并申请经费10万元作为两个远教示范站点的党员创业带富互助金，帮助群众增收致富。解决37个村（居）站点设备更新，8个终端站点有线宽带上网问题，花溪区148个终端站点全部接通有线宽带，网络覆盖率从94.5%上升至100%。打造两个市级远教示范站点。

投入17万余元远教设备换代升级，建成综合学习室1个、上网室1个、创客沙龙室1个、休闲角1个，创新型远程教育示范基地3个，搭建服务基层、服务群众、服务发展的基础平台，筑牢阵地基础。建立“需求固定采集常态化、便民政策服务常态化、专家智库服务常态化、实训基地培训常态化、创业带富互助常态化”等“五个常态化”，拓展延伸远程教育在加强党员干部教育和推动农村经济社会发展中的服务功能，助力农旅产业一体化发展。

"五个一"发挥远教宣传功能，营造浓厚茶文化氛围。整合远教平台，通过一部宣传片、一本乡土教材、一个APP、一个免费WIFE和一个360°VR，让党员群众形成对茶文化的系统认识，并对外发布古茶树与茶文化的相关信息。"一团一地"发挥远教培训服务功能，建成培训体验服务基地，并开展20余期各类培训活动。（区委组织部）

花溪年鉴 HUA XI YEARBOOK 2017

群众工作

【概况】 2016年，区群工委围绕"构建治理方式转变引领'四个精细化'的现代社会治理体系，加速建成平安和谐新城"的工作主线，突出"一个重点"（基层群众），理顺"两个关系"（社会治理创新和社会建设领域改革），精准"三个层面"（以大数据为引领推进治理能力"精细化"、以强基固本推进公共服务"精细化"、以多方参与推进协同治理"精细化"），实现"四个目标"（增强群众安全感、获得感、幸福感，提升群众满意度），推进"五个发力"（从统筹协调、社会动员、基层基础、网格提升、重点领域五个方面重点发力）。（区群工委）

【社会治理和群众工作】 2016年，区群工委定期研究、统筹、推动社会治理和群众工作，完善《花溪区社会治理和群众工作重点工作调度例会制度》《花溪区社会治理和群众工作2016年工作要点》等20余个指导性文件，全年召开重点社会建设专题会议18次，编制"十三五"规划。执行重大社会治理和群众工作定期报告和双月重点工作调度制度。依托社会组织孵化基地，定期开展"社会工作与社会治理人才能力提升培训班"，加强社区社工队伍、居委会工作人员、乡镇干部培训，全年组织培训300余人次。引导部门、社区各类工作人员通过学习考试取得专业社工资格，提升服务管理水平，开展培训2期，培训80余人次（超额完成市下指标20人）。建成"社会学专业实习实践平台"，为高校大学生提供实习岗位，为社会组织物色实践人才，接收贵州师范大学20多名社会工作专业实习生。加大财政投入，加强治理经费保障。花溪片区社会治理常设专项资金1200万元，经开片区600万元，主要用于"新型社区·温馨家园"社区公益事业项目（"三年千院"行动计划）建设、群众工作和社会治理、社会组织培育发展等。预算保障群工委年度工作经费200万元，比上年增加100万元。区委群工委联合区委党校以基层老旧小区服务管理模式和"一核多元，五力共治"的"明珠模式"干部培训教学案例为题，开展课题调研，以明珠、阳光、平桥3个社区为例分析花溪区开放式老旧小区管理基本情况及现状，存在的困难和原因，并形成《花溪区开放式老旧小区服务管理对策研究》调研报告，为探索开放式老旧小区服务管理新模式提供理论依据。（区群工委）

【加强和改进社区工作】 2016年，区群工委落实贵阳市《加强和改进社区工作的十条意见》，强化社区统筹能力，构建"一核多元"的城市基层社会治理体系，形成"五力共治"的工作格局，以"三年千院"老旧居民小区改造为重点的社区公益事业项目建设，改造提升200余个居民院落小区，惠及30余万居民群众，以"便民、透明、亲和"为载体，落实"四民四问"工作法（即：民主提事，问需于民；民主决策，问计于民；民主理事，问治于民；民主监事，问谏于民），在明珠社区溪北居委会和青岩镇龙井村2个城乡社区开展协商试点工作，为花溪区城市和农村社会治理工作奠定坚实基础。落实《关于巩固农村社区建设成果进一步提升村级治理水平的实施意见》，结合美丽乡村建设、农村环境综合整治等工作，以村级群众工作室、村民组群众服务中心、"五型村寨"项目示范点等建设为重点逐步提升农村社会治理水平，完成青岩镇、孟关乡、久安乡3个农村社会治理示范乡（镇）创建，5个村（居）群众工作室、2个村民组群众服务中心新建（提升）任务，建立健全村民议事协调机制，完善村民会议、村民代表会议制度，加强村民小组建设，将服务管理向村民小组、自然村寨延伸，有效扩大村民自治。联合区民政局、住建局、规划局、经开区住建局、经开区规划局印发《关于新建小区配套建设的居民委员会办公服务用房移交社区（乡、镇）管理的实施意见》，确保居委会办公服务用房达标，提升居委会的服务能力。以“钉钉子”精神，开展“三访四查五看六保”活动，结合精准扶贫工作，通过实施定时、定点、定人联系的方式，对党员干部和扶贫对象做到“全覆盖、精准化、具体化”，建立一套适合本区域特点的走访联系和服务群众的工作方法，全区涉及“三访四查五看六保”帮扶低收入困难户2435户5167人，涉及区、乡各级领导及干部1297人。建立留守儿童、留守妇女、留守老人以及残疾人、社区康复、矫正人员等特殊困难群体的动态服务管理机制，发挥“阳光妈妈”、“阳光就业家园”品牌社会组织参与社会矛盾预防和处置的示范引领作用，“阳光妈妈”志愿者协会在全区建成16个社会化戒毒康复站，并签订政府购买服务协议；花溪阳光就业家园燕楼基地已成为全国首个由民营企业投资打造的集“生理脱毒、身心康复、就业安置、融入社会”四位一体的阳光驿站，不断加强对特殊困难群体的动态管理服务。（区群工委）

【社会组织壮大】 2016年，区群工委在明珠社区成立社会组织孵化基地，并在孵化基地成立平行社工服务中心、微光社会工作服务社2家专业社工机构。引导社会组织参与2016贵阳市支持社会组织参与社会服务项目，成功申报项目11个，涉及资金49万元。区级财政资助经费54万元，鼓励社会组织和基层自治组织广泛参与社会建设“痛点”计划，扶持“创点”项目15个，社会组织参与社会治理的途径得到拓宽，作用充分体现；区财政专项安排50万元用于社会组织孵化基地的运营、社会组织孵化和社会动员工作，社会组织得到强劲的发展动力；组织13家社会组织参与贵阳市首届“筑城公益汇”活动，11个项目参加网络公益众筹，参与众筹712人次，推动区域内公益性社会组织的发展。以“四强四助”活动为载体，抓好所辖村（居）、辖区内非公企业和社会组织党的建设，拓宽社会领域党组织覆盖面，涌现出花溪农商行等7个综合示范点。先后在明珠、黔江、阳光3个社区成立“社会建设党委”，构建以党委为核心，驻区党委、两新组织、居民群众共同参与的“一核多元”治理体系，推动资源整合、共驻共建。以“五抓五增强”活动为载体，花溪区社会组织孵化基地党总支建成全区社会组织党建示范点，贵州十和田、中意食品、菊林书院、汽车汽配行业商会等建成市级党建示范点，发挥党建引领示范作用。（区群工委）

【健全民生保障体系】 2016年，区群工委健全完善专项工作调度例会制度，重点抓好教育和医疗两个群众反映最突出的民生问题。开展行政权力清理规范工作，组织“公益法律进社区（村寨）”活动；建立完善区、社区（乡、镇）、村（居）和特殊性行业性法律服务组织等三级公共法律服务网络；建立区级公共法律服务中心，在176个村（居）成立公共法律服务室，实现每一个村（社区）法律顾问全覆盖，公共法律服务得到有效延伸，保障花溪区群众的基本法律服务需求，维护基层群众的合法权益。开展以群众安全感为核心指标的“平安社区”、“星级平安小区（院落）”等基层平安创建活动，6个居民小区获“星级平安小区（院落）”，构建以大数据为引领的立体化社会治安防控体系，加强流动人口出租房屋和网络虚拟管理，推进“两严一降”和“禁毒人民战争”专项行动，高坡乡和马铃乡被授予贵阳市“无毒害乡镇”。2016上半年花溪区群众安全感指数为97.20%，较2015年94.20%上升3个百分点，全市排名第2位，取得历年来最好成绩。适应互联网时代新形势，狠抓应急联动、源头治理、监测预警、新闻发布四个关键，构建大应急工作格局。推进信访维稳“一号工程”，创新开展信访“四治活动”，信访积案存量下降，省、市集中交办的48件案件实现市委提出的“两个百分之百”的目标。加强重点项目、重要工作、重大事项的社会稳定风险评估工作，做到维护社会稳定与促进改革发展同规划、同部署、同实施、同监督、同考核，全区开展社会稳定风险评估备案44件，实现改革、发展、稳定三者的有机统一。（区群工委）

【网格化服务管理】 2016年，区群工委在区网格化服务管理指挥调度中心的指导下，同步建立完善社区、乡（镇）网格化服务管理机构，在社区配强网格服务管理办公室人员，在乡（镇）加挂网格服务管理办公室牌子，承接网格化服务管理相关工作，构建区、社区、乡（镇）网格办三级网络，配备社区、乡（镇）网格办主任（负责人）专（兼）职45人，全区1113个网格（其中，18个社区划分网格921个，9个乡（镇）共划分网格192个）按照“一格一员”的要求配齐网格管理员，建立一支经常直接常态化联系群众的工作队伍，实现网格工作的“全覆盖”。建成“花溪区网格化‘社会治理’云平台”，更新完善GIS地图、基础数据、事件处置、社区服务、统计分析、绩效考核、系统管理等七大数据库、“人、地、事、物、组织”五大类、195项信息（其中人口基础信息117项、房屋基本信息29项、法人单位信息27项及公共设施信息22项），主要分为人口基础信息、户籍居住信息、自然状况信息、教育计生民政就业社会保障信息、医疗健康信息、流动人口信息和重点人员综治维稳信息，提升“大数据+政务服务”水平，建立一个整合基层各类数据资源和工作机制的支撑体系。建成明珠社区“人脸识别运用系统”，瑞华社区“一卡通办理政府政务服务系统”，黔陶乡以电商服务、众创服务、社会服务等为亮点的社会产业发展孵化平台，溪北社区以辖区实景真三维地图为基础的片区房屋单体化及人防一体化管理模块，推动“互联网+大数据”的开发运用，畅通政府与社会、民众的沟通渠道，提升运用大数据开展社会治理的水平。建立健全社会建设信息互动平台，全天24小时专人负责“12345（12319）”公共服务热线、“百姓—书记区长交流台”、“筑城微治”、“群众之声”、“市长信箱”、“筑域微治”等公共服务平台的案件派遣、督查、核送、处置等工作，做到“以周保月、以月保季、以季保年”的工作机制，建立“了解反映诉求—回应解决问题—绩效考核评估”的工作体系。2016年，花溪区12345（12319）公共服务平台案件27727件，处置案件27403件，处置率98.83%，结案27029件，结案率97.3%。处置百姓—书记市长交流台案件179件，结案率100%，市长信箱案件131件，办结125件，办结率95.42%；建立《花溪区网格化服务管理重点工作调度例会制度》，完善综合联动机制，确保疑难重急案件有效处置。2016年，现场联合成功调处15起疑难、重大案件，实现花溪区在全市的排位前移；组建区级网格监督员队伍，加大案件督查督办，通过日电话督办、周短信告知、月书面通报等方式，做好案件的跟踪督办，确保案件“件件有回应”，群众知晓度、参与度和满意度提升。

（区群工委）

【健全监督考评体系】 2016年，区群工委完善以满意度测评为核心的花溪区社会治理和群众工作目标考核体系，分层次与各级考核单位签订目标责任书，开展互评工作，将民生保障等16项工作纳入公众评价内容，采取区级领导、部门、乡镇（社区）三级包保的方式提升群众工作满意度。2016年上半年，花溪区社会治理和群众工作满意度91.81，全市排名第2位，高于全市平均综合评分4.21分，与去年同期相比提高4.47分，在全市各区（市、县）中提高幅度最大。对照《贵阳市

2016 年社会治理和群众工作目标考核细则》，逐项进行任务分解，落实责任部门和完成时限，将社会治理专项目标纳入区级综合目标考核管理，并逐年加大考核权重分值。建立月度跟踪、季度通报、半年抽查、年度普查的督查考核机制，认真组织日常督办、专项督查和年终考核，全年联合区督办督查局开展专项督查 9 次，发现和协调解决工作中存在的薄弱环节和难点问题，确保目标任务落到实处。组织开展社会治理和群众工作专题视察及各类议政、协商活动，对“两代表一委员”提出的意见、建议、议案进行整改落实，区、乡镇（社区）“两代表一委员”监督作用发挥明显，营造干事创业、奋发有为、风清气正的政治生态。

（区群工委）

【“明珠模式”】 2016 年，花溪区拓展社会治理和群众工作，使社会建设的实效成为推动发展的内生动力，成为花溪区“五位一体”协调发展的微观缩影。

以贵阳市首家社区社会建设党委—明珠社区社会建设党委的成立作为社区党建“教科书”，结合“先进社区党组织”21 项考核指标内容，从党组织全覆盖、居民自治以及社区党建软、硬件设施等 10 个方面，做到“三问三凝”，实现“五联六共”，将社区党建必备元素囊括进《花溪区新型社区党建工作清单》中，对 18 个社区党建工作进行共性分析和个性把握，在保留个性创新做法的同时运用社区党建“三导工作法”（即：引导、督导、指导）进行规范化、标准化建设；阳光社区在保留“阳光党建 12371”的基础上成立社会建设党委，黔江社区复制“明珠模式”的做法和经验建成社会建设党委，展示花溪社区党建工作的整体形象。

在“明珠模式”推广中，以点带面、点面结合、各具特色，治理形式多样，治理成果精彩，如明珠社区“1 + N 大数据资源整合模式”构筑智慧社区；溪北社区“数据民生系统”创新服务模式；阳光社区以“12371”为载体，社区服务全方位；瑞华社区“1 + 25，一证通”数据工作模式，利用网格基础信息提升“大数据”应用水平；航天社区“595”为平台，服务群众零距离；兴隆社区以“43211”，铸造园区党建高地，鼓励创新、比学赶超的氛围已经形成，典型示范、辐射带动的作用开始显现，达到“遍地是明珠”的实际效果。特别是明珠社区朝阳居委会探索利用大数据促进流动人口社会融合工作，实行“记账式登记、销账式管理”取得明显成效，为全市社区开展流动人口社会融合工作提供好的经验及启示，得到省委常委、市委书记陈刚和市委副书记李岳德的肯定，市委群工委常务副书记魏发志提出“务必认真总结率先全面推广”的要求，拟定《关于在全区率先全面推广基层社会治理“记帐式登记 销帐式管理”工作模式的实施方案》。青岩镇龙井村通过开展农村社会治理及协商试点工作，获得“中国特色小镇”和“贵州省少数民族特色村寨”称号。

在推动网格化服务管理工作中，采取“全科医生”模式，推进网格化服务管理工作全覆盖。全天候“坐诊”，汇聚民意，建立区——社区（部门）——网格三级闭环处置系统，24 小时做好 12345（12319）公共服务热线、筑城微治微信平台、百姓一书记交流台、省（市）长信箱等公共服务平台案件派遣、协调、联动处置工作，确保民意全收集，民情全反馈。全方位“会诊”，消除民怨，花溪区将区管职能部门、市管职能部门、驻区相关单位、各乡镇、社区等 80 余家单位作为区网格化服务管理工作联动单位，加强职能部门对案件特别是重点疑难案件进行研判和处置，提升公共服务和社会管理水平。全区域“出诊”，解除民忧，花溪区网格化服务管理机构用真心、用真情对待公共服务热线平台上的每一个案子，延伸服务触角，第一时间将案子派发至所属区域，由专人及时进行处置，对疑难案件，及时上报区网格中心，协调相关部门共同处置，确保案件

"件件有回音"。全过程"复诊"，成效凸显，建立《12345公共服务管理绩效考核办法》，做好跟踪督查直至全部结案。该项工作被《贵阳日报》以《"全科医生"模式推进网格化服务—花溪区公共服务平台上半年案件结案率达96.44%》《花溪区以"全科医生"模式推进网格信息化服务管理工作全覆盖—上半年群众工作满意度提高逾四个百分点》为题2次专版刊登。（区群工委）

【群众工作社会协同发力】 2016年，花溪区以党建为引领推进五个发力，形成"五指握成拳"的冲击力，向全区党员干部发力。通过"三访四查五看六保"、干部遍访扶贫等收集掌握、协调解决群众关心关注的问题、困难，落实各类民生项目6个，涉及资金330余万，改善群众生活。

在区级层面，以区委党的建设办公室统领区域内社会组织党建工作力量，对达到成立党支部条件的社会组织应建立，成立27个社会组织党组织，其中，24个单建，3个联建。有党员350名，2016年，全区社会组织发展入党积极分子8名，发展党员2名。做到"横到边、竖到底、全覆盖"，实现党组织及党务工作从"有形覆盖"向"有效覆盖"转变。突出归拢服务，做到"组织孵化有温度"。以政府购买服务的方式，委托"七彩阳光"社会工作服务社负责花溪区社会组织孵化基地的运营管理，站稳社会组织自身孵化这条"腿"。成立孵化基地党总支，将部分入住的社会组织中的党支部书记、党员纳入党总支成员，初步实现对全区社会组织和党建工作的"归拢服务"和"同步管理"，迈开社会组织党建工作这条"腿"。推动社会组织在社区层面建立社区社会组织，成立贵阳市首家社区级社会组织孵化基地（明珠社区社会组织孵化基地），由花溪区青年志愿者服务协会入驻管理，并引入8支高校社团参与社区社会服务，社会组织和党建工作孵化持续升温。突出典型示范，做到"学有榜样做有标杆"。以开展社会组织党建"五抓五增强"活动为载体，做到党的组织和工作"两个全覆盖"，将社会组织孵化基地党总支打造成为全市社会组织党建示范点。突出社会协力，做到"众人拾柴火焰高"。创新社会建设与社会治理的公众参与机制，面向花溪区党政机关干部、社会组织和广大群众，征集社会治理、城市管理、文明素质提升、建设诚信旅游示范区等方面的"痛点"解决方案和办法，借此培育和支持一批有想法、有能力、有热情的公益性社会组织、社会企业，吸引和带动更多社会力量参与公益事业，营造良好的社会公益氛围。

在全区54个居委会中，成立36个"驻地单位共治会"，覆盖率超过60%，形成部门、居委会和驻地单位的有效联动，实现辖区社会治理工作齐抓共管的工作格局；按照新建小区配套建设的居委会办公服务用房移交社区（乡、镇）管理的要求，新建小区必须同步规划、同步建设、同步验收居民委员会办公服务用房，作为强化居委会建设的重要举措，将有助于推动居委会规范化、标准化建设，增强居委会服务群众的能力，并突出居委会作为社区主体组织和社区成员法定代表的社会地位。在明珠社区园亭路、阳光社区民兴巷、青岩镇东街和兴隆社区西南环线建成4个"商户摊贩自管会"试点，提高居民参与基层社会治理的积极性和主动性，为花溪区探索创新基层社会治理工作注入新动力；在明珠、阳光、溪北、航天等社区建成6个"院落楼栋自管会"，实现"我的地盘我做主、人人参与齐共建"的工作目标，解决群众看得见、摸得着、最关心的实际问题；在经开区小孟工业园区党群活动中心建成"商务楼（园区）社会工作站（中心）"试点，筑牢基层网底，为花溪创建全域文化旅游创新区注入新动能。通过各类基层自治组织的建立，引导和推进公众自我管理、自我教育、自我服务、自我监督，形成人人参与、人人尽力、人人享有的局面，畅通基层社会治理的"毛细血管"。

按照"广泛动员、企业为主、党政推动、共驻共建"的原则，在全区企业开展"四强四助"

活动，将贵州十和田企业集团有限公司作为“四强四助”驻守平安和谐工作典型示范点，要求全区企业强化党的领导、强化诚信建设、强化守法经营、强化安全生产，引导企业助推区域发展、助力民生改善、助创生态文明、助守平安和谐，推进全区各级各类型企业加快发展步伐，履行社会责任，关注民生、关爱群众。

以党建带群建，创新党建和群团工作的理念和方法，以各级党组织为核心，以“党、工、青、妇”等组织为载体，将群团工作纳入“大党建”范畴，通过工作上统一协调，使党建工作与群团工作相结合，做到党群共建、资源共享、阵地共用、活动共办，使党建工作与群团工作有机结合，实现优势互补、共建互促，真正实现党的建设、群团建设共建共赢。花溪区人民政府残疾人工作委员会被国务院残疾人工作委员会评为“全国残疾人工作先进单位”，清浦社区妇女之家获贵州省“五星级示范妇女之家”称号。（区群工委）

【民生改善惠及群众】 2016年，花溪区推进就业、医疗、养老等民生工作，大力推进精准扶贫，实现2个贫困乡、33个贫困村“减贫摘帽”和4.7万人脱贫；坚持教育优先发展，新建、拆建和改扩建学校改善教学条件，引进北京优质学校联合办学优化教育资源；实施城乡居民医疗保险大病统筹，基本实现城乡低保、社会救助、社会保险政策全覆盖，广大人民群众共享改革发展成果。

在改善社区环境上，做到“群众受益人人夸”，以“新型社区·温馨家园”建设为载体，以老旧居民小区改造升级为突破口，逐步改善老旧居民小区群众生活环境。全面推行“432”工作机制，包括“四个制度”、“三方参与”、“两项监督”（“四个制度”是指项目进展周例会制度、项目信息日报告制度、项目跟踪协调处理制度、项目管理监督制度；“三方参与”是指社区、辖区居民群众、温馨家园项目特派员；“两项监督”包括专业监理单位监督和群众监督）。此做法得到市委领导的高度肯定，并要求在全市推广，《贵阳新闻联播》作专题宣传报道。通过“三年千院”项目建设，初步实现“打造一片、成型一片、靓丽一片、受益一片”的工作目标，解决群众反映的“路不平、灯不亮、水不通、气不畅、卫生差”等问题，助推花溪区全域文化旅游创新区创建工作。

在创新农村社会治理上，做到“贴近群众无距离”，花溪区以“一个到位”（宣传到位）、“两个突破”（农村资源整合和农村群众网络建设），“三个平台”（村级群众工作室、村民组群众服务中心建设平台、农村网格化服务管理建设平台、农村社会组织建设探索平台），巩固农村社区建设成果，提升农村社会治理水平，实现“三多一少”，在村一级办事咨询的人多了，群众反映问题的多了，对群众的所需所盼所想了解的多了，矛盾纠纷少了。（区群工委）

【公众参与社会治理】 2016年，区群工委以“一居两站、六小联通”引导公众参与社会治理，完成“驻地单位共治会”、“商户摊贩自管会”、“院落楼栋自管会”、“商务楼（园区）社会工作站（中心）”试点建设任务，细化治理单元，将社会治理的触角延伸至群众身边。以“花谷溪径·处处美景”为题，开展“好点子”征集大赛，吸引和带动更多社会力量参与公益事业；以“社区小舞台·百姓大圆梦”引导各类群众活动团体健康发展；以“全域旅游作示范·全民参与我先行”等活动凝聚社会力量参与创建全域文化旅游创新区，提升群众的参与意识和主人翁意识。以黔江、清浦、航天、航空、平桥5个社区的“爱心银行”建设推进、开展各类志愿服务活动，推广“志愿云”，全区实名注册志愿者突破10万人，注册志愿服务团队80余个。

花溪区发挥《贵阳日报·花溪专版》《灵秀花溪报》、区电视台、灵秀花溪网等主阵地作用，立宣传全区社会治理和群众工作的做法，宣传推进扶贫攻坚、改善和保障民生的重要部署，展现全区社会治理工作取得的成绩，每季度在《贵阳日报》头版刊发社会治理工作专题报道，第一季度是基层社会治理创新，第二季度是“三年千院”民生实事项目，第三季度是“大数据”推进网格信息化建设，第四季度是社会协同与社会动员工作，真正打出如“明珠模式”、“阳光妈妈”、“菊林书院”等一批“立得住、叫得响”的花溪品牌。在区机关事业单位，通过开展“百家争名”活动，倡导全区党政机关、事业单位履行社会责任，营造全社会各方共同参与社会治理的局面。在社区建设方面，明珠社区在社区党建、社区社会组织、“社会和云”建设、流动人口管理等方面创造出多个全市“首家”，司法、流动人口管理等各类工作，省级、市级现场会都在明珠社区召开，省、市主要领导多次莅临指导工作，“明珠模式”成为全市推广的范本、观摩点，全国各地各级各部门前来参观学习。2016 年，明珠社区接待国家级、省级和市级调研 20 余次，明珠社区作为花溪区的一颗“高原明珠”，成为贵阳市的一颗“璀璨明珠”。瑞华社区利用大数据手段优化社区服务，实行居民“一证办事”，缩短群众办事时间，为辖区居民提供服务。贵阳电视台以《瑞华社区网格化管理居民“一证”在手好办事》为题进行专题报道。在社会组织方面，阳光妈妈志愿者协会作为专业型社会组织获全国禁毒工作先进集体、全国优秀巾帼志愿者服务队、全国优秀巾帼志愿者服务项目和全市首届“五比五看—群众最喜爱的‘十佳’社会组织”称号；七彩阳光社会工作服务社、菊林书院荣获全市首届“五比五看—群众最喜爱的‘优秀’社会组织”称号；花溪区青年志愿者服务协会《有福“童”享—手拉手帮助儿童成长圆梦计划》项目，作为贵州优秀志愿服务项目获第三届中国青年志愿服务项目大赛银奖。菊林书院法人饶昌东老师获贵州省第五届“助人为乐道德模范”称号，受到省委书记陈敏尔的亲切接见；花溪区志愿服务联合会常务理事雷月琴荣获 2016 年环保部颁发的“中国生态文明先进个人”称号，这也是贵州省唯一获表彰的个人。麦坪镇杉一村党支部书记曹加明被省委授予“文朝荣式的好支书”称号。

（区群工委）

花溪年鉴 HUA XI YEARBOOK 2017

宣传工作

【理论创新】 2016 年初，区委宣传部推进创新理论工作，拟定 2016 年区委中心学习组学习计划、花溪区 2016 年建设学习型城市工作计划、花溪区 2016 年建设学习型城市活动方案、花溪区 2016 年党员、干部理论学习的安排意见、花溪区关于深入开展“两学一做”活动的实施方案、2016 年每月的学习安排通知，并将有关计划方案报区分管领导和部领导，上报区委办、市委宣传部、市建设学习型城市办公室。

区委宣传部抓好两个层面理论学习。一是做好区委中心学习组理论学习的服务工作，加强与区委办公室的联系与协调，为区委中心学习组成员订阅《党建》《理论与当代》等刊物，发放《知行》《贵阳宣传》和区委宣传部主办的《理论与宣传》等学习资料，联系有关领导、专家、教授为区委中心学习组做好专题学习宣讲并开展讨论，做好区委中心学习组的签到、学习记录、资料整理和年终总结并上报市委宣传部和市委办公厅。二是抓好各乡（镇）、社区服务中心、各部门的理论学习，完善学习制度，加强对理论学习情况的督促检查，6 月 21 日进行半年检查，11 月 15 日进行年终检查，保证全区学习落到实处。组织全区党员干部参加 6 月全市党员干部理论学习统一考试，7000 余人参加考试，参考率 100%。牵头配合区新闻信息中心、各乡镇、社区服务中心、各单位部门做好学习十八届五、六中全会，省、市、区会议精神和“两学一做”大讨论，开展十八届五中全会精神征文活动，收到科级干部征文 56 篇。全区举办 18 场专题宣讲会议。6 月 20 日组织全区乡镇、社区、区直单位党员干部听取市委宣讲团

成员、市委讲师团研究室主任史亮的深入学习十八届五中全会精神宣讲。（赵开舟）

【理论宣传】 一是做好宣讲、撰写、知识竞赛等理论宣传工作，编写下发2016年区委宣传部主办的《理论与宣传》期刊4期。与新闻中心、《高原明珠》《灵秀花溪》、花溪有线电视台联系，加强理论宣传力度，9月汇编《区委中心学习组领导成员“两学一做”专题发言材料》文本。二是总结推广理论学习宣传的好做法、好经验，并向省、市媒体推荐。三是组织学习宣传贯彻党的十八届六中全会、省十一届七、八次全会、市十次党代会和区十一次党代会精神，向全区下发通知，与区委党校组织宣讲团到9个乡镇、18个社区和区直各单位部门进行宣讲，宣讲21场，并把宣传贯彻落实情况列入年终目标考核。

区委宣传部汇编2001年－2015年全区宣传工作，精神文明，理论学习教育内外宣传，互联网、文产办记实情况，资料报《花溪区地方志》。

（赵开舟）

【刊发文章】 卢代康的《严守纪律，规矩用权》在《今日贵阳》第1期刊发。

卢代康的《转化成果，提高履职能力》在《贵阳日报》理论与实践版2016年3月16日刊发。

赵开舟的《关于充分发挥社里乡亲宣讲团作用的思考》、中共花溪区委宣传部课题组（执笔赵开舟）的《打造茶叶特色品牌，建设绿色生态花溪》和《全域旅游示范区文化旅游发展创新区——花溪》分别在《理论与当代》第1期和第5期刊发。

卢代康的《努力做到深学多思笃行》在《贵阳日报》理论与实践版2016年5月23日刊发。

卢代康的《在群众中做好宣传工作》在《贵阳宣传》2016年第7期刊发。

中共花溪区委宣传部课题组（执笔赵开舟）的《农村新型社区思想政治工作探索》在《理论与当代》第7期刊发。

卢代康的《营造氛围，凝聚正能量做好花溪全域旅游先行示范区宣传工作》在《贵阳宣传》2016年第9期刊发。

钟阳的《贵阳经济技术开发区军民融合的现状与产业发展》《对“知行合一”的学习认识与感悟》在《理论与当代》第10期刊发。

戴佳村的《做好新闻宣传工作》和侯申的《打造花溪全域旅游先行示范区建设》在中央党校《党建》上刊发。

卢代康的《对用大数据创新宣传思想工作的思考》在2016年《理论与当代》12期刊发。

卢代康的《真学 真懂 真用 真看齐》在《微学习贵州宣传》上刊发。

赵开舟的《花溪绿色发展与生态文明建设》收入《国家行政学院出版社理论学习论文集》。

花溪调研（课题组）《以古镇峰会为契机 花溪全域旅游先行示范区建设发展的思考》和区委宣传部《浅议区图书馆在信息时代的出路》在《贵阳宣传》第12期上刊用。

完成区小康办、区文联征文，以及《我歌我快乐》的编辑工作。此书参加省小康办全省评选，并发放全区各单位部门。（赵开舟）

花溪年鉴 HUA XI YEARBOOK 2017

统战工作

【概况】 2016年，全区统战工作贯彻全国、全省、全市统战部长会议精神和省委常委、市委书记陈刚调研统战工作的指示精神，抓好政协换届工作，经过酝酿推荐、组织考察、民主协商等程序，完成政协花溪区第十届委员会211名委员协商提名。开展“统战宣传周”活动，组织各乡（镇）、社区党委、统战系统采取发放宣传单、电子屏宣传、悬挂宣传标语、制作宣传展板等形式，在全区范围内宣传党的统战方针政策，掀起学习宣传《中国共产党统一战线工作条例》的热潮。

全区参加统战宣传周活动的单位38个，悬挂标语27条，制作宣传展板38块，开展各类座谈会、培训会、报告会30次，培训1000余人次，开展各类宣传活动28次，发放宣传资料5000份。加强新形势下党外代表人士队伍建设和培训工作，选派非公经济人士、区属相关部门负责人、党外干部参加市、区举办的各类主题培训班，选派党外后备干部参加区委组织部、区委党校举办的优秀中层干部（后备干部）综合能力提升培训班。开展"两学一做"学习教育活动，以"学习《党章》、重温入党誓词"为主题，在每月21日，组织党员开展"党员固定活动日"活动，开展党史知识竞赛活动，开展"七·一"党员慰问活动，机关支部带领部分党员到青岩镇歪脚村、杨眉村，为困难党员、老党员汪光明和魏光发，分别发放慰问金2000元。7月1日，组织机关支部全体党员、十和田集团党支部党员、利海源公司党支部党员60余人，在十和田集团党支部会议室开展题为《"两学一做"专题微型党课》活动。引导非公企业到花溪区黔陶乡半坡村进行调研，针对该村18户（73人）低收入家庭，进行精准帮扶。开展领导干部遍访贫困村贫困户活动，深入联系点青岩镇歪脚村，多次对低收入困难户进行遍访，了解情况，签订帮扶协议，在农户家中张贴《贵阳市精准帮扶监督卡》《帮扶项目落实情况表》，并送去慰问帮扶资金和物资7000余元，确保帮扶工作落到实处。开展计生"三结合"帮扶工作，举办燕楼镇摆古村妇女培训会，帮扶计生户22户，送去帮扶资金12300元。　（区委统战部）

【非公经济统一战线】　2016年，花溪区加强工商联班子建设，调整充实工商联班子，完成工商联换届筹备工作。在两会上，非公经济委员提交提案，建言献策。开展非公经济人士综合评价，评价非公经济人士93人。开展非公经济人士思想信念教育，召开民营企业"守法诚信"宣传教育座谈会，35名非公人士参加会议，发放守法诚信倡议书120余份。区委统战部、区工商联制定《中共花溪区委统战部、花溪区工商业联合会"千企帮千村"精准扶贫行动实施方案》，组织帮扶企业与结对村贫困村签订"千企帮千村"帮扶协议，签订帮扶协议10份，投入帮扶资金22.14万元。帮助企业解决实际问题。参与调解石板经营户矛盾纠纷问题；帮助贵州佳华数控工具有限公司解决缓交社会保险问题；为3家企业8名专业人员申报技术职称，申报人员涉及会计、经济、工程三类。8月，开展"拥军爱军"活动，同贵州十和田党支部为花溪航天驻军部队送上节日慰问，慰问物资6000余元；同区民政局、贵阳市福建南安商会深入花溪武警中队开展走访慰问，送去全新笔记本电脑2台（价值8000元）。　（区委统战部）

【民族宗教统一战线】　区委统战部推进民族团结进步工作，支持和指导各民族乡村开展民族跳场、跳洞、布依歌会、布依地戏等民族民间文化活动。协助市委统战部做好高坡乡苗族"四月八"活动，推动文化旅游创新区建设工作。协调做好全区少数民族群众居住区的基础设施建设、少数民族大学新生"助学工程"、扶贫济困等工作，帮助他们解决生产生活中的困难，妥善处理涉及民族方面的矛盾纠纷。深入贯彻党的宗教工作基本方针，加强对宗教事务的管理，维护宗教界和谐稳定，健全和完善宗教工作网络和宗教工作协调机制，妥善处理好宗教领域重大问题和突发事件，全面掌握整体动态，严防境外敌对势力利用宗教进行渗透。协助大兴国寺完成大兴国寺重建落成全堂佛像暨盛世宝塔开光法会、心照大和尚荣膺大兴国寺中兴第一代方丈升座仪式。　（区委统战部）

【港澳台与海外统一战线】　深化两岸的交往交流和提高为台服务的质量。帮助台胞、台属、台商协调解决子女入学、住房纠纷等问题，为往返大陆和台湾的台胞、台属提供有关帮助。坚持"以侨为本，为侨服务"的宗旨，开展侨务工作，协助省、市侨联做好意大利贵州商会到花溪参观考察活动。6月10日，协调解决新西兰贵州商会常务副会长旷宗义投资修建的西苑山庄老年公寓因拆迁受阻不能开业的问题，帮助其获贵州金亿农投资管理有限公司一次性补偿人民币500万元。协助省、市侨联做好美国大西南中国同乡会、意大利贵州商会到花溪青岩古镇参观考察工作。做好由中国侨联开展的向从事侨联工作20年以上工作者颁发荣誉证书活动申报工作（花溪区：苏任生、陈广芳）。为花溪区明珠社区溪北居委会（侨联小组）、阳光社区徐家冲居委会（侨联小组）、贵筑居委会（侨联小组）协调活动资金21500元，开展“共赏明月，同乐中秋”文艺活动、中秋棋类比赛、品香茗（茶），尝月饼，畅谈“心连心”活动。组织花溪贫困归侨侨眷周诗旷、印翠屏、胡华等到贵阳市第一人民医院进行身体健康检查，组织花溪老归侨和溪北、贵筑、徐家冲侨联小组组长参加2016年贵阳地区侨界新春茶话会。按照《中华人民共和国归眷权益保护法》相关规定，开展推选贵州省第八次侨代会、贵阳市第八次侨代会代表工作，推选省代表4人，市代表25人。

（区委统战部）

【民主党派工作】 加强对各民主党派的组织建设、思想建设和制度建设的指导工作力度。协助各民主党派市委做好民革花溪支部、民革小河支部、民建花溪总支、农工党花溪支部基层组织换届选举工作，完成政治交接。协助民主党派、工商联、无党派人士，发挥“政治协商、民主监督、参政议政”的作用，围绕文化旅游、生态环保、医疗教育、农业发展及人民群众反映强烈的热点难点问题进行专题调研，完成调研报告8篇。支持、指导各民主党派发挥自身优势开展扶贫助学、义诊义治社会活动，并向各民主党派支部（总支）发放活动经费、调研经费46150元。

（区委统战部）

花溪年鉴 HUA XI YEARBOOK 2017

区党研室

【概况】 2016年，区委党研室完成《中共花溪区历史文献选编》（第五卷）编辑出版工作。全书收入历史文献93篇，约39.5万字。该书收录反映花溪党的建设、农业农村工作和具有时代特征的文件，表现花溪区各项工作的历史面貌。

完成党史遗迹音像数据库制作工作。在完成红军过高坡、黔陶时留下的标语、漫画、牺牲地、亲历者，八路军高级干部家属青岩曾居地等的拍摄和采访工作的基础上，以13个主要党史遗址为主线，采用全高清摄像、制作的方式，系统介绍红军长征、抗日战争、剿匪时期的24处党史遗迹。

围绕建党95周年、红军长征胜利80周年的重要节点开展党史宣传教育工作。在区行政办公中心和19个学校举办“缅怀先烈、不忘初心——红军长征过花溪图片展”，图片展分为序、英烈永存、长征遗迹、红色记忆4个部分，展板19块，图片44张。

举办花溪区“弘扬长征精神、勇于创新奔小康”宣讲会，组织老党史工作者为50名机关干部作《中国工农红军长征过花溪》专题讲课。与区直机关工委、区党校组织百余名入党积极分子在高坡乡开展“重走红军长征路”活动。与区直机关工委开展纪念建党95周年、红军长征胜利80周年党史知识竞赛和“两学一做”学习教育效果检测活动，区党研室负责竞赛题目的编制、资料的撰写、1443份阅卷及评奖工作。在区党研室和孟关乡五星村开办3期党史讲座，73名机关和农村党员接受培训。

完成青岩古镇AAAAA景区创建迎检项目《红军长征旗帜在青岩》宣传片脚本的拟写、审定、史料提供工作，服务青岩古镇景区AAAAA创建工作。

配合贵阳广播电视台完成红军长征 贵阳足迹

第七集“红军过高坡：纪律严明 心系百姓”和第八集“红军激战狮子山 掩护主力进青岩”系列报道的采访拍摄。协调贵阳日报开展“红军长征过花溪”专题采访，推出专版报道。配合浙江嘉兴电视台制作王会悟在花溪的采访拍摄工作。配合浙江大学开展“浙江大学在青岩”专题采访工作。征集花溪红色故事19篇约5万多字上报省委党研室。创办“红色花溪”微博，搭建网络媒体，宣传花溪的红色文化。

完成《戴安澜将军生平事迹介绍》《胡锦涛同志在花溪》《中国共产党花溪区历史简介》《八路军高级干部家属在青岩》等4篇史料撰写和上报工作，为花溪区清明祭扫和花溪区历史文化挖掘提供背景资料。

完成花溪党史部分资料初稿11篇6万余字、图片37张的撰写整理上报工作。

完成《花溪农村特色研究》专题研究报告，并上报区委领导。

联合区委宣传部、区直机关工委、区教育局组织全区50个单位和学校400多人观看中国共产党党史题材故事片《冲锋号》。

围绕建设国家级文化旅游创新区和打造国家级全域旅游先行示范区建设，明确专人搜集相关报道简报和电子文档，建立与区新闻信息中心图片收集机制，深入花溪公园提升改造项目、清溪路改造项目等重要项目拍摄现状图片423张，收集资料116份。

完成与贵阳党史研究室联办《贵阳党史》期刊第2期及其他3期的组稿任务，报送稿件8篇、信息3篇2万多字，采用文章5篇、信息2篇。

采集王伯勋女儿王贵屏口述史录音。向高寨河红军战斗指挥所屋主后人采集红军史料。

收集花溪党史图片23张，其中红军战士赖茂椿珍贵照片3张；红军长征过花溪照片7张；电视剧《长征》剧组在花溪照片11张；李克强总理参加“数博会”照片2张。

购买《长征日记》《中国共产党九十周年》《憩园》《贵州近代名贤像传》等书籍11种13册。

配合区旅游资源普查办公室开展旅游资源普查和评级工作，普查花溪区红色旅游资源62处。

组织区内党史工作者撰写《万庆云烈士牺牲情况》《王会悟花溪年谱》《建国初期贵筑县剿匪斗争溯源》《党和国家领导人在花溪》等史实4篇8千多字。

按照中共贵阳市委办公厅关于做好《2016年中共贵阳市委执政纪要》稿件编撰及报送工作的通知要求，完成《2 016年中共贵阳市委执政纪要·花溪区委工作综述》方案的撰写、各单位上报资料整理及送审稿1万余字的撰写工作。

办理《关于在花溪公园内增加抗战文化内涵的建议》（省政协十一届四次会议委员第517号提案），提出丰富花溪公园内抗战文化内涵的有关意见，上报区国教办、市委党研室。（区党研室）

老干部管理

【概况】 2016年，区委离退休干部工作局组织老干部参加区委扩大会、情况通报会、迎春团拜会等区内重大活动；组织实职副县级及以上老干部对花溪区经济社会发展情况进行考察，开展政治理论学习，让老干部们了解党的路线、方针、政策，使老干部们在思想上、政治上、行动上同党中央保持一致；做好重大节日走访慰问和生病老干部的探视工作，协助区四大班子领导在春节前夕走访慰问老干部及老干部遗孀；开展重阳节座谈会、“八一”建军节对抗战干部的走访慰问等活动；协调有关部门处理离退休干部逝世的善后事宜，做好遗属工作。

对离休干部实行医疗费实报实销制度，按政策标准落实老干部修养费、特需费等经济待遇；按规定组织老干部体检、身心健康讲座、庆寿等活动；对困难老干部及老干部遗孀进行困难帮扶。

通过志愿者活动，支持离退休干部发挥政治、经验、智慧和威望优势，使离退休干部在促进经济发展、维护社会和谐、传承繁荣文化、关心教育下一代等方面发挥作用。组织老干部学习活动，提升老干部自身素养，使老干部辨证看待社会热点问题，自觉抵制各种错误思潮和社会不良倾向。在区老年大学开办太极拳、声乐、绘画、舞蹈等班级。组织老干部开展春游、秋游、新春游艺会、三八节庆祝、庆寿等活动，在以老干部活动中心开展棋牌、健身等多种服务项目。

（区委离退休干部工作局）

【举办老年节庆祝活动】 10月10日，区委离退休干部工作局在花溪林中月酒店为全区离退休干部举办“老年节”庆祝活动。200多老干部及区领导参加该项活动。庆祝活动分为两个部分，历时1个多小时。活动第一部分是情况通报会，由区委常委组织部部长薛昌柱主持，区委副书记秦建军致辞，她代表区委、区政府向广大老干部致以节日的问候，并对广大老干部长期对花溪经济和社会发展的支持表示感谢，同时祝愿广大老干部健康长寿、晚年幸福。区委常委、区政府常务副区长洪兵通报全区1至9月份经济及社会发展情况。活动第二部分是文艺演出，分别由老干部以及省话剧团、贵州师大艺术系、区文工团、区老年大学等单位的演员、师生、学员为大家表演文艺节目，节目内容有合唱、独唱、舞蹈、时装表演、古筝演奏及相声小品等。老干部们对本次活动给予高度评价。

（区委离退休干部工作局）

【区关工委辅导员到学校活动情况】 6月3日，区关心下一代工作委员会和青岩小学组织开展“祖国好、家乡美”，“童心向党，传承青岩文化”暨青岩小学第四届豪墨繁星与师家诗书画笔会活动。活动由区关工委校外辅导组牵头，邀请全国著名书法家97岁高龄的张一凡老先生（原省委宣传部的老领导）、著名书法家88岁高龄的龙渊泉老先生（原区委组织部的老领导），以及省科协老年书画协会会长熊承伟、省老年妇女书画协会名誉主席殷斌全等和青岩菊林书院、花溪区热爱书画的老同志等20人参加活动，为广大青少年传授书画技艺，讲解书画艺术，体验中华文化。

“六一”前后，区关工委和各校外辅导组的老同志分赴花溪区各中小学开展禁毒宣传和“三爱一践行”的宣讲活动，组织学生签订远离毒品承诺书。

（区委离退休干部工作局）

区保密局

【概况】 5月12日，经开区党工委书记、花溪区委书记钟阳对区保密工作作出重要批示：请区委保密委坚持党管保密的原则，进一步加强保密管理、依法治密，全力推进保密工作转型升级，切实维护好国家秘密安全。要把保密工作与花溪区中心工作结合起来，为当前花溪区文化旅游创新区和全域旅游先行示范区建设提供保密保障。

10月10日，区委老干局组织老干部开展重阳节庆祝活动（区老干局 供稿）

3月、6月，区保密委领导两次对花溪区试卷保密工作进行专项检查，并对试卷保密工作提出明确要求。

5月30日，花溪区委保密委召开2016年度保密工作会议，传达学习《中共中央关于加强和改进保密工作的意见》和中央、省、市保密工作会议精神，及中央、省、市、区领导重要批示，总结2015年和安排部署2016年保密工作。区委副书记、区委保密委主任秦建军在会上对2016年保密工作提出要求：一要认清形势，增强责任感和紧迫感；二要注重实绩，做好保密基础性工作；三要聚焦重点，深入推进“三大管理”工作；四要加强领导，强化队伍建设。

11月，区政府领导在数据共享和大数据开放相关会议上对信息公开作出明确指示：各单位要高度重视数据共享和大数据开放工作，处理好数据共享和大数据开放与保密之间的关系，主要领导要切实负起数据共享和大数据开放、政务公开的保密责任，要按谁主管谁负责、谁公开谁审查、公开前审查、全面审查和依法审查的原则把好保密审查关。

区保密局完成《花溪区“十三五”保密事业发展规划》制定。《花溪区“十三五”保密事业发展规划》分析当前保密工作面临的形势，明确花溪区今后五年保密工作的指导思想、工作原则、发展目标、主要任务、保障措施，为花溪区开展保密工作提出方向。

加强对全区涉密人员的分类管理，开展涉密人员分类统计相关工作。对全区涉密人员、核心涉密人员、重要涉密人员、一般涉密人员、定密责任人进行分类统计，开展对涉密人员的培训，做好全区涉密人员的分类管理工作。做好各单位定密权申请的指导工作。落实网络保密管理规定和国家保密标准，做好对涉密网络建设和分级保密管理规范化、常态化工作。抓好对全区非涉密网络摸底调查和统计工作，并对非涉密网络的保密管理进行专项检查，做好督促指导和技术监管工作。

2016年5至10月，开展为期六个月的机关、事业单位保密自查自评工作，通过自查自评和督查相结合的形式，对区直机关、各部门（含事业单位）、乡镇（社区）开展保密自查自评工作，并按优秀、合格、不合格三个等次对各单位进行评价。对检查中发现的问题及时提出整改意见，并督促整改。

完成对区委全会、区委十一次党代会、区人大会议、区政协会议等重要会议的保密工作。完成对普通高考、中考、成人高考、及自学考试等重要考试活动的保密服务工作。（区保密局）

花溪年鉴 HUA XI YEARBOOK 2017

党校教育

【干部培训】 2016年，区委党校完成“花溪区科级干部学习贯彻十八届六中全会精神专题培训班”1期、“花溪区2016年优秀中层干部（后备干部）综合能力提升培训班”1期、“扶贫开发专题培训班”1期、“花溪区2016年新任村（居）党支部书记履职培训暨‘两学一做’辅导培训班”、“花溪全域文化旅游创新区建设大数据+农村电子商务专题研讨班”1期等培训。协助相关部门联合办学8个班次，培训658人次，分别为“花溪区2016年农村青年电子商务培训班”2期、“安全生产培训班”1期、“乡镇公务员培训班”2期、“花溪区基层妇联干部培训班”1期、“花溪区司法局干部业务能力培训班”2期、“2016年度发展对象培训班”1期、“花溪区直机关2016年度普通党员培训班”1期、“花溪区2016年社会治理和群众工作专题培训班”1期。其中“花溪区2016年优秀中层干部（后备干部）综合能力提升培训班”培训时间为一个月。（郑　强）

【理论宣讲】 党校成立以常务副校长杨桂林为团长、由抽调教师组建的社里乡亲宣讲团，以宣讲中央、省、市中心工作为重点，以提高广大党员干部群众的政治理论水平为目的，着力于对党的理论新概念、新体系、新成果进行宣讲解读。按照市委宣传部的部署，宣讲团成员先后到云岩、修文等地实地培训，提高宣讲的感染力、说服力。2016 年，抽调教师参加区委宣讲团，深入全区所有乡镇、社区开展中央、省、市、区全会精神和“两学一做”专题宣讲活动。全年参与“两学一做”宣讲23 场次，宣讲范围遍及全区11 个乡镇和18 个社区，参学人数1415 人次。（郑　强）

【党校师资队伍建设】　2016 年，党校组织教职工外出学习培训5 次，通过强化外出进修学习提高教师队伍综合能力素质。为提高党校的教育教学质量，为青年教师搭建成长的平台，促进青年教师的专业化水平提高，推行教师新课试讲制度，实行每季度开展一轮教师上讲台试讲新课、评课。2016 年，开展四次教学活动，分别为两次青年教师试讲活动，一次精品课说课活动，一次“读原著，悟原理”教学活动。通过高层次人才选拔，招录马列哲学方面的全日制研究生教师，并在9 月份完成考核、政审、上编、统发工资工作。（郑　强）

【党校现场教学基地筹建】　8 月，党校对接区委组织部，在久安乡茶产业园打造建立花溪区委党校的现场教学基地。2016 年，在久安乡开展两次培训班，分别为乡镇公务员培训班第一期和第二期，培训人数70 人。（郑　强）

【获全省党校系统科研成果三等奖】　2016 年，党校教师在市级以上报刊发表文章5 篇，其中省级以上报刊发表文章2 篇。2016 年，教师获得省委党校校级课题2 个立项，1 项课题结项；获得市委党校校级课题3 个课题立项，3 个决策咨询课题立项并完成结项（其中2 个获得良好等次）；1 个区级课题结项。2016 年，科研工作成果丰硕，获得全市党校系统第六届科研评比优秀组织奖、优秀科研管理奖；全省党校系统、行政学院（校）首届科研表彰组织奖、科研成果三等奖。（郑　强）

【党校新校区建成】　在省、市、区各方力量大力支持下，投入1.6 亿元资金，按照“全省一流、贵阳第一”标准，建设党校新校区。通过组建机构，落实专人负责，发挥协调、督促作用，在2016 年9 月，建成具有教学、培训、餐饮等多功能为一体，面积为2.3 万平方米的党校新校区。10 月8 日，正式开始在新校区办公。10 月24 日至27 日，完成中共花溪区第十一次代表大会近4 百人的会务接待任务。（郑　强）

【花溪党性教育基地筹建】　区委党校明确专人负责，会同组织部、党史办等部门工作人员到遵义会议会址、省工委旧址、孔学堂、息烽集中营旧址等地学习，借鉴先进的规划理念和建设方法。在组织部的协调下，基地聘请贵州省社科院党建研究专家担任项目顾问，从总体上指导把关；向中组部、延安干部学院、北京市的党建学者征求意见建议，优化设计方案，提升设计理念，基地建设完成工程方案设计，正组织对工程项目施工进行政府采购，面向全国招标，预计2017 年2 月初开标。（郑　强）

【将党风廉政建设纳入教学内容】　党校举办“花溪区2016 年优秀中层干部（后备干部）综合能力提升培训班”1 期、“扶贫开发专题培训班”1 期、“花溪区2016 年新任村（居）党支部书记履职培训暨“两学一做”辅导培训班”等，把廉政教育纳入主体班教学内容，并带领学员到花溪区廉政教育基地开展现场教学，发挥党校党性锻炼“熔炉”作用，使接受教育培训的党员干部不断强化“不敢腐、不能腐、不想腐”的思想基础。

（郑　强）

中共花溪区纪律检查委员会

【概况】 2016年，区纪委监察局落实全面从严治党要求、深入推进党风廉政建设和反腐败斗争，严格监督执纪问责，着力解决群众身边的腐败问题，为加快建成全域文化旅游创新区和以大数据骨干企业为导向的经济转型发展先行区提供坚强的纪律保障。（区纪委）

【中共花溪区第十届纪律检查委员会第六次全体会议】 2016年2月15日，中共花溪区第十届纪律检查委员会第六次全会召开。出席会议的区纪委委员34人，列席212人。花溪区委常委、区纪委书记汤慧勇主持会议。会议学习贯彻党的十八大和习近平总书记系列重要讲话精神，中纪委、省委、省纪委、市委、市纪委、区委有关会议精神，总结2015年全区党风廉政建设和反腐败工作，部署2016年纪检监察工作任务。审议通过区委常委、区纪委书记汤慧勇代表区纪委常委会所作的题为《尊崇党章 从严治党 强化监督 为奋力打造国家级文化旅游创新区和千亿级开放创新平台提供坚强的纪律保证》的工作报告。

贵阳市国家经济技术开发区党工委书记、花溪区委书记钟阳出席大会并作重要讲话。区人大、区政府、区政协主要领导和区委常委、区人大、区政府、区政协领导班子成员，贵阳市清华中学、区人民法院、区人民检察院、区公安分局主要负责人、区委各部委、区级国家机关各部门、各人民团体、区管企业的主要负责同志及各乡（镇、社区）党政主要负责同志，列席十届区纪委六次全会。

钟阳书记在讲话中肯定花溪区2015年党风廉政建设和反腐败斗争取得的成效，并就2016年花溪区党风廉政建设和反腐败工作进行安排部署。要求全区党员干部对当前党风廉政建设和反腐败斗争的认识再要精准深化、从严治党措施再强化、从重从快推动管党治党要再严格。

全会提出，2016年，全区党风廉政建设和反腐败工作要全面贯彻中央、省、市、区相关精神，增强政治意识、责任意识和担当意识，保持政治定力，推动全面从严治党；深化纪律检查体制机制改革；坚持纠正“四风”；坚决惩治腐败；推进民生监督工作；打造忠诚、干净、担当的纪检监察干部队伍。严格党内监督，开展“两抓两建两树”活动，加强基层党风廉政建设，聚焦主业主责，着力解决群众身边的不正之风和腐败问题，坚定不移把党风廉政建设和反腐败斗争引向深入。

（区纪委）

【党风廉政建设】 一是牢牢牵住主体责任这个“牛鼻子”，协助区委创新成立贵阳市首家区（县）级全面从严治党主体责任办公室，明确“组织领导、安排部署、统筹协调、督促检查、考核评价、责任追究”六项工作职责。建立两月一调度、三月一督查、“任务三知”明责任、“责任三问”促落实等四项工作运行机制。二是建立健全《落实党风廉政建设“两个责任”约谈制度》《落实党风廉政建设“签字背书”制度》《全面从严治党定期研究分析制度》等十项制度，协助区委构建花溪区落实全面从严治党主体责任“6410”体系，抓好党风廉政主体责任相关工作措施的落实。三是按照省委《关于深入落实“两个责任”推进干部约谈常态化的指导意见》，协助区委制定《花溪区落实党风廉政建设主体责任约谈制度》，从谈话对象、范围、程序、类型、内容及要求等方面规范预防提醒谈话、询问示警约谈、纠错诫勉约谈、问责处分约谈“四类约谈”实施工作。全区开展约谈6853人次（县级133人次）。其中，预防提醒约谈6666人次，询问示警约谈26人次，纠错诫勉谈话85人次，问责处分约谈76人次；领导干部任前廉政谈话223人次，纪委负责人同下级党政主要负责人谈话252人次。

突出主业主责，推动责任落实。一是对全区党风廉政建设和反腐败工作进行安排部署，将任务、要求进行责任分解，细化为7个方面的工作内容，29条工作任务，根据常委分工，按照牵头领导、责任领导、牵头部门、配合部门、完成时限等五个具体要求，推进工作落实。二是区纪委监察局先后分别在恒大项目和花溪湖公园项目派驻项目纪律监督工作组，围绕建设“阳光工程”目标，在重点项目培植“廉洁土壤”，做到情况掌握在现场、工作开展在现场、责任落实在现场、政策宣讲在现场、督查开展在现场，在项目建设范围内营造“监督无处无时不在”的阳光氛围，确保每笔资金安全运行，有效推进重点工程的建设。三是严格“一案双查”，以问责促“两个责任”的落实，传导责任压力，倒逼党委（党组）、纪委（纪检组）“两个责任”的落实。对履职不到位的严肃追究责任，2016年追究主体责任8人，追究监督责任2人。

（区纪委）

【案件查处】 2016年，区纪委查处违反中央八项规定精神案件、农村种养殖项目扶贫资金贪腐案件、乡（镇）卫生院虚报冒领公共卫生经费案件等各类违纪违法案件170件，给予党政纪处分及组织处理等172人，其中移送司法机关5人。

（区纪委）

【监督责任】 开展“四风”治理，严格执纪监督。严肃查处公款吃喝、公款旅游、公款购买节礼、违规发放补贴等问题，开展对节日期间公款送节礼、公款吃喝和奢侈浪费等不正之风的专项检查，严格执行节假日公车备案制度、婚丧喜庆事宜备案制度、领导干部出国前备案和归国后报告等制度。2016年，组织开展区内交叉检查和明查暗访51次，函询6人次，印发转办函20份，纠正苗头性问题16个，查处违反中央八项规定精神问题47个，处理88人（其中乡科级17人），给予党政纪处分67人（其中乡科级9人），处理人数比上年增长57%，通报违反中央八项规定精神典型案例5批次，涉及人数28人。

强化部门联动，创新监督方式。一是建立健全纪检监察机关与财政、审计、交管等部门“四风”监督检查联动机制。全年查实失职渎职问题5个，问责处理13人。二是组织排查违规配备使用公务用车及党员干部、国家工作人员酒驾、醉驾交通违法等线索34条，处理党员干部3人。三是排查党员干部、国家工作人员“跑黑车”问题线索400余条，发现并纠正公车管理不规范问题2个，查实违规配备使用公车问题3个，处理4人。四是开展公务用车油卡清理备案专项整治工作，实行“备案制”、“一卡制”、“专人管理制”、“公示制”四项制度。通过专项整治，全区登记2013年以来使用的油卡1321张，整治后96家单位保留油卡201张，保留率为15.2%。

做好信访举报，加大纪律审查。2016年，受理信访举报168件，办结147件。灵活运用函询等方式，对苗头性问题抓早抓小，注重预防，加强对换届期间的信访监督和换届纪律巡查，维护社会稳定，确保换届风清气正。

强化民生监督，维护群众利益。开展信贷扶贫项目资金、农村饮水安全项目资金和“四在农家美丽乡村”建设项目资金使用情况的专项监察，发现问题29件，立案11件，党政纪处分11人；围绕扶贫攻坚战略，对6个低收入村8个扶贫项目实施重点精准监督，发现问题11个，立案2件，给予党政纪处分2人。并向相关涉及部门和乡镇下发监察建议书，督促相关部门对发现的问题进行整改。建成13个民生监督教育谈话室，全年使用40次，谈话40人，发挥教育谈话室的教育震慑作用。全区配备村级民生监督员531名，将监管触角延伸到最基层，强化对惠民利民政策落实情况的监督。结合花溪实际建立民生监督查询平台，畅通民生项目查询、监督、举报渠道，实现民生项目资金网上备案公示投诉“一体化”。完善民生监督工作规范化、标准化建设，建立健全《民生监督组监督检查办法》《民生项目备案公开办法》《信访举报工作办法》《民生监督组联席会议制》等制度，并印制成《民生监督工作手册》分发到每一个民生监督组、每一位民生监督员，推进民生监督工作规范、有序。加强民生监督宣传，印发民生监督“四要五严禁”宣传海报1000张，民生“连心卡”近3万张、民生宣传册800份，确保民生监督宣传到位，提高群众对民生监督工作的知晓率，保障民生项目资金在“阳光”下运行。查处民生领域违纪案件，全年发现民生监督问题736个，立案161件，党政纪处分156人。

（区纪委）

【党风党纪教育】 采取多种方式推进党风党纪教育常态化，把纪律贯穿党员领导干部培养教育使用全过程。采取专题讲座、知识竞赛、演讲比赛、党纪党规测试、《准则》《条例》专题培训班和订购书籍和读本发至全区科级以上干部和村支两委干部个人自学等方式，结合“两学一做”学习教育活动，开展两个《准则》和三个《条例》的学习宣传教育。营造风清气正的换届环境，组织观看《镜鉴》等警示教育片；加大对典型案例的通报曝光力度，释放越往后越严的强烈信号；组织收看《永远在路上》《打铁还需自身硬》等专题片，加强对党员干部的警示教育。

推进廉洁文化建设，创建花溪区廉洁文化创作基地，举办“庆中秋廉政书法美术作品展”。在马铃乡谷中村、青岩镇山王庙村建设廉洁文化墙。印制党风廉政建设宣传资料30000余份，通过区委、区政府网站、电视台、报刊及公开栏等方式进行宣传，做到学习宣传“零死角”、“全覆盖”，提升全区广大群众对花溪区党风廉政建设的知晓率和满意度。同时，加强对外宣传报道和网络宣传力度，全年在中央、省、市新闻媒体宣传花溪区反腐倡廉工作的报道107篇。

（区纪委）

【反腐方式创新】 1. 协助区委创新成立全市首家区（县）级全面从严治党主体责任办公室，建立四项工作运行机制，规范“四类约谈”。

2. 围绕全域文化旅游创新区三年初见成效的工作目标，分别在恒大项目和花溪湖公园项目派驻项目纪律监督工作组，为全区重点建设有序推进提供坚强的纪律保障。

3. 专项清理整治公务用车油卡，清理2013年以来使用的油卡1321张，整治后96家单位保留油卡201张，保留率为15.2%，实行“备案制”、“一卡制”、“专人管理制”、“公示制”四项制度规范公车油卡使用。

4. 重点推出任务派单制，细化工作任务，明确派单科室、被派单对象和派单事项、派单时间、派单任务完成时限、实行全程纪实跟踪管理，推动工作快速高效落实。

（区纪委）

【反腐成果】 2016年，花溪区纪检监察工作得到上级纪委的肯定。全年查处违反中央八项规定精神问题47个，处理88人，给予党政纪处分67人，处理人数比上年增长57%，党政纪处分人数比上年增长123%。把“四种形态”要求贯穿到监督执纪全过程，开展询问示警约谈26人次，纠错诫勉谈话85人次，问责处分约谈76人次。查处各类违纪案件170件，涉案172人，立案数比上年增长16.4%，涉案人数比上年增长17%，2016年度查办违纪案件数位列全市第二。完善民生监督工作规范化、标准化建设，全年发现民生监督问题736个，民生案件立案161件，党政纪处分156人，立案数比上年增长15.8%，党政纪处分人数比上年增长9%。2016年度民生案件查处在全市排名第六，比上年前移3位。

（区纪委）

【纪检监察派驻机构概况】 2015年7月，按照市委、市政府《关于进一步深化全市纪检监察派驻机构统一管理工作的实施意见》要求，结合花溪区实际，对区纪检监察派驻机构统一管理工作进行深化，在原来成立的4个纪工委（监察分局）

的基础上，按照"因事设组、配齐配强"的原则，对原来实施的分散驻点集中办公的统管模式进行改革，组建6个纪工委（监察分局），除区委政法委、区公安分局、区法院、区检察院、区司法局、区直机关工委等6个部门派驻纪检组织按照省、市纪委文件精神保留现行体制不变外，其他部门派驻纪委书记（纪检组长）实行集中办公、统一管理的"紧密型"统管模式，按照相关原则分别明确为6个纪工委（监察分局）组成人员。2015年10月按照《贵阳市全面深化纪律检查体制机制改革领导小组关于组建市级纪检监察组的通知》精神，对原区委批准印发的《中共贵阳市花溪区委办公室 贵阳市花溪区人民政府办公室印发〈关于进一步深化区直纪检监察派驻机构统一管理工作的实施方案〉的通知》（花党办发〔2015〕18号）中派驻机构统管工作设置的制度体系保持不变，组建6个区级纪检监察组。

六个纪检监察组负责监督和联系的单位为：

1. 第一纪检监察组：负责区委办、区委组织部、区卫生和计生局、区农业局、区旅游局、区统计局、区总工会、区计生协会等8家单位的监督检查工作。联系区红十字会、区爱国运动委员会办公室等单位的纪检监察工作。

2. 第二纪检监察组：负责区老干局、区政府办、区财政局、区住房和城乡建设局、区交通局、区妇联等6家单位的监督检查工作。联系区国土分局、区规划分局等单位的纪检监察工作。

3. 第三纪检监察组：负责区人大办、区委群众工作委员会、区发改局、区教育局、区审计局、区文广局等6家单位的监督检查工作。联系贵阳城南地产集团有限公司、区国税分局、区地税分局等单位的纪检监察工作。

4. 第四纪检监察组：负责区政协办、区委统一战线工作部、区生态文明建设局、区市场监督管理局、区安全生产监督管理局、商务局、团区委等7个单位的监督检查工作。联系区投资促进局、区机关事务管理局、贵阳花溪国家城市湿地公园管理处、区生态工业（石材）园区建设开发办公室等单位的纪检监察工作。

5. 第五纪检监察组：负责区编委办、民政局、区人力资源和社会保障局、区水务局管理局、区城市管理局、区民族宗教事务局等6家单位的监督检查工作。联系区气象局等单位的纪检监察工作。

6. 第六纪检监察组：负责区委宣传部、区委党史研究室、区委党校、区供销联社、区科技局、区工业和信息化局、区档案局、区工商联、区科协、区残联、区文联等11家单位的监督检查工作。联系区水利水电工程移民局等单位的纪检监察工作。

6个纪检监察组在区纪委监察局授予的职权范围内开展工作，履行党的纪律检查和行政监察两项职能，主要职责为：实施《中国共产党章程》和《中华人民共和国行政监察法》规定范围内的监督检查。（区纪委）

（责任编辑　周年辉）

花溪区人民代表大会及其常务委员会

花溪年鉴
2017HUA XI YEARBOOK

8月22日，花溪区人大常委会在久安贵茶公司检查主任督办件办理情况（王文娟 摄）

综　述

【概况】　2016年2月20日，区第十六届人民代表大会第六次会议召开。会议审议区政府、计划和发展、财政、人大及“两院”工作报告。区人大常委会初审《花溪区2015年全区和区本级财政预算执行情况及2016年全区和区本级财政预算草案报告》，审议批准《关于花溪区2015年全区和区本级财政预算执行情况及2016年全区和区本级财政预算（草案）的审查报告（草案）》；听取并审议《区人民政府关于2015年区本级综合财政决算报告》《2015年度区本级综合财政预算执行情况和其他财政收支情况的审计工作报告》《2016年上半年国民经济和社会发展计划执行情况的报告》《2016年上半年区本级综合财政预算执行情况的报告》《2016年1至10月预算执行情况和区本级综合财政预算调整草案的报告》，审查并批准区本级综合财政预算调整草案报告；听取区人民政府关于执行《贵阳市建设生态文明城市条例》情况的报告；听取《花溪区人民政府关于区十六届人大六次会议代表建议、批评和意见办理情况的报告》；听取《花溪区2016年区级实事项目完成情况的报告》；听取区人民政府关于近年来殡葬工作情况的报告；听取和审议区人民政府关于依法行政的专项工作报告；听取和审议区人民法院、区人民检察院关于公正司法的工作报告。

加强对“一府两院”工作的监督，开展各项视察调研检查工作。区人大常委会实地视察区人民政府“实事”办理情况；视察区人民政府贯彻《中华人民共和国旅游法》执行情况；听取区政府关于大数据相关产业情况的汇报；听取区文广局《花溪区文化建设工作开展情况汇报》，并赴黔陶乡周氏祠堂、桐埜书屋、周钟瑄文化交流中心、青岩古镇北门游客接待中心、慈云寺、赵公专祠实地视察花溪区文化建设工作开展情况。视察贵州勤邦集团、贵阳货车帮科技有限公司和花溪区电子商务产业园，并召开座谈会，听取区人民政府工作情况汇报。对花溪区全域旅游、“美丽乡村”建设情况进行调研。参与精准扶贫工作。2016年，协调帮扶资金40多万元，协调物资折合人民币2万余元。

2016年，区委转发《中共花溪区人大常委会党组关于区、乡人民代表大会换届选举工作的实施意见》，为花溪区区、乡两级人大代表换届选举工作提供政治保障。完善《花溪区人民代表大会代表向选民述职制度》《花溪区人民代表大会常务委员会关于区人大代表辞职的规定》《花溪区第十六届人大代表闭会期间建议、批评和意见转办工作规定》等制度，从制度上规范区人大常委会组成人员与代表之间、代表与选民之间的联系，逐步形成科学、规范、高效的工作运行机制，为区人大常委会依法履行职责提供保障。

2016年，区人大常委会按照《花溪区人民代表大会常务委员会任免国家机关工作人员规定》和《花溪区人大常委会拟任命干部任前法律知识测试制度》，依法任免国家机关工作人员38人，补选花溪区委常委、副书记梅俊为贵阳市十三届人大代表。第76次主任会议决定，许可区人民法院对区十六届人大代表蒋顺成进行刑事审判，向区十六届人大常委会会议报告。

区十六届人大六次会议期间，收到区人大代表批评建议156件，并筛选出常委会督办件4件，主任督办件16件。及时召开“区十六届人大六次会议代表建议、批评和意见交办会”，并举行交办书签字仪式。156件建议均在规定时限内答复完毕，办复率100%，满意率100%，落实率83%。全年接待群众来访11人（次），收到群众信件32件，转办32件，办结16件。

2016年，区人大常委会严肃换届纪律，严格法定程序，选出花溪区第十七届人民代表大会代表210名，乡级人大代表547名。依法选举产生新一届乡镇人大主席、政府领导班子。组织筹备区第

11月3日，花溪区召开区乡人大换届选举工作培训会（区人大 供稿）

十七届人民代表大会第一次会议，依法选举产生新一届区人大常委会主任、副主任、委员，区人民政府区长、副区长，区人民法院院长、区人民检察院检察长，花溪区出席贵阳市第十四届人民代表大会代表，完成区、乡两级人大换届选举工作任务。（区人大办）

【区人大常务委员会名录】

主　任：任渝生

副主任：楚湘黔、张吉林、孙昕（在2016年9月28日第47次常委会上辞职）、王小兵、张宝祎、吴治岑、张贵昇

委　员：杨晓娟、龙兴灿、甘露、刘贤忠、郭际昕、陈正华、赵蓉、李博、曹珺、吉小琴、肖莎、李梅、李德琼、李亦然、毛巨川、仇成英、卢代康、吕瑾、刘秀丽、李海宁、邱建平、孟平红、傅涛、龙文忠（区人大办）

【区十六届人民代表大会六次会议】　花溪区第十六届人民代表大会第六次会议于2016年2月20日在省青少年活动中心召开。出席代表297人，列席76人，主席团成员55人，秘书长张吉林。大会听取和审议梅俊所作的《花溪区人民政府工作报告》，审查和批准《花溪区2015年国民经济和社会发展计划执行情况及2016年国民经济和社会发展计划草案报告》《花溪区2015年财政预算执行情况及2016年区本级财政预算草案报告》，听取和审议任渝生所作的《花溪区人大常委会工作报告》、吴莎作的《花溪区人民法院工作报告》、王筑生作的《花溪区人民检察院工作报告》并通过相应的决议；选举梅俊同志为花溪区人民政府区长。（区人大办）

人大常委会会议

【第四十一次会议】　于1月14日召开。会议补选花溪区委常委、副书记梅俊为贵阳市十三届人大代表。（区人大办）

【第四十二次会议】　于2月2日召开。会议表决通过有关人事任免事项；决定花溪区第十六届人民代表大会第六次会议于2016年2月20日在贵州省青少年活动中心召开；初审《花溪区2015年全区和区本级财政预算执行情况及2016年全区和区本级财政预算草案报告》，审议批准《关于花溪区2015年全区和区本级财政预算执行情况及2016年全区和区本级财政预算（草案）的审查报告（草案）》；初审区十六届人大六次会议议程、日程、主席团和秘书长名单、主席团常务主席名单、执行主席分组名单、副秘书长名单、主席团会议日

程、国民经济、社会发展计划和财政预算审查委员会名单、议案审查委员会名单等草案；审议通过区十六届人大四次会议预备会议日程（草案）、列席人员名单（草案）；听取代表资格审查委员会关于代表变动情况的报告；初审花溪区人大常委会工作报告。（区人大办）

【第四十三次会议】 于4月23日召开。会议组织学习筑委〔2016〕17号中共贵阳市委关于转发《中共贵阳市人大常委会党组关于切实做好〈贵州省大数据发展应用促进条例〉贯彻实施工作的意见》的通知、花党发〔2016〕4号《中共贵阳市花溪区委贵阳市花溪区人民政府关于创建国家全域旅游先行示范区的实施意见》文件精神；表决通过有关人事免职事项；听取区人民政府关于执行《贵阳市建设生态文明城市条例》情况的报告；举行区人大常委会第42次会议任命的区政府副区长韩匡时向宪法宣誓仪式。（区人大办）

【第四十四次会议】 于6月15日召开。会议组织观看《镜鉴——衡阳、南充违反换届纪律案件警示录》；表决通过有关人事免职事项；听取区人民政府关于近年来殡葬工作情况的报告。

（区人大办）

【第四十五次会议】 于7月28日召开。会议学习《习近平总书记在庆祝中国共产党成立95周年大会上的讲话》、中共贵阳市委九届六次全体（扩大）会议精神、传达贵阳市第十一次人大主任座谈会精神；听取和审议《区人民政府关于2016年上半年国民经济和社会发展计划执行情况的报告》《区人民政府关于2016年上半年财政预算执行情况的报告》；听取关于许可区人民法院对区十六届人大代表进行刑事审判相关情况的报告；审议区人民检察院《关于提请免去王筑生同志区人民检察院检察委员会委员职务的报告》，同意免去王筑生花溪区人民检察院检察委员会委员职务；审议王筑生同志辞去区十六届人民代表大会代表职务的报告，同意王筑生同志辞去花溪区第十六届人民代表大会代表职务。（区人大办）

【第四十六次会议】 于8月25日召开。会议传达学习市委常委会议听取花溪区工作汇报时陈刚书记的讲话精神；学习《中华人民共和国审计法》；表决通过相关人事任命，并举行被任命人员向宪法宣誓仪式；听取和审议《区人民政府关于花溪区2015年全区和区本级财政决算（草案）报告》《区人民政府关于花溪区2015年度区级预算执行情况和其他财政收支情况的审计工作报告》，并表决通过《花溪区人大常委会关于批准2015年区本级综合财政决算的决议（草案）》。

（区人大办）

【第四十七次会议】 于9月28日召开。会议表决通过有关人事任免事项；审议《花溪区区、乡两级人民代表大会2016年换届选举工作实施方案》；审议通过《花溪区人大常委会关于设立花溪区选举委员会的决定（草案）》；审议通过《花溪区人大常委会关于设立乡镇选举委员会、社区选举指导办公室的决定（草案）》；审议通过《花溪区人大常委会关于新一届乡级人大代表名额的决定（草案）》；审议通过《花溪区第十七届人民代表大会代表名额分配及结构比例建议表》《花溪区各乡镇新一届乡级人大代表结构比例建议表》。

（区人大办）

【第四十八次会议】 于11月24日召开。会议传达学习中国共产党第十八届中央委员会第六次会议精神；表决通过相关人事任命，并举行被任命人员向宪法宣誓仪式；听取和审议《花溪区2016年1至10月财政预算执行情况及区本级财政预算调整（草案）报告》，并表决通过《关于批准花溪

区2016年区本级财政预算调整（草案）报告的决议》。（区人大办）

【第四十九次会议】 于12月26日召开。会议传达学习省人大常委会党组书记、副主任张群山同志在全省人大系统学习宣讲贯彻党的十八届六中全会和省委十一届八次全会精神领导干部会议上的讲话；表决通过相关人事免职；听取《花溪区人民政府关于区十六届人大六次会议代表建议、批评和意见办理情况的报告》；听取《花溪区2016年区级实事项目完成情况的报告》；听取和审议花溪区人大常委会代表资格审查委员会关于花溪区第十七届人民代表大会代表的代表资格审查报告；审议并表决通过花溪区第十七届人民代表大会班士秀、罗军、张顺忠等3名代表辞职事项；决定花溪区第十七届人民代表大会第一次会议于2017年1月5日在花溪区委党校新址召开；初审《花溪区2016年全区和区本级财政预算执行情况及2017年全区和区本级财政预算草案报告》，并表决通过《关于花溪区2016年全区和区本级财政预算执行情况及2017年全区和区本级财政预算（草案）的审查报告（草案）》；听取区人大办公室关于花溪区第十七届人民代表大会第一次会议筹备情况的汇报；初审花溪区第十七届人民代表大会第一次会议相关材料；审议通过花溪区第十七届人民代表大会第一次会议预备会议日程、列席人员名单；讨论《花溪区人大常委会工作报告》；书面审议《区人民政府关于2015年全区和区本级财政预算执行和其他财政收支的审计工作报告审议意见研究处理情况的报告》。（区人大办）

人事任免

【概况】 1月14日，区十六届人大常委会第41次会议补选花溪区委副书记梅俊为贵阳市十三届人大代表。

2月2日，区十六届人大常委会第42次会议决定同意向子琨辞去花溪区人民政府区长职务，报区人民代表大会备案。决定任命梅俊为花溪区人民政府副区长；韩匡时为花溪区人民政府副区长（任职期至2018年1月）。任命余雪为花溪区人民检察院副检察长、检察委员会委员、检察员（任职期至2016年6月）。免去陈应新花溪区人民检察院检察员职务。决定梅俊为花溪区人民政府代理区长。

4月27日，区十六届人大常委会第43次会议，免去方兴林花溪区人民法院副院长、审判委员会委员、审判员职务。陈阳花溪区人民法院审判委员会委员、审判员职务。孙芳怡花溪区人民法院审判员职务。孙传员花溪区人民法院审判员职务。周锦华花溪区人民法院审判员职务。薛闽花溪区人民检察院检察员职务。

6月15日，区十六届人大常委会第44次会议，任命李钧为花溪区人民检察院副检察长、检察委员会委员、检察员。同意接受王筑生辞去花溪区人民检察院检察长职务。决定花溪区人民检察院副检察长李钧代理花溪区人民检察院检察长职务。

7月28日，区十六届人大常委会第45次会议，免去王筑生花溪区人民检察院检察委员会委员职务。

8月25日，区十六届人大常委会第46次会议，任命刘涛为花溪区人大常委会办公室副主任。

9月28日，区十六届人大常委会第47次会议，决定免去王伟花溪区旅游局局长职务、刘光强花溪区农业局（扶贫开发办公室）局长职务、张丽娜花溪区卫生和计划生育局局长职务、王文敬花溪区安全生产监督管理局局长职务、黄兴翠花溪区民政局局长职务、练余天花溪区城市管理局（城市综合执法局）局长职务；决定任命袁莉为花溪区人民政府副区长、范振新为花溪区人民政府副区长（任职期至2018年9月）。危大勇为花溪区旅游局局长、蔡舟为花溪区民政局局长、刘明福为花溪区农业局（扶贫开发办公室）局长、黄兴翠为花溪区卫生和计划生育局局长、王明放为花溪区安全生产监督管理局局长；任命谢彪为花溪区人民法院副院长，邱婷为花溪区人民法院副院长、审判委员会委员、审判员（任职期至2018年7月），谢东林为花溪区人民法院审判委员会委员、张德才为花溪区人民法院审判委员会委员，杨方为花溪区人民检察院副检察长、检察委员会委员、检察员（任职期至2017年8月）；决定同意孙昕辞去花溪区人大常委会副主任职务，报区人民代表大会备案。

11月24日，区十六届人大常委会第48次会议经过表决，免去甘露花溪区人大常委会财经工作委员会主任职务，肖莎花溪区人大常委会城乡建设与环境资源保护工作委员会副主任职务；任命吴诚书为花溪区人大常委会财经工作委员会主任，王培华为花溪区人大常委会城乡建设与环境资源保护工作委员会主任；决定免去刘明福花溪区农业局（扶贫开发办公室）局长职务，决定任命徐群红为花溪区农业局（扶贫开发办公室）局长；余光平为花溪区城市管理局（城市综合执法局）局长。

12月26日，区十六届人大常委会第49次会议经过表决，免去李在阳花溪区人民法院审判委员会委员职务。

（区人大办）

花溪年鉴 HUA XI YEARBOOK 2017

人大工委工作

【选任联工委】 2016年，区人大办结合换届工作，开展换届动员暨培训会。组织开展乡（镇）、社区人大工作座谈会和代表组活动，围绕区委的中心工作、政府重点项目，有针对性地提出活动主题，激发代表履职活力，促进代表作用的发挥。在市人大十三届六次会议期间，组织市人大代表提出批评、建议和意见件，并且转办十六届六次会议156件代表批评、建议和意见。依法任免国家机关工作人员38人，补选花溪区委常委、副书记梅俊为贵阳市十三届人大代表。围绕“一个目标、三个建成”战略目标，加快大数据产业的创新发展和数据的分析应用等方面的工作进度，组织市人大代表花溪代表组开展专题调研活动，实地视察贵州勤邦集团、贵阳货车帮科技有限公司、电子商务产业园建设情况，并听取区人民政府关于相关工作的情况汇报。

（区人大办）

11月24日，花溪区新被任命领导干部在区人大常委会上向宪法宣誓（区人大 供稿）

【内务司法工委】 区人大常委会听取区人民政府关于近年来殡葬工作情况的报告，指出公益性公墓出让价格不等，在价格方面存在监管不严的现象。建议区人民政府加强公益性公墓的监管工作，建立规章制度使其更规范化；加快悼念馆建设，尽早投入使用。

（区人大办）

【财经工委】 2016年初，对2015年国民经济和社会发展计划执行情况及2016年国民经济和社会发展计划草案、全区和区本级财政预算执行情况及2016年全区和区本级财政预算草案、进行初审，草拟两个报告初审意见，报主席团会议审定。年中对上半年国民经济和社会发展计划执行情况、区本级财政预算执行情况以及上一年度的审计报告进行审查，提出建议及意见，并表决通过上一年度的财政决算。年底对当年财政预算调整草案进行审查，拟写《关于批准花溪区2016年区本级财政预算调整的决议（草案）》，为常委会审议相关议题做好准备。根据市人大财经委员会《关于组织开展大数据发展专项视察调研的通知》要求，听取区政府关于大数据相关产业情况的汇报，并与经开区党政办、投服局和区政府有关部门进行座谈，为市人大提供全面准确的信息。

（区人大办）

【教科文卫工委】 聚焦全域文化旅游创新区建设，对区人民政府贯彻执行《中华人民共和国旅游法》情况进行视察，实地查看花溪公园旅游基础设施提升改造项目、天河潭景区、青岩古镇景区建设发展情况。赴黔陶乡、青岩镇实地视察花溪区文化建设工作开展情况，实地察看黔陶乡周氏祠堂、桐埜书屋、周钟瑄文化交流中心、青岩古镇北门游客接待中心、慈云寺、赵公专祠建设情况，并听取区文广局《花溪区文化建设工作开展情况汇报》。

（区人大办）

【农经民宗工委】 对十六届人大六次会议主任督办件分别为《关于将久安乡作为“茶产业示范园区、生态文明建设样板区、文化创意产业园区”三区合一创新发展的建议》和《关于举办姚茫父良辰140周年系列活动 打造花溪区文化新名片的建议》进行督办，围绕花溪文化旅游创新区的定位，探索发展文化创意产业，打造花溪区文化旅游创新的样板区域。

（区人大办）

【城建环保工委】 组织区人大常委会委员和部分人大代表视察《贵阳市建设生态文明城市条例》贯彻执行情况，开展好条例相关知识的宣传活动。组织视察花溪中心城区停车场建设情况，听取相关工作情况汇报，并提出分流过境车辆，建设专用旅游通道及慢行系统等建议，缓解旅游高峰期路段拥堵现象，为区域旅游发展提供便利。

（区人大办）

（责任编辑　周年辉）

11 月 30 日，区人大代表视察青岩镇文化建设工作发展情况（区人大 供稿）

花溪区人民政府

花溪区政务中心（杨小平 摄）

花溪年鉴 HUA XI YEARBOOK 2017

综　述

【概况】　2016 年，区政府按照“双轮驱动、优势互补、深度融合”的思路，推动花溪、经开两区深度融合发展，叠加优势凸显，综合实力明显增强，主要经济指标保持两位数增长。全区地区生产总值达到 536.91 亿元，是 2011 年的 2.99 倍，年均增长 14.6%，总量位列全省第 3 位；人均生产总值达到 84214 元，年均增长 13.8%，总量位列全省第 1 位。规模以上工业增加值达到 242.60 亿元，是2011 年的5.07 倍，年均增长 15.9%，总量位列全省第 1 位。固定资产投资 437.21 亿元，是 2011 年的 3.4 倍，年均增长 27.9%，总量位列全省第 3 位。社会消费品零售总额 235.76 亿元，是 2011 年的 3.28 倍，年均增长 13.7%，总量位列全省第 3 位。招商引资省外实际到位资金 508.30 亿元，是 2011 年的 4.65 倍，年均增长 36.0%。一般公共预算收入 37.52 亿元，是 2011 年的 2.32 倍，年均增长 20.39%。旅游总收入 198.00 亿元，是 2011 年的 2.11 倍，年均增长 22.9%。示范小城镇建设发展综合指数位列全省第 1 位。

2016 年，区政府以做强调优为导向，加速转型升级，产业结构更加优化。三次产业比例调整为 3.48∶59.45∶37.07，全区农业稳步发展，科技含量提高、效益凸显，工业经济中高端装备制造业、大健康医药产业和大数据产业比重逐步加大，以旅游、商贸物流为支柱的现代服务业提质增效。现代高效农业发展迅速，投资 10.04 亿元，初步建成久安现代高效茶叶示范园、青黔现代观光休闲农旅一体化示范园、燕马都市蔬菜保供基地示范园等高效农业示范园区，三大园区产值 19.98 亿元。村集体经济发展壮大，全区 122 个行政村村集体经济收入总量超过 2 亿元，有 91 个村超过 50 万元。培育龙头企业 23 个，农民专业合作组织和协会 128 个。大数据产业等新兴业态方兴未艾，依托贵州大学科技园，创建花溪区大学生创业孵化基地，完成“千人计划”大数据研究院建设，贵州伯克利大数据创新研究中心落户花溪。建成乡（镇）、村级电商示范点 24 个。高新技术产业快速发展，燕楼产业园、泰邦生物科技园加快建设，扶持星天电缆等高新技术企业发展，高新技术企业总数 50 家。现代服务业快速推进，小孟工业园生产性服务业集聚区、孟关汽车贸易城现代商贸物流集聚区、青岩文化旅游集聚区、石板农产品市场现代商贸物流集聚区成功申报省级服务业集聚区，改貌货运场、贵阳传化智能公路港投入运营，西南物流中心项目建设取得实质性进展。

以规划布局为引领，加速基础建设，城乡发展更加协调。“多规合一”深入推进，完成新一轮《花溪中心城区总体城市设计》《花溪区城乡一体化规划》《花溪区村庄布局规划》及 27 个村庄规划编制工作。完善以城乡道路、供水、供电、通信等为重点的基础设施，田园南路、杨孟路等 30 条城市干线（道）建成通车，形成以贵阳绕城高速、甲秀南

6 月 3 日，区人民政府区长梅俊代表花溪区向镇宁县捐赠帮扶资金 100 万元（王文娟 摄）

路、贵惠大道、孟关大道等公路为主骨架，以县、乡公路为补充的公路网体系，全区公路总里程1080公里。完成贵州汽车超市、林城万宜、花溪广场及花溪南部水厂（一期）等项目建设。加快疏老城、建新城，实现花溪大道汽车市场整体转移。推进青岩、孟关、石板示范小城镇建设，青岩古镇入选全国首批特色小镇名录。实施“路、水、房、电、讯、寨”六个小康行动计划，改善农村基础设施，建成通组路321.38公里、人行步道104.45公里，建设乡（镇）客运站7个、建制村招呼站85个，基本实现“乡乡通油路、村村通客车”；改造人饮管网584.89公里、农村危房1332户，提升37个村寨的供电保障能力，完成149个村寨的通讯通信网络建设。加强城乡建筑风貌管控，完成高速公路沿线及美丽乡村示范点周边房屋立面整治3709户，拆除违法建筑190余万平方米。

以治理保护为重点，加速绿色发展，生态环境更加优美。实施“治水”“治气”“控污”等工程，建成石板污水处理厂和青岩污水处理厂，完成城市中心片区污水管网改造7883米，对十里河滩、花溪水库、阿哈水库等水源保护区进行综合整治，地表水达标率、集中式饮用水达标率100%；建成花溪天然气门站，以天然气为主的城市燃气供气系统基本形成，城区新建建筑气化率100%，开展扬尘和焚烧秸秆治理专项行动，环境空气污染指数（AQI）优良率90%以上。大力实施美化绿化工程，环卫一体化试点工作取得显著成效，保洁面积从110万平方米扩大到600万平方米，城镇垃圾集中处理率90%以上；强力推进“千园之城·百园之区”建设，新建各类公园56个，凸显“大花园、大溪流”的特色；完成封山育林、人工造林等13.9万余亩，完成19公里城市道路绿化提升。全区森林覆盖率45.86%，建成区绿化覆盖率50.88%，分别比2012年提高5.4、2.65个百分点，绿色社区、生态文明小城镇、生态文明工业园区创建达标率100%。

以游客体验为中心，加速要素完善，全域旅游更加成熟。坚持把旅游业作为特色支柱产业来培育，五年接待游客9000余万人次，实现旅游总收入达738亿元。以举办第九届省旅游产业发展大会为契机，改造提升青岩古镇和湿地公园，配套完善快旅慢游体系、青岩北城门旅游综合体和文凡·状元别苑等基础设施，新建改造旅游景区厕所32座。按照“六全”旅游发展理念，丰富吃、住、行、游、购、娱、商、养、学等旅游要素，改造提升花溪公园、天河潭景区，建成花溪旅游门户网站，实施天河潭贵阳故事街（一期）、贵州汽车运动基地等项目，建设美丽乡村示范带6条和美丽乡村“提高型”示范点11个。完成《贵阳市花溪区全域旅游发展规划（2016－2020年）》编制工作。花溪被评定为首批省级旅游度假区，获中国旅游风云榜2015年“美丽中国”十佳旅游区，入选全国首批全域旅游示范区创建单位。

以多元文化为品牌，加速传承创新，文化事业更加繁荣。坚持文化为魂，突出传统文化、历史文化、民族文化、现代文化品牌，把文化资源转化为发展优势，全区文化产业增加值大幅上升，从2011年的0.82亿元增加到2016年的8.13亿元。支持建成孔学堂、中华文化研修园、花溪大学城及贵州大学新校区等一批文化地标，完成“两周文化园”、久安茶文化展厅和茫父艺术中心建设，改造提升赵以炯故居、周恩来父亲曾居地、桐埜书屋等文化景观。连续举办孔学堂春节文化庙会、苗族“四月八”、布依族“六月六”等节日活动，提升“花溪之夏”艺术节文化活动影响力。依托贵州大学等高校资源，推动时尚文化和创意文化发展，成功举办贵阳国际马拉松赛、CTCC中国房车锦标赛。文化品牌宣传与推广实现新突破，青岩古镇入选《中国古镇（二）》特种邮票，久安“古茶树与茶文化系统”被列为“中国重要农业文化遗产”。

以关键环节为突破，加速活力释放，改革开放更加深入。深化行政审批制度改革，依法推进简政放权、放管结合、优化服务，建立并公布区级权力清单、责任清单2419项，做到“行政权力进清单，清单之外无权力”。深化管理体制改革，完成工商、质监、食药监“三合一”和卫生、计生合并机构改革，在全省率先按照“1+3”旅游管理模式，成立文化旅游创新区管理委员会，组建旅游警察、旅游法庭、旅游市场监管分局。营造招商、亲商、安商、富商的良好环境，荣获全省“投资环境综合评价十佳县”“经济社会发展环境十佳县”等荣誉称号。借力省市组织的“数博会”“酒博会”等招商推介活动，引进世界500强、中国500强、民营500强企业10家，引进10亿元以上项目20个，大数据产业、现代服务业、现代新型农业、高端装备制造业等产业实现快速发展。

以人民满意为目标，加速民生改善，群众生活更加幸福。城镇、农村常住居民人均可支配收入年均增长10.0%和11.5%。实施教育扶贫、医疗扶贫、就业扶贫等十项行动计划，花溪区大学生创业园成功创建为省级创业孵化基地、区返乡农民工创业示范园成功创建为市级农民工创业示范基地。新建改扩建幼儿园16个，实现每个乡（镇、社区）都有一所公办或普惠性幼儿园的目标；改扩建农村寄宿制学校11个，完成50所农村中小学食堂建设改造工程，完成溪南高中建设和青岩贵璜中学、青岩中心完小搬迁工程。完成54个村卫生室建设，改造4个乡（镇）卫生院、新建2个社区卫生服务中心、实施3个社区卫生服务中心标准化建设，区人民医院创建为二级甲等综合医院，区中医院创建为二级乙等中医医院，实现“五个全覆盖”。建成公租房（廉租房）2677套，完成棚户区改造10474户，建成安置房2640套。实施农村饮用水源工程，解决3万余人的饮水问题。鼓励发展居家养老，建成阳光社区居家养老服务支持中心，打造24个农村互助幸福院，全区养老机构达到46家。实现城乡统筹就业103346人，城乡居民基本养老保险覆盖率96.56%，农村新型合作医疗参合率98.6%。深入开展社会保障兜底扶贫行动，实现农村低保标准与扶贫标准“两线合一”。社会治理格局全方位构建，“一核多元、五力共治”模式列为全国社会治理创新最佳案例。推行“一合三定双平台”模式，建成区、乡、村三级群众工作网络，全区95%的社区建成群众满意的“新型社区·温馨家园”。深入推进信访维稳“一号工程”“两严一降”专项行动和禁毒人民战争，充分发挥“阳光工程”示范点作用，刑事发案数逐年下降，安全生产形势总体平稳，事故起数及死亡人数呈逐年下降趋势。国防、人防、国家安全、食品药品安全、审计、司法行政、民族宗教、移民、地方志、档案、侨务、对台、仲裁、气象、老龄、工青妇、关心下一代、慈善、残疾人、红十字、爱国卫生等事业取得显著成绩。

区政府加强自身建设。制定《贵阳市花溪国家城市湿地公园管理规定》《贵阳市青岩历史文化名镇保护管理办法》等地方性法规、规章70余件。坚持依法行政，接受人大法律监督、工作监督和政协民主监督，办理人大代表建议563件、政协委员提案297件，办复率100%。开展党的群众路线教育实践活动、“三严三实”专题教育和“两学一做”学习教育，加强政府廉洁建设，强化审

8月16日，区政府常务副区长洪兵赴高坡乡遍访帮扶低收入困难群众（王文娟 摄）

计监督和行政监察，纠正部门和行业不正之风，查处违纪违规案件400件421人。

2016年，实现"十三五"良好开局。全区生产总值增长11.7%，固定资产投资增长21.2%，社会消费品零售总额增长13.0%，一般公共预算收入增长19.94%。

花溪区政府在2016年抓大项目，筑牢发展基础。推进"八个一批"项目和"5个100"工程、文化旅游创新区"七大工程"等项目，完成总投资437.21亿元。完成天河潭大道、清溪路改扩建段、思杨路延伸段等项目35个，加快孟关现代商贸物流园、泰邦生物科技园、传化智能公路港等项目建设。配合花安高速、龙溪大道等外联路网建设，启动恒大花溪童世界、红岩水库、花石路等重点项目。

抓大数据，增强创新能力。实施大数据"五大示范工程"，探索"汽车网商+线下实体+文化+旅游"电子商务产业发展模式，加快花溪电子商务及服务外包产业园二、三期建设。大数据产业营业收入20亿元，签约建设呼叫席位7524席；建成农村电商便民服务点31个。城区光纤入户率90%，移动4G网络实现行政村全覆盖，为大数据在城市管理、智慧旅游、政务服务等方面的运用打下坚实基础。

抓大扶贫，拓宽致富渠道。按照大扶贫战略行动"五个高一格"的要求，坚持把产业扶贫作为扶贫开发的主抓手，依托久安茶叶示范园、青黔农旅示范园、燕马蔬菜保供示范园，带动周边农户4万余人发展茶叶、豇豆、香葱等特色产业。加快推进青、黔、高"溪南十锦"大扶贫农旅示范带建设，促进乡村旅游发展，辐射带动沿线群众增收致富。全区2435户5167人低收入困难户收入整体越过4300元。

突出抓大旅游，实现全域升级。围绕创建全域旅游先行示范区的目标，编制《花溪区全域旅游发展规划》。青岩古镇景区实施提升项目55个，创建AAAAA级景区进入现场检查阶段。改造提升天河潭景区、湿地公园、花溪公园，建成涵盖七大系统的青岩古镇旅游云平台，启动花溪区旅游运行监管及应急指挥平台大厅建设，承办2016中国青岩·古镇峰会、"大数据+旅游"产业高峰论坛。花溪区在全国全域旅游创建工作现场会上作交流发言。

突出抓大生态，守住两条底线。在守住发展底线的同时，坚守生态底线不动摇。按照全市打造"一河百山千园"自然生态体系的整体部署，启动花溪河生态环境综合治理工程，集中整治阿哈水库、花溪水库周边区域环境；完成天然林保护55.37万余亩和封山育林、人工造林5.3万余亩，城市景观绿化20万平方米；完成碧桂园1号公园、青岩古镇定广湖公园等49个公园建设。

突出抓大民生，提高幸福指数。全年民生支出21.21亿元，占公共财政预算支出的78.78%。除因规划调整导致"两馆一中心"建设项目未完成外，其它9件民生实事全部完成。通过国家义务教育发展基本均衡评估，新建改扩建幼儿园8所。全区27个乡（镇、社区）实现基本公共卫生服务全覆盖，完成城乡统筹就业2.35万人。城镇、农村常住居民人均可支配收入分别达到29007元、13526元。城市、农村低保标准分别提高636元、516元。推广社会治理新模式，群众安全感、幸福感进一步增强。

按照新的测评体系和分类口径，2016年在全省18个城区方阵中位列第5位，比上年上升9位（同口径）。（区政府办）

花溪年鉴 HUA XI YEARBOOK 2017

机构编制管理

【概况】 区编办按照创建工作关于建立旅游综合管理和执法体系"1+3"模式的要求，一方面研究、草拟花溪区综合旅游管理机构的设置方案，按程序上报，并协调省编委办、市编委办领导一行到花溪区开展旅游业发展情况的实地调研；另一方面配合区法院、区公安分局申报设置“花溪区旅游法庭”和“花溪区旅游警察大队”的方案。另外，研究草拟并上报区编委会议审定“花溪区旅游市场监管分局”的机构设置方案，在区城管执法大队设置旅游执法中队。6月下旬，市编委批准花溪区设立综合性旅游管理机构，即贵阳市花溪文化旅游创新区管理委员会，下设青岩景区管理处、区全域旅游数据中心两个正科级事业单位，并将贵阳市花溪国家城市湿地公园管理处（花溪公园管理处）、花溪区天河潭风景区管理处调整由旅管委管理。区旅游法庭、区旅游警察大队、区旅游市场监管分局、城管旅游执法中队相继挂牌设立，花溪区的旅游综合管理体系初步实现“1+N”模式的转变。

2016年，贵阳市作为中央编办确定的机构编制信息化建设试点城市，区编办重视推进信息化建设的相关工作。一是结合花溪实际研究草拟《花溪区机构编制信息化建设“筑云编制”推进工作方案（代拟稿）》，提交区编委会议讨论、区委领导审定后印发执行。二是开展全区行政事业单位机构编制审批文件的收集整理工作，并按照要求，完成对两区合并以来各单位“三定”方案及相关编制文件的数字化扫描，涉及文件千余份，分类整理9卷。三是筹备召开全区党政群事业“筑云编制”工作“三定”信息系统、权责清单管理系统的学习培训，完成“三定”信息系统录入审核396家，涉及机构编制文件千余份，完成权责清单录入5000余条。

为加强花溪区的妇幼保健和计划生育服务工作，提高出生人口素质、提升妇幼健康服务能力和妇女儿童健康水平，完善巩固卫计整合成果，区编办研究草拟《关于优化整合花溪区妇幼保健和计划生育技术服务资源有关机构编制事项的建议》，并报区编委、区委常会议研究同意。主要调整内容一是对区计划生育妇幼保健服务中心的更名、职责调整和内设机构的整合。二是对乡镇计生党政内设机构的调整和事业单位“卫生计生服务中心”的更名、职责调整和人员编制的整合。

结合工作实际，在与区工信局沟通协商的基础上，区编办研究草拟设立花溪区大数据局的建议方案，经区编委、区委常委会议研究，并报市编委同意，在区工业和信息化局加挂“区大数据发展局”牌子，负责加强以大数据为引领的信息产业行业管理，统筹推进全区社会经济各领域大数据的开发应用，并在原区工业和信息化局内设机构的基础上增设2个关于大数据发展与安全管理的科室，增设副局长1名，专门负责大数据发展相关工作。新设立“花溪区大数据产业发展服务中心”为花溪区工业和信息化局（花溪区大数据发展局）所属的股级事业单位，核定事业编制8名。

按照《中共贵州省委 贵州省人民政府关于坚决打赢扶贫攻坚战确保同步全面建成小康社会的决定》（黔党发［2015］21号）文件，为贯彻落实全市扶贫开发工作会议精神，着力创新扶贫开发工作机制，加强花溪区扶贫工作机构建设，区编办与区农业局、有关乡镇进行工作对接，草拟有关扶贫管理机构的机构设置方案，按程序报批。经过审核批复，花溪区在区农业局设立副科级的事业机构“花溪区扶贫开发服务中心”，在高坡乡、马铃乡设立股级事业机构“扶贫工作站”，在其他7个乡镇所属的农业服务中心加挂“扶贫工作站”牌子，并增加相应的关于扶贫开发的职能职责。

按照《花溪区机构编制委员会工作规则》的审批权限和工作程序，执行机构编制前置审核制度，一是筹备召开区编委会议，提交讨论有关机构编制事项，按程序报批。二是配合相关部门做好2016年市、县、乡三级机关面向社会公开招录公务员和人民警察、公开招聘事业单位工作人员、以及人才引进的相关工作。办理公务员、参公单位招录计划16名，公开招聘事业单位工作人员计划107名，高层次人才引进用编104名。三是按照机构编制管理的相关规定和程序，审核和办理机构编制事项，2016年办理人员调动用编审批100人、人员上编481人、下编394人，医保审核

16828人、话费补贴及奖金审核239人、晋级审核187人、车补审核935人、乡镇补贴审核1644人。四是完成机构编制年报统计工作，并根据市编委下达花溪区2014年底各类编制总量，核对全区各类机构编制数，在机构编制业务工作涉及机构和编制数变动的情况时，严格控制，确保按照下达总量时限只减不增。

根据区委、区政府的有关工作安排部署，区编委办与花溪区生态工业（石材）园区建设开发办公室对接和协调，拟定花溪区设立产业园区管委会的机构设置方案，将原“花溪区生态工业（石材）园区建设开发办公室”更名为“花溪区产业园区管理委员会”，作为区委、区政府管理的副县级事业单位，负责执行花溪区产业园区协调发展管理工作领导小组对全区产业园区建设和开发的决策部署，负责承办全区产业园区规划建设、招商引资、经济协作、投资服务等配套服务工作。区级成立由区相关职能部门组成的花溪区产业园区协调发展管理工作领导小组，作为全区产业园区建设和开发的决策机构，负责统一领导和综合协调产业园区建设、开发管理。领导小组下设办公室在“花溪区产业园区管理委员会”，负责区产业园区协调发展管理工作领导小组的日常事务。

为提升花溪区机构编制管理水平，区编委办收集整理汇编《机构编制管理工作宣传读本》，宣传机构编制法律法规，强化各党政机关、事业单位对机构编制管理工作、政策法规的认识，维护机构编制权威性、严肃性。贯彻执行中央、省、市关于严肃机构编制纪律的有关通知精神，向区级各部门转发贵阳市机构编制委员会《关于严肃机构编制纪律的通知》，增强花溪区机构编制法制化、规范化管理。利用公示栏、党务公开网等形式向干部群众公布机构编制违法违纪举报受理电话和网络，形成多方位、多层次齐抓共管的综合监督体系，接受社会各界对机构编制工作的监督。

区编办于2016年10月、11月开展《机构编制管理证》年审工作，对全区机关、事业单位的机构名称、机构级别、编制数额、领导职数情况、现有人员基本情况等信息进行全面的督查审核，保证机构编制信息的真实性和完整性。

2016年，按照省编委办《关于印发〈贵州省2016年控编减编等工作专项督查实施方案〉的通知》（黔编办字〔2016〕73号）文件要求，对照督查内容开展全区机构编制控编减编专项自查工作，拟写自查报告，总结工作中有效做法和存在的突出问题，提出解决的意见和建议，整理印证档案，做好实名制系统备份等工作，接受上级部门监督检查。2016年10月，花溪区行政单位不存在行政超编人员，事业单位现有编制数未突破省市下发事业编制总数。

根据市编委办《关于转发<阆中市编委核减“吃空饷”单位编制有关文件>的通知》（筑编办通〔2016〕22号）文件精神，区编办按照通知要求开展自查工作，先后对接人社、组织、财政等部门，梳理核查全区“吃空饷”情况。2016年，全区机关事业单位“吃空饷”问题集中治理工作涉及机关事业单位355家，涉及人数7404人，其中，行政单位50家，涉及1346人；事业单位305家，涉及6058人。经排查梳理，全区未发现单位或个人“吃空饷”的情况。

根据《贵州省机构编制委员会办公室关于转发〈关于对2013年度“12310”举报受理和案件查处工作进行统计汇总的函〉的通知》要求，区编办对花溪区2016年度“12310”举报受理和案件查处情况进行认真的统计核查。经统计，2016年，未接到任何举报件，未发生机构编制违纪违规案件。

根据贵州省财政厅、贵州省人事厅、贵州省机构编制委员会办公室关于转发《行政单位财政统一发放工资暂行办法》的通知精神，实行工资统发，促进编制与人员的实名制管理。区编办与人事、财政对全区行政机关及部分事业单位进行工资统发。2016年，统发工资单位480余家，统发人数9000余人。

2016年10月20日，全区登记管理事业单位法人总数187家（不含因乡镇计生卫生合并废止的18家事业单位法人）。其中，今年新增登记1家。2015年度应报送年度报告备案187家，实际完成187家，合格100%。办理事业单位法人变更登记60件。颁发统一社会信用代码后的《事业单位法人证书》187套。（区编委办）

【新设行政事业单位】

（一）行政单位

2016年8月，贵阳市花溪文化旅游创新区管理委员会为市委、市政府的派出机构，正县级，委托花溪区委、区政府管理。

（二）事业单位

1. 2016年1月，花溪区扶贫开发服务中心为花溪区农业局所属的副科级事业单位。

2. 2016年8月，花溪区青岩景区管理处为贵阳市花溪文化旅游创新区管理委员会所属的正科级事业单位。

3. 2016年8月，花溪区全域旅游数据中心为贵阳市花溪文化旅游创新区管理委员会所属的正科级事业单位。

4. 2016年9月，花溪区大数据产业发展服务中心为花溪区工业和信息化局（花溪区大数据发展局）所属的股级事业单位。（区编委办）

政务服务

【概况】 2016年，政务大厅各窗口部门受理行政审批服务事项43046件，办结43046件，办结率100%。政务大厅展示良好窗口形象，架起党委政府与群众密切联系的桥梁纽带，得到社会各界的好评，收到群众和企业的表扬信50封、锦旗21面。先后被市、区授予“巾帼文明岗”称号。

（区政务服务中心）

【行政审批制度改革】 2016年，全区具有行政审批及相关事项的职能部门有27家，其中进驻政务大厅的部门有19家，有7个部门设有自办业务大厅（区公安分局、区地税局、区国税局、区财政局、区残联、区人力资源和社会保障局、区档案局）。区规划分局作为联络制单位。进驻政务大厅还有便民服务企业3家（贵州广电网络花溪分公司、打字复印公司、贵阳银行二手房资金交易监管窗口）。

区政务服务中心实行“一个窗口受理、一个窗口办结”的运行模式，将“部门进驻充分授权”纳入对进驻部门年终目标考核重点，督促各部门行政审批管理服务事项进驻政务大厅集中受理和办理，解决群众“多头跑、无处找、门难进、脸难看、事难办”的问题。

对行政审批事项的办理时限进行压缩，提高办事效率。区市场监督管理局窗口推行“五证合一、一照一码”登记制度后，新企业登记只需通过“一份表格、一套材料”，即可将原来由工商部门核发工商营业执照、质监部门核发组织机构代码证及税务部门核发税务登记证、统计部门核发的统计登记证、社保部门核发的社会保险证，改为仅由区市场监督管理局窗口部门一家核发一个加载法人和其他组织统一社会信用代码的营业执照，实现改革以前办事群众需跑多个部门，重复递交申请材料，办多个证件的繁琐审批模式向区政务大厅市场监督管理局窗口“一次申请、一窗受理、一证通用”的快捷审批模式转变，简化手续，提高办事效率。

花溪区按照上级统一安排和要求，关闭自行开发的“花溪区行政审批系统”、“花溪区电子监察系统”、花溪区政务服务中心门户网站。规范和完善部门的网上办事大厅建设，推进乡镇、社区、村（居）网上办事大厅建设。统一使用省政务中心统一开发的贵州行政审批平台，完善系统平台的办事流程，开通网上申报、网上审批，规范审批行为，利用全省“一张网，一平台”（贵州省网上办事大厅、贵州省行政审批系统平台）办理行政审批业务。2016 年 5 月，行政审批系统数据库整体搬迁至“云上贵州”，同时办理的行政审批系统数据实时上传至“云上贵州”系统平台数据库。

区政务中心围绕群众和企业的需求，优化服务，逐步实现“四个转变”。

一是由原来的“受理、承办、审核、批准、办结”五个环节简化为“受理、审批”两个环节。对行政审批事项的办理时限进行压缩，逐步实现由“慢”向“快”转变，不断提高审批效率和服务水平。如区市场监管局窗口办理“企业名称预先核准”，原来需要 3 个工作日，现在资料完备 30 分钟即可办理完毕。

二是逐步实现由“被动办”向“主动办”的转变。强化便民服务职能。改变周五下午关门搞学习的方式。中心每周五下午向办事群众开放办公，学习时间调整为下午下班时间，回单位报件时间也调整为窗口工作人员休息时间。组织住建、工商、民政、计生等窗口工作人员针对“老、弱、病、残”等特殊群体，在大厅各窗口开辟“绿色通道”，做到即来即办，特事特办，提升便民服务人性化水平。

三是针对“偏远乡镇群众办事不方便”的问题，将服务下沉，建立“群众动嘴、干部跑腿、有事找代理”的工作机制。将老年证、残疾证等事项列为代理范围，由村干部、社区网格员为群众代办，逐步实现政务服务向基层的延伸。

四是各相关部门、乡（镇）、社区、村（居）统一利用贵州省网上办事大厅、贵州省行政审批系统平台办理行政审批业务，开通网上申报、网上审批，逐步实现“群众往返跑”向“数据网上跑”的转变。

（区政务服务中心）

档案工作

【概况】 2016 年，区档案局接收档案 1179 卷，5541 件，全馆档案藏量达 39852 卷（册），140803 件；声像档案 223 张，照片档案 10786 张，印章档案 832 枚。其中国家重点档案 7314 卷。全年接待查阅档案（文件资料）利用者 1648 人（次），提供利用档案资料 1842 卷（件、册），复印档案资料 2158 页。

（刘　婷）

【精准扶贫档案工作】 按照贵州省扶贫办、贵州省档案局《关于推进精准扶贫档案工作的实施意见》和《贵州省精准扶贫档案管理办法》以及贵阳市扶贫开发办公室、贵阳市档案局《关于印发＜贵阳市精准扶贫档案工作实施方案＞的通知》（筑档通〔2016〕2 号）文件精神，花溪区扶贫开发办公室和花溪区档案局联合印发《花溪区精准扶贫档案工作实施方案》，强化精准扶贫档案工作管理，建立精准扶贫档案工作体制，完善档案工作网络。2016 年，以马铃乡作为全区精准扶贫档

10 月 27 日，区档案局到石板镇开展村级换届档案培训（区档案局 供稿）

案工作试点，对档案的收集、整理及归档工作进行指导，完成马铃乡2014年和2015年精准扶贫档案市级验收工作。（刘　婷）

【重点档案抢救和保护】　2016年，对馆藏民国档案900卷摸底、清查，对卷内邮票、印花税票、徽章、照片、信封等珍贵的实物档案以及破损、脱页、霉烂、粉化、虫蛀的章页逐一登记，更换破损档案装具盒。录入案卷级目录900条，文件级目录24679条，全文数字化56741页，建立民国档案专项数据库和检索工具，采用光盘等存储介质对数字化扫描的民国档案进行异地备份。

（刘　婷）

【村级换届档案管理】　结合花溪区第十届村（居）党组织换届工作，区档案局制定下发《关于花溪区村（居）委会换届期间加强档案管理工作的通知》（花档通〔2016〕1号），加强对村（居）级档案工作的督查。同时，安排业务人员到石板镇开展村（居）两委换届选举档案管理专题培训，就换届前的准备工作、换届资料的收集整理以及文书档案的收集进行培训，确保村（居）级档案的延续性和完整性。（刘　婷）

【撤并单位档案业务指导】　根据《关于花溪区人民政府职能转变和机构改革的实施意见》文件精神，按照撤并单位档案接收标准对原工商局、原质监局、原计生局、原卫生局、原工信科技局五家撤并单位的档案工作进行业务指导。2016年，完成原卫生局、原计生局、关煤办3228卷，8001件档案接收进馆工作。（刘　婷）

【馆藏民生档案数字化】　2016年，花溪区档案局加快推进馆藏民生档案数字化建设工作，完成馆藏婚姻、土地延包民生档案的全文数字化工作，录入文件级目录3295条，全文数字化2904卷354107页。

（刘　婷）

信　访

【信访维稳】　区委常委会、区长办公会定期听取"一号工程"（信访）工作推进情况汇报，对工作进行安排部署，确保组织领导到位。经开区党工委书记、花溪区委书记钟阳，区委副书记、区政府区长梅俊，区委副书记秦建军，区委常委、区委政法委书记宋力，区政府副区长马彪等领导定期主持召开信访工作专题会议，研究讨论信访工作形势，对工作中存在的问题落实解决措施，在全国"两会"、党的全会等重大活动期间，区委、区政府主要领导、分管领导靠前指挥，对信访维稳专班工作亲临现场进行调度，对重大疑难案件亲自调解，对重点人员和重要群体的稳控工作亲自过问，推动各级各部门党政"一把手""第一责任"的落实。各乡（镇）、社区、区直各部门按照区委、区政府的安排部署，"一把手"定期主持召开专题会议，研究解决本地区、本行业的疑难突出信访问题，深入一线，解决处置各类应急突发信访事件，形成齐抓共管的工作格局。

2016年，花溪区的信访工作形势好转，进京访、到省访、到市访同比下降幅度明显，到区访保持在正常水平，越级访治理工作取得可喜成绩。2016年进京非访为零，2015年同期为5批次；进京越级访8批次，与2015年持平；到省访总量为57批次，比上年下降53.3%，其中到省集体访12批次，比上年下降7.7%；到市访总量为38批次，比上年下降47.9%，其中到市集体访11批次，比上年下降8.3%。

区群工中心2016年的工作主要以减少进京非访和进京越级访风险为目标，在信访积案的化解工作上下功夫，通过政策法规宣传、思想疏导、现场调处等形式，上门与信访人沟通，将积案化解在基层。采取多方联动的方式，利用上级和区级信访救助资金、募集和谐花溪促进会等社会帮扶资金，化解刁三妹、韩澄、龙超成、肖朝富等一批“骨头案”“钉子案”，减少信访积案存量。

2016年，花溪区围绕“一号工程”这条主线，以“事要解决”为目标，对省、市集中交办的信访案件均按照“七个一”的工作要求，明确县级包保领导，制定化解工作方案，落实化解工作措施，采取专题研究、协调联动、集中攻坚、加强调度等办法，全年省、市集中交办的48件“一号工程”案件（其中“百日攻坚战”案件第一季度18件、第二季度11件、第三季度13件；市领导包保督办案件第一、二季度4件，第三、四季度2件）在县级包案领导的亲自研究、亲自安排、亲自督促、亲自调处下，通过责任单位的共同努力，全部化解（办结），实现市委提出的“两个百分之百”的目标。

按照省、市对县级领导接访工作的安排部署，花溪区在每个工作日安排1名县级领导在区群工中心接访（特殊敏感时期节假日不休，每天安排2名）的同时，把疑难案件和民生案件作为县级领导接访的重点，注重解决群众反映强烈的热点问题和民生问题，全区县级领导接待来访群众达13批26人次，解决群众来访反映的问题13个，有效地将来访群众吸附在辖区内，避免越级访等问题的发生。（区信访局）

【创新信访改革】 针对2016年在全区推进文化旅游创新区和全域旅游先行示范区建设，出现信访问题多、矛盾纠纷频发的特点，开展以治理进京访（进京非访、进京越级访、进京正常访）、治理群访（赴省群访、到市群访、到区群访）、治理重复访和治理缠访闹访为主要内容的信访工作“四治活动”。活动以2015年信访量为参数，明确各责任单位控制目标，通过压实基层工作责任，使全区越级访问题得到控制。另一方面，以引入第三方疏导机制和设立县级领导接访室为突破口，规范信访工作秩序。在引入第三方疏导机制上，区信访局与区司法局和贵州黔鹰律师事务所协商，在区群工中心接访大厅设立法律服务工作室，由律师事务所安排律师到工作室参与来访群众的接待，引导涉法涉诉问题通过法定渠道解决。

为落实工作责任，确保一级抓一级、层层抓落实工作局面的形成，花溪区在特殊敏感时期，从区委群工委、区维稳办、区群工中心等单位抽调人员组成督查组，对各乡（镇、社区）重点人员的稳控等情况，深入实地开展督导检查。同时安排专人，在“一号工程”、“百日攻坚战”等重要案件的化解上采取电话询问的方式，督导检查案件的化解工作。区群工中心以区委、区政府的名义，由主要领导和分管领导带队，深入责任单位，对案件的化解工作推动情况进行督导检查，确保责任落实到位，防止案件久拖不决。（区信访局）

机关事务

【概况】 2016年，区机关事务局主要承担区行政办公中心范围内的园林管护、卫生保洁、警卫安全、消防安全、公共设施设备的维修和维护工作。对行政中心供配电系统、消防系统、排水系统等9大系统进行设施安全检查，排除隐患，确保系统正常运转。全年，完成区委、政府、人大、政协等各种大、中、小会议400余场，保障6个公共会议室（行政中心大礼堂、A224、B223、C301、C307会议室和常委会会议室）的持续正常运转和高效服务，完成花溪区创建国家全域旅游先行示范区誓师动员大会筹备会、花溪区第三次全国农业普查会议、花溪区2016年区乡人大换届选举等会议筹备工作。

按照全区公共机构人均综合能耗、人均水耗比上年下降2.0%，单位建筑面积能耗比上年下降1.6%和实施公共结构节能技改项目不少于3项的节能目标要求，通过组织实施开展工作，实现全区人均综合能耗、人均水耗和单位建筑面积能耗从2015年的66.04、12.96和3.5分别下降至56.19、12.69和3.44，下降率分别达到14%、2.1%和1.7%，还牵头在花溪区实施6个公共机构节能技改项目，总投资 47.92 万元，完成年度目标任务 166%。

根据中央、省、市公务用车制度改革的精神，完成行政参公单位车辆《花溪区公车改革二手车鉴定评估机构服务单位采购项目》和《花溪区公车改革拍卖服务单位采购项目》两大项目采购招标工作以及车辆的评估、保留车辆标识化张贴和车辆后续拍卖报废工作。

全年，完成车辆保障中心的驾驶员招聘、招考、和岗前培训工作，对保障车辆全部进行安全排查、维修。严格派车制度，对出行车辆、油耗、公里数进行严格登记，对领导重大接待、调研用车给予保障。完成区、乡、镇和村级换届、苗族“四月八”“数据博览会”大型活动等保障用车工作，全年无安全事故发生。

全年，花溪区有 8 家单位参与生态文明机关创建，根据各单位创建工作实际情况，有 2 家申评四星，4 家申评三星，2 家申评二星。经过三年的创建工作，花溪区 89 家单位已有 87 家成功创建，创建达标率为 97.8%。（区机关事务局）

（责任编辑　周年辉）

政协花溪区委员会

花溪年鉴
2017HUA XI YEARBOOK

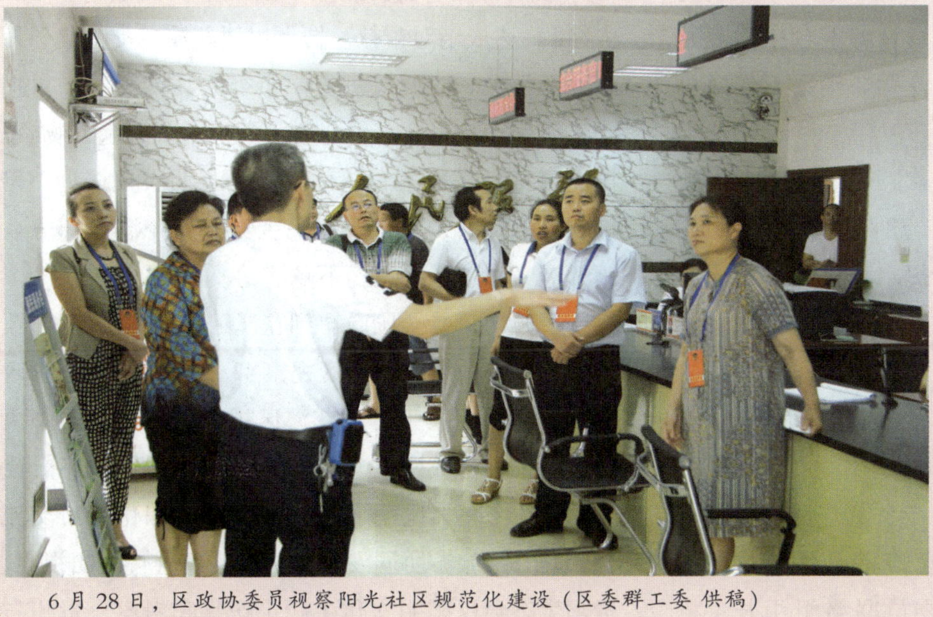

6月28日，区政协委员视察阳光社区规范化建设（区委群工委 供稿）

综述

【概况】 2016年，区政协召开全体会议1次，常委会议6次，主席会议21次，党政联席会6次，党组扩大会1次。九届六次全会审议通过政协花溪区第九届委员会常务委员会工作报告和提案工作情况报告，并向大会提交发言材料28篇，提出工作建议90余条。

区政协党组开展"两学一做"学习教育，结合实际研究制定《中共花溪区政协党组关于在政协全体党员中开展"学党章党规、学系列讲话，做合格党员"学习教育实施方案》和责任分解表、学习计划，开展党组中心组经常性学习培训、手抄党章100天、"两学一做"手机APP平台学习、党员领导干部党课宣讲、重温入党誓词等活动。

区政协组织开展专项视察活动6次，内容有：关于对花溪区社区规范化建设情况的视察，关于对花溪区农村电子商务建设情况的视察，关于对贵阳闽达钢铁有限公司和贵州中意食品有限公司的视察，关于对久安乡"茫父"建设工作情况的视察，关于对"周钟瑄文化交流中心"建设及陈列布展有关情况的视察，关于对花溪区乡村旅游农家乐发展情况的视察，关于对花溪区农村教育资源整合中撤点并校现状的视察。形成视察报告5篇，提出工作建议36条。

组织开展专题调研活动3次，一是关于九届政协重点提案办理"书香花溪"建设情况的专题调研；二是关于对高坡乡苦蒿冲提水工程建设情况的专题调研；三是关于对花溪区社区卫生服务中心建设情况的专题调研。向区委、区政府报送调研报告3份，提出建议20余条，为区委、区政府科学决策、民主决策提供参考。

安排部署政协委员进社区（乡镇）活动的相关工作，出台《实施方案》，组建27个政协委员联络组，任命社区（乡镇）政协委员联络组组长。将294名区政协委员和25名驻区市政协委员安排在27个社区（乡镇）开展活动。全年，区政协组织协调委员联络组视察调研活动30余次，提出工作建议40余条。

区政协主席及各位副主席继续参与全区重大项目建设、文化旅游创新指挥部及各个区域指挥部相关工作和"两周"文化交流中心项目建设等工作。组织政协委员，对全区重大建设项目调研。

区政协领导班子成员参加县级领导干部大接访活动，倾听百姓呼声，疏解百姓情绪，维护百姓利益。参加县级领导干部联系社区活动，帮助基层和群众解决实际问题。参加县级领导平安创建联系乡（镇、社区）包保活动，为各乡（镇、社区）社会治安综合治理工作建言献策。参加全区"两严一降"工作，为建设平安花溪献计出力。

区政协开展遍访帮扶低收入困难户、智力支边、助学支教、节日慰问等社会服务工作。2016年，拨付帮扶资金18.32万元，其中帮扶区政协主席、副主席所联系乡镇、社区扶贫专项经费17万元；帮扶低收入困难户1.32万元；选派机关干部到石板镇山村开展同步小康驻村工作，协调工作经费、帮扶资金3.2万元。协调民建贵阳市委与20名贫困大学生（帮扶资金3000元/人/年）达成结对帮扶。协调爱心人士分别与5名贫困大学生（帮扶资金5000元/人/年）达成结对帮扶。协调民建花溪总支筹集7万余元助学金。协调民进贵阳市委为马铃乡谷增村捐赠1万余元物资、马铃谷增小学捐赠2万余元物资。协同市工商联和区农业部门开展2期农技培训，培训农户160余人次。协调民主党派到花溪区部分乡镇开展义诊及送医送药下乡活动。

区政协接待全国政协到花溪区视察1次；外省、市、县兄弟政协到花溪区视察41次。完成原全国政协副主席钱运录一行到花溪区视察调研、台盟中央考察、云南省政协2016年滇黔桂政协主席联席会代表团一行考察，昆明、南宁市政协"深化三市交流合作，共推旅游协同发展"主席联席会代表团视察、贵阳生态会议阳明文化主题论坛嘉宾考察、贵州省政协新闻采访团调研采访，省、市政协领导到花溪视察、调研等的接待工作。先后接待湖北省政协、浙江省政协等十三省市政协等来花溪考察交流。同时，按照省政协要求，区政协还参加全国政协培训中心举办的专业知识学习培训。

区政协《花溪政协志》（2003－2016年）修编工作，拨出专款、成立机构、制定方案，组织政协机关广大干部职工和离退休干部参加修志，现已出版发行。

配合贵州省政协开展“文化资本环境现状调研”相关资料收集工作，配合贵阳市政协做好《贵阳医药卫生发展历程》一书花溪区的征稿工作。按照贵阳市《百科全书》编委会的工作安排，由花溪区承担的工作有序推进。为区委、区政府查找、提供“高原明珠”来历、历史人物吴中蕃等有关资料。配合做好区委宣传部开展的“纪念红军长征胜利80周年活动”的有关工作。协助久安乡做好深度挖掘“茫父”文化，推动久安茶旅一体化发展。

区政协利用电视、报刊、书籍、网络等媒体优势，拓展宣传渠道、加大宣传力度，为政协工作营造良好的舆论环境。为加大花溪区政协宣传力度，及时反映花溪区政协工作情况，2016年，在《贵州政协报》发表稿件5篇，其中，《在建设文化旅游创新区中显身手》在头版头条刊登，《见前瞻之言，献睿智之策》在二版头条刊登。加强与《贵阳日报》联系，为黔陶乡骑龙村的乡村发展、久安乡挖掘“茫父”文化等进行广泛宣传。全会期间，编印出版《政协委员学习手册》第十八集，为委员自学提供资料参考；编发《参政议政》专刊1期，宣传政协履行职能的成果和经验。区新闻信息中心刊播政协工作新闻60余条，区政协办公室编发《政协简报》35期。（郭霞　王茜）

【政协花溪区第九届委员会常务委员名录】

谌业华　孙　剑　张朝洲　李　莎
李　瑾　何　勇　邹吉鸿　吴　硕
池晓静　王家才　廖俊文　蒙秉中
陈天耀　朱恒锋　师予华　盛亚平
李　琛　曾志云　卢云辉　徐国霞
练余天　释祖传　邹　霞　杨正德
崔进平　曾佑华　谢　远　谢湛馨
潘　军　戴吉洪　黄　伟　袁　洁
孔恩兴　何　禯　周　海　周红静
王晓宇　曾少海　项彦丽　徐　辉
何　江　邓怀中　喻　明

（郭霞　王茜）

【政协花溪区第九届委员会第六次会议】 政协花溪区第九届委员会第六次全体会议于2016年2月19日至22日在花溪行政中心举行。出席委员295人，列席67人，特邀49人。

会议审议并同意谌业华主席代表政协花溪区第九届委员会常务委员会所作的工作报告，审议并同意李瑾副主席代表政协花溪区第九届委员会所作的九届五次会议以来提案工作情况的报告。经开区党工委书记、花溪区委书记钟阳在开幕式上作重要讲话。会议期间，委员们列席区十六届人大六次会议，听取并讨论梅俊代区长所作的《政府工作报告》及其他有关报告。委员进行大会发言，区委、区政府领导听取委员发言，区委主要领导亲自审阅发言材料。

会议审议通过九届政协六次会议决议。

（郭霞　王茜）

【委员提案办理】 九届六次会议期间，区政协提案法制委收到提案60件，经审议立案58件，不予立案2件。在承办的58件提案中按内容分类，属交通建设管理19件、城市建设管理19件、教育6件、文化、旅游、体育7件、经济建设2件、生态文明建设5件。区政协从中挑选2件作为主席会副主席领衔督办提案、5件作为专委会跟踪督办提案，分别由主席、副主席和5个专委会进行跟踪督办，确保提案办理取得实效。区政协为加强提案督办力度，组织召开由区政协、提案人、提案承办单位、区法制办共同参加的提案办理协商座谈会，对主席会督办提案和部分重点提案办理情况进行面对面协商，推动提案办理工作质量的提高，得到各方高度评价。在区委、区政府的高度重视和区政协的推动下，经过各承办单位的共同努力，58 件提案全部办理答复完毕，提案办复率 100%，委员满意率 100%。此外，区政协还畅通社情民意渠道，2016 年收到社情民意 21 件，区政协进行梳理汇总，作为《社情与民意》信息报送区委、区政府领导，为区委、区政府了解社情民意提供参考。（曾少海　王茜）

政协常委会议

【政协九届第 25 次常委会】　政协九届第 25 次常委会于 2016 年 1 月 22 日召开。会议审议通过政协花溪区第九届委员会常务委员会工作报告（草案）、政协花溪区第九届委员会关于九届五次会议以来提案工作情况的报告（草案），并同意提交政协花溪区第九届委员会第六次会议审议。

会议通过政协花溪区第九届委员会第六次会议于 2016 年 2 月 16 日 –19 日（星期二至星期五）召开，会期四天。审议通过政协花溪区第九届委员会第六次会议议程（草案）、日程（草案）等相关事宜。

会议通过举手表决的方式，通过关于 2011 – 2015 年度优秀提案（10 件）、提案承办先进单位（5 个）和优秀政协委员（20 名）推荐名单。书面听取区人民政府关于区政协九届五次会议以来提案办理情况。（赵欣　车荣　王茜）

【政协九届第 26 次常委会议】　政协九届第 26 次常委会于 2 月 21 日召开。会议听取讨论经开区党工委书记、中共花溪区委书记钟阳讲话精神情况汇报和听取讨论政协花溪区第九届委员会常务委员会工作报告和提案工作情况报告的情况汇报。会议建议：报告中增加经开区的例子；对 2016 年协商民主工作进一步细化；进一步发挥社区（乡镇）政协委员联络组作用；加深政协提案的广度，加大提案督办力度；加大精准扶贫和智力支边工作力度。

会议审议通过政协花溪区第九届委员会第六次会议提案审查情况报告（草案），同意提交委员讨论。

会议审议通过政协花溪区第九届委员会第六次会议决议（草案），同意提交委员讨论。

（赵欣　车荣　王茜）

【政协九届第 27 次常委会议】　政协九届第 27 次常委会于 2 月 22 日召开。会议听取讨论政协花溪区第九届委员会第六次会议提案审查（草案）的情况汇报，并同意将政协花溪区第九届委员会第六次会议提案审查情况报告（草案）提交大会通过。

听取讨论政协花溪区第九届委员会第六次会议决议（草案）的情况汇报，同意将政协花溪区第九届委员会第六次会议决议（草案）提交大会通过。

听取讨论花溪区人民政府工作报告、花溪区 2015 年国民经济和社会发展计划执行情况及 2016 年计划草案报告、花溪区 2015 年综合财政预算执行情况及 2016 年本级综合财政预算草案的报告、花溪区“十三五”规划纲要（草案）、区人民法院工作情况报告和区人民检察院工作报告的情况汇报。

（赵欣　车荣　王茜）

【政协九届第 28 次常委会议】　政协九届第 28 次常委会于 7 月 22 日召开。会议审议撤销刘涛政协花溪区第九届委员会委员资格的决定。会议根据区纪委关于对刘涛违纪情况通报及 6 月 27 日对刘涛典型案件的通报，依据《中国人民政治协商会议章程》第一章第二十九条规定，经 7 月 4 日第 78 次主席会研究，以举手表决的方式，一致同意撤销刘涛政协花溪区第九届委员会委员资格，待十届全会上确认。

会议审议暂停徐洋（女）政协花溪区第九届委员会委员资格的决定。会议根据 2016 年 6 月 22 日区人民检察院关于对徐洋违法情况通报，依据《中国人民政治协商会议章程》第一章第二十九条规定，经7月4日第78次主席会研究，以举手表决的方式，一致同意暂停徐洋政协花溪区第九届委员会委员资格。

会议听取审议花溪区人民政府上半年经济运行情况报告；听取创建花溪区全域旅游示范工作进展情况报告。（赵欣　车荣　王茜）

【政协九届第29次常委会议】　政协九届第29次常委会于10月31日召开，会议讨论审议《花溪区政协志》(2003－2016）（送审稿）；讨论政协九届委员会常务委员会工作报告（初稿）；讨论政协九届委员会常务委员会提案工作报告（初稿）。（赵欣　车荣　王茜）

【政协九届第30次常委会议】　政协九届第30次常委会于12月15日召开。会议审议同意政协花溪区第十届委员会第一次会议筹备方案及审议大会秘书处机构设置和工作职责（草案）；

会议听取区委统战部关于政协花溪区第十届委员会政协委员协商情况说明；

会议通过举手表决的方式，通过政协花溪区第十届委员会第一次会议于2017年1月4日－8日（星期三至星期日）召开，会期五天。

会议审议通过政协花溪区第十届委员会第一次会议议程（草案)；日程（草案)；主席团成员名单（草案)；常务主席名单（草案)。

会议审议通过政协花溪区第九届委员会常务委员会工作报告（草案）和提案工作情况报告（草案)。（赵欣　车荣　王茜）

政协调研建议

【提案法制委员会调研建议】　对“书香·花溪”建设情况调研的工作建议：1. 可依托农家书屋、乡（镇)、社区电子阅览室、中心完小图书室、高校、流动书屋、网吧等阵地延伸服务区域，扩大服务人群。2. 要做到科学规划、合理布局，启动花溪区公共图书馆建设和加快社区图书馆的建设步伐。3. 增加馆藏数量、优化馆藏结构，以逐步满足市民的阅读需求。转变服务理念、创新服务方式，让图书馆成为“读书馆”，打造“城镇客厅”——公共图书馆。4. 加大经费投入，根据贵州省最低标准为人均图书0.5册和《公共图书馆服务规范》年人均最低新增图书0.06册等要求，花溪区现阶段每年至少需投入130万元。5. 增加人员编制，加快图书专业人才队伍建设。（曾少海）

【经济科技委员会视察建议】　对花溪农村电子商务建设情况视察的工作建议：一、农业、工信、旅游等相关部门要密切配合，探索家庭自营、农村合作社联营、企业带动经营等模式。1. 加强特色农特产品的开发。2. 对农家乐、特色乡村游、休闲运动、文化考古等优势旅游资源进行必要的包装，进行分类组合，集中推荐。3. 拓展新的领域和空间，挖掘更多的产品种类。二、要整合全区各部门的资源，鼓励企业创品牌，多渠道帮助企业推广品牌，加快形成品质优、品种丰、品牌强的花溪农特产品供给体系上线销售。三、开展大众创业万众创新。降低电子商务准入门槛，鼓励更多的农村有志青年通过网店形式投资创业。四、按全省抱团发展，统一打造“贵农网”品牌的意见，研究如何与“贵电商”、“贵农网”相融合的政策。五、加强物流体系建设，解决物流的“最后一公里”问题。六、加强农村电子商务的监管，建立健全管理制度。聘请专业人士进行电子商务相关知识辅导培训。（田为民）

【文史宣传学习委员会调研建议】　对久安乡“茫父文化”建设情况视察的工作建议：1. 久安乡产业发展规划，不仅要有茶产业发展项目板块，还要有“茫父”文化建设项目板块，让茶产业与“茫父文化”相互融合，相互包容，相互发展。2.

将相关资料进行系统归档、整理，作为花溪文史资料编辑出版，加大“茫父文化”的推介。3. 邀请专业团队制作久安乡的对外宣传短片，制作专门网站，宣传久安产业转型历程、“茫父”文化挖掘等内容，使更多人了解久安，参与久安建设。4. 举办纪念茫父诞辰140周年活动，要以“文化立乡、产业强乡、旅游兴乡”的发展思路，以“文化立乡”为根本，依托“茫父”文化组织开展。5. 成立“花溪区乡贤文化研究会”，梳理花溪乡贤名人，开展研究工作。在久安成立“茫父文化研究中心”。6. 在茫父故里久安乡修建乡贤文化交流中心，对姚茫父先生事迹、故事、成就、精神等内容展现，让更多的人学习乡贤文化，激励后人。

（郭　霞）

【教文卫体委员会调研建议】 社区卫生服务中心建设情况调研的工作建议：1. 加快完成9个乡镇卫生院标准化建设全覆盖，居民健康卡和校医全覆盖。2. 推进分级诊疗。建立“基层首诊、双向转诊、急慢分治、上下联动”的就医制度，形成“首诊在基层，大病不出区，康复回社区”的就医格局。3. 推进全科医生综合改革。加强全科医生团队能力建设，加大全科医生培养，确保“十三五”期间实现每万居民有2名以上全科医生。4. 提高医疗服务水平。建立医师多点执业机制，提高社区基层医疗机构服务水平。杜绝医疗机构滥用抗菌药物、过度医疗、重复检查等行为。5. 加强医疗卫生人才培养。完善医学人才院校教育和继续教育相衔接的综合培养体系。多措并举帮扶和指导基层医疗卫生机构。6. 夯实公共卫生服务。完善基本公共卫生服务项目考核办法，推进公共卫生服务全方位综合信息化健康管理。（项彦丽）

【人口资源与环境委员会调研建议】 高坡乡苦蒿冲提水工程建设调研的工作建议：1. 区水务部门和高坡乡政府要将该项目建设纳入重要的议事日程，明确责任人，确保出问题时第一时间解决。2. 加强宣传，提高村民爱护水源，主动参与水源保护，了解苦蒿冲提水项目建设的意义和作用。3. 区水务部门要明确专业人员在项目建设现场跟踪监督，确保项目按设计要求施工。4. 高坡乡及区水务、财政、监察、审记等相关部门应尽快召开项目会、专题会或联席会，确保项目顺利推进。5. 通过培训现有工作岗位上的水务工作人员和从水务专业学校引进人才充实到乡镇，抓水务相关工作。6. 强化项目建管并重，保证项目运行有效不脱节。

（欧阳桂枝）

（责任编辑　周年辉）

民主党派

花溪年鉴
2017HUA XI YEARBOOK

5月9日，中国民主促进会花溪支部会员到久安乡协助茫父历史文化资料搜集(项彦丽 供稿)

中国国民党革命委员会花溪支部

【概况】 2016年5月20日，民革花溪支部完成换届工作。选举产生的新一届支部委员会，由周明任主委，滕晓君任副主委，姜霖任组织委员、杨艳任宣传委员，田毅任联络委员。2016年8月，民革贵阳市第七次代表大会召开，花溪支部党员杨艳在纪念民革贵州省委成立60周年之际，被评为民革贵州省委优秀党员。清明节期间，花溪民革支部联合民革五支部开展“清明节祭扫烈士墓”的活动，在革命烈士戴安澜将军墓前进行缅怀活动。2016年6月1日，贵阳市政协副主席、民革贵阳市委主委殷勤，花溪区政协副主席李莎，花溪民革支部部分党员在海洋学校开展“同心同行，手拉手，心连心”庆“六一”联谊活动。完成《加大基层卫生医疗服务体系建设》调研报告。12月，6名党员当选政协花溪区第十届委员会委员。

（区委统战部）

中国国民党革命委员会小河支部

【概况】 2016年，在民革贵阳市委会的领导下，民革小河支部完成换届选举工作，由屠志微任主委，余丽莉任副主委，刘杰任组织委员、高照乾任宣传委员、谢大春任联络委员。吸收三名新党员。2016年9月，支部党员付殿君带领樱花培训学校的学生在小河海纳广场举行儿童画义卖活动，义卖所得款项全部用于献爱心，为农民工子女学校的学生购买暖手宝。2016年9月，开展中秋、国庆节、教师节、老年节四节同庆活动。完成《探讨新形式下教师队伍的建设》调研报告。12月，4名党员当选政协花溪区第十届委员会委员。

（区委统战部）

中国民主同盟花溪总支

【概况】 2016年1月，民盟花溪总支成员参与区人大和政协有关会议，并在区政协会议上提交《花溪校园周边交通安全思考》的提案。民盟花溪总支加强自身建设，着力提高盟员整体素质。4月，选派孙孔华赴江西井冈山参加为期一周的学习培训。6月，选派总支委员舒芸参加盟省委组织的全省优秀盟员骨干培训。开展组织生活，加强沟通与交流。3月，组织总支近20余人前往久安乡茶叶生态园进行实地调研考察。5月23日，组织盟员到盟市委参加“学帮带”活动。9月8日，时值教师节来临之际，组织盟员开展组织生活暨教师节活动，进行课题调研。10月16日，总支主委孙孔华、副主委龙怀安一行四人利用休息时间到石板镇镇山村实地走访调研，并在两会上以提案的方式提出发现的问题。加强民盟队伍建设，5月，民盟花溪总支班子进行届中调整，由孙孔华任主委，龙怀安和喻明任副主委，罗锦国任组织委员，何林任宣传委员，舒云和许岚任支委。12月，1名盟员当选花溪区第十七届人大代表，3名盟员当选政协花溪区第十届委员会委员。

（区委统战部）

中国民主建国会花溪总支

【概况】 2016年10月，民建原小河区支部、原矿山机械厂支部、原轴承厂支部正式并入花溪总支，分别为花溪总支四、五、六支部，现有会员180人。2016年10月14日，召开会员代表换届大会，产生民建花溪区第二届总支委员会，练余天任主委，肖莎、赵杰任副主委，侯忠、董宁、陈荣林、崔燕清、李祖辉、唐永洁任支委，完成换届政治交接工作。

同时，发展新会员6人，推荐8名会员担任区政协委员。提交政协提案和人大批评建议6件，提交委员大会发言2份，反映社情民意和批评建议7件。完成《关于搞好扶贫攻坚建议》调研报告，理论学习政论文章4份。做好帮村扶贫工作，投入资金3万元，慰问贫困户14户。继续做好8名贫困学生助学工作，协调市支边办、贵安新区相关部门、致公党花溪支部、区民政、民宗、工会、残联等相关部门、会员及会员企业的支持，投入助学资金6.5万元。12月，3名会员当选花溪区第十七届人大代表，9名会员当选政协花溪区第十届委员会委员。

（区委统战部）

中国民主促进会花溪总支

【概况】 2016年，民进花溪总支获民进贵州省委、贵阳市委先进基层组织及坚持和发展中国特色社会主义“五学三贡献”学习实践活动先进总支等表彰。民进花溪总支把学习践行社会主义核心价值体系作为提高能力的重要途径，把“同心”作为学习践行社会主义核心价值体系的鲜明主题，参加市委会和花溪区政协、花溪区委统战部组织的培训会、座谈会、培训班，实地考察区域社会建设。参加区委组织的各种协商会、征求意见会、座谈会，提出意见建议。结合花溪全域旅游文化创新示范区建设开展考察调研活动，向区委统战部提交《以茶为媒谱写久安全域旅游新篇章》的调研报告，向政协十届一次全会提交《打好乡贤名人这张牌》大会发言。编写《花溪民进到久安参观文化旅游建设》等简报3期，向《贵阳民进》投稿1篇。促成青岩周恩来父亲曾住地景点开放，协调解决景点开放中发生的问题。邀请名师在花一中、青岩中心完小开展《班主任的魅力与责任》主题培训。围绕“7+2“扶贫工作配合协调民进贵阳市委会开展系列活动，向马铃谷中小学捐赠物资两万余元。12月，1名会员当选花溪区第十七届人大代表，7名会员当选政协花溪区第十届委员会委员。（区委统战部）

中国农工民主党花溪支部

【概况】 2016年，农工党花溪支部组织集中学习9次，发展新党员1名。开展调查研究，撰写《关于花溪区早餐贵的调研报告》等调研报告2篇，提案4篇，社情民意2篇。践行群众路线，坚持为民服务。到高坡乡高坡村进行义诊义治、健康咨询服务，58余名村民免费享受常见病诊治以及部分常规医学检查服务，发放健康宣传资料180余份，并向村民赠送价值300余元的常用药品。到经开区清浦社区和麦坪镇麦坪村，对贫困户进行走访慰问，送大米、油、牛奶等价值400元的慰问品。12月，1名党员当选花溪区第十七届人大代表，6名党员当选政协花溪区第十届委员会委员。

（区委统战部）

中国致公党花溪支部

【概况】 2016年，致公党花溪支部组织骨干党员、新党员参加致公党中央、省委、贵州和贵阳市社会主义学院、中共贵阳市花溪区委统战部组织的省内外培训学习5人次，并发放《中国致公》《贵州致公》和相关学习宣传资料。参加中共花溪区委、区人大、区政府、区政协、区委统战部组织的协商会、通报会、征求意见会、座谈会等10多次，对花溪经济、政治、文化和社会生活的重大事项议政建言。参与花溪精准扶贫工程及遍访帮扶贫困大学生学费等工作。推进组织发展工作，加强对发展对象入党前的学习、考察、培养工作，2016年发展新党员1名。12月，1名党员当选花

溪区第十七届人大代表，3 名党员当选政协花溪区第十届委员会委员。（区委统战部）

九三学社花溪支社

【概况】 2016 年，九三学社花溪支社组织全体社员参加由区委统战部和政协主办的各类培训班。参加政协组织的视察活动，分别到青岩古镇规划施工现场、马铃乡绿色蔬菜产业化基地、久安乡古茶树茶叶种植繁育基地参观考察。关注民生，通过社会调研走访，完成《关于进一步加强花溪区食品安全监管的建议》调研报告。12 月，6 名社员当选政协花溪区第十届委员会委员。

（区委统战部）

（责任编辑 周年辉）

社会群众团体

花溪年鉴
2017HUA XI YEARBOOK

5月14日，区文联组织会员到高坡乡采风（区文联 供稿）

区总工会

【概况】 2016年，全区有工会组织1914个，工会会员44871人。区总工会开展“四类约谈”工作，预防提醒谈话48人次；开展精准扶贫工作，给高坡乡克里村拨付0.8万元办公经费；开展“弘扬工匠精神 传送身边模范事迹”宣讲活动。花溪劳模爱心协会组织15场劳模上讲堂活动，宣扬劳模精神。

（区总工会）

【困难职工帮扶】 2016年，区总工会开展两节“送温暖”活动，慰问困难职工（农民工）216人，慰问困难企业3家，发放慰问金10.8万元；开展临时救助，救助职工53人，救助资金13.66万元；开展金秋助学活动，涉及学生240人，帮扶资金32万元。2016年，全区7000名工会会员参加大病互助活动，28人获得医疗帮助20多万元。

（区总工会）

【厂务公开】 区总工会指导企业以职工（代表）大会为主渠道，依照《企业法》、《公司法》、《工会法》等法律法规，凡属于职代会职权范围内的事项，必须向职代会报告，分别由职代会审议、通过或决定，成为职工行使民主管理、民主监督的有效阵地。职代会闭会期间，指导企业发挥职工代表团组长联系会议的作用，适时研讨、审议有关事项，使应公开的内容得到广大职工认可。重点督促企业公开职工普遍关心的财务、工程建设招投标、物资采购、工资、福利、奖惩、劳动纪律、职工聘用、车辆管理等涉及企业发展和职工切身利益的内容。创建省级厂务公开示范单位1家。 （区总工会）

【职工维权】 2016年，区总工会在全区9个乡（镇）和18个社区设立帮扶中心，“帮困维权”走向基层、面向职工，经省司法厅批准，区总工会设立全省基层工会首家也是花溪区首个公职律师试点，成立“贵阳市花溪区总工会公职律师办公室”，受理拖欠工资、劳务纠纷举报投诉案件。2016年，无偿提供法律咨询230余人次，介入协调劳动争议纠纷3起，无偿代理劳动争议仲裁案件2起、其他维权案件2起，无偿代书各种法律文书80余份，发出纠正侵犯职工权益的《法律意见书》3份，为职工挽回经济损失60余万元。处理拖欠农民工工资投诉案件，分别到“两欠”重点项目专题化解协调，协调建设单位、施工单位的问题，涉及10个单位。

（区总工会）

【创业与再就业帮扶】 2016年，区总工会配合人力资源和社会保障局开展就业招聘会一次，职业培训800余人，职业介绍800余人，实现800余人就业。开展“雁归行动”，以贷款代付利息帮扶等方面扶持返乡农民工创业，帮助他们创业成功。扶持5家返乡农民工创业企业，省、市、区3级工会为每家支付利息4万。 （区总工会）

【劳模管理】 2016年，区总工会代表区政府管理国家级、省级劳模、市级劳模113人，按时足额发放劳模津贴。慰问10名国家、省、市级劳动模范和先进工作者，发放慰问金和慰问品1万多元。完成2016年市级劳模的推荐工作，12人获得市级劳模和先进工作者称号。在贵州十和田实业有限公司创建朱恒峰劳模创新工作室。 （区总工会）

区工商联合会

【概况】 2016年，区工商联筹备第七届工商联会员代表大会换届工作，走访多家企业、商会、基层工商联等，开展换届工作筹备会等会议。开展非公有制经济人士综合评价工作，评价非公有制经济人士100人。2016年全区会员总数达2948个，其中团体会员34个，企业会员2230个，个人

11月8日，区总工会、区文联开展"筑城工匠"系列活动之"艺术匠人"走基层活动，艺术家向贵阳轨道交通建设一线建设者赠送书画作品（区文联 供稿）

会员614人。6月，召开非公有制经济人士"守法诚信"教育活动座谈会，发放守法诚信倡议书；与区文联、区总工会承办花溪区庆祝中国共产党成立95周年、红军长征胜利80周年美术书法展暨花溪美术馆开馆仪式在板桥艺术村内的花溪美术馆举行。8月，开展"拥军爱军"活动，为花溪航天驻军部和花溪武警中队送去14000元物资。开展"千企帮千村"精准扶贫行动，将10个民营企业与10个花溪区贫困程度较深的村进行结对帮扶，投入帮扶资金22.14万元。并有两名企业领导担任黔陶乡半坡村和谷洒村荣誉村主任。参与调解石板经营户矛盾纠纷问题；帮助贵州佳华数控工具有限公司解决缓交社会保险问题；开展职称申报工作，为3家企业8名专业人员申报技术职称。全区有基层工商联（商会）20个，分别是：清溪、孟关、石板、溪北、黄河、贵筑、金竹、马铃、明珠、花孟、小孟、金欣、高坡、阳光、青岩、黔陶、平桥、三江、麦坪、燕楼，占全区乡（镇）、社区74%。（区工商联）

中国共产主义青年团贵阳市花溪区委员会

【概况】 花溪区有33个直属基层团委，其中18个社区团委，9个乡镇团委，6个机关团委；181个乡镇实体化"大团委"，青年团员8339名。

（团区委）

【共青团基层组织建设】 2016年开展培训4次，培训涵盖大数据、旅游、电商、茶艺等方面，培训团干、队干、优秀青年300人次，覆盖全区33个乡镇（社区）、区直机关、城管局、卫计局、建设局、公安分局、教育系统的团组织负责人及成员。落实直属基层团委政策支持每年2万元的工作经费，2016年度发展2349名团员。（团区委）

【少年先锋队】 2016年，花溪区有129支少先队，20000余名少先队员。团区委开展"粽叶飘香·品味端午""红领巾相约灵秀花溪""线上少先队活动庆祝建党95周年"等活动。以"学法知法、预防和减少未成年人犯罪"为主题，2016年4月至6月，团区委联合区检察院，走进区属的贵阳市第二十五中、清华中学、贵阳市第三十八中、燕楼中学、贵璜中学五所中学，开展"花季护航法制宣传进校园"宣讲活动。（团区委）

【青年工作】 2016年，团区委3名专职团干部直接联系青年303人，发布线上线下活动70次，上传照片200余张，活动评论近800条、点赞350余次。创建"大话溪游"公众微信号，吸引7568人关注，采访近60家花溪特色小店，指导创作各类旅行游记30余篇，推送花溪游记72篇。对大学城、清华中学等地进行航拍。联合区文联组织青年志愿者和区摄影家协会在"五四青年节"期间前往高坡开展徒步踏青采风活动，寻找花溪特色村落和美景；开展线上"寻·花溪·最美青年志愿者"活动，1万余人参与，投票达3万余次。

"六一"期间，开展"童心向党·红领巾相约灵秀花溪"活动上线5天，参与人数逾7000人。各类志愿服务525次，参与志愿者1万余人次，服务群众28万余人次。开展骑行项目活动50次，参与志愿者1000余人次。每天向青年代表发送"我的青春我的团"主题短信，通过"花溪青年"官方微信、微博等新媒体定期推广团讯、要闻、创业就业信息等。（团区委）

【未成年人保护】 2016年，团区委开展活动75次，惠及青少年8000余人次。聘请10名贵州大学教师组建花溪区青少年维权专家服务团队，区检察院团支部工作人员担任未成年人法律保护工作志愿者，为花溪区未成年人提供法律咨询、结对帮扶工作志愿服务。在贵州城市职业学院预科学院建设花溪区青少年心理健康中心分站，联动贵州大学附属中学心理咨询室对马铃乡的留守儿童进行心理健康评估和疏导。运用"1+1+1乐童兴趣班"工作机制（即组织一支稳定的志愿服务队伍，联系一家爱心企业，结对帮扶一所留守儿童或农民工子弟学校）对困难青少年教育帮扶，每周在三合学校、马铃乡谷增小学开展活动，并推广到青岩中心完小、达夯小学、思潜小学。（团区委）

【希望工程】 2016年，团区委为马铃中心完小建设"雨露家园——留守儿童自立自强中心"，配备硬件设施价值3万元。结对帮扶困难青少年1200余名，在马铃、高坡、青岩等地开展各类活动16项，参与活动青少年近1000余人。通过"希望工程"平台，为56人次困难青少年送去生活用品、学习机、慰问金等价值8万余元物资，为57余名品学兼优的应届困难学子送去25.5万元助学金。（团区委）

【青年志愿者活动】 3月5日，联合011基地团工委，在花溪区黄河路北大资源缤纷广场开展"学雷锋"系列便民服务活动。5月4日，组织青年志愿者参与在贵阳孔学堂举办的"知行合一 德贵日新"活动，为来自溪南中学和清华中学的540名学生代表举行成人礼仪式。5月5日，在马铃乡中心完小开展"手拉手谱青春乐章·心连心展时代风采"活动暨"寻·花溪·最美青年志愿者"颁奖礼。5月23日至29日，2016年中国大数据产业峰会暨中国电子商务创新发展峰会召开期间，团区委组织20名青年志愿者在迎宾馆、湿地公园和青岩古镇开展为期7天的志愿服务。6月8日，团区委组织15名志愿者到高坡乡陪75名留守儿童包粽子过端午节。7月30日，航天十院团委组织33名团员青年到花溪六度创客工场进行参观交流。9月7日，团区委和区青年志愿者服务协会在马铃乡谷增小学举办我们的节日·中秋暨"乐童兴趣班"关爱慰问活动，《多彩贵州风》主演之一李剑晨一行为孩子们表演节目，并赠送慰问品。9月15日，团区委组织青年志愿者在武警三大队开展中秋节慰问系列活动，双方签订《"四联"活动协议》，开展常态化互动交流活动。青岩古镇

5月24日，团区委在数博会期间组织青年志愿者参加服务活动（区委群工委 供稿）

创建国家5A级旅游景区期间，团区委组织20名青年志愿者进行志愿服务。12月，团区委招募190名青年志愿者服务中国·青岩古镇峰会。

（团区委）

花溪年鉴 HUA XI YEARBOOK 2017

区妇女联合会

【妇女基层组织建设】 2016年，区委办、区政府办下发《花溪区扩大基层妇联组织成员工作方案》，5月17日，花溪区召开扩大妇联基层组织成员工作会。全区27个乡（镇）、社区妇联完成扩大基层妇联组织成员工作，选举出副主席64名、常委204名、执委委员430名。9月13日，贵州省独山县妇联全体干部到花溪区孟关乡妇联和贵州十和田企业集团妇女之家学习交流。9月2日，区妇联在区党校举办花溪区扩大基层组织成员培训班，95人参加并获颁证。市委党校经济学教研部副主任吴桂华为参训学员进行大数据授课，参训学员到贵阳大数据中心进行实地参观学习。

开展星级示范妇女之家创建。按照四必选、七自选标准开展星级示范妇女之家创建工作，通过申报和工作开展，清浦社区妇女之家获市妇联五星级命名，花溪区妇联命名3个区级示范妇女之家。创新基层妇联组织设置，在“两新组织”建立妇女之家2个，即：在非公经济贵州金黔木商贸有限公司和社会组织金太阳幼儿园分别建立妇女之家，并进行授牌。

（区妇联）

【文明家庭创建】 一、开展“最美家庭、贤惠之星”评选命名活动。3月4日，区妇联举行“最美家庭、贤惠之星”宣讲报告会。为全区41户“最美家庭”、18户“生态文明示范户”、9位“慈母之星”、18位“贤妻之星”、8位“孝女之星”进行命名，颁发证书。3位被命名的“最美家庭”“贤惠之星”、“生态文明家庭示范户”代表进行宣讲。二、开展2016年“最美家庭、美德之星”的寻找和推评活动。各乡（镇）社区妇联向区妇联推荐“最美家庭”19户，美德之星7个，区妇联向贵阳市妇联推荐“最美家庭”和美德之星3户。三、深入乡镇（社区）营造家庭创建的宣传氛围。区妇联深入花溪区行政中心广场、小孟社区陈亮村委会、清溪社区、溪北社区董家堰村麦翁广场、阳光社区开展文明家庭、平安家庭创建宣传，以《最美阳台、最美庭院评比活动》为载体，开展生态家庭宣传。区妇联与乡（镇）、社区妇联上下联动，于6月9日和7月9日在青岩镇歪脚村、马铃乡谷中村开展“创建全域旅游先行示范区 生态环保百万家庭我先行”宣传活动，举行生态环保、低碳节能、文明健康等主题文艺表演活动，向群众、居民发放《节能环保我参与 户户争创生态文明家庭》《全民节能减排手册》等宣传资料及环保布袋3000余份。向市妇联推荐四星生态文明家庭3户、

9月9日，区妇联邀请婷婷职业培训学校老师为高坡乡杉坪村帮扶对象教授刺绣（区妇联 供稿）

五星生态文明家庭2户。各乡镇社区推评最美庭院28户。（区妇联）

【扶贫帮困】 2016年，区人大副主任王小兵带领区妇联到孟关乡石龙村对3户贫困户开展走访慰问工作，为3户贫困户协调每户4800元帮扶资金，赠送各500元的慰问金，孟关乡政府为每户送3000元帮扶资金，区妇联为贫困妇女王青松送去3000元帮扶资金。区妇联到高坡乡批林村，对2户困难户进行帮扶，问候阳光社区棉花关居委会的老党员、困难党员。

2016年，区妇联招募巾帼志愿者——“爱心妈妈”（家长）329名，175名爱心妈妈与155名贫困留守儿童进行结对帮扶。7月，南明区妇联、花溪区妇联组织爱心妈妈在花溪黔陶乡开展“城乡手拉手·共筑童年梦”关爱留守儿童、困境儿童公益活动。8月，区妇联开展仁爱结对帮扶活动，爱心妈妈志愿者队伍与30名留守、困境儿童开展一对一、多对一结对帮扶并向每个留守、困境儿童发放500元的学习资助金，共计1.5万元。（区妇联）

【妇女儿童维权】 2016年，区妇联利用“三八”维权周、节假日到乡镇、村寨、小区、院落等开展《反家暴法》《婚姻法》、妇女维权、法律法规等宣传活动10余场。2016年接待来电、来访53件，调解53件，调解率为100%。区妇联在花溪区圆梦爱心社组建妇女维权志愿服务队，并为十名巾帼维权志愿者进行授牌。（区妇联）

【妇女创业就业】 2016年，区妇联推荐5人参加省妇联加贵州电子商务云公司联合开展的电商技能专业培训。4月，燕楼镇妇联联和镇社保中心组织燕楼镇8个村的妇女、青年40余人开展农村电商、创业培训的推介和创业知识培训，参加此次培训会的女性有23人，占总培训人数的57%。8月，区妇联、马铃乡妇联联合贵阳婷婷职业培训学校，开办锦绣计划民族妇女手工刺绣培训班暨农村青壮年劳动力规范化技能培训班，50名妇女参加培训。9月，区妇联到高坡乡杉坪村开展计划生育“三结合”帮扶，对帮扶对象中的妇女进行锦绣计划培训，向杉坪村12户计生困难家庭赠送帮扶慰问金12000元，向杉坪村赠送计生工作经费10000元，并下拨2000元经费开展本次培训。（区妇联）

【区外媒体报道区妇联工作】 中国文明网：《花溪区举行“伴随成长”家庭教育百场公益大讲堂活动》《花溪区妇联伴随成长家庭教育公益活动走进金竹社区》《花溪区妇联举办“多彩贵州欢迎您·我是文明小导游“风采大赛》；贵州妇女网：《落实“雁归兴贵”行动计划 强化家庭监护责任关爱留守儿童健康成长》《花溪区妇联开展寻找“最美家庭”弘扬良好家风宣传活动》；贵州文明网：《关爱未成年人 从家风家训启航 ——妇联科学家教百场宣讲进久安》；贵阳文明网：《花溪区妇联开展寻找“最美家庭”弘扬良好家风宣传活

8月19日，区妇联联合团区委开展留守、困境儿童仁爱结对帮扶活动（区妇联 供稿）

动》《花溪区妇联举办“多彩贵州欢迎您·我是文明小导游“风采大赛》《花溪区妇联举办“绣美花溪”民族刺绣体验活动》《花溪区妇联、南明区妇联开展“城乡手拉手 共筑童年梦”关爱留守、困境儿童大型公益活动》《花溪区妇联积极参与“灭蚊防病 健康你我”宣传活动》。（区妇联）

区残疾人联合会

【残疾人康复】 2016 年，区残联按照规定匹配精防经费和社区康复经费，开展残疾人康复工作，落实康复工作经费 46.6 万元。新建久安乡雪厂村社区康复示范点，落实 1 万元工作经费。指导溪北、孟关、黔江社区康复示范点开展工作，并对示范点发放工作经费 1.7 万元。举办两期社区康复协调员培训班，36 人参加培训。巩固白内障无障碍区创建工作成果。配合支持贵阳市晶朗眼科在全区开展白内障筛查工作；确定贵航贵阳眼科医院为低视力验配康复机构，每年为全区 20 名低视力患者平均按每人 500 元补助标准配发助视器；开展一期低视力儿童家长培训；开展一期 28 名残疾人专职委员参加的盲人定向培训。开展听力残疾儿童家长培训 11 人。在社区康复示范点为残疾人开展体检、康复训练、心理咨询等多项服务，为成年肢体残疾人 60 名、肢体残疾儿童 10 人进行康复训练；为智力残疾人 30 人、自闭症儿童 3 人、脑瘫儿童 6 人进行康复训练。争取国家项目资金继续组织实施精神病人免费服药和住院。2016 年，住院治疗精神病人 20 人，免费服药病人 100 余人。实施基层精防医生年度绩效考核制度，稳定精防工作人员队伍。规范精防药品管理、处方；落实贫困精神病人住院补助政策，为精防医生每人发放补贴 1200 元，市、区各 600 元。完成一批残疾人辅具的康复需求摸底和申报采购工作。组织乡镇残疾人专职委员参加市残联举办的康复工作系统录入培训；组织 36 名乡镇卫生院精防医生参加市残联举办的精防知识培训。为残疾人提供辅助器具、康复训练、康复知识咨询等康复服务，发放各种辅助器具 200 余件。为贫困残疾人缴纳 2017 年农村合作医疗 5.52 万元。开展“麻风病日”活动，慰问 6 名麻风病人，发放慰问金 1200 元。在“爱耳日”“麻风病日”“自闭症日”“爱眼日”“精神卫生日”等活动日开展宣传活动。（区残联）

【残疾人教育就业】 2016 年，区残联创建残疾人创业就业示范点——花溪区残疾人创业就业服务协会，获省级创业就业示范点、市级创业就业示范基地，获得各级奖励资金 24 万元。2016 年，1819 名残疾人享受补助，发放金额 82.22 万元。开展送教上门服务 4 人，投入经费 2.4 万元。开展

3 月 23 日，区委副书记秦建军（左二）到残联调研残疾人工作（区残联 供稿）

7月11日，花溪区特殊教育学校开展特奥日活动（区残联 供稿）

的农村实用技术培训班；与贵阳百花蜂业有限公司联合开展一期100名残疾人参加的“集善贵州”残疾人微商创业就业培训；与久安乡政府联合举办一期48名残疾人参加的“花溪区2016年残疾人养殖中华蜂技术技能培训会”。与花溪区就业局联合举办“就业援助月”专项招聘会，帮助4名残疾人就业，走访残疾登记失业人员家庭72户，登记失业残疾人员14人，实名制纳入年度培训计划残疾人130人。组织3名视力残疾人参加盲人按摩培训。2016年，盲人规范化建设新申请7家，发放资金5.45万元。推荐618盲人按摩院和小刘盲人按摩院2家参加市级评星活动。两个残疾人福利企业安排25名残疾人就业；完成135人的就业任务，全部为新增就业。开展“阳光家园”居家托养工作，为60户重度残疾人发放托养资金9万元。组织10名残疾人参与贵阳市第五届残疾人职业技能比赛届中赛，取得1金1银。（区残联）

“扶残助学”活动，三残儿童入学率90%。“六·一”儿童节慰问91名残疾儿童，投入经费1.85万元；投入1.6万元慰问2家特殊教育机构。2016年贫困残疾人子女和残疾人学生就读市级补助44人（本科13人，大专7人，中学24人）；区级补助111人（本科48人，大专23人，中学40人）；补助11.7万元。慰问留守儿童27人次，投入经费0.54万元。元旦、春节期间走访慰问全区530户贫困残疾人，投入经费10.9万元。五月助残日走访慰问全区136户贫困残疾人，投入经费4.08万元。对4家集中安置残疾人的企业分别发放1万元慰问金。开展基层党组织扶贫工程，对减贫摘帽的高坡乡、马铃乡的10户残疾人发展种植（养殖）业进行扶持，投入经费3万元。组织18名残疾人参加贵阳市同步小康就业创业补贴申报，获得补助金5.68万元；争取区级资金为残疾人提供创业就业补助资金3.9万元；与贵阳汇佳贝科技有限公司联合举办一期残疾人（初级）电子商务培训班，46名残疾人参加培训；与就业局联合组织25名残疾人参加SYB培训；开展一期15名盲人按摩院的老板参加的雇主培训班；残疾人机动车驾驶培训10人；在石板镇开展一期80名残疾人参加

【残疾人维权】 开展残疾人工作者政治理论、业务知识培训2期，89人参加；开展七期残疾人专职委员培训，培训334人次；组织27名残疾人专职委员进行“网上学习和能力培训”。利用各种宣传活动发放《中华人民共和国残疾人保障法》《贵州省残疾人保障条例》等法律、法规；落实五个专门协会工作经费近5万元，开展五个专门协会活动：7月11日，区残联结合“特奥日”组织智力孩子和家长在花溪区特殊教育学校开展文娱活动。8月12日，区残联结合残疾人文化健身周活动、贵阳市文体竞赛下基层系列活动，组织肢体残疾

人开展文体活动。9月14日，组织聋人开展座谈会活动，学习花溪区身边好人的事迹。10月14日，组织盲人开展庆祝座谈活动。10月18日，结合“世界精神卫生日”到贵阳市精神病康复医院慰问花溪区籍住院精神病人。2016年，花溪区片区村级残疾人专职委员从每月100元提高到每月200元，全年发放补贴34.8万元；经开区残疾人专职委员按照公益性岗位工资发放49.25万元；向区就业局申请14名公益性岗位，负责花溪片14个乡（镇、社区）残联工作，2016年，招聘12名专职委员，全区乡（镇、社区）、村（居）委基本做到残疾人专职委员全覆盖。开展“邻里守望”“志愿助残阳光行动”等扶残助残志愿服务活动17次；开展信访维稳工作，全年接待残疾人来信来访48件；来信来访办结率100%。2016年区残联为186名残疾人发放补贴48360元，办理二代《残疾人证》7420个，办理免费乘车卡2000余个，为9户贫困残疾人实施无障碍改造，投入经费近5万元。（区残联）

【残疾人宣传文体】 2016年，区残联向上级（省、市）报送新闻信息稿件得到网站登载24篇，《贵州残联》期刊第四期刊1篇。订阅“三刊”（《残疾人研究》《中国残疾人》《三月风》）等。组织开展第六届“残疾人健身周”活动、“残疾人文化周”活动；在花溪区特教学校开展第十个全国“特奥日”活动暨绿丝带志愿者服务活动，组织智力残疾儿童到乌当区林桧阳光家园参加市残联举办的特奥运动员选拔活动，3名儿童入选参加集训；建立残疾人文化艺术及体育人才库，花溪区人才库98人；加强“残疾人自强健身示范点”“文化进社区”“盲人阅览室”等文体活动及示范点建设，开展残疾人体育健身指导员培训。在瑞华社区建成残疾人图书室及残疾人健身室，并开展相关活动。选派2名残疾人工作者参加省残联开办的第四期残疾人体育健身指导员培训班。

（区残联）

【全国助残日活动】 2016年5月15日，区残联开展第二十六次“全国助残日”宣传活动，以“关爱孤残儿童，让爱洒满人间”为主题，邀请618盲人按摩中心（省级残疾人创业就业示范点）、小刘盲人按摩院、花溪区特殊教育学校老师等志愿者参加。

助残日期间慰问集中安置残疾人就业企业机构4家（贵阳广航铸造有限公司、贵阳依科达制衣有限公司、贵州上阳残疾人创业服务有限公司、618盲人按摩中心），分别发放慰问金1万元，向自然之声聋儿语训中心发放慰问金0.6万元，向花溪区特残教育学校发放慰问金1万元。在“六·一”儿童节期间向全区90名贫困残疾儿童（含留守残疾儿童）发放慰问金200元/人，发送文具用品，走访慰问麦坪镇康寨村孤残儿童唐芝俊小朋友（智力残疾），发放慰问金500元。（区残联）

花溪年鉴 HUA XI YEARBOOK 2017

区科学技术协会

【概况】 2016年，区科协围绕提高“五大人群”科学素质，普及科学知识开展工作，利用“三下乡”“四进社区”“地球一小时”“科技周”“科普日”“青少年科技活动月”“气象日”等活动开展科普宣传23场，发放宣传资料2.8万余份（册），科技咨询1152人次，义诊898人次；举办各类专题科普讲座15场，参与5700人次；利用农村公益电影平台，联合文广局开展送科普电影下乡活动，2016年放映科普电影1920场次，覆盖辖区所有村居，受益人数3.6万人次；6月至11月，开展花溪区“百万公众网络学习工程”活动，全区参与网络答题人数20106人，28996人次；解决帮扶资金17000元，为贫困户解决部分生产和生活动问题，使每户人均年收入达到4300元以上。区科协给久安乡打通村计生帮扶户每户送去帮扶资金1000元，给村办公经费1万元，共计22000元。申报科普惠农兴村计划项目1个，花溪区久安乡茶

9月24日，青岩镇开展VR免费体验活动（区科协 供稿）

叶基地获得全国农村科普示范基地称号，并获得中央财政部和中国科协给予的20万元的奖励金。

（区科协）

【科普宣传活动】 2016年，区科协开展科普宣传26场，发放各类科普宣传资料1.5万余份（册）；科技活动周开展科技咨询宣传活动2次，发放各类科技宣传资料3500余份；6月25日，区科协在食品宣传周联合阳光社区、老科协在开展以“尚德守法，共治共享食品安全”为主题的全国食品安全宣传周活动之“食品安全进社区”活动，发放食品安全系列知识科技宣传资料1500余份，老科技工作者给150名居民义务测量血压、表演文艺节目。科普日活动期间，区科协出资5万元，联合青岩镇政府推出“体验VR青岩古镇—用上帝的视角游古镇”VR体验活动。两天时间通过微信、微博、腾讯等网络媒体平台浏览人数达2万余人次。

（区科协）

【科普讲座】 2016年，区科协联合花溪一小举办机器人培训班，聘请广州中鸣机器人公司黄之艺专家对教练员和队员进行机器人培训；在科技活动周期间联合科技局、老科协联合举办一场以老年人养生为主题的“老年保健知识讲座”，区老科协的全体会员150人听取讲座，原区计生委主任李廷策同志主讲。9月19日，区科协联合区委组织部邀请贵阳大数据交易所刘永红副总裁举办“花溪区科普日大数据知识”专题讲座，区各乡镇、社区、区直各部门部分领导干部职工400人听取讲座。

（区科协）

【科普惠农兴村计划】 2016年，区科协向中国科协申报“科普惠农兴村计划”项目1个，花溪区久安古茶基地获得“全国农村优秀科普示范基地”称号，中国科协和中央财政部给予20万元奖补资金。明珠社区、瑞华社区成功申报贵阳市社区科普大学，贵阳市科协给予每个社区3万元的活动经费。

（区科协）

【青少年科技活动月活动】 2016年，区科协与区教育局联合下发《关于2016年贵阳市第三十五届“青少年科技活动月”活动通知》，全区中、小学生参加各项科技活动的人数3.5万人次，学生参与率95%。

（区科协）

【实施全民科学素质纲要】 2016年，区科协与高坡乡、久安乡、人社局等单位联合开展“就业创业转移技能培训”、“电子商务”、“新型农民科技培训”等培训班10期，培训1231人次；开展各类科技活动，2350人次参加，获奖356人；开展“反邪教”科普知识讲座5期，参加学生人数2300人次。联合区委组织部、人社局、区老科协等单位开展“大数据”“老年人健康知识”专题讲座3期，参与讲座人数1850人次；利用阳光社区、明珠社区、瑞华社区科普大学为载体，每月开展各类科普讲座4期，培训内容涉及健康养身、消防安全、家庭用药等。区科协翻印《科普丛书一、二、三、四、五、六》《公民科学素质200问》3万册，发放给社区广大居民。（区科协）

花溪年鉴 HUA XI YEARBOOK 2017

花溪区文学艺术界联合会

【概况】 花溪区文学艺术界联合会是区级各文艺工作者协会的联合组织，有花溪区作家协会、书法家协会、美术家协会、摄影家协会、音乐舞蹈家协会、文玩收藏协会6个文学艺术家协会，诗词学会1个，1个书画院和1个美术馆。在经开片区设有花溪区文联经开片区分会。

2016年，区文联开展文化艺术活动，组织文艺创作，深入基层采风，召开学术研讨，举办文艺评奖，进行人才培训等活动，全年开展艺术展览10次，文艺人才培训4次，组织采风创作7次，开展“送文化”活动29次，开展结对帮扶活动3次。（曾川娱）

【书画作品展举办】 2016年，区文联举办展览10次。包括：花溪区2016迎春书画摄影作品展，“欢庆元宵”——花溪区达达童画少儿美术作品展，著名艺术家刘万琪、曾景祥艺术作品联展，花溪区庆祝中国共产党成立95周年、红军长征胜利80周年美术书法展，花溪区2016年中青年书画作品邀请展，花溪、龙里、息烽三（区）县廉政书法美术摄影作品联展，花溪区2016年中小学生“祖国好·家乡美”主题系列活动——“童心向党”暨“纪念姚茫父先生诞辰140周年”书法、绘画大赛获奖作品展，“圆八旬夫妇梦”熊绪德、陈方夫妇钻石婚画展，花溪区“庆中秋”廉政美术书法摄影作品联展，花溪区“庆国庆”暨纪念姚茫父诞辰140周年“美丽乡村·幸福久安”摄影展。（曾川娱）

【文艺人才培训】 1月，区文联、区美协举办寒

10月16日，区文联组织《贵州民族报》近50名小记者走进花溪，开展“走进童话世界，开启艺术之旅”采风活动（区文联 供稿）

假山水画培训班，邀请贵州省著名画家、国家一级美术师王忠才老师授课，区美协会员骨干、区老年大学的部分学员及国画业余爱好者参加培训。3月，区文联、区书协对濔江小学全体教师进行一次硬笔书法写字培训，濔江小学近百名教师参加培训。6月，区文联、区国税局联合举办美术家曾景祥先生的《中国画散谈》主题讲座。11月，由花溪区文联、区教育培训中心主办，区书法家协会协办的“花溪区书法进课堂暨书法临帖培训”在区教育培训中心举办，来自全区的中小学教师及区书协会员参加培训。（曾川娱）

【会员采风】 2016年区文联组织采风创作7次，组织邀请书画艺术家、青年作家、贵州民族报小记者及书协、摄协、美协、诗词学会等各协会会员分别深入花溪区斗篷山下的“上板桥艺术村”、高坡乡、茫父故里，古茶之乡——久安乡、青岩古镇等处进行采风。（曾川娱）

（责任编辑 翟长保）

法治

花溪公安分局骑警巡逻（吴东俊 摄）

综　述

【概况】　2016年，花溪区大局总体稳定，基本实现“小事不出村寨、大事不出区县”。在重大活动、重要接待任务、重大会议期间，实现“安全、周全，两全齐美”的工作目标。在社会治理工作中，全区围绕平安花溪建设，推进“两严一降”，通过加强社会面治安防控网建设，完善立体化治安防控体系。2016年，全区立刑事案件3020起，比上年下降5.89%。其中花溪片区1380起，比上年下降6.06%；经开片区1640起，比上年下降5.75%。禁毒和流动人口服务管理工作形成具有花溪特色的工作创新体系。花溪阳光妈妈志愿者协会获“全国优秀巾帼志愿服务队”等称号，会长黄永绂被评为“全国三八红旗手”。花溪阳光就业家园燕楼基地被贵州省禁毒委授予“贵州省社区戒毒社区康复人员阳光工程建设示范点”称号。“五表一册”、流动人口协管员专业队伍、少数民族流动人口服务管理站、重点对象“一户一档”、标准化建设“四整合四统一”创建模式、出租房屋示意图、“以业管人”四项工作机制、实有人口管理“三化”格局等“亮点”精彩纷呈。司法体制改革以来，办案力量集中到一线，执法办案效率得到提升，法官、检察官使命担当意识得到增强。

（区委政法委）

公　安

【概况】　2016年，区公安分局辖区实有人口317441人，户籍在册人口273668人，流动人口43773人。全年，区公安分局投入警力25000余人次，车辆5000余台次完成警卫安保任务194起。完成“我们的节日——春节”孔学堂系列文化活动、“花溪之夏”艺术节、青岩古镇峰会、“数博会”等大型活动安保任务147起。破获公安部列为疑难命案攻坚行动9起目标案件之一的“2·10”系列杀人案和“4·28”贵州大学艺术学院教授刘某铜像被盗案、“5·17”赵华文入室抢劫强奸案等系列重大案件。2016年，投入资金526万元建设市公安局“块数据”指挥中心下的区（县）级指挥中心，投入50余万元建设“云警花溪”。花溪分局辖区立“两严一降”（严厉打击两抢一盗犯罪、严密防范两抢一盗犯罪、降低刑事发案率）类刑事案件1538起，比上年下降5.12%。

12月24日，“平安夜”安保（公安花溪分局 供稿）

在2016年安全感和满意度的测评中，花溪区安全感测评结果为95.71%，群众对公安机关满意度测评结果为92.17%。（区公安分局）

【刑事侦查】　2016年，区公安分局勘验现场2080起，盗抢骗案件“案事件系统－

现勘系统”关联率100%，出勘入室盗窃案504起，利用现场指纹比中本辖区案件29起，比中外区案件91起；利用现场提取生物检材比中嫌疑人27人案件42起。全区录入电信诈骗案件380起，冻结金额927537元，止付金额23024元，冻结银行卡205张。2016年破获各类刑事案件797起，抓获犯罪嫌疑人712人，刑事拘留642人。打黑除恶方面，“涉恶涉黑”九类案件法院判决11起39人。抓获上网逃犯74人，其中省外逃犯19人，历年逃犯8人。

（区公安分局）

【禁毒工作】 2016年，区公安分局多次与市公安局禁毒支队、铁路公安禁毒支队、技侦支队联合办案，破获毒品案件155起，抓获毒品犯罪嫌疑人168人，缴获各类毒品11.687千克，侦破百克以上毒品案件12起、与外单位协同办理22起，打击毒品犯罪团伙8个，破获部督目标案件1起、省督目标案件2起、市督目标案件5起，公开查缉毒品案件117起。查处吸毒人员828人，强制隔离戒毒587人、社区戒毒224人；查处吸食新型毒品人员139人，查处拒绝接受社区戒毒社区康复及严重违反协议人员36人，查处率100%。易制毒化学品管理方面，为厂矿、企、事业、学校等单位第二类、第三类易制毒化学品购买备案证明申请审核268证次，审核通过263证次。

（区公安分局）

【经济犯罪侦查】 2016年，区公安分局开展“无传销区（县）”创建活动，经济案件打击方面，受理各类经济案件27起，立经济案件61起，破案59起。其中破假冒注册商标案15起、生产、销售不符合安全标准的1起。

（区公安分局）

【治安管理】 2016年，区公安分局受理行政案件2280起、办结857起，当场处罚29起；治安调解28起，一般调解19起，当场调解140起；行政处罚1273人次，其中行政警告18人，罚款508人，行政拘留并处罚款110人，行政拘留637人。办理涉黄刑事案件9起、涉黄治安案件85起；办理涉赌刑事案件9起、涉赌治安案件112起，行政处罚旅店业218起。查处非法携带管制刀具行政案件38起、行政处罚39人；查处涉民爆物品行政案件2起、行政处罚7人，侦办涉枪刑事案件4起。收缴管制刀具5686把、火药枪16支、其它枪支11支，其中“4·14”案件查获仿制式手枪2支，收缴子弹2116发、手榴弹1枚、炮弹1枚。

2016年，区公安分局在各类大型安保活动前期组织溪北社区吉林村、青岩、银晖所“小吃街”等全局性“大清查”整治行动20次。辖区派出所对出租屋流动人口聚集、重点行业、治安复杂区域开展清查整治小出击行动200余次，出动警力5000余人次，社区工作人员、治安积极分子1000余人次，行动中破获各类刑事案件30起，抓获各

6月7—8日，花溪分局派出特警车维护考场秩序（肖白心 摄）

类违法犯罪人员120人，其中犯罪嫌疑人16人、吸毒违法人员60余人。（区公安分局）

【互联网管理】 2016年，区公安分局开展网上巡查工作180次，行政处罚网吧10家次，责令停业整改1起，通过网吧布控抓获各类违法犯罪人员20余名，配侦抓获犯罪嫌疑人60余名。落实手机MAC地址采集设备及上网热点行为管理器的选点安装工作，采集各类基础数据150万余条。发挥网侦技术优势，破获“漫次元”网站传播淫秽物品案，配合禁毒、刑侦等部门破获各类案件，打击犯罪团伙3个，抓获犯罪嫌疑人54人。舆情监控方面，落实“属地监控”与“指定监控”双负责制，上报舆情信息公安部采用21条、部十一局采用1020余条、省厅采用300余条。（区公安分局）

【户籍管理】 2016年，区公安分局治安大队户籍接待窗口和16个派出所户籍窗口接待服务群众55000人次，办理居住证和户籍业务18000余次。（区公安分局）

【出入境管理】 2016年，区公安分局出入境管理科接待因私出国（境）咨询约2000人次；办理证件18498本（其中港澳通行证6219本、护照7536本、台湾通行证4743本），受理9286人次，其中外省人员36人次。完成境外被遣返人员倒查和定居、涉嫌双重户籍人员核查11人。登记上报临时来区住宿境外人员2756人次（其中外国人1907人次、中国香港508人次、中国台湾308人次、中国澳门27人次、华侨6人次），其中住地境外人员877人次；酒店、宾馆登记境外人员1879人次。登记建档境外常住人口514人次。受理涉外刑事案件1起、办理涉外治安案件4起，移交市局“三非”案件1起，化解涉外事件5起。（区公安分局）

【消防安全管理】 2016年，区公安分局组织编制《青岩古镇景区消防建设规划》和青岩古镇景区消防安全管理办法。消防安全专项治理检查单位1585家次，发现火灾隐患2988处，督促整改火灾隐患2978处，下发《责令改正通知书》1441份，实施临时查封10家，实施“三停”19家，行政处罚38起，罚款总金额76.26万元，督促2家重大火灾隐患单位完成整改并销案。2016年，花溪分局辖区发生火灾13起，无人员伤亡，直接经济损失648563元。消防大队接警479起，出动481次（含增援），出动消防车921辆次、消防人员5526人次，抢救被困人员47人，疏散人员42人，为群众挽回财产损失1005.6万元。完成青岩古镇政府专职消防队规范化达标建设任务，采取“政企联建”形式新建孟关乡政府专职消防队。（区公安分局）

4月23日，公安部督察组到花溪分局督察户籍制度改革暨窗口便民服务情况（公安花溪分局 供稿）

【“110”报警服务】 2016

年，110 接报警台接到群众报警电话 78523 次，需到现场接处警情 18765 起。其中，刑事警情 1445 起、咨询求助警情 1716 起、纠纷警情 3804 起、群体性聚集警情 76 起、火灾警情 27 起、交通事故引发治安警情 73 起、重复报警 1990 起，其他类警情 5843 起，传达警令 815146 条、预警指令 39817 条，政令信息 1039 次。（区公安分局）

【突发事件处置】 2016 年，区公安分局收集各类事件信息 1000 余条，汇总编报《情况反映》262 期，《每日工作情况》各类情报信息研判 180 期，网络舆情信息 393 期，报送 835 期，风险评估报告 20 期。启动社会治安防控等级响应 116 天，其中三级 12 天、二级 60 天、一级 44 天。在维稳处突、执法保障、治安性聚集人群处置等工作中，规模化用警 282 次，投入警力 14300 人次，其中维稳处突 180 起（处置 20 人以上的聚集现场）。处置“2·17”孟关涉军、“6·16”次南门涉军、“9·21”贵州大学成人自考考生退费，麦坪、孟关因交通事故死亡家属聚集围堵等群体聚集事件。为溪北、清溪等片区其它政府职能部门提供执法保障 40 次，处置火灾和安全生产事故任务 62 起。

（区公安分局）

【重大案件破获】 2016 年，区公安分局破获“4·28”贵州大学艺术学院教授刘某铜像被盗案，挽回经济损失 1500 万余元；破获“5·15”包欢欢抢劫强奸案、“5·17”赵华文入室抢劫强奸案、班光平寻衅滋事案等系列重大案件。历时 5 年多侦破“2·10”系列杀人案，区公安分局在全省公安机关“2016 夏季严打”专项行动工作推进会上作交流发言。侦破百克以上毒品案件 12 起，与外单位协同办理 22 起，打击毒品犯罪团伙 8 个。省督目标案（“2015－135”案）缴获毒品海洛因 1176.31 克，抓获涉案犯罪团伙人员 17 名；“2016－94”案缴获毒品海洛因 8985.22 克，抓获主要犯罪嫌疑人 5 名、运输毒品犯罪嫌疑人 28 名。部督目标案（“2016－28”案），抓获团伙主要犯罪嫌疑人 6 名，上网追逃 3 名，捣毁制毒工厂 3 个，查获大量易制毒管控内制毒物品。（区公安分局）

【“三化”创新】 2016 年，区公安分局落实户籍制度改革，流动人口落户城镇 7031 人，户籍人口城镇化率达 53.05%。

实施“网格化”接处警：在中心城区打破派出所辖区概念，调整为专业队伍接警，归口移交。根据花溪分局辖区不规则“带状”分布，以“5 分钟出警时间”为半径，在中心城区（不包括农村）划分 3 个 A 级网格 9 个 B 级网格，抽调 15 名民警、96 名辅警组建专门的接处警队伍。每个 A 级网格配备一台巡逻车 36 名警力（民警 4 名、辅警

5 月 21 日，为保证旅游景区安全，花溪旅游景点增设巡逻警察（青岩镇供稿）

32名）"四班三运转"，动中备勤，动态待命、动态接处警。

侦查破案专业化：按照刑侦、技侦、网侦、图侦、情报"五位一体"的要求，强化刑侦专业队伍建设，刑侦大队现有民警59人，建成大成、将山两个一级责任区刑警队，负责花溪辖区所有刑事案件侦破工作。完成刑事科学技术室的标准化提升改造，建成一级刑事技术室和一级警犬技术队，刑事技术支撑破案的质效提升。初步建成集刑侦、技侦、网侦、图侦、情报"五位一体"的合成作战室，制定合成作战工作规范，调整5人充实到技侦前移阵地。

社区民警专职化：花溪分局中心城区有阳光、明珠、贵筑、溪北、清溪等5个派出所辖区划分警务区16个，配备专职社区民警19名，对应配备率达119%。配备专职辅警（协勤）40名，专职社区民警与专职社区协勤均达到1∶2的标准。整个辖区128个居（村）配备153名居（村）警务助理，建成128个警务助理工作站。（区公安分局）

【公安队伍管理】 2016年，区公安分局举办、送训各类民警培训班70期，培训民警1492人次，组织"东西合作"赴上海交流学习2期，培训民警40余人。组织参加"前卫杯"篮球比赛、游泳比赛等各类文体活动11次，获得团体二等奖、第四名等成绩。开展慰问45次，慰问民警80人，经费支出41900元。开展各类现场督察行动320余项，专项督察10个，发现问题并提出整改意见150条，下达《整改通知书》15份。依法维权，强化执法保障，办理侵害民警的妨害公务案件、阻碍执行职务案件（暴力袭警案件）15起，刑事拘留4人，行政拘留11人。加大宣传力度，2016年在中央、省、市三级媒体开展宣传报道807条，其中，中央级、省级媒体271条。特别是中央媒体长篇专题报道2期，取得以往中央级媒体5分钟以上专题报道"零"的突破。市局内网对花溪采稿量月均100条以上，稳居全市前列。微信公众号平台编发微信50期，微博报道发布信息1000余条。

2016年，区公安分局通过从优待警、制度管警、文化育警、宣传亮警等综合措施建设队伍，获得上级表彰113次，其中，集体三等功、全省优秀公安基层单位各1家，先进个人111人次。

（区公安分局）

花溪年鉴 HUA XI YEARBOOK 2017

检　察

【概况】 2016年，区检察院受理提请批准逮捕案件和移送审查起诉案件1852件2388人；立案查办贪污贿赂、渎职侵权犯罪案件14件19人；涉及民生资金保护领域贪污、渎职案件10件15人，生态领域贪污、渎职案件13件16人。开展案件质量评查5次，评查案件670件；网上公开程序性信息1410件次，公开法律文书789件；接待律师131次，网上受理辩护和代理预约45件；网上受理律师查询案件程序性信息47件，为律师刻录光碟21次。

区检察院党总支被区委评为"先进"基层党组织，在区"学党章党规、做忠诚卫士"知识竞赛获三等奖。反贪局被评为"百佳效能科室"，23人次获省市区各级表彰或在各项比赛中获奖。

（张　楠）

【刑事检察】 2016年，区检察院受理公安机关提请批准逮捕各类刑事案件817件1072人；批准逮捕674件867人，不捕195人；受理公安机关、自侦部门移送及市院交办的各类审查起诉案件1035件1316人；依法向花溪法院提起公诉887件1101人，移送贵阳市人民检察院提起公诉20件47人，不起诉25件31人；依法批准逮捕组织、利用邪教组织破坏法律实施案1件1人；依法批准逮捕破坏生态环境犯罪51件77人；依法批准逮捕民生领域案件314件405人；依法提起公诉故意伤害、强奸等严重刑事犯罪案件76件88人，"两抢一盗"案件301件385人，毒品案件245件267人。贯彻落实轻缓刑事政策，对当事人和解自愿性及合法性进行审查，刑事和解不批准逮捕29人，不起诉21人，和解后受害人均获得救济，无一人上访信访。

（张 楠）

【反贪污贿赂】 2016年，区检察院受理贪污贿赂案件线索11件16人，经初查决定立案侦查11件16人，其中要案2人，大案件6件10人，涉案领域全部为民生资金保护领域，其中涉及生态环境保护领域的案件10件15人，具体涉案领域包括支农惠农财政补贴领域、医疗卫生领域、征地拆迁等领域。 （张 楠）

【反渎职侵权】 2016年，区检察院受理渎职犯罪案件线索3件3人，经初查决定立案侦查3件3人，其中重特大案件2件，所办案件涉及扶贫开发、微型企业补助和医疗卫生等领域，全部为渎职与贪贿交织犯罪案件。 （张 楠）

【预防职务犯罪】 2016年，区检察院针对职务犯罪易发、多发的行业和领域开展预防调查，形成调查报告5份、案例分析5份、检察建议7份。依托警示教育基地开展预防职务犯罪警示教育41次，接待人数为1668人；开展警示教育宣传300余次，发放宣传资料2000余份。邀请33家民营企业、商会等召开“两长”座谈会2次。向社会公布行贿档案查询QQ号和微信二维码，610家单位通过QQ传送查询资料、预约查询800余次；向社会提供行贿犯罪档案查询2316次，被查询单位2357家，被查询人数5417人，查出30人有行贿犯罪记录，阻止17家投标单位准入相关工程项目招投标环节。成立民生项目专项预防领导小组，制订《监督民生项目落实工作办法》《领导班子成员联系民生部门和乡镇（社区）责任表》等措施和“2016年阳光工程工作计划”，在6个民生项目挂牌成立检察办公室，开展同步监控、跟踪预防，提出预警性检察建议书。会同扶贫办对2016年花溪区120.5万元扶贫项目资金使用情况进行跟踪检查。

（张 楠）

【监所检察】 2016年，区看守所无实质性超期羁押发生。督促看守所提前预警催办209件382人。开展罪犯交付执行与留所服刑专项检查活动，清理留所服刑人员12次293人。对刑罚执行活动中的违法行为提出纠正意见2次。落实检察官约见制度，对在押人犯谈话463人次。加强对法院判决刑期计算的监督审查，针对法院对2人判决刑期计算错误，依法发出纠正意见，保障在押人员的合法权益。开展羁押必要性审查工作，办理羁押必要性审查案件47件，所提变更强制措施建议被相关办案部门采纳46件。开展社区矫正法律监督，防止脱管、漏管现象发生，纠正脱管1人、漏管1人，纠正侵犯社区矫正人员合法权利3件。

（张 楠）

【诉讼监督】 2016年，刑事诉讼监督公安机关立案8件11人，监督公安机关撤案40件，纠正漏捕32人，向公安机关发出《纠正违法通知书》31份，追诉漏犯27人。对不构成犯罪或事实不清、证据不足或无社会危险性的不批准逮捕195人。刑罚执行监督方面，提前预警催办209件382人，对刑罚执行和监管活动中的违法行为，提出纠正意见2次，开展羁押必要性审查47件。建议提请民事抗诉2件，办理民事执行监督案件30件，审判活动纠正违法案件28件，向法院发出检察建议58份，均被采纳。受理公益诉讼案件线索11件，经初查移送清镇市人民法院立案1件。 （张 楠）

【民事行政检察】 2016年，区检察院受理民事行政申诉案件14件，其中贵阳市检察院交办13件，自行受理1件。不支持监督申请7件，提出再审检察建议被区法院采纳1件，建抗2件。办理生态类督促履职案件163件，发出检察督促令163份，均收到回复，进行补植复绿1000余亩17万多株。支持公益组织向人民法院提出公益诉讼1件。

（张　楠）

【控告申诉检察】　2016年，区检察院接待群众来信来访100件119人，其中接待群众来访83件119人，接待群众来信17件。受理举报线索21件，开展举报宣传4次，发放举报宣传资料2000余份，向6名举报有功人员发放举报奖励款3000元；受理国家司法救助案件16件，救助16人，发放救助金40000元；受理刑事申诉案件4件，审结率为100%；受理民事行政诉讼监督案件22件，审结率为100%。

推行“零公里”信访工作机制，花溪辖区居住偏远、年龄偏大、行动不便的信访人可通过电话、所属乡镇、社区联系区检察院，由控申科安排检察干警到信访人家中，对群众反映的信访事项进行受理、解答。2016年接待信访人5件次。

（张　楠）

【司法体制改革】　2016年，区检察院制定《员额制检察官首次遴选实施方案》，经过资格审查、统一笔试、民主测评、考核、公示等遴选程序，28名长期从事检察实务、具有丰富办案经验的检察官成为首批员额制检察官，占政法编制的36%。确定检察官助理、书记员、司法警察、检察技术人员等司法辅助人员36人，司法行政人员8人，建立分类科学、结构合理、职责明晰的队伍管理新模式。按照省编办审定的《花溪区人民检察院职能配置及内设机构改革试点工作方案》，将现有14个内设业务机构整合为“一局五部一办”，即反贪污贿赂局、侦查监督部、公诉部、刑事检察部、民事行政检察部、未成年人检察部、案件管理办公室。根据业务属性和办案数量，将28名员额制检察官以及36名检察辅助人员配置到7个业务部门，重点向反贪污贿赂局、侦查监督部和公诉部倾斜，配置19名员额制检察官和20名检察辅助人员，保证85%以上的检察人员集中到司法办案一线。2016年7月，全省政法机关到区法院现场观摩司法体制改革，区检察院的改革工作得到省委副书记、政法委书记谌贻琴肯定。

（张　楠）

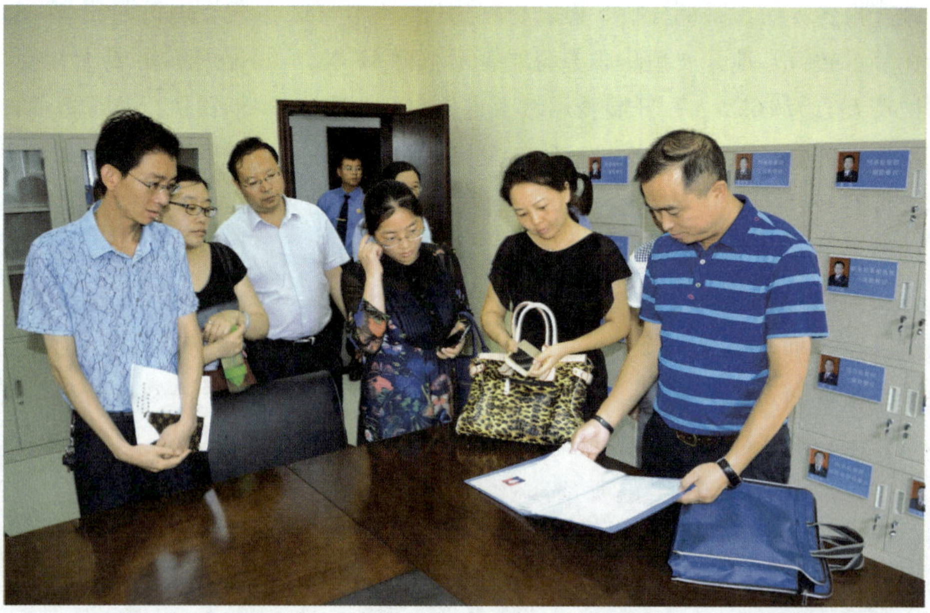

7月19日，“全省检察机关全面推开司法体制改革试点工作现场观摩会”在花溪举行（区检察院 供稿）

花溪年鉴 HUA XI YEARBOOK 2017

审　判

【概况】　2016年，区法院根据司法改革要求开展以审判为中心的刑事诉讼制度改革，与区检察院、花溪区公安分局、经开区公安分局、贵安新区公安局联合建立刑事司法工作联席会议制度，制定贩卖毒品罪、盗窃罪、危险驾驶罪和故意伤害罪等4类案件刑事审判规则，引导规范侦查和公诉行为。2016年，区法院被中央电视台“新闻联播”和“朝闻天下”栏目、贵州电视台、《人民法院报》《法制日报》《中国青年报》《南方周末》《贵阳日报》等新闻媒体宣传报道三十余次。

（区法院）

【司法改革】 2016年，中央政法委委托中国政法大学对区法院法官员额制与司法责任制改革试点工作进行评估。中国人民政治协商会议第十二届全国委员会副主席齐续春、最高人民法院副院长李少平、财政部行政政法司司长耿虹等到区法院调研视察。5月12日、12月27日，区法院作为司改试点法院代表两次在全国法院司法改革试点工作推进会上作交流发言。全省政法项目现场观摩会专题视察区法院司法改革，并在全省全面推开司法体制改革试点工作动员部署大会上进行经验交流。2016年，区法院被最高人民法院表彰为“全国优秀法院”。2016年有17批次上级领导到院视察调研，48家兄弟法院考察交流司法改革工作。

（区法院）

【刑事审判】 2016年，区法院受理刑事案件930件1182人，审结903件1130人，结案率97.10%。开展“两严一降”专项行动，严打“两抢一盗”，审结抢劫犯罪案件15件17人、抢夺犯罪案件10件17人、盗窃犯罪案件280件374人。依法审结涉毒犯罪案件244件266人；审结危险驾驶犯罪98件98人，审结交通肇事罪47件48人；依法审结贪贿案件17件22人；惩治非法集资、金融诈骗犯罪，处理“汇金行”等涉众型犯罪案件；推行“圆桌审判”审结涉未成年人犯罪案件58件90人；杜绝刑事在押被告人或上诉人穿着囚服着刑具出庭受审。

（区法院）

【民事审判】 2016年，区法院受理民商事案件5038件，审结4650件，结案率92.30%；审结各类合同纠纷3103件；审结1937件调解撤诉案件，调解撤诉率41.67%；审理婚姻家庭类案件764件。2016年4月28日，挂牌成立旅游审判庭和青岩古镇景区旅游法庭，打造旅游纠纷化解专门机构，快速审理旅游纠纷。全年受理涉旅游纠纷案件16件，审结12件。2016年适用小额诉讼程序审理案件18件。

（区法院）

【行政审判】 2016年，区法院受理行政案件6件，审结6件，结案率100%；受理行政非诉案件1件，审结1件，结案率100%。落实行政机关负责人出庭应诉制度，做好工作衔接和审判服务工作，协助行政审判集中管辖试点法院开展工作。

（区法院）

【执行工作】 2016年，区法院受理执行案件2230件，执结2180件，执结率97.76%，实际执行率43.53%，执行标的总金额27189.68万元，执行标的到位率34.62%。参与诚信体系建设，落实失信黑名单制度，利用“中国执行信息公开网”曝光失信被执行自然人614人、被执行法人85家，对已纳入失信名单库的被执行人，限制其出境、限制高消费，依法对11案12名失信被执行人进行司法拘留。通过“总对总”查控系统，实现网上查控被执行人银行账户，查询1772件次。2016年推行网络司法拍卖，成交16起，金额733.4389万元。

（区法院）

【审判监督】 2016年，区法院审判管理团队整理、制作并印发《审判管理通报》11期，开展庭审巡查102件次，评查案件4337件，评查上网法律文书1811份，案件回访21人次，约谈法官59人次。各审判团队刻录案件留痕光盘1810张，上网生效法律文书3042份。案件审理过程全程留痕，庭审同步录音录像，普通程序案件做到“一案一光盘”，2016年刻录案件庭审留痕光盘2137张。

（区法院）

【立案登记制】 2016年，区法院收案数以每年

20%的幅度增长，2015年增加1200件。建立困难群众司法救助"绿色通道"，全年办理减、免、缓交诉讼费案件23件，减、免、缓交诉讼费57222元。推进涉诉信访机制改革，推行"诉访分离"。全年接待涉法涉诉来访39件39人次，书面答复来信19件；对申诉和申请再审案件进行审查答复，2016年复查驳回申诉4件，裁定再审7件，化解涉法涉诉信访案件39件。（区法院）

【人大、政协监督联络】 9月21日下午，中国人民政治协商会议第十二届全国委员会副主席齐续春率全国政协社会和法制委员会调研组一行30余人调研区法院司法改革工作。11月23日下午，省十二届人大代表一行40余人视察区法院司法改革工作，听取区法院党组书记、院长吴莎的专题汇报。7月，贵阳市人大常委会委员、内务司法委员会主任委员蒋景华一行莅临区法院调研司法体制改革试点工作，听取区法院党组书记、院长吴莎的改革工作汇报。区法院通过邀请座谈、上门走访等方式与驻区的全国、省、市、区各级人大代表及部分政协委员开展定向结对联络工作50次。

（区法院）

【阳光司法建设】 2016年，区法院以公开促公正，深化审判流程、裁判文书、执行信息公开"三大平台"建设，依托官方网站微博、微信新媒体发布微博、微信信息1400条。开展"法院开放日"活动，全年有500余名党员干部、群众以及贵州大学等高校的师生受邀参加庭审旁听。通过中国裁判文书网发布裁判文书539件。（区法院）

【司法大数据建设】 2016年，区法院推进智慧法院建设，完成执行指挥中心、科技法庭、法院系统四级专网、审判信息管理系统等项目的建设工作。在故意伤害罪、盗窃罪、抢劫罪案件领域开展司法大数据试点，依托专业大数据公司对现有的法院案件审判管理系统进行优化，实现审判信息数据自动生成，智能分析处理，利用大数据分析实现判例借鉴与成文法律使用有机结合。

（区法院）

【案例】 2016年2月18日，区法院民事审判团队调解因夫妻双方感情破裂引发的一系列纠纷诉讼，该案例中，女方陈某与男方张某原系夫妻关系，婚后两人与男方父母在男方父母的老房中共同居住，共同经营张某母亲原有的童装店。2014年5月，因感情不和，陈某向区法院起诉要求离婚，经调解双方和好。2014年12月，陈某再次诉至区法院要求离婚，法院判决予以准许，女儿张某某由男方抚养。离婚后，张某支付陈某25000元童装店转让费。

2014年，张某家房屋被依法征收并获征收补偿款200余万元。2015年9月，陈某以征收补偿款应当按家庭成员数进行分割，且自己在与张某婚姻关系存续期间出资出力参与该房屋的修扩建工作为由诉至区法院，要求作为共有人分割该征收补偿款。区法院经审理后认定，被征收房屋系张某父母的夫妻共同财产，但针对陈某与张某在婚姻关系存续期间该房屋扩建的部分，综合考虑被征收房屋的权属、修建的资金来源、各方所付出的劳力及双方结婚时间等因素，判定陈某享有10万元征收补偿款。双方当事人均不服，提出上诉。后因双方关系恶化，张某分别起诉陈某要求分割其娘家房屋被征收补偿款及确认陈某对子女的探望权行使方式由随时探望变更为一个月探望一次，并作为女儿的法定代理人起诉陈某要求其每月支付子女抚养费800元。张某母亲也起诉陈某要求其返还2.5万元童装店转让款。五起纠纷并立，双方关系变得愈发剑拔弩张，家庭纠纷很快升级成为家族间的争斗。2016年春节前，辖区派出所甚至多次出警处理双方家族间人数众多的相互对峙。

区法院主审法官一方面到征收局了解陈某娘家被征收房屋的具体情况，核实该房屋征收补偿款中是否有张某的份额，另一方面联系两家人所在的社区和村委会了解双方家庭纠纷情况。经了解，法官认为陈某和张某婚姻破裂是双方家庭矛盾纠纷的根源，双方为了"赌口气"才导致事态的升级扩大。法官决心立足多调联动机制，化解双方矛盾纠纷。在邀请双方家庭所在地村委会干部配合参与调解工作后，法官多次组织双方当事人进行庭前调解，动之以情、晓之以理、明之以法，向双方当事人释明法律对于家庭共有财产的判断标准及被征收财产分配的基本原则，耐心向陈某解释给付抚养费是她作为母亲应尽的义务，劝导双方不要因夫妻小家的破裂影响到双方大家庭的和谐相处及未成年子女的身心健康成长。双方最终达成和解协议：张某及张某母亲撤回对于陈某的4起诉讼，双方均撤回对张某家房屋征收补偿款分配纠纷的上诉；对判决书确认陈某享有的10万元征收补偿款，由张某直接支付3万元给陈某，剩余7万元作为陈某自愿支付给女儿的生活费。调解协议达成后，张某当庭支付陈某3万元现金，双方同时向法院递交撤诉申请。（区法院）

司 法

【概况】 2016年，全区有17个司法所，律师事务所7个，执业律师101人，法律服务所4个。花溪区司法行政工作主要以公共法律服务体系三级平台建设（区公共法律服务中心；乡（镇）、社区公共法律服务站；村级法律顾问室）为目标，发挥法制宣传、人民调解、法律援助、公证服务等各项职能，为花溪打造国家级文化旅游创新区和全域旅游先行示范区履职。（区司法局）

【人民调解工作】 2016年，区司法局对全区27个乡镇、社区，全区176个村（居）的人民调解委员会的日常工作进行管理指导，健全调解组织网络，完善调解人员名册齐全，保证人民调解工作"六统一"（标牌、标识、印章、程序、制度、文书）；对专职人民调解员进行业务技能提高培训一次；发放人民调解员工作补贴，审核调解纠纷的易难程度和调解数量对专职人民调解员上报的案件补贴，落实人民调解案件回访工作。全年调解案件2190件，调解成功2188件，民间纠纷调处率100%，调解成功率95%以上。（区司法局）

【公共法律服务】 2016年，接受法律援助案件306件，其中刑事案件59件，民事案件247件，诉讼案件153件，接待来电来访800人次。律师事务所接受法律援助指派案件118件，基层法律服务所接受法律援助指派169起。完善全区17个法律援助工作站、179个村居法律援助联络点。花溪区在册4个法律服务所和19名法律服务工作者全部注册核准。推进"花溪区公共法律服务体系建设暨一村（居）一法律顾问"惠民实事工程，实施公共法律服务中心、公共法律服务站、公共法律服务室三级体系建设。全区27个乡镇（社区）176个村（居）完成法律顾问资源配置全覆盖工作。对律师、法律服务工作者、司法行政干部、村（居）人民调解员开展培训两次，受训人数300余人。（区司法局）

【公证服务】 2016年，贵阳市明珠公证处办理各类公证797件，其中民事792件，经济5件，公证收费354586万元，接待群众咨询3200余人次。参与花安高速、花石路、天河大道、保利项目、美的项目、清溪路改造、思杨路、恒大地块、大学城师大地块、麟山水泥厂、青黔高速、恒大项目及贵阳1号碧桂园、龙行神州、麟山黄磷厂、永固化工厂、金龙水泥厂、青惠高速、西南广场等重点项目的保全证据工作，参加政府组织的拆除违章建筑行动。开展为老、弱、病、残等弱势群体上门服务活动，与法律援助中心合作开展公证服务，全年办理法律援助公证16件，针对经济困难的群众，予以减免公证费用。（区司法局）

【律师队伍建设】 2016年，全区有七家律师事务所，贵州黔鹰律师事务所、贵州群众律师事务所、贵州民光律师事务所、贵州桓智律师事务所、贵州元年律师事务所、贵州齐之越律师事务所、贵州丰语畅律师事务所，有执业律师101人。选派律师担任花溪区142个村居的法律顾问。组织全区律师参观花溪区检察院反腐倡廉警示教育基地，进行律师职业道德和职业纪律的教育。开展“以案释法——律师行”活动，2016年全区律师事务所开展法律咨询8次，开展法律知识讲座3次。

（区司法局）

【社区矫正人员管理】 2016年，全区接收社区矫正人员196人，解除社区矫正151人，现有在册社区矫正人员217人，其中缓刑184人，管制3人，假释25人，暂予监外执行5人。全年开展非监禁刑审前调查评估206例，经调查评估适宜纳入社区矫正的146例，不适宜社区矫正的60例，所有调查评估意见均被法院采纳。全区推进社区矫正宣告场所规范化建设，孟关、溪北司法所被评为贵阳市社区矫正示范点。通过花溪区司法局社区矫正信息管理平台对社区矫正人员实行定位信息管理，发放定位手机并定位监管160人。

（区司法局）

【安置帮教】 2016年，区司法局接收刑释解戒人员390人，其中监狱刑满释放258人，强制隔离戒毒出所132人，男性356人，女性34人，重点帮教110人，一般帮教280人，处于安置帮教期内的刑释解戒人员1202人。协调有关部门为刑满释放人员落实责任田120人，开展就业咨询76次，协调落实困难救助8人次，救助资金4000元，菜油100公斤，大米200公斤，棉被8床。

（区司法局）

【普法宣传】 2016年，区司法局参加“贵阳市2016年文化科技卫生‘三下乡’‘中国梦’文化进万家活动”宣传活动20余场（次）。向社区居民、周边村民及学生、流动人口等发放普法宣传资料。组织18个社区服务中心、9个乡镇在辖区开展以播放城管局拆违通告音频为主的宣传活动，社区、乡（镇）利用宣传车在各村（居），向村（居）民进行严厉打击违法违章建筑法律法规宣传。开展严打违建专项行动23次，受教育群众13000人次。开展“法律进校园”法治宣传活动6次，赠送普法书籍6000余本。7月28日，召开2016年花溪区人民调解员暨农村法律骨干培训会，贯彻落实加强农村法律骨干学法用法工作。开展新媒体宣传，《花溪司法局》网站上传更新40余条信息，浏览点击量达8000余次，《花溪司法行政》政务微博发布信息585条，粉丝数574人，手机短信宣传平台发送短信16800条。《法治花溪》微信公众号发布38条图文信息，粉丝104人。

（区司法局）

花溪年鉴 HUA XI YEARBOOK 2017

仲　裁

【概况】 2016年，花溪区劳动人事争议仲裁以构建和谐劳动关系为宗旨，坚持“预防为主、调解为主、基层为主、仲裁为辅”的原则，建立多层次、多渠道的劳动争议调解体系，加大劳动争议仲裁办案力度，维护用人单位和劳动者的合法权益，促进社会经济和谐发展。 （区人社局）

【案件审结】 2016年，收案390件（其中不予受理39件，立案受理351件），审理结案339件（其中裁决181件，调解158件），涉及工伤补偿13件，经济补偿或赔偿82件，劳动报酬115件，确认劳动关系32件，社会保险18件，双倍工资79件，涉案金额451.09万元。劳动人事争议仲裁结案率97%，调解率60%，终局裁决率72%。

（区人社局）

【基层调解组织建设】 2016 年 9 月，区人社局联合区工商联及区总工会制定花溪区的劳动人事争议调解组织建设三年专项行动实施方案，拟定 2016 至 2018 年三年工作目标，2016 年完成 3 家大型非公企业基层调解组织组建工作；采取“以案代训”的方式组织调解员进行现场观摩培训。全年组织三次乡（镇）、社区基层调解组织部分调解员 5 人到仲裁庭参加庭审现场旁听。 （区人社局）

【典型案例】 申请人范某某于 2016 年 1 月 6 日向区仲裁委提起书面劳动仲裁申请，申请人请求依法裁决：1. 支付 2015 年 10 月－12 月工资 32619 元（前 3 个月平均工资为 10873 元）；2. 支付 2015 年 8－12 月未签订劳动合同的二倍工资 54341 元。3. 要求被申请人继续履行与申请人的劳动合同。

申请人诉称：申请人于 2015 年 7 月加入被申请人贵阳某科技有限公司处，职务是新疆分公司经理，双方未签订劳动合同，约定标准工资为 12000 元/月。申请人入职后，认真履行工作职责，2015 年 11 月 12 日被申请人无故撤销申请人的经理职务，并且停止支付申请人 2015 年 10 月份以来的工资报酬。根据《中华人民共和国劳动合同法》等相关的法律法规的规定，请求被申请人支付申请人所诉费用，并继续履行和申请人之间的劳动合同，以维护申请人的合法权益。

庭审中被申请人辩称：1. 申请人与被申请人之间系合作关系，而非劳动关系。2. 申请人提供的证据不足以证明与被申请人之间存在事实劳动关系。3. 申请人与被申请人之间不满足劳动关系的构成要件。

申请人方提供证据：1. 银行卡客户交易查询记录（证明 2015 年 7 月工资为 10897 元、8 月为 10855 元、9 月为 10867 元）。2. 微信群中被申请人的企业广播通知（证明申请人为被申请人新疆分公司经理，被申请人于 2015 年 11 月 12 日撤销申请人的该职务）。

被申请人方提供证据：1. 投资入股协议。2. 转款凭证。3. 业务收入统计表。

争议焦点：双方是否存在劳动关系。

观点一：依据《关于确立劳动关系有关事项的通知》（劳社部发〔2005〕12 号）：“二、用人单位未与劳动者签订劳动合同，认定双方存在劳动关系时可参照下列凭证：（一）工资支付凭证或记录（职工工资发放花名册）、缴纳各项社会保险费的记录；……”之规定，庭审中申请人方提供银行卡客户交易查询记录（证明 2015 年 7 月工资为 10897 元、8 月为 10855 元、9 月为 10867 元）。根据银行记录认定申请人与被申请人存在劳动关系，且双方未订立书面劳动合同，应当支持二倍工资的诉请。

观点二：根据被申请人提交的《投资入股协议》，申请人（乙方）与被申请人（甲方）签订《投资入股协议》，申请人作为乙方参与被申请人的公司管理获取报酬是申请人的权利，且双方约定在先，参与管理在后，双方签订的《投资入股协议》中明确本案的申请人有协助配合被申请人及其分公司开展面向货车端的增值业务，虽然协议中并未明确乙方配合的具体内容，但可以看出申请人在新疆全境开展业务是按照双方签订的协议进行的。因为申请人参与被申请人及其分公司的业务开展是按照双方签订的协议约定进行，且申请人与被申请人双方是平等主体，故认定申请人与被申请人之间不存在管理与被管理的关系，双方建立的关系不满足劳动关系的构成要件，双方不存在劳动关系，不支持申请人的诉请。

区劳动人事争议仲裁委员会采用第二种观点，裁决不支持申请人的所有诉请。 （区人社局）

法制工作

【概述】 2016 年，区法制办按照区政府的要求，贯彻落实国务院《法治政府建设实施纲要（2015－2020 年）》《国务院关于加强市县人民政府依法行政的决定》，并按照《贵阳市2016年依法行政工作要点》和《贵阳市2016年度依法行政考核指标（区、市、县人民政府）》的安排要求，围绕建设法治政府的目标，推进依法行政工作。

（区法制办）

【树立依法行政的理念】 2016年，区政府要求全区中层以上领导干部参与网上学法，领会法律法规精神。区政府及各行政机关领导干部树立法治理念，带头依法办事，带头遵法守法，推动各项工作，运用法治思维和法治方式深化改革、化解矛盾、维护稳定。2016年7月，法制办、司法部门联合举办“2016年花溪区人民调解员培训会暨农村法律骨干培训会”，提升基层法制工作人员依法化解社会矛盾的综合能力。

为落实党的依法治国方略、建设法治政府的相关精神，花溪区在干部职工的人事考核中增设相关法治项目，并将法治项目作为人事考核不可缺的项目，促使全区干部职工学法守法，增强法治理念。

坚持严格、公正、文明执法，改进行政执法方式，推行文明执法、柔性执法，坚持执法行为适当原则。遵守国家法律法规，坚持依法行政。全区未发生因违法行政引起的群体性事件，没有党委、政府负责人违法、违纪的情况发生。行政机关负责人严格遵守法律、法规和纪律规定。各部门深入推进依法行政，坚守法律底线，及时研究解决依法行政中的突出问题，运用法治思维和法治方式深化改革、推动发展、化解矛盾、维护稳定。

（区法制办）

【依法全面履行政府职能】 深化行政审批制度改革。2016年6月，花溪区对区级部门承接下放的行政审批事项进行清理。经清理全区自2013年以来承接上级下放行政职权55项，涉及生态、水务、市场监管、卫计、文广、档案、城管、发改等十余部门，正常开展工作的有51项。余下4项，其中2项因法律法规调整而取消，2项因审批系统端口无法联通区县级而无法开展业务。在2016年对各部门权责清单进行动态调整工作中，将承接下放的行政审批事项一并纳入权力清单。按照《贵阳市2016年推进简政放权放管结合优化服务改革工作要点》的具体要求，贯彻落实国家、省简政放权放管结合优化服务改革电视电话会议精神，及时报送工作落实情况。

推进权力清单、责任清单和收费清单制度。一是按照省、市相关要求，区政府部门“权力清单”和“责任清单”于2016年初通过网络向社会公布，“清单”涉及区政府24个行政部门、4个直属事业单位和1个行政管理体制改革试点乡镇，2419项行政权力。区法制办、区编委办组织相关部门及乡镇政府开展2016年“权力清单”“责任清单”再次清理工作，各政府部门根据2015年以来法律、法规制定、修改、废止和上级下放、调整、取消等情况，对2015年公布的权责清单进行自查，各乡镇政府参照区属部门权力清单的清理办法，编制并公布本单位权责清单。经过清理，全区9个乡（镇）政府均编制本单位权责清单，634项行政权力，其中行政许可25项、行政处罚30项、行政强制22项、行政征收0项、行政给付47项、行政确认60项、行政奖励18项、行政裁决18项、行政检查48项、其他权力项366项。区级部门因法律法规规章的调整，需对权责清单作出相应调整的单位2家，分别是区卫计局拟取消4项，新增1项；区生态局拟取消44项，新增114项。二是执行国家、省关于政府性基金清单相关制度，及时公布国家决定取消、免征和整合的收费目录清单。

转变政府职能。一是严格执行《中央定价目录》《贵州省定价目录》和《贵州省企业投资项目核准目录》并按要求进行公示。二是建立“借、用、还”相统一的地方性政府债务管理机制，制定《关于加强花溪区政府融资“借、用、还”一体化管理的意见（暂行）》，切实加强政府性债务管理工作，促进经济社会持续健康发展。三是对违法违规或影响公平竞争的税收等优惠政策进行专项清理。比照“规范性文件是否违反法律法规规定；是否设置影响公平竞争的优惠政策；是否违法限制公民、法人或其他组织的权力和违法增加公民、法人或其他组织的义务；是否存在适用期已过、调整对象不存在等与现实情况不相适应的情况”的清理标准，区政府及各工作部门、各乡（镇）未制定税收等影响公平竞争的优惠政策。

（区法制办）

【加强和改进政府制度建设】 完善政府立法体制机制。按照市政府法制局安排，花溪区组织相关职能部门对《国家生态文明实验区（贵州）实施方案》《贵州省老年人权益保障条例（草案）》《贵阳市蔬菜基地建设保护办法（征求意见稿）》《贵阳市大气污染防治办法（草案）》《贵阳市建筑垃圾管理规定（征求意见稿）》等省、市有关部门转来的上位法草案征求意见，结合花溪区实际进行研究，反馈意见和建议，配合市法制局开展市人大常委会和市政府立法计划工作。

加强规范性文件的监督管理。贯彻实施《贵州省规范性文件制定程序和监督管理规定》，2016年4月印发《关于开展规范性文件全面清理工作的通知》，要求职能部门对2011年至2015年制定现行规范性文件进行清理，在清理过程中着重对不适应经济社会发展、与法律法规规章规定不一致、相互之间不协调等现象的规范性文件进行修改和废止，全区清理工作已完成，对2011年以来制定并通过备案审查的规范性文件编制目录，通过政府网站向社会进行公开。

（区法制办）

【健全依法决策机制】 建立完善重大行政决策制度。为使花溪区各项工作法制化、规范化、制度化，提高行政效能，区政府于2011年制定《花溪区人民政府重大行政决策合法性审查制度》《花溪区人民政府重大行政决策听取意见制度》《花溪区人民政府重大行政决策听证制度》等相关机制，贯彻落实贵阳市重大行政决策相关程序规定，完善重大行政决策听取意见制度，作出重大行政决策前广泛听取、充分吸收专家学者以及社会各方面的意见和建议，并以适当形式反馈或者公布；完善重大行政决策合法性审查制度，规定重大行政决策事项在应当会前交由法制机构进行合法性审查，未经审查或者经审查不合法的，不能提交会议讨论，作出决策；完善重大行政决策集体讨论制度，凡属于重大行政决策事项都要经政府会议集体研究讨论决定；完善行政决策风险评估机制方面，花溪区不断完善有关经济社会发展和人民群众切身利益的重大政策、重大项目等决策事项的合法性、合理性、可行性和可控性评估制度，把风险评估结果作为决策的重要依据，未经风险评估的，一律不得做出决策。

加强合法性审查。建立《花溪区人民政府重大行政决策合法性审查制度》外，按照省政府办公厅《关于推进政府法律顾问工作的意见》和市政府办公厅《关于进一步加强政府法律顾问工作的通知》，为发挥政府法律顾问在政府重大决策、重要工作、重要事项中的参谋、助手作用，花溪区制定印发《花溪区人民政府关于推进政府法律顾问工作的实施意见（暂行）》，挂牌设立区政府法律顾问室，在已有政府法律顾问基础上，再行聘请数名兼职（专职）执业律师组成法律顾问团，与法制办合署办公，建立健全法律顾问工作规则，保障法律顾问工作经费，推动建立政府法制机构人员为主体、吸收专家和律师参加的法律顾问队伍，让政府法律顾问广泛参与到项目建设、资源开发、招商引资及方案咨询论证、招商引资谈判及协议拟定等政府活动中来，及时向政府领导提供高质量的法律意见和最优法律路径。《实施意见》对乡、镇人民政府、各社区、各单位相应设立法律顾问室进行安排和部署。2016年，对协议、合同等涉法文件及重大决策130余件提出书面（或口头）法律意见，内容涉及城市建设、城市管理、企业改制、土地房屋征收、土地权属、对外经济活动、招商引资、生态文明建设、旅游发展、金融、群体性事件的处理等，上述法律意见大都被区委、区政府决策时采用。（区法制办）

【规范公正文明执法】 改革行政执法体制。花溪区包括城市管理领域在内的各行政管理部门均按相关要求组织开展细化行政权力运行流程、编制行政权力清单以及行政执法运行流程图工作，权力清单向社会公开。同时按照上级工作安排，推进城市管理综合执法、整合城市管理领域执法主体，及时对《关于推进贵阳市城市执法体制改革改进城市管理工作的实施方案》等城市管理方面法规规章立法草案进行认真研究和意见反馈。

创新行政执法方式。各行政职能部门建立健全行政处罚、行政许可公示制度，将重大行政处罚及行政许可业务通过网站等形式向社会公开。按国家、省、市要求开展行政执法“双随机一公开”工作。

完善行政执法程序。花溪区组织各行政执法部门开展行政处罚自由裁量权基准清理工作，将全区行政执法部门所涉2416项行政处罚事项依照相关法律法规进行细化，完善自由裁量权基准，规范行政处罚自由裁量权行使。按照省市相关要求，持续推进该项工作，与各行政部门探索，形成制度，成为常态，常抓不懈。建立并执行重大行政执法决定法制审核相关机制。

严格行政执法责任追究。花溪区于2016年10月24日印发《关于开展行政执法案卷评查工作的通知》，对各单位的行政执法案卷评查工作进行安排和部署，此项工作于11月底完成。经过各部门开展案卷评查，督促规范行政执法程序，强化提升行政执法人员对法律、法规和规章条文的理解能力、对行政违法行为的调查取证和分析判断能力，以及对行政执法文书的制作运用能力。同时，落实行政执法过错责任追究机制，花溪区各职能部门均严格按照上级要求，建立健全行政执法投诉举报制度。

严格行政执法人员资格管理。花溪区坚持对外改进执法方式，坚持文明执法、柔性执法，严格落实持证上岗、亮证执法制度，坚持以人为本、执政为民，在服务中实施管理，在管理中实现服务，由法制部门和相关主管部门不定时开展对行政执法人员持证上岗、亮证执法、柔性执法情况开展监督检查。为严格行政执法主体资格，杜绝合同工、临时工等不符合资格人员持有行政执法证的现象，花溪区分别于2016年1月和10月，组织区政府各职能部门开展行政执法人员清理工作，对退休、调离等工作原因离开执法岗位的，对工勤等违规持有执法证的，一律由法制机构收回执法证件。

强化行政执法保障。一是各行政执法部门依法履责，开展跨部门联动执法。2016年8月，区城市综合执法部门联合社区、市场监管、生态、国资公司等多家单位，对花谷路占道经营、油烟及噪声污染的夜市摊点进行联合整治；2016年7月、9月，花溪区制定专项行动方案，多次由商务、城管、农业、公安、社区、市场监管等多部门联合对城区活禽交易及宰杀开展执法行动。二是各行政执法部门严格遵守《贵州省罚没财物管理办法》，建立完善罚没财物处置、监督管理等相关制度。（区法制办）

【强化行政权力制约监督】 自觉接受监督，健全行政权力运行体制。花溪区自觉执行行政诉讼法的相关规定，在法定期限内及时提交答辩书、作出具体行政行为的证据及相关材料，准时出庭。2016年，参加行政应诉25件，民事应诉1件，内容涉及行政决定、政府信息公开和拆迁补偿、煤矿关闭等方面问题，及时向人民法院提交作出具体行政行为的依据、证据和其他相关材料。另外花溪区各乡镇和各部门自觉履行人民法院生效的判决、裁定，督促乡镇、部门整改落实人民法院司法建议提出的有关问题，配合人民法院的行政审判活动，支持人民法院依法独立行使审判权。认真贯彻落实国务院、省、市政府关于行政复议工作规范化建设的相关要求，通过开展行政复议工作以及回顾总结的方式，花溪区行政复议案件工作办理水平不断提高，在涉及的行政诉讼中多数行政复议决定得到法院的维持。2016 年，花溪区收到行政复议申请 7 件，2 件经审查不符合行政复议受理范围，依法向申请人做出行政复议不予受理决定。依法受理的 5 件中，结案 3 件，尚有 2 件在审理之中。同时配合市级复议机构做好行政复议工作，按时向上报送行政复议相关证据材料。支持审计部门加强对财政专项资金、重大投资项目、社会保障基金、住房公积金、扶贫救灾资金等监督管理工作，认真履行财政、审计、监察机关处理决定，有错必纠，及时整改落实存在的问题。

加强内部监督。花溪区政府法制办公室作为区政府行政执法监督机构，对全区各行政执法部门的依法行政、行政执法行为进行监督和指导。

全面推进政务公开。认彻实施《中华人民共和国政府信息公开条例》《贵阳市政府信息公开规定》及有关法规、规章，加大政府信息公开力度，在区政府及各部门网站及时发布信息，重点推进公共资源配置、重大建设项目批准和实施、社会公益事业建设等领域的政府信息公开，不断拓宽公开的领域，并要求做到信息公开要及时、准确、具体。健全政府信息公开的监督和保障机制，利用政府信息网络向人民群众提供政府信息，依法公开办事依据、条件、要求、过程和结果，充分告知办事事项相关信息，规范和监督医院、学校、公用等公共企事业的办事公开工作，重点公开岗位职责、服务承诺、收费项目、工作规范、办事纪律、监督渠道等内容。创新政务公开方式，充分利用现代信息技术，建设好互联网信息服务平台和便民服务网络平台，方便人民群众通过互联网办事，查询办理结果，获取办事相关信息。

（区法制办）

【依法化解矛盾纠纷】 健全行政纠纷化解机制。在工作实践中，花溪区各单位、各执法工作部门正确运用好和解、调解手段，化解行政争议。在查明事实、分清是非，不损害社会公共利益和他人合法权益的前提下，根据自愿、合法的原则，依法运用和解、行政调解手段，化解行政争议。对于争议不大、案情简单、法律关系清楚的行政复议案件，在经双方当事人同意后，可以在立案受理环节以和解、行政调解的方式结案。全区设立 9 个专业调解委员会，30 余个行政调解工作室，主要涉及食品安全、道路交通安全、环境保护、林地纠纷、土地纠纷及矿群矛盾、城市建设及物业纠纷、劳动争议纠纷、学生权益保护等方面的纠纷调处。

加强行政复议工作。贯彻落实省、市政府关于政府行政复议机构及编制的相关规定，保障行政复议队伍必备的工作条件和经费。花溪区法制机构 3 名工作人员均具有贵州省行政复议资格，能够正常开展行政复议工作。

落实行政机关应诉工作机制。花溪区印发《花溪区行政机关应诉举证制度（暂行）》《花溪区行政机关行政首长出庭应诉制度（暂行）》以及《花溪区行政机关庭审观摩制度（暂行）》，督促全区各单位行政机关负责人出庭应诉，在 2016 年的行政诉讼中，各单位行政机关负责人大部分能够做到出庭应诉，不能到庭应诉的均向人民法院提交不能出庭应诉的情况说明以及委托出庭的委托书。

（区法制办）

【依法行政的组织保障】 加强党的领导，落实第一责任人责任。一是在 2016 年 4 月通过《关于印发 <全市政府法制工作会议精神传达提纲> 的通知》，向区各单位书面传达市政府法制工作会议精神，花溪区结合自身工作实际于 5 月印发《花溪区人民政府 2016 年依法行政工作要点》，将会议精神转化为实际工作要求，通过具体工作部署落实市政府法制工作会议精神。二是涉及依法行政的重大决策、重要工作，均专题向政府常务会议、区委常委会议提出，进行集体研究。三是坚持依法行政工作报告制度，区政府2016年的依法行政工作情况2016年年底分别向市政府和区委进行报告，通过政府网站向社会进行公开。2016年的依法行政工作报告在年底前向市政府和区委、区人大进行报告，并对社会公开。

强化考核评价和督促检查。2016年12月，花溪区组织对全区各部门2016年度依法行政工作进行考核，经检查，各部门依法行政意识和水平有较大提高。2016年12月7日，区政府印发《花溪区2016年度依法行政考核指标》，组织对全区各单位进行本年度依法行政考核工作，考核于12月15日结束。以目标考核促进依法行政工作。花溪区将依法行政考核作为全区年度绩效目标考核的重要内容，2016年区目标考核部门将依法行政考核分值初定为40分，在绩效考核200分满分中占比20%。将党政负责人年度依法行政述职纳入2016年的年度目标考核范围。

加强政府法制机构建设。按照区机构编制部门的正式文件，区政府法制办规格为正科级，行政编制数5个，设主任一名。目前法制办实际工作人员3人。（区法制办）

（责任编辑　翟长保）

军 事

花溪年鉴
2017HUA XI YEARBOOK

武警花溪中队设卡检查（武警花溪中队 供稿）

花溪区人民武装部

【概况】 2016年，区人武部开展“两学一做”学习教育活动，学习习主席系列重要讲话特别是关于国防和军队建设重要论述，加强反腐倡廉教育和警示法纪教育。先后组织干部、职工、专武干部和民兵党员50余人2次到孔学堂听专题讲座，到花溪公园戴安澜将军墓举行“缅怀抗日英烈、弘扬爱国精神”活动，到扶贫联系点久安乡拐耳村走访慰问等系列活动，把“两学一做”学习教育引向深入。

协调和组织现役干部、专武干部和民兵队员参加联考联评活动。先后修订完善作战预案、动员方案及配套保障方案计划，投入资金73万元，对战备物资器材进行补充完善，对全区29个乡镇、社区民兵应急队伍进行整组点验。以提高遂行急难险重任务的能力素质为重点，组织战时国防动员筹划演练，理顺指挥关系，规范指挥秩序，提高应急反应能力。组织120人的民兵队伍参加3公里越野、射击、战技组合、挡土墙堆砌、森林灭火、水上救援等科目考核，取得单项全优、总评优秀、全省第7名的成绩，被表彰为省军地联考联评动员筹划考评和军地联考联评优胜单位。持续抓武装工作基础建设，组织区国动委成员单位采取抽专人、分头采集、集中录入的形式，开展国防动员潜力调查。依托辖区产业优势，在小孟园区贵阳货车帮科技有限公司成立花溪区货车帮互联网+物流运输国防动员调度中心，组建物流运输民兵分队，较好地完成上级赋予的“四新”建设观摩任务。着眼“五率”标准要求，开展征兵各项工作，完成上级赋予的征兵工作任务。

坚持依法治军，“两化”建设持续发展。区人武部开展“条令学习月”活动和驾驶员专项教育整顿，投入资金40余万元，对办公场所、战备库室、营区建设、文化氛围等进行改造维修，确保以设施完善、要素齐全、功能满足的基本建设。同时，对照军委国防动员部“六个文件”开展安全隐患排查整改，对战备器材室的红外报警器、门卫室警报器进行更换，对涉移动存储设备进行重新编号登记，对核心涉密人员进行政治考核，对营区周边无线网络进行清理，打牢安全工作的基础，提升安全管理水平。区人武部在做好自身安全稳定工作的同时，还协助地方党委、政府做好涉军群体重点人员稳控工作，2016年组织召开军地联席会7次，走访慰问企业军转干部、“两参”人员38人次，参加地方应急维稳工作5次。

加强经费物资管理，综合保障水平不断提高。投入12万余元对办公楼进行改造，对民兵应急队伍骨干分队宿舍、办公楼进行修缮。规范后勤给养物资室，做好民兵训练、联考联评、征兵工作的后勤保障工作。着重抓好官兵、职工的卫生防病工作，落实各项卫生防病措施，促进官兵和职工身体健康。通过严把车辆派遣审批关，严格私家车管理，私自出车和干部开车等问题得到控制。

推进四项工作，军政军民关系和谐融合。在扶

5月19日，花溪区大学生入伍奖励金发放仪式暨高校征兵宣传活动走进贵州民族大学（区人武部 供稿）

贫工作方面，持续开展党建帮扶、教育帮扶、计生帮扶等精准扶贫工作，投入5万余元对贫困群众、复退军人和军烈属进行走访慰问，投入2万余元为帮扶点青岩镇贵璜中学改善办学条件，干部结对帮扶高坡乡杉坪小学苗族贫困儿童。投入2万余元帮助扶贫联系点久安乡拐耳村建立100余亩的民兵帮扶种植园，带动贫困群众发展种植、养殖业。在参建参治方面，常态组织民兵对花溪公园等重要区域进行治安巡逻，承担“两严一降”治安巡逻，配合做好全国“两会”、贵阳数博会等重要时期信访包案化解和重点人员稳控工作。在植树造林方面，落实上级关于抓好植树造林工作的要求，立足花溪区驻军众多的实际，协调区生态文明局、区民政局等单位在黔陶乡规划500余亩的军民植树造林基地。先后组织驻军官兵、民兵1300余人到军民植树造林基地开展植树造林活动。在元旦春节及八一期间，区四大班子带队走访慰问驻区部队18家，发放慰问金37.5万元。（区人武部）

武警花溪区中队

【概况】 2016年，花溪武警中队被贵阳市支队评为基层建设先进单位，在贵阳市支队2016年年度排名第三，被武警贵州省总队评为年度基层建设先进单位、正规化执勤优秀单位。

（曾 斌）

【党支部建设】 2016年，武警花溪中队围绕提高党支部“三个能力”和“建强三支队伍”，研究制定党支部班子岗位练兵活动计划和干部理论学习计划，坚持把学理论与学业务，岗位练与实践学有机结合起来，传达党委扩大会议精神，深入开展两学一做活动，坚持每周理论学习、组织干部骨干对“四会”教学、管理方法等进行研讨，干部骨干的能力素质得到提升，中队指导员曾斌被总队评为优秀“四会”政治教员。

根据中队建设的现状和存在的问题，组织官兵就“2015年形势怎么看，2016年工作怎么干”进行讨论，广泛征求官兵意见，科学制定按纲建队计划，明确工作重点，理清工作思路，狠抓工作落实。在日常工作中，坚持支部统筹计划，军人委员会建言献策，团支部全力配合，各组织机构按照分工抓好落实，较好地完成各项任务。

中队正副书记坚持交心通气，经常与委员交流意见，采取“日常工作常交流、重要问题会议研究定、敏感问题充分酝酿定”的方法，发挥官兵的监督作用。在事关战士切身利益的敏感问题上，坚持做到严格标准、条件、名额、程序，确保公开、公平、公正，营造良好环境。（曾 斌）

【政治教育】 2016年，中队围绕“举旗铸魂，坚定信念”的育人理念，营造奋发有为的政治氛围，筑牢官兵思想根基。一是抓政治教育不松劲。围绕改革强军，抓好党的十八届六中全会精神和习主席系列重要讲话精神的学习贯彻，以及对三级党委扩大会议的学习，落实学习制度，有针对性地抓好各个层次的理论学习，确保“不漏一人、不落一课”，增强教育活动的“一感三性”。同时中队还对应主题教育，结合中队实际开展各专题

反袭击训练（武警花溪中队 供稿）

小课教育，开展两学一做活动，利用板报、心得体会、党员承诺践诺丰富活动内容。组织官兵到花溪区孔学堂参观学习、参加讲座，结合支队组织学习的理论知识开展演讲比赛，深化两学一做活动。二是抓警营文化学习不松劲。落实“三个半小时”学习时间，加强图书阅览室的建设和管理。解决战士在生活、工作、学习和娱乐等方面遇到的实际问题。通过教唱革命歌曲、看健康影片、倡导读好书、写心得体会、开展球类比赛等活动，营造有利于官兵奋发向上、健康成长的学习氛围。利用元旦、春节、元宵节、清明节、五一、国庆节等重大节日组织晚会、篮球、套圈、下象棋、拔河、读书演讲比赛和卡拉OK等官兵文体活动。（曾　斌）

【按纲施训】　2016年初，中队参加支队组织的体能竞赛活动和勤训轮换竞赛活动，取得前十名的成绩；参加支队组织的教练员比赛，有两名士官取得优秀“四会”教员称号；中队长李发涛参加支队组织的中队长之家获得第四名的成绩。

执勤训练中队坚持在“三支队伍”上求突破：干部队伍，通过“以会代训”、实际操作、观看执勤规范相关录像，提高干部的组织指挥、情况处置的能力，学习执勤业务知识，提高干部的自身能力。士官队伍，通过实地训练，以会代训、经验交流等形式，提高士官的组勤能力，发挥士官在执勤中的领头雁作用。士兵队伍，在士兵的训练上，花溪中队除严格落实三员一兵一组一班演练、方案演练、应急班训练、快速装退子弹、三班四哨、情况处置、共同课目、体能等训练外，进行专哨专训，解决哨兵处置能力弱、心理素质差的问题，提高执勤能力。

强化应急班训练。每周专门安排应急班快速着装、战斗用语、武器装备操作使用、自动步枪射击预习等科目训练，每月对应急班拉动演练至花溪公园、学校等人流量大，易出现安全事故的场所，增强官兵的战备意识，实现人装、技战术最佳结合，提高全天候遂行任务能力，确保遇有情况快速反应、有效应对、高效处置。

狠抓执勤正规化。针对中队执勤设施老化，人员思想有所松懈，执勤忧患意识不强的实际，落实执勤八项制度、执勤“三项纪律”、“三个一遍”、“三员一兵一组一班”和备勤制度，严密勤务部署，规范报告词和哨位登记本，明确“三班四哨”、“三区一线”，正规执勤秩序。

狠抓隐患治理。中队严格开展安全大检查、百日安全竞赛、查找执勤隐患等活动，排查出安全隐患17处，执勤隐患8处，并对排查出的隐患进行挂账销号，及时对隐患进行治理。7月，中队协调看守所对监墙刀刺网进行更换130米，粉刷70米，10月对中队营门拒马进行制作和安装。

（曾　斌）

【部队正规化管理】　2016年初，花溪中队坚持把从严治警作为振奋部队士气、争创先进中队的突破口。一是抓条令，做到“常学活用”。中队以纠治“三松”为抓手，开展振歌声、呼号声、问答声和育英雄虎气、青春朝气、昂扬士气活动，结合士官作风纪律整顿，中队组织官兵学条令、知条令、用条令，正规“四个秩序”解决正规化管理和安全工作中存在的问题。二是抓关键，做到“紧盯不放”。中队紧盯新兵管理是重点、士官管理是难点、干部管理是要点、在外人员是险点、内部关系是燃点，抓实、做细有关人员的管理教育工作，以“密切内部关系，打牢安全基础”教育整顿活动为抓手，组织官兵学习讨论近年发生的事故、案件，从中吸取教训，采取明规定、严惩戒等措施，严防干部骨干违纪问题发生；抓好跟踪管理教育，确保管理工作有链接、无空隙。三是抓养成，做到“以细促安”。中队开展作风养成好、礼节礼貌好、精神士气好；善于思考、能说会干、敢于担当、做明白人评比活动，激发官兵“中队是我家，建设靠大家”的集体荣誉感。

（曾　斌）

【安全保卫】 在区公安局的领导下先后参与贵阳南站设卡勤务200余人次，查获涉毒、携带管制刀具等危害社会安全人员，确保重大会议、节假日期间花溪社会安全稳定。

响应区政府号召，中队组织多批次人员参与无偿献血活动。

中队救济孤寡老人、失学儿童及因家庭贫困无法就医人员。

9月30日，中队应区民政局邀请参加区政府组织的缅怀先烈，纪念戴安澜将军的公祭日活动。10月1日在区公安局组织的重温入警誓词活动，庆祝中华人民共和国成立67周年活动中担负升旗任务。 （曾 斌）

花溪消防大队

【概况】 2016年，花溪消防大队围绕党的理想信念建设，深化党的先进性和纯洁性，发挥党委班子的战斗堡垒作用。

根据干部调整实际，支队党委调整充实大队党委班子，通过召开党委会、党员大会对班子成员工作任务进行科学分工，对2个基层党组织（大队部党支部、中队党支部）进行规范。全年大队党委开展中心组集中学习10次，班子成员自学21余次，学习笔记和心得体会4.3万余字，撰写调研报告7篇，大队党委书记为中队授课7次。

大队每半年分别向社会单位开展公开述职述廉活动，征求群众意见、落实廉政制度、完善廉政方案等方式，增强各级领导班子及成员筑牢拒腐防变的思想道德防线，净化生活圈、社交圈和娱乐圈。同时，纪检委员介入消防监督执法工作，对消防审核验收、大型物资采购等跟踪问效，层层签订《廉洁自律承诺书》，确保一级抓一级、层层抓落实，重点监督各个薄弱环节的不廉洁行为，深入走访社会单位及群众，适时关注执法动态，随机抽取消防监督执法档案进行回访，查看相关台帐，不分时段、不走形式，真实收集广大人民群众的意见建议，随时监督执法工作，确保“廉政执法、廉政检查”，有效遏制违法违纪案件的发生。

围绕“亮身份、亮承诺、亮行动”和“正风肃纪”专题活动，旗帜鲜明地抓好反腐倡廉和作风建设，营造良好的队风队貌。

一是抓廉政树形象，大队党委坚持与每名监督员定期开展廉政谈话，与每名干部再次签订《廉政承诺书》，组织全体官兵分别签订严守党纪禁令警规承诺书并张榜公示。大队坚持开展聘请执法监督员、走访单位、问卷调查、警民座谈会等形式，解决群众反映强烈的突出问题；纪检联络员每月开展一次廉政教育，每月召开党委会进行议廉议教。二是以中央“八项规定”和“五条禁令”、公安部“三项纪律”、公安消防部队从严治警“十条禁令”等警规禁令为依据，落实“两个责任”，筑牢更加严明的纪律防线、全面落实更加严格的制度执行、全面规范更加严肃的管教秩序、全面纯洁更加严谨的队伍作风；三是着力清理整治官兵在“队伍管教、作风建设、财经管理、监督执法”四个领域存在的问题，转变官兵的工作作风、廉政作风和为民办实事的作风，强化干部忧患意识、节俭意识和公仆意识，提高官兵拒腐防变能力，教育官兵严格遵守落实党风廉政建设相关制度，清清白白做人、堂堂正正做事，公道正派，廉洁自律，当好表率。

围绕消防部队建设发展需要，强化“打赢”能力，提升部队战斗力。

大队党委始终将提升队伍战斗力作为根本，不断强化“打赢”能力，从理论、实战等多个方面出发，抓队伍，强基础，出成效。一是坚持“练为战”的思想。及时制定下发2016年度岗位练兵活动方案，开展各项业务、体能、心理训练，结合花溪地区地质、地形、地貌和气象特点，定期组织开展水上救援、水下救援、车辆事故救援等针对性的综合训练。2016年，大队先后开展灭火救援演练72次，应急处突演练4次，大队官兵实战能力得到全面提升；二是坚持打牢数据基础。大队落实总队、支队两级关于加强数字化预案及普通灭火救援预案编制及录入要求，指定专人负责录入。三是敢打必胜完成各项安保任务。全年，大队做好生态文明贵阳（国际）年会、酒博会、旅发大会、数博会等重大活动的勤务安保。大队在警力紧张、连续作战的情况下，拟定各项重大活动安全保卫工作方案，通过常规检查和夜间错时检查的形式对辖区开展隐患排查。参加现场巡查和驻勤，开展实兵实战灭火救援演练，投入安保一线执勤战备，监督检查，为各项会议、大型活动成功举办营造良好的消防安全环境。2016年，大队接警428起，出动428次（含增援），其中发生火灾14起，未发生人员伤亡火灾事故。全年出动消防车809辆次，人员4854人次，抢救被困人员37人，疏散人员165人，抢救财产价值1005.6万元，为保护人民生命财产安全作出应有的贡献；四是推进队伍建设。大队严格按照总队、支队要求，落实专职消防队伍正规化建设，帮助青岩、孟关专职消防队制作详细档案，规范人员招收、基础建设、日常训练、作息标准等内容。

围绕火灾隐患集中整治，夯实火灾防控基础，稳步推进社会化消防工作。

一是加大重点防范力度，科学评估，以专项整治为抓手，提高火灾防控能力。二是重新界定全区83家消防安全重点单位，将火灾危险性较大的单位纳入消防监管视线；三是组织相关社会单位对花溪区内所有的高层建筑、公共娱乐场所进行全面的摸底排查，并科学制定整改计划，明确整改时限，落实整改措施，最大限度地消除火灾隐患；四是先后组织公安、住建、城管、教育、社区等各相关部门，开展人员密集场所、易燃易爆场所、非标建筑、物流仓储、非法无证幼儿园专项整治行动。查处和整改一批火灾隐患和消防违法行为，得到区委、区政府的肯定，确保花溪区消防安全形势持续稳定。全年，大队检查单位1591家（次），发现火灾隐患或违法行为2998处，督促整改火灾隐患或违法行为2988处，下发责令整改通知书1446份，下发行政处罚决定书38份，下发临时查封决定书10家，责令“三停”单位19家，罚款76.26元，行政拘留2人。五是增强社会各界消防安全意识，宣传手段不断创新，消防宣传工作稳步推进。2016年，大队参加总队举办的“消防安全进军训暨消防技能大比拼”“3·15”“学生消防安全月”“防灾减灾日”“安全生产月”“119消防宣传月”等各类消防安全宣传活动11次，接受群众咨询4000余人次，组织辖区消防志愿者深入小区走进家庭，对居民开展消防安全知识讲解、掌握家庭火灾预防、扑救、逃生、报警等基本消防知识2000余人次，提高辖区居民的消防意识。同时，创新消防宣传手段，投入资金，成立宣传团队，创建“花溪消防安全”公共微信平台、“花溪消防”短信群发平台和开创自媒体时代消防宣传新阵地，定期发布消防动态，开展消防安全隐患举报、隐患曝光和策划消防宣传大型活动、在节假日期间发送消防安全提识等。全年发放宣传资料5000余份，消防站对外开放19次，受教育人数2000余人；组织开展特有工种人员、重点单位消防负责人、派出所监督执法、“户籍化”消防管理等培训活动9次，受益人员达1000余人。利用LED显示屏播放消防宣传公益广告、短片80余条，整合新闻媒体开展消防安全教育、监督执法、灭火救援等报道30余篇，开展消防知识培训14次，组织开展消防疏散逃生演练26次。

围绕花溪区消防工作发展的实际，不断提升综合保障能力。

大队按照目标责任书要求，一是加强后勤管理。坚持“党委统管、按级负责、先批后支”的原则，重大财经事项集体研究决定，大项经费开支实行逐级申报审批制度。二是即将对大、中队营房及相应库室进行改造，改善基层官兵工作生活环境。三是车辆装备建设及保障能力全面提升。区委、区政府高度重视大队应急救援装备建设，大队2016年消防工作目标责任书内的各项经费预算全部列入财政预算，投入消防经费759.8万元。其中，消防业务经费在2015年400万元的基础上增至420万元。车辆器材装备购置经费150万元，官兵执勤、高危补助82.8万元，乡（镇）、社区、派出所专项经费为42万元，消防文员、综合应急救援队伍、信息化建设、伙食补助、专职消防员、官兵医疗、后勤社会化保障、装备营房维护、火灾隐患举报等65万元。各项经费基本落实，为2016年全区消防工作提供财力保障。（区消防大队）

人民防空

【人防设施建设】 围绕文化旅游创新区、全域旅游区的138个重点项目，逐一审核，配合各指挥部和项目单位完善人防手续，督促协助项目单位严格按照应建必建、同期同步的要求，规划设计人防地下工程。配合督促青岩文化综合体项目指挥部、花溪旧城改造综合项目指挥部、孟关汽贸城建设指挥部等单位完善人防工程建设手续；加强在建项目的工程管理，督促辖区内房地产项目完成人防工程报批和结建；督促贵州大学二期建设项目办理人防建设手续。2016年审核人防地下工程建设项目9个，核建人防地下室办理人防地下室易地建设项目22个，依法收取人防易地建设费1201万元。

推进机动指挥所和人防教育基地建设。在市人防办的支持下，开展机动指挥所建设的前期工作。利用花溪区公园改造机会，启动人民防空宣传中心建设工作。选址葫芦坡防空洞，修复洞口伪装房，洞内布置花溪区国防、人防教育基地，开展人民防空教育。在《花溪区十三五规划》中纳入人民防空机动指挥所、地面应急指挥所、本级政府人防指挥所建设等人防工作，以《规划》促建设。（熊 琳）

【人防设施管理】 落实《贵阳市结建防空地下室维护管理规定》，开展花溪区内已结建防空地下室维护管理工作。清理已结建的地下人防工程，按照贵阳市结建人防工程管理规范督促项目单位实现有序管理。花溪区人防办督促人防地下室隶属单位办理《结建防空地下室平时使用证》，落实《岗位责任制》《定期检查和维护保养制度》《消防管理制度》《维护保养档案管理制度》等，并制作、悬挂标志标牌，设立人防专用检查车位，确保人防工程保持良好状态，做到战时能防空袭，平时能防灾并为经济建设和人民生活服务。警报器的维护管理是区人防办重要工作内容之一，全区有警报器11台，为确保警报器的正常运转，按照贵阳市的统一安排对全区警报器进行升级改造工作，并落实《警报器维修检查制度》，每月一小查，每季度一次大检查。（熊 琳）

国防教育

【概况】 2016年，花溪区国教办拟定花溪区2016年全民国防教育工作要点，并下发通知（花国教字〔2016〕1号）及关于组织开展纪念《中华人民共和国国防教育法》颁布施行十五周年宣

6月1日，省军区司令员王盛槐率“四新”建设观摩团参观花溪区货车帮科技有限公司“四新”建设（区人武部 供稿）

传教育活动的通知（花国教字〔2016〕2号），转发市国防教育办关于认真组织开展“拥军爱军工作日”工作的通知（花国教字〔2016〕3号）。在兴隆社区、高坡乡举办拥军爱军工作月；9月19日开展纪念红军长征胜利80周年活动，发放宣传资料2000余份，万余群众参观图片展。

在全区开展国防教育纪念日活动，在驻区高校、乡（镇）、社区开展征兵宣传动员、发放宣传资料、制作并展示宣传国防知识展板，组织优秀大学生士官兵事迹报告会，开展“拥军爱军工作日”活动，各级领导到部队慰问，解决部队困难，并对军烈属、退伍军人进行走访慰问，区人武部组织驻区部队官兵及民兵，参加社会协调发展，开展纪念红军长征胜利80周年活动。以传承“红色基因”为主题，在大、中、小学开展各类国防宣传教育活动，使同学们国防意识得到加强。按市国防教育办安排，编写报送《贵阳市花溪区国防教育》读本，答复省政协第517号提案，参与2016年“贵州省军地联考联评”工作，并受到省联考联评工作组表扬。

区国教办在开展国防教育活动中，强化组织措施，健全网络机构。建立完善各单位、各乡（镇）、社区服务中心、各村（居）、各类学校和骨干企业的国防教育兼职联络员网络体系。组建国防教育义务教员队伍。将国防教育工作纳入党政工作的重要议事日程、纳入地方经济和社会发展及部队建设的总体规划、纳入目标责任管理、纳入精神文明建设重要内容。实行军地主要领导亲自抓、分级负责系统抓、团结协作齐心抓、结合发展创新抓的“四抓”工作机制。把国防教育纳入《花溪区国民经济和社会发展“十二五”规划纲要》，将国防教育法规列入花溪区“六五”普法规划；制定《花溪区全民国防教育“十三五规划”》，明确国防教育的目标任务。区乡两级有专人负责，确保国防教育分级抓落实；国防教育进机关。党政领导干部坚持过“军事日”活动，聘请专家、学者讲授“国防知识”，把国防教育纳入区委常委学习内容，组织召开武装工作会议，安排部署全区双拥工作和加强民兵队伍建设工作，经费纳入区财政预算。加强有关人员培训，由区委组织部组织全区133个村支书、主任、村支部委员、村委会委员到贵州民族大学、区委党校进行培训，课程内容含群体性突发事件的预防与处置和军训列队及消防演习。区直机关工委组织党务干部41人赴井冈山接受革命传统教育。国防教育进学校。区教育局将国防教育纳入年度工作计划，建立督促、指导、检查学校开展工作制度，每个学期举办学校国防教育任课教师培训，明确高中、初中、小学学生军训的要求。国防教育进企业，企业将国防教育列入职工素质教育计划，结合政治教育、业务培训、文化体育活动，对职工进行国防教育。国防教育进社区、进农村和进家庭，在创建全国文明城市活动中，将国防教育列入社会主义精神文明建设范畴和开展创建文明社区、文明村镇、“五好家庭”“光荣之家”等评比活动。在开展创建全国文明城市活动和评选双拥模范城（县）工作中，全区评选出湖潮乡、石板镇花街村、高坡乡扰绕村、青岩镇龙井村等文明村镇（其中青岩镇龙井村为全国文明村），有1.8万户获“五好家庭”称号，占全区总户数的21%。在社区农村开展向军烈属家庭送温暖活动，帮助225户困难优抚对象新建、维修住房，投资金90万元，为优抚对象实施医疗补助15万元，对20余名在乡优抚对象实施医疗困难救助5万元，制作并发放军烈家庭光荣牌600块。区文广局组织全区3个电影队、6个站点工作人员，走村串寨为广大村（居）民播放革命故事片，全年放映800余场次。制作国防教育展板摆放在人群集中的路段让市民观看，在乡（镇）社区、村居委会的黑板报和法治专栏上，定期登载有关国防教育的法律法规和国防知识，在交通要道旁书写永久性标语100多幅，加大推进全民国防教育的力度。（区国教办）

（责任编辑　周年辉）

经济管理

花溪年鉴
2017HUA XI YEARBOOK

12月10日，花溪区人民政府区长梅俊在大数据论坛上发言（王文娟 摄）

花溪年鉴 HUA XI YEARBOOK 2017

国土资源管理

【地籍管理】 按照国家不动产登记的要求，花溪区开展地籍区（子区）的划定工作，全区（包含贵安、经开区）划定地籍区21个，地籍子区276个。2016年查询档案386次，整理并移交经开区地籍档案资料59宗；收集整理地籍档案资料98宗并移交花溪不动产登记站。（区国土分局）

【耕地保护与开发】 2016年，花溪区经营性土地供应均执行“六统一”规定，贵阳市本级成交的土地中，涉及花溪区净地地块28宗，净用地面积1.55平方公里，出让金总额38.47亿元。

（区国土分局）

【土地执法检查】 针对全区违法建设、用地日趋严重事态，国土资源局花溪区分局加大巡查力度，在全区范围内进行拉网式的巡排查，截至2016年底，出动巡查次数达600余次，出动巡查人员达800多人次，下发涉及土地、矿产的《责令停止违法行为通知书》或《责令改正违法行为通知书》500余份，制止土地违法行为150余起，并按要求进行报告。（区国土分局）

【查处违法用地】 2016年，花溪区管辖范围监测图斑830个（不含贵安新区直管区域和经开区代管区域），监测面积8021.6亩，其中耕地面积5245.7亩。新增建设用地图斑524个，面积3056.6亩，耕地2020.9亩。新增违法用地图斑419个，面积1375.1亩，其中耕地面积958.9亩；经外业核查、内业判片后，最终认定花溪区违法图斑35个，监测面积253.16亩（其中耕地183.04亩），违法占耕比例为6.7%。涉及项目21个，立案查处28宗，收缴罚没款280.9万元。

（区国土分局）

【矿产资源管理】 截至2016年底，花溪区采矿证合法有效矿山11个（4个煤矿、7个非煤矿山），其中，正常生产矿山5个（1个建筑用砂石、2个水泥用灰岩、2个硅矿）。今年5月到期关闭煤矿1个。国资分局组织对花溪区域内的矿山开展采矿权年检，6家矿山企业通过年检；完成2016年矿产资源补偿费的征收工作，征收资源补偿费14.97万元。（区国土分局）

【地质灾害防治】 2016年，花溪区出动4334人次（其中汛期3121人次）开展汛期排查工作，经排查新发现高坡乡杉坪村村口公路存在危石；燕楼镇旧盘村周刚等4户因修建花安高速边坡处理不当造成房屋开裂；青岩到高坡K13+500米处出现路面沉降；中石油贵州天然气管道燕楼—孟关支线7#+200M滑坡等安全隐患4处。

初步建立区、乡、村三级监测网络体系，每个隐患点均明确监测人员，区人民政府、区地灾办按照400元/人/月的标准对一线监测员进行补助。由区财政出资治理的地质灾害隐患点3个，分别为阳光社区梦溪笔谈别墅区8栋南侧应急治理（约420万元），基本完成，待验收；久安乡雪厂村大树桩滑坡治理（约15万元）、马铃乡马铃村红岩组滑坡治理（约7万元）治理工作已完成。

利用“4.22”“5.12”“安全生产月”宣传日开展地质灾害防治知识宣传。通过视频观摩贵州省毕节市七星关区地质灾害应急演练以提高地质灾害防治工作人员的实战能力。（区国土分局）

【旅游资源大普查】 2016年，国土分局完成全区4镇5乡、18个社区服务中心、122个行政村、52个居委会的“第一轮”旅游普查工作。7月26日至9月26日完成“第二轮”旅游资源大普查查缺补漏工作，并对花溪河、老榜河、青岩河、赵司河、红岩峡谷、鬼架桥峡谷的穿线调查。全区调查旅游资源单体1002处，其中新发现旅游资源单体271处，占比27.0%；经各类专家进行等级评价，优良级旅游资源195处，占比19.5%；未开发旅游资源787处，占78.5%。旅游资源按级别统计：零级资源164个（包括云顶制银洞、莲花寺旧址、煤冲暗河、新寨象山等），一级资源392个（包括骑龙将军石、黔陶百年枫树林、贵州紫袍玉带石雕、太平洞遗址等），二级资源251个（包括贵茶生产基地、五色花海、甲定石林、状元府街等）、三级资源137个（包括甲定洞葬、贵州古生物化石博物馆、高坡红色遗迹、扰绕梯田等）、四级资源53个（包括鬼架桥、黄帝坡、红岩峡谷、花溪夜郎谷等）、五级资源5个（分别为天河潭景区、花溪公园、花溪湿地公园、青岩古镇、孔学堂）。（区国土分局）

统计管理

【概况】 2016年，区统计局在抓好“第三次全国农业普查”及常规统计调查工作的同时，统筹推进大数据产业统计监测、“三新”统计监测、扶贫评价监测及创建全域旅游先行示范区等工作，与贵安新区统计调查工作协调，形成数据共享、信息互通、相互支持的“大统计”工作格局。

一是推进国民经济核算、固定资产投资统计制度方法改革。跟进全国、全省地区生产总值统一核算改革；推进“双轨”运行等。二是建立完善基本单位名录库管理工作机制，以第三次经济普查成果为基础，严格入库标准，做好企业纳入与退出工作。完成省、市、区三级统计视频项目建设，确保联网直报系统和统计业务网络的安全运行。三是夯实基层统计工作基础。建立健全乡镇统计管理办公室规范化管理机制和社区统计工作有效运行机制，组织开展全区统计从业人员培训，提升基层统计人员的业务水平。四是加强对企业的业务指导。解决联网直报中出现的困难和问题，落实好“先进库、再有数，不在库、不出数”的统计原则，确保基础统计客观、真实。五是大兴调查研究之风。全年统计干部下基层指导200余人次，对全域文化旅游创新发展、推进现代服务业等方面开展调研分析，撰写3篇调研报告，从统计的视角，为全区文化旅游产业及现代服务业发展提出对策建议。（区统计局）

【履行统计服务职能】 2016年，区统计局严格执行国家统计报表制度，完成农业、工业、建筑业、固定资产投资、商贸、服务业等专业统计报表。定期发布《主要指标统计快报》《花溪统计》《花溪经济要情》等统计资料，及时编辑印发《统计公报》《花溪统计年鉴》等，为区委、区政府科学决策和目标管理提供统计支撑。利用政府公众信息网和花溪统计信息网平台，公布统计资料，扩大统计服务渠道，为社会各界提供真实、准确的统计信息。加强基层调研。重点围绕经济发展增比进位、全面建成小康社会，对全区产业发展、结构调整等方面进行调查研究，局领导班子主动领题调研，破解难题，撰写《强化区域统计，助推协同发展》《花溪区经济发展增比进位分析报告》《加快花溪区现代服务业发展的对策建议》《花溪区文化产业发展调研报告》等调研分析报告，部分调研报告被上级刊物采用并获奖。

（区统计局）

【筹备第三次农业普查工作】 根据《全国农业普查条例》及国家、省、市有关文件精神，2016年，区统计局筹备组织实施第三次全国农业普查工作，于6月下发《关于做好第三次全国农业普查的通知》，并成立花溪区第三次全国农业普查领导小组，确保普查机构、人员、经费等落实到位。

（区统计局）

【统计执法】 2016年，区统计局加强统计法律法规宣传教育。组织辖区内各乡镇社区统计员以及重点服务业、投资、建筑、房地产等企业统计人员参加2016年度统计法律法规及业务知识专题培训，详细解读《统计法》《贵阳市统计监督管理规定》《统计台账》等统计业务知识，巩固基层统计人员统计法制意识，推进全区统计法制化建设。

加大统计执法力度，建立统计执法检查常态化工作机制。2016 年，区统计局加强统计监督管理，开展统计执法检查 2 次，检查企业 18 家，发放统计查询通知书 17 份。围绕项目固定资产投资和“一套表”开展统计执法检查，7 月 18－21 日，区统计执法中队对花溪片区、经开片区的工业、商贸、固定资产投资和服务业等 8 家单位开展执法检查，重点检查迟报、漏报、统计台账不健全、统计基础资料不规范以及数据质量问题，确保依法应统尽统、数据科学有效落到实处。开展专项治理工作。按照《关于认真做好“数据造假、以数谋私”专项治理工作的通知》（筑统办发〔2016〕6 号），围绕“统计数据造假、编造虚假调查单位、数据造假惩治遏制不力、清理违反统计法精神的文件和做法、以数谋私和对依法统计决策部署落实不到位”等方面治理内容开展自查，在全区统计系统组织开展“数据造假、以数谋私”专项治理工作，勇于担负起廉洁统计、统计为民的主体责任，查处统计违法违纪案件，学习并严格执行国家统计方法制度和工作规范，做到依法应统尽统。（区统计局）

【国民经济统计】 2016 年，全区主要经济指标完成情况：生产总值完成 536.91 亿元，比上年增长 11.7%。其中，第一产业增加值 18.71 亿元，比上年增长 6.1%；第二产业增加值 319.18 亿元，比上年增长 10.2%；第三产业增加值 199.01 亿元，比上年增长 14.6%。全区规模以上工业增加值（2000 万元及以上口径）完成 241.09 亿元，比上年增长 8.7%。固定资产投资（500 万元及以上口径）完成 437.27 亿元，比上年增长 21.2%。财政总收入 71.08 亿元，比上年增长 13.2%。公共财政预算收入 37.52 亿元，比上年增长 19.9%。公共财政预算支出 60.01 亿元，比上年增长 5.7%。招商引资省外实际到位资金 508.4 亿元，比上年增长 15.0%。实际直接利用外资 21008 万美元，比上年增长 20.8%。社会消费品零售总额完成 235.76 亿元，比上年增长 13.0%。城镇常住居民人均可支配收入 28874 元，比上年增长 8.8%；农村常住居民人均可支配收入 13463 元，比上年增长 8.5%。旅游总收入 197.79 亿元，比上年增长 39.3%。城镇新增就业人数 20347 人，比上年增长 3%。（区统计局）

【2016 年经济发展增比进位测评成绩突出】 按照新的《贵州省市州和县域经济发展综合测评办法》，2016 年花溪区经济发展综合测评分值达 80.94 分，位列全省 18 个城区方阵第 5 位。全区人均 GDP 、工业增加值 、示范小城镇建设发展综合指数和城乡生活垃圾无害化处理率 4 个单项测评指标在全省城区方阵“挂帅”，位列首位；税收收入增长速度、地区生产总值、固定资产投资、社会消费品零售总额、综合科技进步水平指数等 9 项的单项测评指标在全省城区方阵排前 3 位。（区统计局）

审计管理

【财政审计】 根据《中华人民共和国审计法》的规定，2016 年区审计局对 2015 年度区本级综合财政预算执行情况和其他财政收支情况进行审计。审计结果表明：2015 年区财政紧紧围绕“稳增长、促改革、调结构、惠民生”工作目标，落实积极的财政政策，发挥财政职能作用，稳步推进各项工作。一是从预算执行总体情况来看，区财政局提供的总预算会计资料，基本真实反映当年的财政预算执行情况，总预算会计核算基本遵守《财政总预算会计制度》和有关财经法规的规定，但也存在部分单位预算编制和预算执行不合理的问题；二是从预算收入执行情况来看，财政收入持续稳定增长；三是从预算支出总体情况来看，花溪区全年财政收入增长比率为 11.99%，教育支出增长 12.72%、应用技术研究与开发资金支出增长 15%，均达到法定增长要求；四是从政府性债务情况来看，全年除按照省财政厅核定的棚户区改造项目额度新增外，未新增政府性债务，争取债券置换资金，缓解政府筹集资金偿还债务本金的困难；五是从盘活财政资金存量情况来看，区财政局建立财政存量资金定期清理机制，对结余资金和超期未用完的结转资金，一律收回财政统筹使用，提高资金的使用效率，但也存在盘活的存量资金“二次沉淀”的情况。（区审计局）

【领导干部经济责任审计】 2016年，区审计局开展乡镇、部门领导干部经济责任审计5项7人。其中：科局主要领导干部经济责任审计4项4人，乡政府、社区主要领导干部经济责任审计2项4人。通过审计，查处违规资金129万元，管理不规范资金1034万元。根据审计发现的问题和被审计单位的基本情况，对被审计单位提出审计建议41条，被审计单位全部采纳。（区审计局）

【固定资产投资审计】 2016年，区审计局完成政府投资审计项目11个，审计资金10143.73万元，经审计核减投资2.07万元，挽回超额支付财政资金144.21万元，发现应缴未缴资金67.06万元，同时配合全域文化旅游创新区的工作。抽调工程项目审计专业的业务骨干参与对文化旅游创新区建设项目的建设、管理、跟踪进行审计监督服务。牵头组织第三方社会中介机构对文化旅游创新区2014年10月至2015年12月31日的建设项目财务收支情况进行审计，涉及金额约93亿元，推动全区经济建设健康发展。（区审计局）

【专项资金审计】 2016年，区审计局开展专项资金审计3个，分别为城镇保障性安居工程跟踪审计，“水污染防治”专项资金审计，公务支出和公款消费审计。审计查出非金额计量问题3个，提出审计建议1条。（区审计局）

【政策措施落实情况审计】 2016年，区审计局开展4次“稳增长促改革调结构惠民生”政策落实情况跟踪审计，其中2次为交叉审计，由观山湖区审计局审花溪情况。审计分别涉及养老院建设，农村电子商务网点基础设施建设、管理和运营；水土保持补偿费征收，资金管理使用情况；“四在农家 美丽乡村”小康寨建设资金使用情况。审计查出存在问题7个，涉及管理不规范资金83.83万元。（区审计局）

【内部管理审计】 2016年，区审计局带领全区内审单位全面完成年初制定的工作方针和计划，指导监督区属各单位完善内控制度，全年完成内部审计检查项目38个，其中，花溪区财政局35个，花溪区人民医院3个。采取审计局与被审计单位内审相互联动的方式，协助区农业局、水利局、教育局、财政局、城管局等开展部分项目的实施情况审计。与区纪委、区委组织部组织33人参加的“纪检监察业务暨审计责任能力专题培训班”进行学习培训。（区审计局）

花溪年鉴 HUA XI YEARBOOK 2017

市场监督管理

【概况】 2016年，花溪区市场监督管理部门为各类企业新办证照879户，注册资本合计427512.8万元；为1798户个体工商户新办证照，注册资本合计28329.98万元；为新发展的农村专业合作社办证19户，农户出资总额4113.5万元。截至2016年12月31日，全区市场主体总量22923户，其中各类企业6243户（含微小企业1188户、农民专业合作社176户），注册资本总量2944658.05万元；个体工商户16680户，注册资本总量118832.37万元。新办食品经营许可证1577户；从10月1日开始实行五证合一，至年底新办五证合一2936户。全年扶持微型企业230户，接收特种设备施工告知689台，办理特种设备使用登记601件设备601台。（市场监督管理局）

【市场专项治理】 2016年，区市场监督管理局开展安全生产、旅游市场、禁毒、“多彩贵州文明行动”整脏治乱、青岩古镇创AAAAA级景区专项治理、集贸市场整治、禁止活禽交易及宰杀等30个专项整治行动，检查各类经营户5800户，净化市场环境。推荐4个商标参加“贵州省著名商标”评审，推荐6个商标参加“贵阳市知名商标”评审；立案查处各类违法案件33件，结案案件33件，结案率为100%，罚没收入344389.4元。

（区市场监督管理局）

【合同监管】 2016年，区市场监管局做好省、市级“守合同重信用”单位的复核和新申报单位的确认工作。32家单位被评为市级“守合同、重信用”企业。办理动产抵押登记55件，主债权68328万元。（区市场监督管理局）

【食品生产监管】 2016年，区市场监管局对辖区内1家经营酸豇豆的餐饮单位、9家食品生产单位、14家流通经营户的不合格产品进行处理，将存在严重质量违法行为的食品生产单位纳入“黑名单”。对20家小作坊进行现场核查并发放小作坊备案证。食品生产企业立案5起，办结行政处罚案件5件，处罚金61978.40元。开展“元旦”、“春节”、“两会”等重大节日食品生产加工、禽类制品、白酒、豆制品等安全检查。加强食品添加剂监管。督促全区企业落实索证索票、每月申报和台账登记等各项制度，促进企业安全生产意识和行业自律。

（区市场监督管理局）

【食品流通监管】 2016年，区市场监督管理局对集贸市场、食品超市、粮油及食品批发市场、城乡结合部和农村地区食品经营进行重点检查。开展乳制品、白酒、茶叶、肉制品、饮料、食用植物油、辣椒制品、食品添加剂等重点产品的专项整治。对辖区内的3000多家食品流通经营户开展上下半年各一次的全面监督检查，对食品流通环节及食用农产品进行80余次抽样及专项整治抽样检查。有43批次产品不合格（其中生产26批次，流通17批次），其中32个批次产品质量不合格，11个批次标签不合格。按照市局要求全部完成核查处置，并将核查处置结果上报。同时，约谈不合格产品企业负责人，责令企业立即查找不合格原因写出整改报告，并立即进行整改，确保产品质量。（区市场监督管理局）

【餐饮服务监管】 2016年，区市场监督管理局对餐饮环节食用野生菌、春秋季校园及其周边、辖区农家乐食品安全、中小学和托幼机构容易突发公共卫生事件有隐患的单位进行排查。开展“文明在行动．满意在贵州”“多彩贵州文明行动”整脏治乱等专项整治。推行餐饮服务食品安全监督量化分级管理，新增A级餐饮单位5家、B级餐饮单位3家，新申报A级餐饮单位3家、B级餐饮单位5家。开展“万宜E+广场”示范一条街创建工作，开展发现“最美服务员”活动，评选出5名“最美服务员”报区文明办进行评选。（区市场监督管理局）

8月5日，区市场监管管理局深入月饼加工厂检查确保中秋节食品安全(区市场监督管理局 供稿)

【药品流通环节安全监管】 2016年，花溪新开办药品零售企业10家，均在规定的时限内批准办理许可证，并在7个工作日内在“双公示”系统中公示药品零售企业基本信息。完成药品经营零售企业变更68家次。对辖区内药品零售企业日常监管、GSP跟踪检查覆盖率100%。对存在问题的企业要求提交整改报告，下达责令整改24家，并有复查记录。要求各分局对辖区内化妆品经营企业进行建档，做到一企一档，日常监督覆盖率100%。 （区市场监督管理局）

【医疗器械安全监管】 2016年，区市场监督管理局对辖区内的医疗器械经营企业、生产企业、使用单位进行检查。全年检查医疗器械经营企业29家次、医疗器械生产企业8家次、检查医疗器械使用单位54家次，出动执法车辆91车次，检查人员273人次。未发现医疗器械安全问题。

（区市场监督管理局）

【抓质量强区、培育名牌】 为抓好“质量强区”培育名牌产品，2016年花溪区市场监督管理局拟定《贵阳市花溪区质量工作考核办法》，制定《花溪区人民政府推进贵阳市创建全国质量强市示范城市目标任务表》。全年有16家18个产品列入培育规划，有12家生产加工企业申报省、市名牌产品。 （区市场监督管理局）

【危险化学品及烟花爆竹安全监督】 2016年，区市场监督管理局多次派人深入花溪区2家危化品生产企业和2处烟花爆竹仓库存放点进行检查。重点检查危化品生产企业和存放烟花爆竹的环境条件，对生产危化品程序安全和存放的烟花爆竹产品标志标识进行检查，查看烟花爆竹检验报告。同时，要求危化品生产企业和烟花爆竹管理者规范销售台账，做好安全措施，杜绝一切危险源，防范于未然。全年未发现违法违规行为。

（区市场监督管理局）

【打击“地条钢”黑窝点】 对花溪区“地条钢”旧窝点进行“回头看”，排查新窝点，对获证钢材生产企业产品抽样检查2个批次。企业生产状况正常，现场未发现超许可范围生产及非法生产“地条钢”行为。 （区市场监督管理局）

【计量管理】 2016年，区市场管理部门开展计量惠民活动，监督检查辖区内主要集贸市场、大中型超市公平秤配备情况，对青岩镇农贸市场内电子秤等计量器具实施免费检定，检定青岩镇集贸市场内弹簧度盘秤、电子计价秤等计量器具85台，检定公平秤1台。对花溪区境内的加油机、衡器、血压计计量进行检定，全年检定衡器195台，加油机203台，血压计16台。对中石油青岩加油站、中石油九八加油站、中石化南大街加油站、中石化南环高速加油站等8家加油站59台加油机78把加油枪进行监督检查。各加油站使用的加油机均为有资质企业生产，具有有效期内的计量检定证书，在加油机相应位置有铅封未发现有擅自改动或拆装、破坏计量器具准确度的行为，也未发现偷换加油机计量控制主板或计量芯片等计量作弊行为。在元旦、春节期间对定量包装商品计量进行抽检，抽检食品生产企业20家，抽检调味料、面条、炒货、糖果、茶叶等定量包装商品，未发现短斤少两问题。 （区市场监督管理局）

【特种设备安全监管】 2016年，花溪区特种设备总量为4357台，在用设备2712台，在用设备较2015年度增长252台，增长率为10.2%。全区电梯进入应急救援平台1135台，进入率99.39%，发放电梯困人提示牌955块，贴牌率83.71%。出动检查人员300余人次，检查单位100家次，发放《中华人民共和国特种设备安全法》等相关法律法规200余份，下达特种设备安全监察指令书12份，全年治理超期隐患设备60余台。打击非法制造、非法安装、非法使用等“三非”行为。建成贵州省电梯应急救援平台。全年未发生特种设备事故。

（区市场监督管理局）

【消费者权益保护】 2016年，区市场监督管理局办结“12315”平台投诉举报190件，办结市消保处转来政府12319平台投诉88件，办结花溪区12319平台转办投诉170件，办结市质监、药监局12365平台转办投诉113件，市消保处转办信访件9件，区纪委及信访局转办投诉7件。为消费者挽回经济损失16.84万元。加大消费维权宣传，以“3.15”、“4.26”、“12.4”、“安全月”和“质量月”等宣传平台宣传消费维权，发放宣传材料4000余份，开展消费教育与消费引导，提高广大消费者依法维权意识。 （区市场监督管理局）

【市场信用体系建设】 2016年，年报企业4556户，年报率87.21%，年报农业专业合作121户，年报率76.58%，年报个体8295户，年报率55.44%。加快本地区信息归集工作，推进企业信用“一张网”建设和社会诚信体系建设。在“国家企业信用信息公示系统（贵州）”、贵州省工商局门户网站和贵州诚信网“双公示”系统公示新登记注册企业信息882条，个体信息1807条，食品及药品行政许可信息1155条，行政处罚信息44条。推行“双随机、一公开”制度。完成全年企业即时信息公示抽查、年报公示信息抽查、定向抽查等4个抽查，抽查市场主体542户次，列入经营异常名录13户，542户抽查结果均在“国家企业信用信息公示系统（贵州）”进行公示。

（区市场监督管理局）

安全生产

【概况】 2016年，花溪区纳入安全监管的企业事业单位938家，其中：煤矿企业3家（全部停产）、非煤矿山企业4家、危险化学品企业31家、烟花爆竹批发及经营企业55家、冶金等工矿商贸行业276家、民爆企业7家（生产企业3家，营业性爆破单位3家，非经营业性爆破单位1家）、运输企业8家（危险化学品运输企业4家、客运企业3家、水运企业1家），驾校培训机构8家、高速公路营运公司2家、在建工地64个、学校257家、监管AAAA级旅游景区3个、星级酒店2个、避暑度假精品酒店6家、旅行社及服务网点28家、木材加工企业67家、大型商贸流通企业8家（商场）、文化娱乐印刷企业109家。

从2016年起，贵阳市政府不再对各个区县市下达安全生产死亡人数控制指标。全年花溪区发生安全生产事故31起，死亡22人。其中道路交通事故23起，死亡17人；铁路交通事故5起，死亡3人；建筑施工事故2起，死亡2人；其他事故1起。非煤矿山、烟花爆竹和危险化学品、旅游、八大行业等继续保持“零死亡”。 （邱　荣）

【安全生产责任制落实】 2016年，花溪区贯彻落实国家、省、市关于“党政同责，一岗双责，齐抓共管，失职追责”指示精神，拟定印发《花溪区贯彻落实安全生产“党政同责，一岗双责，齐抓共管”责任体系实施细则》和《花溪区安委办关于印发落实安全生产“党政同责，一岗双责，失职追责”制度的实施方案》，明确各自职责，形成整体合力，按照“三个必须”（即管行业必须管安全、管业务必须管安全、管生产经营必须管安全）的原则，督促负有安全生产监督管理职责的部门制定权力清单和责任清单并向社会公布，明确监管范围和对象，实行分级分类监管。花溪区安委与各乡（镇）、社区、部门签订安全生产目标责任书，实现安全生产责任全覆盖。要求各乡（镇）、社区与村居签订安全生产目标责任书，明确监管责任和安全管理职责，区安委办拟定印发《花溪区安全生产巡查工作制度》不定期对乡（镇）、社区、行业主管部门进行综合督查、交叉督查，对重点行业领域进行跟踪督查督办。定期召开安全生产工作例会，研究分析和安排部署安全生产工作，制发、转发文件70余件，确保上级精神贯彻落实到基层；每次区长办公会均听取安全生产督导员检查工作情况汇报，针对突出问题研究解决办法，提出整改措施，督促各项安全管

理措施落实，确保全区安全生产。 （邱　荣）

【市民安全意识宣传】 花溪区开展安全知识“五进五上”（进机关、进企业、进学校、进村居、进家庭，上电视、上媒体、上课堂、上宣传栏、上广告牌）活动。通过“安全生产月”和“安康杯”竞赛活动，提高市民的安全意识。2016 年，全区投入安全生产宣传经费 348000 元，利用 250 余块展板展示道路交通、消防、建筑施工、易燃易爆物品使用安全知识，在人员密集场所、公园及各乡镇流动播放安全生产相关知识光碟和宣传口号 20 余场，开展咨询日和现场咨询活动 20 余次，向群众发放职业病防范常识、道路交通安全知识、职工现场作业安全知识、“安全生产月”主题、建筑施工安全知识等宣传单及相关资料，受教育群众 45000 余人（次）。召开花溪区“安全生产月”工作会议，及时传达上级安全生产指示精神。区属各部门针对分管行业特点，拟定各行业开展“安全生产月”活动实施方案，把开展“安全生产月”活动与日常安全生产管理、安全生产监管执法等工作紧密结合起来，探索安全宣传教育新内容，创新宣传教育方式，扩大宣传教育面，讲求宣传教育实效，组织安全教育培训、职业卫生宣传、安全文化建设等活动。

花溪区组织全区安全监管系统干部职工开展“我为安全生产代言”和“身边隐患随手拍”活动，利用微信、QQ 等新兴媒体，把“安全生产月”活动及安全生产的期望寄语等通过微信公众号分享到朋友圈、微信群、QQ 群，把身边隐患上传到微信工作群和 QQ 工作群等。组织全区安全监管系统开展“守护生命”安全知识竞赛活动和“安全发展忠诚卫士”演讲比赛活动。组织全区机关、企事业单位观看事故警示教育片，让安全生产事故教训深入人心。 （邱　荣）

【安全生产专项检查】 2016 年，花溪区安监局推进隐患排查治理，完善隐患排查治理台帐，重大隐患实行挂牌督办，确保各类隐患及时整改到位。对煤矿、危化、非煤矿山、烟花爆竹等重点行业开展安全生产专项大检查，各乡（镇）社区、部门出动检查组 1842 个，人员 4508 人（次），检查各行业 3200 家（次），查出一般隐患 1168 条，整改 1168 条，整改率 100% 。企业开展自查自纠发现隐患 1398 条，整改 1398 条，整改率 100%。

（邱　荣）

【应急救援体系建设】 2016 年，区安监局修订《花溪区突发生产安全事故灾难应急预案》，健全应急救援机制和体系，设立安全生产应急救援指挥机构，整合应急救援资源。6 月 24 日，在贵州久联民爆器材发展股份有限公司九八五五生产分公司开展低温乳化炸药生产线液态硝酸铵水溶液泄漏安全事故应急综合应急演练；12 月 27 日，在贵阳环城高速公路南环线摆门服务区（贵阳市花溪区石板往党武方向）开展环城高速公路一路多方抗凝保通联合应急演练。 （邱　荣）

【矿山安全监管】 2016 年，花溪区 3 家煤矿全部处于停产状态，安监工作主要是加强煤矿的安全监管巡查，防止煤矿非法违法生产，全年巡查煤矿 40 次，参检人员 120 人次。全年煤矿企业未发生非法生产行为。

全区有非煤矿山 4 家，其中 2 家生产矿山，2 家为在建矿山。非煤矿山监管以节假日和特殊时段为重要节点，重点检查企业贯彻落实和开展执行《非煤矿山十条规定》《金属非金属矿山安全规程》《开采方案设计》和《安全设施设计》等规定情况及外包工程安全情况。督促非煤矿山企业进行安全型矿山建设，推进企业完善“智慧安监”，提高全区非煤矿山企业安全生产管理水平。全年检查 45 次，出动检查人员 181 人（次），查出隐患 271 条，全部进行整改。 （邱　荣）

【危险化学品监管】 2016 年，花溪区以保持全区危险化学品和烟花爆竹行业领域安全生产形势稳定，遏制较大以上事故为目标，重点抓好以下几个方面工作。一是对不具备危险化学品经营许可证延期条件或者没有完成重大隐患整改的企业，一律不予办理换证手续，从源头上把好安全准入关。二是对危险化学品重大危险源监测监控、事故防范措施开展排查，确保各项安全设施齐全完好有效，完善重大危险源档案。三是按照要求开展加油站专项排查。四是在高温雷雨、凝冻、汛期、重大活动和节假日期间，根据危险化学品企业安全检查重点指导目录和企业安全生产特点，开展安全专项检查。全年检查危险化学品和烟花爆竹企业220家次，出动执法人员800人次，收缴非法烟花爆竹制品98件，立案调查一家，行政处罚一家，开具执法文书185份，查出隐患560条，隐患整改560条，隐患整改率100%。全年全区危化和烟花爆竹行业未发生生产安全事故。（邱　荣）

【输油燃气管道监管】　2016年，花溪区境内有五条长输管道共计长度223.1公里。区安监局组织落实管理安全责任，开展输油气管道的腐蚀、破损、开裂、变形、老化和跑冒滴漏等隐患排查治理工作。突出对地质灾害点的油气管道开展专项整治。节假日和重要活动期间组织安全巡查。全年出动检查车辆80余台，检查人员280余人次。（邱　荣）

物价管理

【概况】　2016年，花溪区物价管理部门落实市场价格监测监管措施，做好市场价格监测、价格预警、预报和市场价格分析，完成市场价格监测信息48期，市场价格调查分析12期，价格检查统计报表12期，《市场价格动态》12期。重点对辖区内粮、油、肉、蛋、奶、禽、蔬菜等居民基本生活必须需品以及生产资料、交通运输服务、住宿、停车、购物、景点门票等价格监控，规范市场价格行为，努力将价格总水平稳定在合理区间，保持全区价格基本稳定。

全年调查处理市、区12319公共平台交办件139件，12358全国价格举报业务处理平台投诉件23件，办结率100%，群众满意度100%。（马　磊）

【收费价格管理】　2016年，区物价管理部门按程序举行花溪区出租车价格调整听证会，确定出租车价格；完成21家民办幼儿园收费备案；推进花溪区污水处理费征收；开展景区门票及相关服务价格调查，规范景区门票收费价格和相关服务收费价格。（马　磊）

【价格秩序整顿】　2016年，花溪区物价管理部门在数博会、生态论坛年会等重大活动期间，出动检查人员358人次进行检查。发送标价签31500张，标价牌5800块，标签夹子5000个，签订《价格诚信承诺书》2804份，发出《价格诚信倡议书》4213份，发放《明码标价工作指南手册》11893册，出动检查车辆138台次，规范商铺2600余户。（马　磊）

【涉案财物价格认定】　2016年，区物价部门依法受理司法机关刑事案件处置财物价格认定338件，认定价格涉案财物价值总额人民币581.8万元。办结率100%，司法机关办案满意率100%，认定价格结论效后复议率为0。（马　磊）

【价格管理调研】　2016年，区发改局落实区委书记钟阳到发改局调研时的指示精神，组织物价部门干部开展花溪区停车场收费、早、中餐价格贵、市场摊位费收费专题调研，写出《关于规范花溪区停车场管理 为全域旅游先行示范区创建提供良好外部环境的报告》《关于有效解决花溪区早、中餐贵问题的专题报告》《关于石板地利物流园摊位费的调研报告》。（马　磊）

（责任编辑　姚毅）

财政·税务

花溪年鉴
2017HUA XI YEARBOOK

5月1日0时4分41秒，花溪区局"营改增"零点开票，开出4个行业11张发票(李娅莹 摄)

花溪年鉴 HUA XI YEARBOOK 2017

财 政

【地方国有资产管理】 2016年，花溪区财政局按照国务院、国资委、财政部《企业国有资产产权登记管理办法》（国务院令第192号）、《企业国有产权转让管理暂行办法》（国务院国资委 财政部第3号）、《行政单位国有资产管理暂行办法》（财政部令〔2006〕35号）、《事业单位国有资产管理暂行办法》（财政部令〔2006〕36号）等法律法规关于国有资产管理使用规定，全年度办理花溪区国有资产相关处置事项25项，上缴国资收益5487.74万元。其中，进口产品批复4项分别是：区人民医院关于购买原装进口全自动微生物分析系统及全自动血培养设备的批复；区人民医院关于购买原装进口医疗设备的批复；区生态文明建设局关于购买原装进口吹扫捕集仪的批复；区生态文明建设局关于购买原装进口污水处理净化槽的批复。行政事业单位资产变更3项，分别是：区卫生和计划生育局申请关于划转资产的批复；区文体广电局申请关于划转资产的批复；区科技局、区工信局申请关于理顺固定资产的批复。行政事业单位国有资产管理18项，其中，公务用车报废处置11项，分别是：区人大办申请关于报废车辆的批复；区人民医院申请关于车辆报废的批复；天河潭风景管理处申请关于报废车辆的批复；区市场监督管理局申请关于报废车辆的批复；区检察院申请关于报废车辆的批复；区水务管理局申请关于报废车辆的批复；贵阳市公安局花溪分局申请关于报废车辆的批复；区商务局申请关于报废车辆的批复；区纪律检查委员会申请关于报废车辆的批复；区市场监督管理局申请关于报废七台执法车辆下账的批复。其他固定资产报废处置6项，分别是：区市场监督管理局申请关于报废固定资产的批复；区卫生和计划生育局申请关于报废无形资产的批复；区公安分局申请关于报废巡逻电动摩托车的批复；贵阳市清华中学申请关于报废固定资产的批复；区公路管理所申请关于核销固定资产的批复；区城市管理局申请关于核销和报废固定资产的批复。其他批复1项：花溪中小企业信用担保投资有限公司申请关于出资参股省农担保公司的批复。 （区财政局）

【财政预算执行情况】 2016年，花溪区财政总收入（含贵安新区）完成367601万元（花溪区264896万元，贵安新区102705万元），比上年增长17.28%（花溪增长3.69%，贵安增长77.14%）；公共财政预算收入完成204717万元（花溪134347万元，贵安70370万元），比上年增长29.63%（花溪增长9.53%，贵安增长99.57%），增幅全市排名第一。全年公共财政预算支出完成439103万元（花溪269182万元，贵安169921万元），比上年增长6.95%（花溪下降3.11%，贵安增长28.01%）。

全年政府性基金预算收入完成288012万元（花溪28198万元，贵安259814万元），比上年增长79.36%（花溪下降25.17%，贵安增长111.41%）。全年政府性基金预算支出完成470692万元（花溪220411万元，贵安250281万元），比上年增长195.89%（花溪增长312.86%，贵安增长136.81%）。 （区财政局）

【本级公共财政收支情况】 2016年，区本级公共财政预算收入完成134347万元（不含乡镇及贵安新区），比上年增长9.53%，完成预算的100%；区本级公共财政预算支出完成254128.2万元，下降3.34%，完成预算的84.77%。 （区财政局）

【本级政府性基金收支情况】 2016年，区本级政府性基金预算收入完成28198万元（不含乡镇及贵安新区），比上年下降25.17%，完成预算的77.79%；区本级政府性基金预算支出完成220411万元，比上年增长312.86%，完成预算的

76.38%。（区财政局）

【财源建设】 2016年，区财政局坚持以科学发展观为指导，以保持财政收入稳定增长、增强财政保障能力为主要目标，强化征收管理，壮大财源。

一是加大对现有企业扶持力度，稳住现有税源；加强常规性税收征缴管理，确保常规性收入及时、足额入库。

二是狠抓一次性税收收入，跟进区内重点建设项目，对项目建设过程中产生的各项税费做到应收尽收。

三是加强国有资产清查管理，盘活国有资产，确保国有资产收益不受损。

四是加强非税收入征缴管理，按照收支两条线原则将区属各部门及其下属单位收缴的行政性事业收费、罚没收入等非税收入全额缴入国库统筹安排。

五是以贵阳市推动大数据、电子商务发展为契机，充分发挥财政杠杆的作用，加大对区域内现代服务业的政策和资金支持，培植发展型财政、培育新兴财源。（区财政局）

【财政收入支出管理】 2016年，花溪区推行财政国库管理制度改革，加强财政收支管理，财政收入直接缴入国库，区本级财政支出通过国库单一账户体系直接划拨到收款人账户，并对区本级预算单位公务消费试行公务卡结算制度改革，完善国库集中收付制度，加强银行账户及财政资金的管理，保证财政国库资金的安全高效运行。全年，花溪区（不含划转贵安新区党武、湖潮两个乡）财政总收入完成264896万元，比上年增长3.69%；一般公共预算收入完成134347万元，比上年增长9.53%；基金预算收入完成28198万元，比上年下降25.08%。一般公共预算支出完成269182万元，比上年下降3.11%，其中，区本级支出254128万元，比上年下降3.34%；乡镇支出15054万元，比上年增长0.98%；基金预算支出完成220411万元，比上年增长312.85%。

（区财政局）

【财政专户资金管理】 2016年，花溪区财政专户管理的资金收入完成3232万元，比上年增长17.36%，支出完成3100万元，比上年增长11.11%。（区财政局）

【财政监督】 2016年，区财政局加强对财政内部监督和财政资金监管，对年初预算的执行实行全程监控，对财政社保资金及部分项目进行重点检查，确保财政资金的使用安全。以制度规范为基础，建立健全预算编制、执行、监督、绩效考评四位一体的财政资金管理模式。以日常检查与专项监察相结合为手段，建立健全事前审核、事中监控、事后检查的全过程的动态监督机制。强化资金绩效管理，在保障资金安全的基础上，加强对资金使用效益的监督检查。完善内部监督和外部监督相结合的检查机制，发挥外部监督的作用。

组织对各科室、财政分局各自的岗位和人员管理、账户管理、财政资金收付管理、会计集中核算向国库集中支付转轨等五个方面的内容进行自查自纠。对区妇联、教育局、农业局、城管局、发改局、黔陶乡、孟关乡、久安乡财政分局等16家单位进行重点检查。

对区生态局的收入、支出、资产的归集和核算情况，预算编制、执行和政府采购情况，节能环保资金财政补助等政策的执行情况进行重点抽查。（区财政局）

【会计事务管理】 2016年，区财政局为提高全区会计人员的业务素质，解决各单位在制度落地实施中存在的诸多问题，促进会计基础工作规范化，根据省财政厅《关于做好2016年度会计人员继续教育指导工作的通知》精神，于2016年7月6日至15日组织全区财务人员培训三期，参加培

训人员423人次。（区财政局）

【社会保险基金管理】 为规范花溪区社会保障基金财政专户管理，根据国家有关法律法规和《社会保障基金财政专户管理暂行办法》，区财政局拟定管理规则如下：

1. 按规定纳入财政专户管理的社会保险基金有机关事业单位养老保险、失地农民保险金、城乡居民养老保险、新型农村合作医疗保险，实行收支两条线。

2. 贯彻落实国家对社保基金管理的各项政策规定，执行社保基金财务和会计制度，基金实行统一管理，按险种建账，分别核算，专款专用。

3. 社保基金实行专户管理。根据社保基金专户管理规定，完善账户设置，对个别专户作精简、归并。

4. 严格审核，合理使用。在社会保险基金的使用上严把审核关。每月初，花溪区财政部门根据社保经办机构报送的用款申请，对基金使用的合理性和手续的完备性进行审核，对用款申请审核无误后，在3个工作日内及时将基金划入支出专户，社保经办机构将基金及时支付给保障对象。同时，花溪区财政与社保经办机构密切配合，建立对帐、信息交换等工作联系制度，并分别与银行实行按月对帐，保证各基金帐户帐帐相符。在对基金收支进行清理核对的基础上，财政部门和人社部门及时编制月报、季报和年报。

5. 转存定期、保值增值。花溪区财政与经办机构在对社保基金实行动态管理的基础上，为确保社保基金的保值增值，调整定期存款结构，努力扩大长时间定期的比例，促使社保基金保值增值最大化。经财政和经办机构按照“留足支付余地，操作合法规范，确保资金安全”的原则进行测算，将闲置基金及时按规定转存定期存款。

6. 部门配合，加强监管。根据社会保险基金征缴管理不同部门的不同职责，花溪区财政、人社和审计部门与各乡、镇、社区及其他职能部门配合，相互监督中互通信息，反馈情况，解决管理工作流程中产生的问题，确保基金管理工作的顺利实施。（区财政局）

【基层财政管理】 2016年，花溪区推进营改增试点，在切实减轻企业负担的同时，加强税收征管，挖掘增收潜力，提升基层财政保障能力。全年乡镇、社区完成财政总收入138772.67万元，公共财政收入完成52375.6万元，完成财政支出20435.15万元，为全区农村经济持续发展提供有力保障。

推进乡镇、社区国库集中支付改革，规范乡镇、社区收支行为。预算资金从原来的实拨方式转变为现在的国库集中支付方式，简化中间环节，规范工作程序，严格规章制度，规范乡镇、社区收支行为。

确保基层“三农”投入。全年安排资金24341万元，支持农业、农村及扶贫开发工作。全区“农村基础设施建设小康寨行动计划”建设项目256个，建设通组公路59.9公里，串户路23.2公里，以及其他小康寨建设项目，完成建设投资5913万元；争取中央、省、市专项扶持农村集体经济发展资金2500万元，区级匹配500万元，30个行政村开展扶持壮大集体经济；争取中央、省“改善农村人居环境”资金3000万元，全区进行“改善农村人居环境”工作试点。（区财政局）

【政府采购】 根据《中华人民共和国政府采购法》《贵阳市公共资源交易管理暂行办法》（筑府发〔2012〕52号）和《贵阳市市级政府采购目录及限额标准》（筑财〔2007〕21号），结合花溪区实际情况，2016年5月30日，花溪区政府采购领导小组发布《关于明确花溪区政府采购供应商及相关工作事宜的通知》，将花溪区2015－2017年（合同期两年）办公用品（含耗材）、办公家具（含学生课桌椅）、交通工具维修及保险、印刷（含喷绘、宣传制品）、医疗器械、农用物资的供应商资格进行公开招标，在贵阳市公共资源阳光交易中心公开招标签订采购合同。

规范政府采购行为，不断提高采购效率和服务水平，节约成本，提高财政资金使用效益，促进各项工作顺利开展，强化政府采购监督管理，维护国家利益和社会公众利益。2016 年，全区政府采购预算资金为 27203.86 万元，实际采购金额为 25695.15 万元，节约采购资金 1508.71 万元，节约率为 5.54%。（区财政局）

国 税

【概况】 区国税局组建于 1994 年 9 月，现有 10 个内设机构（正股级）。内设办公室、财务管理科、政策法规科、收入核算科、征收管理科、人事教育科、监察室、办税服务厅、税源管理一科、税源管理二科等机构。2 个派出机构（副科级）：青岩税务分局、石板税务分局。1 个事业单位（正股级）：信息中心。

2016 年在编职工 78 人，其中公务员 74 人，机关工人 4 人。学历情况：研究生 10 人，大学本科 44 人，大学专科 23 人，高中及以下 1 人，平均年龄 43 岁。

2016 年区国税局组织全体干部职工赴贵州省王武监狱现场进行警示教育，筑牢干部思想道德防线；开展违规插手涉税中介经营清理整顿，防止干部违规参与涉税中介行为。（陈双雪）

【税收服务】 2016 年，区国税局推行“3111”服务，即“三时（准时、限时、延时）、一提醒、一预约、一免填单”，为纳税人提供更为方便快捷的服务；定期召开税企联合会议和纳税人满意度测评会，征求纳税人的涉税意见及建议，并建立纳税人需求台账，完善纳税人需求快速响应机制。

咨询服务专业化。按照地域和行业划分相结合的方式分配主管税务人员，以座谈会、专题讲座等形式，深入重点税源企业，为其开展专业化的纳税服务工作。

纳税人学堂建设全员化。通过网上和实体相互补充，发挥其税收宣传培训辅导的作用。全年，区国税局举办纳税人学堂 26 期，针对营改增企业进行多次培训，主要培训网上申报、营改增政策、增值税涉税会计核算 、增值税发票快速开票工具使用等内容。培训区地税局移交营改增纳税人 3000 余户次，培训覆盖率 100%。

组织业务部门开展学习培训，做到全体人员知晓、掌握《征管规范（1.1 版）》实施要点。将《征管规范》《纳税服务规范》与金三期工作结合，创新服务手段，提高服务质量。（陈双雪）

【征管体制改革】 2016 年 5 月 1 日零时，花溪区纳税人自开增值税发票 9 张(其中专票 4 张，普票 5 张)，代开增值税专用发票 1 张、代开增值税普通发票 1 张。区国税局在前期做好试点纳税人身份界定核实的基础上，安排专人深入企业进行一对一的纳税申报辅导，并在企业实际申报前安排专人进行预审。加强纳税服务和培训，逐户辅导填报《营改增税负分析测算明细表》,确保税负分析工作落实到位。（陈双雪）

【国地合作】 2016 年，区国税局与区地税局深化合作规范税务，将 3 大类 51 个合作事项的工作要求再次梳理，准备会议纪录、文件材料，确保按时保质保量完成合作工作。

建立联席会议制度。4 月，与区地税局联合下发《花溪区国地税工作实施方案》《花溪区国地税合作工作联席会议制度》，定期召开联席会议，研究部署合作任务，协调解决合作中遇到的重大问题和困难，交流本单位活动安排和重大工作部署，使两家税务业务合作常态化、长效化、制度化。

与区地税局协商“营改增”委托代征税款和代开增值税发票工作，在代开窗口、总分机管理模式方面达成共识，设置 14 台分机，在系统内进行代开发票部门登记、税控专用设备发行等。对系统操作培训、问题反馈、“营改增”纳税人信息核实方面积极交流，相互配合，不断完善办税窗口。7月，区国地税联合办税服务厅在一人双机双系统的基础上，实现一人一机双系统一 POS，实现纳税人进一个厅到一个窗口，可办两家的纳税事务。（陈双雪）

【税收分析】 受全面营改增影响，主体税种之间的不均衡性开始加剧，增值税入库税收79613万元，占全年税收收入的62.53%，企业所得税和车辆购置税分别占全年税收收入的12.11%和23.23%。主体税种发展不均衡的情况，将随着增值税成为税收收入的主要收入来源在全面营改增以后不可避免。

税收收入以第二、三产业为主，第二产业入库税收45449万元，比上年增长57.58%，增收16606万元；第三产业成为产业税收的主力军，入库税收79079万元，比上年增长35.29%，增收20627万元，占税收收入的62.11%。全年组织收入127334万元（含教育费附加、地方教育附加），比上年增长41%，增收37160万元。（陈双雪）

【税务检查】 2016年，区国税局对办理“三证合一”、“五证合一”、“一照一码”，但尚未进行税务登记补录的纳税人，组织各管理部门开展巡查，建立《主管税务机关分配预处理清册》，确定巡查事项和巡查计划，持续跟踪监控，根据纳税人纳税义务发生情况，督促纳税人办理登记补录，纳入税源户籍管理。按月开展疑点数据查询和调查巡查工作，对国、地税征管共享平台上比对疑点纳税人开展调查巡查工作，全年有164户补录税务登记信息；通过税收大检查，核查纳税人307户，清理漏征漏管纳税人27户；清理欠税230余万元，其中留抵税款130万元，入库税款100万元。

（陈双雪）

【依法治税】 区税务局重视税法宣传，利用税收宣传月，开展税收进社区、进讲堂、进高校系列宣传活动，提高纳税人的税法遵从度。将工作动态、创新点总结成文字，向媒体投稿，其中多篇分别被《经济信息时报》《贵阳日报》、新华网、光明网刊发、转载。

执行税收优惠政策，规范基本流程、基本行为、基本资料；对接前后台业务、对接各环节实务、对接内部管理机制及金税三期税收管理系统，保障税收减免优惠事项正常运转。全年减免税收33049.26万元，其中企业所得税减免税额20052万元，增值税减免12997.26万元。

落实行政审批制度，贯彻执行《中华人民共和国行政许可法》，保证在主体资格、许可事项、适用法律和履行程序规则上符合法律规定，按照规范要求使用文书、归集案卷。（陈双雪）

花溪年鉴 HUA XI YEARBOOK 2017

地　税

【地税收入完成情况】 2016年，区地税局组织税收收入123855万元，比上年全口径税收收入减少14.96%，减收21784万元；比上年扣减6－12月营业税后收入增长25.50%，增收25120万元。扣除营业税后1－12月税收收入101745万元，完成市局调整后确保目标任务68900万元的147.67%，完成年初预定奋斗目标79500万元的127.98%。市级收入完成8325万元，比上年全口径市级收入减少11.41%，减收1073万元；比上年扣减6－12月营业税后收入实际增长40.83%，增收2440万元。完成市局下达全年市级收入计划7500万元的111.00%。区级收入完成91426万元，比上年扣减6－10月营业税后收入实际增长30.48%，增收21356万元。非税收入完成3955万元，比上年减少42.15%，减收2882万元。教育附加费收入1348万元，比上年减少35.30%，减收735万元。地方教育附加895万元，比上年减少37.40%，减收534万元。（陈智艳）

【征管基础工作】 2016年，区地税局推进“三证合一”工作，办理设立登记731户，变更登记270户。10月1日，过渡到“五证合一”登记制度。

在税务登记、申报征收、日常管理上下功夫，开展税源调查，完善各项税收清理工作，抓好欠税清理、税负核查、票证规范和档案归档等基础性工作。加快税收征管信息化建设。采取多种方式做好网上申报和网络发票业务宣传，对纳税人采取上门辅导，提高纳税人的操作正确率，提升纳税人对新上线系统的信心，减轻税收管理员及大厅办税人员的工作量。提高办税效率，节约办税时间，提高纳税人满意度。（陈智艳）

【国地携手统筹推进合作升级】 2016年，区地税局与区国税局制定《花溪区国税局 地税局合作事项任务分解表（3.0版）》，同时按照服务深度融合、执法适度整合、信息高度聚合的3大类51个合作事项的工作要求进行再次梳理，准备会议纪录、文件、档案等印证材料，确保能按时保质保量完成合作工作。

定期召开联席会议，研究部署合作任务，协调解决合作中遇到的重大问题和困难，交流本单位活动安排和重大工作部署。4月，联合下发《花溪区国地税工作实施方案》《花溪区国地税合作工作联席会议制度》，使国地税合作工作制度化、常态化、长效化。

同时拓展国地双方联合网上办税服务，共建12366咨询热线和纳税服务平台，每周五对大厅国地办税人员进行业务培训。

服务厅16个窗口（其中13个窗口为一窗通办税窗口，1个窗口为车购税征收窗口，2个窗口分别为国、地税局全程办税窗口）。7月，花溪国地税联合办税服务厅实现一人一机双系统一POS，实现纳税人进一个厅一个窗口可办两家纳税事务。

7月29日，花溪国税和地税召开联席会议，确定国税、地税部门干部相互挂职，促进深度融合；增强干部队伍活力，提高工作效率，不断提升干部队伍的工作能力和服务水平，让广大纳税人以最快速度办理涉税事宜。（陈智艳）

【“营改增”工作】 为规范征纳秩序，保障“营改增”开展，2016年，区地税局进行营业税专项清理，为纳税人解决实施“营改增”前的营业税遗留问题，帮助纳税人顺利实现“营改增”过渡。经过反复核实、确认，最终将属于营改增交接范围的纳税人信息3042条移交花溪区国税局，其中地税单管户2269条、共管户773条。加强“营改增”后重点纳税服务。针对全面实施营改增后，纳税人在办理申报等涉税事项遇到的困难，区地税局采取重点辅导与针对性服务相结合的方式，为纳税人解决“营改增”问题600余户次。（陈智艳）

区地税办税大厅（区地税局 供稿）

【优化纳税服务】 2016年，区地税局提高税法宣传的针对性和成效性，推动征纳关系和谐，提高纳税人的法律法规意识和纳税遵从度；梳理小微企业等税收优惠政策，制作税收宣传手册，通过走进景区、走进企业、走进政府、走进机关送政策上门，营造良好税务氛围。

积极利用微信、QQ群、纳税人学堂向纳税人传达税收优惠政策；组织税收干部下乡上门辅导，向纳税人讲解国家有关企业所得税和个人所得税捐赠税前扣除政策。

优化纳服质量，加强办税人员业务培训，简化办税流程，精减办税资料，减轻纳税人办税负担和办税成本，提高办税效率。

加强后期跟踪反馈，统计纳税人享受相关税收优惠政策数据信息，搜集问题和建议，向上级单位反馈。

全年，“12319”公共服务热线、“12366”纳税服务热线受理案件14件，结案100%，其中三分之二以上的案件是属于发票未开、少开和错开，剩下不足三分之一则是举报纳税人偷漏税的案件，对于相关问题的处理，经电话回访反馈满意度100%。

（陈智艳）

【健全税务保密机制】 2016年，区地税局修订完善《花溪区地方税务局保密管理办法》，明确保密事项、失密责任追究，确保各项工作顺利进行。

定期召开保密工作会，要求各科室安排保密人员参加培训，不断提高保密工作人员的保密业务素质和工作责任感，增强保密意识。

完善保密措施。局领导办公室、各科室各部门按照保密工作要求配备防盗门、保密文件柜、碎纸机等保密设施；严禁私自将工作电脑接入互联网，做到人防、物防、技防有机结合，消除泄密隐患。

强化监督检查。由办公室牵头、联合电税中心、风控小组，定期对各部门科室进行保密工作检查，对发现的泄密隐患及时采取措施处理。

（陈智艳）

（责任编辑　姚毅）

金融

花溪年鉴
2017HUA XI YEARBOOK

3月15日，建行花溪支行开展反假币、反非法集资、反金融诈骗宣传活动（建行花溪支行 供稿）

花溪年鉴 HUA XI YEARBOOK 2017

银　行

【概况】　2016年花溪区金融机构人民币各项存款余额924.64亿元，比上年增长27.2%；年末金融机构人民币各项贷款余额602.39亿元，比上年增长14.2%。

【中国农业银行花溪支行概况】　2016年，农行花溪支行支持地方经济发展，做好金融服务工作，全年投放信贷资金29.5亿元。其中，为花溪美的国宾府、花溪中铁城等优质房地产客户发放个人按揭贷款336笔，金额1.47亿元。发挥农行"服务三农"战略定位，发放农民安家贷847.8万元，农村个人生产经营贷款49万元，发放惠农卡369张。年末各项贷款余额74.41亿元，各项存款余额41.59亿元。全年，农行花溪支行缴纳地方税收2331万元，比上年增长637万元。其中营业税及增值税1943.96万元，个人所得税159.53万元。在省农行年度综合考核中名列前茅，获省农行2016年度"先进支行"奖。同时，服务高校，为贵州大学、贵州民族大学投放信贷资金近10亿元。推动校园联名卡、校园"一卡通"等金融业务落地实施，获得客户的好评。　（罗　倩）

【农行花溪支行宣传金融知识活动】　2016年，农行花溪支行多次在营业厅门口设点向公众宣传普及新旧版100元人民币的票面变化、防伪特征、反假币技巧常识、银行机具冠子号码记录查询功能、残币兑换常识、外币兑换常识、国家货币政策、反洗钱等货币金融知识。以高校开学代收学费为契机，专门配备宣传人员在人流量集中区域围绕个人存款、信用卡、借记卡、银行理财、电子银行、自助设备、代销业务、非法集资等内容向消费者进行宣传讲解，对市民关心的热点、难点问题进行现场解答，向公众宣传，介绍提高自身资金和信息保护的知识及防控技巧。　（罗　倩）

【中国工商银行花溪支行概况】　2016年年末，工行花溪支行在重要经营指标比上年有大幅提升，两项存款时点增量77255万元，比上年增加6.3个百分点；两项存款日均增量30441万元，比上年增加2.5个百分点；中间业务收入8890万元，在全行占比6.1%，比上年增加1.5个百分点；拨备前利润20049万元，比上年增加1.4个百分点。

（工行花溪支行）

【花溪工商支行对公存款业务及贷款业务】　截至2016年年末，工行花溪支行对公存款增量6.5亿元，日均增量7.3亿元，创历年来新高。新增大中型企业贷款76145万元，完成全年任务的254%；新增个人贷款6.24亿元，完成全年任务的250%。

（工行花溪支行）

【花溪工商支行贷款业务】　2016年，工行花溪支行围绕上级行政策导向，结合花溪区发展热点，密切银政关系，向花溪区国资公司尖山棚改项目发放贷款5亿元。同时，化解不良贷款，通过以物抵债、资产打包转让方式保持对公不良贷款年末数为零，其中贵州源通电力建设有限公司为省内第一笔通过物权担保法实现以物抵债，清收不良贷款1000万元。　（工行花溪支行）

【花溪工商支行七项指标名列省分行营业部第一】

2016年，花溪工商支行七项指标完成名列全省分行第一：1. 个人贷款完成率排名省分行营业部第一。全年发放个人贷款7.7亿元，净增6.24亿元，完成全年任务的250%；2. "公转商"补息贷完成率排名省分行营业部第一。全年发放"公转商"补息贷款2388万元，完成全年任务的239%；3. 军人公积金贷款发放额排名分行营业部第一。全年发放军人公积金贷款264万元；4. 工银e校园注册用户数排名省分行营业部第一。全年注册工银e校园2.8万户，占全省营销总数的91%，其中仅贵州大学注册用户数就超2万户，实现全国单个高校注册用户数最多；5. 融e购线上非现金交易金额排名省分行营业部第一。全年完成融 e 购线上非现金交易额 3 亿元；6. 公务卡发卡完成率排名省分行营业部第一。全年发放公务卡 559 张；7. 个人贷款违约率最低，完成率排名省分行营业部第一。全年个贷违约金额 164 万元，占比 0.12%。（工行花溪支行）

【花溪工商支行深化银政合作，信贷业务扩大】花溪工商支行通过加强与政府部门的交流沟通，得到区政府、财政、发改、金融等重要部门的支持，与 4 个区级平台公司保持良好关系，确保拆迁代发工作的进行。全年向花溪区政府贷款 7.3 亿元，新增财政、征收局等政府机构存款 3 亿元，新增征收局、住建局、工信局日均 5 万元以上账户 3 户，开立 46 户花溪区各职能部门工会账户。与青岩古镇、孟关汽车城及天河潭景区合作，着力打造"工行二维码一条街"特色。（工行花溪支行）

【花溪工商支行创新思路，跨区域发展业务】花溪工商支行突破区域限制，营销贵安新区开发投资有限公司、贵州贵安金融投资有限公司。贵安新区住房公积金和社会保障服务中心在花溪工商支行开立对公结算账户，通过营销理财产品揽存 9.3 亿元；通过公积金贷款业务合作，贵安新区住房公积金和社会保障服务中心存入定期存款 3000 万元。此外，贵阳高科控股集团有限公司在花溪工商支行开立账户并将地方债 1.5 亿元资金托管。

（工行花溪支行）

【花溪工商支行支持花溪区风景区提升建设】2016 年，花溪工商支行成功审批市旅文天河潭项目贷款 6.4 亿元，并上报市旅文青岩 AAAAA 景区提升项目贷款 11 亿，确保 AAAAA 景区贷款份额。并为 2017 年储备花溪湖项目贷款 16 亿，百园之区项目贷款 15 亿。（工行花溪支行）

【花溪工商支行为院校发"一卡通"14753 张】花溪工商支行以秋季开学为契机，组织百人营销团队，对贵大、财大等 8 所院校展开代收学费、发放校园一卡通 14753 张，注册工银 e 校园 2.8 万户，新增融 e 行 3.28 万户，营销融 e 联 5.65 万户。为高职院校代收学费 13800 万元，涉及人数 23700 人。其中，通过一卡通批扣贵大学费 11092 万元、财大学费 850 万元；上门代收贵州轻工职业技术学院学费 1219 万元；现场收取贵州民族大学学费 200 万元；通过收款管家卡代清华中学、民族中学收取学费 466 万元；拓展电子工业学校新校区独家收费 60 万元。（工行花溪支行）

【中国建设银行花溪支行概况】 中国建设银行花溪支行是 2013 年初原花溪支行和原城东支行进行机构整合，成立的新花溪支行。截至 2016 年年底建行花溪支行存款 148.5 亿元，贷款余额 33.48 亿元；缴纳地方税收 1425.41 万元，对公贷款不良贷款率为零，多项主要业务指标名列建行贵州省分行系统前列。（建行花溪支行）

【建行花溪支行保安员拾金不昧受到媒体好评】

2016 年 2 月 28 日上午 10 时，一位客户在建行花溪支行 ATM 机上取款后，将钱包遗失在取款机上。支行保安员陈刚按照操作规程进行每个小时一次巡查，发现 ATM 机上放着的钱包，立即将钱包交给大堂经理。两人检查发现里面有大量的现金和金项链、银行卡等贵重物品。大堂经理立即进行登记，并通过银行卡预留的信息查询到客户电话，通过电话联系客户。

客户开始不相信，认为是诈骗电话，多次拨打均不再接听电话。支行大堂经理再次对钱包进行检查，发现里面还有一张其他银行的银行卡后，就立即到该银行核对该客户的联系电话，确认后，就通过短信再次联系该客户，但是该客户仍然不相信，并通过短信对我行的大堂经理进行辱骂，最后在大堂经理的耐心解释下，该客户才对自己的物品进行检查，发现情况属实后，立即赶到我行，经过身份核实后大堂经理将失物归还失主，客户拿到失物后，深深的被我行工作人员的敬业精神所感动，一再表示感谢。贵州电视台《百姓关注》栏目在获得消息后，也立即赶到支行进行采访，并于2月29日进行报道，对支行保安员拾金不昧和银行员工“以客户为中心”，急客户之所急的敬业精神进行表扬。（建行花溪支行）

【花溪建行反假币宣传活动】 2016年3月15日上午，花溪支行在花溪公园门口，为广大群众提供反假币、反非法集资、反金融诈骗宣传。

（建行花溪支行）

【花溪建行54万元精准扶贫】 2016年1月24日，花溪支行党总支分别到贵安新区党武镇曹家庄村、湖潮乡芦猫塘村开展“进村寨 访农户 送温暖 献爱心”扶贫慰问活动，对两村98户困难村民进行春节慰问。

全年对湖潮乡芦猫塘村捐赠20万元修建机耕道，对党武镇曹家庄村捐赠4万元更新改造饮水工程。芦猫塘村、曹家庄村从2013年起，被确定为花溪建行定点扶贫村。4年来，花溪建行慰问两村困难户304户（次），累计捐赠、慰问资金逾30万元。1月24日，贵安新区管委会主任孙登锋前往慰问活动现场。（建行花溪支行）

【建行湖潮支行为特殊客户服务】 9月21日，湖潮支行决定派双人上门为一重病客户孟全洪修改拆迁存折密码。

9月23日中午13点左右，建行霞辉支行为一位盲人客户办理银行卡。

建行在密码键盘上设置盲文标识，还有助盲卡，可以帮助客户识别凭证上要素的位置，票面的信息等，同时还设置爱心窗口、爱心座椅、无障碍通道、求助电话，以方便特殊客户的办理。

（建行花溪支行）

【贵阳花溪建设村镇银行概况】 2016年，贵阳花溪建设村镇银行实施部门制改革，在董事会推动下，加强队伍建设，实行个人业务绩效考核差异化，发挥个人才能，调动员工积极性。强化员工培训，努力提高员工敬业精神和业务素质。实行信贷审批权限集中和信贷业务的无缝对接，提高信贷资产质量和柜面业务管理。推出“成长乐”“利多多”“月月利”“正月红”“爱心存”等存款产品。同时，与花溪万宜广场联合发行联名卡，形成小具特色的业务。此外，还推出真正无抵押、无担保、零利息的小额纯信用贷款“自游贷”。年末存款余额12.99亿元，比上年增长29.73%；各项贷款余额7.6亿元，比上年末增长22.93%；资产总额14.84亿元，比上年末增长17.82%。

（花溪建设村镇银行）

【包商银行副行长周凤亮到花溪建设村镇银行调研】 5月26日，包商银行副行长周凤亮到贵阳花溪建设村镇银行调研指导。贵阳花溪建设村镇银行董事长覃波、行长郭卫兵、董事兼财务总监孙栋、董事兼常务副行长吴忠文、副行长陈帆在云上总部大楼与周行长进行座谈。

（花溪建设村镇银行）

【花溪建设村镇银行被评为A类机构】 2016年，根据中国人民银行的部署，针对银行业引进“宏观审慎评估体系”（Macro Prudential Assessment，简称MPA），从1季度起使用该体系对银行机构进行评估。

在中国人民银行贵阳中心支行一季度MPA评估中，花溪建设村镇银行被评为“A类机构”。这是全省银行业金融机构仅有的两家被评为“A类机构”之一，也是全省四十余家已开业的村镇银行中唯一一家被评为“A类机构”的金融机构。

MPA指标体系包括资本和杠杆情况、资产负债情况、流动性、定价行为、资产质量、跨境融资风险、信贷政策执行等七大方面约14个指标。MPA评估结果分为ABC三档。A档机构：七大类指标均为优秀（优秀线90分），执行最优档激励。贵阳花溪建设村镇银行将以被评为“A类机构”为动力，继续扎根县域，助力“三农”和小微企业发展。（花溪建设村镇银行）

【花溪建设村镇银行防范和打击非法集资宣传月活动】 5月16日，由花溪区金融办统一组织的"2016年防范和处置非法集资宣传教育"宣传活动在花溪举行。

5月19日，贵阳花溪建设村镇银行在花溪万宜广场举办一场非法集资宣传活动，通过现场解答、发放宣传折页、摆放展板的形式向过往群众宣传非法集资的危害，传达"非法集资不受法律保护 参与非法集资风险自担"意识。

5月，花溪建设村镇银行发挥近基层、贴近客户的优势，7个营业网点开展30次专题宣传，发放宣传资料万余份，为提高社会公众对非法集资的辨别能力、风险防范和依法维权意识，遏制非法集资，维护金融秩序稳定做贡献。

（花溪建设村镇银行）

【花溪建设村镇银行举办"忧患意识 责任意识 担当意识"演讲赛】 2016年6月30日，在中国共产党第95个生日来临之际，贵阳花溪建设村镇银行在云上总部举办庆祝建党95周年暨"忧患意识 责任意识 担当意识"演讲比赛。覃波董事长、郭卫兵行长等行领导出席比赛。

比赛中，参赛选手围绕"忧患意识 责任意识 担当意识"的主题，畅谈党员的带头模范作用和敬业爱岗，细论如何在工作中树立忧患意识、责任意识和担当意识。其中，运营管理部杨洋的《发挥"正能量"，我们更优秀》，获得比赛第一名。

（花溪建设村镇银行）

【花溪建设村镇银行参加省村镇银行技能选拔赛】 由贵州省银行业协会举办的贵州省村镇银行技能选拔赛于8月14日在贵阳开赛，全省41家村镇银行参加比赛。

花溪建设村镇银行吴烈佳、黄维、管小丽、孙雯、郭洪欢、郑英参赛，并获得优异成绩。其中，孙雯、郭洪欢分别获得手工技能项目第一名和第三名，吴烈佳、管小丽分别获得对公业务项目的第一名和第三名，黄维获得零售业务项目第四名。

（花溪建设村镇银行）

【花溪建设村镇银行全面推进部门制改革】 2016年1月8日，贵阳花溪建设村镇银行在总部召开"信贷业务一部、信贷业务二部、运营管理部成立启动大会"。

部门改革后，贵阳花溪建设村镇银行上收支行发放贷款权限，撤销支行信贷业务部，整合全辖客户经理人力资源，成立总行信贷业务一部和信贷业务二部专门开展信贷业务，其中，信贷业务一部专职负责小额信贷，包括小额的涉农贷款、小微企业贷款、个人贷款等，信贷业务二部专职负责大额信贷，包括大额的个人经营性贷款、公司贷款等。完善运营管理部人员配备，归集支行管理，统揽全辖柜面、反洗钱、反假货币、营销宣传等工作。集结和充实风险管理部风险管理员，扩大对信贷业务部门的支撑和保障。

（花溪建设村镇银行）

【贵阳银行花溪支行概况】 贵阳银行花溪支行位于花溪区田园北路673号，支行下辖网点，小微支行，社区银行13个，助农网点36个，并在居民聚

5月19日，花溪建设村镇银行向居民宣传金融知识（花溪区建设村镇银行 供稿）

集区、校园、厂区、村委等地方设置17个24小时自助银行，服务区域辐射花溪各乡镇社区、厂矿、企业。花溪支行开展各类代收代付业务，除现金缴费外，还开展银行卡代扣，手机银行，网上银行、自助终端等缴费方式，方便花溪居民。

2016年，为支持花溪区经济建设，支行以产品优势和服务效率抢抓市场，支持贵阳市保障房建设，向市住投公司融资15亿元；支持花溪旅游创新区建设，为甲秀南路沿线地块一级开发融资55亿元，为花溪湖公园项目融资10亿元。重视互联网金融业务、绿色产业等新兴业务的拓展，加快支行转型发展，拓展“货车帮”、黔通智联、勤邦生物等互联网金融新兴产业客户。此外，花溪支行本着互利互惠、共同发展的原则，与花溪区供销合作社签订战略合作协议书，共同推进在花溪区的业务发展。

为打造安全银行，支行把专项治理工作和查防违法违规案件相结合，与落实内部各项管理制度相结合，确保案防工作在支行开展，对存在的风险点加以监督控制，增强员工风险防范意识，堵塞漏洞、杜绝隐患，提高网点人员对突发事件的应变能力，确保贵阳银行花溪支行各项业务发展。

此外，贵阳银行花溪支行执行“五个不准、八条禁令”，签订案防责任书和党风廉政承诺书，对全行员工进行全方位、不留死角的排查工作，还组织员工到王武监狱接受“拒腐防变”教育，不断将依法办事、合规经营转化为每个干部员工的自觉行为，把人人守法、合规操作的良好氛围刻印在心上、体现在行动上、落实到工作上。强化全行干部员工的法律、制度、规矩意识，使全行员工敬畏法律、严守制度、遵守规矩，确保全行法治银行行动计划的实施。为提高公众金融知识水平和金融风险防范意识，增强全行员工金融消费者保护服务理念，完善公众教育服务长效机制，构建和谐的消费者权益保护体系，深入地开展“金融知识进万家”宣传活动。通过扩大金融知识宣传提高公众识别和防范金融风险的能力，为构建和谐金融环境起到推动作用。（贵阳银行花溪支行）

贵阳银行开展金融知识普及月活动，为客户讲解金融知识（贵阳银行 供稿）

【贵州花溪农村商业银行股份有限公司概况】 贵州花溪农村商业银行股份有限公司（以下简称：花溪农商银行）是经中国银监会批准成立，由辖内自然人、企业法人和其他经济组织入股组成的股份制金融机构，其前身是贵州花溪农村合作银行。花溪农村合作银行经过十余年改革发展，2013年12月29日经贵州银监局批准，正式挂牌成立产权明晰的花溪农商银行，注册资本5.5亿元。花溪农商银行成立以来坚持立足区域经济发展，以支持“三农”和小微为己任，公司治理逐步完善，各项业务稳步发展，资产质量不断提高，盈利能力逐年增强。连续15年未发生安全保卫责任事故和案件，2014年获“中国银行业安全银行”称号。4月，花溪农商银行作为唯一全国农村金融中小机构，参加全国农村金融服务经验交流电视电话会作汇报发言，受到国务院马凯副总理的高度赞扬。2015年获中央文明委颁发的“全国文明单位”称号；2016年获“全国五一劳动奖状”。进入2015全国百强农商银行和2015全省“企业100强”、“民营企业100强”企业名单。成为贵州农信首家资产规模突破400亿元，各项存款突破200亿，各项贷款突破100亿元的县域金融机构。11月，花溪农商银行启动准备进入资本市场，力争成为中国西部首家登录国内主办市场的县域农村金融机构。

全行现有职能部门20个，分支机构48家，其中营业部1家、支行30家，便民服务支行14家，便民服务点3个，网点覆盖花溪区各乡镇、社区，有职工578人，平均年龄33岁，其中本科学历及以上员工470人，占在岗员工的83.3%。2015年，花溪农商银行在贵安新区发起设立注册资本6.09亿元的村镇银行，2016年发起设立贵州罗甸发展村镇银行正在筹建中。（花溪农商银行）

【同业理财产品“花享同赢”发行】 2016年1月29日贵州花溪农村商业银行发行“花享同赢”第一期同业保本类理财产品，总额7亿元，主要投向为现金、银行存款、同业存款，募集期当日11时45分认购完毕。（花溪农商银行）

【花溪农商银行储蓄产品】 2016年7月26日，贵州花溪农村商业银行全行上下重树“存款立行、存款兴行”的理念，坚持用创新引领发展，经过近两个月的努力，花溪农商银行“花钱月享”与“锦上添花”两款全新的储蓄存款产品上线运营。

储蓄存款新产品研发项目具体由业务发展部牵头，财务、科技、合规等相关职能部门组成产品开发小组。项目于7月8日完成测试，7月22日完成员工业务操作培训，7月26日发布上线运营，7月27日对外开放购买。

两款储蓄新产品均为定期储蓄产品，安全性与常规定期存款完全相同，利率在人民银行基准利率基础上作分级上浮调整，上浮40%－60%，提高储户的投资收益。其中，“花钱月享”产品为按月付息型定期存款产品，次月开始付息，销售起点金额为5万元，利率较基准利率上浮区间为50%－60%，保证存款客户月月均有较高的稳定利息收入。适合老龄人群和部分无稳定收入来源的失地农户购买，能够最大限度保障储户生活水平的稳定性；“锦上添花”产品为利息收益前置型定期存款产品，存款时即可获取全部到期利息，销售起点金额为50万元，利率较基准利率上浮区间为40%－55%。同时，可用前置利息收入进行再投资，获取更多收益。适合有稳定收入、资金富余的储户购买。采用组合投资，可以实现年收益率4.95%。

7月27日首日开售便售出“花钱月享”8笔，销售金额300万元，“锦上添花”2笔，销售金额170万元。花溪农商银行营业部、竹林支行、明珠支行和青岩支行4家网点首日销售，其中，竹林支行发售450万元为当日销售冠军。27、28两日销售20笔，销售金额955万元。（花溪农商银行）

【花溪农商银行举办“盛世农商”同业交流会】 2016年9月6日，花溪农商银行“盛世农商”同业交流会邀请昆山农商行、平安证券等来自全国各地43家农商行、证券机构70余位业界同仁参加。（花溪农商银行）

【花溪农商银行办公大楼开工】 2016年9月28日，花溪农商银行综合办公大楼举行开工仪式。花溪农商银行党委书记、董事长吴勇，党委委员、行长周乐佳，纪委书记、监事长杨照刚等行领导出席开工仪式。开工仪式结束后，花溪农商银行、施工单位及监理单位三方主要领导就工程建设项目举行三方座谈交流会。（花溪农商银行）

【花溪农商银行发起设立罗甸发展村镇银行】 罗甸发展村镇银行是花溪农商银行主发起设立的第二家村镇银行，拟注册资本一个亿，设立地在贵州省黔南州罗甸县，经过前期精心筹备，罗甸发展村镇银行发起人大会于2016年10月19日上午在罗甸召开，6户非金融机构企业法人发起人及14位自然人发起人参加会议。

罗甸县副县长程康主持会议，罗甸县委常委、常务副县长朱泉，黔南银监分局监管三科科长曾世军，中国人民银行罗甸县支行副行长罗胜，花溪农商银行党委书记、董事长吴勇，行长周乐佳，纪委书记、监事长杨照刚，副行长王刚、黎希霆等领导同志出席会议。

在贵州辅正律师事务所两位律师的见证下会议8个议题均审议通过。（花溪农商银行）

【花溪农商银行麦坪支行装修竣工】 2016年9月，经行党委研究决定对麦坪支行进行装修改造，到工程竣工历时四个月。装修改造完的麦坪支行营业厅分为现金服务区、客户等候区、ATM自助服务区、网上银行体验区、信贷业务区及后台管理办公区等。现金服务区开设4个业务窗口，对公业务区开设4个开放性业务柜台，ATM自助服务区安装ATM机3台，网上银行体验区配备机具2台，具备为麦坪镇居民提供优质服务的硬件设施。

12月28日上午，花溪农商银行麦坪支行装修竣工开业，花溪农商银行全体行领导、各部室、各片区支行负责人参加开业仪式。花溪农商银行党委书记、董事长吴勇致辞并宣布麦坪支行装修竣工开业，吴勇董事长与麦坪镇委书记周治为麦坪支行揭牌。（花溪农商银行）

【花溪农商银行大学城支行搬迁开业】 2016年11月14日下午，花溪农商银行大学城支行举行搬迁开业仪式，花溪农商银行全体领导、各部室负责人及贵安片区干部参加搬迁开业仪式。花溪农商银行党委委员、行长周乐佳与纪委书记、监事长杨照刚为新的大学城支行揭牌。周乐佳宣布新的大学城支行正式开业。

新的大学城支行坐落于花溪大学城中心区域，地处贵州师范大学、贵州医科大学和贵州财经大学三所高效结合部，交通便利，人流集中，有地利优势。新支行分为现金服务区、客户等候区、ATM自助服务区、网上银行体验区、信贷业务办公区及后台管理办公区等功能板块。现金服务区开设5个业务窗口，对公业务区开设4个开放性业务柜台，ATM自助服务区配备存取一体机2台，网上银行体验区配备机具3台。（花溪农商银行）

【花溪农商银行携筑企业家赴务川县精准扶贫】 2016年3月3日，花溪农商银行党委书记、董事长吴勇携贵阳市十一家企业负责人一行27人，实地走访务川县砚山镇。

本次赴务川的有贵州城市职业技术学院董事长、湖北商会贵州分会会长等11位知名企业家，包括食品、教育、餐饮、经果林、石材加工、家政服务、农业等领域。各位企业家对大桥村小型石材厂、回龙村精品水果基地、毛田村新农村建设点实地调研考察。为回龙村的青壮年安排进职业学院进行专业技能培训，并提供33个就业岗位；同时，针对初、高中失学青年，花溪农商银行联合贵州城市学院制定相应措施，提供贫困学生在校就读期间的国家每年8000元学费助贷和2000－3500元生活费补助。

实地考察后在砚山镇人民政府，务川县副县长程进主持召开帮扶座谈会。会后砚山镇人民政府、花溪农商银行、贵州城市职业学院签订关于教育扶贫培训意向性协议书。（花溪农商银行）

【明珠支行曾应遐获全省金融业务技能综合竞赛第一名】 2016年9月10日，贵州省金融工会举办全省金融系统银行证券保险综合业务技能竞赛。花溪农商银行明珠支行的曾应遐同志获得零售业务全省第一名。（花溪农商银行）

【探索“村集体经济＋低收入困难户”模式 走“造血”扶贫之路】 贵阳花溪拓源生态农业有限公司位于花溪区黔陶乡谷洒村，适合发展黑山羊、山地鸡等养殖项目和果树、蔬菜等种植项目。花溪农商银行结合实际，一是向低收入困难户发放“特惠贷”贷款入股公司，公司与农户签订协议，每年给入股户分红，解决公司融资困难问题；二是吸纳有劳动力的低收入户到公司工作，让困难户能足不出村就有活干、有钱挣，同时还解决公司的用工问题；三是公司以支付租金的形式为低收入户托管土地，以年底分红的形式为低收入户托养牲畜，这样，即让低收入户受益，又壮大公司生产规模。谷洒村现有建档立卡低收入困难户35户，其中有6户符合发放“特惠贷”贷款条件，每户发放5万元“特惠贷”贷款支持入股公司，为公司带来30万的发展资金，按每头羊仔1200元的成本，可购进250头羊，若每头羊的净利润在600元，公司每年的纯利润可达15万元；农户还可以以羊仔入股公司，由公司托养管理经营，现入股300头，少的每户入股羊3头，多的7头，农户与公司签订协议，每年每头的年度分红200元。（花溪农商银行）

【花溪农商银行被评为纳税信用A级纳税人】 贵州花溪农村商业银行被评为2015年度纳税信用A级纳税人。纳税信用A级纳税人是贵州省国家税务局、贵州省地方税务局对纳税人信用评定的最高等级，评价结果将通过办税服务厅公告，并由贵州省国税局、贵州省地税局联合颁发“A级纳税信用企业”标识牌。（花溪农商银行）

【花溪农商银行在“七一”表彰中获多项省级荣誉】 2016年，贵州花溪农商银行获多项省级荣誉：1. 获贵州省总工会颁发的“吴勇劳模创新工作室”称号；2. 副行长王刚同志获全省农信系统“优秀党务工作者”称号；3. 理财事业部经理王莉同志获全省农信系统“六先”共产党员称号；4. 贵州花溪农商银行贵安片区党支部获贵州省农信系统2015－2016年度“五好”党支部和“样板”党支部称号。（花溪农商银行）

【贵州花溪农商银行获全国AAA级信用企业】 2016年7月15日，贵州花溪农村商业银行被中国企业联合会、中国企业家协会评定为AAA级信用企业，这是继2015年被贵州省企业联合会、贵州省企业家协会及贵州省企联信用评价委员会评定为AAA级信用企业后获得的一次更高级别、更严要求评定，表明花溪农商银行稳健发展能力及信用程度得到全国认可。（花溪农商银行）

【学士路支行再次获中国银行业文明规范服务千佳示范单位称号】 2016年12月30日，贵州银行业协会正式下文表彰贵州花溪农村商业银行学士路支行入选2016年度中国银行业文明规范服务千佳示范单位，成为贵州省18家千佳示范单位之一，率全省农信之先。

花溪农商银行学士路支行是贵州省农信系统第一家申请创建中国银行业协会组织千佳示范单位，自2012年获千佳示范单位以来，学士路支行不断创新服务方式、提升服务品质，先后推出为客户提供多种口味的饮品的“小推车茶水服务”、在客户等待区建立“三知书屋”的阅读服务以及以茶道为特色的茶文化服务。在2016年10月的评估验收中，花溪农商银行学士路支行获得中国银行业协会专业巡检组的肯定。（花溪农商银行）

【花溪农村商业银行代表队获“贵州省第三届广场舞大赛”银杏奖】 2016年8月25日，贵州省第三届广场舞大赛在世界古银杏之乡盘县举行。花溪农村商业银行代表贵阳地区参赛，参赛曲目《炫舞彝风》，取得本次比赛“银杏奖”。

本次参赛队伍由花溪农商银行内部抽调50名职工组成，包含17名舞蹈专业毕业生及33名非专业成员。（花溪农商银行）

【花溪邮政储蓄银行概况】 中国邮政集团公司贵阳市花溪区分公司有金融全功能服务网点7个，业务范围涵盖个人以及对公储蓄、代发工资、基金、理财以及保险等。窗口从业人员都为大专以上人员，在岗人员98%以上获本岗位职业资格认证。2016年储蓄存款余额7.4亿元，资产总规模8.7亿元。

（李艳明）

花溪年鉴 HUA XI YEARBOOK 2017

保 险

【中国人民财产保险股份有限公司花溪支公司概况】 中国人民财产保险股份有限公司花溪支公司是一家区县级支公司，位于贵阳市花溪区清溪路272号（徐家冲路口）。保险业务主要有：车辆保险、企业财险、工程险、责任保险、意外伤害保险、农业保险等。公司通过个人保险、团体保险、互动业务、电子商务等多种营销渠道，向广大客户提供服务。公司通过优化理赔资源配置，完善理赔运营架构，提升理赔服务能力和服务品质。一是提高万元以下案件“一小时通知赔付”，落实理赔服务承诺，化解“理赔难”等问题；二是兑现“万元快赔”特色服务，提升车险简易案件处理能力；三是开展特色服务活动，如保险服务接待日、客户节“满意在贵州”等主题活动，向客户提高增值服务，提高客户满意度。2016年，公司实现保费收入7025万元，公司推进保险产品、服务和人员“三下乡”，推进政策性农业保险如森林保险、能繁母猪保险、水稻保险、油菜保险、农房保险的发展，为农业生产提供风险保障，全年农险保费收入143万元，理赔171万元。发挥保险业强农惠农富农的主渠道作用。

（中国人民财产保险股份有限公司花溪分公司）

【中国人寿保险股份有限公司花溪支公司概况】 中国人寿保险股份有限公司成立于1949年10月20日，总部设立于北京。前身为中国人民保险公司，隶属国务院。1996年分设为中保人寿保险有限公司，1999年更名为中国人寿保险（集团）公司。业务涵盖寿险、产险、养老保险（企业年金）、资产管理、另类投资、户外业务、电子商务、银行等多个领域，并通过资本运作参股多家银行、证券公司等其他金融和非金融机构。

中国人寿保险股份有限公司花溪支公司隶属集团公司，总部设立于花溪区清溪路276号，下设总经理室、综合办公室、业务处理中心、个人业务部、团体业务部、银行保险业务部；并设有城区营销服务部、青岩营销服务部、小碧营销服务部、孟关营销服务部、石板营销服务部等部门，有员工188人。

2016年，公司保费总收入4850万元、各类理赔支出328万元、各种生存给付1975万元，服务人群15600余人次，公司业务涵盖个人养老保险、个人医疗保险、子女婚嫁保险、学生平安保险、企业及个人意外伤害保险，并承保服务新农合二次补偿报销、花溪区公安干警意外伤害保险服务、花溪区城管人员意外伤害保险服务、花溪区女性安康保险服务及计生保险、小额保险、旅游保险等。寿险业务市场份额高达88%，是花溪区寿险市场的龙头企业。

（周　毅）

【贵阳花溪中小企业信用担保投资有限公司概况】 贵阳花溪中小企业信用担保投资有限公司成立于2004年12月28日，是省政府金融办颁发的《融资性担保机构经营许可证》的唯一一家国有担保公司。公司的经营范围为融资性担保业务，兼营履约担保业务。内设综合部、财务部、业务部、风险管理部四个职能部门。公司核心业务主要为小微企业提供融资担保服务，成立至今立足扶持小微企业，在工作中充分体现服务理念，为客户解决融资难问题，为培育、支持、带动地方产业发展、增加就业、增加当地财政收入起到推动作用。

2016年，担保公司继续与贵州花溪农村商业银行合作，实现年在保余额4854万元，新增贷款担保4060万元，解除担保责任3491万元。实现营业收入264.19万元，实现净利润97.78万元，上缴税收21.19万元。公司利用1800万注册资本金放大2.28倍集中服务小微企业和“三农”，为养殖、种植、餐饮、食品、纸业、建筑等客户提供8345万元融资。

（王兴林）

（责任编辑　姚毅）

城乡建设

花溪年鉴
2017HUA XI YEARBOOK

农家乐新居(区新闻中心供稿)

综　述

【概况】　2016年，区住建局完成23个项目的房屋征收工作，签约面积约93.11万平方米；棚户区改造工作完成绿化面积4.2万平方米，建道路6215平方米，人行道铺砖1100平方米，水表安装549户；完成300户农房立面整治，景区整治完成投资额5.824亿元，是年初预定目标的3.48亿元的167%，完成126户危房改造；建筑施工项目59个，竣工项目8个，总建筑面积68.53万平米，合同造价约9.87亿元；追发农民工工资4642.61万；完成建筑工程公开招标报建工程167个；新增施工建筑面积68.53万，全部采用建筑节能技术；开展质量抽查218次；建筑行业发生安全生产事故两起，死亡人数2人；2016年注册完成房地产开发企业38个，其中一级资质企业2个，二级资质企业1个，三级资质企业4个，四级资质企业7个，暂定资质企业24个；办理二手房交易的产权转移备案198件，建筑面积16968平方米，交易金额为246866346元；成交商品房6519套，成交面积87.38万平方米；完成各类房屋产权证及备案表件3939件；完成安置户安置工作2211户，面积31万余平方米；花溪区上板组建成的608套公共租赁住房全部进行分配。全年办理公租房租赁补贴保障对象1898户，发放补贴429.94万元，累计实物配租保障户数为2709户。　（区住建局）

公厕建设（区新闻中心供稿）

城镇基础设施建设

【概况】　2016年，花溪区启动实施清溪路（桐惠路）改扩建工程、甲秀南路尖山至大坝井一级开发项目、天河潭景区提升改造项目等23个项目的房屋征收工作，完成签约面积约93.11万平方米。万达片区棚户区改造项目（一期）完成绿化面积4.2万平方米（其中绿化带10000平方米，小区内绿化16000平方米，山地绿化16000平方米），新建道路面积6215平方米；关口寨棚户区改造项目完成人行道铺砖1100平方米，完成430米自来水主管道和549户水表的安装，完成700米燃气主管及400米入户管道安装，小区绿化完成1500平方米，完成1.4公里电缆架设。　（温　艳）

重点建设项目

【概况】　2016年，花溪区实施建设的城市综合体项目主要有两个：贵州汽车城汽车超市、贵高速·花溪26°。贵州汽车城汽车超市位于孟关乡，项目规划用地面积10.724万平方米，规划总建筑面积为29.6万平方米，主导功能建筑有购物中心、办公写字楼、酒店。应用贵州地方文化元素符号有交通、汽车文化、生态等三种，按绿色建筑标准创建。项目总投资4.2亿元，2016年完成投资3.8864亿元，酒店及办公楼开始主体建设。贵高速·花溪26°项目位于花溪区田园南路，其城市综合体部分规划用地面积为17.12万平方米，规划总建筑面积为15.1万平方米。项目融汇商品展贸、购物、餐饮、演艺、休闲、婚庆等多元功能，集文化、旅游、休闲度假于一体的大产业。项目于2016年度落地花溪并开始土地、规划等相关手续的审批办理，已启动文化交流中心建设。　　（何　江）

城乡规划

【概况】　2016年，花溪区城乡规划围绕"花溪文化旅游创新区"的总体发展目标和定位，以"大花园""大溪流"为主要特色，按照"一区四化"的要求，以"创建国家全域旅游先行示范区"为总抓手，完善在城乡规划编制、城市建设、规划服务等方面的工作，发挥规划引领经济社会发展的核心作用。　　（区规划局）

【中国首届古镇峰会】　2016年12月12日至14日，由中国城市规划学会、贵州省住房和城乡建设厅、贵阳市人民政府联合举办的中国首届古镇峰会在青岩古镇召开。峰会以"特色古镇 创新发展"为主题，邀请国内外知名古镇研究领域专家学者、古镇经营管理者共同研究新常态下古镇保护与发展中存在的问题，分享古镇保护开发经验、探讨古镇保护、历史文化传承和创新发展方面的思路和相关政策，力求将峰会打造成"搭建多领域、多地域、多学科、产学研相结合的高层次交流互动平台"。峰会开展古镇圆桌协作会议、大会报告、主题论坛、专题调研等活动，省市主要领导在峰会上致辞，全国知名专家学者在峰会上作报告，国内知名古镇经营管理者、专业人员参加会议，研究审议通过《中国古镇联盟章程》和《青岩共识》。　　（区规划局）

【国家全域旅游示范区规划编制】　2016年，花溪区组织编制《贵阳市花溪区全域旅游发展规划》和《全域旅游实施方案》。围绕花溪打造"文化旅游创新区""世界知名的山地休闲度假地"的发展定位和"国家全域旅游先行示范区"的总体目标，以"全景式打造、全季节体验、全产业发展、全社会参与、全方位服务、全区域管理"为战略路径，明确打造贵州会客厅、建设西南重要的自驾游综合服务中心、培育四大旅游名片、打通一条旅游黄金发展轴、构建贵州文化精神高地五大战略突破口，推进旅游产业转型升级；重点打造青岩国际特色旅游小镇、国家城市生态湿地公园带、西南自驾游综合服务中心、高坡国际山地运动大本营、溪南十锦、童世界文化旅游综合体、天河潭国际旅游度假目的地、老榜河乡村休闲度假群落、大学城贵州创客基地、孔学堂文化圣殿十大重点项目，支撑花溪全域旅游发展；结合全域旅游示范区创建的基本要求，详细提出旅游交通、旅游集散服务、自驾车旅游服务、旅游厕所、标识导引、加油站、停车场、智慧旅游服务等基层设施和公共服务体系的建设内容、风格、数量、资金投入，科学指导花溪区创建全域旅游示范区，统筹区域经济社会持续协调发展。　　（区规划局）

【青岩创国家AAAAA级旅游景区规划编制】　为保障青岩创国家AAAAA级旅游景区工作，以规划为统揽，对景区内景观、交通管理等方面进行全面提升，花溪区组织编制《青岩古镇景区旅游交通建设规划（2016－2020）》《青岩夜景灯饰规划》《青岩古镇风貌保护与民居修缮导则》。

（区规划局）

【景区提升改造规划编制】　2016年花溪区推进"千园之城 百园之区"规划建设工作，对区域内各类型公园提升、规划建设提供保障，组织编制《花溪区公园城市总体规划》《夜郎谷喀斯特生态公园概念规划》《孔学堂国学风情小镇修建性详细规划》《贵阳市花溪区花溪公园旅游基础设施提升改造项目》。完成花溪公园提升改造、天河潭风景名胜区提升、十里河滩国家城市湿地公园一期提升改造、花溪大道沿线绿化提升项目、花溪黄金大道沿线绿化提升项目、甲秀南路沿线绿化提升项目、国宾馆区域绿化提升项目、天河潭片区绿化提升项目、花溪区夜景亮丽工程建设。

（区规划局）

【民生项目规划实施】 2016年，实施花溪城区水体规划建设项目、青岩水体规划建设、栗木水库建设、水场堡水库建设、碧云窝水厂扩建工程、红枫湖水库与花溪水库连通工程等6个生态建设项目；加快碧云窝水厂扩容、孟关水厂及污水厂、石板污水厂、燕楼垃圾填埋场等市政基础设施建设。

（区规划局）

【重点重大项目规划审查】 2016年，花溪区成立全域旅游先行示范区审批领导小组，领导小组采取召开工作联席会、专家评审会、现场咨询指导、项目预审等方式，为各重点重大项目推进提供保障。推进恒大花溪童世界、贵高速·花溪26°、贵州汽车城汽车超市城市综合体项目规划服务；推进美的国宾府、碧桂园花溪1号、保利溪湖等一批房地产开发项目规划建设；完成北极熊特色饮料生产基地、贵阳国际汽贸城二期4S店建设项目等一批重点工程审查；完成小河区强制介毒所、燕楼镇中心幼儿院等公益性项目审查及选址工作；推进碧云窝水厂扩容、区域内电力设施迁改、孟溪路、花桐路、溪清路改扩建等一批市政基础设施建设项目的规划服务；推进贵阳传化智能公路港、两港一中心、燕楼园区等项目规划审查。提前介入青岩创AAAAA景区的青岩特色酒店集群、青岩前街特色古建筑街区项目以及青岩省旅发大会的古镇北城门旅游综合体等项目规划服务，组织项目规划方案专家咨询会，推进项目规划建设。

（区规划局）

村镇建设

【小康房建设】 花溪区将把青岩至高坡一线打造为乡村旅游精品线。小康房建设、农村综合环境整治、美丽乡村·四在农家工作相结合，对青岩至高坡沿线进行房屋立面整治，完成300户农房立面整治。

（蒙 菲）

【示范小城镇建设】 花溪区青岩镇作为全省100个示范小城镇、全省100个旅游景区，抓住创建AAAAA景区的机遇，进行基础设施建设和景区整治，完成投资额5.824亿元，是年初预定目标的3.48亿元的167%。2016年孟关乡完成项目5.2742亿元，是年初预定目标1.245亿元的423%。

（蒙 菲）

【农村危房改造】 根据《省住房城乡建设厅、省发展改革委、省财政厅关于印发贵州省农村危房改造工程有关方案的通知》〔黔建村通〕（41号）文件精神及摸底情况，确定全区任务数为126户，其中省级任务102户（二级危房），市级任务24户（一级11户、二级13户）。

（蒙 菲）

（责任编辑 翟长保）

城市管理

花溪年鉴
2017HUA XI YEARBOOK

3月8日，区城管局综合执法大队开展军事训练活动(饶漾 供稿)

花溪年鉴 HUA XI YEARBOOK 2017

综　述

【概况】　2016年，花溪区城市管理工作以生态文明贵阳国际论坛2016年年会及2016贵阳国际大数据产业博览会召开为契机，结合花溪文化旅游创新区、全域旅游先行示范区及青岩AAAAA级旅游景区创建工作，以转变城管理念、创新城管工作为出发点，以综合执法为载体，狠抓队伍建设，加大执法力度，健全城市管理长效机制，推进城市精细化管理，完善市政环卫基础设施建设，狠抓管理源头，狠抓重点问题，加强城市常态化管理，巩固“创卫”“创文”“创模”工作成果，提高管理水平，提升城市形象，城市管理各项工作取得明显成效。（区城管局）

花溪年鉴 HUA XI YEARBOOK 2017

综合执法

【概况】　2016年，区城市综合执法工作紧紧围绕建设“法制花溪、和谐花溪、文明花溪、美丽花溪”，推进国家全域旅游先行示范区的建成。以“综合执法下社区，控违拆违进项目”为工作重心，城管与执法密切联系社区、服务社区、美化社区，改观社区院落、背街小巷、城中村等重点部位“脏、乱、差”突出的问题，赢得社区居民的好评。控违和拆违进驻项目，加大对项目区域及周边居民宣传力度和对违法建筑管控、拆除力度，遏制恶意“种房”行为，避免国有资产流失。建筑垃圾车乱倒、车辆带泥上路、沿途抛洒等现象明显减少。（区城管局）

【城市环境长效管理】　2016年，区城管局完善城市综合执法长效管理机制。在“多彩贵州文明行动”“数博会”“国家文明城市”复检等背景下，推进全区“多彩贵州文明行动”常态化管理，巩固和提升“创文”“创卫”成果；把噪音扰民、灯光污染、有碍城市容貌的行为作为管控重点来抓，多次开展“门前三包”、门面头匾、户外广告、渣土撒漏、露天烧烤、机动车占用人行道停放、乱贴乱画等专项整治活动，完成各项迎检接待工作中的市容市貌管控工作。（区城管局）

【整脏治乱】　2016年，区城管局以整治占道经营、野广告、车辆乱停乱放为重点，城管队员下沉社区与社区工作人员共同管理、联合执法，推进整脏治乱工作开展。清除各类野广告18000余张（件）；收扣各类盯人散发小广告行为820余起；制止乱丢乱吐、乱堆乱放等不文明行为4000余起；收扣经营性燃煤炉灶30余起；清理过街横幅、空飘500余起。（区城管局）

【占道经营整治】　加大市容市貌管控力度，定期开展门面延伸、占道经营专项整治。对主次干道严格实行定人、定岗、定路段、定标准、定责任、定奖惩的“六定”责任包保管理，提升12319数字化管理平台联动服务水平，对市容环境、街面秩序等方面进行监管。2016年教育劝退流动摊贩15600余起；清理门面延伸占道经营14000余起。对社区采取“宣传规范、集中整治、疏堵结合”的方式，满足居民的早餐需求和摊主的谋生方式。（区城管局）

【违法建筑拆除】　2016年，区城管局以“控违拆违进项目”为工作重心，先后向贵大校区扩建（二期）、尖山村、云上村、大学城周边板桥村思杨路、桐惠路、桐木岭等项目部派驻控违、拆违分队，对项目区域及周边违法违章建筑行为进行管控。2016年，全区拆除违法建筑1855户，面积93.59万平方米，完成市级目标任务（36万平方米）的260%。（区城管局）

供 水

【概况】 2016年10月，贵阳市花溪区供水公司正式更名为贵阳水务集团花溪区水务有限公司，是贵阳水务（集团）旗下全资子公司，承担花溪区域内供水服务工作。公司拥有水厂一座，日供水设计规模为50000立方米，供水人口14万人。供水范围以花溪城区为中心，南到桐木岭收费站、机械厂廉租房，北到贵阳西站、穗黔物流，东抵孟关改毛、汽贸城，西至尖山路口、保利片区，形成南北长10千米，东西长12千米，近4万平方千米供水区域。拥有一级泵房一座，占地30亩的水厂一座及南区、孟关、董家堰3个加压站，出厂水水质100%达到国家饮用水标准。（区水务公司）

【饮用水质量】 区水务公司负责全区区域内供水水质安全工作，获贵州省第一批国家饮用水106项达标单位称号。区水务公司将原有的液氯消毒设备更换为二氧化氯消毒设备，加强进出厂及管网水质监测力度，启用水质在线监测设施，确保供水水质达到国家标准要求。2016年度水质综合合格率99%以上，全年未发生水质安全事故。（区水务公司）

【客户服务管理】 2016年新增用户4232户，各类用户总计40942户，其中一户一表用户38270（含普通表用户12772户，智能表用户4390户，远传水表21108户）。区水务公司加强大用户管理，对超限使用水表进行更换，2016年更换DN100流量计1块，新安装DN50及以上流量计8块。（区水务公司）

【供水保障】 根据《贵阳市解决城市“用水难”问题攻坚工作实施方案》（筑委办发［2014］83号）文件要求，2016年区水务公司完成解决“用水难”三年攻坚工作各项任务。（区水务公司）

供 电

【概况】 2016年，区供电局根据拟定的花溪局2016年创先实施细则及创先推进计划及管理提升方案完成创先工作，推进供电所、业绩考核指标分解落实到位，拟订供电所年度指标和实现3个100%推进计划，按月度追踪工作进度和定期进行业务督查、帮扶、指导。根据局客户服务中心编制业扩流程简化方案，减少高低压新装环节，精简档案资料和盖章次数。区供电局实现35千伏及以上变电站电能量终端全部接入计量自动化系统，厂站终端覆盖率100%，上线率100%；TTU已覆盖公变台区881台，上线率86.72%；专线专变负控终端覆盖640户，上线率81.72%。全局加强电费回收风险管控，电费回收提升3.21个百分点。开展“精准扩销十百千”工作，稳存促增。顺应电力体制改革需要，配合客户参加电力直接交易。1－10月，提交花溪签约9户，合同累计电量约1.3499亿千瓦时。开展主题为“用心服务十百千 稳促增长十百千”社会责任日走访活动；开展用电安全检查工作，完善客户经理制度；推广南方电网微信公众服务号，打造服务统一平台。（区供电局）

【花溪区供电局客户服务】 2016年，区供电局应用远抄制度，规范抄表人员的抄表责任；规范对欠费用户停复电行为；利用小用户电能表更换的契机，推进户表改造工作；开展银联代扣业务绑定工作，减少电费支付风险；以远抄工作为基础，促进线损工作的提高。开展2016年专变客户现场、档案及负控装置核查工作，检查专变台区330户，占总计划70%，高压供用电合同签订37份，

花溪区供电局经营指标完成情况表

1. 经营指标

指标类别	完成值	同比（与2015年比较）
售电量（亿千瓦/时）	7.3967	同比增长－10.95%。（党武所、湖潮所划归贵安局，减除去年两个所的累计售电量1.4697亿千瓦时，花溪局今年实际增长0.4957亿千瓦时，增长率5.96%。）
售电平均单价（元/千千瓦时）	595.64	同比下降16.66元/千千瓦时，主要原因是工商同价等电价调整因素造成。
电费回收率（%）	99.79	同比提高0.03个百分点。回收旧欠26.74万元。
综合线损率（%）	4.38	1.50%
有损线损率（%）	6.08	1.99%
客户平均停电时间（小时/户）	31.33	
挖潜增效（万元）	111.7921	

花溪区供电局电网建设情况表

项　目	项目数（个）	投资金额（万元）	完成情况
2011－2012续建项目	49	24242	其中办理调减手续3个大项，涉及投资资金1526.6397万元
2013续建项目	26	4481	总投资额4481万元。
2013紧急项目	8	2151	
2014新建项目	27（其中20个为贵安新区项目）	10013.84	总投资10013.84，贵安局9358，理调减手续7个大项，涉及投资资金1023.7862万元
2015年新建项目	4个	399.28	
合计	114	41287.12	

完善营配集成一体化系统专变资料。开展站线变户档案清理工作，结合实际运行和归属线路情况，调整营销系统档案，完成90%的客户档案信息维护。（区供电局）

市政设施建设与管理

【市政基础设施建设】 1. 道路设施：花溪区行政范围内有主干道15条，包括溪北路、清溪路、贵筑路、甲秀南路、迎宾路、明珠大道、田园北路、青岩东旱线、北部环线、桐惠线、清燕线、田园南路、贵安大道、百马大道、金马大道，全为沥青路面。主干道车行道总长度为63.821公里，面积为208.05万平方米，人行道总长度为123.78公里，面积为45.70万平方米，有护栏8043档（贵安大道、百马大道、金马大道未移交相关数据，不计入护栏数量）。次干道有9条，包括霞晖路、将军路、民主路、花阁路、河滨路、清华东路、棉花关路、学士路、大吉路，其中花阁路、河滨路、学士路为水泥路面，其他次干道为沥青路面，次干道车行道总长度为64.82公里，面积为6.8826万平方米，有护栏705档。

2. 路灯设施：花溪区行政范围内有路灯4518套（8462盏）、箱变38台（贵安大道、百马大道、金马大道未移交相关数据，未计入箱变数量），其中清溪路、青岩片区、贵安大道、百马大道、金马大道为LED灯，其他道路均为钠灯。

3. 桥梁设施：花溪区行政范围内有4座桥梁，其中，花溪大桥位于清溪路，长为47.5米，宽为33米，面积为1567.5平方米，管养单位为花溪公路养护段；花溪平桥位于大吉路连接小迎宾路，长为72米，宽为15米，面积为1080平方米；麦翁桥位于花溪大道董家堰麦翁（属于村寨桥梁），长为66.7米，宽为7.1米，面积为473.57平方米；麦达桥位于花溪大道董家堰麦达（属于村寨桥梁），长为84米，宽为12米，面积为1008平方米。

4. 过街人行天桥（地道）设施：花溪区行政范围内有4座过街人行地道，建设时间均为2014年。其中，清溪路公园门口1座，结构类型为现浇混凝土框架结构，跨径为180米，有自动扶梯（6个），已建成使用，管养单位为贵阳市花溪区国有资本投资经营有限责任公司；其他3座过街人行地道位于田园南路，仍在建设中，建设单位为贵阳市城发项目公司。（区市政管理所）

【人行道维修维护】 2016年，区市政管理所对主城区主次干道人行道进行维修维护，维修维护面积6401平方米，更换人行道板660平方米，改造2处路口，修补路面坑洼281处，修补道牙518处441米，安装道牙40米，并对清溪路、明珠大道、贵筑路、溪北路、田园北路、田园中路、民主路七条道路人行道进行沥青整改铺设。

（区市政管理所）

【清溪路路灯提升改造工程】 2016年，花溪市政管理所对清溪路进行路灯提升改造工程，红阳厂至青岩沿线钠灯更换为LED灯，确保道路夜晚路灯照明，方便市民出入。（区市政管理所）

【市政设施维护】 2016年，市政管理所投入人力、物力对市政设施进行维修维护工作。1. 市政道路、护栏方面：2016年修补人行道板6401平方米，更换人行道板660平方米，改造2处路口，修补路面坑洼281处，维修车行道1200平方米，修补道牙518处441米，安装道牙40米，圆球13个。维修护栏2807榀，更换护栏254榀，安装护栏142榀，拆除护栏213榀。

2. 路灯照明方面：2016年安装路灯7盏，维修路灯钠灯1262盏，维修高杆灯5盏，接线6处，换线759米，维修控制柜3个，更换保险12个，换灯头22个，更换交流接触器4个，更换电缆112米；全线检修园亭路照明设施；维修羊昌坝路灯地下线路；检修清溪路LED路灯；维修界牌高压，路灯亮灯率保持在98%以上。

3. 雨污管网方面：依据区政府相关工作安排于2016年3月将雨污管网移交至水务局，1至2月份区市政所更换井盖30套、提高井盖13套，更换雨篦子36套，对27条主次干道的552座检查井，4000米下水道，120米方沟进行疏通、清淤。3月份后，区市政所应急抢修雨污管网维修更换井盖11套，修复雨篦子23套，24小时及时规范市政道路上雨篦子、井盖；修补清溪路电力井3处，进行马路关电力井提升改造。

4. 其他市政设施方面：2016年，区市政所巡查并捡拾花溪区管辖范围内野石头，处理花溪区管辖范围内积水，修复3块标志牌，安装凝冻路段标识牌，收14处废料，修补电力、电信井57处，拆除广告牌、路牌、广告箱4处，修复桐惠线2处盖沟板，拆除花一小减速带20米，回填燃气开挖路面。维修地杆3处，安装道路园球13个，维修大桥破损盲板，捆绑贵筑路掉下的电线，处理明珠大道灯头脱落，处理被撞坏路灯杆7棵，修补清溪路缓坡2处，收取明珠大道煤气挡板48块，收铁板2块，拆除平桥标识线。喷花溪大桥地下通道护栏油漆120米，清洗花溪大桥地下通道墙壁120平方米，粉刷通道墙顶80平方米，拆除墙面钉子108棵，制作安装大桥通道柜子75米，提升清华路塌陷的道牙37米，提升清华路人行道板13平方米。清溪路万宜广场人行通道封闭工作：人工开挖拆除路面沥青41.85立方米，恢复绿化带填土41.85立方米，安装道牙26米，安装绿化隔离护栏10.7米；种植过街大树苗5颗，小树苗1200颗，刷绿化带道牙油漆6.42平方米，护栏油漆12.84平方米，拆除明秀城过街斑马线58.96平方米，安装人行道护栏10档。洗刨并摊铺田园路、明珠大道、贵筑路、清溪路路面沥青310平方米；改造溪北路2处路口。（区市政管理所）

【停车场点整治】 2016年，在全区范围内开展道路停车秩序整治工作，确保车辆停放有序，路内停车泊位设置科学合理，机动车停放“入位、顺向、整齐、守时”。管理设施齐全，确保停车管理相关交通标志、标线齐全、清晰、醒目。落实管理责任，每条道路停车秩序管理工作均定人、定岗、定责，及时查处道路机动车违法停车行为。

（区阳光公司）

环境卫生

【概况】 2016年，花溪区发挥利用北京环卫集团技术和资金优势，对花溪主城区环境卫生进行规范化、专业化保障，搞好“扫、收、转、运、处”无缝连接的环卫一体化管理，搞好青岩古镇创建国家AAAAA级旅游景区工作，提升市民对花溪主城区环境卫生的满意度。在城市道路洗扫、降尘、保洁工作方面，增加环卫建设资金投入，加大环卫机械化作业率，按环卫行业作业规范进行作业和管理，确保达到“亮坎亮线亮护栏亮道路本色”工作要求。京溪公司全年清运垃圾78320.28吨，洒水增湿用水30800余车，计199500余吨。

（区环卫所）

【环卫设施建设】 2016年，区环卫所在环卫车辆购置、果皮箱更新等方面投入1365.52万元。其中：石板镇新建垃圾转运站投入经费57.14万元；作业车辆维修、环卫设施设备方面投入经费322.22万元；更新安装果皮箱271个、垃圾桶258个、垃圾箱380个，投入经费218.95万元；购置作业车辆投入经费767.21万元，其中环卫电动车22辆，计11.81万元；路面养护车2辆，计20万元；洗扫车1辆，计55.47万元；洒水车4辆，计147.01万元；垃圾收集车20辆，计524.83万元；装载机1台，计8.09万元。中心城区有8座压缩式垃圾转运站（3座为垂直式压缩式，5座为水平压缩式）、果皮箱471个、垃圾桶1076个、垃圾斗及箱体434个；垃圾清运作业车辆63辆，其中，摆臂车3辆，自卸车3辆，后装压缩式车28辆，垃圾清运小钩臂车20辆，转运站集装箱式车9辆；道路洗扫冲洗作业车辆87辆，其中，洗扫车64辆，洒水车15辆，人行道清洗车8辆；有护栏清洗车3辆，吸粪车1辆，装载机1辆。

（区环卫所）

【垃圾处理】 2016年，花溪中心城区垃圾收集、收运设施对城区主次干道、背街小巷做到服务范围全覆盖。压缩车收集街边垃圾桶和果皮箱里的垃圾；“小勾臂车+垃圾斗”收集社区垃圾，确保密闭、无遗撒。生活垃圾日产日清，全部运往白云区比例坝垃圾填埋场作无害化填埋处理。全年产生并清运垃圾78320.28吨，垃圾无害化处理率100%。

（区环卫所）

【环境卫生管理】 区环卫所督查管理人员按照《贵阳市市容环境卫生作业规范》《贵阳市免费公厕管理办法》《贵阳市免费公厕考核标准》等规定，对转运站、公厕、果皮箱等环卫设施长效监督管理考核。对垃圾斗、点、池和公厕、果皮箱每天督查不少于1次。发现问题及时下发整改通知书，要求及时对存在的脏乱差问题进行整改，并进行整改验收。

（区环卫所）

（责任编辑　翟长保）

生态文明建设

久安茶园（董宁 摄）

综　述

【2016年度花溪环境状况】　2016年，花溪区空气质量优良率达95.5%、地表水达标率100%、集中式饮用水达标率100%、城市生活污水集中处理率95%，森林覆盖率45.68%、建成区绿地率49.35%，建成区绿化覆盖率50.88%，建成区人均公园绿地面积15.45平方米。　（区生态局）

【生态文明创建】　2016年，花溪区生态文明绿色社区创建完成情况100%；生态文明绿色学校创建达标率94.9%；生态文明机关创建达标率89.8%；生态文明家庭创建达标率51.4%；生态文明医院创建达标率50%；生态文明工业企业创建达标率51.4%；生态文明村寨创建达标率57.4%；生态文明小城镇创建达标率100%；生态文明工业园区创建达标率为100%。青岩镇、久安乡、马铃乡获批“省级生态乡镇”，青岩镇龙井村等35个行政村获批省、市级生态村。（区生态局）

生态文明科技

【概况】　2016年，花溪区颁发排污许可证67家。组织申报高坡乡自然之园立体生态循环农业示范基地、贵州富明行包装有限公司煤该天然气项目、泰达隆粉年产60万方加气混凝土循环经济项目，其中泰达隆获得贵州省工业和信息化发展专项资金（第二批能源节约项目）100万元。组织辖区内企业进行2016年资源综合利用专项资金申报工作。对区内贵州久联化工责任有限公司及贵阳闽达钢铁有限公司进行2016年度的节能减排监测，督促企业节能减排。督促企业燃煤窑炉天然气改造，煤改气全部完成后，预计年减少污染物排放量可达二氧化硫30吨（富明行）、17吨（新华羲），烟粉尘3吨（富明行）、1.7吨（新华羲）。　（区生态局）

水环境管理

【水环境保护】　2016年完成市长环境保护监测目标中花溪河花溪水厂、贵大和麦达新桥三个断面一年两次、每次两天24项地表水指标监测；青岩付家桥、花溪化工厂和东风大桥三个断面一年一次、每次两天24项地表水指标监测。完成8条河逢双月监测、贵安新区入境断面监测、出境及省控断面监测、青岩镇海爬井等8个建制乡镇集镇集中式水源地水质监测。　（区生态局）

【水污染防治】　2016年启动“花溪区石板镇镇山村农村环境综合整治工程”“花溪区久安乡久安村化腊组、久安组生活污水处理工程”“花溪区石板镇（摆勺村、羊龙村、隆昌村、茨凹村、盖冗村）农村环境综合整治工程”　“花溪区久安乡（雪厂村、拐耳村、打通村）农村环境综合整治工程”。
（区生态局）

【饮用水源保护】　2016年在花溪水库饮用水源一级保护区设置围栏2162米，警示牌50块，界碑10座，界桩10座，并沿花溪河岸修建截污大沟。定期开展饮用水源地环境突发事件应急演练。对辖区内饮用水源开展巡查及对属地政府、管理机构巡查情况进行督查。　（区生态局）

生态环境保护

【环境执法】　持续开展“水源地专项执法行动”等专项执法行动，对涉水环境违法行为采取高压打击态势。2016年办理的“马洞村非法化工厂违法排污案”“夏大平非法处置废机油案”等案件得到中央电视台、光明网、人民网等主流媒体的报道。
（区生态局）

【建设项目环保审批】 2016年，区生态局受理92个申报项目（其中30个为省、市级项目），办理的62个项目中，55个通过环境影响评价审批，有7个正在办理中，环境影响评价制度执行率100%；受理验收项目63个，完成验收51个，有12个在办理中，“三同时”制度执行率100%，试生产批复达100%。工业园区环境影响评价执行率100%。

区生态局在项目审批过程中坚持“四个不批”和“三个严格”，对于国家明令淘汰、禁止建设、不符合国家产业政策的项目，一律不批；对于环境污染严重，产品质量低劣，高能耗、高物耗且污染物不能达标排放的项目，一律不批；对于环境质量不能满足环境功能区要求、没有总量指标的项目，一律不批；对于位于自然保护区核心区、缓冲区内的项目，一律不批。限制建设涉及饮用水源保护区、自然保护区、风景名胜区、重要生态功能区等环境敏感区的项目；严格控制高能耗、高物耗项目建设，杜绝已被淘汰的项目以技术改造、投资拉动等名义恢复生产；按照总量控制要求，把污染物排放总量指标作为区域、行业和企业发展的前提条件，使以新带老、上大压小等污染减排措施得到有效落实。对符合环保要求的转方式调结构项目、高新技术、基础设施、节能减排项目“善于说行”，提高审批效率，服务科学发展。对两高一资项目、低水平重复建设项目“敢于说不”，对存在环境问题较严重的个别乡镇新上项目实行严格审批。按项目审批程序走，杜绝越权审批、违规审批，按照相关文件要求，协调贵安新区东纵线北二段、贵阳市城市轨道交通3号线、S1号线、天河潭景观提升改造、黔中大道三期、石板镇8个项目、观音上桶装水等14个位于水源保护区项目上报省环保厅进行项目备案。

（区生态局）

【环境空气污染防治】 2016年，花溪区环境空气质量优良率为95.5%，比上年提高4.8%；环境空气质量综合指数（逆向指标）为3.76，比上年降低3.59%；PM2.5浓度（逆向指标）为0.032mg/m³，比上年下降20.18%，全市综合排名与去年同期相比上升。

制定印发《花溪区大气污染防治考核暂行办法（试行）》《花溪区燃煤污染控制总体实施方案》《花溪区砂石场污染整治工作方案》《花溪区禁止露天烧烤区域和时段划定方案》《花溪区2016年大气污染防治工作方案》等，对全区环境空气质量改善工作进行制度约束。组织辖区重点单位建设辐射远程监测监控系统、参加辐射安全与防护工作培训。每月对辖区内2家辐射安全重点监管单位（即石油化工机械厂、省肺科医院）进行例行检查，确保我区辐射安全管理工作圆满顺利。印发《花溪区2016－2017年黄标车淘汰工作方案》。每季度对贵阳花溪鑫源机动车尾气检测有限公司进行现场检查，规范监管检查管理。（区生态局）

【工业固体废物、危险废物管理】 2016年，花溪区工业固体废物处置利用率达95%以上，危险废物安全处置率100%。监管辖区内77家二类以上汽修，16家医药等企业的危险废物处置，对每家产生企业均有台账登记，通过对照涉危企业名单，每月对涉危企业危险废物转移许可、联单进行规范管理，建立台账。要求涉危企业完善应急预案，开展应急演练。2016年，全区转移危险废物1481.11538吨。其中，汽修业废机油638.42吨；工业危废604.41126吨；医疗废物216.1819吨；其他22.10222吨。

（区生态局）

花溪年鉴 HUA XI YEARBOOK 2017

园林管理

【概况】 2016年，花溪区建成区绿地率50.33%，建成区新增绿地20万平方米。建成区绿地率49.35%，建成区绿化覆盖率50.88%，建成区人均公园绿地面积15.45平方米。（区生态局）

【花溪黄金大道沿线绿化提升项目开工】 花溪黄金大道沿线绿化提升项目（花溪黄金大道景观公园），该项目列入花溪“千园之城·百园之区”

项目中，是2016年市级示范性公园之一。该项目建设单位为花溪区生态局，代建单位为区城投公司。绿化面积约18000平方米，总投资约5000万元。项目于2016年12月12日进场施工。

（区生态局）

【公园建设】 2016年开工建设公园13个，（其中，湿地公园1个、社区公园1个、山体公园3个、森林公园2个、城市公园6个）。总投资估算约46.92亿元，其中花溪湖公园拟投资43.8亿元，黄金大道拟投资0.5亿元，其余11个非示范性公园估算约2.62亿元。在开工建设的13个公园中，11个非示范性公园全部建设完成，两个市级示范性公园建设开始实施。 （区生态局）

林业管理

【森林资源管理】 一、落实森林管护，与各乡（镇）、社区签定目标责任书，全区200名护林人员均签订管护承包协议；二、加强木材流通管理，2016年办理《木材（林产品）运输证》34份，并建立台账和录入林业信息化系统；三、开展木材经营（加工）许可证的年审和换证工作，年审通过91家木材经营（加工）单位；四、组建森林防火应急队3支，分别驻扎在生态局、孟关林场、小孟社区，出动应急队50余次，出动人员1200余人次，出动车辆170余台次，巡查重点区域80余处，消灭排除火灾隐患58次，开展森林防火宣传5次，2016年全区森林防火“零事故”；五、开展陆生野生动物及疫源疫病监测、预警；六、林业有害生物成灾率控制在2‰以下，无公害防治率85%以上，测报准确率85%以上。 （区生态局）

【公益林建设管理】 2016年度中央财政森林生态效益补偿基金和地方财政森林生态效益补偿基金兑现率100%。集体部分公益林由村委会统一推荐聘请，聘请专职护林人员，签订集体公益林管护合同；个人部分公益林，由村委会与其签订管护合同，签订管护合同。 （区生态局）

【绿化造林】 开展实施县乡村造林绿化封山育林工程、石漠化综合治理工程、环城绿化建设工程三大重点工程。完成新一轮退耕还林3400亩、2015年植被恢复封山育林26863.6亩、人工促进封山育林1576.62亩、人工造林9181亩，巩固退耕还林成果建设项目人工造林740亩。

（区生态局）

【林木采伐运输加工管理】 2016年办理《木材（林产品）运输证》92份，并建立台账和录入林业信息化系统；办理《林木采伐许可证》3份，采伐林木蓄积215.4立方米，采伐面积4.0096hm^2，全部为其他采伐类型；开展木材经营（加工）许可证的年审和换证工作，年审通过91家木材经营（加工）单位。 （区生态局）

【林业执法案例】 2016年10月30日，区生态局对贵阳闽达钢铁有限公司展开调查，发现该单位申报工业固体废物登记时弄虚作假。该单位的上述行为违反《中华人民共和国固体废物污染环境防治法》第五十三条；依据《中华人民共和国固体废物污染环境防治法》第六十八条和《贵州省环境保护行政处罚自由裁量权细化标准》（暂行）有关规定，对贵阳闽达钢铁有限公司处以罚款人民币5万元。

（区生态局）

（责任编辑　翟长保）

农 业

花溪年鉴
2017HUA XI YEARBOOK

9月6日，花溪区高坡乡水稻抗寒新品种引进试验成功(区农业局 供稿)

综 述

【概况】 2016年，花溪区一产增加值完成19.86亿元，比2015年增长6.1%；农村常住居民人均可支配收入13463元，比2015年增长8.5%，增幅在贵阳市排第6位。全区蔬菜播种面积22.24万亩次，建设标准化基地750亩，蔬菜产量28.97万吨，供应本地市场11.78万吨；茶叶产量1565吨；水果产量8067.3吨，新建果树面积6168.4亩；中药材种植面积1000亩，产量160吨；建设畜产品基地1家，生猪出栏13.31万头，家禽出栏119.17万羽，肉类总产量12630吨；禽蛋产量4247吨。

（左明信）

【扶贫开发】 2016年，花溪区投入财政扶贫资金1200多万元，打造蔬菜、果树、茶叶、畜禽产业，扶持低收入困难人口1500人，实现年增收2000元以上。旅游扶贫以青黔高“溪南十锦”建设为载体，结合美丽乡村建设，依托古镇旅游，把青岩镇青岩堡→小西冲→姚家关→龙井寨→青岩古镇→山王庙小摆托→黔陶老榜河→黔陶小马场→黔陶栗木寨→高坡石门→高坡扰绕串联起来，形成“青－黔－高”乡村旅游示范带，带动低收入困难群众500多户参与乡村旅游脱贫致富。

（左明信）

【新农村建设】 2016年，花溪区以美丽乡村建设为载体，结合天河潭新城建设和“溪南十锦”打造高坡石门、扰绕，黔陶大马场、石板摆陇4个美丽乡村示范点，投入资金近2亿。小康房投入资金2500万元，提升型整治300户；小康水项目资金投入3317万元，用于发展耕地灌溉面积0.7万亩，解决农村饮水安全问题0.8万人；整合全域旅游先行示范区“溪南十锦”项目资金，改造青岩－高坡沿线农村基础设施，完成投资约3000万元；整合小康电项目投入经费719万元，完成青岩、马铃、燕楼等26个项目工程建设；小康讯项目投入经费4000万元，建设移动通信基站130个；小康寨建设项目落实建设资金6091.43万元，完成建设投资2899.17万元；污水治理工作实施水污染治理3处；完成9个片区、5009栋房屋95%的立面整治，覆盖全区美丽乡村示范点；整合各类资金400多万元，建设项目30多个，完成29个村（寨）环境整治。

（左明信）

【特色优势产业打造】 2016年，花溪区围绕茶叶、蔬菜、水果、中药材、畜牧五大特色产业，打造特色品牌产品，全区茶叶种植4.7万亩，产茶1560吨，建成标准化基地1万亩。推广无公害蔬菜播种面积22.42万亩次，蔬菜自给率80%。巩固麦坪布朗李生产，落实1000亩桃子标准化、科学化管护措施。中药材料种植面积0.1万亩。新建标准化养殖场3个，其中生猪养

农户散养肉鸡（毛君婷 供稿）

殖场1个、蛋鸡养殖场1个、特种养殖场1个。

（左明信）

【农村综合改革】 2016年，花溪区农村土地确权颁证工作发放土地承包经营权证29869本，发证率95.46%。花溪区“三变”改革选择高坡乡扰绕村作为试点，在孟关乡沙坡村、马铃乡凯坝村开展农村集体经济股份量化改革省级示范点工作（“三变”改革指的是在坚持土地公有性质不改变、耕地红线不突破、农民利益不受损的前提下，把“资源变股权、资金变股金、农民变股民”的改革）。推进村集体经济发展壮大工作，每个村财政支持100万元，30个试点村共计3000万元用于扶持和壮大村集体经济。主要集中在青岩、黔陶、高坡等乡镇农村特色化扶贫一线试点，发展产业主要有种养殖业、农产品加工业、乡村旅游等特色产业。农村土地流转，全区农村土地流转面积为22085亩，涉及农户6647户，其中流入农业园区面积10285亩，按流转形式分，转让660亩、转包1060亩、互换410亩、出租19202亩、入股753亩。

（左明信）

【农业示范园建设】 2016年，花溪区继续推进久安现代高效茶叶示范园区、青黔农旅一体化示范园区、燕马都市蔬菜保供基地示范园区3个省级现代高效农业示范园区建设，盘活2013年以来项目3个，突出重点建设2016年项目，完成投资270万元，项目3个。2016年完成投资11.8亿元，引进培育企业19个，完成茶叶标准化种植2000亩，蔬菜12万亩次，果树1000亩，畜禽养殖场5个，建设农业示范园3个。

（左明信）

【久安现代高效茶叶示范园区】 2016年，久安现代高效茶叶示范园区已建成集标准化茶叶种植、古茶树保护与研发、出口茶叶加工、茶旅一体化示范于一体的示范园区，引进贵州贵茶公司、贵州常吃常想食品有限公司等10家企业入驻园区。通过“公司+基地+合作社（专业户）”的模式，推行“核心区+辐射区+带动区”的连接机制，在久安乡建2万亩精品茶园，辐射带动久安及周边农民发展高标准茶叶种植，在麦坪乡发展精品茶叶5000亩、在黔陶乡发展精品茶园7000亩。同时在贵阳、遵义、铜仁、黔南、黔东南、六盘水、毕节、安顺等地区建立贵茶基地35处，辐射带动35万茶农，总产值9800万元，带动农民增收500多万元。

（王胜威）

【青黔现代观光休闲农旅一体化示范园区】 青黔现代观光休闲农旅一体化示范园区发展休闲观光农业和乡村旅游农业，加强对台农业合作，打造“生态、现代、田园、园林、科普、宜居”及“高效农业、都市农业、观光农业”特色园区，建成为“现代农业之窗、城乡统筹之区、生态观光之园”，形成一区七园的园区建设格局，即“小摆托休闲体验园”“老榜河精品水果采摘园”“马场茶旅一体化示范园”“马场标准化香葱种植园”“力合种业台湾兴农产业园”“国泰现代农业疗愈养生示范园”“常吃常想山野菜种植园”，通过全方位园区建设，园区2016年主导产业规模种植业2.21万亩，产量3.22吨；现有存栏0.05万头。总产值达6.6314万元，销售收入达5.2296万元。

（王胜威）

【花溪区燕马都市蔬菜保供基地示范园区】 2016年，花溪区燕马都市蔬菜保供基地示范园区发展无公害叶菜、瓜豆种植和休闲观光农业，打造集“生态高效、休闲观光、参观科普”为一体的现代都市农业园，形成“一区六园”的园区建设格局，即“珏玲蔬菜种植园” “鑫果精品水果采摘园”“现代科技创客园”“云中百花园”“鑫源标准蛋鸡养殖园”及“蘑菇种植园”。园区全年主导产业规模种植业1.21万亩，产量1.22万吨；猪现有存栏2.35万头、家禽2万羽。总产值达63220万元，销售收入达52551万元，销售利润达18372.81万元。

（王胜威）

【农产品质量安全】 2016年，区农业局完成农产品农药残留125个样品，其中蔬菜109个、水果16个（草莓10个，西瓜、无花果、梨、桃子、杨梅等6个），兽药残留60个（猪肉58个，鸡肉2个），10个水产样品和5个土壤样品的定量检测，检测项目包括种植业产品有机磷中的甲胺磷、甲基对硫磷、氧乐果、敌敌畏、毒死蜱、乙酰甲胺磷、三唑磷7个农药和菊酯类农药中的氯氰菊酯、氰戊菊酯、甲氰菊酯、三氟氯氰菊酯、联苯菊酯、百菌清、溴氰菊酯、三唑酮8个农药，畜产品主要检测替米考星，水产品主要检测氯霉素，土壤检测铅，共计200个样品。（溥丽华）

花溪区燕马园区珏玲种植园内叶菜标准化生产（区农业局 供稿）

【农业成果】 2016年6月，花溪区为农业部畜牧业司2015年畜牧业统计监测工作综合绩效考评优秀价格监测县（农监测便函〔2017〕第127号文件）。2016年11月，赵云荣获贵州省农业委员会、贵州省总工会、贵州省人力资源和社会保障厅第三届全国农产品质量安全检测技能竞赛贵州预赛一等奖；2016年农业部中国技能大赛－第三届全国农产品质量安全检测技能竞赛总决赛个人三等奖。（区农业局）

种植业

【概况】 2016年，花溪区种植业发展高效茶叶种植、水稻、果树以及蔬菜，落实种子、农药的监督管理和植物保护措施。全区水稻投保面积为53973.01亩，承保户数25652户，投保率100%，政府投入保费1391769.11元。（左明信）

【茶叶生产】 2016年，花溪区建成高效茶叶种植面积4.7万亩，投产4万亩，茶叶产量1565吨，产值2.8亿元，茶农农民人均茶产业收入8000多元。全区有古茶树54000多株，主要分布在久安、黔陶等乡，现有茶产业加工企业5家，培育茶叶专业合作社8家。（左明信）

【种子备案】 2016年，在花溪区备案的种子代理商31家、种子经营户68户，备案“两杂”品种205个，备案种子数量100445公斤，其中水稻97个，26230公斤，玉米108个，74215公斤。（胥　瑞）

【植物保护】 2016年，花溪区农作物病虫草鼠发生面积50.488万亩次，防治面积53.298万亩次，总防治率为106%，挽回粮食损失1985.345吨。区农业局全年发出病虫简报50期1020份（其中趋势预报8期160份），农业简报18期360份，指导全区开展病虫防治，准确率达93%以上。

2016年，全区发生稻水象甲疫情3.1万亩，出动技术人员1160人次，对全区19个乡（镇、社区）143个行政村开展疫情普查，普查面积为5.8万亩次，投入防控经费33.4万元，开展防治9.5万亩次，防效达82%以上。开展植保技术培训40期1635人次、技术咨询10期420人次；开展植物种子产地检疫2批次9500公斤、市场检疫种子63批次58340公斤、调运检疫种子2577批次3061320公斤。（陈　亮）

【农药监督管理】 2016年，区农业局开展农药标签专项整治活动和质量抽查活动，进行农药质量监督管理专项检查33次，出动检查人员79人次，检查农药经营户34家，杀鼠剂定点经营单位17个，检查农药品种673个8816公斤，对其中37个品种762公斤过期农药和标签不合格农药进行处理。检查中未发现有剧毒、高毒、高残留农药的销售和使用；市场执法检查中全区的杀鼠剂定点经营单位均未发现经营剧毒鼠药。（陈　亮）

【果树管理】 2016年，花溪区果树总面积38391.7亩（其中2016年新建果树面积6168.4亩），投产面积15917亩，水果总产量8067.3吨，产值9617.8万元。果树品种主要有桃、李、梨、樱桃、杨梅、葡萄、草莓、西瓜、柑桔等。（唐化冰）

【蔬菜生产】 2016年，花溪区围绕蔬菜市场保供，主抓黔陶万亩香葱基地、青岩—马铃沿线万亩瓜豆基地等重点蔬菜示范基地生产，全区完成蔬菜播种面积22.24万亩次，蔬菜产量28.97万吨，总产值7.4亿元；供应本地市场11.78万吨。主要品种包括白菜、红苋菜、飘儿白等叶菜类蔬菜及豇豆、棒豆、香葱、辣椒等。新增无公害蔬菜产品认证3个，有机蔬菜产品认证2个。划定蔬菜保留区20519.8亩、拓展区7575.3亩、可征用区4406.7亩，保障城市蔬菜供应。（穆志国）

花溪年鉴 HUA XI YEARBOOK 2017

养殖业

【概况】 2016年，花溪区有24家养殖企业，以生猪、蛋鸡养殖为主，主要集中在麦坪、燕楼、高坡、黔陶、马铃五个乡（镇），其他乡（镇）零星分布，其中养猪场7家、蛋鸡场12家、肉鸡场2家、其他养殖3家。规模养殖户29户，主要分布在麦坪、燕楼，高坡、马铃等乡（镇）。2016年末，牛存栏2.74万头，猪存栏6.75万头，其中能繁母猪0.73万头，羊存栏0.11万只，家禽存栏62.96万羽（其中蛋鸡存栏39.19万羽）。全年出栏牛0.95万头、生猪13.31万头、羊0.0655万只、家禽119.17万羽。全年肉类总产量为1.26万吨，其中猪肉产量

饲料生产监管（毛君婷 供稿）

0.976万吨、牛肉0.133万吨、禽肉0.183万吨；禽蛋产量4247吨。（贾惠珺　毛君婷）

【畜禽品种改良】　2016年，花溪区畜禽养殖品种以三元瘦肉型猪、土杂猪、专用型蛋鸡、优质杂交肉鸡等为主，兼养高坡黑猪、茶花鸡、瑶山鸡、本地土鸡等地方品种。引进外来品种主要有大约克、长白、杜洛克等优良纯种猪，逐步形成三级良繁体系。贵州自然之园生态农业发展有限公司对贵州本地的宗地花猪、高坡黑毛猪、威宁可乐猪等品种进行筛选优化，培育适应山区散养的商品代黑毛猪。（毛君婷）

【畜禽疫病防治】　2016年，花溪区免疫注射禽83.3万羽、生猪8.03万头、牛3.64万头、羊0.16万只、犬3171只，防疫密度100%。全年监测猪瘟800头份、牛口蹄疫100头份、猪口蹄疫750头份、猪蓝耳750头份、鸡新城疫2200羽份、高致病性禽流感4300头份、羊布病及小反刍兽疫50头份（病原学送检），免疫整体抗体水平达到国家相关要求，没有重大动物疫情发生。集中组织2期村级动物防疫人员业务技术培训，参训人数180人次。实施动物防疫工作购买式社会化服务，花溪众典动物防疫专业合作社分别与3个乡（镇、社区）签订防疫技术服务协议，完成防疫工作任务，巩固向社会购买动物防疫工作服务创新工作机制基础。（浦同灿）

【动物检疫电子出证】　2016年，花溪区安排人员参加省、市组织的动物检疫电子出证培训，并组织全区动物检疫电子出证相关人员开展业务技术培训，开通屠宰场、大牲畜交易市场网络光纤提供数据支撑；发放专用打印机，安装调试配套设备，完成生猪定点屠宰场和大牲畜交易市场的货主信息录入，建立全区规模养殖场检疫申报账户。2016年7月1日，花溪区实现动物卫生监督省、市、区、乡四级联网，并与农业部中央端口对接，实现动物及动物产品跨省调运（A证）电子出证。从2017年1月1日起，试运行动物及动物产品省内（B证）电子出证。（肖光明）

【饲料生产管理】　2016年，花溪区饲料生产企业有7家，生产以猪料、鸡料为主的浓缩饲料和配合饲料，从业人员470余人，年生产能力24万吨。2016年生产工业饲料14.13万吨，其中配合料7.54万吨，浓缩料6.59万吨，产值52837.1万元。饲料供应贵阳各养殖场，并向全省各地销售。（张正相）

【生猪生产】　2016年，花溪区生猪养殖以三元杂交猪为主，同时发展高坡黑毛猪和土杂猪养殖。2016年存栏生猪6.75万头，其中存栏能繁殖母猪0.73万头，年末出栏生猪13.31万头。生猪养殖企业7家，高坡乡贵州自然之园生态农业发展有限公司发展的生态循环农业模式已初步成型，建立生态养殖、屠宰分割、冷鲜配送的产业链。（毛君婷）

【蛋鸡生产】　2016年，花溪区存栏蛋鸡39.19万羽（其中存栏蛋鸡1万羽以上企业13家，存栏3万羽以上企业2家），年产鲜鸡蛋4137吨。引进两家企业在马铃建设标准化蛋鸡养殖场，其中花溪无抗养殖场在2016年下半年投产，花溪鑫源养殖有限公司正建设中。（毛君婷）

【渔业生产】　2016年，花溪区水产品产量135吨。7月28日，在花溪湿地公园完成2016年渔业增殖放流工作，投放鲤鱼、草鱼、鲢鳙鱼3个品种62万尾鱼种。实施水产品质量抽样快速检测12批次、水产品送样15批次，3个检测样（孔雀石绿、氯霉素、硝基呋喃代谢物），抽检合格率达到100%。（杨惠珍）

【养殖大户选介】　1. 贵州自然之园生态农业发展有限公司：公司成立于2011年，位于高坡乡水塘村。以黑毛猪的生态养殖为主，带动生态青饲料及经济林业种植为辅的生态循环农业模式已经初步成型。公司有圈舍6000平方米、隔离舍500平方米、生态种植地200亩，配套建有办公用房、消毒间、高位水池等，安装有消毒设施、产床、饲料加工设备，建有污水处理池及管网等环保设施。2016年末存栏生猪1900头，其中基础母猪220头。公司建有小型屠宰车间，实行黑毛猪屠宰分割配送，猪肉主要销往贵阳市。

2. 贵阳国康生态农牧业发展有限公司：公司成立于2011年，位于高坡乡云顶村孟尔水库旁。公司主要引进长白、约克等外来品种发展商品猪养殖。拥有猪舍2000平方米，配套建成饲料加工房、售猪室和办公用房等。安装有产床、高位保育床、供电系统、监控系统和消毒系统等设备。2016年年末存栏生猪800头，其中基础母猪130头。

3. 贵州创新科技有限公司：公司位于麦坪镇杉一村，占地58亩，养殖场建筑物面积2.1万平方米，鸡舍26栋，配套建设有育雏舍、饲料房、库房和综合服务室等设施。公司是以研发绿色食品生产及农副产品销售为经营主线的新型公司，拥有绿色蛋鸡饲养、蛋白质提取、茶多酚提取等多项领先技术，创立"爱极"牌鸡蛋，2016年末存栏产蛋鸡18万羽，年产销鸡蛋260多吨。

4. 贵阳花溪无抗养殖场：养殖场位于马铃乡凯坝村，占地面积100亩，主要从事蛋鸡养殖，为全封闭式全自动化饲养。养殖场现有鸡舍4栋4000平方米，配套设施有育雏室、饲料仓库、综合服务室、蓄水池、积粪池、消毒室等，配套有自动化育雏设备、消毒设备、视频监控设备等。2016年末存栏产蛋鸡1.9万羽。（毛君婷）

花溪年鉴 HUA XI YEARBOOK 2017

农业科技

【水稻新品种试验】 2016年，花溪区新品种、新技术研究实验3个。实施高坡抗寒品种引进试验一个、高坡红米品种引进试验一个、黔陶优质米高产试验一个。通过试验，筛选出1—2个适合高坡种植的抗寒品种。（胥 瑞）

【水稻绿色增产增效技术示范项目】 2016年，在花溪区黔陶乡、高坡乡实施5000亩水稻绿色增产增效技术示范推广项目。推广"葱—稻—葱"、"稻—油"等绿色高效轮作制，结合机耕、测土配方施肥、规范化移栽、保温育秧、绿色防控等技术，项目区水稻平均亩产547.69公斤，比上年非项目区常规栽培水稻平均亩产增50.77公斤，增幅10.22个百分点。（胥 瑞）

花溪年鉴 HUA XI YEARBOOK 2017

农村经济

【概况】 2016年，花溪区一产增加值19.86亿元，位列贵阳市第4位，比2015年增长6.1%，高于全市0.2个百分点，增速位列全市第5位。全区农村常住居民人均可支配收入13463元，位居全市第6位，比2015年增长8.5%，位居全市第6位。全区122个村级集体经济总收入39274万元，比2015年增长6.4%，所有行政村集体经济收入已突破50万元，其中收入达1000万以上村14个，占11.5%。（李小球）

【强农惠农措施】 2016年，花溪区农村承包土地确权登记颁证工作应确权农户31279户，发证31136户，发证率99.54%，位列贵阳市第2位。入围省级发展壮大村级集体经济试点区（县），投入财政资金3000万元用于30个村发展集体经济。经申报评选，26个村将2600万元资金投资区旅文公司，4个村实施村集体经济发展项目。争取市级财政资金60万元，专项用于支持村级集体经济组织发展农产品加工、农特产品交易等项目。争取到市财政资金30万元，用于支持农民专业合作社发展。（李小球）

【农业产业化龙头企业】 2016年，花溪区内贵州地利农产品物流园有限公司、贵州正邦畜牧有限责任公司、贵州自然之园生态农业发展股份有限公司3家企业被贵州省农业产业化联席会议新认定为省级农业产业化重点龙头企业。全区有农业产业化国家级龙头企业2家、省级13家、市级8家。2016年，15家省级以上农业产业化龙头企业资产总额103.76亿元，固定资产11.69亿元，全年实现销售收入17.32亿元，完成税收2.22亿元，利润总额3.82亿元，吸纳就业3440余人。

（李小球）

【农民专业合作社】 2016年，花溪区有工商注册农民专业合作社180家，其中在区农业局备案的合作社113家。经摸底调查，全区农民专业合作社大多处于空壳状态，经营运转较为正常的合作社仅有33家，占注册量的18.3%。但也涌现出以贵阳市花溪狮子山蔬菜加工专业合作社为代表的几个业务量较大、管理运用较为规范的合作社。

（李小球）

【狮子山蔬菜加工专业合作社】 贵阳市花溪区狮子山蔬菜加工专业合作社成立于2008年，注册资金100万元，现有会员106户，以种植和加工蔬菜为主业，主要产品有保鲜蕨菜、酸豇豆、糟辣椒、雪里蕻等腌制产品等，会员涵盖扬眉村、歪脚村、达夯村、思潜村、新楼村，合作社办公地点位于青岩镇达夯村（燕马都市蔬菜保供基地示范园核心区）。

合作社在负责种植组织的同时，向社员提供种子、食盐、技术等配套服务，收获蔬菜由社员进行粗加工后返销给合作社，合作社再加工后统一销售给企业。目前，合作社已与贵州“老干爹”、金钰铮风味食品厂等建立较为稳定的合作关系，合作社生产的腌制蔬菜畅销在贵阳、凯里、毕节等省内各大农产品市场，销售额位居同类产品前列。2016年年末，贵阳市花溪狮子山蔬菜加工专业合作社有腌制窖池240余口，种植基地5000余亩，年销售腌制产品3500吨左右，年销售收入600余万元。

（李小球）

【农产品加工】 花溪区农产品品种丰富，产品主要有辣椒制品、食用油、乳制品、旅游休闲小食品等多个品种，在全省乃至全国享有一定知名度，具有地方特色和民族民间特色，如：贵州天齐食品、叶大食品等产品曾多次获“贵阳市十大乡土特产”称号，夜郎蜂业、辣妈厨房产品、贵州天齐食品等产品获“贵州省著名商标”荣誉，贵州天齐、中意食品曾获“贵阳市名牌产品”称号。企业主要通过展销会、电子商务、批发零售等渠道销售产品。2016年，全区农产品加工企业有40余家，其中年主营业务收入100万元以上的农产品加工企业21家，集中在农副食品加工业、食品制造业、饮料制造业、医药制造业四大行业，其中农副食品加工业有5家，

5月16日，台湾农学家高宏华考察花溪农业产业（王文娟 摄）

食品制造业7家，饮料制造业3家，医药制造业6家。全区农产品加工企业年主营业务收入60.95亿元，利税总额3.5亿元，其中一百万元以上的21家企业实现主营业务收入近46亿元，企业职工工资总额1.5亿元。（吴 敏）

【贵州北极熊实业有限公司】 公司成立于1997年1月，是贵州省龙头企业，拥有员工430余名，其中高级管理人员和技术人员65人。2016年，公司总产值11946万元，利税总额1450。万元。公司拥有花溪生产基地、北极熊生态农业公司等企业，主营饮用水、饮料及树莓种植和加工，主要产品有“北极熊”纯净水、薄荷水、苏打水、茶饮料、山楂汁、猕猴桃豆奶、盐汽水、“艾里”黑莓果汁等．在贵阳地区的饮水机开户数近15万户，桶装饮用水市场占用率50%以上。公司产品在省内具有地方品牌优势，产品远销四川、云南、重庆、广东（深圳）等省市。（吴 敏）

水 利

【概况】 2016年花溪区水利建设项目完工18个，正在实施9个，待实施3个，重点解决人畜饮水和耕地灌溉。完善水资源管理体系，加强水土保持工作，依法行政。落实供排水管理和防汛抗旱工作，启动农村小型水利设施产权制度改革。（区水务局）

【水利建设】 2016年已建、在建和待建水利项目30个，投资12732.09万元，解决58872人的饮水不安全问题、新增和恢复灌溉面积11286亩、保护耕地4500亩、保护人口2598人，其中完工项目18个，投资4548.16万元；正在实施的9个，投资4529.38万元；待实施的3个，投资3654.55万元。具体完成久安乡打通村赶泵组、堵鲁组及搬迁户人饮工程，投资123.07万元，解决429人的用水困难问题；完成2015年中央财政小型农田水利重点县建设项目投资2310.52万元，恢复灌溉面积0.6591万亩，保护耕地面积0.4万亩；完成2015－2016年今冬明春农田水利基本建设项目，投资1258万元，新增、改善灌溉面积1285亩及解决18337人的饮水问题；完成花溪区青岩镇思潜村机井地面设施配套工程，投资105.05万元，解决515人的饮水安全问题；完成黔陶河滚水坝整治工程，投资27.28万元，便于坝顶行人通行，改善跑马场至滚水坝便道条件；完成久安乡雪厂村渠道新建工程，投资30.68万元，恢复灌溉面积300亩；完成黔陶乡半坡村革号冲渠道新建工程，投资10.12万元，恢复灌溉面积100亩；完成黔陶乡半坡村渠道新建工程，投资20.01万元，恢复灌溉面积300亩；完成高坡乡高坡村机井地面设施配套工程，投资49.92万元，解决2032人的饮水安全问题；完成2015年度久安乡巩固村巩固退耕还林成果基本口粮田建设项目，投资186.08万元，新增灌溉面积300亩；完成麦坪镇杉一村渠道防渗工程，投资37.96万

10月10日，花溪区栗木水库工程开工（区水务局 供稿）

元，恢复灌溉面积350亩；完成久安乡龙滩提灌站维修养护工程，投资21万元，解决210余亩耕地的灌溉用水需求；完成孟关乡谷立村1－3组机井地面配套工程，投资122.89万元，解决谷立村1－3组487户2192人的饮水安全问题；完成麦坪镇长坝村栋青树组机井配套工程，投资37.68万元，解决85户300人的饮水困难问题；完成花溪河道（中曹取水口）视频监控工程，投资19.72万元；完成马铃乡凯坝村机井配套工程，投资41.19万元，解决锅卡组、施家院组、牛场组78户273人以及凯伦村230户800余人的生活生产用水问题；完成天河潭景区管网迁改工程，投资47.20万元，解决石板镇集镇2300人饮水不安全问题。在建项目高坡乡大洪村机井地面设施配套工程投资175.54万元，目前已完成90%，由于泵房土地一直未能协调出来，未能完工，工程完工后将解决2173人的饮水困难问题；麦坪镇新寨村排灌渠建设工程投资132.91万元，目前已完成70%，工程完工后将保护灌溉面积300亩；高坡乡苦蒿冲提水工程投资1293万元，目前已完成80%，工程完工后将解决高坡乡云顶村、平寨村、摆龙村、街上村、新安村、扰绕村、五寨村7个村1615户7278人的饮水不安全问题；黔陶河重点山洪沟防洪治理项目投资1229.69万元，完成80%，完工后将保护人口2598人，保护耕地500亩。2016年中央农田水利设施维修养护项目工程投资102.07万元，完成80%，完工后将恢复灌溉面积1193亩。2016年美丽乡村建设水利设施配套项目，投资332.04万元，工程完成70%，完工后将增加灌溉面积567亩，解决2983人的饮水安全问题。2015年水毁修复工程投资43.1万元，工程完成90%，完工后将修复黔陶乡水毁渠道166米，修复青岩镇水毁渠道449米。2016年农村饮水安全巩固提升工程投资1184.39万元，工程完成35%，完工后可巩固提升受益村14081人的生活生产用水问题。麦坪镇麦坪村人饮应急供水工程投资36.64万元，工程完成30%，完工后将解决4369人及360头牲畜饮水安全问题。（区水务局）

【水资源管理】 2016年，区水务局完成2015年度水资源管理年报、最严格水资源管理制度落实考核，全国重要城市饮用水源地达标建设基本信息填报工作。完成花溪城市垃圾焚烧发电厂、麦坪镇观音山饮用水制造有限公司等4家取水许可水资源论证工作，完成花溪区水资源管理系统和贵州省水资源管理系统联网的建设工作，完成花溪河道（中曹取水口）视频监控建设，完成花溪水厂一级饮用水源保护区内的围栏修复工程及花溪水厂取水口视频监控恢复工作。联合区生态局、区质量监督局对全区自备水源单位的取水设施、排水情况及计量设施进行专项检查，对存在的问题及时处理。完成对云凹花园、黔丰石材、佳联地块、天合汽配城等19块建设用地是否占用水源地的实地勘察工作。完成阿哈水库周边村寨生活污染源、工业污染源以及废弃煤矿煤锈水的调查，按要求上报两湖一库管理局。完成入河排污口的调查统计工作以及政务中心网上办理取水许可证工作，配合市局完成水资源监控能力建设的调查工作。（区水务局）

【水土保持】 2016年，完成黔陶乡小流域治理工程，治理资金100万元。治理水土流失面积2.01平方公里，其中护岸治理0.6公里；植物措施0.0733平方公里；封育治理1.062平方公里；保土耕作0.8788平方公里。全年审批开发建设项目水土保持方案13个。（区水务局）

【依法行政】 2016年，区水务局利用“世界水日”、“中国水周”和“12·4宪法宣传日”开展水法律法规宣传，出动宣传车30余台次，在主要街道挂横幅20条，张贴宣传图画1000多张，发放宣传单5000多份。在区域内通过手机短信向市民发送“节约水资源，防治水污染，保护水环境”的彩铃。对全局职工开展法律知识培训，10月选派4名执法人员参加贵阳市水务管理局举办的水行政执法培训班。全体执法人员均参加过省、市业务部门组织的法律培训并持有行政执法证上岗。开展"学法用法示范领导班子"创建活动，开展行政执法一案一考评活动，对全区发生的水行政执法典型案例进行考评，规范执法程序和执法文书，提高执法水平。2016年受理行政许可审批事项23件，完成水利规费征收130.62万元，其中，水土保持设施补偿费76.85万元，水资源费53.77万元。办理人大政协代表提案18件，满意率100%；办理12319平台移送案件2件。

（区水务局）

【供排水管理】 2016年，区水务局完成花溪区吉林碧云窝农房点供水项目设计方案及工程预算，完成花溪区石板镇羊龙、摆勺村和花溪区燕楼镇集镇供水项目。启动花溪区碧云窝水厂扩建项目，供水能力由原来5万吨/日扩建为10万吨/日，项目投资约9800万元。加强日常供水管网维护管理，督促供水公司成立专业维修队伍，对城区供水范围定期进行漏点排查，排查维修漏点200余处。协调孟溪路供水管网建设工作，项目由贵阳城市发展投资（集团）股份有限公司承建，与道路建设同步实施。区水务局与消防总队共同完成全区的消防栓摸底工作，并督促区供水公司对花溪城区范围的市政消防栓等设施进行检查和维护，保证消防工作正常运行。完成班芙小镇排水许可的办理工作，完成奥玛房开、美的国宾府、贵州华工3家公司排水许可办理咨询工作。完成青岩、石板污水处理厂建设并开始试运行工作；孟关污水处理厂进入清水联动调试阶段。南明河流域综合治理花溪段总投资约4.19亿元，主要建设花溪河两岸截污管网、花溪养牛大沟、洛平大沟、大水沟综合整治工程等，该项目已纳入南明河二期工程整治范围。花溪段具体如下：花溪河两岸截污管网及清淤工程，该工程共分两段，第一段从花溪水库大坝至清华中学门口，污水经原建成的隧洞接入花溪污水处理厂，该段污水管总长3.8公里，投资5675.5万元；第二段湿地公园范围花溪河东侧从高车巷到小河三江口，污水接入经开区麻堤河污水处理厂，该段投资28941万元。花溪养牛大沟治理工程，总投资7046.06万元，污水管网总长4.4公里，生态河堤0.7公里，生态塘2座，暗渠开孔5个，清淤工程1.357万立方米；洛平大沟工程，投资5099.02万元，含清淤3.7万立方米及管径为1.2米的截污管2.85公里，目前清淤工程已完工，污水管道由于在花溪湖建设范围内，按工程需要和花溪湖同步实施；大水沟综合整治工程，投资1145.28万元，截污管长0.5公里，清淤工程1.42万立方米，全部完工；天河潭片区污水工程投资6500万元，建设内容为新建5个泵站及污水管网16.669公里，该项目主要收集天河潭景区外围污水及石板集镇排放的污水，集中收集后提升接入已建成的石板合朋污水厂；完成花溪区保障性住房配套基础设施污水项目，总投资为4477.95万元；完成花溪区排水专项规划设计单位的政府采购工作。

（区水务局）

【防汛抗旱】 2016年，花溪区降雨1037.6毫米，对比常年年平均降雨量偏少1成左右，未发生洪灾、旱灾。花溪水库蓄水库容1270万立方米，为正常蓄水量的52%；阿哈水库蓄水库容4300万立方米，为正常蓄水量的79%；杨眉水库蓄水105万立方米，为正常蓄水量的80%；小二型水库蓄水210.5万立方米，为正常蓄水量的61%；各水库蓄水正常。完成2016年花溪区防汛预案的修编工作，安全生产大检查工作，累防汛安全检查100余次，出动检查人员100余人次，出动检查车辆80余辆次，保证全区内各水库山塘等工程的正常运行。协调区属各部门、乡镇、社区准备编织袋、铁锹、锄头、铁丝、发电机、汽油机泵等防汛物资，为区政府提供物资保障，做好抗洪救灾工作。建立健全村、乡、区各级山洪灾害防御体系，落实工作机构、责任人、预案，完善预警、预报机制，对全区122个村，5个居委会的村主任、支书进行山洪灾害防治培训，完成黔陶河重点山洪沟防洪治理项目。建立重大气象灾害联席会商会议制度，由气象局牵头，区防汛办、国土、城管、教育、旅游等区防汛工作重点单位有关人员参加，对各单位的工作重点内容及各类相关信息进行资源共享，并根据具体的气象预测通过会议协商制定出下一步的防汛抗旱工作的具体措施，使防汛抗旱工作的开展更有针对性、可操作性。按照“分级管理”原则，配合阿哈水库管理处、花溪水库管理处在汛前对水库放水设施及监控调度系统的安全检查及调试运行工作，并按照“属地管理”原则的要求，在汛期对两座水库的雨情及水情实行“一日一报”制度。（区水务局）

【农村小型水利设施产权制度改革】 2016年9月，区水务局正式启动全区小型水利工程管理体制改革工作，对水利设施完好、无争议、工程产权明晰的水利工程，纳入此次改革对象，共计1357处，按照要求和步骤，2016年完成颁发证书1379份（其中所有权1357份，水资源使用权22份），证书颁发率为100%，其具体情况如下：小型水库工程：水库产权、水权性质均为国有，已确权有小（一）型水库1座（扬眉水库），产权、水权为区水务局工程及水库管理所，小（二）型水库8座，产权、水权为所属乡镇人民政府。山塘工程13座，水库产权、水权性质为村集体。泵站工程69站，产权性质为村集体。机井工程6口，产权性质为村集体。小水池工程640口，产权性质为村集体或个人。水闸（坝）工程26座，产权性质为村集体。饮水安全工程142处，产权性质为村集体。渠道工程452条，产权性质为村集体。按照“水改”的相关要求结合花溪区水利设施原有实际管护情况，对已进行水改的1357处水利设施均落实管护责任、解决管护经费、明确管护主体、确定管护人员。花溪区将小型水利工程产权制度改革与基层水利服务体系建设和水务一体化管理体制改革相结合，确定水利工程管理的主管单位为区水务局，明确水利工程管理的基层服务单位为乡镇片区水利综合站，服务乡镇水利项目，水利设施产权制度改革工作召开宣传、培训、动员会190余次3400余人次，制作宣传海报2055张，横幅282条，宣传手册876册，宣传卡片14200张，宣传口袋12700个，发放《贵州省小型水利工程管理体制改革满意度调查问卷》640余份。

（区水务局）

花溪年鉴 HUA XI YEARBOOK 2017

农业机械

【概况】 2016年，花溪区拥有农业机械总动力20.8万千瓦。其中柴油机动力15.11万千瓦、汽油机动力3.3683万千瓦、电动机动力2.3217万千瓦；拥有农用运输机1205台、耕整地机械8143台、收获机械3082台、植保机械382台、排灌机械2615台、农副产品加工动力机械1369台，农业机械原值达14400万元。2016年，花溪区机耕作业面积14.2万亩，机械播种0.2万亩，机械收割1.8万亩，机械排灌4.3292万亩，机械脱粒21201吨。

（徐仲恒）

【农机安全监理】 2016年，花溪区农机安全“四项指标”为零。与各乡（镇、社区）农业服务中心签订《农机安全生产责任书》《农机安全生产“包保”责任书》《渔业安全生产目标责任书》，签订率为100%；与辖区内各农机具经销商签订农机安全生产责任书，签订率为100%。办理拖拉机（变型拖拉机）变更登记70台，补换证业务17次，转入登记30台，转出21台，机车保有量较2015年减少221台，总计达到899台。开展“送年检下乡”活动，检验车辆766台，检验率85.2%；集中开展农机安全生产教育培训4次，参与培训300余人次；开展各类安全宣传活动5次，发放宣传资料2000余份，张贴安全警示标语8幅；

开展农机安全专项大检查6次，其中，重大活动期间农机安全专项大检查4次，开展农机安全巡查225次，出动安全巡查车辆270余台次，参与巡查人员540人次，排查各类农机具1016台次，发现并纠正违规作业机具122台次。（徐仲恒）

【农机补贴购买】 2016年，花溪区完成中央农机购置资金补贴43.397万元，办理补贴申请536份，涉及农户536户，补贴农机具536台，其中微耕机533台、旋耕机1台、碾米机2台，带动农民投入189.64万元，增加农机动力2408.5千瓦。

（徐仲恒）

气象工作

【概况】 花溪区气象局设办公室（应急办）、业务科（法规科）、气象台、气象服务中心和区人工影响天气办公室。下辖人工影响天气作业站5个，2016年防雹季节作业民兵23人。承担气象观测、气象预警预报、气象服务、气象科研、人工影响天气、气象法规宣传、探测环境保护等工作。2016年发布道路结冰、暴雨、雷电、大雾、霜冻、寒潮、冰雹、地质灾害等各类预警信息91次，通过微信、微博、电视、农村大喇叭、LED电子显示屏、手机短信等方式服务于全区人民群众。

（区气象局）

【气象防灾减灾】 3月23日世界气象日，区气象局联合区民政局、区科技局、清溪社区等单位在花溪国家湿地公园共同开展“3.23世界气象日”宣传活动，2016年世界气象日主题是“直面更热、更旱、更涝的未来”。向市民发放各类气象知识宣传手册，回答市民关心的问题，普及气象防灾减灾知识，推广官方微信公众号，引导市民关注。

2016年3月10日至8月10日，开展人工影响天气防灾减灾工作，组织麦坪、李村、青岩、党武等4炮站开展防雹增雨作业7站次，降低冰雹影响。联合区教育局，签订《灾害性天气预警信息传播》协议，提高全区中小学校灾害性天气预警信息传播和应急处置灾害能力。6月2日与花溪一小联合建立小小气象站，气象局提供仪器并安装，向学校老师及小小气象员传授气象观测知识，同时在学校宣传气象灾害预警信号内容及防灾减灾措施。

建立“花溪区重大天气应急工作群”，将各职能部门、学校等单位的应急管理人员加入到该微信群中。区气象台每日在微信群中发布预警预报、发布天气实况等气象服务。

（区气象局）

6月2日，花溪区气象局在花一小安装气象站百叶箱（区气象局 供稿）

【主要气象事件】 1. 凝冻：1月23日～24日、2月1日～2日、2月15日分别出现凝冻天气；2. 寒潮：2月13日到15日，花溪区出现一次寒潮天气过程。24小时全区的平均气温下降10.1℃，最低气温下降8.0℃；3月8日~11日花溪区再出现一次寒潮天气过程。24小时全区的平均气温下降10.0℃，最低气温下降8.0℃；3、冰雹：3月20日下午17点20分左右花溪区自北向南降雹，孟关乡、花溪城区冰雹直径约15毫米，最大冰雹重量约4克。

（区气象局）

移民工作

【概况】 2016年，区移民局争取上级财政移民后扶项目18个，资金532.36万元，用于移民村寨基础设施建设，项目涉及久安乡、石板镇、青岩镇、麦坪乡、金竹社区。投入移民专项资金126.9万元，在久安乡高效茶叶示范园小山村、雪厂村、石板镇镇山村、青岩镇新楼村、麦坪镇大坡村安装太阳能路灯282盏；投入移民专项资金149.1万元，在青岩镇新哨村、久安乡高效茶叶示范园雪厂村修建生产道路和机耕道7.3千米；投入移民专项资金5万元，在麦坪镇麦坪村修建垃圾池6个；投入移民专项资金43万元，在金竹社区金山村新建100平方米移民老年活动室，购买办公设备桌子20张，塑料方凳120张；投入移民专项资金20万元，在金竹社区摆沙组硬化串户路2700平方米；投入移民专项资金30.38万元，在久安乡高效茶叶示范园雪厂村修建安全饮水工程水池2口计120立方米，修建水窖40个，480立方。投入移民专项资金157.98万元，在金竹社区金山村、竹林村、滥泥村补助种植及庭院绿化。

（区移民局）

【红岩水库移民搬迁】 区移民局配合马铃乡、业主单位、设计单位开展红岩水库建设征地工作，完成水库枢纽建设区大坝、渣料场、连接线公路、进场道路345.455亩用地征收，兑现征地补偿款1214.385万元。签订移民搬迁安置方式协议和去向协议140户，按程序确定《红岩水库移民搬迁安置实施规划》设计单位，启动移民安置实施规划编制工作，按程序启动专复建项目建设相关工作。

（区移民局）

区外媒体报道花溪农业信息

【高坡乡水稻新品种试验】 2015年，花溪区遭遇夏秋整体气温比常年偏低、降雨量偏大且持续时间长的极端天气，导致水稻结实率下降，空秕率增加，全区总体产量比常年减产近两成。受低温冷害影响，海拔较高的高坡乡出现大面积减产甚至绝收，成灾面积5100多亩，其中云顶村、大洪村等村近2000亩水稻绝收，直接经济损失200多万元。

2016年，花溪区实施高坡乡高寒地区水稻抗寒新品种引进推广展示项目，引进省内外在高海拔地区近年审定并表现优异的吉优9号、滇杂35等5个水稻品种在高坡乡大洪村进行试验，并在高坡村、新安村、大洪村等村集中展示50亩。经测产，推广展示项目涉及的50亩高抗寒品种示范展示区亩产水稻达550公斤以上，比非展示区亩增产150公斤以上，增产率超过37.5%。通过试验，花溪区将在5个试验品种中筛选1至2个综合性状较优的品种在全乡推广，力争在2017年后实现推广种植抗寒新品种水稻5000亩以上，预计将增产75万公斤，增加产值97.5万元。高坡乡高寒地区水稻抗寒新品种引进推广展示项目，是花溪区农业局2016年大力实施的水稻绿色增产增效技术示范项目的子项目。2016年，全区水稻绿色增产增效技术示范项目投资13万元，项目区位于高坡乡和黔陶乡，涉及农户2000余户，其中低收入困难户638户。项目内容包括推广“葱——稻——葱”“稻——油”等绿色高效轮作制，推广水稻优良品种，实行无公害栽培，集成应用机耕、保温育秧、配方施肥等绿色增产技术，开展水稻新品种引进及展示试验4个，并推进红米、油菜观光等都市农业发展，通过项目的试验与展示使项目区水稻产量比非项目区增产10.5%以上。

（胥瑞修改，原载于《贵阳日报》2016年9月29日，作者王文娟）

【现代高效农业园区建设】 2013年以来，花溪区按照建设文化旅游创新区和打造全域旅游先行示范区的总体定位及省市要求，以现代高效农业园示范园区建设统筹农业农村、精准扶贫工作，规划建设久安现代高效茶叶示范园区、青黔农旅一体化示范园区和燕马都市蔬菜保供基地示范园区，截至目前，引进36家企业入驻。三年来，花溪区政府、企业共投入20.4亿元，发展标准化茶叶、蔬菜、经济林木果种植及养殖业，并取得实质性进展，辐射带动当地一批村民增收致富，园区内农民人均年纯收入达19005元。

落户于久安园区的贵州贵茶有限公司，建成规范化茶园2万亩，建成年产一千吨以上的红茶加工生产线，完成久安古茶QS认证。通过建立贵茶联盟，公司在全省40多个专属茶场进行茶叶种植，企业生产的“绿宝石”茶叶成为贵州茶叶品牌“三绿一红”之一、贵州“五大名片”之一，产品通过欧盟多项指标检测，远销欧盟、美国和中东等地区。如今，企业已发展成为国家级农业产业化龙头企业和贵州省内最大的有机茶生产企业。

位于青黔园区的贵州国泰大金科技农业有限公司，于2016年初动工开建，公司以青钱柳种植及产品开发为主，结合大健康产业进行康体养产业发展，项目占地1100亩，完成300亩标准化种植，制作的“桂草堂”牌青钱柳茶被选为生态文明贵阳国际论坛2016年年会饮用茶。企业力争将该项目打造成全市、全省最大的青钱柳森林公园以及青钱柳新食品原料产业园区。

落户于燕马园区的贵阳金洲牧业有限公司项目，在马铃乡凯坝村修建饲料仓库603平方米、育雏室483平方米、蓄水池610立方米，修建3栋鸡舍约3000平方米，积粪池、排污沟、综合服务室等设备安装完毕。

（陈勇修改，原载于《贵阳日报》2016年12月29日第4版，作者徐小平）

【扶贫开发】 2016年，，花溪区扶贫开发完成农村危房改造任务126户，农村低保标准提高至每年4300元，就业培训、创业、就业帮扶375人，资助经济困难学生2574人，中低收入困难家庭的重病患者享受“三重医疗保障救助”，救助率100%。通过打造溪南十锦、黔陶乡谷洒村黑山羊养殖等项目，创新大扶贫工作模式。

（陈勇修改，原载于《贵阳日报》2016年12月29日第4版，作者胡流冰川）

【精准扶贫】 2016年度，中央、省、市先后下达花溪区财政专项扶贫资金481.7万元，区级财政安排专项扶贫资金370万元，全部落实到项目，项目备案率100%，全区精准帮扶实现全方位覆盖。花溪区作为贵州省有扶贫开发任务的19个非贫困县之一，在“十二五”期间与全市同步在全省率先完成建档立卡贫困户脱贫目标。花溪区委群工委、区委组织部、区扶贫办将党员联系群众与大扶贫工作相结合，搭建大扶贫统一平台。围绕全面提高基层困难群体收入和生活保障水平“六个确保”的目标任务，全区为低收入困难户2435户5165人建档立卡，其中，一般困难户389户1182人，一般保障户860户1891人，长期保障户135户148人，重点保障户1051户1944人，涉及全区9个乡镇和9个社区。制定结对帮扶方案、帮扶计划和帮扶措施，建立详实完备、动态更新的民情工作台账，梳理意见建议和问题，精准落实结对帮扶、产业发展、教育培训、危房改造、生态移民等措施。并成立贵阳花溪民丰扶贫开发投资有限责任公司，建立区本级扶贫融资平台。完成石门村等6个市级扶贫示范村的创建工作；建档立卡农村低收入困难户家庭的人均可支配收入整体越过4300元的低收入标准，增长达16%以上；建档立卡低收入户退出准确率达到98%以上；向28个经济发展滞后村派驻驻村工作队和第一书记，覆盖率100%，低收入困难群众对驻村工作队和帮扶责任人的认可率达98%以上。全区各级领导干部围绕“三访四查五看六保”工作要求、紧扣“找准病因，对症下药”的工作思路，发动党员干部协调帮扶项目，协调落实帮扶资金，让一批重点项目得到有效实施。通过推进“五个一批”“十大行动”等项目实施，完成产业和就业扶持3702人；“两无”人员民政低保兜底1186户2092人；教育扶持2784人，准确率100%；完成小康电配变新建工程项目6个、小康路维修3.6公里、危桥改造项目和安保工程项目各2个以及“五化八工程”小康寨任务、行政村光纤改造等工作。

（陈勇修改，原载于《贵阳日报》2017年1月19日第4版，作者詹燕）

【产业扶贫】 2016年，花溪区以石板天河潭片区、青黔高溪南十锦片区为示范，投入6亿元对石板镇的镇山村、花街村、芦荻村、摆陇寨，黔陶乡的马场寨、高坡乡的石门村、扰绕村进行美丽乡村示范点建设，以打造农村环境综合整治升级版，形成综合性乡村旅游胜地。按照农村最低生活保障与扶贫开发标准“两线合一”和“五个高一格”的要求，坚持把产业扶贫作为扶贫开发的主抓手，依托久安茶叶示范园、青黔农旅示范园、燕马蔬菜保供示范园，带动周边农户4万余人发展茶叶、豇豆、香葱和高坡黑毛猪、草地鸡等特色产业。加快推进青、黔、高“溪南十锦”大扶贫农旅项目示范带建设，促进乡村旅游发展，辐射带动沿线群众增收致富。全区2435户5167人低收入困难户收入整体越过4300元。

（陈勇修改，原载于《贵州日报》2017年1月5日第8版，作者王太师）

【美丽乡村示范点建设】 2016年，花溪区以石板天河潭片区、青黔高溪南十锦片区为示范，投入6亿元对石板镇的镇山村、花街村、芦荻村、摆陇寨，黔陶乡的马场寨、高坡乡的石门村、扰绕村进行美丽乡村示范点建设。制定9个乡镇27个行政村29个环境整治点的整治任务，由区农整办牵头，组织公安、交通、交管、工商、城管等部门成立整治执法队伍，对全区9个乡镇27个行政村的29个环境整治点进行集中整治。截至2016年底，组织专项整治行动35次，依法处置违停车辆306车次，并对孟关、高坡、麦坪等集镇马路市场进行全面取缔。建立区、乡、村三级违法建筑防控体系，全区共拆除违法建筑1222户、面积559310.3平方米。在涉及乡镇的道路沿线、集镇及村庄显要位置悬挂或张贴60余幅宣传横幅、标语，发放201800余份宣传资料、公开信、告知书。针对高坡苗族地区部分村民不懂汉语的情况，还在各村进行“双语”喇叭宣传，同步使用苗语和汉语进行宣传。专项投入整治经费413万元，购置垃圾箱、垃圾桶961个，垃圾斗16个、垃圾手推车47个，新建垃圾池40个，新增生活污水处理设施2个，修建排污沟渠6656米，清运垃圾61526吨。提升改造“小康房”300户；投入3317万元，对“小康水”发展耕地灌溉面积0.7万亩，解决农村饮水0.8万人；整合“小康电”项目719万元，完成青岩、马铃、燕楼等地26个项目建设；“小康讯”项目投入经费4000万元，建设移动通信基站130个；“小康寨”建设项目落实建设资金6091.43万元，完成建设投资2899.17万元。实施水污染治理3

处；完成9个片区，5009栋房屋95%的立面整治。截至2016年三季度，花溪区农村环境综合整治工作已从2015年六七月份的全市倒数第一名，跃升至全市正数第三名。

（陈勇修改，原载于《贵阳日报》2016年12月22日第4版，作者徐小平、帅弋）

民营企业对口帮扶

【花溪区实施“千企帮千村”精准扶贫行动概况】 2016年，花溪区制定《中共花溪区委统战部花溪区工商业联合会“千企帮千村”精准扶贫行动实施方案》（花统字〔2016〕04号），在去年实施的“五个100产业富民工程”的基础上继续推进“千企帮千村”精准扶贫行动。把黔陶乡谷洒村、高坡乡批林村等10个贫困程度较深的村确定为帮扶重点，动员民营企业参与帮村，有10个民营企业与10个贫困程度较深的村进行结对帮扶：1. 高坡乡龙云村和贵州泰邦生物制品有限公司结对；2. 高坡乡批林村和贵阳市汽车经销商商会结对；3. 高坡乡五寨村和贵阳电线厂有限公司结对；4. 高坡乡摆龙村和贵阳市凯宏房地产开发有限公司结对；5. 高坡乡平寨村和贵阳市凯宏房地产开发有限公司结对；6. 马铃乡谷中村和贵州中意食品有限公司结对；7. 马铃乡马铃村和贵州罗汉食品有限公司结对；8. 黔陶乡半坡村和贵州恒阳房地产开发有限公司结对；9. 黔陶乡谷洒村和贵州省汽车流通协结对；10. 燕楼乡坝楼村和贵州星天电线电缆有限公司结对。

自启动“千企帮千村”精准扶贫行动以来，广大民营企业发挥各自优势，围绕产业带村、项目兴村、资金扶村等形式实施攻坚扶贫。20多名民营经济人士受聘担任“名誉村主任”或“村集体经济组织名誉总经理”，企业家、致富带头人、名誉村主任三重身份有机结合起来，促进村企共赢发展。实施豆腐加工、基础设施建设、种养殖等帮扶项目10余个。花溪区投入帮扶资金22.14万元，参与农户376户，解决新增劳动力就业4000余人，其中低收入人口700余人。扶贫工作实现漫灌到精准的转变，变输血为造血，激发各村脱贫的内生动力。（区工商联）

【贵州省汽车流通协会帮扶黔陶乡谷洒村】 2016年，贵州省汽车流通协会继续发扬去年“五个100”产业富民工程的优良作风结对黔陶乡谷洒村。贵州省汽车流通协会会长朱林担任黔陶乡谷洒村荣誉村主任。商会针对谷洒村集体经济发展相对滞后的问题，依托谷洒村自然环境优势，投入资金7.14万元，发展黑山羊、黑毛猪养殖，建议32户扶贫户喂养黑毛猪每户2头，建议32户扶贫户喂养土鸡每户20只，选择2户有剩余劳动力的扶贫户建议购买黑山羊10头喂养。项目使300多村民实现增收，人均收入3600元，人均年增收2000元。（区工商联）

【贵州恒阳房地产开发有限公司帮扶黔陶乡半坡村】 6月16日，贵州恒阳房地产开发有限公司总经理杨远君（半坡村名誉村主任）带领多名企业家，到“千企帮千村”帮扶点黔陶乡半坡村进行调研。针对目前半坡村发展200亩桑葚、100亩茶园、100头黑山羊养殖项目的现状，寻找合适的项目，帮助发展村集体经济。同时，针对半坡村18户（73人）低收入家庭，按户进行精准帮扶。动员低收入家庭确定发展项目，按照村民意愿、能力确定发展项目，企业家进行捐款，把产业发展项目最终惠及低收入家庭，实现精准扶贫战略。

（区工商联）

【花溪农商银行帮扶高坡乡】 2016年3月，花溪农商银行股份有限公司促成银政企三方合作，使“一草一木”高效农业（创业）园投资项目落户高坡。银政企三方合作支持农民返乡创业。用种植养殖项目的投资和贷款优惠政策的短线帮扶，将高坡乡政府构建的专业培训课程和花溪农商银行金融夜校转变村民致富思路的长线帮扶相结合，以实际业务操作发展“金额可高可低，期限可长可短，押品可有可无，利率可上可下”的“三小四可”扶贫小额信贷模式提供流转资金，留住高坡乡青年。自行车服务队到各行政村宣传项目情况，传播金融常识。农商行为为“一草一木”项目实施落地建立快速通道，村民有需求，10分钟即可放款，资金灵活，渠道通畅。花溪农商银行对高坡乡“一草一木”项目高度重视，审批专项贷款额度300万元，定制发展荒废土地再利用战略，提升贫困乡村荒废土地利用率，确保用好用活特色产业化扶贫专项资金。除了重点帮扶“一草一木”项目外，花溪农商银行还结合高坡实际，对同步推进的相关产业进行连带支持，创新扶贫模式。“一草一木”项目于2016年年底完成园区核心区石门村、扰绕村200亩一草一木的种植，带动高坡乡200人参与项目，发放贷款350万元。园区办公、管理用房、湿地水景等基础设施建设开工，雇佣高坡乡本地农民60余人，实现高坡乡人均增收2000元。（苏杨眉）

花溪区“千企帮千村”精准扶贫工程工作开展情况统计表

帮扶点名称	帮扶企业	实施项目名称	投入资金（万元）	解决劳动力就业（人）	项目参与农户（户）	帮扶贫困人口（人）	备注
马铃乡谷中村	贵州中意食品有限公司	豆腐加工厂				30	技术指导投入
高坡乡平寨村	贵州格力电器销售有限公司	竹围寨建设	2				
高坡乡龙云村	贵州泰邦生物制品有限公司	养殖飞缘鸡	3	15	10		
黔陶乡谷洒村	贵州省汽车流通协会	黑山羊、黑毛猪养殖	7.14		66		
高坡乡批林村	贵阳市汽车经销商商会	生姜种植	5	20		1	
高坡乡摆龙村	贵阳市凯宏房地产开发有限公司					3	
马铃乡马铃村	贵州罗汉食品有限公司	待定					
燕楼乡坝楼村	贵州星天电线电缆有限公司	待定					
高坡乡五寨村	贵阳电线厂有限公司	辣椒种植	5		300		
黔陶乡半坡村	贵州恒阳房地产开发有限公司	待定					

（区工商联）

（责任编辑　翟长保）

工业

花溪年鉴
2017HUA XI YEARBOOK

3月17日，小孟工业园13个项目集中开工(王文娟 摄)

花溪年鉴 HUA XI YEARBOOK 2017

综　述

【概况】　2016 年，按照文化旅游创新区总体定位下的分工安排，花溪工业保持 20% 的发展速度，中心城区的高污染高能耗企业关停并转，一批企业为文化旅游产业腾出发展空间。花溪片区有 2000 万口径规模以上工业企业 48 家，按空间属地分，中心城区 15 家、孟关片区 12 家、石板片区 6 家、燕楼 4 家、其他 11 家。按行业企业分，机电行业 17 家、化工行业 3 家、建材行业 9 家、食品行业 9 家、医药行业 2 家、饲料行业 3 家、其他行业 5 家。按产值规模分，10 亿元以上企业 1 家、5－10 亿元企业 7 家、1－5 亿元企业 20 家、1 亿元以下企业 20 家。按所有制分，民营企业 42 家、国有或国有控股企业 6 家。花溪区 2016 年 1－12 月完成工业投资 23.01 亿元，其中，技改投资完成 3.99 亿元。2016 年，花溪区片区有 2000 万口径规模以上民营企业 42 家，完成工业产值 119 亿元，占全区工业总产值的 86.8%。　（岳　进）

【工业经济效益】　2016 年，花溪区片区有 2000 万口径规模以上工业企业 48 家，培育新上规 6 家，完成工业产值 137 亿元，比上年增长 8.7%；实现工业增加值 32.2 亿元，比上年增长 17.1%；其中非公企业 42 家，完成工业产值 119 亿元，占全区工业总产值的 86.8%。在大数据产业引领带动下和直购电活动和“百千万”工程活动帮助下，花溪片区多家企业在国际环境疲软情况下仍保持平稳发展，闵达钢铁等 11 户企业得到直购电活动优惠。　（岳　进）

【国有企业改革改制】　2016 年，花溪区区属国有停产停业工业企业 3 家，分别是贵阳市麟山水泥厂、贵阳市花溪酒厂“三厂”（花溪酒厂、筑溪酒厂和花溪食品厂）和花溪水泥厂。贵阳市麟山水泥厂位于贵筑社区，2012 年下半年全面停产。截至 2016 年底，全厂在册职工 546 人，其中在岗 27 人，下岗 354 人，离退休 165 人；贵阳市花溪酒厂位于花溪区云上上、下寨，2005 年全面停产，截至 2016 年底，全厂在册职工 188 人，其中在岗 11 人，下岗 33 人，离退休 144 人；贵阳市花溪水泥厂位于花溪区溪北社区，2011 年下半年全面停产，截至 2016 年底，全厂在册职工 121 人，其中在岗 7 人，下岗 44 人，离退休 70 人。企业长期停产，资产租赁入不敷出，职工社保账户长期挂账，职工退休“退一补一”。近 1000 名在职在岗职工和退休职工都积累沉淀不同程度的政策性“劳动债权”，职工基本生计得不到保障，职工多次到各级政府上访反映诉求。

2016 年，“恒大项目”进驻花溪给贵阳市麟山水泥厂职工分流安置带来条件，“万科”进驻花溪给贵阳市花溪酒厂“三厂”职工整体分流安置带来条件。贵阳市麟山水泥厂和贵阳市花溪酒厂“三厂”基本按照职工分流安置方案签字安置完毕。

2016 年 4 月 29 日，区企改办印发《关于区属国有工业企业“三厂”职工安置有关工作意见的通知》（花企改革办发〔2016〕4 号）；2016 年 8 月 29 日印发《区企改领导小组关于组建区属国有工业企业“三厂”职工分流安置政策征求意见工作组的通知》（花企改革办发〔2016〕5 号）和《区企改领导小组关于“三厂”清理职工劳动关系基准时点的通知》（花企改革办发〔2016〕6 号），区企改办组织企业和法律咨询服务代理机构草拟《贵阳市麟山水泥厂职工分流安置指导意见征求意见稿(一)》和《贵阳市花溪酒厂“三厂”职工分流安置指导意见征求意见稿(一)》，汇编“政策答疑 50 问”，印发企业广大职工。工作组于 2016 年 8 月 31 至 9 月 2 日进驻企业开展为期三天的征求企业职工意见建议的工作；2016 年 9 月 7 日形成《贵阳市麟山水泥厂职工分流安置指导意见征求意见稿(二)》和《贵阳市花溪酒厂“三厂”职工分流安置指导意见征求意见稿(二)》。2016年9月8日，企改办印发《区企改领导小组关于再次征求贵阳市麟山水泥厂职工分流安置意见建议的通知》(花企改革办发〔2016〕7号)和《区企改领导小组关于再次征求贵阳市花溪酒厂职工分流安置意见建议的通知》（花企改革办发〔2016〕8号)。工作组于2016年9月12日进驻企业征求企业职工意见建议；2016年9月20日，区企改领导小组会研究形成《贵阳市麟山水泥厂职工分流安置指导意见征求意见稿（三)》，2016年9月22日，区企改办印发《区企改领导小组关于进一步征求贵阳市麟山水泥厂职工分流安置意见建议的通知》（花企改革办发〔2016〕9号)，并到企业征求职工意见建议。区企改领导小组形成《花溪区区属国有工业企业“三厂”职工分流安置总体指导意见（审议稿)》，经2016年10月11日区长办公会议审议通过，2016年10月12日区企改办印发《花溪区区属国有工业企业“三厂”职工分流安置总体指导意见》(花企改革办发〔2016〕10号)；区企改办2016年10月28日印发《贵阳市麟山水泥厂职工分流安置具体指导意见》(花企改办发〔2016〕11号)《贵阳市花溪酒厂“三厂”职工分流安置具体指导意见》(花企改办发〔2016〕12号)《贵阳市麟山水泥厂厂区资产征收补偿专项资金使用管理办法》（花企改办发〔2016〕13号）和《贵阳市花溪酒厂“三厂”厂区资产征收补偿专项资金使用管理办法》(花企改办发〔2016〕14号)；2016年11月4日区企改办批复印发《贵阳市麟山水泥厂职工分流安置实施方案》（花企改办发〔2016〕15号)；2016年11月7日区企改办分别印发《区企改领导小组关于〈贵阳市麟山水泥厂职工劳动关系清理工作的报告〉的初步审议意见》(花企改办发〔2016〕16号）和《区企改领导小组关于〈贵阳市麟山水泥厂职工债权债务清理情况报告〉的初步审议意见》（花企改办发〔2016〕17号)，由企业公开公示征求意见；2016年11月11日区企改办批复印发《贵阳市花溪酒厂“三厂”职工分流安置实施方案》（花企改办发〔2016〕18号)；2016年11月11日和2016年11月15日区企改办分别印发《区企改领导小组办公室关于印发贵阳市麟山水泥厂职工分流安置“一对一”有关文本模式的通知》（花企改办发〔2016〕20号）和《区企改领导小组办公室关于印发贵阳市花溪酒厂“三厂”职工分流安置“一对一”有关文本模式的通知》(花企改办发〔2016〕21号)，指导企业制定安置协议文本；2016年11月30日区企改办印发审议通过的《区企改领导小组关于〈贵阳市花溪酒厂“三厂”职工债权债务清理情况报告〉和〈贵阳市花溪酒厂“三厂”职工劳动关系清理工作的报告〉的初步审议意见》（花企改办发〔2016〕19号)；企业开展签字安置前公示职工分类安置项目费用明细表，接受职工核对和监督。2016年12月8日，区企改办印发《花溪区企改领导小组关于处理贵阳市麟山水泥厂职工分流安置劳动关系争议等有关事项的指导意见》（花企改办发〔2016〕23号）和《区企改领导小组关于处理贵阳市花溪酒厂“三厂”职工分流安置劳动关系争议等有关事项的指导意见》（花企改办发〔2016〕24号)；2016年12月12日和2016年12月21日，贵阳市麟山水泥厂和贵阳市花溪酒厂“三厂”分别按照方案启动签字安置职工工作；2016年12月26日和2016年12月31日，区企改办分别印发《关于贵阳市麟山水泥厂职工分流安置工作部分职工意见诉求的处理意见》(花企改办发〔2016〕26号）和《关于贵阳市麟山水泥厂职工分流安置符合条件但不愿选择解除劳动关系人员项目费用事项的具体说明》(花企改办发〔2016〕27号)。截至2016年12月31日，经依法清理劳动关系符合条件的702名职工基本签字安置完毕。

贵阳市麟山水泥厂和贵阳市花溪酒厂综合兑现情况为：符合解除劳动关系的职工每人的劳动债权清偿和安置补偿费用在20万元－40万元左右，职工档案仍可由企业代管，引导支持帮助职工再就业；内部退养职工在一次性领取7－8万元左右的补丁项目安置费用以后，按高于贵阳市最低工资标准领取退养生活费；退休职工按退休年限补节日慰问金的基础上，享受支持配合企业拆迁职工安置工作奖励，今后每人按月发放108元的统筹外项目，每年发放老年节和春节慰问金、每年补助体检费用。（岳　进）

【重大技术改造】　2016年，花溪片区企业重大技术改造3项。贵州久联民爆器材有限责任公司雷管装配自动传输生产系统建设项目，总投资306万元，项目建成提高雷管装配自动传输生产技术水平，提升生产线本质安全生产水平；贵州久联民爆器材发展股份有限公司九八五五生产分公司9855乳化线新建成品转手库项目，总投资400万元，项目建成减少在线药量，每条生产线在线作业人员减少2人，减少转运频次，减低生产成本；避免产品转运车辆频繁进出防爆土堤带来的安全风险；贵州久联民爆器材发展股份有限公司年产1000万发电子雷管生产线技术改造项目，总投资694.71万元，项目建有成助于企业淘汰落后产品，实现产品结构的调整，提高市场竞争力，并通过扩大高技术产品的生产能力，降低产品成本。（岳　进）

【企业资源节约与综合利用】　2016年，花溪区根据创建国家级文化旅游创新区的要求，工业企业严控“两高”行业新增产能，推进清洁能源使用，高坡云顶草原风能发电逐步得到利用。贵州麟山水泥有限公司余热发电站，总投资3500余万元，装机容量1×5兆瓦，发电能力3168×104千瓦时/年，每年节约标煤1.6万吨，2015年底投入使用。（岳　进）

【节能减排】　2016年，花溪区继续加快淘汰落后产能，压缩过剩产能，对工业类新、改、扩建项目实施备案制管理，在做出备案决定前，实行严格的固定资产投资项目节能登记审查制度。强化产业结构调整，优化产业布局；严格控制新建造纸、印染、酿造、电力、钢铁、水泥、煤化工等项目。2016年贵州麟山水泥有限责任公司全年熟料产量控制在100万吨以内。实施贵州富民行包装有限公司窑炉节能改造项目，新建天然气管道及供气等配套设施；窑炉改用计算自动控制系统，改造计算机控制全自动配料系统；改造生产配电及供电系统；厂房改建等。淘汰落后工艺、技术和设备，形成新的生产能力，节能40%左右，每年预计节能效益在2700万元以上。严格要求所有新建项目必须符合区域总体规划和环评要求，杜绝未批先建项目，目前花溪区无“两高”行业项目。（岳　进）

【民营经济扶持】　2016年，花溪区安排200万工业扶持发展资金，主要用于扶持民营经济发展，给予企业电费补助和组织民营企业申请直购电交易活动；此外，组织民营企业争取省、市资金和政策，全年争取省、市资金826万元对民营经济企业进行扶持。开展民营经济“大走访”活动，解决民营企业生产经营发展中的资金紧缺和规划审批缓慢等困难和问题，组织企业参与省市举办的银企对接活动，帮助企业解决融资难融资贵问题。（岳　进）

【产业结构调整】　2016年，花溪区继续推进传统产业改造升级，调整和优化产业结构，引导企业参与全市“千企改造”和“一企一策”活动，打造和培育贵州华工工具注塑有限公司和北极熊实业有限公司花溪水厂两家品牌培育企业，推动企业转型升级。继续支持久安贵茶公司、农业等园区核心企业，实施农业生产、加工、销售一体化战略，并以“企业+基地+农民专业合作组织+农户+市场”的组织形式，延长产业链，做大做强都市农业，以现代农业和农产品加工，发展农旅一体产业和旅游商品加工和贸易业，以旅游业为依托实现产业转型升级。（岳　进）

重点企业选介

【保利久联集团有限责任公司】 保利久联企业集团有限责任公司（下称久联集团）于2000年经贵州省人民政府批准成立，是原贵州省国防科工办部份直属企业按母子公司体制组建的企业集团，2010年划归贵州省国资委监管。主要从事民用爆破器材生产、经营，爆破工程施工、爆破技术服务，建筑施工、房地产开发，酒店、餐饮服务，包装材料生产、销售等业务。其中民用爆破器材生产、销售、爆破工程施工和技术服务是久联集团的核心产业，所属贵州久联民爆器材发展股份有限公司是一家上市公司，下辖4个子公司、5个分公司、1个省级民爆技术中心。炸药类产品综合生产许可能力达14万吨、工业雷管生产许可能力达14000万发、工业索类火工品生产许可能力达5000万米规模。2016年完成工业产值6.8亿元。（岳　进）

【际华三五三七制鞋有限责任公司】 际华三五三七制鞋有限责任公司隶属于际华轻工集团有限公司，属国有大型橡胶鞋制造企业，始建于1966年10月，原为中国人民解放军三五三七工厂，1980年该厂军转民，1987年晋升为省级先进企业，1988年成为国家二级企业，2007年元月改制为际华三五三七制鞋有限责任公司。现有职工2000余人，专业技术管理人员500余人，具有年产7000万双各类鞋靴的生产能力，拥有资产近5个亿，主要经济指标位居国内同行业前列，是国务院国资委直接管理的新兴铸管集团有限公司（北京）在贵州的全资子公司，是全国胶鞋协会理事长单位，是全国胶鞋标准起草单位。公司核心业务是模压鞋、作训鞋、运动鞋、休闲鞋、水鞋、防滑鞋、解放鞋等300多个系列产品的制造与营销。2016年共完成工业产值11.1亿元。（岳　进）

【贵州泰邦生物制品有限公司】 贵州泰邦生物制品有限公司（原贵阳黔峰生物制品有限责任公司）始建于1997年，是贵州省唯一一家集血液制品研发、生产、销售为一体的现代生物技术企业，并于1998年在贵州省率先通过国家药品GMP认证。公司地处贵阳市花溪区竹林村，土地使用权面积34556平方米，厂房占地面积约2600平方米，建筑面积约5200平方米，建有符合GMP要求的生产车间，拥有血液制品生产及质量检测设备、仪器，包括压缩过滤系统、超滤系统、层析系统、自动化清洗及分装系统、工艺制水系统等。公司目前正在实施的“黔峰生物科技园建设项目”，项目预计总投资100000万元。建设地点在花溪区贵筑社区，建设内容包括：建设年处理血浆1500吨的血液制品生产线、八条疫苗生产线、年产5000万支胎盘多肽生产线。2016年完成工业产值10.1亿元。（岳　进）

【贵州北极熊实业有限公司花溪水厂】 贵州北极熊实业有限公司公司成立于1997年1月，由股东杨雷等共同发起，投资组建的现代民营企业。注册资金2006万元，2016年完成工业产值2.7亿元。总部在贵阳市喷水池驰宇大厦18楼，水厂位于贵筑社区尖山村，现有员工580人，其中中高级管理人员及技术人员116人。公司目前正在实施的“特色饮料生产基地建设项目”，预计总投资22564万元。项目主要建设内容包括：拟建两条自动化生产线，其中年产36000吨果蔬饮料自动化生产线一条（2.4万瓶/小时），采用现代化加工设备和灌装工艺生产高品质果蔬饮料系列产品，年处理果蔬10800吨；另建两条饮用水生产线，年产饮用水72000吨（3.6万瓶/小时）。（岳　进）

【贵阳闽达钢铁有限公司】 贵阳闽达钢铁有限公司成立于1999年11月，位于花溪区孟关苗族布依族乡改毛村，主要产品是钢筋混凝土用热轧钢筋，产品单元：普通热轧钢筋HRB335、HRB400，规格型号：ϕ12mm～ϕ25毫米；热轧光圆钢筋

HPB235，规格型号：ф6.5毫米~ф20毫米（盘卷、直条）。产品深受经销商和广大用户好评，被评为“贵州质量诚信5A级品牌企业”、贵阳市名牌产品，是中国质量诚信企业协会副会长单位。

公司建立完善的管理体系，通过ISO9001：2008质量管理体系、ISO14001：2004环保管理体系和GB/T28001-2001职业健康安全管理体系认证。2008年以来，连年受到贵阳市政府增效提速工作嘉奖，2011年贵州省百强企业、贵州省优秀民营企业。目前，是贵州省规模最大的民营钢铁企业，花溪区的龙头企业、纳税大户。2016年完成工业产值11.2亿元。（岳　进）

【贵阳忠辉汽车附件有限公司】　贵阳忠辉汽车附件有限公司成立于2003年3月，位于贵阳市花溪区桐木岭村，占地面积100余亩，距省城贵阳市区20公里，距青岩古镇5公里。现有员工120多名，其中技术人员15名，拥有一批经验丰富的员工队伍，具有较强的产品开发能力和质量保证能力，是贵州詹阳重工动力有限公司和贵州万达客车股份有限公司的主要配套企业。2016年完成工业产值3.1亿元。（岳　进）

【贵州星天电线电缆有限公司】　贵州星天电线电缆有限公司创建于1997年，位于石板镇合朋村。厂区总占地面积6万多平方米（其中生产厂房1，3万多平方米，办公楼及其他设备设施1万多平方米），现有固定资产3亿，职工300余人，其中高级技术人员21人，高级工程师5人，研究设计人员3人。拥有8条电线电缆生产线及配套设备350余台，年生产产值超过20个亿。2001年通过ISO9001.2000国际质量认证。2003年线缆产品通过国家强性CCC安全认证。2007年，注册商标“昊龙”牌，被唯一评为线缆行业著名商标，除生产昊龙牌电力线缆、交联线缆、布电缆、钢芯铝绞线、铝绞线、铜绞线、镀锌钢绞线外还待开发生产航空专用、石油专用电缆及其他特种电缆。2016年完成工业产值7.1亿元。（岳　进）

【贵州华工工具注塑有限公司】　贵州华工工具注塑有限公司1964年由天津拖拉机厂工具分厂内迁贵阳，成立贵阳工具厂，经过多年发展成为中国机床工具行业的重点骨干企业。主要从事金属切削复杂刀具、专用量具制造，汽车零部件制造，汽车塑料零部件制造的国有企业，具有较高的行业知名度。公司位于贵阳市花溪区田园南路，厂区占地面积约220亩，厂房建筑面积7万多平方米，目前拥有职工1600余人，工程技术人员100多人。公司下设华昌分公司、工具分公司、齿轮分公司、新发分公司和5个子公司。项目名称：汽车零部件生产线扩能技术改造：1. 项目建设主要内容项目引进新增国内外先进生产设备252台（套），扩建汽车零部件生产线及复杂刀具生产线3条；2. 项目在贵州华工公司厂区内进行。2016年共完成工业产值2.4亿元。（岳　进）

（责任编辑　翟长保）

商务

花溪年鉴
2017HUA XI YEARBOOK

花溪园电子商务及服务外包产业园(区园区管委会 供稿)

商　务

【概况】　2016年，花溪区社会消费品零售总额完成235. 76亿元（全市排名第3），比上年增长13%，完成全年目标任务的101. 3%；外贸进出口完成5万美元；网络零售额完成1. 68亿元；全年完成新增限上企业入统12家，完成任务的120%，全区商贸限上企业已达95家。　（全勤勤）

【商务流通】　2016年，开展流通领域“菜篮子”工程，解决本辖区“买菜难买菜贵”问题。建设完成五个生鲜超市两个大型综合（含生鲜经营）超市（富华超市小孟店、佳宇超市保利店）和一个社区平价生鲜直销店（万宜广场酷购店）。完成孟关国际汽贸城一期、石板地利物流园一期、传化物流港、林城万宜城市综合体建设。配合区大数据建设工作，加快“西南商谷孟关国际物流城”建设。　（全勤勤）

【商务执法】　2016年，完成中心城区依法取消活禽交易及宰杀工作者，并牵头对反弹现象进行打击。全力开展成品油市场监管工作，抓好行业管理安全生产工作，全年累计开展巡查330次，出动执法人员1040人次、执法车辆580台次，发放法律法规宣传资料1560余份。　（全勤勤）

粮油购销

【概况】　2016年，花溪区粮食工作围绕经济社会发展大局，以保供稳价为中心，推动粮食流通产业发展，加强粮食市场监管，构建粮食安全保障体系，完成年初确定的目标任务。全年国有粮食企业购进粮油1040吨，销售粮油973吨。全区粮食行业深化粮食流通体制改革，在市粮食局年度综合目标考核工作中被评为二等奖。　（黄　飞）

【粮油储备】　坚持安全储粮责任制，组织开展四季粮油安全大普查，巩固“四无”（无虫害、无鼠雀、无霉变、无事故）粮油质量，推广科学储粮技术，确保库存粮油安全。全区储备粮油“一符四无”（帐物相符，无虫害、无鼠雀、无霉变、无事故）率达到100%，科学储粮率达95%以上。加强防汛工作和消防安全工作，建立防汛、消防组织机构和抢险突击队伍，备足消防器材和防汛物资，确保粮食、仓储设施安全。2016年全区粮食系统没有发生一起安全事故。　（黄　飞）

【军粮保障供应和救济粮发放】　花溪军粮供应站严格执行军供政策和供应纪律，以优质服务确保军粮供应的质量和数量。继续改进和完善军粮统筹采购办法，建立粮源保障、质量管理、价格稳定、资金安全等方面的有效机制，完成2016年军粮供应任务。精心组织粮源确保救灾粮供应。贵阳花溪宏腾粮油购销有限公司落实粮源，执行标准，按质保量完成2016年救灾大米的发放任务，全年发放救灾救济粮123.4吨，发放人口数8226人。　（黄　飞）

【放心食品工程和粮油价格监测】　自2009年以来全区建设放心粮油店18个，2016年对全区有诚信和保证质量的粮油经营户进行“放心粮油店”摸底调查，并随时进行检查和监管，确保" 放心粮油店" 所经营的粮油真正做到让消费者放心和满意。按照市粮食局相关工作要求，在人口相对集中的区域设置粮情监测点，采取固定时点调查采集粮油购销价格、销售数量、库存情况以及粮油质量信息，并及时上报粮油市场信息及其监测数据，确定粮油价格和产品质量监测点5个，实行每月一次粮价监测，半年一次市场分析预测制度。

（黄　飞）

【粮食宏观调控】　2016年重新修订《花溪区粮食供应应急预案》，在全区确定32个粮食应急供应网点、1个粮食应急配送中心、1个粮食应急储运企业。明确应急事项的处理程序，落实粮食应急供应体系。完成年度粮油统计和社会粮油供需平衡调查工作。在注重国有粮食企业粮食统计工作的同时，将全区个体粮食加工户和粮食转换企业全部纳入社会粮食统计工作范畴，按市粮食局要求和规定，及时上报有关统计报表和统计资料。按照国家粮食局、省粮食局的部署，落实机构和调查人员，做好2016年度社会粮油供需平衡调查工作，按照具有代表性的原则进行抽样调查，建立农户固定调查点30户，城镇居民固定调查点30户。

（黄　飞）

【粮食流通监督检查】　加大粮食政策宣传力度，采取多种形式对《粮食流通管理条例》《食品安全法》等粮食流通管理法律法规进行宣传。开展全国粮食库存检查工作，对全区国有粮食企业库存的粮食数量、质量、储存安全、账实相符情况等进行重点核实，对政策性粮食供应进行质量跟踪管理，确保质量安全。配合市场监管、物价等部门，以市场粮油库存、质量及收购行为监管为重点，加大对粮食市场的监管与监督检查力度和对重大节日、敏感时期的粮油市场监督，确保粮油市场稳定和质量安全。

（黄　飞）

供销合作

【概况】　2016年，区供销联社实现利润完成108万元，所有者权益完成915万元，资产总额完成3743万元，总营业额完成5599万元，完成农资各类化肥销售7968吨，化肥淡储2000吨。推进建立1个县级农民（村）合作经济组织联合会（贵阳市花溪区供销社社员股金专业合作社）的相关工作。推进建立1个农民合作社联合社（贵阳市花溪区高坡种养殖专业合作社）的相关工作。新领办1个农民专业合作社：贵阳市花溪区高坡五寨种养殖专业合作社。带动75户农民脱贫。新建1个庄稼医院。

（区供销联社）

【再生资源回收】　根据花溪区再生资源回收现状，协助区供销联社下属企业晨曦公司把再生资源产业走具体化，包括回收分类及专业加工等路子，根据自身有利条件充分发挥潜能，走市场统一的专业化渠道。完成《再生资源集散地建设项目策划书》。同时对拟定地点进行现场勘测、评估、预测，与当地村民小组进行洽谈相关事宜。

（区供销联社）

【电子商务】　2016年，花溪区建成农村电商运营中心1个，建成“贵农网”农村电商便民服务点30余个。开展电商培训，联合团区委、区人社局开办花溪区2016年农村青年电子商务培训班，对全区96名农村青年进行电商知识技能培训；与区组织部联合，对全区80名干部开展“大数据+电子商务”培训，培养区内干部电商思维；联合贵农网、贵电商、贵阳银行针对2016年“贵农网”农村电商便民服务点店主开展实操培训。贵阳黔集电子商务有限公司完成农村电商销售额260余万元。

（区供销联社）

【花溪区供销社社员股金专业合作社挂牌成立】
2016年6月30日，花溪区供销社社员股金专业合作社挂牌成立，贵州省供销社副主任徐仕光、花溪区副区长谭虎及各股东单位代表参加挂牌仪式。当天，花溪区社员股金专业合作社有144人入社入股，吸纳社员股金420万元。2016年，股金专业合作社发展社员1100户，社员入股4000万元，为社员股金调剂资金3100万元。培育“三位一体”新型合作社4个：贵阳市花溪区供销社社员股金专业合作社孟关服务社，贵阳市花溪区供销社社员股金专业合作社麦坪服务社，贵阳市花溪区供销社社员股金专业合作社青岩服务社，贵阳市花溪区供销社社员股金专业合作社党武服务社。

（区供销联社）

招商引资

【概况】　2016年，花溪区按照全域文化旅游创新区的战略定位，围绕文化旅游、大数据、大健康新医药、现代新型农业、现代服务业、高端装备制造业等六大产业体系，完善基础设施，改善投资环境，拓展招商领域，创新招商方式，谋求招商策略。全区省平台有在建项目54个，其中新建项目32个，新建项目投资总额145.3118亿元。全区省平台实际到位资金（省外）累计110.82亿元，比上年增长15.32%，完成目标82.01亿元的135.13%；市平台实际到位资金（省外）186.3亿元，比上年增长15%，完成目标186.3亿元的100%。利用外资10498万美元，比上年增长20%，完成目标10498万美元的100%。2通过省市大型招商活动平台和自主招商活动，签约项目43个，签约金额156.64亿元。云上贵州大数据招商引智（北京）推介会，签约项目6个，签约金额合计14.50亿元；中国电子商务创新发展峰会暨贵阳国际大数据产业博览会（数博会），签约项目10个，签约金额合计6.30亿元；“山地公园省·多彩贵州风”旅游推介会，签约项目1个，签约金额1.20亿元；四是首届贵州绿色博览会，签约项目2个，签约金额计13.1亿元；第六届中国（贵州）国际酒类博览会，签约项目2个，签约金额计9亿元；贵阳市第七届旅游产业发展大会，签约项目1个，签约金额1.5亿元；2016中国（贵州）国际山地旅游博览会，签约项目2个，签约金额15亿元；自主招商活动签约项目19个，签约金额合计96.04亿元。按照创建国家级文化旅游创新区、国家全域旅游先行示范区的要求，初步完成花溪区全域旅游招商项目库的整理，入库项目55个，其中文化产业项目4个，旅游产业项目10个，现代新型农业产业项目17个，新医药大健康项目3个，现代服务业产业组项目10个，高端装备制造产业项目2个，大数据产业项目9个，投资总额约580亿元；精包装招商推介项目10个，并按类别分类编制招商项目宣传资料。2016年年度为全区33个招商项目开展代办服务事项69项，办结69项，实现省级平台招商引资项目代办服务全覆盖。

（区投资促进局）

【主要招商项目】　1. 碧桂园·花溪1号（健康小镇）项目：项目总投资12亿元，位于花溪区贵筑社区四秀南路，占地面积约300亩，其中市政公园占地110亩，建设用地190亩，主要建设以健康养生、休闲养老、中医药医疗保健服务、健康旅游和健康管理为支撑产业的健康小镇，项目已开工建设，部分投产，到位资金5.5161亿元。

2. 花溪“澳马·荟溪城”项目：项目位于花溪区阳光社区贵筑路，总投资3亿元，占地面积为12970平方米，规划建筑面积46740平方米，其中地面面积是18928平方米。主要建设集商业、居住、娱乐、办公于一体的大型城市综合体。项目已投产，正开展对外招商，到位资金2.4亿元。

3. 花溪区中药材规范种植及科研基地项目：项目位于花溪区黔陶乡孟关林场，总用地约1100

亩，总投资1.17亿元，主要以种植白芨、天冬、重楼、黄精等中药材，将中药材种植与都市农业相结合，把中药引入餐桌文化和养生板块，合并打造新医药大健康服务产业。项目部分投产，到位资金0.3亿元。

4. 花溪区美的“5M”智能全覆盖高端社区项目：项目位于花溪区贵筑社区大寨村，总投资6亿元，占地面积约10万平方米。项目运用互联网技术，打造“5M"智能全覆盖高端社区，倡导对用户实际使用功能的回归，把“智慧+健康”的核心价值融入用户的日常生活中。全方位打造五大构成系统：“云智慧管理Multi-smart、多功能健康园林Multi-health、超人性化家居Multi-home、全方位社区服务Multi-service、全系统精工品质Multi-system”，为用户提供更智慧、更健康、更优质的社区生活。项目部分投产，到位资金3.1545亿元。

5. 花溪区家有在线电商平台项目：项目位于花溪区贵筑社区甲秀南路，总投资0.5亿元，经营面积约4000平方米，主要以信息网络技术为手段，以商品交换为核心，将地方特色农产品、药品、医疗器械、保健品、日用日化、母婴用品等商品通过电商平台，实现网上交易、电子支付以及各种商务交易活动。项目已投产运营，到位资金0.5亿元。

6. 花溪区高坡“一草一木”高效农业（创业）园项目：项目位于花溪区高坡大洪村、石门村等三村交汇区域，一期用地面积约2000亩，总投资1.2亿元，主要从事一草（白芨、香根草）一木（杂交鹅掌楸）的种植、研发及上下游产业链的综合开发等。项目部分投产，到位资金0.2亿元。

（区投资促进局）

（责任编辑　翟长保）

交通·邮政·电信

花溪年鉴
2017HUA XI YEARBOOK

春运检查(区交通局 供稿)

综　述

【概况】　2016年，花溪区道路建设投入资金5031.96万元，其中，农村公路改建工程投入资金4326.88万元、公路大中修投入资金520.58万元、安保工程投入资金84.5万元、公路维修投入资金100万元。

全区有客运线路24条，班线客车194辆，客位数3038座（其中县际班线4条，车辆15辆，客位数285座；县内班线19条，车辆179辆，客位数2753座），开通花溪区片区客运，开通片区客运的乡镇有党武、青岩、马玲、燕楼、黔陶，有片区客运车辆22辆，建成农村客运站6个，农村客运招呼站45个。通村公路实现硬化，班线车辆覆盖全区所有乡镇和绝大多数村。

花溪区交通运输局下属有4家事业单位（即：花溪区公路管理所、花溪区交通运输管理所、花溪区汽车行业维修管理所、花溪区地方海事处）和1个国有企业花溪车站。（秦秀琳）

农村公路建设

【道路改造建设】　2016年，花溪区交通局投资估算约11193.4万元改造青岩歪脚至黔陶公路、对黔陶至高坡石门公路实施改造扩建。截至12月底，完成投资3600万元；总投资726.88万元完成久安观摩会三条道路改造。（秦秀琳）

【道路大中修及安保工程】　2016年,区交通局投入资金186万元完成思潜至骑龙公路大修工程;投入资金74万元完成石板至镇山公路中修工程;投入资金260.58万元改造骑龙桥、红岩桥两座危桥。投资84.5万元实施安保工程项目2个，为花溪区新哨至黔陶公路、歪脚至长冲公路安保维修。（秦秀琳）

【水毁抢险抢修】　2016年，区交通局投入资金80余万元对花溪至石板公路的路面、挡墙、排水系统进行维修，确保花石路周边群众出行安全畅通；投入资金20万元委托高坡乡政府对水塘至硐口公路K2+750处山体崩塌处进行排险处置。

（秦秀琳）

【超限运输治理】　2016年，区交通局为确保道路交通安全畅通，延长公路使用寿命，降低公路养护成本，采取多种手段，层层设卡，打击货运车辆超限运输行为。与花溪区交警七大队协作，以抄告的形式，对严重违反超限运输管理规定、拒不接受处罚的货运车主，驾驶员采取没收证照、车辆移送交警部门等严厉处罚措施；并在超限运输频发路段、矿场、货场等周边地区进行超限治理，将超限运输行为扼杀在源头路段。全年处罚超限运输车辆115辆，罚款3万元，并对60余名车辆驾驶员进行说服教育，同时加强对各种违法破路案件进行处理，截止年末，收取道路赔偿款16万元。（秦秀琳）

【公路安全大检查】　2016年，区交通局为加强对农村公路、高边坡、高路堤以及桥梁、涵洞等危险路段进行巡查和排查治理，建立巡查台账。对巡查中发现的塌方、落石、倒塌树木等及时进行处置，对挡墙垮塌等不能及时修复的采取设置警示等措施。全年出动巡查人员60余人次，发现安全隐患24处，清理倒塌树木30余棵，清理塌方120余方，设置警示标示牌20余处。除对发现的安全隐患采取临时措施外，已将相关情况上报市公路处申请资金修复。（秦秀琳）

【公路汛期应急保障】　2016年，为强化汛期应急保障工作，落实汛期24小时值班制度，做到区域天气预报第一时间了解，上级防汛指示精神第一时间落实，公路安全隐患第一时间排查。区交通局成立应急抢险队，备有200型挖掘机两台，运输车辆10台，民工30名，24小时待命，做好应急

处置工作，确保公路完好畅通。（秦秀琳）

公路运输

【运输市场管理】 2016年，区交通运输管理部门对辖区3个客运企业、4个危货企业、1个客运车站和9所驾校开展安全大检查，检查运输企业车辆技术及维护状况；客运站及人员密集场所安全防控工作落实情况；危货运输安全防范工作；应急物资准备到位情况；车辆、重点区域消防、应急疏散保障和防范工作落实情况。全年检查企业107次，出动检查人员321人次，发现安全隐患23个，现场整改，下达整改通知书4份，有2家完成整改，另有2家正在整改中。排查客运车辆896辆次，驾驶员669人次，排查出安全隐患9个，均进行整改。（秦秀琳）

【青岩旅游景区交通运输秩序整治】 2016年，青岩镇创建国家级AAAAA景区，区交通局拟定《花溪区交通运输局关于青岩古镇创建国家AAAAA级旅游景区宣传和交通整治工作方案》上报指挥部。派出稽查队参加青岩镇综合执法组，每天对青岩景区进行交通秩序整治。安排稽查队到青燕线与东旱线路口对高坡、青岩的客运车辆进行检查，检查不文明行驶车辆320辆次，依法检查旅游客车、旅游包车、营运车辆以及非法营运车辆98辆，均未发现有带病营运、超载营运、超时营运、疲劳驾驶、甩客倒客、乱收费等现象。（秦秀琳）

【公路稽查执法】 2016年，为加强安全巡查，打击无牌无证摩托车、残专车和非法营运车辆，区交通局联合交警、城管、残联等多家单位开展联合行动，对中心城区非法经营的残车、黑车、摩的等进行查处。全年处理12319投诉案406起，出动稽查车650台次，出动执法人员2000人次，打击非法营运车辆761辆，罚没金额337.93万元。（秦秀琳）

汽车维修管理

【汽车维修行业管理】 加强汽车维修行业管理，对汽车维修企业乱停乱放、占道经营、环境卫生差、废旧轮胎乱堆乱放等现象进行专项清理整顿。区交通局组织人员到孟关汽贸城对维修企业进行专项清理整顿，凡是考核合格的二类以上汽车维修企业，按照要求做到“一源一档”，建立废机油专用库房，按规范制度管理，全年有6户二类维修企业已办理行政许可审批手续。2016年推广实施《汽车维修开业条件》新国标（GB/16739－2014），对重新申报的维修企业严格按新国标进行审核，对原有二类以上维修企业要求在2016年12月31日前按新标准完善场地、设施、设备仪器等，对审查不合格的企业到期将不予换证。全年完成一类机动车维修经营企业17家、二类52家、三类40家的质量信誉考核工作。（秦秀琳）

【汽车安全检查】 2016年，汽车维修管理所每月不少于10个工作日到企业进行安全检查，利用维修平台对汽车安全生产进行不定时、不定期的检查。2016年派出安全生产专项检查人员360人次，开展安全检查138次，对存在的一般安全隐患的现场整改50多次。（秦秀琳）

客运管理

【公交车线路开通】 2016年，全区开通花溪至贵安新区平寨农村班线公交车，上线营运公交车12辆；开通花溪至马铃农村纯电动公交线路；协助市公交公司开通花溪洛平枢纽站至观口寨保障房公交车；配合市公交公司完成203路公交车延伸至

青岩镇；210 路公交和机场巴士终点站搬迁至青岩西门停车场。（秦秀琳）

【“安全生产月”活动】 2016 年 6 月 17 日上午，区交通局分别在花溪湿地公园南广场、花溪车站进行“安全生产月宣传咨询日”宣传活动。活动中，采取向过往的群众发放宣传资料、现场摆放展板、为群众现场解疑答惑等方式，为群众解答公路法规、交通安全等方面的问题。此次活动发放宣传资料 500 余份，解答相关法律法规问题 40 余个。（秦秀琳）

【车站安全管理】 2016 年，针对花溪至平寨班线车辆更新后，因车辆过高无法进入原有的安全例检棚进行每日安全例检的情况，对原有安全例检棚进行扩建改造，确保所有出站车辆每日安全例检率 100%，有效排除安全隐患。全年检查出有隐患车辆 1378 辆次，劝阻携带危险品进站乘车的乘客 1000 余人次，投入 30 万元经费完善安全设施。（秦秀琳）

【花溪车站环境整治】 2016 年 3 月，花溪车站投入环境整治工作经费 20 万元，在车站出站口新建一个 150 平方米的旅客进出大厅，从新规划站场停车位、车辆通道标线，在新建的进出口大厅设置充电区和旅客休息区，能同时容纳 100 余人，解决出站口人车混行的安全隐患问题；还在车站内发车区、办公区、旅客大厅安装监控探 12 个，实现全方位、全覆盖实时监控站内安全营运动态。（秦秀琳）

【春运工作】 2016 年春运期间，花溪车站加强运力准备，做好运输计划，完善运输组织，对运营车辆进行全面的安全大检查，组织定期和不定期抽查，发现问题及时整改，杜绝隐患，以确保春运期间运力充足，调度有序。从春运开始至结束，投入运力 4062 辆班线客车，累积发班 29668 班次，完成客运量 35. 21 万人。（秦秀琳）

海事管理

【水上交通安全管理】 2016 年，区交通局为加强水上交通安全监管，对辖区范围内的松柏库区、花溪水库、花溪河及各景区内的船舶经营点、渡口开展安全生产大检查，以检查船舶技术状态、船舶救生设备的配备和船员持证情况等进行专项检查。全年出动车辆 55 辆次，检查人数 165 人次，行程累计 1504 公里；进行 55 次现场监督检查，累计检查船舶 600 艘，确保全区水上交通安全无事故。（秦秀琳）

【航务管理】 2016 年区交通局对全区有船的 3 个乡镇，3 个船点，4 道渡口进行技术性的安全检验，检验船只 36 艘，审验船舶营运证 31 份，现场监督检查 15 次，巡航检查 10 余次，累计巡航时间 30 小时，巡航里程 50 公里。使各船点船舶均在审批业务范围内开展经营活动，无非法经营和扰乱水运市场的情况发生。（秦秀琳）

5 月 4 日，开展渡口船安全检查（区交通局 供稿）

【水上安全知识培训】 2016年4月下旬，花溪区对现职持证船员分批、分点开展培训，培训天河潭风景区、贵筑社区服务中心李村和石板镇镇山村乡管员、村支两委负责人，景区船员80余人次，使各岗位上岗人员执证合格率达100%。（秦秀琳）

邮 政

【概况】 中国邮政集团公司贵阳市花溪区分公司设办公室、市场部和代金部，下辖金融服务部、电商客服部、包快服务中心、营业部、普邮投递部、包快揽投部、清溪支行、青岩支局、孟关支局、兰馨支局、吉林支局、鑫中（金竹）支局、石板支局十四个经营服务机构。公司现有在册干部职工90人，职工平均年龄37岁，自营网点窗口营业人员都大专以上人员，在岗人员90%以上获本岗位职业资格认证。分公司设自办营业网点10处，委托代办营业网点22处。邮政服务覆盖全区10个乡镇（含金竹镇），服务人口达到46万人。除邮政传统业务（信函、印刷品、包裹、汇兑、报刊收订）、邮政储蓄业务、特快专递及快递物流业务、机要业务、集邮业务、电商业务外，还开办代收电信、移动、联通、电力、石油、有线电视、自来水费，代理保险、车证车辆年审、交通违法处罚、烟草代购等便民服务。

花溪区分公司有投递段道42条，邮路总长度达到31万公里；投递覆盖花溪区所辖乡镇、行政村。投递服务：城镇报刊邮件实现每天2频次投递，居民楼投递插箱到户，乡镇每周5次投递、农村行政村实现每周3次投递，投递邮路实现“村村通”。邮政作为党报党刊发行主渠道，确保全区党报党刊投递到行政村。全年城乡投递报刊邮件11.47亿件，妥投率90%以上；城乡邮政所和邮筒（箱）设置密度达到国家规定的标准；邮政普遍服务满意度测评平均得分84.7分。

2016年，新建成青岩古镇北门邮局、天河潭邮局。邮政业务连续八年两位数增长。全年公司业务收入2600万元，被评为贵州省“先进集体”，获“突出贡献奖”。（李艳明）

电 信

【花溪电信公司概况】 中国电信股份有限公司花溪分公司是中国电信股份有限公司在花溪区设立的分支机构，统一使用“中国电信”服务标识及10000号服务热线。分公司设办公室、销售服务部、网络服务部，下辖青岩、孟关、黔陶、黔高（黔陶乡、高坡乡）、党燕（党武乡、燕楼乡）、石板、湖麦（湖潮乡、麦坪乡）、贵大校园、师大校园、溪北城市、溪南城市11个支局。现有职工72人。公司总经理 贺 军；副总经理周舟、司迟。

中国电信花溪区分公司向用户提供固定电话、移动电话业务、互联网接入及应用、数据通信、视讯服务、国际及港澳台通信等多种类综合信息服务，满足客户的各种通信服务需求。电信4G信号覆盖各乡镇，2016年开始对农村用户线路进行光纤改造，年底有80%用户实现“光纤进家”的目标。

年末，中国电信股份有限公司贵阳花溪区分公司拥有宽带用户51248户、固定电话（座机）用户35309户、全区移动电话用户73049户。

（电信花溪分公司）

【中国移动通信花溪分公司概况】 2016年，中国移动通信花溪分公司LTE基站建设任务除市电未到位的新技术站点外（传输已到位），于10月31日前全部完成开通，开通率为95.99%。未开通站点将在市电施工单位到位后及时开通。

将PTN成环率从52%提升至70%，三期PTN组环工作在10月完成方案审核，12月完成组环工程，成环率到80%。汇聚层以上主干网络故障次数从年初平均15次下降至6次，故障时长从年初平均55小时下降至21小时。硬件工单处理及时率从25.9%提升至78.97%。

宽带用户达12255户，其中50M及以上用户为2496户，占比20.37%，全年净增2261户；销售CPE1264台，魔百盒243台。4G用户22.17万户，全年净增9.1万户，4G用户渗透率64.5%；中高端用户份额85.9%。销售4G终端37986台，比上年增长327%（2015年销量4G终端8889台）。

全年通信和信息化产品收入371.29万元，完成全年目标进度的45%。其中重点信息化产品：专线158条，收入147.7万元，完成全年收入目标任务的46.22%。校园计费用户数9779人，收入103万元；IMS收入完成48.8万元；行业应用卡收入完成4.48万元。

年末出账收入3.15亿元,比去年增长1.29%。

（移动花溪分公司）

【花溪移动通信公司通信车为高坡乡苗族“四月八”节日服务】 2016年5月14日，花溪区高坡苗族乡云顶草原举行传统苗族“四月八”节日。花溪移动通信分公司全力保障会场通信畅通，协调应急通信车开赴会场。（移动花溪分公司）

【中国联合网络通信有限公司花溪区分公司概况】

中国联合网络通信有限公司花溪区分公司成立于2004年，是中国联合网络通信有限公司贵阳市分公司分支机构，统一使用“中国联通”服务标志。下辖城区网格、青岩网格、孟关网格、石板网格4个业务办公室。

中国联通花溪分公司向党政军、企业、商业客户、公众客户提供固定电话、移动电话、互联网接入及应用、数据通信、视讯服务、国际及港澳台通信等综合信息服务。有“智慧沃家”“沃4G +”“校园专属沃派”“116114电话导航”等众多品牌。

2016年，中国联通花溪分公司建成300多个基站，覆盖花溪所有的行政村，4G信号覆盖到乡。“双4G双百兆”，上、下行速率最高可达100M，支持TD－LTE和LTE－FDD两个4G网络制式。

联通公司响应国家建设服务新农村号召，联通光纤宽带先服务新农村，实现光纤到户村村通，服务农村电商，加快农村特色产品网上推广。

花溪联通承接“2016中国·贵州内陆开放型经济实验区跨境投资与贸易合作洽谈会”“青岩峰会”“贵安民族博览会”等重要会议的通信保障工作，为花溪政府辖区内承接的大型会议提供网络服务与通信保障。

截至年底，公司员工32人，拥有手机用户67155户，宽带用户3万余户，固定电话用户800余户，年收入6800万元。（联通花溪分公司）

（责任编辑　姚毅）

旅游业

花溪年鉴

2017HUA XI YEARBOOK

贵阳高坡苗家“四月八”游客（王文娟 摄）

综 述

【概况】 花溪区位于贵阳市南部，距贵阳市中心城区12公里，紧邻省会城市贵阳具有独特的区位优势。区内有贵阳环城高速、西南环线、迎宾大道、甲秀南路，紧邻龙洞堡国际机场等（行车只需20分钟）。随着贵州境内航空、铁路、公路交通的日趋完善，花溪辐射连接全省交通的优势日渐凸显，连通省内外景区景点的交通更加便捷。花溪依托贵阳市建设成为全国生态文明城市和世界知名、国内一流的旅游目的地、休闲度假胜地的目标，依托贵阳市打造“爽爽的贵阳·中国避暑之都”城市品牌，为花溪区建设成为全省旅游核心区创造良好的条件。花溪区旅游业坚守发展和生态两条底线，紧扣“转型升级”主线，完善旅游产业体系，改善旅游基础设施配套，推进全域文化旅游创新区建设，打造花溪旅游发展“升级版”，保持旅游业良好的发展态势。

2016年，全区实现旅游总收入197.79亿元，比上年增长39.3%；接待旅游人数2182.18万人次，比上年增长34.2%。（区旅游局）

10月1日，国庆期间天河潭景区接待游客10.14万人次、旅游收入342.8万元（杨小平 摄）

【旅游生态环境】 除秀美的自然景观以外，花溪区更有得天独厚的气候资源优势。冬无严寒、夏无酷暑，空气清新，气候宜人。年均气温14.9°C，7月平均温度23°C，1月平均温度4.7°C。年均降水量1178.3毫米，年均日照1226.5小时左右。森林覆盖率41.53%，每立方厘米负氧离子2700个，达到国家二级标准。年平均相对湿度81%，饮用水达标率100%，空气优良天数340天。

（区旅游局）

【旅游资源】 花溪是贵州省第一批省级风景名胜区（1990年8月经省政府批准），全区景区面积222平方公里，占全区面积的23%。有自然景观56个，人文景观25个，国家级特等景观4个，国内一等景观18个，国内二等景观32个，国内三等景观27个。集自然风光、生态环境、宜人气候、历史文化、古镇文化、民族风情、乡村文化、地质地理等为一体。

2016年，花溪区有国家AAAA级旅游景区3家（国家旅游局2008年11月批准天河潭景区、2010年1月批准青岩古镇、2014年8月批准湿地公园＜孔学堂＞为AAAA景区）。2009年12月，经国家住房和城乡建设部批准花溪（十里河滩）为国家城市湿地公园，并于2011年9月对外开放。2005年4月，青岩古镇入选中国历史文化名镇；10月青岩古镇被建设部、国家文物局公布为第二批中国历史文化名镇；2009年8月，被评为中华“诗词之乡”。

全区有三星级酒店1家（玉龙）、二星级1家（花溪7天连锁酒店行政中心店）；贵阳市精品特色客栈：金兰级2家（大成精舍、文凡状元别院)；银兰级3家（彩歌堂、寿福客栈、爱书山房)；铜兰级4家（维特兰德、寻枪别苑、随园客栈、万宜丽景酒店)。旅行社2家（花溪国际旅行社、清溪旅行社)、旅行社及服务网点29家。

（区旅游局）

【国家AAAAA级旅游景区创建】　花溪区于2013年启动青岩古镇创建国家AAAAA级旅游景区的工作，借省第九届旅发大会主会场选址青岩古镇的契机，投资49.51亿元实施青岩景区基础设施建设项目48个，初步完善青岩旅游基础设施。2016年，实施青岩古镇创建国家AAAAA级旅游景区提升项目65个，总投资7.23亿元，进一步完善青岩古镇旅游基础设施，提速创建国家AAAAA级旅游景区的进程。同时，天河潭景区创建国家AAAAA级旅游景区的工作也正在开展。湿地公园（孔学堂）景区于2014年获得国家AAAA级景区授牌，现正按照国家AAAAA级旅游景区的标准开展各项工作。（区旅游局）

旅游业建设

【旅游规划】　2016年，区旅游局委托编制《贵阳花溪创建国家级旅游度假区总体规划》，并将规划融入《爽爽贵阳—休闲度假旅游胜地规划》中。青岩镇总规修编及青岩镇控制性规划编制完成。在总规和控规划的指导下，完成《青岩景区建设性规划(2013－2020)》的编制及评审工作。旅游局编制《花溪国家城市湿地公园提升改造建设规划方案》及《花溪公园提升改造方案》，编制天河潭总体规划和控制性规划（待批复)、《天河潭景区主入口区域修建性详细规划》及《天河潭景区概念性规划方案》《花溪文化旅游创新区旅游提升专项规划》《花溪全域旅游发展规划》。（区旅游局）

【景区建设】　随着各级政府对花溪旅游的投入不断加大，花溪国家城市湿地公园、孔学堂、大兴国寺、青岩堡等新的旅游景点逐步建成，国家AAAA级旅游景区达到3家，数量居贵阳市国家AAAA级旅游景区首位。花溪旅游景区从最早局限于以花溪公园为代表的少数观光景区和青岩古镇为代表的历史文化观光景区，逐渐向集休闲、娱乐、度假为一体的多元发展景区转变，并增添以孔学堂为代表的文化生活体验点。青岩古镇成功列入国家AAAAA级旅游景区预备名单和首批中国特色小镇名录。花溪区被评定为首批贵州省省级旅游度假区。

围绕旅游发展新要素，丰富旅游业态。按照省市关于建设花溪文化旅游创新区的要求，实施孔学堂、大兴国寺、青岩寻坊、天河潭景区、贵州汽车运动基地、古镇健康养生组团、智慧旅游、中华文化研修园、花溪公园提升改造等一系列项目，实现景区景观的提升。

（区旅游局）

为创建国家AAAAA级旅游景区，青岩镇创建南门游客中心（青岩镇供稿）

【旅游基础设施建设】 2016年，花溪区旅游基础设施建设完成投资为135697万元，其中，青岩古镇12301万元，完成全年计划123.01%；湿地公园（孔学堂）22000万元，完成全年计划101.40%；天河潭休闲旅游综合体101396万元，完成全年计划202.79%。

提升改造重点景区厕所建设。一是编制花溪区全域旅游厕所规划，用以指导全区厕所建设。二是多方筹集资金，提升改造青岩古镇、天河潭、湿地公园等重点旅游景区厕所32座。三是倡导全区临街、重点交通部位、旅游景点周边的国家机关、企事业单位、商场、餐饮服务场所和景区景点、车站、加油站、宾馆饭店等厕所管理单位，将本单位厕所对外开放，弥补现有城市公共资源短缺的不足，解决“游客如厕难”问题。

（区旅游局）

旅游市场建设

【智慧旅游建设】 区旅游局与太极智旅信息技术有限公司共同创建“全域旅游先行示范区”“智慧旅游”（花溪区旅游运行监管及应急指挥平台建设，旅游数据中心建设），2016年底，基本完成“花溪区旅游运行监管及应急指挥平台大厅”的建设。

围绕创建国家AAAAA级旅游景区，青岩古镇景区以景区门票为切入点，发挥移动互联网的应用特点和移动终端技术，打造涵盖七大系统的青岩古镇旅游云平台，满足自助游客户的个性需求。

按照省、市政府对天河潭项目建设的要求，为确保10月1日软硬件同步“精彩亮相，闪亮登场”，花溪区在抢抓景区升级建设的同时，着力打造“贵州第一、国内领先”的智慧旅游景区。在智慧旅游建设中，本着游客为本、网络支撑、感知互动和高效服务，建设数据中心及高速网络系统建设为核心，打造成贵阳市的“城市客厅”、贵州游客旅游集散地。通过智慧旅游建设使游客能更便捷、更快速、更简单、更直观的了解、体验景区带来的“纵情山水间，悠闲心体验”全新旅游模式。

（区旅游局）

【旅游法制建设】 区旅游局利用旅游黄金周及重大节日活动等，宣传旅游政策和《旅游法》，为实现创建文化旅游创新区创造良好的社会政治环境；坚持行政行为审查、备案等制度，规范执法人员的执法资格和执法程序，坚持公开公正原则，推行依法行政公示制度，做好旅游维稳工作，开展元旦、五一、国庆期间的旅游维稳工作。

旅游局组织开展旅游政策、法律法规“进景区、进企业”主题活动，健全完善“法律进基层”活动，把加强旅游法制宣传教育作为重中之重，通过到旅游景区开展宣传、发放宣传资料、解答疑问等形式，开展法制法规政策宣传活动，提高群众法律意识。

区旅游局完善局机关行政许可和管理服务事项，执行首问责任制、责任追究制，强化干部执法意识，提高办事效率。（区旅游局）

【旅游文化产业发展】 花溪区围绕全域文化旅游创新区建设，以“花溪之夏”艺术节为统领，将“花溪之夏”艺术节作为花溪区打造文化的一个品牌，同时开展以民族文化为主题的“高原台地·中国苗乡”花溪高坡苗族“四月八”、布依族的“三月三”“六月六”等节日活动。实施孔学堂、大兴国寺、青岩寻坊、贵州汽车运动基地、古镇健康养生组团、智慧旅游、中华文化研修园、天河潭景区、花溪公园提升改造等一系列项目，实现景区景观的全面提升，丰富文化与旅游业态。实施一批客栈提升改造、牌坊修缮与重建、赵以炯状元故居陈列布展、周恩来父亲曾居地陈列改

造、宣传资料制作、旅游形象宣传片拍摄等产业和文化提升及宣传项目。（区旅游局）

【旅游文化宣传】 2016年，区旅游局开展重庆、成都、江苏等地旅游推介活动，播放花溪旅游宣传片，发放宣传资料2000余份，向广大游客展示花溪旅游资源独特的魅力。

区旅游局配合区属相关部门开展中央电视台《寻找中国最美旅游地》拍摄报道工作、央视七套《美丽乡村快乐行》栏目组走进青岩古镇中秋节特别节目。

结合创建国家全域旅游先行示范区工作，区旅游局编制《花溪全域旅游户外广告》宣传策划方案、花溪旅游宣传书籍《慢行·有温度的花溪》《我在花溪等你》；制作《高原明珠·花溪》宣传展板。

在贵阳市各高速路出口、市区、周边等媒体开展花溪区创建全域旅游先行示范区、青岩古镇创AAAAA等户外广告宣传。（区旅游局）

【客源市场开拓】 区旅游局开展北京、上海、成都、重庆、广州、杭州、昆明、江苏、哈尔滨、呼和浩特等地的旅游宣传推介活动，提升旅游的文化内涵，“高原明珠·灵秀花溪”旅游品牌形象得到国内外广大消费者的认可，并通过全方位、多渠道、多形式、高密度的旅游宣传，形成共同推广旅游形象品牌的合力。（区旅游局）

【乡村休闲游及农家乐建设】 “旅游+农业”，把乡村旅游与“美丽乡村”建设结合起来，促进发展乡村旅游、休闲农业、都市农业等现代农业新形态，在抓好久安现代高效茶叶示范园区、青黔现代观光休闲农旅一体化示范园、燕马都市蔬菜保供基地示范园等农业示范园区建设的基础上，推进“溪南十锦”、龙井村、扰绕村等美丽乡村建设。

整合资金、集中力量打造美丽乡村度假区，建成青岩镇龙井村龙井寨、北街村姚家关、青岩堡、小西冲、山王庙村小摆托、黔陶乡老榜河6个美丽乡村度假区。

2016年，全区实现旅游总收入197.79亿元，比上年增长39.3%；接待旅游人数2182.18万人次，比上年增长34.2%。其中，乡村旅游接待人数981.9万人次，比上年增长30%；旅游收入79.1亿元，比上年增长32%。

截至2016年，花溪乡村旅游、农家乐有400余家，主要分布在青岩、石板、黔陶、高坡、马铃、麦坪、燕楼等乡镇。（区旅游局）

旅游行业管理

【概况】 花溪区旅游局为贯彻落实中央、省、市、区关于旅游业的方针、政策、法规、标准，管理旅游市场秩序和服务质量，开展旅游法规的宣传教育培训，受理旅游投诉，维护旅游消费者和经营者的合法权益，指导旅游行业精神文明建设和诚信体系建设，贯彻实施国家关于各类旅游景区（点）、度假区、旅游住宿、旅行社、旅游车船和特种旅游项目的设施标准及服务标准，指导区内酒店业服务，负责申报和指导星级宾馆酒店的评定和建设，申报经营国内旅游业务的旅行社，承担对旅游企业的行业管理，规范监督旅游企业及其从业人员的经营和服务行为工作，指导旅游企事业单位的旅游安全工作，参与旅游安全事故处理。（区旅游局）

【花溪文化旅游创新区管理委员会成立】 根据贵州省机构编制委员会办公室《关于设立贵阳市花溪文化旅游创新区管理委员会（中共贵阳市花溪文化旅游创新区工作委员会）的批复》（黔编办发〔2016〕96号）和贵阳市机构编制委员会《关于

设立贵阳市花溪文化旅游创新区管理委员会（中共贵阳市花溪文化旅游创新区工作委员会）的批复》（筑编发〔2016〕7号），设立贵阳市花溪文化旅游创新区管理委员会（中共贵阳市花溪文化旅游创新区工作委员会），为市委、市政府的派出机构，正县级规格，委托花溪区委、区政府管理。主要职责，内设机构和人员编制规定如下：钟阳同志任贵阳市花溪文化旅游创新区党工委委员、书记（兼）；梅俊同志任贵阳市花溪文化旅游创新区党工委委员、副书记（兼）；孙昕同志任贵阳市花溪文化旅游创新区党工委委员、副书记。

（花溪文化旅游创新区管理委员会）

【旅行社管理】 2016年，区旅游局对辖区2家旅行社及29家旅行社服务网点进行规范管理，并按照《旅行社管理条例》内容，对旅行社服务网点进行备案登记工作。（区旅游局）

【旅游饭店管理】 全区有宾馆酒店386家（含宾馆饭店、旅社、度假村、培训中心、招待所、乡村旅舍、洗浴中心等）（其中经开区124家），总房间数9058间（经开区3637间），总床位数12695个（经开区5261个）。其中星级和避暑度假精品酒店10家，总房间数597间，总床位数1026个，占全区房间数和床位数6.2%和7.1%。

（区旅游局）

【旅游从业人员培训】 2016年，区旅游局组织旅游景区、宾馆、旅游企业等单位，参加市旅委举办的干部素质能力提升培训班；组织区各旅游景区（点）讲解员，参加《贵阳市旅游景区（点）讲解员培训班》。围绕青岩古镇创国家AAAAA级旅游景区，在青岩镇古镇开展旅游发展、旅游管理、旅游安全、乡村旅游、礼仪、服务及购物、餐馆等旅游从业人员的培训工作，培训人数500余人。为提升旅游景区讲解员服务水平，对青岩古镇、湿地公园、天河潭景区等旅游景区37名讲解员开展培训。

（区旅游局）

【旅游安全和旅游市场管理】 针对旅游行业特点，在“元旦”“春节”“清明节”“五一”“数博会”等黄金周、节庆期间，旅游局会同安监、市场监管、公安、消防等部门对全区的景区（点）、宾馆饭店、旅行社等旅游企业开展综合执法大检查。全年开展旅游综合执法检查30次，会同市级部门的专项检查20次，开展旅游市场及旅游安全专项检查、巡查172次。2016年，结合全区旅游市场实际，做好旅游投诉的登记、受理、回访程序，并对区内的旅游景区（点）、旅行社及星级饭店进行服务质量指导，最大限度提高游客对花溪区旅游市场的满意度。旅游投诉，均按照投诉处理办法予以处理完毕，确保投诉结案率和回访满意率100%。（区旅游局）

【规范旅游市场秩序】 区旅游局按照《旅游法》和其他有关法律法规，对从事旅行社业务的主体资格进行审核，打击“黑社”。规范旅行社从事人员的行为，依法打击非法从事导游，重点查处无证导游的行为，维护全区旅游市场健康、有序、文明、安全的形象。

区旅游局协同公安、市场监管等部门对旅游市场进行不定时抽查，对发现的问题及时予以查处。经过整治，不合理收费有好转；对服务人员进行培训教育，提高服务人员的整体素质。

（区旅游局）

【节假日期间旅游投诉受理】 区旅游局重点抓好元旦、春节、清明节、五一、端午节、十一等大小黄金周期间的旅游安全、秩序、质量工作。按照国家制定的旅游投诉办法规定受理旅游者的投诉，对区内的旅游景区（点）、旅行社及星级饭店进行拉网式大检查，督促各旅游企业做好各项准备工作和应急措施，以提高游客对花溪区旅游市场的满意度，实行24小时值班制度，向社会公布旅游公开投诉电话，接受游客的投诉和监督，处理各种突发事件，确保旅游投诉处理率100%，实现旅游市场安全、文明、有序的运行。

（区旅游局）

旅游活动

【概况】 区旅游局以加强品牌宣传为抓手，以提升花溪旅游形象为主线，紧紧围绕创建国家“文化旅游创新区”“AAAAA级旅游景区”“全域旅游先行示范区”的目标，为实现花溪旅游升级发展，打造贵阳市第一个大数据驱动下全域旅游先行示范区。

（区旅游局）

【旅游重要活动】 2月18日，区旅游局组织青岩古镇、天河潭、花溪国家城市湿地公园等旅游景区，开展“绿丝带”志愿服务活动，弘扬精神文明建设美德，倡导绿色、生态、文明、和谐的旅游理念，给游客提供一个舒适、优美、干净的旅游环境。

3月16日，贵阳市推进全域旅游发展暨花溪区创建国家全域旅游先行示范区动员大会在花溪区举行。副省长何力宣布花溪区创建国家全域旅游先行示范区启动，市委副书记、市长刘文新，省旅游局局长李三旗讲话。花溪区将以“国际独具特色、国内独树一帜、省内独一无二”为目标，打造成“城在景中、景在城中”的美丽旅游城市。

4月23日，区旅游局参加在内蒙古自治区首府—呼和浩特举行的“爽爽贵阳欢迎您”大型旅游推介会。青岩古镇提供免费门票服务。

5月12日，花溪区委、区政府主要领导与太极智旅公司董事长、总裁姜晓丹等一行举行座谈会，就花溪旅游数据中心建设达成一致。

6月15－16日，参加由市旅委主办的第十届2016中国·贵阳避暑季之南明“黔茶飘香·品茗健康”茶文化系列活动。

6月26－27日，区旅游局赴重庆开展贵州·贵阳旅游推介活动。在推介会上，播放花溪旅游宣传片，向重庆游客展示花溪旅游资源独特的魅力。发放《花溪的邀请》《高原明珠花溪》《湿地花溪》《青岩》宣传册和纪念明信片300余份。

7月8－10日，区旅游局赴成都开展贵州·贵阳旅游推介活动，发放《花溪的邀请》《湿地花溪》《高原明珠花溪》宣传册和纪念明信片300余份。

8月9日，按照贵州省旅游发展和改革领导小组工作部署，由省人大财经委、省民宗委、省旅发委、遵义市旅发委等部门组成的联合检查组检查青岩古镇。区人大办、区旅游局、区民宗局、区市场监管局、区旅文公司、青岩镇等部门负责人参加检查。

8月20日，由市旅委及各专家组成评定组对花溪区申报的5家精品度假酒店（文凡状元别院、爱书山房、万宜丽景酒店、航天酒店、城南旧事）进行评定。经过评定，状元文凡别院获得金兰级、爱书山房获得银兰级、万宜丽景酒店获得铜兰级。

8月22－23日，区旅游局参加由贵阳市政府副市长王玉祥带队开展的贵阳旅游、航空产品推介活动。

8月27日，央视七套《美丽乡村快乐行》栏目组走进花溪青岩古镇，录制中秋节特别节目。

9月12日，为宣传报道展示花溪区丰富多元的山地旅游资源，区旅游局协助中央电视台进行《寻找中国最美旅游地》相关拍摄报道。

9月13日，为确保“十一”黄金周期间旅游市场安全稳定，区旅游局联合区消防大队、区市场监管局、区发改局对青岩古镇、湿地公园开展节日期间旅游安全专项大检查。

12月11日，2016中国·花溪“大数据＋旅游”产业高峰论坛在花溪召开。来自政治、商、学界精英的130余人汇聚花溪，论坛以“跨界融合、创新发展、开启旅游时代新模式”为主题，旨在探讨“大数据+旅游”产业发展经验和智慧旅游平台建设应用，打造国内领先的“大数据+旅游”行业交流平台。

12月13日，2016中国·青岩古镇峰会在花溪召开，峰会的主题为“特色古镇·创新发展”，国内外规划、设计及古镇研究领域的专家、学者，以及包括江苏周庄、广东沙湾、云南丽江、四川安仁、山西平遥等知名古镇代表110余位嘉宾参加会议。会议通过《中国古镇联盟章程》，并达成《青岩共识》，为全国古镇携手发展奠定基础。

12月29日，在沪昆高铁开通之际，区旅游局参加由贵阳市人民政府主办、贵阳市旅游产业发展委员会承办的昆明“活色鲜香 爽游贵阳”旅游推介系列活动。

（区旅游局）

（责任编辑　张乡里）

建筑业·房地产业

花溪年鉴
2017HUA XI YEARBOOK

花溪清溪路高楼（杨小平　摄）

建筑业

【概况】 2016年12月，花溪区建筑施工项目59个（其中在建项目51个含房建46个，市政道路5个），总建筑面积331万平米，市政道路项目总长度12.38千米，合同造价77.2亿元。其中，竣工项目8个，总建筑面积68.53万平米，合同造价9.87亿元。

（区住建局）

【建筑市场管理】 2016年，区住建局建管站按照相关法律法规对申请施工许可证的项目进行审查、对建筑市场进行严格管理，对项目竣工归档、备案严格把关，对申请施工许可证、竣工备案、归档的资料提供不完善的项目一律不予审核通过，对未取得施工许可证擅自施工的项目，一律以书面形式责令停工整改，全年下达《停止违法行为通知书》31份。2016年办理施工许可证19个，总建筑面积1011499.25平方米的土建工程，总工程造价150439.8万元；全年完成竣工备案项目11个，总面积337591.85平方米，总造价46809.8951万元。2016年竣工项目8个，总建筑面积68.53万平方米，合同造价9.87亿元。 （周云峰）

【建筑市场秩序整顿】 2016年，区住建局根据市政府、市住建局要求，督促区内从事建设活动的各单位办理《诚信管理手册》，并将各单位办理《诚信管理手册》的情况作为建设工程办理报备案的必要条件，同时配合贵阳市住建局完善诚信管理平台信息，打击违法分包、转包，违规托管、代管、挂靠，未取得相应证件及资质从事建筑施工等相关非法违法行为，规范建筑市场管理。配合区清欠办、区劳监、公安等部门多次对区内各在建项目开展农民工工资支付情况排查清理；开展维权普法宣传，提高建设领域农民工依法维权意识；加大建筑分包市场管理力度，着力消除矛盾隐患；开展工程建设项目立项和审批联动，建立和完善社会信用约束机制，提高失信成本，保障群众合法权益。全年处理孟关安置房、花溪公园地下通道项目等建设项目清欠纠纷42起，全区工程建设领域清偿拖欠工程款3525万元，追发农民工工资4642.61万元。 （周云峰）

【招投标管理】 2016年，花溪区建筑工程公开招标报建工程167个，其中公开招标完成交易工程79个，交易额261034.8127万元，节约金额3057万元。直接发包登记备案工程92个，备案金额41350万元。完成征收单位竞争性比选项目10个，达到规模招标工程招标率100%。 （邵 宁）

【建筑领域节能减排】 2016年，花溪区新增建筑面积（竣工面积）68.53万平方米，节能实施率100%，其中新增居住建筑面积65.96万平方米，新增公共建筑面积2.57万平方米。设计阶段执行节能设计标准新增建筑面积68.9万平方米，节能设计实施率100%，竣工验收执行节能设计标准新增建筑面积68.53万平方米，节能实施验收率100%。

（区住建局）

【建筑施工管理】 2016年，区住建局针对建筑工地文明施工管理工作，根据《贵阳市建设工地文明施工管理规定》及《贵阳市建筑工地文明施工精细化管理办法》要求施工单位在施工范围设置实体围墙，在大门口设置车辆冲洗设施，建立建筑工地文明施工管理制度，保持施工工地三区环境卫生，改变建筑工地“脏、乱、差”形象。全年对全区建筑工地开展质量抽查218次，其中分项工程质量抽查175次，分部验收监督33次，竣工验收监督8次。分项工程质量抽查基本符合要求，无违反设计等重大问题。分部工程验收全部符合验收程序要求，验收结论为合格。竣工验收全部符合验收程序要求，验收结论为合格。开展对建筑施工安全的定期或不定期安全巡查、安全生产隐患排查12次、季度安全大检查4次、年度专项安全检查4次、安全生产月安全大检查1次以及重大活动期间及节日期间安全生产大检查等系列检查，遏制建筑施工安全生产事故发生。

（区住建局）

【建筑企业】 1. 贵州茂业建筑工程有限公司：公司原名为贵阳麒鑫建筑工程有限公司，成立于1997年，资质等级为房屋建筑施工总承包贰级，企业注册资本金人民币2100万元。公司拥有资产2800余万元，工程机械设备300余万元，公司有高级职称人员5人，中级职称人员39人，初级职称人员111人，二级注册建造师15人，专职安全员14人，施工员21人，形成380余人的专业队伍。近年来产值8000余万元，完成税收280万元，解决本地区劳动力500人，项目施工合格率达到100%。多次被评为重合同守信用企业、安全生产先进单位、建筑企业先进企业单位等。兰馨桂馥花园工程荣获贵州省首届房地产“十佳人居环境”及“最高综合大奖”楼盘生态贡献奖。

2. 贵阳城南地产（集团）有限公司：2016年，贵阳城南地产（集团）有限公司分8个批次开展土地申报工作，总面积为4718.93亩，共缴纳土地申报费用38422.75万元。完成花溪奶牛场等23宗地块的土地出让工作，出让总面积1799.16625亩，成交总价303019.12万元。

公司工程项目建设涉及孟关片区安置房、主城区安置房、市政工程项目及花溪区委党校新校区等26个项目。其中，完工项目13个，正在建设项目11个，拟建项目2个。全年完成产值64792.78万元，较上年增长32532.78万元。

公司建设的安置房交付1901套，总面积21.11万平方米，其中：洛平新城集中安置点交付房屋1380套16.38万平方米；关口寨农民新村安置点交付房屋36套0.34万平方米；两夹坡至马路寨农民安置点完成奶牛场国有部分和集体部分的回迁工作，回迁485套4.39万平方米；贵阳国际汽贸城农民新村安置房交付汽贸城二期、富源南路、桐荫路等项目选择产权调换的产业用房面积0.452万平方米。

2016年，公司主要负责关口寨、汽贸城、碧桂园及两夹坡四个安置小区的物业管理工作，物业管理面积22.8621万平方米。已交房屋业主资料按“一户一档”进行整理归档，完成1562户住户的建档。公司开展奶牛场、花溪区委党校新校区及汽贸城安置点等相关项目苗木销售工作，绿化苗木销售12072株。

公司完成营业税及附加等各项税收631.18万元，协助缴纳税收10894.57万元，其中土地交易契税9090.57万元，建安营业税1804万元。

3. 贵阳花溪城市建设投资发展有限公司：公司是由花溪区政府批准设立的国有独资企业，2010年8月成立，投资人为花溪区住房与城乡建设局，现有员工34人，各类技术人员15人，全部为企业聘任制职工。公司注册地址贵阳市花溪区清溪路212号，注册资金（实收资本）5993万元。公司注册经营范围为房地产开发、市政道路及配套项目投资建设、开发、经营、市政道路及配套项目改造，城市基础设施及配套项目投资建设、改造、开发经营、园林绿化、物业管理、销售、建材。

公司主要项目涉及花溪区城市基础设施建设，投入使用的项目有花溪区电子商务产业园装修项目、花溪呼叫中心装修项目、青岩镇污水处理工程，正在实施的项目有花溪区大数据及服务外包产业示范基地（一期）工程、富源二路（一期）工程（汽贸城段）建设、孟关汽贸城排洪大沟建设工程、花溪国宾大道党武乡大坝井村拆迁安置点项目、花溪区溪北片区农民新村拆迁集中安置点项目、燕楼污水处理工程、甲秀南路尖山至大坝井土地一级开发。

公司现有资产13173028054.51元，资产主要是在建工程等；负债和所有者权益3339508400.00元，其中负债9833519654.51元，向贵阳银行、中国农业发展银行花溪支行贷款59.909亿元。

（区住建局）

【建筑事故案例】 2016年，花溪区建筑行业发生两起安全生产事故，死亡2人，分别为天河潭大道三标“4·18”高坠事故和保利溪湖三期“8·24”高坠事故各死亡1人。该两起事故已通过区安委会进行查处，结案。

（区住建局）

花溪年鉴 HUA XI YEARBOOK 2017

房地产业

【概况】 花溪区房地产开发企业有38个，其中一级资质企业2个，二级资质企业1个，三级资质企业4个，四级资质企业7个，暂定资质企业24个。2016年，全区共有29个房地产项目入库入统，其中商品房项目16个，安置房项目11个，其它项目2个。2016年房地产项目固定资产投资完成67.8865亿元，比上年增长31.55%，超额完成市级全年目标任务。花溪区房地产权监理所全年在花溪区政务大厅发放各类房屋产权证及备案表件3939件。

（章宗婷）

【棚户区城中村改造】 2016年，全区棚户区改造项目计划总投资402596万元，涉及改造面积38.77万平方米，改造各类棚户区住房1598户，其中，花燕路口安置点（02－05－21地块）棚改项目改造24户，龙滩棚改项目改造838户，尖山棚改项目改造539户，花溪湖棚改项目改造197户。棚户区改造项目均采用货币化安置方式，货币化安置比例100%。全年花溪区获得中央城镇保障性安居工程专项资金3874万元。2016年拨付棚改专项资金1320万元，其中，花燕路口安置点（02－05－21地块）棚改项目拨付58万元，尖山棚改项目拨付1262万元。

（温　艳）

【房地产市场监管】 商品房预售许可：2016年批准商品房预售17件，批准预售面积73.0686万平方米，其中，住宅66.7585万平方米，商业6.3100万平方米。

商品房预售资金监管：1. 强化商品房预售资金监管措施。依托商品房预售资金监管系统，实行全程网络信息化监管。2. 坚持服务与监管并重。根据监管总量、信访投诉、销售量、银行信用等情况对房开企业实行分级管理，2016年在国庆中秋、元旦春节企业用款集中期间推出报账核拨、溢出资金核拨、银行保函核拨、风险准备金减半、备用金提取等方式大力优化使用预售监管资金，充分体现监管与服务并重的原则。2016年预售资金监管总额17.2093亿元，完成资金核拨132次，批准核拨金额12.5280亿元。

商品房交付备案管理：执行《贵阳市商品住房交付使用备案管理实施意见》，执行商品房交付使用网上备案制度，对商品住房竣工验收合格后，其配套设施具备业主入住基本生活条件的，审批核发《商品住房交付使用备案证书》，规范全区商品房交付行为，减少交付使用过程中的矛盾和纠纷。2016年办理商品房交付使用备案4宗，批准交付商品房面积25.7218万平方米，其中住宅15.8653万平方米。分别是“七里香溪”二期项目、碧桂园一期白鹭湾63栋、商业街7栋、钻石郡31栋共101栋、溪山御景42、47号、中铁城·锦溪1－5号楼。

房地产项目手册管理：根据《关于开展房地产开发项目手册网上备案工作的通知》开展相关工作，全区房地产项目全部纳入项目手册管理，46个项目按照要求进行网上申报核验。

（章宗婷）

【房地产市场秩序整顿】 一是规范房地产市场秩序，加大房地产开发项目巡查力度。根据《贵阳市住建局关于开展贵阳市房地产开发项目巡查工作的通知》〔筑建通（2016）272号〕，对全区在售房地产开发项目开展巡查工作，巡查工作按照企业自查、主管部门巡查、总结上报三个阶段进行，2016年较往年最突出的亮点是：巡查手段上充分借助媒体和网络的力量，让房开企业的违法违规行为从幕后呈现出来，通过在新闻媒体上公布各区（市、县）投诉举报邮箱，接受购房人投诉举报，主管部门根据举报情况进行重点巡查，对房地产企业违法违规行为下达整改通知进行整改，对整改不合格的，视情节轻重采取：书面警告、约谈企业负责人、关闭网签、暂停预售、公开通报、列入失信企业名单等处罚。2016年通过巡查下达整改通知书5份，涉及整改事项10条，包括碧桂园·花溪1号违规销售、美的·国宾府违规收取定金、孟关碧桂园一期和保利溪湖三期违规交房等违规行为。二是开展房地产中介专项整治。从6月份起，开展为期3个月的房地产中介专项整治工作：（1）制定方案，全面排查。拟定花溪区集中开展房地产中介专项整治工作方案，对区内中介公司进行全面排查通知并建立台账，下达督促备案通知；（2）多渠道加强宣传力度。制作“二手房屋买卖风险防范”宣传折页和海报，在各房地产经纪机构经营场所和交易大厅进行张贴，通过花溪区政府官方网站发布“二手房屋买卖风险防范”，公示备案的5家中介机构及从业人员情况，采取多种渠道广泛宣传、发布交易风险提示，提醒群众审慎选择中介机构；（3）开展暗访巡查，查处违规行为。对巡查中发现的中介公司现场公示不规范，个别经纪公司强制提供代办服务、捆绑收费，为不符合交易条件的房屋提供中介服务等现象，均现场责令立即整改，要求遵循自愿、平等、公平、诚实信用的原则，恪守职业道德，依法规范报价。（4）加强部门协作，建立信息共享、联合查处机制。与贵阳市不动产登记中心花溪区不动产登记站、花溪区诚信房地产交易中心联合开展整治工作，推行中介人员实名并持主管部门颁发的工作牌从事房地产经济活动，计划从2017年4月1日起，房地产经纪从业人员从事房地产经纪业务时，必须佩戴贵阳市房地产经纪从业人员信息卡，实名从业。（章宗婷）

【二手房交易及备案】 2016年，全区二手房屋成交套数640套，成交面积6.61万平方米，成交金额27805.93万元，平均成交价4206.65元。二手房首付交易资金监管的326套，监管资金7971.50万元。2016年，花溪区房地产权监理所办理区域内二手房交易的产权转移备案198件，建筑面积为16968平方米，交易金额为246866346元。

（区房管站）

【商品房销售及备案】 2016年，全区成交商品房6519套，成交面积87.38万平方米，平均成交价6482.75元/平方米，成交套数比上年增长19.26%、成交面积比上年增长40.39%、平均成交价格比上年增长10.76%；2016年，花溪区房地产权监理所办理区域内商品房销售的产权转移备案6767件，建筑面积为1636607平方米，交易金额为5842072126元。

（区房管站）

【物业服务管理】 依法监督开展前期物业管理招投标工作，2016年办理《前期物业管理备案》4件，分别是碧桂园1号、美的高层区、美的洋房区、吉林花园二期。加强市场行为监督检查建立物管企业档案，对全区19家物管企业30个小区进行市场行为监督检查并建立企业档案。依法指导业委会、业主大会的设立及变更等工作，按照《贵州省物业管理条例》开展业主委员会备案，完成业主委员会备案1件（华宇小区），受理申请5件（保利溪湖、溪山御景、康城花溪、城南故事、红阳小区）。（章宗婷）

【房屋拆迁安置管理】 2016年，花溪区房屋征收局基本完成花桐北路、党湖路、北部环线、东旱路等项目的住房回迁安置工作，安置被征收人2211户，面积31万余平方米。（廖　慧）

【住房资金管理】 2016年，花溪区维修资金归集小区总数53个，维修资金归集总额33657.02万元，使用总额 319.66 万元，增值总额 794.87 万元，账户余额 34132.23 万元。本年度维修资金归集数额 9390.78 万元，使用总额 3.15 万元，增值总额 344.33。（章宗婷）

保障性住房建设与管理

【概况】 2016 年，对花溪上板组建成的 608 套公共租赁住房进行分配。全年审核办理公租房租赁补贴保障的 1898 户保障对象，发放补贴 429.94 万元，累计实物配租保障户数为 2709 户。（万绍翼）

【住房制度改革】 2016 年为花溪区房改房住户办理《房地产交易市场准入许可证》11 个，收缴土地收益金 478981.75 元。为区属各机关单位职工兑现存量补贴 8 人，兑现存量补贴资金 151626 元。为区属 17 个企业职工兑现增量资金 4784 万元。

（万绍翼）

（责任编辑 翟长保）

科技·社科

花溪年鉴
2017HUA XI YEARBOOK

11 月 25 日，花溪农商银行举办修志编纂人员培训班(苏杨眉 摄)

科技管理

【科技创新】 2016年，花溪区把提升企业创新能力作为科技工作重点，引导企业加大技术创新能力建设，培育创新型企业集群，增强企业技术创新主体地位。贵州大学1个重点实验室被省科技厅项目立项、1个众创空间获省级认定、6个科技平台及人才团队获省科技厅计划项目公示。坚持“政府推动，市场主导”原则，突出市场在科技孵化中的作用，引入专业化经营管理团队，打造国家“千人计划”大数据研究院，全区现有1家国家级科技企业孵化器（贵州大学科技园），入驻企业达90余户。In-One、贵阳、黔龙、六度4家创客空间建成并投入使用。组织区内符合条件的创客空间（六度创客工场、InOne创客空间）参加贵阳市新经济统计，进行空间运行情况和主要经济指标调查。

培育高新技术企业和企业研发平台，引导企业成立工程技术研究中心，企业技术中心，开展科技创新和科技成果转化服务。截至2016年底，花溪区有高新技术企业10家，工程技术研究中心3个，企业技术中心（省级）5个。（曾　波）

【科技经费投入】 健全科技经费投入稳步增进机制，在区级科技研发经费的运用上，依照《花溪区应用技术研究与开发资金管理方法》执行。2016年应用技术研发资金3000万元，使用859.48万元。完成2016年度区级科技计划项目征集汇总工作，收集到涉及工业、旅游、农业、民生等领域的科技计划项目37个，安排两个批次5个项目。组织企业申报省级科技项目1个，市级科技项目6个。

以花溪区生产力促进中心为主体，会同省风险投资有限公司组建的花溪区科技创业投资有限公司，为科技企业发展提供科技金融服务。公司从2011年创建至今，为中小企业提供融资服务近200笔，提供融资金额2.7亿元左右，平均65%以上用于服务区域内中小企业。（曾　波）

【科技成果】 2016年，贵州新联爆破工程集团有限公司、贵州久联民爆器材发展股份有限公司的《精确延时爆破关键计算及工程应用》项目、贵州大学的《中国拟青霉及其相关属的系统发育研究》项目获2016年度贵州省科学技术、科技进步二等奖；贵州大学的《贵州省猪乙型脑炎流行病学及防控技术的研究》《鸡干扰素生物反应器研究》《生物酶法制备丁基苯酞和1，3－甘油二酯的研究》《中国五个矮马品种的遗传多样性与分子系统学研究》《基于瓜环的金属配位及分子键合行为研究》项目获得2016年度贵州省科学技术、科技进步三等奖。

贵州大学的贵州省“互联网+”协同智能制造重点实验室获得省科技厅省级重点实验室建设项目立项；贵州大学科技园发展有限公司的贵州大学黔龙众创空间获得省级认定。贵州大学的基于物联网的智能监护大数据云服务平台、昆虫进化生物学与害虫控制国际科技合作基地、贵州省特色资源植物抗逆种质选育科技创新人才团队，省农科院的贵州山区农业面源污染动态监测与预警技术平台建设、贵州省喀斯特山区草地培育与养殖管理科技创新人才团队、贵州省特色兰花、百合种质资源创研究与应用科技创新人才团队等科技平台及人才团队获省科技厅计划项目公示。

2016年，花溪区全年综合科技进步水平指数预报数为89.3%，排全省第三位。（曾　波）

【防震减灾宣传】 2016年，花溪区人民政府办公室下发《关于印发花溪区第五个“全省防震减灾宣传活动周”暨花溪区建筑抗震设防专题宣传教育活动方案的通知》。2016年5月，全省防震减灾宣传活动周，区科技局、青岩镇等分别在湿地公园南广场、青岩集镇，举行户外集中宣传2次，发放宣传资料6000余份；花溪有线电视台连续播放

《防震减灾基础知识》光碟。2016年7月28日,纪念“7.28”唐山7.8级大地震40周年活动中,在湿地公园等举行户外集中宣传,发放宣传资料6种2000余份;在《花溪微博》《花溪新闻信息中心》等播放花溪区防震减灾中心撰写的防震减灾倡议文,连续播放避震逃生科普宣教片一周。

2016年3月,区教育局和区科技局在溪南高中举办教育系统防震减灾工作专题会。5月,花溪区防震减灾中心组织开展防震减灾知识进校园活动3次,组织举办以《加强防震减灾 构建地震安全校园》为主题的教师防震减灾知识专题讲座3期,150余名师生参加培训,向学校赠送防震减灾科普宣传画册、光碟等6000余份。

2016年5月,花溪区防震减灾中心和区住建局联合在燕楼镇、孟关乡举办乡镇防震减灾知识暨建筑抗震设防知识专题讲座2期,两个乡镇的乡村干部等150余人参加培训。2016年7月31日,花溪区委组织部和区科技局联合,在花溪区2016年新任村(居)党支部书记“两学一做”专题辅导班,开设防震减灾知识专题课,讲座从地震致伤致亡数量与哪些因素有关、如何识别地震谣言及其处理、防震减灾党支部可以做点什么、地震发生后村党支部怎么办等方面,对全区183名新任村(居)党支部书记进行培训。培训班还向学员发放避震逃生、建筑抗震设防、地震速报等宣传教育资料7种6000余份。

2016年,花溪区防震减灾工作开展情况,被中国地震局官网报道1次,贵州省地震信息网报道4次,贵阳市科技局官网报道2次。 (孙礼平)

【防震减灾示范点建设】 花溪区防震减灾中心首批认定花溪小学、花溪区第二小学、花溪阳光小学三所学校为区级防震减灾科普示范学校。将花溪小学作为贵州省级防震减灾科普示范学校创建校,进行重点指导。花溪小学于2016年12月被列为市级防震减灾科普示范学校建设试点单位,获市、区创建经费支持12万元(其中市级8万元,区级4万元)。

2016年12月,花溪区实施的贵州省农村民居地震安全工程示范点项目,通过贵州省地震局组织的验收。 (孙礼平)

科学普及

【概况】 2016年,花溪区以围绕提高“五大人群”科学素质,普及科学知识开展工作。全年利用“三下乡”“四进社区”、地球一小时、科技周、科普日、青少年科技活动月、气象日等活动开展科普宣传23场,发放宣传资料2.8万余份(册),科技咨询1152人次,义诊898人次;举办各类专题科普讲座15场,参与5700人次。利用农村公益电影平台,开展送科普电影下乡活动,放映《健康养身》《科学种养殖植》《法律法规》等和群众生活密切相关的影片,全年放映科普电影1920场次,覆盖辖区所有村居,受益人数和达3.6万人次。6月25日,在花溪区文化宫开展以“尚德守法,共治共享食品安全”为主题的全国食品安全宣传周“食品安全进社区”活动,发放与食品安全相关系列丛书1500余份。9月19日,组织开展“大数据”知识讲座,各乡(镇)、社区、区级国家机关各部门、区属事业各单位91家部分领导和工作人员395人参加讲座。为提高全区干部职工业务能力,6月至11月,开展花溪区“百万公众网络学习工程”活动,全区参与网络答题人数20106人,28996人次。 (刘 敏)

【科普宣传活动】 在2016年春节期间,区科协与相关单位开展贴近生活、贴近群众、贴近实际的群众文化“三下乡”“四进社区”科普宣传活动。活动主要是文艺演出、发放科普宣传资料、科技咨询、现场有奖科普知识竞猜等形式向广大群众推广法律知识、科技知识等,开展科普宣传26场,发放各类科普宣传资料1.5万余份(册)。利用科技活动周开展系列科普宣传活动，分别在乡镇、社区开展科技咨询宣传活动2次，发放各类科技宣传资料3500余份。利用食品宣传周联合阳光社区、老科协等部门，于6月25日开展以“尚德守法，共治共享食品安全”为主题的全国食品安全宣传周活动，活动通过科普志愿者、党员志愿者给过往居民、小学生发放《公民科学素质200问》《食品安全常识》、食品安全相关系列丛书。老科技工作者给150名过往居民义务测量血压、表演有关科学普及知识的文艺节目。为普及虚拟现实技术，推动“大数据＋旅游”，在科普日活动期间，区科协出资5万元，联合青岩镇政府推出“体验VR青岩古镇—用上帝的视角游古镇”VR体验活动。针对青岩古镇街道、景点及公共配套区域展区分布情况，按照“2＋N”拍摄模式，多角度地面拍摄，立体展示青岩古镇的主题风貌。两天时间通过微信、微博、腾讯等网络媒体平台浏览人数达2万余人次。（刘　敏）

【科普惠农兴村计划】 2016年，花溪区向中国科协申报“科普惠农兴村计划”项目1个。通过实地考察、撰写申报材料、填报资金预算等，完成网上申报工作。花溪区久安古茶基地获“全国农村优秀科普示范基地”称号，并获中国科协和国家财政部给予20万元的奖补资金。区科技部门结合花溪区实际，推荐花溪区明珠社区、瑞华社区申报贵阳市社区科普大学。经过多方协调，两个社区申报成功，贵阳市科协给予每个社区3万元的活动经费，用于购置桌椅、图书资料、多媒体计算机等学习用具。（刘　敏）

【青少年科技活动动月】 区科协与区教育局联合下发《关于2016年贵阳市第三十五届“青少年科技活动月”活动通知》，各学校围绕活动主题“从自己做起、从身边的小事做起，如何建设生态校园、生态家园，开展形式多样的科技创意、科技制作活动，将生态理念融入日常生活中”。全区中、小学生参加各项科技活动的人数3.5万人次，学生参与率95%。（刘　敏）

【全民科学素质纲要实施】 花溪区科协围绕提高“五大人群”科学素质，助推花溪区文化旅游创新区发展为目标开展活动。为提高花溪区农民科学素质和科技致富能力，与高坡乡、久安乡、人社局等单位联合开办“就业创业转移技能”“电子商务”“新型农民科技”等培训班10期，培训1231人次；为广泛开展校内校外科技教育活动，花溪区以“青少年科技活动月”“科技周”“科普日”等活动为载体，开展科技活动，参加科技活动的人数达2350人次，获奖人数356人；为普及科学知识，科协组织开办“反邪教”科普知识讲座5期，参加学生人数2300人次。同时，为提高全区中小学科学教师、科技辅导员综合素质和指导能力，花溪区科协与教育局每年对专兼职科技辅导员进行“航模”“青少年科技创新大赛”等培训；联合区委组织部、人社局、区老科协等单位举办“大数据”“老年人健康知识讲座”等专题讲座3期，参与讲座人数1850人次；花溪区高度重视城镇劳动人口职业技能培训工作，组织举办农村劳动力转移、再就业、创业、农村电子商务、就业小额担保贷款业务等培训12期，全年培训2810人。其中：农村劳动者、城镇登记失业人员技能培训189人；在岗职工培训171人；城乡各类劳动者创业培训330人（含“美丽乡村”培训90人），统筹培训讲座2120人。区科技部门利用阳光社区、明珠社区、瑞华社区科普大学为载体，每月举办各类科普讲座4期，全年举办48期，培训内容涉及健康养身、消防安全、家庭用药等。区科协翻印《科普丛书一、二、三、四、五、六》《公民科学素质200问》3万册，发放给社区广大居民。

（刘　敏）

花溪年鉴 HUA XI YEARBOOK 2017

知识产权管理

【概况】 花溪区县城经济知识产权战略推进工程

项目实施中，在区域内建立以企业为主体、市场为导向的自主知识产权创造体系，引导企业将创造成果申报专利，促进辖区内拥有专利的企业不断增加。项目实施期间，专利申请和授权年增幅不低于25%；鼓励和扶持专利技术实施和转化，提升知识产权对县域经济发展的贡献度，把本地的知识产权资源优势转化为竞争优势和经济优势。2016年，新增两家花溪区知识产权试点企业（贵州星天电线电缆有限公司和贵州贵茶有限公司），每个公司给予2.5万元工作经费。

2016年，花溪区组织开展形式多样的宣传活动。世界知识产权日在花溪区贵阳国际汽车贸易城举办以“加强知识产权保护运用加快知识产权强国建设”为主题的宣传活动。直接面向社会公众宣传《专利法》《贵州省专利条例》等相关知识产权法律法规，为群众和企业解决涉及知识产权方面的困难和问题。发放宣传材料6000多份，各类书籍120余本，接受群众咨询300多人次。在际华三五三七制鞋有限责任公司，为企业管理人员、研发技术人员、销售人员和其他花溪区部分企业代表组织举办有关知识产权方面的专业培训。

花溪区注册32个辖区范围内的地域商标，做好农村电商发展商标授权协调工作，明确高坡乡及其他乡镇电商企业或农村合作社使用其地域商标。结合国家和省市关于开展打击知识产权侵权工作的部署，在花溪区“贵阳国际汽贸城”挂牌成立“贵阳国际汽贸城知识产权工作办公室”开展知识产权执法工作。每季度开展联合执法，严格市场准入，加强专利标志的监管。对辖区内的销售实行动态监管，进行不定期检查。加大执法力度，严惩违法行为。2016年查处11件涉嫌假冒专利行为。（梅　跃）

【专利申报】 花溪区科技部门不断加强专利申请授权工作力度，2016年花溪区专利申请3256件（发明专利1443件、实用新型专利1549件、外观设计专利264件），专利授权1539件（发明专利284件、实用新型专利1060件、外观设计专利195件），截至12月，全区有效发明专利953件。2016年，开展专利资助奖励活动，45项专利获奖，兑现资金74730元。（梅　跃）

地方志工作

【《贵阳市花溪区志》（2001—2015）续修】 按照贵阳市人民政府办公厅《关于印发贵阳市推进城市区志续修的工作指导意见的通知》文件和《中共贵阳市花溪区委办公室 花溪区人民政府办公室关于印发〈花溪区二轮修志工作方案〉的通知》文件精神，区地方志办按步骤开展区志续修工作。2016年4月14日，组织召开花溪区二轮修志编纂工作启动暨培训会。按系统、部门分4期分别于5月5日、10日、12日、13日举办二轮修志编纂工

4月14日，花溪区启动二轮修志编纂工作，市地方志办主任邓忠元（左三）、副区长禄竹（左四）参加会议（刘婷 摄）

作培训班。12 月，完成《花溪区志》资料长篇的撰写，并按要求报送贵阳市地方志办室审查。2016 年，开展部门、乡镇志编纂的单位有区政协办公室、青岩镇、花溪农村商业银行。

（刘　婷）

12 月 28 日，花溪农商行修志人员采访 83 岁老合行人（赵沛林），抢救花溪农村信用合作历史资料（明珠支行供稿）

【年鉴编纂】　2015 年 12 月 16 日，区地方志办制定《关于做好 <花溪年鉴 2016> 编纂工作的通知》，对全区各乡（镇）、社区服务中心、区直各部门及驻区企业召开启动《花溪年鉴 2016》编纂工作暨培训会。4 月底完成资料的收集、整理及一稿的审核工作。5 月底完成二稿的审核工作。8 月完成文字三校工作。9 月，通过方志出版社审核。10 月，完成在贵阳市政务中心网上办事大厅申报专家评审工作。11 月，通过市级专家评审。12 月，印刷出版发行。《花溪年鉴》（2016 卷）全面记载 2015 年花溪区自然、政治、经济文化等各方面的基本情况。全书设 37 个栏目，840 千字，图片 179 幅，印数 1000 册，由方志出版社公开出版发行。　（刘　婷）

【《花溪区政协志》续修】　2015 年 8 月 21 日，花溪区政协九届 57 次主席会议确定，开展续修《花溪区政协志》（2003 - 2016）工作。区政协专门成立编纂委员会，确定修志工作的指导思想、组织领导、撰稿原则、工作步骤、经费预算等。2015 年 9 月，政协志续修工作正式启动。历经一年多的时间征集、整理、编撰，《花溪区政协志》于 2016 年 12 月正式出版发行。全书分概述、大事记、政协机构、政协会议、政协工作、人物、文献、附录等 8 个篇目，50 余万字，图片 200 余张。

（郭　霞）

【花溪农商银行行志编修启动】　2016 年 11 月 25 日，花溪农商银行召开《花溪农村商业银行志》编纂工作启动大会，花溪农商银行领导、全体中层干部、各网点主办会计 100 余人参加大会。花溪区地方志编纂委员会办公室主任杨忠及部分编纂人员应邀出席。

会上，花溪区地方志办公室主任杨忠发言。花溪区地方志执行主编徐开新就志书编写的具体方法和要求作讲解。花溪农商银行党委书记、董事长吴勇对《花溪农村商业银行志》的编纂工作作动员讲话。

（花溪农商银行）

（责任编辑　白尔楠）

教育

花溪年鉴
2017HUA XI YEARBOOK

贵阳市清华中学学生经典诵读（清华中学 供稿）

花溪年鉴 HUA XI YEARBOOK 2017

综　述

【概况】　2016年，花溪区按照《省人民政府教育督导室　省教育厅关于印发〈贵州省县域义务教育均衡发展督导评估工作规程（修订）的通知〉》（黔教督〔2014〕36号），贯彻执行《花溪区义务教育基本均衡发展的实施方案》，做好迎接义务教育基本均衡发展验收的各项工作。6月，通过省级督导评估验收。12月，通过国家督导评估验收。

2016年，花溪区投入教育经费9.3亿元，教育经费做到三个增长。全区新建幼儿园7所、改建幼儿园1所，实施“全面改薄”项目建设3所，完成标准化运动场地建设12000平方米，完成农村寄宿制浴室改造学校8所，建设寄宿制学校、为义务教育阶段学校配置“班班通”多媒体设备、教学电脑、图书。

按照编制标准配备教师，建立教师补充机制。通过公开招考、招聘免费师范生、引进高层次人才、招聘“特岗教师”等方式多渠道补充教师。补充255名教师到区内学校任教，交流教师397人。

2016年，继续实行“控辍保学”，小学和初中辍学率分别为0.013%、0.145%，义务教育巩固率为97.35%，进城务工人员随迁子女义务教育就读公办学校的比例达到65.4%。“三残”儿童入学率为91.3%。

全区各级各类学校有247所，其中幼儿园108所，义务教育阶段学校130所（含完全小学82所，初级中学17所，九年一贯制学校23所，十二年一贯制学校4所，完全中学4所），高级中学3所，特殊教育学校1所，工读学校1所（市属），中职学校4所（其中区职教中心1所）。全区义务教育阶段学生66929人，教职工3065人（其中公办教职工2976人），专任教师3004人（其中公办教师2918人）。　（区教育局）

【经费使用与管理】　2016年，全区教育经费年初预算79471.3万元，调整预算教育经费为82557.1万元。教育费附加预算安排18—70.7万元，地方教育费附加1271.6万元，依法确保教育经费“三个增长”，足额征收教育经费附加和地方教育费附加，全部用于教育。投入学前教育经费6496.32万元，比上年增长12.91%。农村税费改革转移支付资金用于教育的比例高于50%，资金为334.92万元。压缩行政经费的8%用于精准扶贫，资金为130.59万元。截至2016年12月15日，消化滚存结余资金37751.3万元，用于教育均衡发展购置班班通多媒体、电脑、图书、教学仪器设备等。完成贵阳市“两节”送温暖资金发放，涉及学校30所，发放人数9338人，发放金额为186.76万元；完成第一批幼儿奖补资金发放，惠及学生800人，发放金额40万元；完成第一批、第二批“精准扶

6月28日，区人民政府区长梅俊参加省义务教育基本均衡评估反馈会（区教育局 供稿）

贫”资助金发放，惠及人数66人，发放金额为16.373万元；完成2016年春季农村义务教育阶段家庭经济困难学生生活补助的发放，惠及学生2574人，发放金额156.4125万元；发放春季高中助学金160.5万元，惠及学生人数1605人；为民族乡、贫困乡就读普通高中学校减免学费40.32万元，惠及学生人数555人；农村义务教育阶段学校继续实施营养改善计划，惠及学生15512人，补助金额为1193.48万元；375名学生办理生源地信用助学贷款，金额为242.0873万元；2016年秋季，学前教育阶段实施营养改善计划，惠及学生3740人；84名建档立卡贫困生减免学杂费为5.694万元。2016年，按在职教职工工资总额的1.5%安排教育培训经费285.54万元，义务教育阶段中小学按照生均公用经费5%安排用于教师培训经费，专款用于教师培训。（区教育局）

【教育督导】 2016年，花溪区人民政府教育督导室以“全力推进义务教育基本均衡发展督导评估工作”为中心，按照“一套高标准的档案资料、一个高水平的汇报材料、一份简洁精致的学校简介、一套特色鲜明的宣传展板、一套上下一致的数据信息库、一份真实可信的民意测评、一个干净整洁的管理环境、一个细致周密的现场组织”要求，指导和督促全区95所义务教育学校扎实做好义务教育基本均衡发展资料迎检工作。

4月18－19日，贵阳市复核评估组对花溪区义务教育基本均衡发展工作进行复核并通过市级验收。

6月14日，贵州省人民政府教育督导室对花溪区义务教育基本均衡发展工作进行过程性督导检查。6月27日，以国家督学张承鹄为组长的省督导评估团对全区的义务教育基本均衡发展工作进行督导评估，花溪区通过省级督导评估验收。12月7－8日，国家督学张亚杭率国家督导检查组一行4人对花溪区义务教育均衡发展工作进行督导评估，花溪区义务教育均衡发展工作通过国家督导评估组认定。

10月28日，花溪区人民政府第二届责任区督学换届。选聘特约督学4人，兼职督学22人，责任区督学24人。根据全区实际情况，兼顾区域划分和学校类别，将全区划分为二十四个教育督导责任区。12月，督导室完成第二届督学培训工作。

（区教育局）

【教育改革】 花溪区推进“中心校——村级小学分层同步管理”“民族文化进校园”及“四位一体农村留守儿童管理体系”试验工作，强化教育领域的软、硬件建设。一是通过“中心校——村级小学分层同步管理”，加强对村级小学教师教学业务、学校管理的指导，使村级小学在教育教学，常规管理、日常工作等方面更加规范、合理，进一步提升教育教学质量和管理水平。二是继续在花溪区第一实验学校、花溪区第四小学、花溪区民族中学、花溪区幼儿园等学校开展民族民间文化进校园项目实验。三是按照“五有”“五全”标准，抓好3所留守儿童之家建设，探索留守儿童关爱体系建设。四是研究制定《花溪区教育局“西部教学改革支持活动”实施方案》，并启动实施。

（区教育局）

【体育艺术】 以体育、艺术实施“2＋1”（熟悉和热爱两项体育运动，掌握一项艺术技能）为突破口，改进学校体艺工作，推进素质教育。花溪区在2016年贵阳市中小学生运动会中获团体总分第三，花溪四小田径队在2016贵阳市中小学生田径比赛中获21项第一名；金竹民族学校花式跳绳2016年8月成都全国中小学生跳绳比赛获9项冠军，2016年贵阳市中小学生“百日冬锻”跳绳踢毽比赛中学组、小学组团体总分排名第一；花溪小学足球队获贵阳市小学乙组第三名；金竹民族中学的蹴球、葫芦丝、花式跳绳、陀螺申报“贵阳市活动特色项目”；花溪实验中学获得“贵阳市体育特色学校”称号。孟关完小的猴鼓舞、青岩完小的舞龙、腰鼓、芦笙，高坡中学的射弩，黔陶乡完小的扁担舞申报“贵阳市非物质文化特色项目”；花溪小学的代表队参加“相约古韵南京 同唱中国梦”第七届中国魅力校园合唱比赛并获二等奖。花溪二小管乐团在2016年8月台湾国际管乐节室内乐比赛获金奖，11月在贵阳市首届乐团大赛中获第一名；清华中学在2016年贵阳市示范性高中乐团大赛中获一等奖；花溪民族中学合唱团参加2016年6月全国山歌大赛获铜奖；花溪二中合唱团参加2016“欢动北京”国际青少年文化交流暨艺术嘉年华活动获金奖。

（区教育局　区委宣传部）

【卫生工作】　花溪区落实省市农村中小学校医配置全覆盖，2016年按照属地管理，分级分类配置，就近就地协调的原则，投入资金150万元完成9个乡镇55所中小学（含村级小学、教学点）校医配置工作。继续推行《国家学生健康标准》测试报告书制度，公告制度和新生入学体质健康测试制度。按时做好数据统计、分析和上报国家数据库工作。落实晨（午）检、因病学生跟踪记录等校园传染病防控工作制度，校园全年未发生流行性传染病暴发事件。（区教育局）

【安全文明校园创建】　启动“安全德育网格化”试点工作，成立工作领导小组，在全区教师中抽调有心理咨询师资格的13名教师组成专家组，通过定期召开工作例会、研判全区学校安全德育网格及学生心理健康相关工作，深入学校指导开展工作等机制，促进校园学生安全管理。以“安全文明校园”创建活动为载体，严格落实“5+2”安全宣传教育活动，提高学生安全意识和防范能力，落实安全隐患排查制度、消除安全隐患，配齐配足安保“八小件”，加强校园安保人员培训，提高校园安全保卫能力。2016年，第一实验学校、溪南高中通过省教育厅考核验收，获“省级安全文明校园”称号。以“示范校”创建活动为契机，深入开展毒品预防教育进校园活动，全区各学校无涉毒师生。2016年推荐花溪二中、清华中学、贵阳34中、花溪实验中学、花溪四中、青岩中心完小等6所学校申报市级示范校。（区教育局）

幼儿教育

【概况】　2016年，花溪区有121所幼儿园，其中公办20所，民办96所，其他部门办5所。有816个教学班，在园人数22903人，学前教育招生10938人。制发《区教育局关于向民办幼儿园购买学位解决社区无公办幼儿园覆盖幼儿“入园难、入园贵”的方案（试行）》（花教发〔2016〕63号），采取向规范民办幼儿园购买学位方式解决6个社区幼儿入园问题。金竹社区幼儿园完工，燕楼镇第一幼儿园主体完工，溪北幼儿园主体完工。2016年，新增1所省级示范幼儿园（花溪第二幼儿园），现有省级一类示范幼儿园一所，三类示范幼儿园1所；市级示范幼儿园10所（其中民办6所），县级示范幼儿园4所。2016年，学前三年毛入园率为86.07%。成立花溪区学前教育教研指导责任区，将区内幼儿园划分为13个责任区，由责任区内省市级示范幼儿园作为龙头，整合资源，促进全区学前教育均衡发展。（区教育局）

基础教育

【概况】　2016年，花溪区有中小学校130所。其中，小学78所，初级中学17所，九年一贯制学校25所，十二年制学校3所，完全中学4所，高级中学3所。在校学生80830人。其中，小学生48662人，初中学生20074人，普通高中学生12094人。

2016年，花溪区九年义务教育巩固率97.35%，小学入学率99.9%，辍学率0.1%。初中毛入学率112.4%，辍学率0.014%。

（区教育局）

【义务教育】 花溪区在义务教育阶段实行“控辍保学”工作一级考核、双线责任、三级联控、四项助推、五书制度、六类关注、七长联动的工作机制，保证适龄儿童、少年依法接受义务教育。2016年，花溪区小学入学率99.9%，初中毛入学率112.4%，小学和初中辍学率分别为0.013%、0.145%，义务教育巩固率为97.35%，进城务工人员随迁子女义务教育就读公办学校的比例达到65.4%，“三残”儿童入学率为91.3%。

国家教育部领导重视山区九年义务教育发展状况，教育部基础教育司司长王定华和教育部长陈宝生分别于2016年2月29日、8月4日到花溪区青岩中心完小调研义务教育执行情况。

（区教育局）

【合作办学】 花溪区溪南高中继续与北京161中学进行合作办学，花溪二小保利溪湖校区和花溪区第一实验学校万科校区继续与北京中关村三小进行合作办学。继续与北京朝阳区垂杨柳小学、东方德才学校进行师资培训、培养合作，派遣乡镇教师到北京跟岗学习。2016年，从区外引进高层次人才6人到清华中学、溪南高中任教；从北京161中学引进名校长1名、名教师2人到溪南高中工作。

（区教育局）

职业教育

【概况】 抓好中职招生宣传，加快花溪中职教育发展转型。一是印发《省教育厅厅长致全省初中毕业生的一封信》，深入边远的贫困乡镇高坡、马铃等乡镇学校开展国家职业教育的惠民政策、致富案例等宣传。二是协调贵州省旅游学校等26家职业学校进行招生宣传。三是组织初中毕业生分批到清镇职教城优质职校参观，拓宽视野。2016年，中职招生任务数为4470人，全区完成中职招生4480人。

（区教育局）

民办教育

【概况】 2016年，全区各级各类民办学校137所，学生37019人。其中幼儿园96所，在园学生18090人；小学10所，在校学生10076人；初中25所，在校学生5767人；高中3所，在校学生1695人；中等职业学校3所，在校学生1391人。

本年度教育行政部门进一步加强对民办学校的检查和指导，严格民办学校审批程序，规范民办学校办学行为。争取中央、省、市项目资金，将民办学校统筹纳入表彰范围，支持民办教育健康发展。搞好无证民办学校的清理整顿工作，对于达不到批办又无法进行整改的，坚决取缔。

（区教育局）

教师队伍

【概况】 全区公办学校有教职工3961人，专任教师3853人，其中幼儿园专任教师302人、小学专任教师1961人、初中专任教师1122人、高中专任教师（含职业学校）561人；小学教师学历达标率为99%，初中教师学历达标率为99%，高中教师学历达标率为94%。

2016年，全区公开招考教师183人，录用免费师范生24人，特岗教师27人，人才引进6人，西部教育志愿者15人，共计255人。全区公办学校无代课教师。

为缩小城乡、校际之间师资资源差距，促进区域义务教育均衡，2016年，管理干部交流30人，交流率为17.75%；教师交流397人，交流率为10.34%，达到省定标准。 （区教育局）

【教师职称评聘】 规范专业技术岗位聘前、聘任和聘任管理。完成2016年全区中小学教师职称资格过渡工作。安排并完成各级教师职称申报、初审、推荐354人次，其中特级教师1人，高级职称31人（正高2人），一级教师97人，二级教师205人，三级教师11人，基层认定副高10人。完成2016年空岗补缺、续聘工作。上半年集中办理空岗补缺475人次，下半年办理空岗补缺599人次，续聘3032人次。同时完成所有调入、试用期考核合格人员的聘任工作。完成2016年公开招聘、引进、录用免费师范生和新调入人员合同签订，聘期满人员续聘合同签订。签订的合同都按要求到区人社部门进行合同鉴定。 （区教育局）

【教师培训】 推荐教师参加国家级培训，完成上级下达的国培指标，并开展教师二级培训。组织教师到西南大学等20多所高校培训，累计培训教师1089人。59名教师参加“千校万师”各类培训。选派254名教师参加“贵阳大讲堂”市级培训。

制定2016年花溪区中小学教师继续教育工作计划，完成校（园）长、班主任、管理干部、实验教师、心理教师等区级培训6743人次。

推进“三名工程”（三名是名校长、名班主任、名教师）和教师岗位大练兵。花溪区现有14个市级“三名”工作室，5个省级“三名”工作室。各工作室开展集中培训、观摩指导、研修、学习、实践活动等活动。开展到北京、上海等发达地区参加跟岗学习培训、“同课异构”和说课比赛、基本功比赛、网上晒课。 （区教育局）

招生考试

【概况】 2016年，花溪区参加初中升学考试学生数为7442人，600分以上学生41人，500分以上学生1460人（不含600分以上人数）。贵阳市二十五中录取配额生373人，清华中学录取配额生274人，录取总人数达50%以上。全区2016年参加高考学生4161人，一本上线人数875人，上线率为21%，比2015年提升2%。二本上线人数1514人（不含一本人数），比2015年提升14.8%。高校录取学生3741人，录取比例89.9%，比2015年提升2.5%。 （区教育局）

学校简介

【石板镇中心完小】 石板镇中心完小创建于1931年，原名为石板哨小学，初期在石板街上的一个破旧庙里办学，上学读书的儿童大多是男孩。1946年，乡长黄麟亲自兼任石板小学校长。1978年，政府投入资金选址在高粱坡处修建石板小学校舍，有教学楼、教师宿舍及学生活动场地，配有一定数量的教学设施设备。80年代后，更名为石板镇中心完小。

学校有12个教学班，在校学生552人，教职工33名。专任教师32人。近年来，学校逐步完善学校心理咨询室、少先队活动室、舞蹈室、电子阅览室、图书室、远程教育室、实验室、多媒体教室、娱乐室的建设。2011年学校又投资10余万元安装校园广播系统、数字显示屏，开通校园网站。获得上海梦想基金会捐助，建设优美崭新、功能完善的梦想教室。

石板中心完小通过全体教职工的努力，连续6年获区目标考核一等奖，2010年获中共花溪区委宣传部、共青团花溪区委、贵州省青少年活动中心颁发的“祖国好家乡美”歌声满校园——合唱比赛二等奖，花溪区2011年第三届青少年科技创新大赛二等奖，2012年获得贵阳市未成年人思想道德建设工作示范学校称号，贵阳市教育局和贵阳市环保局颁发的“环保先锋队”光荣称号。2012年5月，获展青春风采 建文化花溪——青少年才节展示大赛优秀组织奖。2004年以来受到各级各部门的表彰20余项。教师参加各级教学录像课分别获国家三等奖、省级一等奖和市级一等奖，在省市区的课件制作、教学设计、教学论文比赛中，教师的参赛作品多次获奖。2013年参加区四六年级质量监控获区同类学校一等奖，2014年参加区四六年级质量监控获区同类学校二等奖，2014获市级四星级生态文明绿色学校。（区教育局）

【华阳小学】 花溪区华阳小学前身是贵州华阳电工厂自办的子弟小学——华阳子校，1972年建校，2006年移交政府后更名为“贵阳市小河区第二小学”。2012年花溪区、小河区合并为新花溪区后更名为“贵阳市花溪区华阳小学”。目前有华阳、大兴两个校区。

华阳小学有深厚的文化底蕴和优良传统，遵循“激发和引导学生自我发展”的办学理念，提炼“形成习惯、养成品格、热爱读书、快乐成长”的校训，开设“书香校园”“品格课程”“梦想课程”“家长学校”“有效教学”“参与式培训”等课程。

“书香校园”和“促进区域教师专业化发展”课题获教育部“十一五”课题一等奖，被评为省级校园文化先进单位、市级未成年人思想道德建设示范学校、五好学校、绿色学校。学校同时拥有市级“名师、名校长”两个工作室，是全国梦想课程示范校、全省农村教师素质提升工程参观考察基地。（区教育局）

【花溪区实验中学】 花溪区实验中学成立于2009年8月，原名小河区实验中学，是原小河区委区政府投资3000多万元兴建的一所现代化、标准化初级中学。2012年12月，贵阳市区规划调整，学校归属新花溪区，更名为花溪区实验中学。学校位于经济技术开发区（原小河区）珠江路21号，占地面积29900多平方米，建筑面积17918平方米。

学校现有35个教学班，教职工123人，在校学生1647人，专任教师122人。其中高级教师23人，一级教师67人，省级名校长工作室1个、市级名校长工作室1个、市级名师工作室1个、省级骨干教师1人、市管专家1人、市级骨干教师7人、市级教坛新秀2人、区级骨干教师7人。各功能教室齐备，校园育人环境优美。

2016年9月学校新接收万科分校，占地面积19440.45平方米，建筑面积6534.99平方米，主要由教学楼（笃学楼、向善楼）及辅助功能楼、运动场组成，有24个教学班规模。

学校坚持“为每一个学生的美好未来发展奠基”的办学理念，本着“笃学、向善、文明、和谐”的校训，通过立足校本立足学生的教科研活动，为教师的专业成长搭建平台；通过丰富多彩的教学活动、文体活动的开展及校本课程“梦想课”的实施，帮助每个学生“自信、从容、有尊严地成长”，连续多年获区“教育教学质量奖”，多次获花溪区中小学生田径运动会初中组团体第一名，2015年在贵阳市中小学教育教学基本要求评选活动中被评为“优质学校”。（区教育局）

【第一实验学校万科分校】 花溪区第一实验学校万科分校地处花溪区经开片区长江路东段贵惠立交桥下，于2014年9月1日正式成立。学校有三个年级，21个教学班，近千名学生，47名教职工。

办学理念上，学校始终认为学生的教育是多元化的，提出“家校携手，共创未来”的办学理念。

打造一所独具特色的羽毛球特色学校。学校联合“菁奥羽毛球体育学校”在全校三个年级21个班全面开设羽毛球课，实现“双百”，即100%的开课率，和100%的参与率。在今年的区级田径运动会的开幕式上，学生表演的羽毛球操受到好评。学校在三年级开设书法课程，一年级开设形体课。开展丰富多彩的二课堂活动，如管乐队，诵读班、绘画班、合唱团等等。另外，以市级课题《贵阳市中华传统文化实践与小学语文教师素养提升的研究》为依托，开展“声律启蒙进课堂的研究”，每天安排20分钟的国学吟诵。2016年11月份，学校被贵州省教科院小学语文学会命名为花溪区唯一一所“贵州省小学语文基地校”。

学校硬件设施设备齐备，实现每间教室及功能教室的班班通，新增录播教室和户外彩屏，建立门户网站，打造数字化校园，基本上实现教育设施的现代化。（区教育局）

【小孟园区幼儿园】 小孟园区幼儿园属花溪幼儿园分园，位于花溪经开片区小孟工业园翁岩小区内，是小孟园区第一所公办幼儿园，占地面积4689平方米，建筑面积3808.07平方米。现有学生230人。

幼儿园2014年5月开园，开园来一直以“创优质园，给孩子受益一生的教育”为宗旨引领全体教职员工用心开展各项工作。按两教一保配备教师，一线教师比较年轻，年龄在19—25岁之间，其中69%为临聘教师，31%为借调在编教师，75%为新入职教师。园长赵华1988年7月毕业于贵阳幼儿师范学校学前教育专业，从事幼教工作28年，担任过一线教师、班主任、教研组长、骨干教师、保教主任、后勤管理、园长等工作。（区教育局）

【花溪南苑幼儿园】 花溪南苑幼儿园是贵州组绅教育集团与贵州大学于2011年合作创办的一所全日制幼儿园，座落于贵州大学南校区（原贵州农学院）校园内。学校以《幼儿园工作规程》《幼儿园教育指导纲要》《3－6岁儿童学习与发展指南》为指导，遵循幼儿教育的客观规律，秉承集团“优质教育，优质服务，以父母之心育人”的办园理念，遵循“心中有目标、处处有教育”的原则；培养“自信、健康、快乐的儿童”。

学校占地面积1800余平方米，其中建筑面积1200余平方米，室外活动场地1000平方米。幼儿园有独立的活动室及睡房、办公室、保健室、阅览室、科技室、生活体验室、多功能活动室等，有多媒体教学设备，每班配有移动式紫外线消毒车及适合幼儿的座椅、玩具柜、书柜、口杯柜、毛巾架、电视机、DVD、小蜜蜂、取暖空调，每个幼儿一床一被一枕，2巾2杯。

现有在园幼儿270人，8个班，有教职工36人，其中：园长1人，保健医生1人，保教主任1人，教师17人，保育员8人，厨师3人，门卫2人，其它后勤管理人员3人。

学校对传染病防控工作常抓不懈，传染病防控工作得到上级主管部门及相关部门的认可。2012年5月16日，由花溪区卫监局、教育局、疾控中心共同主办的“花溪区托幼机构传染病防控及食品安全现场经验交流会”在学校举行。

学校十分重视食品安全工作，以保障幼儿健康成长，成立“膳食管理委员会”，由园领导、教师、炊事员、家长组成，对在园的幼儿膳食进行监管。2013年3月，被评为“贵州省食品安全分级量化管理A级单位”。

学校于2014年11月18日通过县级示范幼儿园评估检查，2015年11月3日，通过“市级示范幼儿园”的评估。

2015年12月，在贵阳市诚信建设“五个一百”先进典型推选活动中，由花溪区民政局推荐，学校参加贵阳市“优秀诚信企业”评选，并以排名第四的成绩获“贵阳市优秀诚信企业”称号。

（区教育局）

（责任编辑　白尔楠）

花溪区教师学历统计表

	总人数	其中(女)	研究生	本科	专科	中专	高中
幼儿园	302	298	1	174	118	9	0
小学	2001	1533	4	1170	685	142	16
初中	1130	385	5	957	147	5	0
高中	545	299	29	496	17	3	0
合计	3978	2515	39	2797	967	159	16

花溪区教师职务统计表（中学标准）

	高级教师	一级教师	二级教师	三级教师	工　勤	管理岗位	未　评
幼儿园	0	87	74	30	0	0	55
小学	36	965	614	60	1	0	176
初中	194	597	405	10	0	2	88
高中	150	153	21	0	0	0	91
合计	380	1802	1114	100	1	2	410

花溪区所辖幼儿园基本情况

序号	学校类型	办别	片区	学校全称	学校地址	学前学生数小计	是否法人单位	学校负责人姓名
1	幼儿园	县级教育部门	花溪	贵阳市花溪区高坡乡中心幼儿园	花溪区高坡苗族乡街上村委会	204	是	李秋梅
2	幼儿园	县级教育部门	花溪	贵阳市花溪区久安乡中心幼儿园	花溪区久安乡小山村委会	259	是	代传锦
3	幼儿园	县级教育部门	花溪	花溪区马铃乡中心幼儿园	花溪区马铃布依族苗族乡马铃村委会	114	是	黄子珍
4	幼儿园	县级教育部门	花溪	贵阳市花溪区麦坪乡中心幼儿园	花溪区麦坪镇麦坪村委会	56	是	陈德秀
5	幼儿园	县级教育部门	花溪	贵阳市花溪区孟关乡孟关幼儿园	花溪区孟关苗族布依族乡孟关村委会	427	是	宋川贵
6	幼儿园	县级教育部门	花溪	贵阳市花溪区黔陶乡幼儿园	花溪区黔陶布依族苗族乡黔陶村委会	26	是	岑光珍
7	幼儿园	县级教育部门	花溪	贵阳市花溪区青岩幼儿园	花溪区青岩镇明清居委会	291	是	陈　镔
8	幼儿园	县级教育部门	花溪	贵阳市花溪区石板镇羊龙幼儿园	花溪区石板镇石板镇羊龙村委会	127	是	陈　瑶

续表

序号	学校类型	办别	片区	学校全称	学校地址	学前学生数小计	是否法人单位	学校负责人姓名
9	幼儿园	县级教育部门	花溪	贵阳市花溪区石板镇幼儿园	花溪区石板镇石板镇石板一村委会	74	是	王红东
10	幼儿园	县级教育部门	花溪	贵阳市花溪区燕楼乡中心幼儿园	花溪区燕楼镇燕楼村委会	65	是	魏龙云
11	幼儿园	县级教育部门	花溪	贵阳市花溪区花溪幼儿园	花溪区阳光社区服务中心清华居委会	346	是	王菊兰
12	幼儿园	县级教育部门	花溪	贵阳市花溪区第二幼儿园	花溪区阳光社区服务中心望哨坡居委会	282	是	郑丽娟
13	幼儿园	县级教育部门	花溪	贵阳市花溪区第三幼儿园	花溪区阳光社区服务中心望哨坡居委会	147	是	刘　琍
14	幼儿园	县级教育部门	花溪	花溪区第四幼儿园	花溪区阳光社区服务中心清华居委会	223	是	周晓霞
15	幼儿园	县级教育部门	经开	贵阳航天幼儿园	花溪区航天社区服务中心航天园居委会	367	是	陈光美
16	幼儿园	县级教育部门	经开	贵阳市花溪区第二实验幼儿园	花溪区金欣社区服务中心金溪居委会	123	是	侯若男
17	幼儿园	县级教育部门	经开	贵阳市花溪区第一实验幼儿园	花溪区黔江社区服务中心长江居委会	287	是	朱　宁
18	幼儿园	县级教育部门	经开	贵阳市花溪区小孟社区王武幼儿园	花溪区小孟社区服务中心王武村委会	202	是	杨　岚
19	幼儿园	县级教育部门	经开	贵阳市花溪区小孟园区第一幼儿园	花溪区小孟社区服务中心翁岩村委会	230	是	赵　华
20	幼儿园	省级其他部门	花溪	贵州民族大学幼儿园	花溪区溪北社区服务中心董家堰居委会	128	是	龙　梅
21	幼儿园	县级其他部门	花溪	贵阳市花溪区红阳幼儿园	花溪区阳光社区服务中心仙人洞居委会	247	是	吴　宏
22	幼儿园	地方企业	经开	枫阳幼儿园	花溪区航空社区服务中心松花江居委会	197	是	王端琼
23	幼儿园	地方企业	经开	一四三厂幼儿园	花溪区航空社区服务中心红林居委会	258	是	宋航萍
24	幼儿园	地方企业	经开	贵阳矿山机器厂幼儿园	花溪区平桥社区服务中心北门居委会	100	是	王晓芳
25	幼儿园	民办	花溪	金色童年双语幼儿园	花溪区贵筑社区服务中心大寨居委会	0	是	葛春琴
26	幼儿园	民办	花溪	贵阳市花溪区童萌幼儿园	花溪区贵筑社区服务中心云上居委会	0	是	李　丹
27	幼儿园	民办	花溪	贵阳市花溪区金鑫幼儿园	花溪区贵筑社区服务中心大寨居委会	304	是	何　兰

续表

序号	学校类型	办别	片区	学校全称	学校地址	学前学生数小计	是否法人单位	学校负责人姓名
28	幼儿园	民办	花溪	贵阳市花溪区澳宝芭学园	花溪区贵筑社区服务中心洛平居委会	49	是	杨 欢
29	幼儿园	民办	花溪	贵阳市花溪云上幼儿园	花溪区贵筑社区服务中心云上居委会	0	是	朱厚英
30	幼儿园	民办	花溪	贵阳市花溪区三五三七厂幼儿园	花溪区贵筑社区服务中心云上居委会	295	是	黄 蕾
31	幼儿园	民办	花溪	兰馨桂馥艺术幼儿园	花溪区贵筑社区服务中心云上居委会	224	是	孟思奇
32	幼儿园	民办	花溪	贵阳市花溪区金鹰卡通双语幼儿园	花溪区贵筑社区服务中心大寨居委会	180	是	谢代华
33	幼儿园	民办	花溪	贵阳市盐井贝贝乐幼儿园	花溪区马铃布依族苗族乡谷增村委会	82	是	罗孝萍
34	幼儿园	民办	花溪	贵阳市花溪区麦坪乡新寨幼儿园	花溪区麦坪镇新寨村委会	124	是	吴国珍
35	幼儿园	民办	花溪	花溪区麦坪乡杉一幼儿园	花溪区麦坪镇杉木大寨村委会	170	是	常 娟
36	幼儿园	民办	花溪	贵阳市花溪区碧桂园学校国际幼儿园	花溪区孟关苗族布依族乡沙坡村委会	140	是	甘凌虹
37	幼儿园	民办	花溪	贵阳市花溪阳光中英文幼儿园	花溪区孟关苗族布依族乡孟关村委会	333	是	杨忠英
38	幼儿园	民办	花溪	国营涟江化工厂幼儿园	花溪区孟关苗族布依族乡九八四四居委会	159	是	陈菊芳
39	幼儿园	民办	花溪	贵阳市花溪北苑中英文幼儿园	花溪区明珠社区服务中心朝阳居委会	334	是	李 丽
40	幼儿园	民办	花溪	贵阳市花溪区黔陶乡童欢幼儿园	花溪区黔陶布依族苗族乡马场村委会	256	是	罗孝英
41	幼儿园	民办	花溪	青岩精鹰双语艺术幼儿园	花溪区青岩镇西街村委会	173	是	赵明丽
42	幼儿园	民办	花溪	贵阳市花溪区杨眉幼儿园	花溪区青岩镇杨眉村委会	120	是	王金花
43	幼儿园	民办	花溪	贵阳市花溪区宝贝龙幼儿园	花溪区青岩镇思潜村委会	181	是	杨川丽
44	幼儿园	民办	花溪	贵阳市花溪区欣蕾幼儿园	花溪区青岩镇杨眉村委会	144	是	许 蕾
45	幼儿园	民办	花溪	贵阳市花溪区源林艺术幼儿园	花溪区青岩镇新哨村委会	274	是	王金花
46	幼儿园	民办	花溪	贵阳市花溪区潜梦幼儿园	花溪区青岩镇思潜村委会	0	是	简丛霞

续表

序号	学校类型	办别	片区	学校全称	学校地址	学前学生数小计	是否法人单位	学校负责人姓名
47	幼儿园	民办	花溪	贵阳市花溪童欣幼儿园	花溪区青岩镇北街村委会	142	是	吴应艰
48	幼儿园	民办	花溪	贵阳市花溪青岩镇达谷新幼儿园	花溪区青岩镇谷通村委会	141	是	赵明利
49	幼儿园	民办	花溪	贵阳市花溪区桐木岭幼儿园	花溪区清溪社区服务中心桐木村委会	20	是	周红英
50	幼儿园	民办	花溪	贵阳市花溪区阳光双语幼儿园	花溪区清溪社区服务中心桐木村委会	82	是	吴正萍
51	幼儿园	民办	花溪	贵阳市花溪区智慧树幼儿园	花溪区清溪社区服务中心桐木村委会	321	是	王显芬
52	幼儿园	民办	花溪	贵阳市花溪区惠民双语幼儿园	花溪区清溪社区服务中心桐木村委会	185	是	李　松
53	幼儿园	民办	花溪	贵阳市花溪石板喜洋洋幼儿园	花溪区石板镇石板镇石板二村委会	165	是	舒　映
54	幼儿园	民办	花溪	贵阳市花溪区金太阳幼儿园	花溪区石板镇石板镇石板一村委会	70	是	刘仁丹
55	幼儿园	民办	花溪	贵阳市花溪区石板镇芦荻艺术幼儿园	花溪区石板镇石板镇芦荻村委会	261	是	吴兴华
56	幼儿园	民办	花溪	贵阳市花溪区金果果幼儿园	花溪区石板镇石板镇花渔井村委会	0	是	韦　丹
57	幼儿园	民办	花溪	贵阳市花溪区未来星幼儿园	花溪区石板镇街道居委会	167	是	聂贻志
58	幼儿园	民办	花溪	贵阳市花溪区迪瑞欧幼儿园	花溪区石板镇石板镇云凹村委会	112	是	黎　艳
59	幼儿园	民办	花溪	贵阳市花溪区云凹花园幼儿园	花溪区石板镇石板镇云凹村委会	165	是	姚金花
60	幼儿园	民办	花溪	贵阳市花溪区童梦幼儿园	花溪区溪北社区服务中心上水居委会	41	是	李　丽
61	幼儿园	民办	花溪	贵阳市花溪区吉林幼儿园	花溪区溪北社区服务中心吉麟居委会	269	是	黎　艳
62	幼儿园	民办	花溪	贵阳市花溪美雅艺术双语幼儿园	花溪区明珠社区服务中心朝阳居委会	178	是	姜　霖
63	幼儿园	民办	花溪	童艺苑中英幼儿园	花溪区溪北社区服务中心上水居委会	266	是	班　梅
64	幼儿园	民办	花溪	燕楼乡乖乖乐幼儿园	花溪区燕楼镇燕楼村委会	187	是	魏　英
65	幼儿园	民办	花溪	贵阳市花溪区小太阳幼儿园	花溪区阳光社区服务中心花溪居委会	96	是	陈　忱

续表

序号	学校类型	办别	片区	学校全称	学校地址	学前学生数小计	是否法人单位	学校负责人姓名
66	幼儿园	民办	花溪	贵阳市花溪区博睿思幼儿园	花溪区阳光社区服务中心望哨坡居委会	137	是	郑 蓉
67	幼儿园	民办	花溪	贵阳市花溪区欣盛楠苑幼儿园	花溪区阳光社区服务中心仙人洞居委会	168	是	陈 春
68	幼儿园	民办	花溪	遥知萌幼儿园	花溪区阳光社区服务中心仙人洞居委会	180	是	吴 贤
69	幼儿园	民办	花溪	花溪祥盛幼儿园	花溪区阳光社区服务中心贵筑居委会	307	是	黄 敏
70	幼儿园	民办	花溪	花溪华宇双语幼儿园	花溪区阳光社区服务中心花溪居委会	223	是	郑雪丽
71	幼儿园	民办	花溪	贵阳市花溪南苑中英文幼儿园	花溪区阳光社区服务中心望哨坡居委会	266	是	赵 琦
72	幼儿园	民办	经开	贵阳市花溪区蓓蕾幼儿园	花溪区航天社区服务中心漓江居委会	113	是	汪 琴
73	幼儿园	民办	经开	贵阳市花溪杨中幼儿园	花溪区花孟社区服务中心杨中村委会	56	是	陈 春
74	幼儿园	民办	经开	贵阳市花溪天天幼儿园	花溪区花孟社区服务中心麦乃村委会	72	是	班娇娇
75	幼儿园	民办	经开	贵阳市花溪区大坡村幼儿园	花溪区黄河社区服务中心大坡村委会	76	是	兰玉欢
76	幼儿园	民办	经开	贵阳市花溪区金竹童心幼儿园	花溪区金欣社区服务中心金溪居委会	568	是	黎 嫣
77	幼儿园	民办	经开	贵阳市花溪区馨苑幼儿园	花溪区平桥社区服务中心中曹居委会	258	是	李艳君
78	幼儿园	民办	经开	贵阳市花溪区聪贝贝幼儿园	花溪区平桥社区服务中心中曹居委会	163	是	刘文静
79	幼儿园	民办	经开	贵州高强度螺栓厂小天使幼儿园	花溪区黔江社区服务中心长江居委会	162	是	白应黎
80	幼儿园	民办	经开	贵阳市花溪区黔汇幼儿园	花溪区黔江社区服务中心长江居委会	132	是	唐钦念
81	幼儿园	民办	经开	贵阳市花溪区兴隆珠江湾畔幼儿园	花溪区黔江社区服务中心珠江居委会	214	是	李 玉
82	幼儿园	民办	经开	贵阳市花溪区贵柴幼儿园	花溪区黔江社区服务中心长江居委会	358	是	雷安英
83	幼儿园	民办	经开	贵阳市花溪区华烽幼儿园	花溪区黔江社区服务中心长江居委会	281	是	谌 丽
84	幼儿园	民办	经开	贵阳市花溪区欣乐幼儿园	花溪区黔江社区服务中心长江居委会	140	是	王维利

续表

序号	学校类型	办别	片区	学校全称	学校地址	学前学生数小计	是否法人单位	学校负责人姓名
85	幼儿园	民办	经开	贵阳市花溪区上河城幼儿园	花溪区黔江社区服务中心黄河居委会	132	是	陈　文
86	幼儿园	民办	经开	贵阳市花溪区东方艺术幼儿园	花溪区黔江社区服务中心珠江居委会	209	是	李　蓉
87	幼儿园	民办	经开	贵阳市花溪区碧园花城幼儿园	花溪区黔江社区服务中心黄河居委会	218	是	周贵学
88	幼儿园	民办	经开	贵阳市花溪区海伦娜幼儿园	花溪区黔江社区服务中心珠江居委会	186	是	蔡　敏
89	幼儿园	民办	经开	花溪区杰汇·华府幼稚园	花溪区黔江社区服务中心长江居委会	365	是	谢　杰
90	幼儿园	民办	经开	贵阳市花溪区精英第九幼儿园	花溪区黔江社区服务中心云凯居委会	186	是	袁　莉
91	幼儿园	民办	经开	贵阳市花溪区奥运幼儿园	花溪区清浦社区服务中心浦江居委会	264	是	杨斌秀
92	幼儿园	民办	经开	贵阳市花溪区西工幼儿园	花溪区清浦社区服务中心清水江居委会	307	是	袁　玫
93	幼儿园	民办	经开	贵阳市花溪区小白兔中英文幼儿园	花溪区清浦社区服务中心清水江居委会	96	是	王苏娅
94	幼儿园	民办	经开	贵阳市花溪区永红艺术幼儿园	花溪区清浦社区服务中心清水江居委会	242	是	魏素琴
95	幼儿园	民办	经开	贵阳市花溪区华阳幼儿园	花溪区瑞华社区服务中心华阳居委会	266	是	李琳丽
96	幼儿园	民办	经开	贵阳市花溪区大兴星城幼儿园	花溪区瑞华社区服务中心大兴居委会	261	是	王梦亚
97	幼儿园	民办	经开	贵阳市花溪区中兴世家幼儿园	花溪区瑞华社区服务中心瑞和居委会	367	是	王梦亚
98	幼儿园	民办	经开	贵阳市花溪区瑞和幼儿园	花溪区瑞华社区服务中心瑞和居委会	98	是	孟东秋
99	幼儿园	民办	经开	贵阳市花溪区红河新村幼儿园	花溪区三江社区服务中心周家寨村委会	81	是	敖家林
100	幼儿园	民办	经开	贵阳市花溪区花积木幼儿园	花溪区三江社区服务中心尖山村委会	266	是	吴　萍
101	幼儿园	民办	经开	贵阳市花溪区大拇指幼儿园	花溪区三江社区服务中心毛寨村委会	92	是	汤　萍
102	幼儿园	民办	经开	贵阳市花溪区亲亲宝贝幼儿园	花溪区三江社区服务中心龙王村委会	144	是	吕玉莲
103	幼儿园	民办	经开	贵阳市花溪区全盛智多星幼儿园	花溪区小孟社区服务中心王武村委会	261	是	李朝霞

续表

序号	学校类型	办别	片区	学校全称	学校地址	学前学生数小计	是否法人单位	学校负责人姓名
104	幼儿园	民办	经开	贵阳市花溪区红艳村幼儿园	花溪区小孟社区服务中心红艳村委会	152	是	李明德
105	幼儿园	民办	经开	贵阳市花溪区金博士幼儿园	花溪区兴隆社区服务中心锦江居委会	166	是	陈　文
106	幼儿园	民办	经开	贵阳市花溪区童欣艺术幼儿园	花溪区兴隆社区服务中心锦江居委会	0	是	赵　琦
107	幼儿园	民办	经开	贵阳市花溪区香江艺术幼儿园	花溪区兴隆社区服务中心香江居委会	171	是	张　希
108	幼儿园	民办	经开	贵阳市花溪区新世纪兴隆中英文幼儿园	花溪区兴隆社区服务中心兴隆居委会	366	是	李　丽
110	幼儿园	民办	花溪	贵阳市花溪区合朋金石幼儿园	贵州省贵阳市花溪区石板镇合朋村	126	是	姜开富
114	幼儿园	民办	经开	贵阳市花溪区童乐幼儿园	贵州省贵阳市花溪区花溪区黄河社区	106	是	王世梅
115	幼儿园	民办	花溪	贵阳市花溪区燕楼旧盘民族幼儿园	贵州省贵阳市花溪区燕楼乡旧盘村	44	是	刘仁丹
116	幼儿园	民办	花溪	贵阳市花溪区竹林幼儿园	贵州省贵阳市花溪区溪北社区竹林村	97	是	李一兰
117	幼儿园	民办	花溪	贵阳市花溪区明珠幼儿园	贵州省贵阳市花溪区阳光社区	41	是	杨永贤
118	幼儿园	民办	花溪	贵阳市花溪区启步溪湖幼儿园	贵州省贵阳市花溪区贵筑社区	72	是	马　梅
119	幼儿园	民办	花溪	贵阳市花溪区凯迪幼儿园	贵州省贵阳市花溪区久安乡	40	是	陈　丹
120	幼儿园	民办	花溪	贵阳市花溪区奇蕾第三幼儿园	贵州省贵阳市花溪区孟关苗族布依族乡	176	是	李　钰
121	幼儿园	民办	花溪	贵阳市花溪区谷蒙艺术幼儿园	贵州省贵阳市花溪区燕楼乡谷蒙村	60	是	宋连梅子
122	幼儿园	民办	经开	贵阳市花溪区艾迪幼儿园	贵州省贵阳市花溪区花溪区兴隆社区	94	是	杨　彬
123	幼儿园	民办	花溪	贵阳市花溪区青苹果幼儿园	贵州省贵阳市花溪区溪北社区吉林村	51	是	周晓燕
124	幼儿园	民办	花溪	贵阳市花溪区宝贝家幼儿园	贵州省贵阳市花溪区贵筑社区	58	是	罗敏三
125	幼儿园	民办	花溪	贵阳市花溪区奇蕾第二幼儿园	贵州省贵阳市花溪区孟关苗族布依族乡	92	是	李　钰
126	幼儿园	民办	花溪	贵阳市花溪区康贝怡幼儿园	贵州省贵阳市花溪区石板镇	74	是	王　兵

花溪区所辖小学基本情况表

序号	学校类型	办别	片区	学校全称	学校地址	小学学生数小计	是否法人单位	学校负责人姓名
1	小学	省级教育部门	花溪	贵州民族大学子弟学校	花溪区溪北社区服务中心董家堰居委会	428	是	赵　静
2	小学	县级教育部门	花溪	贵阳市花溪区高坡苗族乡大洪小学	花溪区高坡苗族乡大洪村委会	240		罗　勇
3	小学	县级教育部门	花溪	贵阳市花溪区云顶小学	花溪区高坡苗族乡平寨村委会	748		王治南
4	小学	县级教育部门	花溪	贵阳市花溪区杉坪民族小学	花溪区高坡苗族乡杉坪村委会	229		罗家永
5	小学	县级教育部门	花溪	贵阳市花溪区高坡苗族乡五寨小学	花溪区高坡苗族乡五寨村委会	232		王道成
6	小学	县级教育部门	花溪	花溪区高坡苗族乡甲定小学	花溪区高坡苗族乡甲定村委会	510		蓬　辉
7	小学	县级教育部门	花溪	贵阳市花溪区高坡乡中心完小	花溪区高坡苗族乡高坡村委会	458	是	陈光彪
8	小学	县级教育部门	花溪	贵阳市花溪区阳光小学	花溪区贵筑社区服务中心云上居委会	1407	是	蔡家伟
9	小学	县级教育部门	花溪	贵阳市花溪第三小学	花溪区贵筑社区服务中心洛平居委会	611	是	贾佐敏
10	小学	县级教育部门	花溪	花溪区贵筑办事处天鹅小学	花溪区贵筑社区服务中心天鹅村委会	93		李恒勇
11	小学	县级教育部门	花溪	花溪区贵筑办事处马洞小学	花溪区贵筑社区服务中心马洞村委会	72		孙敦志
12	小学	县级教育部门	花溪	花溪区贵筑办事处尖山小学	花溪区贵筑社区服务中心尖山村委会	218		黄富伦
13	小学	县级教育部门	花溪	花溪区贵筑办事处民族小学	花溪区贵筑社区服务中心大寨居委会	289		许家琴
14	小学	县级教育部门	花溪	贵阳市花溪区久安乡中心完小	花溪区久安乡小山村委会	475	是	代传锦
15	小学	县级教育部门	花溪	贵阳市花溪区久安乡吴山小学	花溪区久安乡吴山村委会	258		陈家云
16	小学	县级教育部门	花溪	贵阳市花溪区马铃布依族苗族乡中心完小	花溪区马铃布依族苗族乡马铃村委会	275	是	卢文贵
17	小学	县级教育部门	花溪	花溪区马林布依族苗族乡谷增小学	花溪区马铃布依族苗族乡谷增村委会	84		陈小权
18	小学	县级教育部门	花溪	贵阳市花溪区凯坝小学	花溪区马铃布依族苗族乡凯坝村委会	49		周　婷
19	小学	县级教育部门	花溪	贵阳市花溪区麦坪乡中心完小	花溪区麦坪镇麦坪村委会	315	是	曹家志
20	小学	县级教育部门	花溪	贵阳市花溪区麦坪乡大坡小学	花溪区麦坪镇大坡村委会	96		卫发勇
21	小学	县级教育部门	花溪	贵阳市花溪区麦坪乡彭官小学	花溪区麦坪镇彭官村委会	192		杨　涛

续表

序号	学校类型	办别	片区	学校全称	学校地址	小学学生数小计	是否法人单位	学校负责人姓名
22	小学	县级教育部门	花溪	花溪区麦坪乡杉木小学	花溪区麦坪镇杉木小寨村委会	142		袁光祥
23	小学	县级教育部门	花溪	贵阳市花溪区麦坪乡刘庄小学	花溪区麦坪镇刘庄村委会	155		王贵文
24	小学	县级教育部门	花溪	花溪区麦坪乡康寨小学	花溪区麦坪镇康寨村委会	103		唐有林
25	小学	县级教育部门	花溪	贵阳市花溪区麦坪乡戈寨小学	花溪区麦坪镇戈寨村委会	87		唐芝全
26	小学	县级教育部门	花溪	贵阳市花溪区孟关乡中心完小	花溪区孟关苗族布依族乡孟关村委会	923	是	宋川贵
27	小学	县级教育部门	花溪	贵阳市花溪区孟关乡改毛小学	花溪区孟关苗族布依族乡改毛村委会	362		陈恒志
28	小学	县级教育部门	花溪	贵阳市花溪区世华小学	花溪区孟关苗族布依族乡石龙村委会	283		柏龙英
29	小学	县级教育部门	花溪	贵阳市花溪区谷立小学	花溪区孟关苗族布依族乡谷立村委会	221		姚志坚
30	小学	县级教育部门	花溪	贵阳市花溪区孟关乡涟江小学	花溪区孟关苗族布依族乡九八四四居委会	139		李光荣
31	小学	县级教育部门	花溪	花溪区花溪小学	花溪区明珠社区服务中心朝阳居委会	2231	是	李世勇
32	小学	县级教育部门	花溪	贵阳市花溪区黔陶乡中心完小	花溪区黔陶布依族苗族乡黔陶村委会	371	是	罗 华
33	小学	县级教育部门	花溪	贵阳市花溪区青岩镇中心完小	花溪区青岩镇东街居委会	1660	是	王玉国
34	小学	县级教育部门	花溪	贵阳市花溪区思潜小学	花溪区青岩镇思潜村委会	172		陈晓艳
35	小学	县级教育部门	花溪	花溪区青岩镇达夯志成希望小学	花溪区青岩镇达夯村委会	327		李世龙
36	小学	县级教育部门	花溪	贵阳市花溪区石板镇中心完小	花溪区石板镇石板镇石板二村委会	580	是	王红东
37	小学	县级教育部门	花溪	贵阳市花溪区合朋小学	花溪区石板镇石板镇合朋村委会	366		李红霞
38	小学	县级教育部门	花溪	贵阳市花溪区石板镇隆昌小学	花溪区石板镇石板镇隆昌村委会	134		吴正英
39	小学	县级教育部门	花溪	贵阳市花溪区石板镇芦荻小学	花溪区石板镇石板镇芦荻村委会	167		李 丽
40	小学	县级教育部门	花溪	贵阳市花溪区石板镇磊庄小学	花溪区石板镇石板镇盖冗村委会	64		段启萍
41	小学	县级教育部门	花溪	贵阳市花溪区石板镇蔡冲学校	花溪区石板镇石板镇茨凹村委会	398		余元惠
42	小学	县级教育部门	花溪	贵阳市第十一中学	惠水县濛江街道高镇居委会	45	是	黄丽仙
43	小学	县级教育部门	花溪	贵阳市花溪区溪北小学	花溪区溪北社区服务中心吉麟居委会	613	是	班红菊

续表

序号	学校类型	办别	片区	学校全称	学校地址	小学学生数小计	是否法人单位	学校负责人姓名
44	小学	县级教育部门	花溪	贵阳市花溪民族小学	花溪区溪北社区服务中心竹林居委会	569	是	陈永凤
45	小学	县级教育部门	花溪	贵阳市花溪区燕楼乡中心完小	花溪区燕楼镇燕楼村委会	548	是	魏龙云
46	小学	县级教育部门	花溪	贵阳市花溪区燕楼乡贵车希望小学	花溪区燕楼镇思惹村委会	54		蔡忠兴
47	小学	县级教育部门	花溪	贵阳市花溪区燕楼乡旧盘小学	花溪区燕楼镇旧盘村委会	137		王红新
48	小学	县级教育部门	花溪	贵阳市花溪区燕楼乡嘎多小学	花溪区燕楼镇同心村委会	63		杨家成
49	小学	县级教育部门	花溪	贵阳市花溪区摆古小学	花溪区燕楼镇摆古村委会	70		汤永秀
50	小学	县级教育部门	花溪	贵阳市花溪区第二小学	花溪区阳光社区服务中心贵筑居委会	2360	是	曾德芬
51	小学	县级教育部门	经开	贵阳市花溪区清溪办事处扬中小学	花溪区花孟社区服务中心杨中村委会	89		韦明凤
52	小学	县级教育部门	经开	贵阳市花溪区清溪办事处把伙小学	花溪区花孟社区服务中心把伙村委会	49		罗　云
53	小学	县级教育部门	经开	贵阳市花溪区漓江小学	花溪区航天社区服务中心漓江居委会	2367	是	吕　强
54	小学	县级教育部门	经开	贵阳市花溪区华阳小学	花溪区瑞华社区服务中心大兴居委会	1598	是	刘秀丽
55	小学	县级教育部门	经开	贵阳市花溪区浦江小学	花溪区清浦社区服务中心盘江居委会	498	是	白　凌
56	小学	县级教育部门	经开	贵阳市花溪区第四小学	花溪区清浦社区服务中心清水江居委会	1576	是	金　丽
57	小学	县级教育部门	经开	贵阳市花溪区第五小学	花溪区黄河社区服务中心大坡村委会	466	是	雷伟力
58	小学	县级教育部门	经开	贵阳市花溪区第六小学	花溪区黄河社区服务中心洛解村委会	416	是	邵平贵
59	小学	县级教育部门	经开	贵阳市花溪区第七小学	花溪区三江社区服务中心尖山村委会	660	是	莫卫文
60	小学	县级教育部门	经开	贵阳市花溪区第八小学	花溪区黄河社区服务中心珠显村委会	425	是	陈光忠
61	小学	县级教育部门	经开	贵阳市花溪区第九小学	花溪区航空社区服务中心枫阳居委会	551	是	李　媛
62	小学	县级教育部门	经开	贵阳市花溪区第十小学	花溪区三江社区服务中心周家寨村委会	329	是	令狐瑞玲
63	小学	县级教育部门	经开	贵阳市花溪区第十三小学	花溪区金竹社区服务中心金山村委会	217	是	刘向恒
64	小学	县级教育部门	经开	贵阳市花溪区第十四小学	花溪区金竹社区服务中心竹林村委会	206	是	陈家平
65	小学	县级教育部门	经开	贵阳市花溪区第十七小学	花溪区小孟社区服务中心付官村委会	152	是	陈天虎

续表

序号	学校类型	办别	片区	学校全称	学校地址	小学学生数小计	是否法人单位	学校负责人姓名
66	小学	县级教育部门	经开	贵阳市花溪区第一实验学校	花溪区黔江社区服务中心长江居委会	3881	是	艾翠丽
67	小学	县级教育部门	经开	贵阳市花溪区第二实验学校	花溪区航空社区服务中心红林居委会	624	是	邓恒江
68	小学	县级教育部门	经开	贵阳市花溪区第三实验学校	花溪区平桥社区服务中心中曹居委会	807	是	刘冬梅
69	小学	县级教育部门	经开	贵阳市花溪区小孟工业园第一小学	花溪区小孟社区服务中心翁岩村委会	745	是	陈　莉
70	小学	民办	花溪	贵阳市花溪童欣学校	花溪区青岩镇北街村委会	33	是	吴应艰
71	小学	民办	花溪	贵阳市花溪清溪学校	花溪区阳光社区服务中心清溪居委会	329	是	陈玉桥
72	小学	民办	经开	贵阳市花溪区新星小学	花溪区黄河社区服务中心洛解村委会	233	是	代恩义
73	小学	民办	经开	贵阳市花溪区爱华小学	花溪区黄河社区服务中心珠显村委会	39	是	冯俊人
74	小学	民办	经开	贵阳市花溪区盘江小学	花溪区黄河社区服务中心大坡村委会	368	是	王力敏
75	小学	民办	经开	贵阳市花溪区长坝小学	花溪区三江社区服务中心场坝村委会	347	是	田　梅
76	小学	民办	经开	贵阳市花溪区育蕾小学	花溪区三江社区服务中心尖山村委会	159	是	王修华
77	小学	民办	经开	贵阳市花溪区兴黔小学	花溪区三江社区服务中心尖山村委会	203	是	罗远贵
78	小学	民办	经开	贵阳市花溪区红星小学	花溪区三江社区服务中心尖山村委会	778	是	赵治冶
79	小学	民办	经开	贵阳市花溪区顺兴小学	花溪区三江社区服务中心大寨村委会	926	是	黄世军
80	小学教学点	县级教育部门	花溪	贵阳市花溪区久安乡中心完小巩固教学点	花溪区久安乡巩固村委会	7		代传锦
81	小学教学点	县级教育部门	花溪	贵阳市花溪区久安乡打通村小学	花溪区久安乡打通村委会	44		罗绍芬
82	小学教学点	县级教育部门	花溪	贵阳市花溪区久安乡中心完小久安村教学点	花溪区久安乡久安村委会	10		代传锦
83	小学教学点	县级教育部门	花溪	贵阳市花溪区黔陶布衣族苗族乡马场小学	花溪区黔陶布依族苗族乡马场村委会	83		陈恒海
84	小学教学点	县级教育部门	花溪	贵阳市花溪区黔陶布依族苗族乡半坡小学	花溪区黔陶布依族苗族乡半坡村委会	18		陈恒海
85	小学教学点	县级教育部门	花溪	贵阳市花溪区黔陶布衣族苗族乡赵司小学	花溪区黔陶布依族苗族乡赵司村委会	53		李贤菊
86	小学教学点	县级教育部门	花溪	贵阳市花溪区黔陶布衣族苗族乡骑龙小学	花溪区黔陶布依族苗族乡骑龙村委会	86		李金丽
87	小学教学点	县级教育部门	花溪	贵阳市花溪区扬眉小学	花溪区青岩镇杨眉村委会	82		王玉国
88	小学教学点	县级教育部门	花溪	贵阳市花溪区龙井小学	花溪区青岩镇龙井村委会	29		王玉国

花溪区初级中学基本情况表

序号	学校类型	办别	片区	学校全称	学校地址	初中学生数小计	是否法人单位	学校负责人姓名
1	初级中学	县级教育部门	花溪	贵阳市花溪区高坡民族中学	花溪区高坡苗族乡高坡村委会	529	是	刘　娟
2	初级中学	县级教育部门	花溪	贵阳市花溪第三中学	花溪区贵筑社区服务中心大寨居委会	739	是	王兴春
3	初级中学	县级教育部门	花溪	贵阳市花溪区久安中学	花溪区久安乡小山村委会	127	是	黄紫培
4	初级中学	县级教育部门	花溪	贵阳市花溪区麦坪中学	花溪区麦坪镇场坝村委会	254	是	熊希康
5	初级中学	县级教育部门	花溪	贵阳市花溪第五中学	花溪区孟关苗族布依族乡五星村委会	784	是	马应党
6	初级中学	县级教育部门	花溪	贵阳市青岩贵璜中学	花溪区青岩镇东街居委会	1242	是	麻　岚
7	初级中学	县级教育部门	花溪	贵阳市花溪第四中学	花溪区石板镇石板镇石板一村委会	476	是	吴秀楠
8	初级中学	县级教育部门	花溪	贵阳市花溪区燕楼中学	花溪区燕楼镇燕楼村委会	201	是	陈朝勇
9	初级中学	县级教育部门	花溪	贵阳市花溪区第二中学	花溪区阳光社区服务中心仙人洞居委会	878	是	彭　斌
10	初级中学	县级教育部门	花溪	贵阳市花溪第一中学	花溪区阳光社区服务中心徐家冲居委会	1655	是	李小林
11	初级中学	县级教育部门	经开	贵阳市第三十六中学	花溪区平桥社区服务中心五山居委会	889	是	王　强
12	初级中学	县级教育部门	经开	贵阳市花溪区第四实验学校	花溪区平桥社区服务中心中曹居委会	868	是	韩玉忠
13	初级中学	县级教育部门	经开	贵阳市第三十四中学	花溪区清浦社区服务中心清水江居委会	1819	是	杨　静
14	初级中学	县级教育部门	经开	贵阳市花溪区实验中学	花溪区瑞华社区服务中心瑞和居委会	1647	是	陈桂兰
15	初级中学	民办	花溪	贵阳市花溪区民望实验中学	花溪区阳光社区服务中心棉花关居委会	21	是	任　刚
16	初级中学	民办	花溪	贵阳市花溪诚兴学校	花溪区久安乡吴山村委会	65	是	曾　薇
17	初级中学	民办	经开	贵阳市花溪区亚华外国语中学	花溪区三江社区服务中心大寨村委会	417	是	黄世军

花溪区高级中学基本情况表

序号	学校类型	办别	片区	学校全称	学校地址	初中学生数小计	高中学生数小计	是否法人单位	学校负责人姓名
1	高级中学	县级教育部门	花溪	贵阳市清华中学	花溪区阳光社区服务中心清华居委会	0	2718	是	兰　珩
2	高级中学	县级教育部门	经开	贵阳市第二十五中学	花溪区黔江社区服务中心长江居委会	0	1864	是	王耀华
3	高级中学	县级教育部门	经开	贵阳市第三十八中学	花溪区航空社区服务中心枫阳居委会	0	855	是	吴江雷
4	完全中学	民办	花溪	贵州贵阳新世纪实验中学	花溪区贵筑社区服务中心洛平居委会	62	171	是	周　荣
5	完全中学	县级教育部门	花溪	贵阳市溪南高中	花溪区清溪社区服务中心桐木村委会	170	1488	是	吴和平
6	完全中学	地级教育部门	花溪	贵阳市民族中学	花溪区溪北社区服务中心董家堰居委会	0	1745	是	魏　林
7	完全中学	民办	经开	贵阳市育强中学	花溪区平桥社区服务中心北门居委会	56	891	是	张伟建

花溪区九年一贯制学校基本情况表

序号	学校类型	办别	片区	学校全称	学校地址	学前学生数小计	小学学生数小计	初中学生数小计	是否法人单位	学校负责人姓名
1	九年一贯制学校	县级教育部门	花溪	贵阳市花溪民族中学	花溪区清溪社区服务中心桐木村委会	0	320	773	是	张慧霞
2	九年一贯制学校	县级教育部门	花溪	贵阳市花溪区南溪学校	花溪区清溪社区服务中心桐木村委会	0	436	239	是	徐贵荣
3	九年一贯制学校	县级教育部门	经开	贵阳市花溪区金竹民族学校	花溪区金竹社区服务中心滥泥村委会	0	730	459	是	文　勇
4	九年一贯制学校	民办	经开	贵阳市花溪区三合学校	花溪区金竹社区服务中心滥泥村委会	70	531	100	是	王树明
5	九年一贯制学校	民办	经开	贵阳市花溪区溪源学校	花溪区黄河社区服务中心大坡村委会	44	297	83	是	罗彬明
6	九年一贯制学校	民办	经开	贵阳市花溪区三元学校	花溪区三江社区服务中心大寨村委会	50	315	118	是	何燕萍
7	九年一贯制学校	民办	花溪	贵阳市花溪祥盛学校	花溪区阳光社区服务中心贵筑居委会	10	71	655	是	姜　霖
8	九年一贯制学校	民办	花溪	贵阳市焜瀚国学文武学校	花溪区溪北社区服务中心董家堰居委会	0	137	44	是	邓　军
9	九年一贯制学校	民办	花溪	贵阳市花溪石板英华学校	花溪区石板镇石板镇石板二村委会	37	193	38	是	周　荣
10	九年一贯制学校	民办	花溪	贵阳市花溪碧桂园国际学校	花溪区孟关苗族布依族乡沙坡村委会	0	228	61	是	刘　琴
11	九年一贯制学校	民办	经开	贵阳市花溪区东方文武学校	贵州省贵阳市花溪区花溪区三江社区服务中心代管		216	151	是	徐

续表

序号	学校类型	办别	片区	学校全称	学校地址	学前学生数小计	小学学生数小计	初中学生数小计	是否法人单位	学校负责人姓名
12	九年一贯制学校	民办	经开	贵阳市花溪区为民学校	花溪区三江社区服务中心毛寨村委会	37	162	66	是	王良芬
13	九年一贯制学校	民办	经开	贵阳市花溪区南欣学校	花溪区清浦社区服务中心清水江居委会	0	61	92	是	车振中
14	九年一贯制学校	民办	经开	贵阳市林城苗苗学校	花溪区金欣社区服务中心金农居委会	0	126	111	是	张云阳
15	九年一贯制学校	民办	花溪	贵阳市花溪区筑盛学校	花溪区石板镇石板镇花渔井村委会	84	459	155	是	吴　鹏
16	九年一贯制学校	民办	花溪	贵阳华溪学校	花溪区阳光社区服务中心花溪居委会	14	173	85	是	陈华章
17	九年一贯制学校	民办	花溪	贵阳市花溪区海洋文化艺术学校	花溪区明珠社区服务中心朝阳居委会	62	412	375	是	韦　波
18	九年一贯制学校	民办	花溪	贵阳市花溪育才学校	花溪区溪北社区服务中心吉麟居委会	25	307	125	是	罗仕平
19	九年一贯制学校	民办	花溪	贵阳市花溪区旺明学校	花溪区溪北社区服务中心上水居委会	40	369	154	是	宋昌远
20	九年一贯制学校	民办	花溪	贵阳市花溪区永成学校	花溪区溪北社区服务中心养牛居委会	18	126	90	是	杨　成
21	九年一贯制学校	民办	花溪	花溪区弘扬学校	花溪区溪北社区服务中心竹林居委会	37	97	18	是	杨通奇
22	九年一贯制学校	民办	花溪	贵阳市花溪纽绅外国语学校	花溪区阳光社区服务中心贵筑居委会	0	473	1180	是	汪　洋
23	九年一贯制学校	民办	花溪	贵阳市花溪英豪学校	花溪区溪北社区服务中心吉麟居委会	62	133	65	是	周　荣
24	九年一贯制学校	民办	花溪	贵阳市花溪区绿海学校	花溪区贵筑社区服务中心洛平居委会	4	47	21	是	陈　秀
25	九年一贯制学校	民办	经开	贵阳市花溪区英语实验学校	花溪区兴隆社区服务中心兴隆居委会	0	1677	1110	是	向　泓

花溪区十二年一贯制学校基本情况表

序号	学校类型	办别	片区	学校全称	学校地址	小学学生数小计	初中学生数小计	高中学生数小计	是否法人单位	学校负责人姓名
1	十二年一贯制学校	民办	花溪	贵阳市花溪区品华学校	花溪区孟关苗族布依族乡九八四四居委会	51	249	633	是	冯沛波
2	十二年一贯制学校	省级教育部门	花溪	贵州大学附中	花溪区溪北社区服务中心石板井居委会	18	0	1459	是	杨　军
3	十二年一贯制学校	省级其他部门	经开	贵州省农业科学院附属中学	花溪区金欣社区服务中心金农居委会	391	558	270	是	田金坤
4	特殊教育学校	县级教育部门	花溪	贵阳市花溪区特殊教育学校	花溪区清溪社区服务中心桐木村委会	0	0	0	是	涂春菊

文化·新闻

花溪年鉴
2017HUA XI YEARBOOK

由花溪区选送的舞蹈《射背牌》获第十届中国舞蹈“荷花奖”十佳作品(王文娟 摄)

综 述

【文化设施建设】 花溪区有9个乡（镇）综合文化站，其中一级站2个，二级站2个，三级站5个。农家书屋122个，文化信息资源共享工程基层服务点实现全覆盖。广播电视“村村通”工程建设扎实推进，采取有线联网、直播卫星等覆盖手段，完成数字电视整转197856户（含贵阳经开区），数字化率100%，完成“十二五”广播电视“村村通”工程任务7881户，“户户通”工程任务8931户，大网络、大跨越格局基本形成。全区现有群众文化广场35个，传统文化活动场所（斗牛场、跳花场、高坡乡射背牌活动场所等）16个，省级布依族生态博物馆1个，各类爱国主义教育基地3个，其中市级1个（戴安澜衣冠墓），区级2个（桐埜书屋、赵以炯状元故居）。 （区文广局）

【图书进万家】 2016年，花溪图书馆新办借书证130个，图书借阅量达51600册，其中少儿借阅量达35617册。接待读者58652人次，其中未成年人38212人次。开展一系列“电影展播”“世界读书日”等活动，利用图书馆儿童阅览室开展“好书分享”读书活动以及送图书下乡活动。在青岩镇、麦坪镇、高坡乡开展关爱农民工、留守儿童活动，为孩子们送去科技资料、文具等物品。完成《书香花溪全民阅读中长期规划》编写，并通过专家论证。根据“书香花溪”全民阅读中长期发展规划中图书馆涉及内容，开展校园图书“快乐分享，好书推荐活动”及花溪历史文化讲座活动。

（曾维宏　秦　媛）

【文化市场管理】 2016年，完成文化市场91家个体经营户及企业2015年度年审工作；完成新闻出版发行单位158家个体经营户及企业的年审工作；完成全区100家文化市场经营单位“全国文化市场技术监管与服务平台上线应用”网上登录换证工作；完成新闻出版发行单位158家2015年度统计工作；完成文化产业统计工作，调查、录入400余家经营单位。

2016年，出动执法人员1384人（次），检查网吧2476家（次），办理文化市场行政执法案件11件，网吧吊证2家、停业30天1家、罚款34000元。检查图书报刊亭190家（次），复（打）印店50家（次），印刷厂26家（次），KTV 150家（次），音像制品店31家（次），游戏机室58家（次）。

全区开展“扫黄打非”专项整治行动5次。取缔“黑网吧”3家，由工商暂扣相关设备，收缴电脑50台，服务器6台，监管设备1台。开展境外地面卫星接收设施专项整治行动，检查经营户70余户，暂扣无线接收天线（电视卫星接收器锅盖）12面、接收机2台、高频头11个。取缔87家（次）无证照图书游商地摊和20家（次）无证照销售光碟游商摊点，关闭1家无证照经营书店。收缴56张光碟，27份非法出版物。取缔1家无证游戏机室，收缴游戏机2台，销毁“老虎机”1台。

在花溪班芙小镇广场举行侵权盗版及非法出版物集中销毁行动，发放“扫黄打非”宣传画等宣传资料500余份。在燕楼镇共销毁侵权盗版及非法出版物1300件。

在做好“平安文化市场”创建，文化市场“扫黄打非”日常监管的同时，围绕重要节日和重要时段开展文化市场消防安全生产检查。对网吧、娱乐场所、电影院等企业发放禁毒宣传画576份。在娱乐场所主机中安装禁毒宣传待机画面和严禁“黄、赌、毒”宣传歌曲27家，为全区娱乐场所制作禁毒宣传栏34块，网吧和娱乐场所安装禁毒标志86家，对禁毒知识进行宣传。2016年花溪区获得全省文化市场综合执法优秀奖。 （魏瑾峡）

文化活动

【概况】 2016 年，花溪区紧扣“文化为魂”理念，按照“十三五”时期的文化发展要求，实施文化惠民工程，开展送文化下乡、“我们的节日”“花溪之夏”艺术节等知名品牌文化活动 89 场。

春节期间全区各部门以“文化·科技·卫生”为主题，先后在石板镇、小孟社区、马铃乡、清溪社区、高坡乡等二十六个乡镇、社区开展花溪区 2016 年“三下乡”“四进社区”暨欢乐下基层文化进万家活动，演出 26 场，观众达数万人次。

花溪区文化部门为满足群众文化需求，开展“文化服务流动大篷车”走进乡（镇）、社区进行辅导、培训 64 次；开展“民族文化进校园”活动 20 次；公共文化场地设施、服务项目免费对外开放，每周开放时间不少于 56 小时。

（张竞兮　李　伟）

【民间文化活动】 2016 年，花溪区文化部门组织和参与群众文化活动 63 场，其中包括举办“我们的节日——花溪区 2016 年春节民族民间歌舞大联欢”；参加“周末大舞台、市民展风采”——2016 筑城广场市民才艺大赛之“群众综合舞蹈比赛”三场，获“最佳表演奖”；参加“第五届百姓健康舞”初赛、决赛，获“擂台王”荣誉称号；参与《中国古镇（二）》特种邮票在青岩古镇发行；组织花溪区 2016 年“珍爱生命 远离毒品”宣传活动二场；参加 2016 贵阳音乐季“家乡美”民歌·民谣歌唱比赛；举办贵阳市花溪区高坡苗族“四月八”民族文化活动；配合马铃乡、黔陶乡、麦翁寨分别开展布依族“六月六”民族风情节；参加“多彩贵州·激情广场·金彩盘县”贵州省第三届广场舞大赛活动，取得“银杏奖”第一名；开展“老年人慰问，大爱又和谐——慰问花溪区松溪老年公寓”活动；举办第十八届“花溪之夏”艺术节开幕式暨“唱响花溪”原创歌曲演唱会；参加第十八届“花溪之夏”艺术节系列活动（七夕相亲会、世界汉服大赛、美食嘉年华、啤酒狂欢节、“世界无车日”公益骑行活动、“花溪之夏”艺术节闭幕式）；组织参与 2016 中国（贵州）国际民族民间文化旅游产品博览会文艺节目展演、九九话重阳 浓浓敬老情——花溪离退休干部庆祝 2016 年“老年节”活动、2016 中国青岩·古镇峰会篝火晚会活动、2016 美的青岩音乐节活动；2016 贵阳市廉政文化建设文艺巡演活动 10 场。

（张竞兮　李　伟）

【群众文艺组织】 为丰富花溪区群众业余文化生活，做好花溪区公共文化服务的免费工作，花溪区文化馆于 2012 年 4 月组建成立花溪区群众业余合唱团。特邀省合唱专家、国家一级合唱指挥石恩一老师担任该合唱团的特聘教师，对合唱团进行专业指导，目前合唱团有学员 100 余人。

为弘扬民族音乐，服务文艺大众，促进文艺的大发展大繁荣，花溪区文化馆于 2012 年 7 月组建成立花溪民族管弦乐团。花溪民族管弦乐团共有团长、艺术顾问、客席指挥、指挥、外聘教师、乐团演奏员 50 多人，具备较高的演奏水准。花溪民族管弦乐团参加 2012 年 11 月由贵州省文化厅主办、贵州省民族管弦乐会、桐梓县人民政府在遵义市桐梓县举办的" 贵州省第二届民乐团队大赛"，获得“成人组铜奖”的好成绩。

菊林书院是经花溪区民政局批准成立的非企业民办机构。2003 年 4 月 19 日挂牌，由十多个热爱文化年近六、七旬的老同志自愿组成，现已发展到 200 来人。有青岩、花溪、贵阳等地的干部、教师、医生、工人、农民参加。现在花溪区清溪路 239 号 B 栋附 4 号作为活动场地。

花溪区文化馆群星舞蹈队成立于 2013 年 6 月，是花溪区文化馆馆办团队。现有 12 人，由花溪区文化馆聘请专业老师对其进行训练，通过一年的学习，在“2014 年花溪区文化馆馆办团队文艺展演”中获得好评。

花溪区文化馆红林舞蹈队成立于2002年，是花溪区文化馆馆办团队，由贵州红林机械有限公司退休职工以及在职职工组成。其中最大年龄60岁、最小年龄26岁。舞蹈队坚持训练，在参加全国和贵州省、贵阳市的各项比赛中取得优异成绩。

2016年，在花溪区文化部门专业指导下，各乡（镇）、社区组建240支业余文艺团队。这些业余团队是各乡（镇）、社区业余文艺爱好者通过自愿结合进行文艺活动的结合体，长期开展各种文艺活动，为繁荣花溪文化事业做出贡献。

（区文广局）

文物保护管理

【概况】 2016年，花溪区投资5000余万元建设和完成青岩古镇古建筑维护建设项目、茶马古道青岩古道修缮及周边配套设施修建项目、赵公专祠提升改造项目、花溪非物质文化遗产传习基地建设、青岩景区创AAAAA宣传推荐项目、宣教资料、专用影视介绍、青岩古镇历史建筑恢复工程、古镇历史文化内涵挖掘整理、青岩古镇军事文化展示项目等十个。目前青岩古镇古建筑维护建设项目、赵公专祠提升改造项目已完工、花溪非物质文化遗产传习基地建设等近期项目已基本完工，古镇历史文化内涵挖掘整理项目于12月底完成；开展青岩－黔陶－高坡一线文化梳理及大扶贫建设，配合高坡乡建立扰绕村布依族文化展示馆。2016年，花溪区文物管理部门开展第一次全国可移动文物普查工作数据审核、普查验收报告及工作报告编写、档案整理工作。开展文化遗产的相关申报工作及方案编制，完成文物四有档案整理、文物保护单位保护标志碑建立、保护范围及建设控制地带划定工作。为保证文物安全彻底消除隐患，每周不定期对本辖区内重点文物保护单位进行巡查，对有安全隐患的下整改通知书，限期进行整改，确保文物保护单位的安全。

（陈会芬）

【非物质文化管理】 2016年，花溪区文物管理部门加大对非物质遗产传承人保护，通过签订“传承人责任书”、发放补助、组织活动、开展调研等形式，使非物质文化遗产传承形成有序的保护传承机制。开展花溪区非物质文化遗产代表性项目及传承人基础资料调查、申报、数据库建设等工作。高坡苗族射背牌、芦笙制作工艺、银饰制作工艺基础数据采集正在进行。基本完成花溪苗绣及青岩玫瑰糖制作工艺数据采集。2016年，青岩慈云寺建成集展示、传承于一体的花溪区非物质文化遗产馆。

（陈会芬）

文学艺术

【区美术家协会】 2016年1月，协会举办寒假山水画培训班，邀请贵州省著名画家、国家一级美

7月21日，花溪出品的微电影《中国货车》《不破不立》开机（区新闻中心供稿）

术师王忠才老师授课。2月，在花溪区金世旗楠苑举办“欢度元宵—花溪达达童画少儿美术作品展”。5月，协会会员到久安乡“茫父故里”开展纪念姚茫父诞辰一百四十周年活动。6月，著名艺术家刘万琪、曾景祥艺术作品联展在板桥艺术村隆重举行；花溪区庆祝中国共产党成立95周年、红军长征胜利80周年美术书法展，在花溪美术馆开馆举行；6月1日国际儿童节经开书画协会到枫阳关工委慰问花溪九小及公司工贸幼儿园，并赠送书画作品。7月，组织会员参加“迎八一 送书画进军营”慰问活动；组织会员参加2016年中青年书画作品邀请展；组织会员参加花溪、龙里、息烽三县廉政书法、美术、摄影作品联展；组织会员参加纪念长征胜利80周年花溪区书画展。9月，花溪、龙里、息烽三县“庆中秋廉政美术书法作品展”在花溪美术馆举办。10月，组织经开片区书画协会会员举办“国庆书画摄影诗词展”。11月，组织会员参加贵阳市总工会主办的“寻找筑城工匠”之“艺术匠人”唱响时代大风歌采风活动。 （区文联）

【区书法家协会】 2016年，区书协坚持开展沙龙活动，举办90余场。1月13日至2月2日期间，由区书协参与承办，以“我们的节日”为主题，花溪区迎新春“送春联 送欢乐”下基层为民服务活动，区书协组织会员到各乡镇、社区、少数民族村寨，及部队现场为群众、部队官兵书写赠送春联。组织会员参加区文联的“八·一”送书画进军营活动、“四在农家·美丽乡村”送艺术活动、书画家开展“艺术匠人”走基层活动。先后参与承（协办）“花溪区庆祝中国共产党成立95周年、红军长征胜利80周年美术书法展”、花溪区中青年书画邀请展、“祖国好 家乡美暨纪念姚茫父诞辰140周年少儿书画展”“‘庆中秋’廉政美术书法摄影作品联展”及“2017年‘迎新年·庆元旦’暨首届‘姚茫父’花溪书法临帖展”，展出作品近400件。 （区文联）

【区音乐舞蹈家协会】 2016年春节期间，区音乐舞蹈家协会组织全体会员赴23个乡（镇）、社区、养老院进行巡回演出，用歌舞宣传党的方针、政策，宣传改革开放以来家乡的变化；组织参加正月十三“花溪区春节民族民间歌舞大联欢”。3月，邀请来自省、市数十位词曲创作专家走进花溪，赏美丽风光、品多彩文化、听民族音乐，为花溪创作12首蕴含本土特色的原创歌曲。5月14日，在高坡云顶草原举办苗族传统节日“四月八”，组织40名会员并邀请贵州省舞蹈家协会、贵阳市舞蹈家协会、贵阳市音乐家协会等百名音乐舞蹈艺术家走进高坡进行艺术交流和采风创作。举办“校园文化艺术节”活动。策划组织第十八届“花溪之夏”艺术节原创歌曲演唱会等系列活动等。全年组织举办文艺活动30场。 （区文联）

【区作家协会】 2016年，区作协组织开展区内活动4次。2月，征集小康民谣40余首。5月，高坡2016苗族“四月八”民族风情节，区作协领导率队参与采风，撰写民俗文化活动演出主持词，新闻外宣通稿等；姚茫父诞辰140周年纪念日当天，作协组织领导班子参加“茫父精神耀千秋 久安古茶香万里”纪念活动。10月，区作协田花与《敬畏那方山水》创作团队一行5人，赴第十二届省旅发大会主会场黔南平塘县克度镇，参观世界最大口径天文望远镜“天眼”采风，创作出的诗歌《天眼的秘密》被《贵州商报》《今贵州》等多家新媒体转发。11月，区作协田花参加贵州省网信办组织《静旅游·网络媒体网络名人感知“中国天眼”FAST体验式集中采访活动》，创作的现代诗《静旅游》被《贵州商报》《今贵州》等新媒体转发。12月，区作协田花参加网络大咖、优秀诗人、知名画家走进“绿色沙湾·养生胜地”大型采风活动，贵州交通旅游频道、热点贵州等媒体专题采访《女诗人眼中的沙湾》，田花创作的组诗《沙湾，我是你的花儿》，被《贵州诗人》《遵义晚报》等新媒体推送，诗歌《沙湾农家》被

《贵州诗人》杂志、《黔城眼》微信公众号刊发。

（区文联）

【区诗词学会】 2016年，区诗词学会编辑第十四集《花溪诗词》十多个栏目，为“纪念中国工农红军长征胜利80周年”开辟专栏。全年收到稿件700余份。编辑部用一个多月时间，集中六次进行整理、修改、审定，最后采用诗词390余首。

2016年1月，组织会员参加贵州省委宣传部、省文联、省作家协会举办的“弘扬社会主义核心价值观”春联大赛。3月，组织全体会员到花溪板桥艺术村进行采风座谈会，学习座谈花溪区的旅游发展前景。4月，组织会员参加贵阳市委宣传部举办的“我为贵阳点赞”诗词楹联大赛。5月，选拔会员参加贵州省旅游发展大会茅台镇诗词擂台赛。6月，在花溪区文联会议室举办花溪区诗词学会诗词创作讲座。7月，组织会员在湿地公园举行“庆祝中国共产党成立95周年”座谈会，学习传达中共中央总书记习近平发表的重要讲话。8月，选送作品参加省诗词学会举办的“纪念抗日战争胜利95周年，长征胜利80周年”诗词书画展；组织会员到瓮安草塘采风，创作出诗词楹联作品30余件。9月，开展“迎国庆、颂经开”诗联书画作品展，组织会员到青岩大兴国寺进行采风活动，创作出赞美大兴国寺和青岩古镇的诗词、楹联。11月，组织会员在花溪平桥举行“纪念中国工农红军长征胜利80周年”座谈会，举办“清流诗社”成立十周年茶话会，邀请中国吟诵学会理事吴菲给会员讲授吟诵知识。 （区文联）

【区摄影家协会】 2016年春节期间，协会组织参与2016年花溪区书画摄影展；正月初四、初五，组织会员到高坡乡大洪村、黔陶乡谷洒村为162户村民免费拍摄“全家福”，现场拍摄、制作和装框送给村民。举办4期“机关党建杯”摄影季赛；开展3次区摄协“会员日”活动；举办手机摄影、单骑进藏行摄影讲座；与花溪区直机关工委等单位联合举办4期“最美瞬间”摄影比赛；组织会员参加市总工会举办的寻找“筑城工匠”拍摄活动；与区文联、区委群工委联合举办“三年千院”行动计划摄影展，拍摄15个老旧院落提升改造后的新貌；协办“花溪区全域旅游摄影大赛”活动，组织会员到天河潭开展摄影采风；选送100幅作品参与举办花溪区“庆国庆”暨纪念姚茫父诞辰140周年“美丽乡村·幸福久安”摄影展；协助市摄协在高坡乡凯信驾校举办2016年年会，200余名市摄协会员参加年会和高坡云顶“四月八”拍摄活动；组织选送会员作品完成《中国摄影基地指南》一书的组稿工作。经开分会在花溪十里河滩举行“2016年经开区摄影家协会年会”及“摄影一日”现场抓拍比赛；全年举办“春”“夏”2次命题摄影季赛；迎接“国庆”67周年举办大型摄影作品展览；7月份组织会员到安顺地区下久溪、浪塘、旧州进行摄影创作；2次组织会员到久安乡摄影采风；组织参与“高原明珠太美花溪”摄影大赛采风活动的开机仪式；参与凯信杯“百名摄影家走进高坡”摄影大赛；组织会员参与“寻找最美笑脸，定格幸福瞬间”摄影作品征稿活动。

（区文联）

【区文玩收藏协会】 2016年，区文玩收藏协会开展收集和保护历史文化遗产、普及鉴藏知识、收藏活动，在青岩古镇有待阁进行为期三天的文玩展览活动，邀请相关专家作专题采访与藏品知识讲座。 （区文联）

【《花溪艺苑》概况】 2016年，《花溪艺苑》出版文艺综合季刊4期（39期－42期）。设置诗海拾贝栏目刊登诗词、散文欣赏（散文随笔）、花溪走笔、注目时光栏目刊登散文、随笔；设置茫父诗文选专栏刊登茫父作品；设置本刊推荐栏目，刊登名家作品，设置纸上画廊、久安采风、“清风荷韵——读廉政书籍，扬清风正气”征文获奖作品选、经开区诗词选等栏目，注重推荐花溪本土文艺人才和作品，展示花溪自然与人文风貌。

（曾川娱）

【2016年文化艺术作品获奖情况】 花溪书法家协会会员石文辉、王小云、李劲松作品入展“弘扬风清正气 践行两学一做廉政建设书画展”。

王小云作品入展“万峰林杯”第九届行草书大赛。

冉有作品入展贵州省第四届“恒安杯”篆书隶书篆刻大展。

阮启彬、姚志坚、王小云作品在“中天未来方舟杯”贵阳市“社区小舞台．百姓大圆梦”社区群众书画大赛中获优秀奖。

黄贵作品在中华好书法首届全国中小学师生书法大赛中获二等奖，熊玉学、李劲松作品获优秀奖。

花溪音乐舞蹈家协会会员曹新在第33届“哈尔滨之夏”音乐会—国际手风琴艺术周，获由文化部颁发的优秀指导教师奖。

曾学文在贵阳避暑季“黔茶飘香，品茗健康”茶文化系列活动中，与理事唐志英分别组织合唱团和舞蹈队，演唱歌曲《阳光路上》获二等奖。

由中共贵阳市委、贵阳市人民政府主办的2016音乐季“家乡美”民歌、民谣歌唱比赛，雍朝玉演唱的《山妹子》获“才艺王”称号。

刘锐代表贵阳市教育局参加在郑州举办的全国第三届教师合唱节比赛中获金奖。

吴元琴组织学生参加在凯里举办的第三届中国民歌合唱节获少儿组铜奖；组织学生参加贵阳市王阳明吟诵大赛荣获表演奖。

谢雨涵组织参加贵阳市中小学第十六届班班有歌声合唱比赛获三等奖。

焦莉淋指导的作品《采山的姑娘》，获全省第五届中小学暨中职学生艺术展演“音乐”类一等奖；组织参加贵阳市中小学第十六届班班有歌声合唱比赛荣获二等奖；在“相约古韵南京 同唱中国梦”第七届中国魅力校园合唱节活动中获银奖。

马康康在贵州省第三届广场舞大赛组队参演节目《炫舞彝风》获“银杏奖”第一名。

张新民作曲的禁毒歌曲《小白鸽》参加贵州电视台、省禁毒委员会主办的禁毒宣传活动。

范培锦作词，张新民作曲的《金秋青岩》在贵州省音协音刊《音乐时空》发表。

张豫参加中航机电集团在天津举办的“津电杯”才艺大赛，其创作的舞蹈《追梦人》在舞蹈类节目中获优秀创作奖。

在全国民歌合唱中，杨通敏携作品《山歌赞家乡》及《欢迎你到山寨来》，率由其授课的“久悦之春”艺术团合唱团演唱获二等奖；9月这两首合唱歌曲参加由中国合唱协会主办的2016年全国海上合唱节获二等奖；同月参加贵阳市举办“公民道德歌”比赛，其改编的《公民道德歌》由“久悦之春”演唱获三等奖。

在“贵阳市音乐优质课评比”中由袁林独立任教的音乐课班级获一等奖。

唐志英的舞蹈梨园春色参加贵阳市委宣传部主办的舞蹈大赛获三等奖，8月代表花溪区参加贵阳市第五届百姓健康舞，获得才艺擂台王，11月参加省舞蹈家协主办第七届午蹈大赛，获优秀奖。

2016年，花溪区作协在“我歌我快乐”活动中征集小康民谣40余首，其中《花溪辣椒红了天》等三首歌谣入选《贵州省我歌我快乐小康民谣选本》，区作协田花、盘燕的作品获得区小康民谣征集活动一、二等奖。

在贵州省委宣传部、贵州省文联、贵州省作家协会举办的“弘扬社会主义核心价值观”春联大赛中，邓白蓉作品获二等奖，李树华作品获三等奖，邓春幸、吴畏作品获优秀奖。

4月，在贵阳市委宣传部举办的“我为贵阳点赞”诗词楹联大赛中，艾鸿鸣作品获三等奖，萧潇、吴畏获优秀奖。

5月，在贵州省旅游发展大会茅台镇诗词擂台赛中，李树华作品获三等奖，欧邦成、罗仕明作品获优秀奖。

在“寻找最美笑脸，定格幸福瞬间”摄影作品征稿活动中，花溪摄影家协会会员刘国平、田双、高毕勇、李金魁、董宁、余家洲等10人的摄影作品获入选奖；会员邹善珍作品《星空·流云·古镇》《丰收祭》分别获第十二届贵州省摄影艺术展览艺术类、记录类入选奖；会员鲁彦勇作品《贵州侗族婚俗—嫁女》获得第十二届贵州省摄影艺术展览记录类优秀奖；董仁海作品《寺院祥云》《广场夕照》入选贵阳市2016年城市发展生态摄影展；胡现森、王弟煌、金静、刘满堂、周红光、李朝明等会员的14幅作品获得“沿循蝶变—镜头中的青岩”摄影大赛优秀奖；王建平的《欢乐时光》获贵州省第十二届摄影艺术展览艺术类优秀奖，《苗家古调》荣获贵州省第十二届摄影艺术展览艺术类入选奖；董宁的《中国式明星脸》获贵州省第十二届摄影艺术展览记录类入选奖，《风景线》获凯信杯“百名摄影家走进高坡”摄影大赛获优秀奖，《天河潭新貌》组照获贵阳市城市发展生态摄影展入选奖，《夜色》组照获贵阳市城市发展生态摄影展入选奖；高毕勇的《幸福并快乐着》获凯信杯“百名摄影家走进高坡”摄影大赛获优秀奖；李金魁的《笑逐颜开》获凯信杯“百名摄影家走进高坡”摄影大赛获优秀奖，《远方的客人》获“逸品国香”杯全国摄影双月赛获优秀奖，《城市的节奏》获贵阳市城市发展生态摄影展入选奖；鲁艺的《红流》获贵阳市城市发展生态摄影展入选奖。

（曾川娱）

新闻媒体

【广播影视概况】 多彩贵州“广电云”村村通工程列为2016年花溪区十大民生实事之一，按照《省人民政府办公厅关于印发<多彩贵州“广电云”村村通工程实施方案>的通知》（黔府办函发〔2016〕59号）文件精神，花溪区成立多彩贵州“广电云”村村通工作领导小组。领导小组制定实施方案，与各乡镇签订目标责任书。通过各乡镇、部门、公司协作配合，“广电云”工作截至9月30日，光缆累计实施224公里，覆盖43个行政村，同时开通多彩贵州“广电云”传输信号。

2016年，全区各行政村、社区公益电影放映2274场，其中农村公益电影1836场；社区公益电影216场，超额完成计划任务222场，完成率110.9%。

（白丽萍）

【影视城建设】 花溪区为推动广播影视创新发展，引导、鼓励民营企业投资。2016年1月，贵州飞讯文化传媒有限公司（中影南方国际影城），在花溪区清溪路111号五楼万宜广场建有一家1780平方米的数字电影城，总投资800万元，设置5个放映厅（其中4K放映厅一个），609个座位。1月22日正式向观众（开放）放映。截至2016年12月31日全年票房收入1232万元，观影346439人次。

2016年12月，四川卢米埃影业有限公司贵阳分公司（卢米埃影城〔外资企业〕）在贵阳经济技术开发区珠江路368号（万科大都会商业广场）建有一家5051平方米的数字电影城，总投资2000万元，设置8个放映厅（其中8号放映厅为特效LD厅232个座位），1120个座位。12月23日正式向观众（开放）放映。

（白丽萍）

【花溪区远程教育频道】 花溪远程教育频道固定设有《花溪新闻》《民生连线》栏目。2016年，围绕花溪区中心工作，频道增设学习贯彻中国共产党十八届五中、六中全会，学习贯彻花溪区十一次党代会、“强力推进全域文化旅游创新区建设”“两学一做”“青岩创AAAAA景区”“多彩贵州文明行动”“创建平安社区”“解读社会主义核心价值观”“记者在现场”“关爱未成年人”“平安花溪”“健康知识”等专栏。

第十八届花溪之夏艺术节期间，对开幕式、“六月六”民族风情节、孔学堂世界汉服形象大赛、音乐会、闭幕式进行全程报道，播出花溪区第十一次党代会、“人大政协两会”、历次区委常委扩大会、人大政协常委会、花溪区入围“国家全域旅游示范区”创建单位、青岩镇入选全国首批特色小镇、“花溪义务教育均衡发展工作通过省、市级评估”、花溪公园一期改造完工开园、天河潭一期改造过完工开园，青春励志微电影《中国货车》《不破不立》拍摄情况，周钟瑄文化交流中心主体工程完工等新闻。全年播出新闻251期、视频新闻1390条。 （徐小平）

【花溪区人民政府公众信息网】 2016年，花溪区人民政府公众信息网发布各类信息3920余条次，其中动态信息1720余条，信息公开650条，公共服务108条，视频信息242期，通知公告160条，专题370余条，通过网站收到信息留言193条，通过网上回复办理信息留言75件。

开设“动态信息”“视频新闻”“通知公告”“领导信箱”“百姓书记交流台”“领导活动”“部门动态”“乡镇动态”“信息公开”“公共服务”“场景导航”“热点专题”“网上办事”“专题导航”“政府部门导航”“乡镇社区导航”“专栏”“热点专题”“网上申报”“审批事项查询”等固定栏目。其中，“动态信息”每周一至周五更新新闻，其余栏目根据要求增减。

“动态信息”栏目紧扣学习贯彻中国共产党十八届六中全会精神，学习贯彻省委十一届五次、六次全会精神、市委第十次党代会精神、花溪区第十一次党代会精神、“人大政协两会”“两学一做”教育实践活动、“花溪之夏”艺术节、青岩古镇创建国家AAAAA级景区、2016中国青岩·古镇峰会、2016中国·花溪“大数据+旅游”产业高峰论坛、“全国网媒看花溪”“国庆黄金周集中宣传”等系列活动，抓好主题策划，作全面宣传报道。 （徐小平）

【《高原明珠》】 《高原明珠》报刊为四开四版，一周一期，一版是要闻版，主要报道中共花溪区委、区人民政府中心工作，展示花溪改革发展重大成就；二版是综合新闻版，主要报道花溪区、经开区社区、乡镇、部门、村（居）、单位经济建设的成绩、经验和典型；三版是民生新闻版，主要报道社会、教育方面的新闻、通讯、知识及理论文章等；四版是旅游文化版；每期约4万字，平均8幅图片，展示花溪生态、文化、旅游建设成果。

2016年，开设贯彻学习中国共产党十届六中全会、花溪区十一次党代会精神、“强力推进全域文化旅游创新区建设”“两学一做”“多彩贵州文明行动”“图说价值观”“创建平安社区”“美丽花溪人”“我们的节日”等专栏，对学习贯彻十八届六中全会精神，学习贯彻省委十一届五次、六次全会精神、市委第十次党代会精神、花溪区第十一次党代会精神、“人大政协两会”“两学一做”教育实践活动、“花溪之夏”艺术节、青岩古镇创建国家AAAAA级景区、2016中国青岩·古镇峰会、2016中国·花溪“大数据+旅游”产业高峰论坛、“全国网媒看花溪”“国庆黄金周集中宣传”等系列活动等作重点报道。

2016年，《高原明珠》报出刊51期、特刊5期。报纸刊载有“花溪区委党建指导员‘跟进式’基层党建工作见成效”“花溪区入围全省村级集体经济发展试点县”“花溪区举行民族民间歌舞大联欢活动”“打造全域旅游先行示范区花溪区要在国内独树一帜”“花溪区强化社会建设提升群众满意度”“花溪区创新农村社会治理新模式”“两区‘两学一做’专题党课举行”“这里的前途不可估量”“营造风清气正的政治生态”“花溪区191辆公务用车张贴统一标识接受监督”“冲刺AAAAA百年古镇展新颜”“花溪区拟打造四大旅游品牌”“企业牵手农户 迈向小康致富路”“花溪加快现代高效农业园区建设助推跨越式发展”等稿件。

（徐小平）

【《灵秀花溪、活力经开》专版】 花溪区与贵阳经济技术开发区合作，在《贵阳日报》每周四合办《灵秀花溪、活力经开》专版，及时将花溪区、经开区的重要工作事项、重要活动、经济社会发展重大成果在贵阳日报上报道。与贵阳日报社协商，设有“喜迎、贯彻市十次党代会精神”“强力推进全域文化旅游创新区建设”“落实两个责任”“多彩贵州 文明行动 整脏治乱进行时”“筑城清风广角”“开展两严一降专项行动”“学党章党规 学系列讲话 做合格党员” “我们的节日” “青岩AAAAA创建时”“两学一做”“点赞花溪”“明礼知耻 崇德向善” “奋力成为贵阳经济发展的主引擎”“迈向大数据时代”等栏目。登载有“花溪区域形象设计与传播规划通过专家组阶段性评估”“两区将打造四大产业集群”“花溪区大学生创业孵化基地被认定为市级创业孵化基地”“创建我省全域旅游先行示范区”“花溪区扎实开展‘两学一做’学习教育” “花溪区打造旅游产业新格局”“花溪打造六条精品旅游线路”“经开区多举措加快项目建设”“青岩古镇全力推进国家AAAAA级景区创建” “花溪区全力打造五大旅游产业构建‘旅游+’融合发展新模式” “未来五年花溪将‘变身’公园城市”“全面构建基层社会治理格局”“花溪加快现代高效农业园区建设助推跨越式发展”等稿件。从2015年1月至2016年12月，出专版98期。 （徐小平）

【区外媒体报道花溪】 2016年10月16日，花溪文联组织贵州民族报近50名小记者走进花溪，开展“走进童话世界，开启艺术之旅”采风活动。《贵州民族报》对采风活动进行跟踪报道。

11月8日，由花溪承办的“筑城工匠系列活动之‘艺术匠人’”深入基层，将书画作品送至贵阳市轨道建设指挥部、贵州大数据先行示范点货车帮、花溪区板桥艺术村展出。贵阳电视台、《贵阳日报》等媒体作详细报道。

11月13日，花溪文联与联南风杂志社、花溪区作家协会合作，组织二十余位青年作家到青岩古镇采风，书写花溪美景和人文风情。采风结束后，相关稿件分别在《中国国土资源报》《贵州日报)》贵州作家网等报刊和网站发表。 （曾川娱）

－廉政书画－

王忠才　石文辉　作品

夏培民　作品

陈晓雷　作品

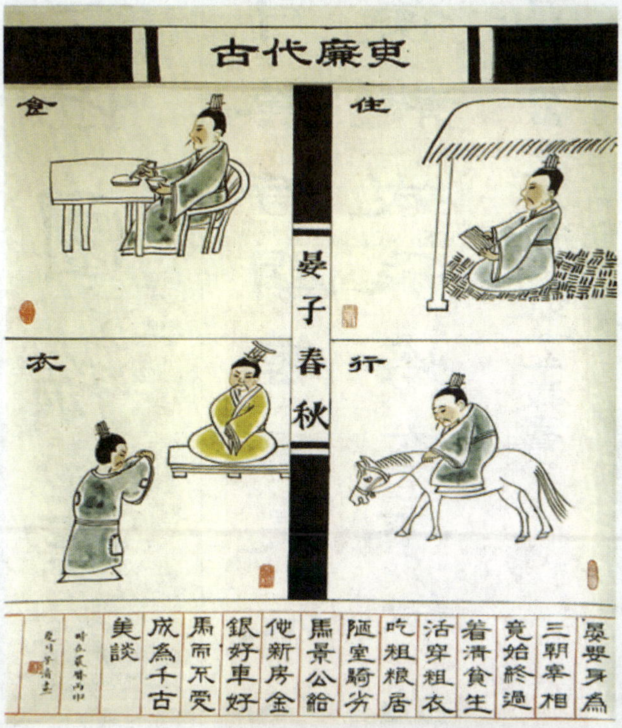

阴子清　作品

花溪区『祖国好，家乡美』中小学生书画大赛获奖作品

小学绘画组一等奖　作者：文曦瑶

中学绘画组一等奖　作者：杨芬琪

小学绘画组一等奖　作者：杨瑞杰

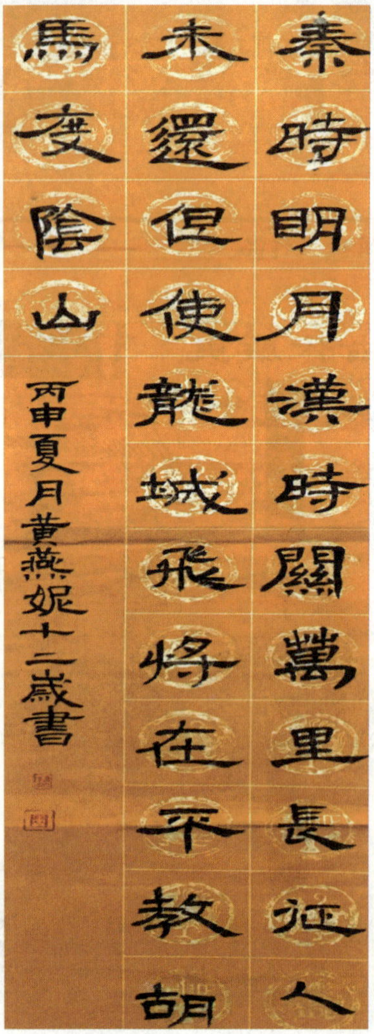

小学书法组一等奖　作者：黄燕妮

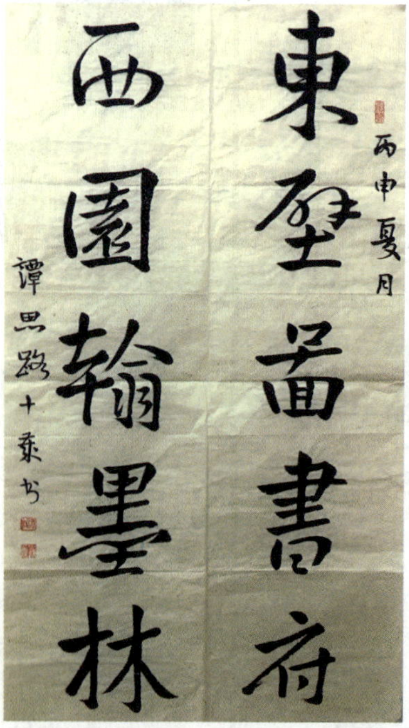

小学书法组一等奖　作者：谭思路

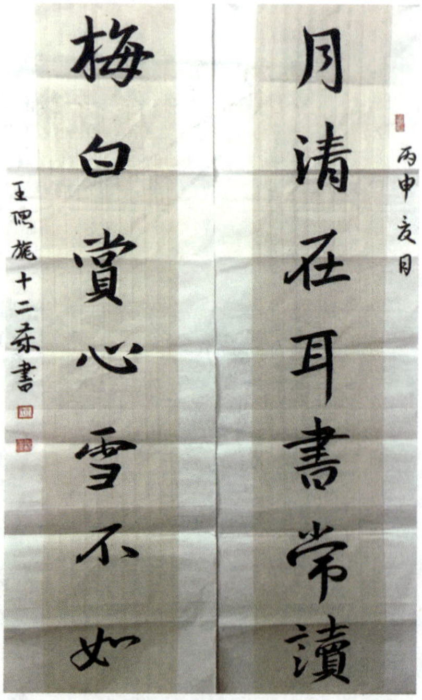

中学书法组一等奖　作者：王偲旎

（责任编辑　白尔楠）

卫生体育

花溪年鉴
2017HUA XI YEARBOOK

1月3日，贵阳市第三十一届冬泳表演活动在花溪举行(王文娟 摄)

花溪年鉴 HUA XI YEARBOOK 2017

卫 生

【概况】 2016年，花溪区完成乡镇卫生院标准化建设全覆盖、县级以上公立医院远程医疗全覆盖、乡镇卫生院全科医生全覆盖、实施大病保险全覆盖、乡村校医全覆盖。实施城市公立医院综合改革，2015年12月31日零时起，花溪区人民医院、花溪区中医院两家试点公立医院实行药品“零差率”销售，取消药品加成。2016年2月1日零时完成医疗服务价格调整工作。实施农村人口医疗救助精准扶贫，完善城乡医疗救助制度，多部门协作，依托新农合管理系统，对11类人群实行“一站式”精准扶贫服务，确保救助对象救助水平符合政策范围内的医疗费用保障平均水平达到90%以上。

2016年，全区投入资金915万元，完成九个乡镇卫生院和两个社区卫生服务中心的标准化建设，新建花孟、黄河两所社区卫生服务中心。完成区人民医院花溪区急救中心建设。

整合乡镇卫生院与乡镇计生服务站，进行医疗联合体建设，贵州省中西医结合医院在花溪中医院挂牌成立“贵州省中西医结合医疗服务联合体重点医院”。贵阳医科大学、贵阳市第一人民医院与花溪区人民医院成为医院联合体。实行全科医生签约服务，社区全科医生团队签约12990份，提供服务6.8万余人次，减免诊疗服务费用39.32万元；乡村医生共签约32339份，服务人数12.3万余人次，签约率达55.1%。不断加强医院业务能力建设，完成花溪区人民医院二甲综合医院复评，推进三级综合医院的申报创建工作。区人民医院、区中医院远程医疗与电子病历建设投入使用。

2016年，花溪区医疗卫生部门继续注重传染病防控，全年无突发公共卫生事件，无甲类传染病发生，乙丙类传染病发病率425.57/10万，低于550/10万以下的省级控制目标。全区建立健全疫情处置、食物中毒、饮用水卫生事件、重大活动医疗救治等卫生应急工作专家组和应急队，为全区各类重大活动提供救护保障。全年出动卫生应急救援181次。查处医疗机构、公共场所、生活饮用水、传染病防治等八大领域中的卫生违法案件，立案并办结1051件，罚款80.32万元。受理卫生许可385件，监督检查经营户9279户次，督促指导经营户整改1365户次。

全区常住人口701991人，2016年出生婴儿6380人，人口出生率9.19‰，人口自然增长率5.25‰，符合政策生育率96.82%，出生人口性别比106.61，处于正常范围内。孕产妇系统管理率92.41%、住院分娩率99.93%，高危孕妇住院分娩率100%，无孕产妇死亡，7岁以下儿童保健覆盖率91.46%。全年办理一孩生育服务证1668个、二孩生育服务证2415个、计划生育证14个，开展网上生育登记1461件。完成奖励扶助资格确认33492人（户），兑现资金1063.0821万元。社会抚养费征收1650900元。全年投入资金187万元，实施花孟社区杨中村市级家庭服务中心能力示范点建设、高坡伍寨村千亩元葱种植、农户创办布

4月，花溪区急救中心建成（区卫计局 供稿）

依农家乐等计生项目建设。

2016年，花溪区职业技术学校被评为“国家级青春期健康教育示范基地”。（区卫计局）

【疾病预防控制】 2016年，全区无甲类传染病发生，无乙类丙类传染病暴发疫情发生，继续保持无脊灰状态。全区报告乙丙类传染病16种2566例，发病率425.57/10万。各疫苗报告接种率99%以上，乙肝首针及时接种率91.75%。活动性肺结核病人系统管理率100%，结核病人追踪总体到位率98%。社戒社康人员转介率为88%。继续开展健康宣传教育，组织开展346次卫生主题宣传、举办健康知识讲座969次、设健康教育宣传栏210个、印发健康教育资料83种18.11万份。组织开展贵州省首届“万步有约”职业人群健走激励大奖赛活动。组织开展“国家级慢性非传染性疾病综合防控示范区”创建工作，创建15家示范单位。完成2016年死因监测分析报告、慢性病及危险因素监测报告、肿瘤随访登记报告、心脑血管监测分析报告。完成全区公共场所、医疗场所、水样监测、空气污染对人群健康影响监测、病媒生物密度、禽类市场人禽流感风险监测、区食品安全风险监测和食源性疾病监测工作。

（区卫计局）

【计划生育服务】 围绕“四优一满意”开展计划生育服务工作。加强孕产妇、新生儿急救网络建设，在花溪区人民医院开通危重孕产妇（新生儿）急救绿色通道，成立区级抢救领导小组和技术专家组，建成区级危重孕产妇转会诊网络和危重新生儿救治转诊网络。全区上报常住人口活产5484人，产妇5440人，建卡5347人，建卡率98.29%。7岁以下儿童保健覆盖率92%，3岁以下儿童系统管理率93.6%，5岁以下儿童死亡率6.38‰。继续做好妇幼卫生保健服务，免费为10311名35－64岁农村妇女进行宫颈癌检查，免费为4065例计划怀孕对象开展孕前优生健康检查，完成各种计划生育手术3489例。避孕药具使用率99.8%，有效率100%，随访率99.9%，群众对避孕药具的知晓率达90%以上，满意率达90%以上。计划生育实验室室间质评通过省级质量监控验收，达到二级实验室标准。（区卫计局）

【农村合作医疗制度】 2016年，新农合筹资水平提高到510元，新农合参合率达98.6%。全区补偿8813.25万元，占全年可使用资金的79.76%（其中门诊补偿33.52万人次，补偿基金1225.86万元，住院1.88万人次，补偿基金6025.2万元，大病656人次，补偿基金983.26万元，儿童两病4人次，补偿基金13.6万元，购买大病商业保险费552.5万元）。按照人均筹资总额的5%为全区参合村民购买大病商业保险，商业医疗保险大病补偿1091人，兑现594.14万元。加强合作医疗基金监管，扣除各级定点医疗机构不合理收费305.12万元。于11月1日在贵阳市二档（新农合）信息系统中的所有定点医疗机构（村卫生室除外）全面启动大病保险“一站式”即时结报。（区卫生局）

【卫生监督】 2016年，继续开展创建国家全域文化旅游先行示范区工作，以青岩古镇为重点，牵头对景区景点的“四小行业”进行综合整治，以查处医疗机构、公共场所、生活饮用水、传染病防治等八大领域中的卫生违法案件为突破口，严格依法行政，加强卫生执法，整顿规范医疗卫生服务市场秩序，查处各类卫生违法案件。立案并办结1051件，罚款80.32万元，受理卫生许可385件，出动卫生监督员3010人次，监督检查经营户9279户次（其中公共场所8040户次、生活饮用水276户次、医疗机构922户次、医用辐射单位41户次），督促指导经营户整改1365户次。

（区卫计局）

【爱国卫生运动】 2016年，区爱国卫生运动委员会办公室组织马铃乡创建“国家级卫生乡镇”，组织高坡乡、久安乡、孟关乡成功创建“省级卫生乡镇”；组织麦坪镇成功创建“市级卫生乡镇”，同时在久安乡久安村等14个村寨成功创建“省级卫生村寨”，在高坡乡高坡村等9个村寨成功创建“市级卫生村寨”。

在“中国数博会”期间，区爱卫办对花溪片区、经开片区环境卫生秩序进行督查工作，保障数博会期间全区环境卫生良好。在青岩古镇创建“国家级AAAAA级旅游景区”工作中，爱卫办发挥督导作用，做到每日一督查，推动青岩古镇环境卫生秩序良性发展；持续推动花溪区、经开片区环境卫生服务市场化外包工作，实施城乡整洁行动，定期开展对社区、乡镇环境卫生督查及排名工作。

（区爱卫办）

【计生利益导向】 严格执行三级公示，做好复核审批，完成奖励扶助资格确认33492人（户），资金1063.0821万元。其中农村奖励扶助513人，测算资金61.56万元；特别扶助327人，测算资金193.986万元；少生快富13户，资金7.5万元；特殊家庭关爱18人，测算资金2.16万元；独生子女伤残、死亡家庭一次性抚慰金27户，测算资金36万元；城镇低保户独生子女奖励扶助15人，资金1.8万元；特别扶助一次性奖励14人，测算资金2.8万元；关爱女孩奖3773人，测算资金113.19万元；提前兑现独子奖3032人，测算资金90.96万元；农村节育奖7499人，测算资金224.97万元；农村晚育奖6户，测算资金0.3万元；独生子女保健费1538户，测算资金81.7335万元；独生子女一次性奖励费52户，测算资金1.775万元；新农保贷款贴息3人，测算资金0.0306万元；新型农村合作医疗10887人，测算资金97.983万元；新型农村养老保险缴费补助4651人，测算资金18.604万元；新型农村养老保险增发养老金392人，测算资金84.46万元；节育并发症（含圆梦小康增发部分）4人，测算资金2.6万元；圆梦小康失独家庭增发12户，测算资金12万元；农村独女双女考生高考一次性奖励48人，测算资金4.8万元；经开区农村放弃二孩3户，测算资金0.3万元；经开区农村奖励扶助增发111人，测算资金6.96万元。（区卫计局）

【改革完善生育登记制度】 开展一站式服务，在村（居）登记信息后信息比对不一致的，由登记人员报告乡镇、社区进行信息核实，不再需要登记对象出具相关婚育证明材料。实行承诺制度，对婚育情况一时难以核实的，在登记对象对其登记信息真实性进行承诺后发放生育服务证。开展委托代办，申请人无法亲自办理的，可书面委托他人代办。基层计划生育工作人员也可主动上门开展登记服务，全程代办。开展网上办理，自2016年7月11日施行网上办理一孩、二孩证以来，全区开展网上生育登记1461件，为群众办证提供便利。（区卫计局）

【红十字会工作】 开展春节期间“博爱送万家”活动，走访慰问困难群众，发放200袋大米、200桶食用油，折合金额24800元；开展助学、助困、助医工作，帮助27户困难群众申请市红十字会精准救助资金，涉及全区9个乡镇、社区，13个村。区红十字会自筹资金帮扶清华中学10名贫困学生。2016年发放市级和区级救助资金56000元。弘扬博爱精神、推动无偿捐款工作：开展无偿献血6次，3000余名群众参与无偿献血体检，有1176人实现无偿献血，完成率63.6%，献血量28万毫升。组织两次造血干细胞志愿者招募活动，有59人成为中华骨髓库中的成员。全年有3名群众登记办理遗体（角膜）捐献，其中一名捐献成功。全年群众性普及救护知识3800人次。在全区范围内设立11个多媒体募捐箱，全年募集社会各界爱心人士善款4578元；参与开展“博爱一日捐”工作项目，筹集善款3460元；接收爱心人士捐款115160元。（区卫计局）

【花溪医院就医环境改善】 2016年，区花溪医院对内科大楼进行装修改建，完善内科系统的二级分科，将原来的2个科室，分为现在的6个科室，使编制床位数由256张增加到600张。花溪区急救中心及医院门诊大楼的装修改造，输血科的规范建设，增强医院在院前，院内急救的能力。建成的血液透析室，解决花溪地区尿毒症患者就近就医透析治疗的难题。7月远程会诊中心建成，打破地域的限制，能及时为区域内就医患者提供高质量、高水平的医疗服务。医院通过高层次人才引进平台引进副主任医师2人，研究生3人；借助医科大学、市一医共建的医联体平台，与二所三级甲等医院签署对口帮扶协议，长期有专家来院对神经外科、心内科、眼科、产科、呼吸内科、消化内科进行技术指导，全面提升医院的诊治能力。2016年重点学科的建设取得成效，成功申报8个区级重点专科，通过二级甲等综合医院的复评“以评促建、以评促改”提升了医院的整体服务能力，用科技兴院，更好地为区域内老百姓服务。

（朱晓丽）

【花溪区中医院】 2016年，花溪区中医院落实国家医改政策，努力整合卫生资源，方便群众就近就医。1月28日，贵阳中医学院第二附属医院党委副书记彭玉一行到花溪区中医院举行授牌仪式，花溪区中医院正式成为“贵州省中西医结合医疗服务联合体重点医院”“贵阳中医学院第二附属医院花溪区中医院”。加入医疗服务联合体，三甲医院专家可经常到医院进行会诊、查房等业务指导，让花溪区患者在医院就能够享受到三甲医院高水平的医疗技术服务 。

为方便群众就医，花溪区中医院加快信息化建设的步阀，探索远程会诊新方法，搭建远程会诊平台。2016年3月10日，平台正式启用，花溪区中医院与北京朝阳医院，中国武警总队医院建立会诊业务，2016年会诊两例特殊高危患者。医院医务人员与上述两个医院的专家进行远程交流，为患者在诊断、治疗方面解决问题，也提升医院医务人员的专业技术水平。 （朱 莹）

1月28日，贵州省中西医结合医院（贵阳中医学院第二附属医院）党委副书记彭玉一行为该医院授牌，正式成为“贵州省中西医结合医疗服务联合体重点医院”（区中医院 供稿）

花溪年鉴 HUA XI YEARBOOK 2017

体 育

【概况】 2016年，花溪区完成元旦冬泳表演、农民农村“小康杯”篮球赛、春节象围棋比赛；举办“花溪区职工足球赛”；完成组队参加省、市举办的各种单项群众体育（竞赛）活动；完成青岩骏驰CTCC国际房车比赛；完成“九月重阳文体展演”，中老年体育健身运动会等老年体协活动。

完成2016年“农民体育健身工程”申报初报工作，组织实施省、市体育局审批的“农民体育健身工程”，其中完成“乡镇农体工程”1个、“村级农体工程”9个、“健身路径”6条；组织实施“花溪区体育健身中心”工程；组队参加“贵阳市第十届‘百村农民’篮球赛”总决赛；11月中旬，完成由贵州省体育局牵头、贵州省统计局、贵州财经大学协助的“贵州省体育产业调查登记工作”，调查登记48户体育产业经营户。完成由贵州省体育局牵头的“贵州省2013－2015体育场地普查”。花溪区对2013－2015新建体育场地进行普查，并登录“全国第六次体育场地普查”软件上传。（罗锦强）

【体育设施】 2016年，花溪地区有体育综合馆3个，篮球馆1、排球馆及羽毛球馆11个，体育场8个，篮球场、排球场、网球场、羽毛球场及门球场186个，乒乓球房8个，网球房2个，综合健身房6间，国家赛车场1个，山体登山步道2条，健身步道144条，3条自行车慢行系统，游泳池12口，小区健身小广场83个，乡镇农体工程9个。共计477块体育健身场地，总面积819950平方米。花溪区现有户籍人口625000人，人均体育健身场地1.31平方米。（区文广局）

【群众体育组织】 花溪区群众体育组织有“花溪区棋类协会”（1980年），“花溪区足球协会”（1982年）“花溪区信鸽协会”（1982年）“花溪区体育总会”（1985年）“花溪区老年人体育协会”（1986年）“花溪区养鸟协会”（1995年）“花溪区少数民族体育协会”（1995年）“花溪区职工体育协会”（1996年）“花溪区游泳协会”（1997年）“花溪区全民健身指导委员会”（1998年）“花溪区乒乓协会”（2001年）“花溪区钓鱼协会”（2008年）。

“花溪区体育总会”和“花溪区全民健身指导委员会”是根据国家体育总局有关文件精神成立的，其目的是为推动群众体育发展和加强对群众体育管理，支持协助体育行政部门工作。“花溪区老年人体育协会”是在“花溪区体育总会”领导下负责老年社会群体的体育健身工作，2013年机构编制改革为花溪区文体广播电视局下属单位。

根据国家民政部对“社会团体注册管理”要求，“花溪区棋类协会”“花溪区钓鱼协会”“花溪区信鸽协会”均在花溪区民政局注册，成为合法社会团体。（区文广局）

【花溪老年体协活动】 2016年，花溪老年体协继续推动门球、羽毛球、武术太极拳（剑、扇）、手杖操、健身秧歌、健身球操、百姓健康舞等健身品牌项目打造和发展工作。元旦节期间，协会配合体育部门承办全市冬泳比赛活动，组织3个代表队参加比赛；组织全区17个分协会1800余名会员，（分协会分别是：舞蹈、太极、门球、乒乓球1、2队、象棋1、2队、钓鱼1、2队、柔力球、气排球、羽毛球、风筝陀螺、京剧、游泳1、2队、143厂老年健身队）开展三八节健身文体展示活动，参加活动的老年人最高年龄达86岁；花溪手杖操队四月份代表贵阳市参加贵州省老年人徒步走、手杖操自编套路、规定套路比赛，分别获全省优胜奖和优秀奖名次；花溪区门球协会代表贵阳市参加“中国门球冠军赛”贵州赛区比赛，“2016年全国农村门球大联动总决赛”贵州赛区比赛等赛事，其中“中国门球冠军”赛获得全省第五名，“2016年全国农村门球大联动总决赛”获得全省第一名，2016年10月代表贵州省参加“2016年全国农村门球大联动总决赛”江西省比赛，获全国道德风尚奖。协会继续开展普及全民健身运动，组织太极拳协会义务开展太极拳健身

2016年中小学生运动会表演（区教育局 供稿）

培训工作。为提高全区太极拳爱好者技术水平，老体协秘书长戚发云、太极拳协会会长马尚伟、副会长刘国平利用个人休息时间进行培训指导在职职工120余人学习太极拳。组织选拔骨干参加全省、全市老体协柔力球、门球、太极拳、手杖操、健身排舞等项目的教练员、裁判员培训工作。通过培训，掌握项目技术要领，获得培训合格证。这些获得合格证骨干又开展二级培训，分别在全区各乡（镇）、社区进行培训指导，受训人员达200余人。2016年9月16－17日举行全区18个社区代表队排舞比赛。2016年10月，协会联合区有关部门组织举办花溪区老年人重阳节系列活动；组织举办“花溪区2016年全民健身老年人体育赛事活动”，设置象棋、羽毛球、健身广场舞、太极拳等四个比赛项目，报名参赛队伍有象棋16个队、80余名老年人，羽毛球18个队、100余名老年人，广场舞27个队、300余名老年人，太极拳18个队、200余名老年人，79支参赛队700余名老年人运动员。赛事于2016年11月11－20日举行。

（区文广局）

【群众体育】 2016年，由中共贵阳市委宣传部、贵阳市体育局、花溪区人民政府主办，贵阳市市民健身中心承办，花溪区文体广电局、贵阳市游泳行业协会及花溪区相关部门、社区协办的“贵阳市第31届暨花溪区第24届冬泳表演”活动，于2016年1月1日下午3∶00在平桥上游河段举行。云岩区、南明区、乌当区、息烽县、修文县、清镇市及东道主花溪老年队、花溪雪松队、花溪青岩古镇队等11支冬泳代表队近500名冬泳运动员参加表演，乌当区“独竹漂”表演队前来助兴。

由花溪区文明办、花溪区农业局、花溪区文体广电局、举办地乡（镇）人民政府主办，花溪区体育总会、举办地村支两委承办的“花溪区第33届‘小康杯’篮球赛”在燕楼镇燕楼村、思惹村、溪北社区、久安乡久安村举行，46支队伍参加比赛。

由花溪区文明办、花溪区文体广电局主办，花溪区棋类协会承办“花溪区春节象围棋赛”在经开片区小河棋院举行，18名围棋选手和30名象棋选手参加比赛。

3月7日，花溪区文明办、花溪区总工会、花溪区妇联、花溪区文体广电局主办，花溪区体育总会协办的“2016年花溪区庆‘三·八国际妇女节’女职工趣味运动会”，在花溪区行政办公大楼前八一广场举行，48支乡（镇）、社区服务中心、局（部、办、委）代表队参赛。

由花溪区全民健身指导委员会主办，花溪区文明办、花溪区总工会、花溪区文体广电局、花溪区教育局承办，花溪区卫计局、花溪第二中学协办的“2016年花溪区职工足球赛”在花溪第二中学足球场举行，14支乡（镇）、社区服务中心、局（部、办、委）代表队参赛。

由花溪区委群众工作委员会、花溪区文体广电局主办，花溪区体育总会、花溪区老年人体育协会承办，《贵阳晚报》、经开片区一鸣宽城国际协办的“花溪区社区体育大会（排舞）展演”活动，于2016年9月16、17日两天在一鸣宽城国际小广场举行，全区18个社区21支代表队参加展演。（区文广局）

【花溪区获游泳三等奖】 花溪区组队代表贵阳市参加“贵州省第三届农民运动会—游泳项目”比赛，获得女子50米仰泳三等奖、女子100米仰泳三等奖，两名运动员获得“体育道德风尚奖”。

（区文广局）

【2016CTCC中国房车锦标赛在古镇青岩举行】 经国家体育总局批准，由中国汽车摩托车运动联合会、贵州省体育局主办，贵阳市体育局、花溪区人民政府承办，贵州顺和骏驰汽车运动有限公司、上海力盛体育文化传播有限公司协办的“2016 CTCC中国房车锦标赛第七站”比赛在青岩贵州顺和骏驰国际赛车场举行，近50名国内外赛车选手参加了2.0T组、1.6T组、中国杯、POLO杯等四个项目的比赛。（区文广局）

（责任编辑　白尔楠）

精神文明建设

花溪年鉴
2017HUA XI YEARBOOK

5月4日，区妇联、团区委、教育局等单位在孔学堂组织开展成人礼活动(区委群工委 供稿)

志愿者行动

【概况】 2016年，花溪区开展“志愿筑城”创建工作，开展各类志愿服务活动，营造互助互爱社会氛围。召开花溪区“文明在行动·满意在贵州”活动工作推进会暨“全国学雷锋志愿服务模范城”创建工作动员部署大会。会议传达和落实中央、贵阳市创建全国“学雷锋志愿服务模范城”相关精神，下发《花溪区关于做好贵阳市创建全国“学雷锋志愿服务模范城”相关工作实施意见》，明确责任，推进“志愿筑城”创建工作。

（赵开舟）

【“志愿贵阳”云信息系统推广】 区文明办组织单位、乡（镇）、社区和志愿组织在“志愿云”上注册和发布项目，开展“志愿云”系统操作培训。实名注册志愿者人数11万余人，注册团队253个，总发布志愿服务项目1340余个。区文明办邀请中国志愿服务联合会专家到花溪开展“志愿云”培训活动。 （赵开舟）

【志愿服务主体和服务对象底数调查】 区文明办对全区空巢老人、留守儿童等弱势群体和基层志愿服务团队摸底统计，为开展弱势群体需求数据库建设和一对一帮扶活动奠定基础。同时支持和鼓励阳光妈妈、菊林书院等专业志愿队伍建设，发挥志愿服务典型模范作用。

（赵开舟）

【绿丝带“爱心银行”建设】 区文明办以爱心储蓄量化成积分，用积分兑换服务的形式，鼓励市民积极参与志愿服务。明珠社区、阳光社区、瑞华社区、兴隆社区绿丝带爱心银行建成投入使用。清浦社区、黔江社区、航天社区、平桥社区、航空社区“爱心银行”建成。 （赵开舟）

【安置房志愿服务站建设】 2016年，区文明办下发《关于印发<花溪区保障性住房志愿服务工作站建设实施方案>的通知》（花文明办〔2016〕18号），对上板（清溪社区）、翁岩（小孟社区）两个志愿服务工作站建设点进行考察，指导责任主体单位清溪社区、小孟社区拟定实施方案，跟踪、督查两个安置房志愿服务工作站建设工作进度完成并投入使用。 （赵开舟）

【志愿服务活动】 区文明办组织志愿者于节假日、重要活动期间在全区重点路段、重要路口和景区景点开展公共文明引导志愿服务活动，设立文明监督岗，倡导大家文明行车，文明行路，倡导绿色的出行方式。开展关爱留守儿童、空巢老人、邻里守望三关爱系列志愿服务活动，在清明、

3月5日，圆梦爱心社开展学雷锋志愿者活动（区委群工委 供稿）

端午传统节庆或周末期间，组织志愿者慰问留守儿童、空巢老人。携手上海感恩会到马铃乡、久安乡、高坡乡、青岩镇捐赠爱心冬衣25箱，为贫困家庭送去温暖。组织文化志愿者、文艺志愿者在春节期间、重要节日期间开展送节目、送文化下乡活动，为群众写春联7800对，进行文艺表演96场。

（赵开舟）

花溪年鉴 HUA XI YEARBOOK 2017

思想道德建设

【公民道德建设】 2016年，区文明办开展“明礼知耻·崇德向善”十大主题活动，下发《关于深化2016年“明礼知耻·崇德向善”主题实践活动工作的通知》（花文明办〔2016〕7号），加强十大主题活动牵头单位的联动，将明“五礼”、知“五耻”活动贯穿到机关、校园、家庭、社区、乡村、窗口、企业、商户、交通和旅游等处，定期指导、跟踪、督促牵头单位和责任单位开展活动。

开展公民道德宣传。3月，开展全省第十五个“公民道德宣传月”，在3月5日“学雷锋纪念日”、3月22日“让座日”、9月22日“公民道德宣传日”等在交通车站、站台开展宣传活动。举办2015年“最美家庭”、“贤惠之星”命名暨宣讲报告会，组织49家机关、企事业参赛单位在区政府广场开展关爱妇女趣味运动会活动。9月24日，区委宣传部、文明办联合贵阳广播电视台，组织400余名自行车爱好者，承办贵阳市“世界无车日”公益骑行活动。

（赵开舟）

【未成年人思想道德建设】 按照《贵阳市文明委关于印发<2016年贵阳市中小学校开展“祖国好·家乡美”主题系列活动总方案>的通知》（筑文明委〔2016〕6号）要求，区文明办制定下发《花溪区2016年中小学生“祖国好·家乡美”主题系列活动——“童心向党”暨“纪念姚茫父先生诞辰140周年”书法、绘画大赛方案）的通知》（花文明办联发〔2016〕2号）《花溪区2016年百场家庭教育讲座“五进”活动工作方案》（花文明办〔2016〕24号）《关于组织开展2016年花溪区未成年人心理健康月活动的通知》（花文明办联发〔2016〕3号）从领导机制和工作机制上推进未成年人思想道德建设工作。

开展“祖国好·家乡美”主题系列活动。开展“学习和争做美德少年”活动，利用校园广播宣传美德少年事迹并发动学生参与美德少年评选活动，在活动中弘扬“仁、义、诚、敬、孝”传统美德。3月，全区各中小学利用团队活动和班会课观看《2015年感动中国十大人物》，并利用校园广播宣传美德少年事迹。8月，花溪区救火小英雄杨芬和孝老爱亲任易雪获“贵阳市2016年美德少年”称号。

清明期间组织开展线上线下“祭英烈”活动。线上组织48765名师生登陆中国文明网在网上向先

贵阳市“我们的节日·清明”爱国主义教育集中示范活动在花溪公园举行（区民政局 供稿）

烈鞠躬鲜花、抒写感言寄语。线下组织花溪小学、花溪二小、花溪一中200余名师生到花溪公园戴安澜将军墓参与清明节祭扫活动。

开展“童心向党”书法绘画大赛和歌咏比赛。5月，启动花溪区“童心向党”暨“纪念姚茫父先生诞辰140周年”书法、绘画大赛，全区学生400人参与书法绘画创作和投稿，并于8月在花溪区美术馆对全区80余幅书法绘画获奖作品进行展览。结合“班班有歌声”举办“童心向党”歌咏比赛，并选拔10首优秀歌曲参加市级比赛。

组织全区中小学校开展“贵州旅游文明小导游”活动，引导未成年人争当文明小导游、文明小督导、文明小游客，树立花溪文明旅游形象。参与学生数1000余人次，评选出中学组和小学组各两位优秀小导游，其中张恩慈在市比赛中获小学组三等奖。

国庆期间开展“向国旗献礼”网上献花留言和征文活动，引导学生在活动中践行社会主义核心价值观，立志向、有梦想、爱学习、爱劳动、爱祖国。

各学校利用校图书室、走廊图书角和班级图书角开展爱国主义读书活动，建设书香校园、文明校园，营造爱读书、多读书、读好书的氛围。

（赵开舟）

【未成年人教育基地建设】 2016年，花溪区利用项目资金对活动场地进行修缮、购买活动设备、装修完善功能室，加强学校少年宫阵地建设，加大对学校少年宫指导和督查。2016年，创建花溪区特殊教育学校和麦坪镇麦坪中学两所市级学校少年宫示范点。 （赵开舟）

【学校、家庭、社会三结合活动】 在六一儿童节期间，各学校结合实际，邀请家长参与校园活动，开展文艺活动近50场，参与学生5000余人。在校园周边，各乡（镇）、社区发放《未成年人保护法》《做合格家长，培养优秀子女》等1000余份。深入乡（镇）、社区开展“传承好家训 培育好家风”科学家教宣讲活动及“伴随成长”家庭教育百场公益大讲堂、留守儿童家长培训活动14场。

全区有留守儿童1276人；有2033户3777人农村低保家庭，其中39名贫困留守儿童享受低保待遇。2016年，全区救助1名流浪在外的留守儿童重返校园；发放孤儿生活保障费50人167.88万元。在春节、中秋节、六一儿童节，全区各乡（镇）、社区，区直单位开展关爱留守儿童、困难儿童的慰问活动，为他们送去书包、文具、慰问金和节日的祝福。

动员志愿力量开展关爱帮扶。花溪区妇联面向乡镇、社区招募巾帼志愿者——“爱心妈妈”（家长）329名，175名爱心妈妈与155名贫困留守儿童进行结对帮扶。与南明区妇联组织爱心妈妈在花溪黔陶乡开展“城乡手拉手·共筑童年梦”关爱留守儿童、困境儿童公益活动。花溪区志愿服务联合会联系上海感恩会对高坡乡34名贫困儿童，以每人每月200元的标准，进行长期资助。组织志愿者在节假日进学校、进社区、进农村开展农村地区留守儿童、困难儿童、农民工子女帮扶工作，帮助青少年成长成才。2016年，有200余名志愿者参与到帮扶青少年的志愿活动中，开展活动30余次，受益儿童1000余人。 （赵开舟）

整脏治乱讲文明活动

【概况】 花溪区创新模式督查督办，首家借助大数据平台，开发“多彩贵州文明行动”数字化监督管理APP（宜花溪）软件，逐步实现全社会全方位监督。创新机制具化目标，整合创文、创卫、创模三个指挥部的力量，成立“三创办”，整合三创指标，集中指导，齐抓共管。创新载体抓管理。建立指挥调度平台，制定落实“三创及文明在行动满意在贵州专项治理网格化管理周报制度”和“责任单位三级联动责任制”，将各单位三级联动名单和联系方式纳入区“整脏治乱”指挥调度信息平台，确保一级抓一级，层层抓落实，推进工作取得实效。围绕“六心行动”，开展对各自职责和辖区范围内专项治理，形成目标统一，行业牵头，分工负责，整体推动的工作机制，同时，整合环卫、市政、生态、交通、交管等部门成立综合执法队伍，采取联动协作，动态治理的模式，应对城市发展带来的各类综合性突出问题，形成执法。（赵开舟）

【环境整治】 9月19日，花溪区阳光社区、经开区城市综合执法分局等部门，组织志愿者、相关执法人员进行环境整治，清除无证商贩违章摆摊设点、野广告。（赵开舟）

【文化市场整治】 为净化社会文化环境，2016年，全区出动执法人员796人（次），检查网吧1773家（次），图书报刊亭71家（次），复打印店40家（次），印刷厂24家（次），KTV 117家（次），音像制品店11家（次），游戏机室36家（次），电影院5家（次）。取缔37家无证照图书游商地摊和14家无证照销售光碟游商摊点，关闭1家无证照经营书店。取缔1家无证游戏机室，收缴游戏机2台，销毁“老虎机”1台。（赵开舟）

【校园周边环境综合整治】 花溪区对学校周边商业网点进行严格管理，取缔各类无照经营行为，确保校园周边无恐怖、迷信、低俗、色情玩具、文具和出版物销售。2016年，处理违规网吧11家。其中人证不符5家，接纳未成年人进入网吧6家，分别予以吊证处理2家、停业整顿30天1家、罚款5000至15000元，共34000元4家。加强“黑网吧”整治力度，取缔“黑网吧”3家，并由工商暂扣相关设备，收缴电脑50台，服务器6台，监管设备1台。对已取缔的“黑网吧”进行回访排查未发现有营业现象。对绿叶网吧等18家存在安全隐患的网吧和5家网吧门前“三包”卫生较差责令整改。强化食品安全，对校园周边食品安全开展专项整治行动，对全区中小学校食品隐患进行排查，不定期对中小学校食物样品进行抽查，并组织辖区内中小学校校长及食堂负责人200余人举行食品安全培训会。（赵开舟）

花溪年鉴 HUA XI YEARBOOK 2017

地区和行业文明创建

【“三创”活动】 为建立区级“三创办”，完善考核机制，印发《关于成立花溪区“全国文明城市、国家卫生城市、国家环境保护模范城市”创建工作领导小组的通知》。按照市“三创办”单双月考核制度，做好市“三创办”单月暗查、双月考核工作。全年双月考核成绩均在贵阳市六个城区中排名靠前。（赵开舟）

【“文明在行动·满意在花溪”活动】 区文明办整理下发《省、市“文明在行动·满意在贵州”活动工作推进会议传达提纲》，多次召开工作推进会、协调会。下发《花溪区“文明在行动·满意在花溪”活动方案》《花溪区“文明在行动·满意在贵州”暨“全域旅游作示范 全域文明我先行”主题活动方案》，印制《“全域旅游我参与，全域文明我先行”——致全区人民的一封信》《文明花溪拍手歌》《花溪区“十要十不要”行为规范》《文明餐桌 节俭美德》《一滴汗 一粒粮》《文明家园共创建 和谐生活齐分享》《学习道德模范 弘扬传统美德》等宣传海报13000余份。（赵开舟）

【诚信建设】 区文明办下发《关于印发<2016年花溪区诚信建设制度化工作方案>的通知》（花文明委〔2016〕9号）和《关于印发<关于开展强化诚信建设工作推进企业履行社会责任的实施方案>的通知》（花宣通字〔2016〕4号），提出诚信建设工作目标，明确工作职责，确保诚信建设工作有序推进。在“3·15国际消费者权益日”前后，全区各乡（镇）、社区在辖区内利用LED显示屏、公益广告、宣传栏等广泛宣传《消费者权益法》知识。3月15日在花溪、经开片区相关单位分别开展诚信建设集中宣传实践活动。

区发改局和区旅游局联合组成价格监督检查组对花溪区周边的景区景点、宾馆、餐饮行业等单位价格明码标价、价格公示等进行检查，先后对万宜酒店、玉龙宾馆、彩歌堂进行消防、服务质量、文明餐桌、放心粮油等工作进行检查。区市场监管局开展生产领域无证行为专项执法行动，严把市场准入关，从源头上防止假冒商品流入市场，打击销售假冒商品、无照经营等坑害消费者的违法行为。花溪区市场监管局、经开区工商局对贵阳华丰批发市场开展食品安全专项整治与摸底调查，查处“仿名牌”“假冒伪劣”“三无产品”等食品问题。经开区工商分局以小商品市场、服装商场等为监管重点，开展侵犯注册商标专用权行为打击工作，打击傍名牌专项行动，维护市场公平竞争环境。

完善红黑名单制度。开展清理长期停业未经营企业工作，以省工商局及省国税局、省地税局下发的企业名单为基础，清理提交符合要求的拟吊销企业名单。

花溪农村商业银行等金融单位向上级相关部门报送的17名失信人员名单，并在花溪农商行的31个营业网点进行同步曝光，现场配备工作人员向客户宣传讲解信用知识。加大对金融行业“老赖”的曝光力度，督促有履行能力的借贷人员打消侥幸心理，尽快履行义务。通过对赖账户进行合法公示，有2笔3人归还花溪农商行贷款，3笔4人与花溪农商行达成还款意愿。（赵开舟）

【文明餐桌行动】 区文明办制作“文明餐桌”宣传画报和桌牌，在学校、单位食堂、餐饮店、酒店等就餐地点摆设“文明餐桌 节俭养德”桌牌、桌贴和海报，并在餐厅内显眼位置和餐桌上设置体现“文明餐桌 节俭养德”主题的宣传语，通过温馨提示牌、宣传板、画报等形式，广泛宣传文明用餐。（赵开舟）

【旅游文明建设】 在各黄金周以及重大节庆假日期间，在辖区的旅游企业经营场所摆放主题活动宣传资料，指导旅游景区、星级饭店、旅行社将旅游安全教育与指南、公约和《文明旅游十大提醒语》的宣传资料进行张贴、播放发放，发送宣传资料1000余份。同时加强旅游执法监管，“两节两会”前、后开展安全、消防检查。

发展全域旅游需全面提升以厕所为代表的公共服务。结合花溪区创建“国家全域旅游先行示范区”和贵阳市创建“学习雷锋志愿服务模范城”等活动的要求，花溪区将范围内单位厕所对外开放，解决“游客如厕难”问题。下发《关于开展花溪区内厕开放活动的通知》（花文明办〔2016〕21号），加强活动牵头单位的联动，将“内厕开放”活动贯穿到机关、校园、家庭、社区、乡村、窗口、企业、商户、交通和旅游等处，定期指导、跟踪、督促牵头单位和责任单位开展活动，定时开放公厕39所。（赵开舟）

花溪年鉴 HUA XI YEARBOOK 2017

好人评选

【概况】 全区各单位、各乡（镇）、社区及中小学收集到身边好人事迹75份。经筛选后，向市级推荐“身边好人”30余人，其中推荐慈母王光红登上4月“贵州好人榜”，基层调解能手杨光琼登上6月“贵州好人榜”，火中救人小英雄杨芬获首届贵州省“最受关注自强少年”称号。饶昌东被评为第五届贵州省助人为乐道德模范，汪汝珍获第五届贵州省孝老爱亲道德模范提名奖。设计印刷好人宣传海报16000份。组织专业的拍摄团队拍摄感动花溪好人事迹专题片20个。组织89家单位约500人参加“2016年贵阳市‘明礼知耻·崇德向善’模范先进事迹暨‘贵阳楷模·时代先锋’

巡讲报告会”花溪专场活动，学习道德模范感人事迹。在春节、端午和中秋节期间，慰问花溪辖区困难道德模范、身边好人51人次，送去慰问物资28300元。（赵开舟）

【社区身边好人】 1. 黔江社区王文娟：王文娟，女，84岁，贵州省贵阳市花溪区小河四十四医院居委会退休主任，居住在云凯熙园老干所。有过18年的居委会工作经历，2007年云凯居委会成立后经常协助居委会开展工作，为12户困难户提供志愿帮扶，化解辖区内居民矛盾8起，每年至少参加社区组织的志愿者活动23次。她甘当义工，乐业奉献，其志愿服务行动，得到广大住户的好评，被群众称为“闲不住的热心人”。同时感召小区5个退休老年人们做起居委会义工。

王文娟老人每年都会协助居委会举办“我们的节日”“健康教育”“法制教育”“节能环保”等宣传教育活动，利用墙壁板报宣传党的方针政策，公民道德纲要、科普知识等内容。每年的春节，是王文娟老人最忙的时候，到社区义务给50多户居民写上100多幅春联、送祝福。学生寒假、暑假期间，王文娟利用自己的休息时间为居委会的孩子们开展小课堂，4年下来，累计为孩子们上小课堂100余次。“重阳节”前夕，王文娟老人为社区宣传重阳节画板报。（黔江社区）

2. 三江社区陈芝平：陈芝平，男，1950年出生，花溪区三江社区场坝村老党员。三江社区场坝村常年出门在外打工的村民较多，陈芝平自愿争当老年守望者，不分白天晚上，长期为外出打工村民义务看门守户。（三江社区）

【“第三届贵阳市道德模范”花溪区候选人】

序号	姓名	性别	所在单位及职务	类别	简要事迹
1	黄永绂	女	阳光妈妈志愿者协会会长	助人为乐	带领“阳光妈妈”志愿者协会长期开展禁毒宣传、吸毒人员康复帮扶等志愿服务活动。累计帮扶救助戒毒康复人员200余人次，为3对戒毒康复人员举办婚礼，积累心理咨询面谈案例100余例，成功干预自杀行为3次，为多名戒毒康复人员建立回归跟踪服务工作机制。2015年，被评为贵州省禁毒先进个人，2015年9月份“贵州好人榜”上榜好人。
2	杜凤琴	女	花溪区明珠社区党委书记	敬业奉献	作为一名拥有30多年党龄的老党员，带领和感染工作团队以服务民生为导向，组建全省第一家统战工作站等多个群团组织，培育33支社会组织，注册志愿者3000余名，发动党员为群众做好事800余件，各类服务活动200余次，直接惠及辖区2万余人，先后获省“三八”红旗手、省市区优秀党务工作者、市“两基”先进个人，区先进共产党员等称号，连续三年考核优秀记三等功，入选中组部《基层党组织书记案例选编》。
3	杨芬	女	花溪区三合学校学生	见义勇为	2015年4月9日夜，杨芬家所在的出租屋因线路老化突发大火。杨芬为了抢救弟弟和侄女导致自己身体50%的部位烧伤，2016年，获首届贵州省首草“最受关注自强少年”称号。

续表

序号	姓名	性别	所在单位及职务	类别	简要事迹
4	赵同竹	女	花溪区黔江社区居民	孝老爱亲	20 年坚持不懈地照顾前夫老父亲。荣获 2015 年 7 月份“中国好人榜”上榜好人，2015 年 6 月份“贵州好人榜”上榜好人。
5	姚明富	男	花溪区孟关乡石龙村农民	诚实守信	为帮死去的哥哥偿还欠下的贷款，姚明富把自己的积蓄拿出来，偿还 1 万元贷款，并又向花溪区农商行贷款 3 万元，偿还哥哥的债务。

（责任编辑　张乡里）

人力资源·社会保障

花溪年鉴
2017HUA XI YEARBOOK

8月5日，经开区创行志活动启动（王文娟 摄）

花溪年鉴 HUA XI YEARBOOK 2017

人力资源管理

【人事工作】 2016年，花溪区办理人事调动124人（其中：干部调动119人，工人调动5人）。完成183名公务员（参公人员）（159名转任，21名晋升，3名转任移交区委组织部）职级晋升（转任）的审批，下发职级晋升（转任）文件，办理31名公务员（参公人员）登记手续。完成全区公务员（参公人员）信息管理系统数据维护更新工作。指导区审计局等5家单位完成13名中层干部竞职工作，下发任职文件及办理相关手续，并将相关任职文件报区政府党组进行备案。完成全区1395名干部人事档案专项审查工作。

2016年，完成转正新进公务员（参公人员）的基层锻炼鉴定、转正定级、公务员（参公）登记。完成2016年度公务员（参公人员）年度报表统计工作，截至2016年12月31日全区政府序列公务员人员554人、参公人员204人。（区人社局）

【人才队伍建设】 2016年，花溪区计划招录12名公务员（参公人员），经过报名、笔试、资格复审、面试、体检、考察、公示等环节后，由市人社局下发录用文件录用机关（参公单位）公务员2名、参公人员10名。制定并开展实施2016年花溪区公开招聘事业单位工作人员工作，计划招聘事业单位工作人员107人，经过笔试、资格复审、专业测试、面试、体检、考核、公示期满无异议后，下发聘用文件并办理94人聘用手续，其中1人为2015年因怀孕推迟体检人员，93人为本年度新招聘人员（4人因个人原因放弃聘用资格）。

指导、协助区教育局完成2016年公开招聘教师工作，计划招聘188名教师，经报名（网上初审）、笔试、资格复审、试教、体检、考核、公示无异议后，聘用183名教师；办理完成本年度5名农村订单定向医学生、27名免费师范生聘用手续；指导21名特岗教师签订合同。开展面向贵州省公开选聘贵阳市花溪国家城市湿地公园管理处（花溪公园管理处）、花溪区青岩景区管理处、花溪区全域旅游数据中心3家事业单位工作人员工作，计划选聘8名事业单位工作人员，实际选聘到3名工作人员。通过贵州人才交流合作网、第四届中国贵州人才博览会现场和花溪区人社局QQ邮箱报名的高层次人才有977名，经考试、考核等环节，为文创区管委会、文广局、发改局、青岩镇、清华中学、区人民医院和区中医院等部门引进63名高层次人才。（区人社局）

【职务与职级并行制度】 截至2016年，收取全区机关（参公单位）科级以下职务人员职级晋升、转任申请177人，其中职级晋升28人，职级转任149人，有8人为党群序列部门初核完毕转交区委组织部进行审批。此后该项工作将纳入常态化管理，各单位将在每月15日准备相关材料按照干部管理权限报送相关初核部门，通过审批人员将于确定职级后的次月起享受相应工资福利待遇。

（区人社局）

【工资福利】 根据《国务院办公厅转发人力资源社会保障部财政部关于调整机关事业单位工作人员基本工资标准和增加机关事业单位离休人员离休费三个实施方案的通知》（国办发〔2016〕62号）规定和《省人民政府办公厅转发省人力资源社会保障厅省财政厅关于调整机关事业单位工作人员基本工资标准和增加机关事业单位离休人员离休费实施办法的通知》（黔府办发〔2016〕46号）、《市人民政府办公厅转发市人力资源社会保障局市财政局关于调整机关事业单位工作人员基本工资标准和增加机关事业单位离休人员离休费的实施意见的通知》（筑府办发〔2016〕47号）文件精神，花溪区调整机关事业单位工作人员基本工资标准和增加机关事业单位离休人员离休费工作于2016年12月底全面结束。（区人社局）

【职位职称工作】 2016年，完成全区2015年度机关（参照公务员法管理单位）及事业单位科级以下工作人员年度考核工作。其中，机关（参照公务员法管理单位）副科级以下工作人员应参加年度考核807人，实际参加考核807人；事业单位副科级以下应参加年度考核人数5714人，实际参加年度考核5701人。经2016年7月19日2015年副科级以下年度考核领导小组会议核查，评定机关（参公单位）优秀等次人员105人（含机关工勤13人）、事业单位优秀等次人员（含事业工勤）874人。

职称评审推荐到省、市参与评审情况：

1. 民营经济：推荐到市评审工程、会计、经济三个系列共24人，通过终审20人。其中助理会计师1人，助理工程师2人，工程师17人。

2. 乡（镇）、教育及其他事业单位：推荐到省、市评审农业、工程、教育、卫生等七个系列73人，通过终审41人（初级4人、中级11人、副高级22人，正高级4人），其中：农业初级3人、农业中级3人，农业高级1人；工程初级1人，工程中级4人，工程高级2人；新闻中级1人；群文中级3人；卫生副高级15人，教育副高级4人；教育正高级2人，卫生正高级2人。

3. 基层认定：推荐到市进行基层认定教育、卫生两个系列9人，通过终审8人，其中教育6人、卫生2人。

4. 教育自行组织评审初审工作情况：2016年10月30日，区教育局推荐93人参评，其中，一级教师89人（中学一级38人，小学一级45人，幼儿园一级6人）；二级教师4人（中学二级3人，幼儿园二级1人）。经云岩、花溪、乌当、开阳四个区县职改领导小组办公室审查合格公示，补充材料复审，建议并推荐参与评审84人，其中：一级教师80人（中学一级32人，小学一级43人，幼儿园5人）；二级教师4人（中学二级3人，幼儿园二级1人）。具体建议推荐情况如下：

（1）中学一级教师：语文4人；数学6人；英语3人；信息技术3人；政治1人；地理4人；美术1人；体育4人；心理健康1人；化学2人；生物2人。

（2）小学一级教师：语文14人；数学16人；科学2人；美术2人，思品1人；体育3人；信息技术1人；音乐2人；英语2人。

（3）幼儿园一级教师5人。

（4）中学二级教师：语文1人，政治1人，生物1人。

（5）幼儿园二级教师1人。

开展全区事业单位专业技术岗位结构比例调整工作，按照省、市相关文件规定的结构比例，完成20余家事业单位涉及编制变动的岗位设置调整工作，并按照新的岗位设置进行人员聘用。聘用5300余人次，完成教育65所学校3600余人次续聘。开展职称年审工作，共审核职称资格证书916人，其中，副高级职称39人，初、中级职称869人。完成职称认定3人。（区人社局）

花溪年鉴 HUA XI YEARBOOK 2017

社会保险

【概况】 花溪区社会保险工作从1988年的国有企业城镇职工养老保险开始，险种经办类别从起初的养老、失业保险发展为城镇职工养老、医疗、失业、工伤、生育保险、城镇居民基本医疗保险、城乡居民基本养老保险、被征地农民社会养老保险、机关事业单位养老保险9个险种类别，保障范围也从国有集体企业职工，扩大到机关事业单位职工、非公有制企业职工、个体工商户、灵活就业人员以及城乡居民等各类人群，基本形成覆盖全民的社会保障体系。截至2016年12月31日，全区参加社会保险的企业、机关事业单位、社会团体等4090户，各险种参保人数56.16万人次。其中，城镇职工基本养老保险累计参保111915人，收缴城镇职工基本养老保险费41352万元。全年新增办理城镇职工养老保险领待人员1717人，为

10891名退休人员发放城镇职工养老保险待遇19593万元；城镇职工基本医疗保险累计参保69079人，收缴城镇职工基本医疗保险费25547.36元；失业保险累计参保46332人，收缴失业保险费2003.62万元；工伤保险累计参保53356人，收缴工伤保险费1348.88万元。全年受理工伤案件176起，参与调处重大伤亡案件10起；生育保险累计参保67190人，收缴生育保险费617.33万元；城镇居民基本医疗保险累计参保133564人，收缴城镇居民基本医疗保险费672.06万元；城乡居民基本养老保险累计参保80151人，收缴城乡居民社会养老保险费1466.69元。全年新增办理城乡居民基本养老保险领待人员1640人，为25243名领待人员发放城乡居民基本养老保险待遇5075万元；办理被征地农民参加社会养老保险16639人（参加城镇职工养老保险10291人，办理退休5237人；参加城乡居民基本养老保险6348人，办理退休3151人）。核发被征地农民财政缴费补助2115.9万元；发放被征地农民参加城乡居民基本养老保险增发基础性养老金318.36万元。（区人社局）

7月4日，对全区各机关事业单位开展机关事业单位工作人员养老保险制度改革宣传培训（区人社局 供稿）

【机关事业单位养老保险制度改革】 2016年3月17日，区人社局组织召开机关事业单位养老保险制度改革工作筹备会，传达学习全省机关事业单位工作人员养老保险制度改革工作电视电话会议精神，并组织学习《贵州省机关事业单位工作人员养老保险制度改革意见》（黔府发〔2016〕5号）文件精神。结合黔府发〔2016〕5号文件，拟定《花溪区机关事业单位养老保险制度改革工作方案》，为下一步工作推进奠定基础。

2016年6月27日，区人社局会同区财政局、区编办召开花溪区机关事业单位养老保险数据采集实施方案讨论会，会上讨论通过《花溪区机关事业单位养老保险数据采集实施方案（征求意见稿）》，并确定此次数据采集范围。

2016年7月4日，根据《关于印发〈花溪区机关事业单位养老保险数据采集实施方案〉的通知》（花人社通〔2016〕58号）文件要求，组织召开花溪区机关事业单位养老保险退休人员基础数据采集工作会，全区383家机关事业单位分管领导及业务经办人员参会，7月底完成全区机关事业单位养老保险退休人员的数据采集工作，8月底完成全区机关事业单位养老保险在职人员的数据采集工作。

2016年9月，根据《省人力资源社会保障厅省财政厅关于2016年调整退休人员基本养老金的通知》（黔人社厅发〔2016〕22号）文件要求，调整补发3828名机关事业单位退休人员养老金971.33万元。

2016年12月21日，组织召开花溪区机关事业单位养老保险社会化发放及征缴工作培训会，对2017年1月启动机关事业单位养老保险社会化发放及征缴相关工作进行安排部署并对业务经办流程进行培训。（区人社局）

就业创业

【概况】 2016年，城镇新增就业20347人，其中失业人员5016人，就业困难人员1091人。职业技能培训2810人。城镇登记失业率为3.11%。申报稳岗补贴单位79家。创业担保贷款新增贷款金额2719万元，新增扶持人数341人。新创建黔江社区黄河居委会为充分就业社区，充分就业社区创建率为79.5%。农村劳动力转移就业3421人，城镇"零就业家庭"和农村"零转移就业家庭"保持动态为零。筹集创业引导资金224万元；完成大学生自主创业130人；上报创业项目57个；打造创业典型6个；组织创业宣传活动10场；组织创业服务活动9场；专家帮扶活动5场；组织专项创业项目推广会2场；报送并发布"贵阳众创网"信息25篇。区大学生创业孵化基地获得认定成为省级创业孵化示范基地。区返乡农民工创业示范园获得市级审批和省级认定，成为贵阳市首个市级农民工创业示范基地和省级农民工创业示范园。在第三届"贵阳银行杯"创业金点子大赛暨痛点创业大赛中取得二等奖1个（姚麟"花溪久安茶、文、旅发展"项目）、优秀奖1个（刘阳河、蒋奇"三七（ThinQ）创意设计工作室"项目），花溪区获得优秀组织奖。花溪区农民工创业者魏英获得2016年贵阳市返乡农民工创业之星称号。

（区人社局）

【就业创业培训】 2016年，区人社局整合资源，加大职业技能培训力度。职业技能培训覆盖2810人，其中，农村劳动者、城镇登记失业人员技能培训189人，在岗职工培训171人，创业培训330人（含"美丽乡村"培训90人），统筹培训2120人。

（区人社局）

【大扶贫战略行动】 制订"转移就业助增收、技能培训解增收、就业创业促增收、服务延伸抓增收、精准管理保增收"五项具体工作措施，建立干部包片指导制度和月调度机制，制作区、乡、村精准就业扶贫增收作战图并下发到有低收入困难人员的18个乡（镇）、社区和135个村（居），为开展精准就业扶贫增收工作，确定总体目标、明确工作方法、建立工作机制、落实分级责任，为工作推进提供保障。

（区人社局）

【特殊人群就业援助】 2016年，区人社局做好"阳光助业驿站"建站工作，建成"阳光助业驿站"总站；建成"阳光助业驿站"分站16个，"阳光助业"小站97个。全区有戒毒康复人员925人，建立"一户一档"925个。按照"阳光助业驿站"工作职责，对戒毒康复人员进行精准走访入户和精准就业援助。开展培训180人（在贵阳市第一戒毒所开展4期GYB创业培训120人，1期中式面点技能培训60人），就业435人。

（区人社局）

【大数据产业发展】 2016年，区人社局搭建大数据企业与求职者交流平台，提供就业相关服务及指导，协助区大数据办在花溪区人流量集中地段及9个乡镇开展大数据呼叫企业巡回专场招聘活动28场，提供招聘岗位1000余个，达成就业意向216人。做好大数据电商培训工作，2016年组织19期938人参加农村电子商务统筹培训讲座、6期180人创业培训，与团区委、区供销社组织66人参加农村青年电子商务培训。

（区人社局）

劳动保障监察

【概况】 2016年，花溪区年审各类用人单位5301户，其中书面审查用人单位5245户，网上审查用人单位56户，完成目标任务1400户的378.64%。其中，国有企业79户，私营企业1133户，个体工商户3988户，事业单位85户，农民专

12 月 16 日，黔鹰 5708 棚户区改造工程工人给区劳监大队送来锦旗（区人社局 供稿）

业合作经济组织 15 户，商会 1 户。涉及劳动者 17983 人，应签订劳动合同 17573 人，实际签订劳动合同 17573 人，签订率 100%；应参加社会保险 16581 人，实际参加社会保险 15887 人，参保率 95.81%。开展拖欠农民工工资情况专项检查、清理整顿人力资源市场秩序专项检查、遵守劳动用工和社会保险法律法规情况专项检查。开展保证金收缴管理工作，农民工工资清欠工作，继续加强“两网化”建设。（区人社局）

【劳动保障监察专项执法检查工作】 2016 年，花溪区开展拖欠农民工工资情况专项检查、清理整顿人力资源市场秩序专项检查、遵守劳动用工和社会保险法律法规情况专项检查、三季度拖欠农民工工资专项检查、打击非法用工专项检查等 5 项专项检查、劳动保障主动监察，检查用人单位 1085 户（次）。（区人社局）

【保证金收缴管理】 2016 年，花溪区完成务工人员工资支付保证金的收缴 21 个项目，收 1780.32975 万元；退还 17 个项目，1628.33 万元，尚未启用保证金支付民工工资，保证金余额为 4655.21 万元。（区人社局）

【投诉单位案件处理】 2016 年，全区接受日常投诉举报案件 119 件，立案调查 119 件，涉及人数 1360 人，涉及金额 3666.56 万元，时限结案率 100%。（区人社局）

【打击不支付劳动报酬违法行为】 2016 年，花溪区移交公安机关涉嫌拒不支付劳动报酬案件 4 件，其中 2 件涉案嫌疑人已落网。（区人社局）

【农民工工资清欠】 2016 年，全区追付农民工工资 24426.87 万元，涉及人数 7365 人。其中，通过主动监察，追付农民工工资 20760.31 万元，涉及人数 6005 人；通过受理劳动保障监察举报投诉案件，追付工资 3666.56 万元，涉及人数 1360 人。（区人社局）

【“两网化”建设】 2016 年，区人社局掌握全区 20704 户用人单位信息，录入地名地址库的单位 5245 户。完善系统的案件受理、立案、结案、整改、处理处罚等操作流程，使用劳动监察系统统计并上报年审的企业信息、农民工工资保证金收缴信息，实现网络化管理。收缴的 21 个保证金项目及受理的 119 个举报投诉案件全部按要求录入系统，并按流程办理。（区人社局）

（责任编辑 翟长保）

社会生活

花溪年鉴
2017HUA XI YEARBOOK

高坡乡开发苗家红米种植，满足市场需求（区农业局 供稿）

社区建设

【概况】 花溪区现有社区18个，其中城镇社区12个，农村社区6个。2016年按照省、市工作部署，开展第十届村（居）民委员会换届选举工作，全区205个村（居）完成换届选举工作。完成2016年花溪区基层民主自治建设，完善四项指标体系——农村社区建设、和谐社区建设、村务公开民主管理、居务公开民主管理。 （周用红）

【村（居）自治和城乡社区建设】 按照《省民政厅关于印发〈贵州省城乡社区基层民主自治建设完善率示范达标认定活动申报评估实施细则〉的通知》和《贵州省城乡社区基层民主自治建设完善率统计监测指标计分规则》（黔民发〔2014〕14号）文件精神，开展“农村社区建设实验全覆盖示范单位”和“村务公开民主管理示范创建”活动，并通过省评估组的评估。 （周用红）

【居委会建设】 按照《贵阳市关于进一步加强居民委员会建设的十条措施》（筑委厅字〔2015〕36号）文件精神，加强居委会建设。拟定《花溪区关于开展居民委员会办公服务用房建设工作的实施方案》（花委办字〔2016〕3号），逐步解决全区部分居委会办公服务用房面积不足200平方米的问题。 （周用红）

【社会化戒毒康复站建设】 按照市禁毒委《关于修订印发<贵阳市禁毒人民战争考核办法（试行）>的通知》（筑禁毒委〔2016〕1号）文件要求的：“2016年上半年社会化戒毒康复站建成并投入使用数，达到2015年12月登记在册吸毒人员50人以上乡（镇）、社区的50%，到年底达到80%”。截至6月30日，全区建成16个社会化戒毒康复站（示范站点2个：明珠社区“亮明珠”、青岩镇“玉带心灵”。一般站点14个：阳光社区、溪北社区、贵筑社区、孟关乡、麦坪镇、石板镇、久安乡、金竹社区、平桥社区、黔江社区、黄河社区、清浦社区、瑞华社区、三江社区阳光驿站），并投入使用。 （周用红）

社会工作

【民间组织登记管理】 花溪区开展年度社会组织年检工作，应检单位160家，已检114家，合格114家，未参检46家，年检合格率100%。结合全域旅游城市建设，打造民办老年公寓示范点。将松溪老年公寓搬迁至花溪机械厂新址，总床位数从123张曾加至300张规模，云上老年公寓搬迁后，总床位从原来70张增加至120张。目前总床位增加227张。推进社会组织“协会+培训机构+其他社会组织”互帮互助资源整合模式建设和启动“三证合一、一照一码”的社会组织新旧代码换证工作。开展养老机构“四个能力”建设工作，对所有养老机构安全及消防设施进行检查建档，为下一步养老机构消防设施改造做好准备。 （周用红）

【民间组织社会活动】 以花溪区圆梦爱心社为主体携手其他社会组织的“互帮互助”模式拉开序幕，开展“助老、爱老，共享阳光”“禁毒宣传进校园、厂矿、乡镇社区”“庆祝七一”“庆祝国庆”“重走长征路，共圆中国梦”“弘扬志愿精神，建设温暖花溪”等10多场大型公益活动，参与团队由刚开始的几家发展为现在的几十家。 （周用红）

社会福利

【社会福利机构建设】 2016年，花溪区公办敬老院2所、民办老年公寓等20所老年公寓建设完成，有床位1527张。2016年入住864人次。（周用红）

【孤残儿童保障】 2016年，区民政局根据规定对经民政部门确定的，失去父母、查找不到生父母的未成年人，社会散居孤儿以及已享受基本生活费的孤儿成年后仍在校就读的，发放基本生活费。发放孤儿生活保障费25人29.52万元（其中：花溪片区21人25.2万元、经开片区4人4.32万元）。 （周用红）

【关爱农村留守儿童】 2016年，花溪区有留守儿童1276人。全区2033户3777人农村低保家庭中，其中有39名贫困留守儿童享受低保待遇；3名留守儿童享受临时救助；救助1名流浪在外的留守儿童重返校园。对46户留守困境儿童家庭发放春节慰问金1万余元。 （周用红）

【推进养老服务】 2016年，区民政局在花溪区“送文化下乡”活动中，发放《老年人权益保障法》及《贵州老年报》等宣传资料2000余份。2016年发放高龄长寿补贴8277人次591.764万元，发放生活不能自理老人护理补贴104人25万元，发放困难老人慰问费300人9万元。6月，开展关爱农村困难留守老人专项走访慰问活动，慰问20名老人发放每人200元慰问金及慰问物资。 （周用红）

花溪年鉴 HUA XI YEARBOOK 2017

社会救助

【城乡居民最低生活保障】 按照《贵阳市“十二五”期间城乡低保标准提标方案》，花溪区2016年1月起，按不低于10%的比例继续提高城乡低保标准，城市低保从530元/月提高583元/月，农村低保从2820元/年提高到3336元/年。按本级200元的标准，将农村五保供养资金作为民生必保项目足额纳入地方财政预算，将所有农村五保对象纳入农村低保保障范围，并按低保标准的30%增发特殊困难补助金。截至12月，花溪区有城乡低保对象3766户6676人，其中，城低保对象1736户2903人，农低保对象2030户3773人。2016年1－12月足额发放城乡低保金、春节慰问金及“两节物价补助”等资金3456.798万元，其中：城市低保对象22067户次37799人次，发放保障金1660.765万元，月人均补差439元；城低保春节慰问金及各类补贴、慰问物资折款共183.04914万元；农村低保对象25178户次46901人次，发放保障金1445.1866万元，月人均补差273元；农低保春节慰问及“两节物价补助”资金181.12万元。 （周用红）

【集体企业职工最低生活保障】 花溪区民政局对不具备参保城镇集体企业退休职工参照城市低保标准发放生活费，1－12月发放158人2043人次基本生活费120.6810万元。 （周用红）

【救助资金发放】 区民政局对因学、因病及其它突发性意外事件导致家庭生活难以维持的城乡困难群众给予临时救助、急难救助。1－12月，为634户次困难群众发放临时或急难救助资金283.073万元。 （周用红）

【农村五保（特困）供养】 2016年，花溪区分散供养五保老人由原3360元/年提标到3960元/年；集中供养五保老人由3840元/年提标到4440元/年，人均增幅600元/年。按照大扶贫战略行动的要求，区级财政按照300元（超过省要求200元的标准）增加农村五保供养资金投入，确保农村五保对象生活水平不低于当地农村居民的平均生活水平。2016年，全区有五保对象108户112人（其中分散供养90户94人，集中供养18户18人）1－12月发放供养资金及春节慰问等资金62.916万元，其中发放供养资金52.876万元，五保春节慰问及“两节物价补助”资金10.04万元。

全区两所公办敬老院有床位150张，集中供养60人。其中，青岩镇敬老院现有100张床位，集中供养10人；麦坪乡敬老院现有50张床位，集中供养48人（含公建民营自费43人）。委托民办养

老院供养3人，床位利用达41%。（周用红）

【城乡医疗救助】 2016年，花溪区发放337人次医疗救助资金242.7724万元；代缴6973人城乡低保、五保、孤儿参保参合费共计40.72万元。（周用红）

【低收入家庭学生助学】 2016年，对城乡低保家庭子女就读本科、大专院校给予适当救助，确保贫困家庭子女不因贫困辍学，春季救助48户城乡低保家庭子女就读本科、大专院校，发放教育救助金12.6万元，秋季发放25户6.2万元。（周用红）

【自然灾害救助】 2016年，花溪区因风雹灾害、洪涝累计51户153间房屋受灾，经济损失35.5万元。具体受灾时间、灾种、损失情况为：2016年5月14日风雹（冰雹）灾害，受灾人口118余人，房屋受损41户127间，直接经济损失27.8万元；2016年5月27日，花溪区普遍降雨，全区2户5间农房受损，累计经济损失6.5万元；2016年6月14日，发生强降雨灾害使28人受灾，7户21间房屋受损，经济损失达10万元；2016年7月14日，发生强降雨灾害使1户3间房屋受损，经济损失7.38万元。全年发放给各乡（镇、社区）及受灾困难群众救灾救济粮食10.5375公斤、棉被106床、棉衣裤50套、保暖内衣10套、雨鞋32双等救灾物资。（周用红）

【流浪乞讨救助】 全年开展对辖区内流浪乞讨和需救助人员进行巡查，确保流浪乞讨和需救助人员的生活及无安全事故发生，累计出车90余车次，协助公安110送贵阳市救助站3人、贵阳市精神病院1人（次）。救助自行返乡149人，发放救助金4235元。（周用红）

【戒毒康复救助】 全区登记在册社区戒毒社区康复人员857人（社区戒毒437人，社区康复420人）。2016年，区民政局将193名社区戒毒康复人员纳入社会救助范畴，发放社会救助金134.3988万元，其中城乡低保120.7303万元，临时救助13.668万元。（周用红）

【救灾和临时救助】 救灾款发放95.2235万元，救济粮发放10.5375万公斤。全区长期需救济344户619人，每月需救济粮9270公斤。（周用红）

【农房保险】 2016年12月，区民政局与人保财险贵阳市花溪支公司签订《花溪区政策性农房灾害保险协议》，全区统保农户41085户，落实保险费34.51万元。2016年度，26户因灾困难群众农房受损报案，理赔11万元。（周用红）

【冬春救助】 2016年度发生各种自然灾害4次，造成马铃乡、燕楼镇等7个乡（镇）932户2086人受灾。其中：需口粮救助人数919户2055人，其他需救助人数13户31人，需救助资金65.1万元，主要用于解决因灾困难群众2016－2017年冬春期间口粮、衣被、取暖、倒损房屋恢复重建等基本生活困难。各乡（镇）、社区服务中心按照《关于进一步加强救灾款使用管理工作的通知》（民救发〔1999〕7号）《自然灾害救助条例》规定，对此次因灾困难群众个人申请、村实行民主评议，张榜公示，乡镇审核登记造册。（周用红）

花溪年鉴 HUA XI YEARBOOK 2017

社会优抚

【军人抚恤优待】 2016年，全区调查登记军队退役人员9758人，其中享受国家定期抚恤补助1899人（其中：残疾军人191人、“三属”21人、在乡老复员军人98人、“两参”人员863人、带病回乡退伍军人3人、60周岁以上农村籍退役士兵723人），未享受定期抚恤补助7859人。1月－12月发放优抚对象定补、伤残军人等享受定期抚恤补助1899人，发放各类抚恤补助资金1051.6138万元；

医疗机构落实现役军人优先、复员退伍军人优先、优抚对象优先服务政策，为他们提供优先挂号、优先就诊、优先化验、优先检查、优先住院、优先取药的服务。为重点优抚对象减免各项医疗费用和困难复员退伍军人临时医疗救助236974.57元（275人）；发放城乡义务兵家属优待金共439.7738万元（287人）；将享受抚恤补助的重点优抚对象纳入健康体检1169人，投入体检资金23.7307万元。（周用红）

【城镇退役士兵安置】 2015年9月至2016年12月12日，全区接收秋冬季退役士兵报到登记406人；组织2014年到2016年9月退役士兵316人参加创业就业培训，参训率80%；组织退役士兵197人参加就业培训汽车驾驶和挖掘机技能培训，组织40人参加省、市级高等职业教育培训，参训率91%。（周用红）

【复员退伍军人生活保障】 困难复员退伍军人纳入城乡低保91户（农低保44户89人、城低保47户70人），涉及家庭人员159人，发放低保资金68.0712万元；解决复退军人生活困难87人，发放救济粮3870公斤；为困难复退军人解决临时救助57人，发放临时救助资金27.08万元；解决复退军人子女就学困难89人，发放资助资金9.5万元；解决复退军人房屋因灾受损维修改造7人，投入维修资金6.3万元；解决公租房3户，做到即报即审。（周用红）

【复员退伍军人交通保障】 在花溪客运站长期设置复员退伍军人优先优惠服务标志，并做好引导服务工作。2016年为复员退伍军人办理市级免费乘车IC卡8837张（A类2303张、B类6534张），复员退伍军人IC卡可免费乘坐市内安装有设备的公交车；区内未设置IC卡读取器的公交车，直接凭《退伍证》《优抚对象抚恤补助金领取证》免费乘坐。（周用红）

【复员退伍军人社会保障】 2016年，花溪区办理复员退伍军人退役养老保险关系转移156人，转移养老保险基金522.74万元。执行黔人社厅发〔2015〕7号文件，累计参保24人，补缴金额125.29万元；按照筑府发〔2014〕40号文件规定，办理军龄加发基础养老金待遇101人，发放军龄加发基础养老金32.58万元。借助各种招聘会活动，为复员退伍军人搭建用工平台，公益性岗位安置23人，解决23名复员退伍军人就业难问题，发放岗位补贴18.98万元，社保补贴16.87万元。2016年，帮助复员退伍军人就业441人，创业2人，为复员退伍军人办理失业登记2人。在申办证照方面：对前来登记注册、申办企业和个体工商户的复员退伍军人优先办理手续，免收登记费用，一律实行先照后证，放宽准入；办理复退军人营业执照10户（其中微企1户），给予两参人员创业补助资金9.5万元。农业技术服务方面：为复员退伍军人在种养殖技术方面提供培训、指导、咨询等服务；优先为复员退伍军人进行农村土地承包经营权确权登记，及时发放土地确权证。农业项目安排方面：在安排农业项目时，优先向符合条件的复员退伍军人倾斜，帮扶2户复员退伍军人发展农业项目，为10户复退军人优先办理土地确权，农技培训100人次。2016年区内花溪公园等景区景点免费接待复员退伍军人、现役军人3400人次；区内停车场免费停放军车1200辆次。（周用红）

【落实军队离退休干部“两个待遇”】 2016年，区民政局落实军休干部“两个待遇”，发放军休干部工资517.272036万元（花溪片区11人1239040.08元、经开片区29人3933680.28元）；发放军休遗属工资5人178800元。春节、八一组织军休干部召开座谈会，开展走访慰问；组织军休干部党员开展学习省、市、区重要会议精神8次，投入资金12500元；组织军休干部到44医院、花溪医院体检38人，投入体检经费51282.5元（经开片区29人42746元、花溪片区9人8536.5

元）；组织军休干部党员37人到时光贵州、乌当羊昌花画小镇参观学习，投入资金12000元；落实无军籍退休职工工资待遇，发放无军籍职工工资2423491.08元（花溪片区19人799878.72元、经开片区39人1623612.36元）；组织开展认证58人，加强动态管理；建立军队无军籍退休职工信息管理系统并完成所有人员信息录入；发放病故无军籍职工伍朝富、顾正清一次性抚恤金及丧葬费52780元；发放军队病故离退休干部一次性抚恤金（2人）708882.2元。（周用红）

婚姻管理

【概况】 婚姻登记处设花溪区政务服务中心和经开区政务服务中心2个办证处，有5人分别进行结婚和离婚登记工作。通过分设等候区、结婚登记区、离婚登记区、档案室等功能区域，各区域相对分开，尊重婚姻登记当事人的个人隐私。

（周用红）

【婚姻登记】 2016年办理婚姻登记8284对，其中结婚登记4843对，离婚登记2502对，补发结婚证743对，补发离婚证196对，登记合格率100%，无违规办理现象。（周用红）

民　族

【概况】 花溪区是一个多民族聚居的区域，全区辖5乡、4镇、18个社区服务中心，其中有4个民族乡（高坡苗族乡、孟关苗族布依族乡、黔陶布依族苗族乡、马铃布依族苗族乡），64个民族村。根据第六次全国人口普查数据资料统计，全区有汉族、苗族、布依族等40个民族，少数民族39个。少数民族人口为151444人，占全区总人口的31%。从民族成份来看，花溪区世居少数民族主要是苗族、布依族。其中：苗族人口5.88万人，占少数民族人口总数的39%；布依族人口5.76万人，占少数民族人口总数的38%（原花溪区少数民族107836人，原小河区少数民族43608人）。（区民宗局）

【民族经济发展】 根据区委、区政府出台的《花溪区关于支持民族乡村加速发展同步实现小康的实施意见》，2016年，区民宗局安排区级民族工作经费120万元。在“十三五”期间少数民族特色村寨的申报工作中，高坡乡云顶村、石门村、扰绕村、大洪村、平寨村、甲定村，青岩镇龙井村、山王庙村，黔陶乡关口村、马场村，马铃乡谷中村、马铃村，久安乡久安村，孟关乡沙坡村14个村被列入贵阳市特色民族村寨，其中青岩镇龙井村、高坡乡扰绕村、马铃乡谷中村被省委统战部、省民宗委、省旅发委命名为全省第一批少数民族特色村寨；龙井村被命名为全国特色民族村寨。围绕民族特色村寨的打造，争取项目建设资金419万元，安排本级民族资金50万元，用于帮助民族乡村解决改善基础设施、完善民族文化设施、发展特色产业等，助推民族乡村发展。按照特色民族村寨推进计划，重点抓好青岩龙井村、高坡乡云顶村、马铃乡谷中村等特色民族村寨建设，结合“创建文化旅游创新区”建设工作，向上级民族工作部门争取资金287万元，用于高坡乡特色民族村寨提升建设及苗族“四月八”活动等建设。加强对辖区的流动少数民族尤其是新疆籍少数民族服务管理，为他们在花溪区务工经商做好服务。目前，新疆籍在花溪区务工经商人员29名。

（区民宗局）

【民族文化教育】 2016年，区民宗局配合区教育局开展民族文化进校园工作，投入资金42.5万元，开展民族文化进校园项目6个。对新考入大学的少数民族困难大学生进行帮扶，每人帮扶资金3000元，帮扶83人24.9万元。（区民宗局）

【民族文化活动】 花溪区的民族文化活动主要集中在春节期间，如正月初九桐木岭苗族跳花场、正月初九燕楼旧盘苗族跳花场、正月初九青岩龙井村布依联欢会、正月十二马铃水车坝布依族歌会、正月十五花溪大寨布依地戏、正月初四高坡乡杉坪村苗族跳洞（悼洞）、正月初六甲定苗族跳场（芦笙舞），以及斗鸟、斗牛等活动。2016 年，区民宗局与宣传部、文广局举办花溪区第四届民族大联欢活动（正月十三）。支持各乡村开展民族文化活动，如高坡乡甲定村、五寨村、杉坪村、龙云村、批林村、街上村，孟关乡沙坡村，燕楼镇旧盘村，马铃乡马铃村、贵筑社区马洞村等村春节期间开展民族文化活动；配合参与区委、区政府承办的贵阳市花溪区高坡苗乡“四月八”民族文化活动，支持协助黔陶乡搞好正月初九“印象黔陶”文化活动。2016 年，全区补助民族文化活动资金 38.52 万元。（区民宗局）

花溪年鉴 HUA XI YEARBOOK 2017

宗 教

【概况】 花溪区有佛教、道教、伊斯兰教、天主教、基督教五种宗教。全区信教总人数 3 万余人，登记开放的四类宗教活动场所 12 个（佛教 6 个，道教 1 个，天主教 2 个，基督教 3 个）；教职人员 13 人；爱国宗教团体 1 个（花溪区天主教爱国会）。其中：佛教信教人数 2 万余人，活动场所 3 个（青岩迎祥寺、高坡灵应寺、三江社区龙泉寺、青岩镇大兴国寺、观音祈福寺、清溪社区桐宝寺），教职人员 9 人；道教信教人数 3000 余人，活动场所 1 个（青岩万寿宫），教职人员 2 人；天主教信教人数 2000 人，教堂 2 个（青岩天主教堂、高坡天主教堂）；基督教信教人数 1000 余人，教堂 1 个（青岩基督教堂），活动场所 2 个（花孟社区麦乃聚会点、三江社区大寨村聚会点），教职人员 2 人；伊斯兰教信众较少，在花溪区无活动场所，主要在贵阳市清真寺过宗教生活。（区民宗局）

【宗教重要活动】 花溪区重要宗教活动主要有佛教的二月十九、六月十九、九月十九观音会，道教的二月十九、六月十九、九月十九慈航会，天主教、基督教的 12 月 24 日平安夜、12 月 25 日圣诞节。（区民宗局）

【大兴国寺祈福活动】 2016 年，花溪区举办黔台佛教文化交流座谈会和大兴国寺祈福中华“盛世重兴、国运昌隆”系列活动。该活动于 2016 年 9 月 4 日至 7 日在贵阳市大兴国寺举行，以“盛世重兴，祈福中华，国运昌隆”为内容。参加庆典的领导有全国政协民族和宗教委员会副主任王正福，省政协副主席班程农，老同志王思齐、龙超云、吴嘉甫、唐世礼等，市领导李忠、王保建、帅文、庞鸿、杨赤忠、龙永平、陈小刚、夏钢出席。贵阳市委副书记、市长刘文新致辞。中国佛教协会副会长圣辉、珠康土登克珠、永寿、湛如、纯一、正慈、增勤、普法、胡雪峰、诏等傣、心澄和柬埔寨亲王布格里以及加拿大、斯里兰卡、泰国、日本、美国、韩国佛教界及省内外信教人士 3 万人出席庆典。（区民宗局）

【宗教重点项目建设】 在青岩创 AAAAA 级旅游景区期间，青岩天主教堂、迎祥寺和成寿宫环境提升建设完成。区民宗局依法批准观音祈福寺和桐宝寺登记开放，会同有关部门完成大兴国寺和观音祈福寺开光。投入近 10 万元支持决花溪基督教和小河基督教解决宗教用房问题，维护辖区社会的稳定。（区民宗局）

【宗教活动场所】 花溪区宗教活动场所主要有迎祥寺（青岩镇）、龙泉寺（三江社区）、灵应寺（高坡乡）、观音祈福寺、桐宝寺、大兴国寺、万寿宫（青岩镇）、青岩天主教堂、青岩基督教堂、高坡天主教堂。

龙泉寺，位于花溪区三江社区尖山村青龙山西坡，始建于清朝嘉庆年间，由大寨迴龙寺僧人崇觉在此结草为庐，取名飞来寺。晚清至民国初，由何、杨二姓发起捐地捐银筹资修建，改名古佛寺，又称古佛洞。自建寺第一任游僧释崇觉起，历经释甫安、释妙音、释觉亮、释宗儒、释觉福等。1958 年全寺毁塌，一度中断香火。1983 年，当地居士捐款捐物自发组织修建，并改名龙泉寺。1994 年元月，临济正宗四十七代僧人释通立法师为该寺住持。1997 年 12 月登记开放。

迎祥寺，位于青岩镇南街，建于明朝天启年间（1621 年），有 380 余年历史，是青岩的著名古刹，属贵阳市文物保护单位。迎祥寺自得道高僧智安法师创建以来，一直香火不断，长盛不衰。1989 年登记开放，传二十六代住持释通修。2012 年，传二十七代住持释祖传。现有僧人 3 名，寺庙总面积 8 亩余，建筑层次分明，建有山门，天王殿、大雄宝殿、观音殿、玉佛殿、祖师殿、药师殿、地藏王殿、钟楼、鼓楼及斋堂、缮堂等，体现中国典型佛寺特点。

灵应寺，位于高坡乡政府东北面灵应山顶，海拔 1600 米。始建设于咸丰十年（1856 年），至今有 152 年历史，系僧者李弘连与地方寨老筹资修建，为三合院模式建筑。灵应山灵气四溢，在灵应山南面悬岩绝壁上刻“灵应山”三字，有常年不干的“天池”、“仙池”、“玉池”。解放初，寺庙尚存。文革时期，寺庙被毁。1986 年，高坡地区 5 寨村民捐资投劳，修复部分。1993 年临时登记，扩修庙宇，恭请缅甸国释迦牟尼佛玉佛一樽；半山建有灵官庙。1998 年元月，经区民宗局登记开放，住持释古修，现寺庙建筑扩建为大雄宝殿、斋堂（二层）1 栋。

大兴国寺，原名大庆寺，简称大兴寺，原址在贵阳市中华南路，是贵阳最早的佛教寺院，建寺距今六百余年。2010 年，在省、市有关部门支持帮助下，大兴国寺在花溪区青岩古镇小西冲重建。大兴国寺占地面积 133334 平方米，总建筑面积 32360 平方米，投资 1.2 亿元。2015 年，经贵阳市民宗委批准开放，现任主持为释心照。

观音祈福寺，原名贞女庙（张仙老祖庙），至今有一百七十多年历史。贞女原是指张家小姐，自幼许配给卖绸缎的吴家。在她十五岁的时候，吴家公子病死，张小姐坚持到吴家守贞，并烧香拜佛。佛祖受到感动，把她的香引到四川峨眉山大雄宝殿上，每天燃烧不绝。后来万县的知县来还愿，烧不到早香，才知道吴张氏的事。于是此事惊动贵州府台，上报朝廷后，光绪皇帝亲自下旨，给吴张氏立牌坊。牌坊立于北门外，上面有御题的“天旌贞操”四个字，但文革期间被当成封建残余拉倒。在立牌坊的时候，石匠们怎么也上不了梁，请了吴张氏来，牌坊梁才扣上。因此老百姓认为张贞女有神相助，从此称她为“张仙老祖”。

2012 年，在省、市有关部门支持帮助下，观音祈福寺在花溪区青岩古镇兴建，历经 4 年，初具规模。目前该寺占地面积 3900 平方米，建筑面积 3280 平方米，总投资 3200 万元。现有山门、大悲殿、三圣殿、药师殿、地藏殿、韦陀殿、财神殿、露天弥勒佛、斋堂、五观堂、客堂、禅房等基础附属设施。2016 年 4 月，经花溪区宗教事务局批准登记开放，现任主持为如意法师。

桐宝寺，位于贵阳市花溪区桐木岭，北距贵阳 20 公里，南距青岩古镇 8 公里。始建于明崇祯 16 年（1643 年），距今已有 300 多年历史。临济宗二十九代传人光远大和尚为开山祖师。2006 年，贵州省佛教协会理事、回龙寺方丈上宽下宏大和尚委派弟子如意（字源忍）重修桐宝寺。2016 年，完成观音殿、玉佛殿、宏法楼、天王殿、大雄宝殿、地藏殿、钟鼓楼等建筑。2016 年 4 月，经花溪区宗教事务局批准登记开放，现任主持为如意法师。

万寿宫（道教），又名江西会馆，系清康熙年间江西客民所建。由于历史的原因，中途暂停活动。2000 年后，贵阳市将万寿宫修复并完成道教文化内容展示陈设。总占地 1000 多平方米，有正殿、配殿、西厢、戏楼和生活区。正殿大门上是彩色浮雕，有九个道家神仙像，分别是太上老君和八仙，色彩鲜明，人物栩栩如生。周围有砖雕和其他浮雕。还有戏楼上的木雕，雕刻精美。戏楼的横梁上能看见浮雕的“鸿门宴”“十面埋伏”等经典历史故事内容。2008 年，经区民宗局登记开放。现住持为贵州省道教协会、贵阳市道教协会、贵阳市仙人洞住持张崇新。

青岩天主教堂，建于咸丰七年（1867 年），位于青岩镇城西，占地面积约 4000 平方米，可容纳 400 人左右。现信徒除青岩镇外，散布在石头寨，杨梅高寨、栗木寨等地，约有 750 余人。青岩天主教按照“自治、自养、自传”三原则自办教务。“文化大革命”中，青岩天主堂停止宗教活动，1979 年后，青岩天主教堂房地产全部由天主堂管理。1987 年 9 月，贵阳市政府拨款 2 万元，教会出资 8000 元维修教堂。历年由肖泽江主教、马德江神父，罗神父、刘神父主持教务活动，教堂民主管理小组负责人为周维国。

高坡天主教堂，位于高坡村，始建于 1936 年。1964 年，为集体仓库；1980 年落实宗教政策，归还教会。1991 年 8 月 16 日，花溪区政府批准高坡天主堂作为天主教徒活动点，由教会经费修复。高坡天主教会集资和政府补助约 4 万元，仿贵阳新华路真福堂式样，于 1993 年 3 月初动工修复。教堂长 16.5 米，高 8 米，牌坊高 11.5 米，小巧玲珑，绚丽美观。1995 年 4 月 30 日，天主堂落成并举行祝圣典礼。并登记开放，负责人为刘维英。1997 年，修建配房屋一栋（二层），面积约 300 平方米。现有信教群众 800 余人。

青岩基督教堂：1921 年，中华内地会英国牧师吉应安（George Cecil Smith，1867－1941）将基督教传入青岩杨梅村大寨，并在杨梅建成青岩第一个基督教堂。1946 年，基督教复临安息日会陈丰灵在青岩租用城区场坝刘效奇家作为聚会处。1950 年 9 月 20 日，中华内地会张家彬在青岩背街将文光家做聚会处，直到 1958 年。1980 年 12 月，青岩信徒在背街三号继续聚会，直到 1988 年圣诞节。1987 年，贵阳市政府拨款 2 万元在青岩南门为基督教修建一座 140 多平方米砖木结构的教堂。从此青岩基督教结束了在信徒家里聚会，转而进入到教堂过宗教生活。2001 年 8 月，青岩教堂屋顶垮塌，贵州省基督教两会引进资金及周边教徒奉献进行维修。1994 年，青岩基督教堂按规定向花溪区民族宗教事务局登记。现负责人彭大经，2007 年引入传道员张银忠。

花溪镇山武庙，位于贵阳市花溪区镇山村（布依族生态博物馆），始建于明万历年间，清道光年间毁于火，清光绪三十四年（1908 年）重建，1997 年修复。原为木结构悬山顶抬梁混合式的四合院，现仅存一座五开间的关圣殿。2015 年 1 月，区民宗局根据贵州省民宗委《关于开展民间信仰事务治理改革试点工作意见》和《贵阳市民宗委开展民间信仰事务管理试点工作方案》的要求，率先在贵阳市开展民间信仰事务管理工作的试点，并于同年 9 月批准开放。（区民宗局）

老龄工作

【概况】 2016 年，全区 60 岁以上老年人 6.9 万人，占年末总人口的 14.6%，80 岁以上高龄老人 6930 人，占老年人总数的 1.4%；90 周岁以上老人 520 人，100 周岁以上老人有 17 人，最高 108 周岁。全区用于老龄工作经费 310 万元。（周用红）

【关爱老年人】 在花溪区“送文化下乡”活动中，发放《老年人权益保障法》及《贵州老年报》等宣传资料 2000 余份；2016 年，发放高龄长寿补贴 8277 人次 591.764 万元。发放生活不能自理老人护理补贴 104 人 25 万元，发放困难老人慰问费 300 人 9 万元。2016 年 6 月开展关爱农村困难留守老人专项走访慰问活动，慰问 20 名老人每人发放 200 元慰问金及慰问物资。（周用红）

【养老机构建设】 花溪区有公办敬老院 2 所，有床位 200 张；民办老年公寓和托老所等 19 所，有

床位1514张。完成高坡乡五寨村、高坡村2个农村互助幸福院建设。（周用红）

【百岁老人】 花溪区2016年共有17名百岁老人。

花溪区2016年百岁老人名单

序号	姓名	性别	民族	出生年月	家庭住址
1	谢家兰	女	汉	1913.6.20	花溪区阳光社区松涛路8号3单元附3号
2	郭　华	男	汉	1915.5.16	花溪区阳光社区清溪路77号3栋1楼4号
3	王国香	男	苗	1908.9	花溪区高坡乡五寨村甘素组
4	许德胜	男	汉	1912.11.05	花溪区清溪社区幸福小区
5	刘传绍	男	汉	1908年3月5日	花溪区清浦社区清水江路94－1－6号
6	李茂昭	女	汉	1912.1	花溪区兴隆社区黄河路205－2－12
7	徐泉水	男	汉	1915.8.4	花溪区黔江社区黔江路7号14栋3单元附5号
8	王淑群	女	汉	1915.11.6	花溪区平桥社区小屯路82号3单元4号
9	熊玉珍	女	汉	1916.2.20	花溪区溪北社区吉林村287－5号
10	杨陈氏	女	汉	1914.3.29	花溪区马铃乡革牛皮箐村团冲组
11	班德昌	男	布依	1914.4.14	花溪区石板镇镇山村三组68号
12	陶学兰	女	汉	1911年3月	花溪区燕楼乡思惹村八组
13	何明芬	女	汉	1915.2.6	花溪区小孟社区陈亮村二组105号
14	范学珍	女	汉	1913.3.25	花溪区马铃乡革约村猫脚组
15	赵世芬	女	彝族	1913年5月6号	花溪区三江社区大寨村235号
16	王　德	女	汉	1914.3.19	花溪区兴隆社区漓江路57号采云谷1栋1单元3号
17	李荣焕	女	汉	1915.4.14	花溪区贵州大学北区教职工宿舍21栋110号（明珠社区）

（周用红）

殡葬管理

【概况】 2016年，全区死亡人口2020人，死亡火化率100%。开展殡葬管理工作，实施殡葬惠民政策，免收遗体接运、火化（普通火化炉）、单间停放、骨灰寄存四项基本殡葬服务费用。实行惠民殡葬工作，拨付免除城乡亡故居民基本殡葬费77.08万元。全区有经营性公墓1座，农村公益性墓地91座。（周用红）

【花溪区悼念馆建设】 花溪区悼念馆2005年因开发建设需要进行异地搬迁建设，经多次选址论证到开工建设，历经11年终于在花溪把伙村大塘建成新的花溪区清云山殡仪馆。12月1日，新花溪区悼念馆试运营启动。（周用红）

【清明祭扫】 2016年，区民政局与区文明办牵头组织学校、机关、部队、群众及企业代表500余人到戴安澜将军墓前开展清明祭扫活动，投入资金6000余元。9月30日，组织部队官兵、复员退伍军人花溪区社会各界代表600余人在花溪公园戴安澜将军墓前开展公祭活动。（周用红）

（责任编辑　翟长保）

乡镇

花溪年鉴
2017HUA XI YEARBOOK

8月12日，青岩歪脚村（青岩镇供稿）

青岩镇

【概况】 青岩镇位于贵州省贵阳市南郊29公里，距花溪12公里，毗邻210国道，是花溪区南郊中心集散地，贵州省四大名镇之一。始建于明洪武十一年（1378年），至今已有638年的历史。有“南部要塞”、“筑南门户”之称，在贵州历史上占有极其重要的政治、经济、军事地位。地处东经北纬26°17′——26°23′，106°37′——106°44′。南北长约10公里，东西宽约8公里，总面积为92.3平方公里，东接黔陶乡，西与燕楼镇、马铃乡相连，南与惠水县接壤。地势东、西、北部较高，中部、南部较低，属丘陵河谷盆地，平均海拔1100-1300米，最高峰大苗山海拔1330米，最低处思潜村官塘河入惠水处1010米，镇政府驻地海拔1100米。

青岩镇辖17个行政村、2个居民委员会，106个自然村寨，131个村民小组；全镇居住7739户，人口35086人。有汉、苗、布依、侗、壮等11个民族。青岩镇主要公路有青高、青燕、青马线与主干道横跨东西，公路等级为2-3级，全镇17个行政村、106个自然寨通公路。

2016年10月14日，青岩古镇被住建部列入第一批中国特色小镇名单。12月，承办2016中国青岩·古镇峰会”，并接受国家旅游局创建国家AAAAA级景区检查。 （青岩镇）

【经济发展状况】 2016年，青岩镇完成财政总收入7726.31万元，完成地方财政收入4188.23万元，旅游总收入实现6.65亿元；完成省外到位资金18亿元；农民人均纯收入15003元；完成地方生产总值19.47亿元，比上年增长13.2%，其中，一产完成32282万元，比上年增长6.6%；二产完成42271万元，比上年增长13.2%；三产完成120190万元，比上年增长13.9%；固定资产投资完成282013万元，招商引资完成15亿元；规模以上工业完成2.21亿元。公共财政预算支出2695.95万元，比上年减少3%。 （青岩镇）

【城乡建设】 2016年，青岩镇完成9户危房改造和155户公共租赁住房的数据核对上报。完成古镇给水管网的更新，完成青岩水厂扩建土地征收工作，做好饮用水源地保护，集中式饮用水水质100%达标。编制古镇民居保护修缮导则，完成东街-商业街道路景观项目及立面整治提升报建，总投资估算为2042.39万元；完成17栋房屋立面整治、综合管网下埋及路面石板铺设，使古镇与东街-商业街片区、交通路等形成大景区风貌，带动相关产业发展。完成西街片区综合整治项目涉及居民房屋征收、征地拆迁及回迁安置，完成立面整治51户、综合管网下埋、道路建设、停车场及广场建设。完成青岩古镇污水收集系统，实施古镇管网改造，做好卡子门、北安置房片区、王朝宾馆片区、营上坡、高寨河路口、塘上街、交通路等污水管网疏通和维护工作；将古镇污水管网接入摆早污水处理厂，实现雨污分流。完成390盏太阳能路灯采购安装工作。西门公交总站、停车场投入使用。2016年示范小城镇建设目标考核，获市级综合排名第一，省级综合排名第二。 （青岩镇）

【一事一议项目建设】 2016年，青岩镇争取“一事一议”项目38个，财政奖补资金822.86万元。融资贷款资金330.41万元，完成摆早村项目12个；投入财政奖补资金150万元，完成山王庙村示范村寨项目5个；融资贷款资金69.64万元，完成杨眉村项目5个；投入财政奖补资金272.81万元，完成普惠制项目摆托、摆早、达夯、谷通、新楼、二关、大坝、新哨等16个项目。完成通组路8公里，文化广场3400平方米，文化长廊120米，太阳能路灯92盏，垃圾桶及垃圾箱126处等，公共厕所2座。 （青岩镇）

【教育事业】 2016年，青岩镇有初级中学1座，中心完小1座，思潜、达夯2个村级完小，有龙井、扬眉2个教学点。青岩小学有在校生2236人，毕业生287人，教职工124人；青岩幼儿园在校生130人，教职工28人；青岩贵璜中学在校初中生1242人，毕业生636人，教职工114人。

（青岩镇）

【计生工作】 2016年，青岩镇出生人口407人，出生率11.7‰，人口自然增长率1.78‰，待孕496人。全镇流入人口2100人，办理婚育证明452人，办证率100%；流入已婚育龄妇女577人；流出人口3044人，办理婚育证明1364人。实施计划生育手术136例，其中（女扎14例，上环122例）。妇检查环查孕2241人次，其中在家妇检对象1854人次，在家妇检率100%，综合妇检率92.6%，完成宫颈癌筛查工作997例。全年对各村下达计划生育手术任务125例，完成100%，孕前优生检查166对，超额完成任务。全镇奖励计生对象1152人，奖励金额110.22万。全面执行二孩政策。 （青岩镇）

【卫生事业】 2016年，青岩镇有镇卫生院1所，村级卫生室17个，镇卫生院床位40张，卫生人员58人其中管理人员2人，工勤人员1人；卫生技术人员50人（执业医生6人，执业助理医师8人，注册护士20人，药剂师5人，其他11人，乡村医生19人。全年诊疗34357人次，其中门诊33656人次，入院701人次，出院701人次。镇卫生院及村卫生室健全公共卫生安全工作制度，落实儿童预防接种，强化传染病防治、食品安全监管、完善红白喜事申报制度，开展健康教育和爱国卫生运动，巩固全国卫生镇创建成果。 （青岩镇）

【社会事务工作】 2016年，青岩镇新增就业602人，农村劳动力转移230人；对新增创业实体入户调查142户；自主创业场租补贴申报50户，为20名返乡创业农民工申报补助资金60000元；办理城镇居民医疗保险21人，办理城乡居民基本养老保险13809人，为思潜村、扬眉村、摆托村、歪脚村、北街村、西街村、南街村、龙井村、摆早村1076人办理被征地农民养老保险，当年享受待遇的有320人。全年落实新型农村合作医疗制度，大病救助25人，救助金额27.03万元，门诊报销14085人，报销金额24.68万元，住院报销220人，报销金额150552元。完成2017年新型农村合作医疗保险筹资28420人，筹资255.78万元，完成筹资率99.3%．城乡医疗救助18人，发放救助金92049元。办理婚姻登记51对，帮助42户灾民建房，补助资金20800元；发放救济金584150元，使293户1160人次受益，发放救济粮4165公斤，使56户258人次受益；完成2015年提标核查工作，发放金额347831元，使716户1014人次受益；发放农村最低生活保障金，1223640元，使270户586人次受益；元旦、春节慰问城低保对象，发放慰问金32400元，物资慰问折合金额6436.8元；办理80岁以上高龄补助486人，发放高龄补助金344640元。 （青岩镇）

【精准扶贫工作】 2016年，青岩镇低收入困难户建档立卡313户718人，因户施策帮扶贫困户38户每户2000元，购买农药、化肥、种子等农用物资发展农业生产，发帮扶资金7.6万元。申报帮助低收入困难户贷款贴息9户，贴息资金13404.24元。

（青岩镇）

【三农工作】 2016年，青岩镇农作物播种面积4528公顷，粮食播种面积880公顷，粮食总产量7074吨，蔬菜产量91647吨，水果产量992吨。实施春、秋两防动物免疫，日常动物及动物产品检疫，重大动物疫情防控猪口蹄疫注射3410头，猪蓝耳注射3120头，猪瘟注射3380头，牛口蹄疫注2810头，鸡禽流感注射66800羽，鸭31600羽，鹅8600羽，鸡新城疫免疫56360羽，2016年青岩镇无重大动物疫情发生。完成17个村109处小型农村水利设施工程产权制度改革确权。组织森防队员、工程护林员扑救森林火情15起，制止秸秆（垃圾）焚烧220余起，清明期间组织“鲜花文明祭祀”宣传活动，“3.12”植树节义务植树300余亩。完成2015年退耕还林（生态林）钱粮补助兑现款221176.86元。青黔高效农业园区门头建设完成。通过人大代表公开投票，竞争比选出实施农村人居环境项目的村9个，排污、垃圾池建设项目72个，申报项目资金5000余万元。以青岩古镇为核心，延伸打造青岩至黔陶、青岩至马铃美丽乡村示范带，按照美丽乡村建设标准，规划编制花溪区大扶贫行动计划建设项目82个，预算投资8822万元，项目涉及公路沿线绿化工程、村寨清洁工程、村寨亮化工程。（青岩镇）

【平安青岩建设】 2016年，青岩镇社会治安网格化服务管理工作覆盖率100%；探索农村社会治理新模式，以龙井村为协商示范点；完成扬眉村群众服务中心建设，全镇19个村（居）“一村（居）一法律顾问”全部挂牌开展工作。全年刑事案件发生79起，比上年下降9.7%。人民群众安全感测评为98.1，全镇安装监控167个，发放防盗锁芯100个；全年开展社会治安入户宣传活动24次，进行反邪教警示教育，全年未发生一起涉邪教案（事）件；同时做好国家、省市区重要会议、重要活动期间的信访维稳工作；排查调解民间矛盾纠纷，化解矛盾纠纷121起。加强安全生产宣传教育，全年未发生重特大安全生产事故，全镇社会秩序稳定。（青岩镇）

【古镇消防设施建设】 2016年，区消防大队派10名消防队员组成的专职消防队驻青岩，暂由镇派出所主管，镇城管科协管，营房设在青岩镇政府内，约320平方（包含有4间宿舍、1间洗漱室、1间学习室、1间会议室、1间健身室、1间通讯室、3间器材库、1个车库），镇内有消防栓41个（镇中心区域内24个，景点内17个）、室外消火栓28个、消防软管150盘、手抬机动泵1台、消防服16套、安全绳9条、腰斧9把、消防斧头27把、水带148条、消防扳手18把等，全地形消防摩托车4辆、具有消防喷水功能的洒水车（载水量5吨）2辆，负责古镇中心区消防工作，同时加大古镇及其周边村寨宣传、巡逻密度，确保古镇消防安全。（青岩镇）

【城镇管理】 2016年青岩镇建立古镇景区环境卫生“服务外包”管理模式，建立“以政府为监管主体、以京溪公司为责任主体、以部门联动为执法保障”的环卫工作体系；完成天马路市场及交通路夜市摊区的迁转工作，巩固古镇景区创AAAAA成果；始终保持打击违法违章建筑的高压态势，依法拆除违法建筑142户，面积42035平方米，并运用航拍技术对青岩辖区内土地房屋进行完整记录存档；探索建立青岩古镇长效管理机制，严查严控秸秆和垃圾焚烧、建筑扬尘、渣土清运等行为，确保城镇环境卫生、干净、整洁，为游客创造舒适安逸的旅游环境。（青岩镇）

【“中国青岩·古镇峰会”】 2016年12月12－14日，在青岩古镇举行“中国青岩·古镇峰会”。本次峰会以“特色古镇创新发展”为主题，旨在通过举办峰会，为行业主管领导、相关学科专家学者、古镇管理人员、古镇开发经营者提供一个交流互动平台；邀请全国知名专家、古镇代表共同解读古镇文化特色与发展规律，分享文化传承经验，探索以青岩镇发起建立古镇峰会长效机制，共谋发展，为全国古镇保护建设打造平台，共同探索古镇良性发展之道。峰会会期三天，国家住建部、中国科协，贵州省委、省政府，贵阳市委、市政府有关领导出席会议。国内著名专家学者如单霁翔、郭旃等参加，围绕“跨文化交流与跨文明融汇”、“千年古国与千年古镇里的文化传承”等方面内容进行主题演讲。峰会还分别以专题论坛和平行论坛的形式进行，63家古镇单位签署发布《青岩共识》。青岩古镇获“最

受中国报业关注的十大古镇”称号。（青岩镇）

【国家 AAAAA 级景区创建】 2015 年 11 月，青岩古镇景区通过全国旅游资源规划开发质量评定委员会评审，被列入全国创建 AAAAA 级旅游景区预备名单。青岩古镇景区围绕国家旅游局颁布的 AAAAA 景区创建标准，以 950 分以上的创建目标，从研究方案设计、景区长效管理机制、宣传氛围营造、文化挖掘和整理等方面开展创建工作。景区提升改造项目有 65 个，其中：工程建设类项目 23 个，整治类项目 13 个，政府采购类项目 29 个，计划总投资约 7.23 亿元。2016 年 9 月 30 日前完成青岩古镇景区提升项目，11 月迎接国家旅游局组织的暗访暗查。（青岩镇）

【拆迁户回迁安置】 玉带湾畔：位于青岩镇歪脚村羊昌沟，总用地面积 90.01 亩，建筑总面积 11.65 万平方米，房屋建筑面积 8.37 万平方米，建设 37 栋建筑，其中 32 栋多层住宅 6.53 万平方米、4 栋（A－D 区）配套商业及 1 栋办公楼 1.75 万平方米，2015 年竣工。2016 年回迁安置 272 户，住宅面积 26795.81 平方米。

玉带溪苑：建设在青岩镇歪脚村狮子山，总用地面积 188.8 亩，建筑总面积 21.92 万平方米，房屋建筑面积 13.05 万平方米，其中：多层住宅 7.46 万平方米、商业建筑 5.28 万平方米、配套有幼儿园、商业街、精品人文酒店等。2015 年竣工，2016 年安置回迁 271 户，住宅面积 26391.5 平方米。

田园美庐：建设在青岩镇桐惠路旁（田园南路大兴国寺正对面），用地面积 71.74 亩，建筑总面积 7.5 万平方米，建筑房屋 26 栋，其中 23 栋多层住宅 5.06 万平方米、3 栋配套商业 0.9 万平方米。2015 年竣工，2016 年安置回迁 52 户，住宅面积 4479.42 平方米。

创 AAAAA 景区及青岩小城镇建设农民新村安置房建设项目：建设在青岩镇羊昌沟，规划用地面积 72000 平方米，建筑面积 60000 平方米，总投资 18000 万元。2015 年底竣工，2016 年回迁安置 229 户，安置住房面积 30884.77 平方米，产业房面积 6327.11 平方米。（青岩镇）

【重点项目征地撤迁】 贵惠大道（青岩段）经思潜、歪脚、摆早、新哨四个村，2016 年完成征收土地 704.3 亩，兑付资金 5028 万元，迁坟 150 座，兑现资金 62 万元；征收房屋 25 户，完成 704.3 亩土地地面附着物的补偿工作。青黔高道路改扩建项目完成征地 12.411 亩，林木 164 株，果树 82 株，兑现补偿 35 万元；立面改造 37 户，正在施工中。花安高速（青岩段）经二关村，征地 650 亩，征地补偿 4630.97 万元，迁坟 126 座，房屋征收 68 户。

（青岩镇）

【中共青岩镇党委换届选举】 2016 年 7 月，青岩镇党委换届选举选出青岩镇第十二届党代表 55 名，8 月 29—30 日，召开中国共产党青岩镇第十二次代表大会。大会选举产生中国共产党青岩镇第十二届委员会和纪律检查委员会，选出党委书记孙昕，副书记宫连虎、欧阳宇航；委员石军、侯忠昶、谭永龙、李雪斌、汤正彩、石坤文；选出纪

11 月 26 日，青岩镇龙井村第十届村民委员会换届选举大会举行（区民政局 供稿）

委书记侯忠昶，专职副书记张成凤，委员蔡庆刚、李晓玉、张群英。（青岩镇）

【青岩镇人民政府换届选举】 2016年9—12月，青岩镇按照人大代表换届选举相关法律法规，选出花溪区第十七届人大代表12名，选出青岩镇第十八届人大代表58名。11月23—25日，召开青岩镇第十八届人民代表大会第一次会议，审议通过政府工作报告、人大工作报告。大会以无记名投票方式选举，选出李博为镇人大主席，宫连虎为青岩镇人民政府镇长，谭永龙、李雪斌、石坤文为青岩镇人民政府副镇长。（青岩镇）

【青岩镇村级党支部、村委会换届选举工作】 2016年，青岩镇按照村级党支部和村民委员会换届选举法律法规，在镇换届选举指导组的指导下，5—6月，完成青岩镇第十届村级党支部换届选举，9—12月，开展第十届村民委员会换届选举。全镇17个村2个居委会都选强配齐村两委班子。（青岩镇）

青岩镇村基本情况表

单位：户、人、元、公顷、平方公里

村名	户数	户籍人口	常住人口	组数	常年耕地面积		劳动力	自然村寨	行政区域面积
					总面积	其中:田			
歪脚	426	2566	2663	8	92	59	1677	7	3.5
山王庙	195	807	824	5	45	35	524	4	2.6
摆托	309	1181	1158	9	53	37	767	8	3.6
扬眉	630	2769	2732	7	71.5	63.5	1799	5	9.2
摆早	389	2001	1639	8	76	60	1300	8	6.7
新哨	545	2479	2455	8	112.37	74.8	1611	6	7.3
思潜	676	3250	3117	12	136	98	2112	9	10.1
达夯	556	2687	2494	13	182.6	82	1746	12	9.5
谷通	423	2045	1911	5	110	59	1329	5	8.6
新楼	293	1329	1201	7	69	40	864	5	5.7
二关	183	805	836	4	41	23	523	6	3.9
大坝	180	887	853	7	56	38	570	5	2.4
龙井	330	1247	1313	7	52	35	810	5	5
新关	298	1090	1148	5	38	23	708	5	6.2
南街	498	1726	1747	7	58.97	7	1121	4	2
西街	266	1246	1294	7	54	34	809	5	1.1
北街	554	2671	2816	12	66.22	45	1738	7	4.1
东街	515	2016	2749	12			1310		0.5
明清	473	1573	2136	10			1022		0.3
合计	7739	34375	35086	153	1313.66	813.3	22340	106	92.3

（青岩镇）

石板镇

【概况】 石板镇位于花溪区行政中心西面，紧邻贵安新区和经开区，距离贵阳市中心15公里，处于贵安新区与贵阳市联通的龙头位置。全镇行政区域总面积51.6平方公里，辖摆勺、羊龙、合朋、花鱼井、云凹、石板一村、石板二村、隆昌、茨凹、芦荻、花街、盖冗、镇山13个行政村和3个居委会。常住人口29747人，其中农业人口2.1万人、流动人口7000多人，主要居住汉、苗、布依等民族，少数民族占总人口的20%。

辖区路网布局基本形成“五横五纵”的道路体系，即横贯东西向的贵安大道、南环线、老中广线、新中广线、黔中路五条主干道，纵向南北连接的花石路、贵安大道与南环线联络线、产业大道、合羊线和天河潭大道，过境的颠黔铁路货运和“五横五纵”的道路体系为产业聚集和物流集散提供良好的运输条件。同时，规划修建的轻轨S1号线即将在合朋村、天河潭景区建设2个换乘站，交通便利。

境内有天河潭AAAAA级风景区、镇山民俗文化保护村、镇山生态博物馆、芦荻历史文化村、摆陇苗寨等自然景观和人文景点，民俗民风淳朴，生态环境优美，气候宜人。以休闲度假、生态观光、农家乐等为特征的乡村特色旅游正在全镇各村拓展，“黔中一绝”天河潭、“镇山布依特色风情游”已享誉在外。

石板镇入驻湖北商会、贵州省汽车流通商会、泉州商会、福建总商会和贵阳市农产品流通协会等十大商会，为发展民营经济奠定良好基础。

（陆　青）

【经济发展状况】 2016年，石板镇完成国内生产总值（GDP）20.5亿元，比上年增长13%；完成财政总收入11293.94万元；公共财政预算收入4881.76万元，固定资产投资完成40.3亿元，2000万元规模以上工业企业增加值完成3.4亿元，公共财政预算支出1735.95万元，经济综合实力稳步增长。在全区9个乡镇综合经济指标测评中，生产总值、固定资产投资和财政收入均位列第二，城镇竞争力持续增强，知名度提升。 （邱　贤）

【镇党代表换届选举】 2016年，石板镇有中共党员753名，选举产生镇党代表59名，占党员总数0.08%，其中，各级干部17名，占28.8%；工业、农业、财贸、科技、政法、教育、文化、卫生计生和非公有制经济等生产和工作第一线的先进模范人物，各类专业技术人员42名，占71.2%；妇女代表14名，占23.7%；少数民族代表16名，占27.1%；45岁以下代表35名，占59.3%，大专学历的8名，占13.6%；本科学历10名，占16.9%，研究生1名。 （陆　青）

【社会民生保障】 2016年，石板镇对低保对象的收入、住房等家庭情况进行调查核实，实行动态管理。全镇城市低保户250户526人，全年发放低保金2652644元；农村低保户155户297人，发放低保金1246897元。全年解决灾民和困难群众25户次63人次生活问题，发放救灾救济款13000元，救济粮1900公斤，为36人次重症患者申请医疗救助金73325元。为35户困难群众申请临时救助金118000元。全年发放重点优抚对象定期定量生活补助607706元，60周岁以上农村籍退役士兵生活补助93920元。同时，对优抚对象的“三难”问题进行申报，争取资金解决优抚对象的生活、住房和医疗问题。其中，为17人优抚对象申请医疗补助37337元。春节期间慰问优抚对象132人，发放慰问资金39600元。为216位复员退伍军人办理免费乘车卡，其中A类卡86张、B类卡130张。调查老年人和残疾人的生产和生活状况，为410位老年人发放老年补助306460元。为符合条件的贫困残疾人申请彩金辅助器轮椅1辆，腋拐2副，助行器1套。开展重度残疾人摸底统计，做到村（居）不漏户，户不漏人，全镇现有48名重度残疾人，其中15名已纳入低保保障范围。为符合条件的精神残疾2人申请免费住院及服药，并对病情做好记录，以便了解病人的康复情况。为10名贫困残疾人申请残疾人机动轮椅车燃油补贴。发放56个残疾人慰问金12200元。组织1位残疾人参加区残疾人电子商务技能培训，获得结业证书；组织80位残疾人参加种植实用技术培训。对戒毒康复的48人按照“一人一策”全部建档。全镇在册吸毒人数134人，社区戒毒/康复人员48人，其中就业安置自谋职业24人，集中安置24人。殡改工作以村为主，全镇2016年死亡125人，全部火化安葬于公墓。城镇登记失业率在0.145%以内，劳动和社会保障所就业服务信息网联网率达到100%，全镇新增就业900人，完成目标数的100%，职业技能培训50人。（林瑶　刘松）

【人口管理】　2016年，全镇常住人口为29747人，比上年增加1783人；出生320人，出生率为11.09‰，比上年出生增加46人，出生率上升0.76个千分点；分孩次看，出生一孩146人，二孩162人，多孩4人；分性别看，出生男孩165人，女孩155人。全年死亡143人，人口自然增长率为6.13‰，比上年升1.87个千分点。全镇期末育龄妇女7924人，比上年增加567人；其中已婚育龄妇女5613人，已婚育龄妇女中：一孩妇女占38.25%，二孩妇女占48.76%，多孩妇女占9.06%，综合长效避孕措施落实率为88.42%。在流动人口管理方面，围绕“以房管人、以业管人、以证管人”的工作要求，全年采集1871人新增流入人口信息，核查流动人口3807人，变更流动人口基础信息2864条，信息交换平台前半期协查反馈率均为100%；移交派出所信息比对3807条，其中有效信息3616条，比对出重点人员36人并纳入重点人口进行管控，做到重点人员和信息早发现、早掌握，隐患早排除，免费为流动人口办理《贵州省居住证》332张。抓查流动人口刑事犯罪嫌疑人在人口信息平台和公安派出所系统中的登记录入率达80%以上，流动人口中刑事犯罪嫌疑人比上年下降3%。（潘杨　蹇晔）

【2016年石板镇九大实事】　1. 启动“天河四寨”（镇山、芦荻、花街、摆陇）4个美丽乡村示范点的打造工作；

2. 完成天河潭景区提升改造征地拆迁工作，实现天河潭景区“十一”黄金周开园营业；

3. 实现全镇困难群众“居有所安”，完成3户危房改造，并验收合格发放补助资金；

4. 完善辖区污水处理系统配套建设，启动集镇污水管网铺设，加强农村环境卫生综合整治，全面打造美丽村寨，不断改善全镇的生态环境；

5. 完成石板镇卫生院的标准化建设；

6. 完成镇山民族文化村停车场建设；

7. 完成天河潭110千伏电力14座铁塔迁改建设；

8. 启动石板区域9块土地招拍挂项目。鑫锦苑地块、西部建材城地块城市综合体、西部建材城A地块、阳光众合地块等5宗地块完成土地测量83.783亩，兑现34.849亩（未兑现部分由于前期测量存在重叠暂不能兑现），拆迁房屋签约37个编号12200平方米，1个未签约，完成拆除5个房屋编号2300平方米；

9. 完成地利农产品物流园76户拆迁户顺利回迁安置到清水城安置点。（冉　经）

【社会治安综合治理】　2016年，石板镇提升改造16个综治工作站。对辖区内重点企业、建筑工地及周边的社会治安，一是落实企业及周边24小时巡逻制度，从辖区重点园区企业，周边村级巡防队抽调精干力量对重点部位，主干道进行24小时巡逻防范。辖区企业新增高清探头120余个，织成企业内部的“天网”防范网络。不断推进“平安建设”工作，接警2352起，处警2352起，受理

“两严一降”案件112起，立案112起，破案38起。全镇未发生影响恶劣的重大刑事案件和治安案件，治安环境总体良好，人民群众安全感测评满意度达98.75%。对吸毒、贩毒人员开展地毯式的摸底排查，摸清吸、贩毒人员底数，建立管理档案，建档率100%，做到底数清、情况明。全镇在册吸毒人员130人，列管100%，其中社戒/社康人员49人中就业安置自谋职业28人，集中安置21人，戒断三年复吸22人，死亡8人。全镇高度重视反邪教工作，对原有“法轮功”练习者及冒用宗教名义的非法组织人员进行摸底排查，始终对“法轮功”等邪教组织及冒用宗教名义的非法组织保持高度警惕，把防范和处理邪教问题当成重大政治问题来抓。6月，组织镇、村干部进行反邪教形势教育和各村（居）反邪教警示教育活动，发放宣传资料，开展宣讲活动。（蹇　晔）

【村镇建设情况】　天河潭大道建设项目2015年末开始施工，2016年10月1日建成通车。由于工期紧任务重，大道主体虽已完工，但还存在涉农问题有待解决，主要是合朋村、花鱼井村、云凹村设置回转车道及村民出行通道问题，正在和区指挥部对接，按程序开展工作。花石路建设项目于2016年5月份开始启动，交由施工单位进行施工。施工过程中出现的问题，石板镇协调处理，确保施工顺利。2016年，花溪区扶持集体经济发展试点项目，具体为石板镇镇山村停车场建设，财政资金投入100万；《羊龙村美丽乡村生态综合治理项目》，企业总投资预算为3.5亿元。石板镇组织人员对全镇各村的困难群众住房情况进行摸底调查及信息采集。有3户困难群众实施危房改造。全镇开展公租房保障政策宣传，纳入公租房保障家庭295户。部分获得配租保障家庭已搬入新居。“四在农家、美丽乡村”提高型示范点项目投资总预算为455万元，配合区住建局、天河潭景区提升建设项目部做好“天河四寨”（花街村大寨组、芦荻村大寨组、镇山村、隆昌村摆陇组）及大道沿线立面整治，为项目建设做好12个组的协调工作，确保“天河四寨”、天河大道沿线、贵安大道沿线、南环线沿线立面整治工作有序推进，年底完成“天河四寨”立面整治238户，完成各大道沿线立面整治915户，正在施工的有1751户。（邱贤　刘源）

【精准扶贫工作】　2016年，石板镇按照上级要求，结合实际制定《石板镇扶贫开发建档立卡工作实施方案》《石板镇精准扶贫帮扶工作计划》，各村成立扶贫开发领导小组、拟定扶贫行动计划。召开扶贫开发工作专项会议，与有贫困人口的12个村签订扶贫行动责任状，镇、村两级制定扶贫作战图，年初和6月份两次摸底排查，全镇12个村低收入困难150户286人，其中：摆勺村21户46人、羊龙村20户36人、茨凹村13户27人、隆昌村6户13人、芦荻村10户18人、石板一村21户35人、石板二村11户24人、合朋村12户19人、盖冗村10户20人、镇山村2户4人、花街村15户22人、花鱼井村9户22人，均纳入贵阳大数据精准帮扶平台建档立卡系统，建立一户一档各项资料。其中一般保障户120户239人，长期保障户3户3人，重点保障户27户43人。按照区扶贫办对精准扶贫帮扶工作要求，全镇完成45户贫困户的遍访工作。（杨晓俊）

【基层党建】　2016年，石板镇党委以“围绕发展抓党建，抓好党建促发展”为目标，团结和带领全镇党员群众，以花溪区旅游文化创新区天河潭景区提升改造建设为契机，以“两学一做”、“同步小康驻村”活动为抓手，全镇党建工作得到进一步提升。一是对软弱涣散党组织进行整顿。通过查找问题，定期督查整改，解决合朋村党支部软弱涣散现状；二是镇党委向非公企业派驻党建指导员，实行党委班子成员联系企业党建工作，一般干部帮助企业开展党建工作“保姆式”服务企业。全年，指导和帮助新建非公企业联合党支部3个，覆盖企业50多家。全镇非公企业党支部18个，党总支1个；三是引导驻村干部积极参与村级各项工作，真正发挥他们帮助农村经济发展、社会和谐稳定的作用。全镇5个驻村工作组帮助各村办理实事215件；四是全镇组织党员志愿服务活动20余次，“十一”黄金周期间，镇村两级党员志愿者100多名，牺牲小长假休息时间，投入到天河潭提升改造后首次开园迎客的各项工作；五是协调各部门帮助完成石板第一居委会和第三居委会综合楼改造重建工作，规范完善各村党务村务及党员承诺服务公示栏。（冉　经）

【交通道路建设】　2016年，石板镇加强道路基础设施建设，建成天河潭大道，启动花石路建设，基本形成“五横五纵”路网布局，理顺与贵安新区、贵阳主城区、花溪城区以及观山湖区的道路体系。启动市域快铁项目征拆工作，完成134.85亩土地测量，房屋编号8个，签约7个；坟100座，完成迁移13座。（石板镇）

【集镇基础设施建设】　2016年，石板镇争取5个“一事一议”项目，建成石板污水处理厂、石板变电站、石板垃圾收集转运站，完成集镇污水管网铺设，生态环境保护力度逐渐增强。完成天河潭大道、贵安大道、南环线沿线12个村的农房立面改造，城镇面貌焕然一新，为打造旅游度假小镇奠定基础。改造提升花溪第四中学校园、蔡冲矿小学、石板幼儿园、石板医院、合朋医院公共服务功能。石板自来水厂建成投入使用，完成全镇16个村（居）及园区企业的自来水管网铺设工程，解决3万人的饮水安全问题，20户以上集中居住村寨安全饮水率100%。全镇实现4G、3G网络全覆盖，建成远程教育平台16个，农村广播电视人口综合覆盖率100%。（石板镇）

【两级人大代表换届选举】　2016年9月20日至11月11日，石板镇举行区、镇人大代表换届选举。全镇区级人大代表选举划分5个选区，镇级人大代表选举划分19个选区，有公民资格的选民18358人，参加区、镇人大代表投票选举的有17474人，参选率95.18%。选举产生区人大代表8人，镇人大代表51人。区人大代表中非党人士3人、妇女2人、少数民族4人；镇人大代表中非党人士25人、妇女16人、少数民族16人。（陆　青）

【村（居）两委换届选举】　石板镇于2016年4月27日召开村（居）党支部换届选举动员大会，安排党支部换届选举工作。选举中有8个村采用“两推一选”方式，7个村（居）采用“公推直选”方式。村党支部班子5人，居委会党支部班子3人。6月15日，全镇15个村（居）党支部换届选举全部结束，选出支部委员67名，村（居）党支部书记14名。石板二村未选出党支部书记，经镇党委研究，石板二村党支部书记由镇经济发展办主任担任。4个村缺额委员不再进行补选。

10月11日至12月10日，石板镇举行第十届村（居）民委员会换届选举。全镇13个村，3个居委会，有选举资格的选民1496人。选出村委主任16名，选出村委委员12名。（石板镇）

12月8日，石板镇合朋村民选举村民委员会（石板镇 供稿）

石板镇村居基本情况表

村(居)名	户数（户）	户籍人口（人）	常住人口（人）	组数（组）	人均收入（元）	常年耕地面积（亩）	
						总面积	其中:田
摆勺村	618	2083	1959	4	16121	1200	680
羊龙村	323	1787	1927	4	16121	883	527
合朋村	733	3690	5942	7	16121	1545	660
花鱼井村	352	1117	1367	3	16121	615	290
云凹村	318	1249	1499	8	16121	1337	420
石板二村	263	1442	2774	4	16121	668	60
石板一村	590	2682	3711	6	16121	1323	375
隆昌村	565	718	685	5	16121	1205	610
茨凹村	340	1393	1507	3	16121	990	500
芦荻村	402	1449	1466	5	16121	980	430
花街村	258	1524	1283	7	16121	746	300
盖冗村	309	1077	861	11	16121	1015	500
镇山村	160	1631	1510	5	16121	707	303
第一居委会	38	431	822				
第二居委会	186	451	488				
第三居委会	108	2272	2230				

（陆　青）

燕楼镇

【概况】　燕楼镇位于花溪区西南部，距花溪城中心14公里，距省会贵阳市中心27公里，东与青岩古镇相邻，南与马铃乡接壤，西接平坝县，北与党武乡相连。东西长约13公里，南北宽约5公里，总面积57平方公里。全镇辖燕楼、谷蒙、思惹、坝楼、旧盘、摆古、槐舟、同心8个行政村，88个村民组，52个自然村寨，总人口1.47万人。少数民族主要以苗族为主，约占户籍人口的27%。现有耕地面积10110亩，占总用地11.82%；森林覆盖率32.33%。（燕楼镇）

【经济发展状况】　2016年，燕楼镇完成生产总值6.33亿元，比上年增长12.3%；固定资产投资完成9亿元；工业产值增加值完成1.8亿元；招商引资完成9.2亿元 。公共财政收入完成3259.34万元，比上年减少18.8%，公共财政支出1576.09万元，比上年增长1.4%。农民人均纯收入13345元，比去年增长9%。（燕楼镇）

【工业园区项目征地】　2016年，燕楼镇工业园区完成土地征收500亩，累计已征地1000亩；累计迁坟182座。对土地征收及临时用地的丈量补偿开展协调工作，处理矛盾纠纷6起，其中花燕路项目30亩，迁移坟墓6座；谷槐路延伸段17亩。为已投产的4家企业招收本地农民工就业40人；对尚

未建成的10家企业，加强督促、协调与服务，与区产业园区管委会作好各项工作的对接，加快项目建设步伐。（燕楼镇）

【社会保障】 2016年，燕楼镇城镇新增就业人数303人，城镇登记失业率0.16%，失业人员再就业20人，职业技能培训50人，农村富余劳动力转移300人，对返乡创业帮扶资金补贴2.4万元，给予场租补贴16390元。完成城镇居民基本医疗保险和城乡居民基本养老保险基金征缴目标任务；完成2017年度合医筹资交费12137人，筹集缴费145.64万元，参合率97.58%；全年大病住院11人，新农合报账13.32万元；动员辖区内机关、事业单位、企业和个体工商户按区人社局劳动监察大队要求进行网上劳动监察年审，完成劳动监察年审100家。全年农低保344人发放低保金103.4万元，城低保31人发放低保金13万元；上半年老龄补贴184人，发放补贴经费7万元，下半年老龄补贴195人，发放补贴经费7.65万元。（燕楼镇）

【计生事业状况】 2016年，燕楼镇开展疾病防控、妇幼保健、饮用水消毒、食品安全、公共卫生等工作；突出孕前跟踪和流动人口管理，突破计生难点，加大政策外生育监控管理，兑现计生奖惩；全年兑现“双诚信双承诺”经费1.3万元，完成奖励扶助资格确认1365人，兑现资金44.2万元；全年出生人口190人，符合政策生育183人，符合政策生育率96.3%，人口出生率14.4‰，人口自然增长率7.6‰。（燕楼镇）

【卫生事业状况】 2016年，燕楼镇辖区有乡镇卫生院1个，床位10个，卫生院工作人员26人，其中，执业医生1人，执业助理医师3人，注册护士3人，药剂师1人。全年门诊诊疗29974人次。全镇有村卫生室8个，乡村医生9人。（燕楼镇）

【社会治安管理】 2016年，燕楼镇排查各类矛盾纠纷160起，其中调解160起，成功160起，调解成功率100%。全年收到信访68件，其中12319公共服务平台转交办55件，区信访局转交办13件，调查回复68件，回复办结率100%，及时化解可能发生的群体性事件，避免群体性上访，全年没有进京到省非访群访越级访情况。全年刑事案件发案16起，比上年下降5.88%。在全市安全感测评中，群众安全感为99.29%。全年没有发生安全生产事故。（燕楼镇）

【农业经济发展项目】 2016年，燕楼镇完成坝楼村50万元养鸡项目；实施坝楼村用作孔雀养殖环境提升的40万元村集体经济项目；完成坝楼村20万元村集体经济发展修养殖场进场路项目；完成思惹村6.5万元豇豆种植52亩项目，涉及农户241户，发放架材130000棵；落实2000元市级专项扶贫资金项目，帮助低收入困难户26户，发展种植业，促进农户收入增长；帮助雨露计划助学项目，1人资金4000元；对自来水、沟渠、山塘、农灌站等137个项目实行产权制度改革；完成燕楼自来水厂征地20亩工作，涉及农户35户。（燕楼镇）

【扶贫工作】 2016年，通过走访，摸底排查，核实辖区内低收入困难户213户467人，其中困难户26户83人，低保户186户383人，准确率100%，并完成213户贫困人口建档立卡工作。争取项目资金180万元，用于摆古村人饮工程、旧盘村人饮工程、集镇人饮工程，解决5000余人饮水困难。贫困人口帮扶率100%，全年贫困户人均收入均达到4300元目标。（燕楼镇）

【教育事业】 2016年，燕楼镇辖区有幼儿园3所，在园幼儿315人，其中，女孩153人，少数民族儿童180人，教职工35人；有小学5所，在校学生726人，其中，女生365人，少数民族学生262人，小学毕业生135人。教职工76人，其中，专任教师75人，女教师48人，少数民族教师11人；中学1所，初中在校学生313人，其中，女生144人，少数民族学生124人，初中毕业生129人。教职工27人，其中，初中教师27人，女教师8人，少数民族教师2人。（燕楼镇）

【换届选举工作】 2016年4月至6月，燕楼镇按照党章规定开展支部换届工作。6月2日选举结束，辖区8个党支部换届选举出支部委员42名，党支部书记8名，党支部副书记2名，女委员2名；9月至12月，按照村民委员会组织法开展村委会换届工作，12月31日结束，辖区8个村委会换届选举出村委委员43名，村主任8名。

（燕楼镇）

燕楼镇村基本情况表

村(居)名	户数（户）	户籍人口（人）	常住人口（人）	组数（组）	常耕面积（公顷）		劳动力（人）	自然村寨（个）	行政区域面积(公顷)
					总面积	其中:田			
燕楼村	790	3153	2103	21	445.05	143.95	2049	21	705.87
谷蒙村	446	1845	1150	9	355.53	98.17	1257	9	739.81
槐舟村	425	1765	1184	9	304.21	81.94	1235	9	575.7
思惹村	313	1004	687	9	273.48	44.1	677	9	685.34
坝楼村	382	1581	1115	11	528.85	76.99	1020	11	1457.63
旧盘村	306	1286	896	7	230.35	46	831	7	589.7
同心村	476	1932	1317	11	341.26	84.63	1344	11	818.66
摆古村	509	2196	1492	11	371.78	84.4	1494	11	905.65
合　计	3647	14762	9944	88	2850.51	660.18	9907	88	6478.36

（吴玉蓉）

花溪年鉴 HUA XI YEARBOOK 2017

麦坪镇

【概况】 麦坪镇地处北纬26°28′33″，东经106°30′35″，位于贵阳市的西郊、花溪区的西北角、清镇市的东南面，东与久安乡、石板镇相邻，南接贵安新区湖潮乡，西与清镇市红枫湖接壤，北毗观山湖区。麦坪镇属于贵安新区规划区域，全镇总面积49.38平方公里。地势北高南低，北部为中心山地，田高水低，煤矿资源丰富；南部为丘原地带，低丘与缓丘相接，溪流浅，多为平缓耕地。境内最低海拔1190米，最高1460米，一般1190—1300米之间，最低关音山口1119米，最高红岩大坡1460多米。

麦坪镇距贵阳市中心29公里、花溪区政府17公里、清镇市12公里，有贵安新区骨干路网金马路、百马路、贵红路、湖磊路、天河潭路贯穿境内，均为城市一级主干道；长昆快速铁路、市域快铁也路经麦坪，将设客运站，交通便利。

麦坪镇属亚热带季风温润气候，高原气候特点明显，气候温和，光、热、水同季，年平均气温14℃，年均降雨量为1102毫米，无霜期270天。土壤肥沃，有6770亩荒山荒坡可发展经果林、中药材和畜牧业；有2.2万亩生态林，森林资源丰富，森林覆盖率37%；矿藏富储，已探明有煤炭、石灰石、重金石、铁矿石、黄沙等；麦坪镇毗邻天河潭AAAA级风景区，有戈寨村“布朗李”基地，辐射全镇发展的布朗李、艳红桃等经果林2万余亩、新型生态观光农业基地，以及保存较为完好的康寨布依族民俗文化。

镇辖13个行政村，87个村民组，境内居民以汉族、布依族、苗族为主。2016年全镇居住4291户，户籍人口20118人，全年出生269人，死亡154人。（陈庆宇）

【社会经济发展】 2016年，麦坪镇生产总值30568万元，比上年增长12.5%，其中一产6508万元，二产14879万元，三产9182万元；固定资产投资60300万元；招商引资2亿元；公共财政预算收入2303.87万元，比上年增长35.9%，财政总收入27756.65万元，地方财政收入2303.87万元。农村居民人均可支配收入达12909元。比上年增长15.5%。（李智琨）

【乡村教育事业】 2016年，麦坪镇有公办幼儿园一所，教师3人，学生56人；有小学7所，在职在编教师83人，学生1091人；有中学一所，教师41人学生353人，毕业生167人；麦坪镇开展“控辍保学”，推进教育“9+3”计划，全镇小学阶段入学率100%，初中阶段入学率100%，辍学率控制在2.8%以内；小学校舍建筑面积1813平方米，图书5610册，现有教学仪器设备值4.61万元；中学教室建筑面积7138平方米，体育活动场地13568平方米，宿舍面积1751平方米，有图书14374册；实施营养午餐工程，保障全镇1400多名中小学生吃上安全、卫生、营养的午餐；实施“雨露计划”教育帮扶，为考取大学的贫困学生申请助学补助金2人，8000元；列出专项资金对2016年全镇教学战线上涌现出的10名优秀教师及16名被省内外高校录取的优秀学生进行表彰。（李智琨）

【扶持农牧产业发展】 2016年，麦坪镇争取上级项目扶持资金290余万元，为镇内已具雏形的蔬菜基地、茶叶基地完成配套设施建设；为林业保险投保以及戈寨100亩布朗李补植补种；与防疫员和21户规模养殖场签订2016年动物防疫责任书，完成镇境内15家蛋鸡规模养殖场免疫及消毒等工作；建成镇级电商服务站1个，村级电商服务站1个。（李智琨）

【民生保障事业】 2016年，麦坪镇确认低收入困难户234户440人，其中一般低收入户41户121人，一般保障户29户61人，重点保障户145户239人，长期保障户19户19人，全镇234户低收入家庭实现“六个确保”；对人均纯收入低于4300元以下的低收入群体实现帮扶责任全覆盖，落实帮扶资金250余万元；全面开展新农合及养老保险工作，实现新农合参合率99.17%，城乡居民社会养老保险参保覆盖率96.76%；临时困难救助15人，发给救助金17.3万元，医疗救助13人，发给救助金5万元，冬春救助70户，发给救助金3万余元；开展全镇1262名残疾人数据调查及录入工作，对16位残疾人发放辅助器具；组织创业残疾人参加电子商务培训，为68名重度和贫困残疾人申请两项补助，为9名贫困残疾人子女提供助学补助6900元；开展创业培训50人，一次性奖补返乡创业农民工9人，每人3000元，引导37户留守儿童家庭劳动力回乡创业就业，新增就业174人。（李智琨）

【“平安麦坪”建设】 2016年，麦坪镇列入政法工作预算经费42.38万元；组织镇司法所、综治办、派出所到各小学开展法制宣传3次；全镇发生“两抢一盗”案件20起（盗窃19起，破获2起；抢劫1起，破获1起）；开展吸毒人员大排查、大收戒行动，全年查获吸毒人员50人；调解矛盾纠纷48件，矛盾纠纷调解成功率达100%，化解上访案件13件，办理信访积案3件；排查各类安全隐患54处，督促落实整改54条；打击私挖盗采煤炭行为，全年封查私挖盗采点33处，查处私挖盗采非法运输20人次。（李智琨）

【农村生活环境治理】 2016年，麦坪镇危房改造14户，全面完工并建立一户一档；对2015年危房改造44户开展验收，合格41户，3户验收不合格的取消危改名额；完成2013年、2015年危房改造补助资金使用情况清算，退回危改补助资金6.515万元；全年开展市级卫生乡镇创建工作，组织宣传20余次，与临街商铺签订“三包”责任书40余份；财政投入2万元增设垃圾桶60个，财政投入4万余元对集镇菜场摊位修复，财政投入2万元，对集镇垃圾填埋场道路进行维修，财政投入4万元，对麦清线多次进行维修，财政投入4.6万元，修建公共厕所一个，财政投入9.4万元，对新寨、康寨、戈寨、杉一、施庄等村排污水沟进行治理；争取资金20余万元，购置28个垃圾箱，280个垃圾桶，2辆勾臂式垃圾车，用于康寨、麦坪、戈寨、杉一等村的垃圾清运；争取60万元项目资金，实施杉一、汪庄、戈寨、施庄村排污沟、垃圾填埋场建设、垃圾清运设施设备购置等；聘用保洁员2名、交通协管员2名、市场管理员1名，对集镇街容街貌进行长效管理，保障集镇长期整洁卫生。2016年，麦坪镇被命名为市级卫生乡镇，彭官、刘庄、施庄、麦坪被命名为市级卫生村寨。（李智琨）

【重点项目建设土地征收情况】 2016年，麦坪镇土地征收3200亩，房屋征收10万余平方米，坟墓清点1100余座，其中：贵安新区高端装备制造产业园北部路网土地征收147亩，房屋征收12户，坟墓清点29座；贵安新区北部新区主次干路网土地征收33亩，房屋征收7户，坟墓清点14座；省体育局训练基地国有土地回收894亩，坟墓清点106座；市域快铁建设项目土地征收213亩，房屋征收28户，坟墓清点221座；中八片区戒毒单位搬迁项目土地征收1812亩，房屋征收352户，坟墓清点707座。（李智琨）

【村寨基础设施建设】 2016年，麦坪镇投资155万元实施麦坪村剪刀塘清淤工程，投资180余万元对康寨村、杉一村人饮改造，投入8.5万元完成施庄村小水池建设、投入32.4万元完成新寨村引水管建设、戈寨村投入26.83万元对大树脚山塘进行整治，投入130万元完成新寨村蔬菜基地排洪沟建设，投入37.68万元完成场坝村栋青树机井配套工程，投入37.96万元实施杉一村沟渠防渗工程，投入75万元完成大坡村、兴诚村3处机井建设；争取资金28.84万元，对戈寨村补植补造果园100亩、植被恢复173亩；投资97万元完成新寨村蔬菜基地信息化控制系统安装、蔬菜优质高产栽培关键技术示范以及施庄村茶叶基地特色茶树种植与繁殖科技项目；投入项目资金22万元完成戈寨村林下养殖建设项目，争取

2月18日，麦坪镇举办学习贯彻《准则》《条例》知识竞赛（杨小平 供稿）

200 万元帮助杉一村、彭官村壮大村集体经济；投入 180 余万元完成兴诚村 4.9 公里小康路建设。

实施戈寨村 4.9 公里、麦坪村 1.6 公里、施庄村 1.8 公里、彭官村 1.8 公里通组路建设；实施麦坪村 2 公里、戈寨村 800 米人行步道建设；实施麦坪村 1500 平方米、兴诚村 2000 平方米的文化广场修建工程；投资金额 22 万元完成麦坪村文化长廊建设；30 户戈寨村大树脚庭院整治；安装太阳能路灯 210 盏，其中，兴诚村 60 盏，新寨村 30 盏，汪庄村 60 盏，大坡村 60 盏 。（李智琨）

【创先争优】 2016 年，麦坪镇开展“创先争优”活动。杉一村曹加明被评为市级、区级优秀党务工作者；兴诚村陈勇被评为区级优秀党务工作者；机关支部安慧、刘庄村支部聂绍飞、彭官村支部王明明被评为区级优秀共产党员；杉一村支部、汪庄村支部被评为区级先进基层党组织。

（陈庆宇）

【从严治党】 2016 年，麦坪镇党委开展“层层约谈”477 人次，对“四风”方面出现问题的 6 人进行通报批评，镇纪委查办案件 26 起，党政纪处分 26 人。（张方玲）

【麦坪镇村级两委换届选举】 2016 年 6 月，麦坪镇完成村党支部换届工作，12 月，完成第十届村委换届工作。大坡、刘庄、杉一、杉二、施庄、汪庄、场坝、戈寨、康寨、新寨 10 个村实行海选，麦坪、彭官、兴诚 3 个村为两推一选，海选率 84.62%。（麦坪镇）

麦坪镇村基本情况表

村(居)名	户数（户）	户籍人口（人）	常住人口（人）	组数（组）	常耕面积（公顷）		劳动力（人）	自然村寨（个）	行政区域面积(公顷)
					总面积	其中:田			
大坡村	583	2468	2468	8	73	52	1310	8	750
康寨村	398	1856	1856	8	111	73	1008	8	680
兴城村	392	1978	1978	7	80	32	1117	8	450
施庄村	167	806	806	4	20	14	488	2	190
刘庄村	281	1326	1326	7	59	32	743	8	538
彭官村	506	2395	2395	7	40	50	1273	2	270
麦坪村	451	2042	2042	10	68	36	1093	5	300
新寨村	247	1158	1158	6	42	23	662	5	250
杉一村	155	754	754	4	40	27	460	1	400
汪庄村	196	976	976	5	34	13	523	3	350
杉二村	201	1076	1076	6	54	24	599	1	410
场坝村	288	1371	1371	4	62	30	769	4	220
戈寨村	426	1912	1912	8	59	51	1043	5	503

（李智琨）

孟关乡

【概述】 孟关乡位于省会贵阳市东南郊，是贵阳市中心城区规划范围，距贵阳18公里，距花溪10公里，是贵州省“黔中经济区”向南辐射的“前沿阵地”。东界龙里县谷脚镇、龙山镇，南与黔陶乡河西村、青岩镇杨眉堡村为邻，西接小孟社区、花孟社区，北与云关乡、小碧乡为邻。境内贵惠大道、孟关大道已建成通车，到贵阳城区仅需半小时；花孟公路的整修使孟关到花溪主城区仅仅需15分钟，完成付关路、老富源路、红星路、杨孟二路、杨孟路、汽贸城红星路延伸段道路建设等路网建设6462.1米，南环线绕乡而过，各村通车公路硬化，交通便利。全乡行政区划面积68.29平方公里，辖8个行政村，1个居委会，总人口53000余人，少数民族占常住人口的43%，以苗族、布依族为主，森林覆盖率56.33%。随着改毛铁路物流园、贵阳（孟关）国际汽贸城、碧桂园、西南商谷（两港一中心）、市域快速铁路、贵阳智能公路港等省市重点项目的实施推进，全乡经济建设跨越提升，全社会固定资产投资、招商引资、财政总收入、公共财政收入均完成既定目标。

（孟关乡）

【国民经济主要指标】 2016年，孟关乡生产总量完成24.93亿元，比上年增长14.2%，其中工业增加产值3.15亿元；固定资产投资45.34亿元，比上年增长14.3%；招商引资完成28.84亿元；地方财政收入1.08亿元，完成全年任务数的103.36%；汽贸城销售车辆129087台，比上年增长57%，销售额161亿元，比上年增长47%。农民人均纯收入12000元，比上年增长11%。

（孟关乡）

【组织建设】 2016年，孟关乡有19个党支部、497名党员、53名党代表、50名人大代表。十和田企业集团党支部、沙坡村党支部被评为“市先进基层党组织”。

（孟关乡）

【示范小城镇建设】 2016年，孟关乡基本发展成配套服务功能齐全的三个精品板块，一是以贵阳（孟关）国际汽贸城为轴心的特色汽车商贸产业区；二是以欧洲风情小镇（碧桂园）城市综合体项目为核心的高端商住配套服务区；三是以改毛铁路货运中心、西南商谷、贵阳传化智能公路港为核心的现代商贸物流区。

（孟关乡）

【社会事业】 2016年，孟关乡低收入困难户136户、290人全部脱贫；落实农村低保90户、177人，城市低保19户、23人，确保低保扶助资金按时发放。城乡居民养老保险参保3885人，缴费金额364400元，全乡正常领取养老金人数1300余人。以被征地农民身份参保缴费城镇职工养老保险1150余人。2016年城镇居民医疗保险新增24人；完成城镇新增就业1005人；办理就失业登记证150个，完成农村劳动力转移300人，失业再就业150人，就业困难人员就业30人，园区就业600人，旅游业就业300人，创建充分就业社区一个。为推动创业，兑付返乡创业补贴10人，资金30000元，小额担保贷款政策入户宣传57户，申请办理审核通过2人；完成技能创业培训68人，低收入家庭入户调查136户290人；完成农村危房改造32户。

（孟关乡）

【基础设施建设】 随着孟关大道（原名富源南路）、贵惠大道（原名桐荫路）两条城市一级主干道和贵阳南出口贵惠高速公路等重要道路的建成通车，原“花孟路”完成柏油路改造，完成付关路、老富源路、红星路、杨孟二路、杨孟路、汽贸城红星路延伸段道路建设等路网建设6500米，启动连接中心城区的“孟溪路”、“陈孟路”建设，初步构建起孟关骨架网络，基础设施日趋完善。

（孟关乡）

【法治建设】 2016年，孟关乡不断加强政府自身建设，着力打造法治政府、廉洁政府，认真办理人大各项建议，办复率达100%。深入找问题、找差距、找目标，着力抓统筹、抓落实、抓提升，不断提高政府执行力、服务力、公信力；建立权力清单和责任清单制度，严控“三公”经费，严厉查处各类违规违纪违法行为，勤政廉政建设取得新成效；牢固树立“法无授权皆禁止”的执政理念，严格权力行使、职责履行的权限和程序，在重点项目较为集中的区域，加大法制宣传力度，争取区政法、司法等部门支持，引导群众树立“法治思维”，依法化解社会矛盾；对村级财政延续使用“村财乡管村用”制度，村级财务和村级资产管理井然有序，收支清晰，杜绝过去的“提包账、麻袋账、糊涂账”，促使村干部廉政，从源头上预防腐败的滋生。（孟关乡）

【三农工作】 2016年，孟关乡完成农田水利建设任务；完成小型水利工程产权制度改革24处；完成农村综合环境整治；乡级农村电商服务站点建设；营造林任务，全年无重大森林火灾、农机生产及防汛抗旱责任事故。完成谷立村五组至凉田坝通寨道路硬化1478米、石龙长冲寨至三叉路口通寨（车）道路硬化2001米、石龙村干坝寨至毕架通寨（车）道路硬化2283米、谷立村仓库至火车货运站通寨（车）道路硬化1448米、贵化路口至万泥田道路5100米，解决石龙、谷立两地村民出行困难，正在实施的石龙长坡组人畜饮用管网改造和太阳能路灯安装、石龙村农田沟渠等基础设施的建设将大大改善石龙村农民的生活环境。

（孟关乡）

【重点建设项目】 1. 欧洲风情小镇（碧桂园）：总规划面积7500余亩，总投资规模预计超过300亿元。该项目被南环线、贵惠大道、孟关大道等交通干线包围，紧挨贵惠高速“贵阳南站”出口，毗邻扬眉水库、孟关林场，生态环境优美，区位优势良好。产品主要包括高层景观住宅，退台洋房，以及顶尖钻石别墅、双拼别墅，配套有集休闲、娱乐、餐饮等于一体的欧式商业街，高端会所、风情客栈、社区医院、IB国际学校等，可以满足各种消费群体。2012年8月正式启动土地征收工作，56天完成1300余亩土地和140余户4万余平方米房屋征收及土地挂牌，5个月建成一期综合展示区，2013年11月正式对外开放，11月一期商品房正式开盘销售，3个小时销售额17亿元，创造贵阳市地产奇迹。二期建设征地拆迁工作2016年基本完成，项目正在建设中。

2. 贵阳孟关（国际）汽贸城：项目总规划面积3000余亩，分为五大板块：4S店集群、汽车超市、汽车用品配件市场、工程机械市场和二手车市场。2016年，汽贸城已进驻汽车4S店71家，汽车超市进驻经销商246家。全年销售车辆129087台比上年增长57%；销售额161亿元，比上年增长47%。

3. 汽车配件市场：项目总规划用地面积500亩，总建筑面积76万平方米，项目一期占地8.3万平方米，建筑面积15万平方米，12栋单体建筑，990套经营门店已建设完成，2014年11月28日正式开业，并在28－30日三天举办“中国西南汽车后市场博览会暨贵州省首届汽配用品交易会”，展出面积逾3万平方米，上千家国内知名厂商参展，展位2000多个，6000余件展品，观展6万人次，一期500余家商户开业成交火爆，博览会三天成交额达1.2亿元。

4. 工程机械市场：项目总用地200亩，项目一期建设全部完工，2016年注册进驻商家107户。

5. 二手车市场：项目地处二期地块富源二路与杨孟二路交叉口，项目用地面积49548.03平方米，总投资约6亿元，以二手车交易为主，涵盖汽车检测、汽车维修、汽车美容装饰等。2016年，该项目建设完成投入使用，并在市、区政府的支持下，取缔金阳二手车交易市场，完成商户整体搬迁入驻。

6. “两港一中心”项目：主要包括贵州国际“无水港”“西南商谷”和贵州国际“物流交易中心”三个板块。项目总规划面积2600余亩，计划总投资120亿元，预计2017年建成并投入运营，年吞吐量可达1800万吨。2016年，项目一期315亩征地拆迁工作完成。

7. 贵阳传化智能公路港项目：总规划面积1200亩，预算投资人民币50亿元。2016年，完成项目一期864.573亩土地征收工作，房屋征收总面积28863.19平方米，签约64个编号，完成总任务的98.5%。一期建设基本完成，二期征地拆迁项目已全面启动。

8. 孟关棚户区改造：项目是孟关当前和今后一段时期重要的“民心工程”，主要承接重大项目拆迁户的安置。国际汽贸城安置点、富源南路安置点、改毛安置点总占地面积324亩，建设规模65万平方米，改造完成13万方米，安置受益家庭800户2000余人。

9. 环城市域快铁：项目涉及孟关四个村，2016年土地征收59.434亩，迁坟76座。房屋征收工作启动，孟关范围内工程全面施工。

10. 孟溪路项目（孟关段）：计划征收土地540.77亩，征收土地丈量384亩，完成总任务的71%。果树清点13122株，林木清点5848株。坟墓计划迁移270座，迁移230座，完成总任务的85%。计划征收房屋96户32346.09平方米，签约28户9800平方米，完成总任务的96%。

11. 改毛物流港：改毛物流中心总投资13.2亿元，2010年4月1日开工建设，2011年6月9日开通运营，是全国铁路运输体系中规划的40个集装箱专办火车站之一，西南地区占地面积最大的货物集散地，贵州省最高等级铁路集装箱站点。改毛物流中心位于二戈寨，占地1500亩，设计能力为1800万吨/年。2015年7月1日，车次为X8604的首趟黔深欧海铁联运集装箱班列从贵阳改貌火车站（物流中心）发车，驶往深圳盐田港，标志着“贵阳——深圳——欧美”的贵州对外贸易中第一条海铁联运出海大通道正式贯通。

12. 涟江变电站：项目占地面积70.897亩，全部建设完成投入使用。（孟关乡）

【社会治理】 2016年，孟关乡依托各村（居）委完善基层人民调解网络和安全防范网络，通过签订责任书加强与各村（居）、机关各部门的沟通协调，实现力量上的整合、职能上的联合、工作上的配合、信息上的汇合，形成齐抓共管的政法工作新格局。全年出动510多人次深入村（居）民情走访，收集群众意见19条，排查出各类矛盾纠纷161件；调处各类民间纠纷117件，调处成功率100%；通过宣传，促进全乡禁毒、反邪教等工作，维护社会和谐稳定；成立50人的巡查队伍，围绕全乡拆违控违工作，24小时“三巡查”“重点区域重点巡查”的目标，全年出动6534人次，拆除违章建筑295处，合计面积149951平方米；加强对吸毒人员管理，全部建立档案，帮教人员进行跟踪帮教。与各村、各部门签订《安全生产“包保”责任书》《道路交通安全责任书》和《消防安全责任书》，将安全生产“包保”责任制落实到部门和具体人员，层层抓落实，及时排除各类安全隐患，保障人民生命财产安全。（孟关乡）

【文化教育】 2016年，孟关乡拥有公立小学5所，公立中学1所，私立幼儿园10所，私立小学1所，私立中学2所。小学适龄儿童入学率100%，初中阶段学生入学率98%。花溪区第五中学占地面积10230平方米，校舍建筑面积7019平方米，有图书20000余册，有教学班级18个，在校学生1000余人；中心完小学始建于1935年，至今有80多年历史，学校占地面积3990平方米，建筑面积3816平方米。幼儿园占地面积

1040平方米，建筑面积792平方米。小学有教学班15个，在校学生800余人，教职工36人，严格执行“国标、省考、县聘、校用”的教师准入管理规定，新招聘5位特岗教师和1位公招教师，3位老师参加市级重点课题研究的展示课，得到上级部门的好评。中心完小加强对村级薄弱学校的指导；改毛小学以教育质量树立自身的品牌形象，赢得社会的赞誉；谷立小学始建于上世纪50年代，近几年建成有2300多平米建筑面积的新学校，教学条件也得到逐步改善，从学前班至六年级9个班级有学生400余名；石龙村世华小学有10个班级，学生500余名。（孟关乡）

【卫生计生】 2016年，孟关乡完善公共安全卫生工作制度，完成高致病性禽流感防控工作，推行新型农村合作医疗制度，全乡参保率达到90%以上，与花溪区签订的《人口与计划生育目标责任书》，全年符合政策生育率93.6%，比区下达目标值高0.69个百分点。（孟关乡）

【孟关乡村居换届情况】 2016年，孟关乡根据区委和区政府的统一部署，村（居）委会换届选举工作于9月开始启动，11月26日起进入投票选举，完成全乡9个村（居）的换届选举工作任务，选举成功率100%、参选率90%。（孟关乡）

孟关乡村（居）基本情况表

村（居）名	户数（户）	户籍人口（人）	常住人口（人）	组数（组）	人均收入（元）	常耕面积（公顷）		劳动力（人）	自然村寨（个）	行政区域面积（公顷）
						总面积	其中：田			
孟关村	898	1855	2930	4	8000	40	33.3	1203	4	200
上板村	418	886	1536	6	12000	17.3	11.3	665	6	700
沙坡村	694	1992	1536	8	18000	133.3	100	1232	8	870
红星村	420	1346	1583	3	8000	98	71	800	3	1260
五星村	545	2122	2420	7	10000	100	43.3	1400	4	800
改毛村	1485	2817	4601	10	15000	84	68	3073	13	8
谷立村	733	2413	2440	5	5000	340	224.4	1452	5	1200
石龙村	901	3436	2692	13	2368	153	102	1800	13	2980
孟关居委会	854	1424	1962	1	18000	0	0	698	0	88.7

（孟关乡）

花溪年鉴 HUA XI YEARBOOK 2017

马铃乡

【概况】 马铃布依族苗族乡位于贵阳市西南角，距离花溪区行政中心27公里，东南面与惠水县隔水相望，南抵长顺县，西同贵安新区毗邻，北与燕楼乡接壤。地域内山间、盆地、洼地、谷底呈串状分布，最高海拔1573米，最低海拔999米，地势东高西低，平均海拔1200米，属典型的中山丘陵地貌。全乡总面积81.08平方公里。辖3个村，77个村民组，户籍人口9637人，其中少数民族6412人，占全乡总人口的66.53%，是典型的少数民族乡。

马铃乡现有耕地面积9657亩，其中田3457亩，土6200亩，农业基础设施发展滞后，产业形态单一，主要以传统的种植业为主。

2016年，燕马都市蔬菜保供基地马铃片区2000平方米的连体大棚已动工建设，大棚周边绿化完成50%；发展高标准种植400亩；发展农民合作社7个；完成无公害产品产地认证0.3万亩，产品认证1个；配备技术人员10名，培训农业从业人员300人次；入驻企业3个。

马铃乡的地方农特产品主要有马铃西瓜、马铃冷水鱼、马铃鹅火锅、马铃布艺娃娃等。全乡森林覆盖率64.21%，生态资源优势突出，红岩水库建在马铃河下游红岩组，建成后库容可达1446万立方米，年供水量可达3190万立方米。境内水车坝和盐井两个布依村寨，每年举办“正月十二”和“六月六”布依歌会。有“天马系铃”的传说，有约2亿年前三叠纪时期形成的化石搭建而成的古寨，是金竹安抚司迁途马铃世守其土遗迹，2009年被省人民政府命名为省级历史文化名村。有建文帝避祸途径马铃的传说和徐霞客西游途径马铃的遗迹，至今仍存有水车坝和盐井两座古桥。 （马豫筑）

【经济发展状况】 2016年，马铃乡国民生产总值达26520万元。固定资产投资18000万元。公共财政预算收入1095.6万元，农民人均纯收入10988元，较去年增长9%。社会消费品零售总额较去年增长11.5%。招商引资23000万元，比上年同期增长15%，招商引资新引进投产企业2家。马铃、谷中、凯坝三个村集体经济均分别实现66.39万元、50.09万元、61.8万元，均突破50万元大关。全乡149户低收入困难户人均收入7342.6元，均越过4300元标准线。 （马豫筑）

【城乡建设状况】 2016年，马铃乡全面推进燕马都市蔬菜保供基地高效农业示范园区建设，年度完成投资3.52亿元，整合各级财政资金1.04亿元，招商引资到位资金2.95亿元。推进境内花安高速建设，完成公路建设的征地拆迁工作，及时移交建设用地178亩。全年实施小康寨市级重点示范乡一事一议财政奖补资金700万元，建设项目30个。其中硬化进组路7950米，建成人行步道1000米；整治河道长260余米，整治山塘一口；建成马铃村山脚坡和中寨老鹰岩组文化活动广场2100平方米；建成马铃山脚坡、水车坝和谷增冲头垃圾收集房8座；安装污水管网1700余米；完成谷增冲头和马铃山脚坡庭院整治；安装太阳能路灯136盏。项目覆盖3个村14个自然村寨，受益人口3800余人。 （马豫筑）

【社会事业发展状况】 2016年，马铃乡有农低保128户，人口274人，全年发放低保金80万元。各类救助35户90人，发放救助金18万元，优抚对象生活补助及慰问74人，发放慰问金45万元，重度残疾人护理补贴及困难残疾人生活补贴12000元，冬春救助142户，人口333人，发放救助金75000元，发放阳光家园补助4户6000元，党建帮扶残疾人5户，发放慰问金15000元，高龄补助172人发放补助金12万元，救灾救济43户118人次，发放救济款8万元；粮食救济195户，660人次，发放救济粮1045公斤，残联助学8人，发放助学金25000元；义务兵军属14户，发放优抚费14.8万元；生活不能自理老人6人，发放慰问金1.044万元，困难老人15人，发放慰问金0.45万元。全年完成城镇新增就业100人，城镇登记失业率在4%以内；完成职业技能培训60人；完成就业小额担保贷款24万元 。 （马豫筑）

【教育事业】 2016年，马铃乡有中心完小1个，村小3所，中心幼儿园1所，私立幼儿园1所。全乡有教师50人，其中男教师21人，女教师29人，

30岁以下的年轻老师11人，30－50岁教师30人，50岁以上的9人，本科以上学历17人，专科学历23人，高中及以下学历10人，全乡有在校学生277人，男生136人，女生141人。（马豫筑）

【马铃乡村配备法律顾问】　2016年，马铃乡在合并村的基础上，将原有的31个网格服务管理重新划分为19个，实现每村都有群众工作室，并配备一名法律顾问。全年落实社会治安综合治理工作领导责任制，履行反邪教工作的政治责任，开展反邪教警示教育，无涉邪案件；刑事案件发生6起，比上年下降14.3%；发生矛盾纠纷65起，调解成功65起，调解率100%，未发生重大政治性和群体性事件；全乡有14名吸毒人员，其中有2人在场在所，3人进行社区戒毒，2人进行社区康复，7人属于社会面吸毒人员。出所三年管控率为100%；社戒社康执行率100%；就业安置率100%。全乡流入人口100人，登记准确及时率100%；办理《贵州省居住证》45人；出租房屋11间，房屋出租登记率100%；用工单位用工人员登记报告率100%；全乡无流动人口重点对象，未发生流动人员违反治安案件及刑事犯罪案件。

（马豫筑）

【村级民主监督工作】　2016年，马铃乡3个村都成立村级民生监督委员会，聘用9名村级民生监督员开展村级民生监督工作，并为每位村级民生监督员每月发给100元的工作补助，根据季度考核结果发放。他们对全乡37个民生项目实施情况、建设质量、走访群众，听取群众意见，督促解决项目实施过程中存在的11个问题，接到各级纪检信访案件8起，全部按照要求调查、回复；协助上级纪委立案3起，处理3人。（马豫筑）

【武装工作】　2016年，马铃乡武装部通过进村入户动员适龄青年报名应征入伍，查明全乡有200余名男性适龄青年，对兵力资源情况摸底后录入40余人。报名应征适龄青年20余名参加应征体检，经过严体检、心理测试，有9名青年参加政治考核等程序，7名适龄青年应征入伍（超任务完成2人）。

在森林防火期间，组织辖区民兵30人成立森林防火应急队，出动应急灭火10余次，出动人次500余人次。在防汛、地质灾害防治、安全生产工作中，组织民兵参与排查和应急准备工作。在拆违控违工作中，出动民兵应急队员参与维稳10余次。按照区人民政府应急办的通知要求，组织辖区民兵300多人次参加全区的10余次应急行动。

（马豫筑）

【群团工作】　2016年，共青团马铃乡团委向贵阳市总工会申请“金秋助学”活动7人，获批3人，获助学金12000元。完成170户生态文明家庭、10户平安家庭创建，评选上报最美家庭1户，最美阳台、最美庭院1户。慰问马铃小学的全体师生，送给慰问金2000元。为平山村贫困儿童争取每年500元的爱心结对帮扶资金。共青团马铃乡团委下辖29个团支部，全乡团员青年在团委带领下，一是勇于承担责任，助力脱贫攻坚。开展“走基层、听青言”活动，鼓励外出务工青年返乡创业，多渠道争取物资、资金1万元帮扶贫困户；二是关爱留守儿童，播撒爱心阳光。举办“儿童书法培训班”，周五定期进行书法、绘画等培训。培训支教志愿者240余人次，全年开展支教活动30余次；三是参加做好“步行日”“法制宣传日”“绿丝带”交通文明引导、“和谐贵州三关爱”“碧水蓝天”志愿服务活动、爱国卫生活动、禁毒宣传等文明活动，累计服务60余小时；加入网络文明志愿者队伍，自觉遵守网络文明、倡导推行文明上网，为构建积极、健康、文明的网络环境贡献自己的力量。2016年5月，马铃乡团委获“全省五四红旗团委”称号。（马豫筑）

【生态环境建设】　2016年，马铃乡完成营造林

5405.5 亩，其中补植补种 4028.8 亩，植被恢复人工造林 779.7 亩，植被恢复封山育林 597 亩，森林覆盖率 64.21%；集中式饮用水源地水质达标率实现 100%；人均综合能耗下降 2%，人均水耗下降 3%，单位建筑面积能耗比上年下降 1.6%。完成国家卫生乡镇的创建工作。（马豫筑）

【农业工作】 2016 年，马铃乡种植辣椒 2800 余亩，总产量 84 万斤，种植西瓜 2000 亩，总产量 600 万斤。蔬菜播种面积 28300 余亩次，总产量 3887.5 万公斤，其中（豇豆种植 10000 余亩次，每亩产 4500 斤，总产量 2250 万公斤。棒豆种植 5700 亩次，每亩产 2800 斤，总产量 798 万公斤。黄瓜种植 1500 亩次，每亩产 4500 斤，总产量 337.5 万公斤。叶菜 8200 亩次，每亩产 800 斤，总产量 328 万公斤。糯玉米种植 2100 亩次，每亩产 1200 斤，总产量 126 万公斤。豌豆种植 800 亩，每亩产 1200 斤，总产量 48 万公斤）；推广种植优质"双杂"粮种 8620 亩，其中：优质杂交水稻 2965 亩，优质杂交玉米 5655 亩。全年完成猪免疫注射 3858 头、牛免疫注射 1577 头，家禽免疫注射 24507 只，全乡大牲畜、禽类未出现大的疫病发生。12 月，开展农业普查摸底工作，全乡划为 21 个普查小区，农业户 2215 户。（马豫筑）

【扶贫工作】 2016 年，马铃乡按照人均收入低于 4300 元为标准，通过精准识别，全乡低收入困难户 149 户，356 人（其中：低收入困难户 23 户 77 人，重点保障户 96 户 198 人，长期保障户 8 户 9 人，一般保障户 22 户 72 人）。这些困难户中马铃村有 63 户 143 人，其中，低收入困难户 4 户 14 人，重点保障户 50 户 103 人，长期保障户 2 户 2 人，一般保障户 7 户 24 人。谷中村有 51 户 119 人，其中，低收入困难户 13 户 39 人，重点保障户 26 户 49 人，长期保障户 4 户 4 人，一般保障户 8 户 27 人；凯坝村有 35 户 94 人，其中，低收入困难户 6 户 24 人，重点保障户 20 户 46 人，长期保障户 2 户 3 人，一般保障户 7 户 21 人。

开展扶贫攻坚：1. 通过招商引资项目投资引领，引进谷中云中百花园建设项目、燕马都市蔬菜保供基地示范园区谷中四季采摘果园建设项目，推动农村土地流转 500 亩，每年农民土地流转收益 50 万元。完成全乡 171 个（处）水利项目的确权发证工作。在凯坝村开展 80 万元豆腐加工厂产权股份量化试点工作。全年实施各类项目 10 个，其中：产业项目 9 个，基础设施建设项目 1 个。培育富民产业，拓展增收渠道，争取落实各类帮扶物资、资金折合人民币 375110 元。发展村集体经济，整合资金 60 万元，建成谷中村豆腐加工厂以及农业科技创客园水培等项目，发挥农村经济合作的示范带动作用，带动贫困群众增收致富，筹措产业帮扶资金 335 万元，帮助贫困户发展养殖业及豇豆、西瓜、豌豆等高效种植业。全乡受益人口 8000 余人。2. 争取"一事一议"和"民宗"等部门资金 381.38 万元，实施完成泡合冲、大泡木组 2 公里进组路硬化建设，实现全乡组组通硬化路目标。投资 60 万元，完成 3 口机井打井、凯坝村铁厂人饮工程建设。投资 30 万元，帮助 13 户困难户新建或改造住房，改善困难户的住房条件。投资 261.38 万元，实施七一桥、新村小康寨建设，投资 31 万元完成谷中村 20 户庭院整治、1.4 公里生产便道和 5 户农家乐创建工作。3. 引进花溪谷中新发园林有限公司投资 3000 万元，建成云中百花园景区。引进贵州鑫果农业发展有限公司投资 3000 万元建成 300 亩果园。完成马铃河生态农业观光园建设。投入扶贫资金 69.56 万元，实施豇豆种植 600 亩，特色蔬菜种植 200 亩。采取公司 + 村集体 + 贫困户的方式，探索入股分红的扶贫利益连结机制，谷中村用 30 万元扶贫资金与养殖场合作的方式发展蛋鸡养殖。落实扶贫资金 20 万元，在谷中村实施黑山羊养殖项目。落实扶贫资金 4.6 万元，对 23 户贫困户进行帮扶。依托燕马都市蔬菜保供基地示范园区的建设，引进企业开发云中百花园、精品水果采摘园，促进当地群众就地转移就业300余人，实现劳务收入300余万元。4. 落实智力扶贫。落实帮扶资金25000元帮扶87名困难学生就学。结合蔬菜产业和果树种植、豆腐加工产业化发展的需求，组织开展2期农民技术培训，培训农民60人次。5. 申请落实医疗救助资金18286元，帮助5户群众解决大病就医返贫问题。6. 落实民政兜底扶贫。全乡279人重点保障户、长期保障户和一般保障户均纳入低保救助管理，按照“两线合一”的要求，按照年人均收入不低于4300元的标准核发低保金，全年发放低保金80余万元。7. 破解农民“贷款难”问题。采取“银行政府合作、扶贫贴息支持、免除担保抵押、信用方式发放、县级风险补偿”的办法，建档立卡为贫困农户提供5万元以下、3年期以内的“小康卡·特惠贷”农户小额信用贷款。为低收入困难户申请办理贷款3万元。根据《区扶贫办关于组织申报2016年花溪区小额扶贫到户贷款贴息资金项目的通知》文件精神，全乡有4户申请“小额扶贫贷款”财政贴息，为1户低收入困难户申请“小额扶贫贷款”财政贴息。8. 实施党建帮扶。落实33名党员帮扶结对48户低收入困难户，带动全乡党员干部在精准扶贫中发挥先锋模范作用。按照户均2000元的标准，扶持帮助困难党员3户。 （马豫筑）

【红岩水库移民工作情况】 2016年，马铃乡接收到区移民局下拨红岩水库土地征收兑现补偿资金2903.31万元，已兑付1222.05万元，移交土地345.45亩，基本保障水库坝区及施工道路建设用地需要。枢纽区42.156亩土地及水淹区与枢纽区重叠部分166.33亩土地已开始兑现补偿。9月，启动红岩水库移民安置前期准备工作，设置石浪、大荒地两个移民安置点，与173户移民群众签订《移民搬迁安置方式及去向协议》和《移民生产安置方式协议》及向移民群众解答有关征地补偿、移民安置和后期扶持等政策规定。签订130户，签约率75%，其中选择集中安置的106户，占比81%。 （马豫筑）

【马铃乡第十届村两委换届选举】 2016年4月28至6月4日，马铃乡3个村进行党支部换届选举。选举产生村党支部书记3人，副书记5人，委员19人，其中妇女委员4名，少数民族委员9名。12月，根据《村委会组织法》全面完成全乡村民委员会换届选举，登记选民7182人。参选选民5904人，参选率为82.21%，选出村委会主任3人，委员11人。

马铃乡村基本情况表

村（居）名	户数（户）	户籍人口（人）	常住人口（人）	组数（组）	常年耕地面积（亩）		自然村寨（个）
					总面积	其中：田	
马铃	1332	4456	3595	37	4292.97	1419.74	37
谷中	722	2486	1909	21	2585.2	881.63	21
凯坝	760	2695	1951	19	2551.79	852.59	19
合计	2814	9637	7455	77	9430.97	3153.96	77

（马豫筑）

黔陶乡

【概况】 黔陶布依族苗族乡位于花溪区东南部，距贵阳市29公里，距区政府所在地19公里。东西宽11公里，南北长12.6公里，全乡总面积74.48平方公里。东与龙里县龙山镇为邻，南与高坡乡和惠水县大坝乡接壤，西与青岩镇相连，北与孟关乡、龙里县龙山镇毗邻。辖7个村，1个居委会，即黔陶村、关口村、谷洒村、马场村、半坡村、赵司村、骑龙村和黔陶居委会，总人口12067人。居住着汉、布依、苗、仡佬等10多个民族，少数民族人口5200多人，占总人口的43%。

黔陶乡交通便利，东面有100县道（冷黔线），014县道（青平线）穿过，北面距孟关汽贸城南环线匝道口仅7公里，与富源南路延伸段出口相距5.5公里，西面接贵惠高速，离青岩匝道5公里。

全乡生态环境好，有“天然氧吧”之誉，林地面积为3067.2公顷，耕地面积为564.42公顷，森林覆盖率62.18%，林地面积和森林覆盖率均居花溪区第一；水资源丰富，河流众多，8条季节性小溪分布于全乡各村，赵司河、老榜河2条主要河流穿境而过，流域面积广，四季不断流。其中，老榜河长6公里，流经黔陶村4个村民组，流域形成狭长的峡谷地带；赵司河长10公里，流经马场、赵司、骑龙3个村12个村民组，流域田园景观众多。有集险、峻、奇为一体的鬼架桥为代表的自然山水资源。有周渔璜、周钟瑄、桐埜书屋历史人文资源，有以布依族苗族为特色的民族民俗文化资源；有相传几百年的赵司贡茶资源；有品种多样的野生菌等等。是花溪区传统的水稻种植区，近年来建成的万亩香葱基地和优质调味品生产基地，也是花溪区重要的农业经济区。（钱 云）

【经济发展状况】 2016年，黔陶乡地方生产总值完成3.7亿元，比上年增长12%，规模工业增加值完成1.1亿元，比上年增长27.9%；公共财政预算收入完成540万元；固定资产投资完成2.5亿元，比上年增长20%；招商引资完成2.3亿元，比上年增长15%，城乡居民可支配收入13840元，比上年增长11%。（钱 云）

【乡村建设情况】 2016年，黔陶乡围绕生态文化旅游示范乡的目标，抓好“四在农家·美丽乡村”建设。全年完成马场村小马场、栗木寨美丽乡村建设，马场村大马场美丽乡村建设正在实施中，马场村被列为花溪区第一个实现整村推进美丽乡村建设的示范村。12月底帮助大马场、小马场村民组完成房屋立面整治110户。

全乡危房改造户10户，其中低保户9户，困难户1户，均是精准扶贫对象，危房改造补助资金15万元，年底全部完工。（邓 亮）

【三农工作】 2016年，黔陶乡重点抓好青黔农旅一体化园区建设。争取上级资金4200余万元，建设美丽乡村示范点4个，即黔陶村老榜河、马场村栗木寨、小马场以及大马场，其中，马场村是整村推进。

投入1606.97万元，完成赵司村、骑龙村、马场村、关口村、黔陶村5个村水池、拦水堰、干渠、田间水渠建设，受益灌溉面积19450亩；投入资金1229.69万元，实施黔陶河重点山洪防洪治理，年末已完成总工程的70%；启动栗木水库项目，年底完成实物调查工作；完成水场堡水库的前期移民安置点定点与调规工作。投入资金901万元完成关口村、半坡村“一事一议”项目51个。（钱 云）

【精准扶贫】 2016年，黔陶乡根据贵阳市“高一格”扶贫标准工作要求，入户调查识别确认低收入困难户222户，419人，为让困难户早日脱贫，“对症下药”开展扶贫工作。一是政策兜底，对生产生活困难人群，民政救助21户帮扶15.6万元，危房改造10户扶持15万元，领导干部遍访帮扶28户帮扶7.16万元，解决基本生活保障。二是产业帮扶。帮助有能力与需求的困难户发展产业，提高持续增收能力。为困难户提供种养殖所需的种苗、肥料、饲料，支持3万元，扶持15户发展种植香葱、养猪、养羊；支持半坡村10万元，发展桑葚惠及45户166人。通过“支部+合作社+农户”的入股合作社分红方式，建立长效造血机制，投入资金45.2万元，实施谷酒村养羊项目2个惠及农户63户261人，其中2015年实施的养羊项目兑现分红50400元，年收益20%。三是投入资金101.4万元在半坡村实施村集体农庄、陶艺坊、入口景观等乡村旅游项目建设3个，实施100万村集体经济试点村项目，入股旅游公司保值增收，切实增加村集体经济收入。2016年，全乡农民人均纯收入达13481元，其中低收入困难户人均收入5010元。（钱　云）

【社会保障状况】　2016年，黔陶乡新增就业人数127人，完成任务的105%。失业人员再就业20人；帮助就业困难人员就业12人。农村富余劳动力转移200人，城乡统筹职业培训完成93人，小额担保贷款2人，零就业家庭援助5户，城镇登记失业率控制在4%以内。对18户新增创业实体入户调查，入户调查完成率100%；对返乡农民工创业奖励10人。

城镇居民基本医疗保险新增扩面10人。全乡城乡居民养老保险应参保3353人，实际参保人数3256人；应缴费人数1982人，实际缴费1763人，完成率88%；缴费金额实际完成474500元，完成任务数的148%。（罗天英）

【民生保障事业】　2016年，黔陶乡民政部门为全乡城镇低保户发放低保金185万元，为农村低保户发放低保金138万元，为散养“五保户”9人发放五保供养3.5万元，为3个孤儿发放特困生活补助3.6万元；发放救灾粮8995公斤；发放救灾款4.5万元；申请城乡医疗救助10人，救助金10万元；为11户临时生活困难家庭申请临时救助5万元。为150名80岁以上老年人发放长寿补贴10万元。（罗天英）

【卫计工作】　2016年，黔陶乡对35-64岁妇女宫颈癌筛查任务400人，完成265人，完成66.25%。孕前优生应筛查51对，完成40对，完成78.43%。孕产妇建卡率100%，住院分娩率100%，系统管理率96.87%，6岁以下儿童健康管理率达90%，年度内无出生婴儿死亡。全乡有已婚育龄妇女1505人，全乡应使用药具78人，使用77人，使用率为98.72%，随访率98.72%，有效率为98%以上。出生性别比为115.56，高于正常值103—107之间，未发现婴儿性别鉴定情况。全乡落实各种计划生育手术47例，其中女性绝育4例，上环16例，其他手术27例。（李　莉）

【社会治安管理创新】　2016年，黔陶乡立足实际，建立副科级领导联系村、中层干部包村、一般干部包组（段）的立体多层次联系群众工作方式，将全乡8个村（居）、40个村民组（段）划为40个网格，抽调40名机关党员干部每周2次进驻全乡8个村（居）、40个组（段），全年帮助群众办理实事52件，协调项目12个。收集群众反映问题156条，发现矛盾纠纷17起，化解矛盾纠纷17起。

利用星期三赶场天，明确1名科级领导，2名工作人员到政府一楼大厅接访群众，帮助群众解决生产生活中的实际困难，建立健全服务群众工作常态机制。通过把群众“请进来”的方式，收集群众反映诉求32件，解决32件。全年全乡无越级上访事件。（沈　阳）

【黔陶马场创新型远程教育示范点】　黔陶马场村位于黔陶乡东南面，距乡政府所在地3公里。有3个村民组，393户，1693人。

2016年，市政府支持资金17万元，对综合楼及远程教育站点内外环境进行装修，建成综合学习室1个、上网室1个、创客沙龙室1个、休闲角1个，创新型远程教育示范基地3个。投入资金10万余元，购置计算机及电脑桌椅8套、投影及音响设备1套，安装智能电子查询机1台、LED数字显示屏1块、远教书架1套。组织技术人员对站点进行2次设备检查、维修维护，修复电脑4台，更换电脑设备配件10余次，重新安装系统8次，升级提速电信宽带，为开展教学服务和方便、快捷的信息咨询奠定物质基础。制定《远程教育站点学习制度》《远程教育站点设备管理制度》，对远程教育设备的日常管理、维护和使用，远程教育学习的目标、内容和形式，管理人员素质、职责和任务等内容进行明确。

彰显远教服务多元化。一是将每月第一个星期三作为群众需求采集固定日，通过远教管理员和驻村干部下村访农户了解村民实际需求。汇总排列采集到的需求，下载相关教学资源，将群众感兴趣、想学习的内容列入每月远教自选学习计划中来进行针对性教学。同时，请专家定期为有需求的群众解疑，使“创客沙龙室”成为解决群众问题的阵地、孵化致富产业的摇篮。二是通过智能电子查询机上传各类惠民政策，群众不出村就可以轻松查阅所需便民服务政策，深受群众的欢迎和喜爱。群众也可以通过远教站点发布各类信息，使远程教育成为党员群众信息咨询汇聚的互动平台。即时将香葱、红米、茶叶等农产品信息推送至“黔集市”电商平台。依托远教平台，向农户和城乡消费者发布供求信息100余条。三是推进专家智库服务常态化。吸收各类专家和人才组成8人的专家智库，创建以来，邀请智库专家现场开展香葱等多品种种植培训2期、竹鼠养殖2期、乡村旅游1期，培训300余人次。四是推动基地培训经常化。将全村党员干部和群众按照年龄、文化水平和职业等进行分类，组建种植、乡村旅游、养殖兴趣小组，有针对性地组织到贵州力合农业科技有限公司、阿里湾山庄、栗黔竹鼠养殖场远程教育实训基地进行培训，通过专家讲、点上看、能人传，让学员分析对比、对照先进找差距。先后举办“远程教育精准扶贫种植培训”、“远程教育精准扶贫养殖培训”等7期培训活动，培训人数400余人次。五是建立马场村创业带富专项互助资金，有效解决部分群众缺少资金影响创业的困难，受到创业群众的欢迎。

借助远教平台积开展业务培训和技术指导工作，培育香葱种植、红米种植、农家乐经营等党员创业带富能手18人，发展农家乐8户。如党员陈肖肖创办的农家乐，现已形成规模化管理，并带动15户农户致富；党员付学品靠养殖竹鼠带动农户致富，被选举为黔陶乡第十八届人大代表；马场村还成立香葱、红米等特色专业合作社，发展会员100户。（钱　云）

【黔陶乡教育事业状况】 2016年，黔陶乡有中心完小和4个教学点。中心完小占地面积8277平方米，校舍建筑面积2498平方米，体育活动场地面积4491平方米，学生宿舍面积462平方米。图书9347册。在校学生376名，其中有寄宿生93人，女生176名，少数民族学生225名；教师26人，学历合格100%。每百名学生拥有计算机9台。马场教育点有学生83名，其中女生43名，少数民族学生66名；半坡教育点有学生17名，其中女生9名，少数民族学生15名；赵司教育点有学生54名，其中女生22名，少数名族学生21名；骑龙教育点有学生77名，其中女生36名，少数民族学生30名。（黔陶乡）

【黔陶卫生事业状况】 2016年，黔陶乡卫生部门对全乡常住人口（包含户籍人口和居住半年以上的流动人口）建立健康档案，老年人、孕产妇、0-6岁儿童及高血压、糖尿病、重性精神患者等为重点建档人群。截至2016年11月全乡人口数10370人，纸质档案完成8081份，建档率

82.67%，电子录入7778份，录入率74.9%。向辖区居民发放健康教育材料12种；播放健康教育音像材料6种，向公众进行健康教育咨询活动9次，设置永久性健康教育宣传栏2个，健康知识66条，居民健康宣传知晓率达到95%以上。

为辖区内居住满3个月的0－6岁儿童建立预防接种卡证，实行计算机管理，建卡建证率100%。为适龄儿童按规定接种国家免疫规划疫苗，单苗接种95%以上，预防接种异常反应常规报告和零病例报告的月报表上报率达到100%。做好小学、幼儿园入学入托预防接种查验工作，落实疫苗补种，工作指标达到规定要求。

对全乡65岁及以上的老年人进行建档管理，实行动态服务，管理率要求70%以上，对老年人每年开展一次免费体检工作，体检率达到100%。同时对老年人开展健康教育宣传和日常保健、健康生活方式、常见病防治等指导。全乡管理的高血压患者302人；糖尿病患者74人；重性精神病患者42人；开展中医药服务老年人298人。由于无技术设备原因，不能开展65岁以上老年人体检项目血常规、尿常规、肝功能、肾功能、血糖、血脂、心电图、B超检查，经区卫计局协调，由花溪区中医院为全乡407名65岁以上老年人进行免费体检。

黔陶卫生院和8个村卫生室。截至11月就诊4906人次，业务收入234419.8元。（黔陶乡）

【黔陶乡第十届村（居）两委换届选举】 2016年4月28日至6月7日，黔陶乡7个村、1个居委会进行党支部换届选举。选举产生村、居党支部书记8人，党支部副书记3人，委员30人。12月根据《村委会组织法》全面完成全乡村（居）民委员会换届选举。登记选民7633人，参选选民7099人，参选率为93％。选出村（居）委会主任8名，委员34人。（黔陶乡）

黔陶乡村基本情况一览表

村（居）名	户数（户）	户籍人口（人）	常住人口（人）	组数（组）	人均收入（元）	常年耕地面积(公顷)		劳动力（人）	自然村寨（个）	行政区域面积（公顷）
						总面积	其中:田			
马场村	394	1716	1627	3	16761	92.2	64.4	1073	3	430
骑龙村	483	2185	2143	6	19547	123	86	1329	5	290
赵司村	274	1118	1094	3	18093	62	36.2	688	1	416
谷洒村	211	1016	1004	5	7391	44.6	31	639	7	400
半坡村	169	836	832	3	7725	46	31	476	3	320
关口村	342	1424	1280	7	14763	109.7	68.43	905	7	300
黔陶村	289	1164	1059	8	12609	80	58	740	6	300
居委会	458	1125	1042	4	10485			711	4	50
合　计	2620	10584	10081	39		557.5	375.03	6561	32	2456

（黔陶乡）

高坡乡

【概况】　高坡苗族乡位于贵阳市东南端，距贵阳市51公里，距花溪区行政中心31公里，地处花溪与龙里、惠水三县（区）交界处，总面积120平方公里，辖19个行政村，121个村民组，87个自然寨。截至2016年底，全乡总人口24909人，其中苗族占71%、布依族占3%、汉族占26%。全乡平均海拔1500米，年平均气温12.5——14℃，属典型的高寒山区。

高坡因天然海拨高差形成独特的生态气候和高山、云海、草场、峡谷的奇特风光，主要景点景观有：石门云海、扰绕梯田、营盘、红岩峡谷、新安灵应寺、云顶梯田、云顶草场（风车）、云顶滑雪草场、水塘摆弓岩瀑布（悬棺奇景）、高寨营盘、甲定洞葬等。世居苗族支系红簪苗民族习俗世代传承，民族民间文化丰富多彩。1997年，高坡乡被省文化厅命名为“贵州省苗族芦笙艺术乡”，被贵州省摄影学会命名为“摄影艺术创作基地”，省级非物质文化遗产“射背牌”珍奇独特。旅游开发潜力巨大。

2016年，高坡乡紧紧围绕花溪区创建全域旅游示范区目标，抢抓贵州建设世界知名山地旅游目的地的重大机遇，以“1+3”模式，即“旅游”+“山地户外休闲、山地观光农业、苗族文化体验”为支撑，加快推进生态环境建设、基础设施改善、旅游景区改造、特色农业发展、精准扶贫、民族文化挖掘，项目策划推广，党的工作建设八大行动计划，推动“农旅、文旅、体旅”深度融合发展，经济发展与社会事业同步推进，将高坡打造成贵州山地旅游休闲度假区。（钟光泉）

【经济指标完成情况】　2016年，高坡乡生产总值完成38268万元，比上年增长15%，其中：第一产业增加值预计完成11457万元，比上年增长10%；第二产业增加值完成11845万元，比上年增长15 %；第三产业增加值完成14445万元，比上年增长15%。地方财政预算收入完成2717万元，比上年增长10%。固定资产投资完成10000万元，完成目标任务100%。招商引资到位资金12900万元，完成目标任务56.1%。工业增长值完成4000万元，完成目标任务100%。农民人均纯收入10962元，比上年增长10%。（钟光泉）

【精准扶贫开发】　2016年，高坡乡对道路改造、卫生院软硬件提升、农家乐、立面整治、贫困村贫困户脱贫等工作给予资金、物资、项目支助。人居环境改造提升，144户人畜混居户房屋得到改造。实施种养殖业扶贫项目，投入财政专项扶贫资金82.9万元，完成蔬菜种植900亩，香葱种植220亩，圆葱种植1000亩；投入专项扶贫资金100万元，用于平寨村种植蓝莓（精品水果）200亩（项目在组织实施中）；投入区级农业发展资金96.2万元，完成“金刺梨”种植350亩，油菜种植2000亩。投入财政专项扶贫资金141.7万元，修建圈舍11000平方米，发展草地鸡养殖11.52万羽，肉鹅养殖4440只，项目养殖农户462户；投入专项扶贫资金239万元用于五寨、平寨、大洪、龙云四个村发展肉牛、黑山羊养殖及圈舍建设；投入专项扶贫资金17.5万元，扶持杉坪、批林、扰绕三个村145户贫困户养殖黑毛猪290头；投入财政专项资金19.9万元用于石门、扰绕、龙云、杉坪四个村发展绿壳蛋鸡养殖。全乡421户低收入困难户1020人脱贫。（钟光泉）

【美丽乡村建设工程】　2016年，高坡乡启动青黔高道路提等建设工程，完成前期征地、迁坟等工作；完成014县道石门至甲定道路的全线提升改造，完成高甲公路至云顶草场道路的改造提升，全乡19个行政村87个自然寨全部通水泥路；完成南片9个村人饮管网维修；启动苦蒿冲二级提水工程，建成后将解决高坡北片10个村群众生活用水问题；整合旅游项目资金360万元、“一事一议”资金1756万元、农业扶贫资金48万元，按照“以点带面，突出重点，整乡推进”的方式，重点对旅游资源突出的平寨村、扰绕村、水塘村、甲定村以景区的标准进行美丽乡村建设。（钟光泉）

【生态环境保护】 高坡乡有生态公益林108816.4亩（其中，国家级重点公益林40944.5亩，省级地方公益林67871.9亩）。主要林区划分为三块：一是西北面的石门、扰绕、新安三个村，面积有7380.6亩；二是东北面的平寨、云顶两个村，面积为10450.7亩；三是南片的水塘、杉坪、批林等10个村，面积为53365.2亩。

2016年，在甲定、高寨、硐口、平寨4个村连片种植2574亩的经果林。树种有李子、枇杷、樱桃、板栗等。退耕还林464亩，分布在甲定、硐口、杉坪村。对新安村、街上村2002年退耕还林312.02亩进行低产改造。对大洪、街上、平寨等9村植被恢复封山育林12346.06亩。立管护封山育林碑4块。（钟光泉）

【借助专业公司发展农业】 2016年，高坡乡在传统农业的基础上，着力发展山地特色农业、观光农业，招商引资，借助外力，打造“高坡农场”农产品品牌。贵州百瑞阳光农业科技开发有限公司，在摆龙村采用“公司+基地+农户”模式建设蓝莓科技示范基地一期100亩；开阳鑫甲乙生态农业开发有限公司，通过“公司+合作社+农户”的经营模式在五寨村种植辣椒；贵州阳光雨露农业科技有限公司实施中草药立体种植项目，采取“公司+村集体+农户”的方式，带动石门、扰绕、大洪三个村集体经济和村民发展；在石门村、扰绕村发展种植油菜；贵州自然之园公司在高坡村翁西草场发展本地黑毛猪养殖，年存栏数达1000余头；贵州高坡云稷农业发展有限公司在水塘村实施红米种植300亩。为改善农业生产条件，建成龙云村10个小水窖和克里村新建沟渠1.5公里；建成高坡村、大洪村机井配套管网安装（大洪村泵房未动工）。（钟光泉）

【发展壮大村级集体经济】 2016年，高坡乡发展壮大村级集体经济：一是摸清家底，对全乡19个村进行“三资清理”；二是搭建平台，成立村集体经济组织，11个贫困村均成立小微企业或种、养殖专业合作社；三是通过土地流转增加村集体经济收入；四是经济条件好的村通过将存量资金入股企业经营以“分红”形式增加村集体经济收入。石门、扰绕、大洪、高坡、街上、水塘、五寨7个村争取扶持村集体经济发展专项资金100万元。石门村拟种植黄花菜申报扶持合作社资金15万元；扰绕村拟装修农特产品展示中心申报扶持合作社资金15万元。19个村均完成村集体资金积累50万元的目标。（钟光泉）

【驻村工作】 2016年，高坡乡进驻同步小康工作组11个，成员49人。驻村工作组帮助村建基础设施104.1万元，其中：扶持发展养殖业，帮扶资金29.1万元；帮助困难农户解决危房改造资金13万元；帮扶资金17.96万元，解决困难学生、留守儿童上学和生活困难；解决资金2.25万元慰问困难党员、低收入群众；向其他困难群众赠送米、油等物资，解决生活用电、用水、房屋漏水等困难。（钟光泉）

【中共高坡苗族乡委员会换届选举】 2016年8月29－30日，为期两天的中国共产党高坡苗族乡第十二次代表大会结束。大会选举产生新一届中国共产党高坡苗族乡第十二届委员会和纪律检查委员会。第十二届委员会成员是：书记赵福兰，副书记刘明高、唐家贵，委员龙里云、赵伟、许建伟、邱波、王家乾、魏华英；第十二届纪律检查委员会成员是：纪委书记赵伟，副书记程楠，委员沈德飞、黄春、周南。（钟光泉）

【高坡苗族乡人大、政府换届选举】 2016年11月24－25日，高坡苗族乡第十八届人民代表大会第一次会议闭幕。大会以无记名投票方式，选举产生高坡苗族乡第十八届人大主席和人民政府领导班子。龙礼云当选高坡苗族乡人大主席，唐家贵当选高坡苗族乡人民政府乡长，王家乾、邱波和许建伟当选为高坡苗族乡人民政府副乡长 。

（钟光泉）

【社会民生保障】 2016年，高坡乡城乡低保户319户，保障人口622人，发放低保金181万元；农村五保分散供养23户23人，发放五保金9.8万元；全年为281户1033人发放救灾救济粮22155公斤，为292户1184人发放救灾救济款28.3万元，为24户生活困难群众实施临时救助资金16.3万元，为287位长寿老人发放高龄补贴19.8万元。农村社会养老保险参保869人，其中60岁以上参保人员374人；新型农村合作医疗参保17058人，筹资153.52万元；全乡就诊（包括门诊、住院）人数29271人次，合医门诊报销3758679.92元，大病住院报销14650.22元，民政救助928.03元。

高坡乡2016年发放养老保险金30456人次，发放保险金4758452.81元。城镇新增就业126人，农村富余劳动力转移232人；为自主创业新增实体提供经营场所房租补贴2人、返乡创业补贴17人。

（钟光泉）

【创建“安全高坡”】 2016年，高坡乡按照“五及五覆盖”的要求，加强安全生产巡查督查力度，开展宣传活动5次，发放各类资料1200余份。建立健全安全隐患排查治理机制，发现隐患就地排除，对无证矿山、2家加油站、6家烟花爆竹销售点、15家餐饮单位、10余公里中缅油气管线及道路交通定期或不定期巡查，发现隐患及时整改。实施“平安高坡”行动计划，完善治安防控体系建设。高坡乡连续三年群众安全感满意度测评均为100%。

（钟光泉）

【教育事业】 2016年，高坡乡有初级中学一所，即高坡民族中学，学校教师44人，其中少数民族教师20人，本科学历36人，专科学历8人。教学班14个，在校中学生646人，其中，女生338人，少数民族学生515人，住校生305人，毕业生246人。2016年度学校升入高中38人，中职88人，升学率51%。学校占地面积26200平方米，校舍建筑面积10236平方米，有多媒体网络教室、远教室、艺术室、舞蹈室、体育室、各类实验室、标准食堂、学生公寓，图书19798册。

初级小学教育：9月前，有8所村小（高坡、大洪、云顶、杉坪、五寨、甲定、龙云、硐口）。9月后，龙云小学和硐口小学合并到新建的甲定寄宿制新学校，有村小6所。乡村小教师有118人，其中少数民族教师54人，本科学历55人、专科（含中师）学历63人。全乡有小学66个班，在校小学生2335人，其中少数民族小学学生1836人。全乡辍学率为0。

幼儿教育：有公办幼儿园1所，幼教老师14人.2016年3月接收幼儿183人，9月接收幼儿205人。

（钟光泉）

【卫生事业】 2015年11月，计划生育服务站与卫生院合并后，高坡乡卫生院有办公和业务楼三栋，全院占地面积2200平方米。2016年，高坡乡卫生院仍开设综合门诊一个，无住院部，原计生服务站开设的妇女保健、儿童保健、育龄妇女婚前检查、孕检等业务。卫生院有院长、副院长、医疗组组长、妇保儿保负责人、公共卫生科科长。全院职工人数30人，在编12人，其中医生13人，护士7人，检验师、出纳、会计、收费员、保卫、司机各1人，药房、工勤各2人。全乡19个村因综合楼及人员变动情况，有16个村卫生室、18个村医生。

（钟光泉）

【市政协主席王保建到高坡乡调研】 2016年10月14日，市政协主席王保建一行到高坡乡龙云村开展走访慰问低收入困难户，遍访帮扶发展困难村、困难户调研工作，经开区党工委书记、花溪区委书记钟阳带区政协、区政府、高坡乡相关领导陪同调研走访。王保建主持召开座谈会，就村级集体经济发展和低收入困难户增收致富问题进行深入研究，寻找帮扶措施。（钟光泉）

【区委书记到高坡乡上党课】 2016年7月1日，经开区党工委书记、花溪区委书记钟阳带领区委办、区委组织部、区农业局等单位领导到高坡乡石门村，以院坝会的形式，为乡村干部上党课。课堂上，钟阳书记传达学习习近平总书记在建党95周年庆祝大会上的重要讲话，重点阐述总书记的"不忘初心，继续前进"的深刻含义。（钟光泉）

【苗族"四月八"民族文化活动】 贵阳花溪高坡2016年苗族"四月八"民族文化活动于5月14日在高坡苗族乡云顶草原举行。这次活动由中共贵阳市委统战部、贵阳市民族宗教事务委员会主办，中共花溪区委、花溪区人民政府承办。在活动的开幕式上贵阳市委统战部帅文部长、花溪区委书记钟阳、区长梅俊作重要讲话。活动内容丰富多彩，形式多样，有民族舞蹈表演、原生态榜郎歌展演、国家一级演员雷艳助力献唱、还有民族体育竞技（高跷赛跑）、千人苗族芦笙舞互动联欢、民族服饰展和刺绣展演等。（钟光泉）

【高坡苗族乡举行迎新越野赛跑】 2016年12月30日，高坡乡举行"云顶风电杯"迎新越野赛跑比赛。全乡19个村和驻乡企事业单位27支参赛队伍近300人参加比赛，比赛活动从石门村生态停车场出发，终点到乡政府，全程6公里。比赛评出村级男子组和女子组、驻乡企业单位男子组及女子组、团体赛、个人赛的奖项并予颁奖。（钟光泉）

【村级党支部、村委会换届选举】 2016年，高坡乡按规定进行村级党支部和村民委员会换届选举，乡成立换届选举指导组，5－6月份，完成第十届村级党支部换届选举，选出村党支部书记19名，支部委员38名。9－12月，完成第十届村民委员会换届选举，选出村委主任19名，村委委员59名。

高坡乡村（居）基本情况表

序号	村名	户数	户籍人口数	劳动力	村民组数（个）	自然村寨（个）	常年耕地面积（公顷）	行政区域面积（平方公里）
1	石门村	177	891	509	4	3	39	2.61
2	扰绕村	97	362	234	4	2	28.7	2.34
3	大洪村	361	1895	1060	9	6	62	9.52
4	高坡村	366	1504	1126	10	6	63	4.07
5	新安村	215	883	564	4	3	34.4	3.3
6	街上村	355	1644	948	11	4	74.3	12.64
7	摆龙村	260	1320	786	4	3	40.8	4.8

续表

序号	村名	户数	户籍人口数	劳动力	村民组数（个）	自然村寨（个）	常年耕地面积（公顷）	行政区域面积（平方公里）
8	平寨村	349	1839	1047	7	4	70.1	9.41
9	云顶村	264	1258	726	5	5	64.2	8.18
10	水塘村	136	565	329	3	3	22.3	3.39
11	杉坪村	310	1627	879	5	3	48.5	6.1
12	枇林村	267	1185	695	6	6	48.3	5.27
13	五寨村	579	2822	1619	13	8	139	13.29
14	掌己村	136	623	339	3	3	22.5	4.11
15	高寨村	133	679	399	4	2	33.9	2.71
16	甲定村	319	1639	981	7	3	67	6.79
17	克里村	169	874	528	6	9	34	5.46
18	龙云村	274	1328	770	6	6	88.2	6.21
19	硐口村	321	1385	853	10	8	55.3	8.43
20	集体	14	136					
21	非农业	86	202					
22	临时	30	63					
	合计	5218	24724	14392	121	87	1035.5	118.63

（钟光泉）

久安乡

【概况】 久安乡位于贵阳老城区的西面，花溪区的西北部，阿哈湖畔上游，距贵阳市政府驻地17公里，距花溪区23公里。全乡辖7个行政村，60个村民组。全乡总面积48.66平方公里，有耕地708公顷，林地2430公顷，森林覆盖率52.6%。乡村级公路：161.3公里（其中：绕城高速路过境6.5公里，但没有匝道）。年平均气温13℃，最冷月（1月）平均气温3－4℃；最热月（7月）平均气温22℃，无霜期260天。年平均降雨量1150毫米。全乡居住5218户，人口15157人；有党支部11个，党员381人；乡政府干部职工50人，其中党政机构21人。事业单位29人：人力资源和社会保障服务中心5人；宣教文化信息服务中心10人；村镇建设服务中心3人；生态保护站3人；农业服务中心6人；安全生产监督管理站2人。

2016年，久安乡被评为“省级农民工示范园”“贵州省级卫生乡镇”“贵阳市农民工创业就业示范基地”，市、区“干部教育培训现场教学基地”、

贵阳市“一委三会”党建创新示范点、贵阳市党建“四型”远教站点。（母银林）

【经济发展状况】 2016年,久安乡GDP完成30894万元,比上年增长12.1%;招商引资到位资金3.52亿,比上年增长60%，固定资产投资完成23555万元，比去年减少21.7%；财政收入完成263万元；农民人均可支配收入12720元，比上年增长9%。（邓烨旻）

【城乡建设状况】 2016年，久安乡危房改造8户，美丽乡村示范点新寨和牛昌坝申报小康房建设52户，全部竣工。利用贵阳市第一次观摩会机会，完成久安村至小山村公路沿线的240户农民住房进行立面改造；完成雪厂村新寨山小桥边至久安村林场路口10公里公路铺设沥青路面。申请一事一议财政资金137.61万元，硬化通寨道路3.8千米、修建人行步道4.5千米、安装太阳能路灯60盏，改善群众生产生活条件。申请资金150万元，修建姚华雕像1尊、观景台堡坎、生态护栏、小寨门等子项目9个。7月建成茫父艺术交流中心成为全域旅游景点。为林家山至久安公路主干道沿线的70户农户修建花台，搭建葡萄架，使农户庭院景观化。（母银林）

【社会保障状况】 2016年，久安乡合医参保12189人，收缴参合资金109.7万元，全年门诊、住院报销总计529388.66元；农民养老保险参保5100人，缴纳保险经费53.8万元；建立220户357人低收入困难户的台账和信息档案，落实低收入困难户包保到人。全乡享受城市低保12户20人，全年发放城市低保金9.0137万元；享受农村低保186户，254人，全年发放农村低保金92.9108万元；对15人返乡创业补贴资金45000元，场租补贴2户3600元；全乡在册五保户10人，发放五保供养金3.272万元；全乡城乡居民医疗救助6人，发放医疗救助金2.481万元；救助低保人员家庭考上大学入学困难新生2名，发放救助学金5000元；救灾救济2户4人，发放救灾款2万元、救济粮救济764户1932人，发放救济粮2.41万公斤；春节、八一期间，对79名优抚对象发放慰问金2.37万元，在乡财力拮据的情况下慰问现役军人家属26户，协调资金5200元。“八一”建军节，为全乡80名重点优抚对象送去慰问金24000元，春节期间，78名重点优抚对象补发省级慰问金7800元。对190名（其中80－89岁的老人188人，90－99岁老人12人）老人发放高龄补贴，全年发放补贴14.35万元。完成打通村、久安村、巩固村村集体经济100万元试点项目上报。社会治理方面，5月份完成久安乡社会化戒毒康复站的建设并投入使用，禁毒被列为贵阳市禁毒工作重点整治地区。（母银林）

【文化挖掘】 2016年，为挖掘姚茫父文化，在孔学堂举办《古茶树之乡久安走出去的国学大师——姚茫父》专题讲座；在久安村新寨举办《从花溪走出去的历史名人》讲座，重点介绍姚茫父生平和文化成就；在茫父艺术中心前举办“纪念姚茫父诞辰一百四十周年——茫父精神耀千秋 久安古茶香万里”文艺表演；在中心完小举办花溪区中小学生“祖国好 家乡美” “童心向党”和“纪念茫父先生诞辰140周年”书法、绘画大赛，花溪区美术馆举办纪念茫父诞辰140周年摄影展；年底在新寨，举办茶餐比武大赛。举办“茫父”公益励志助学计划暨首届“久安好教师”、第二届“久安好少年”评选表彰活动。花溪区文联出版一期《纪念茫父诞辰一百四十周年专刊》，久安乡编写乡土教材在中小学开始试用，茫父作为重要篇章被写进教材。结合久安古茶文化，久安乡与贵州贵茶有限公司对接研发“茫父茶”，并设计印刷“茫父茶”小册子。（母银林）

【高效茶叶示范园区建设】 2016年，园区投入资金3.56亿元，在贵茶公司的配合下，完成九龙山木栈道400米、古茶园木屋及亭子、北大门改造修缮，修建北大门停车场1200平方米，新寨广场提升；完成九龙山园区道路"白改黑"，安装太阳能路灯43盏；建成中国摄影基地九龙山拍摄点，修建生态公厕一座。全年园区茶叶产值5.84亿元，销售收入4.77亿元。（母银林）

【医疗卫生事业】 2016年，久安乡卫生院职工总数20人，其中在编在岗12人，临聘人员8名，中级职称3人。配备有心电图机1台，电解质分析仪1台、医疗救护车1台等医疗设备，全院门诊量4450人次。全乡7村个卫生室，9名村医生，平均年龄43岁，大专学历2名，中专7名，获得资格证的只有1名，为执业助理医师。其中女医生5名，男医生4名。7村个卫生室全年门诊量总计8986人次。（母银林）

【教育事业情况】 2016年，全乡辖区内有久安中学、久安中心完小、幼儿园各1所。久安中学在校学生127人，专职教师27人，6个教学班，占地面积5502平方米，校舍建筑面积3302平方米；久安中心完小现有在校学生475人，专任教师32人，13个教学班，占地面积10679.58平方米，校舍建筑面积5323.8平方米。中心完小下设打通村、巩固村、吴山村、久安村四个教学点。在校学生602人（含教学点），教职工59人；久安乡幼儿园6个班，227名幼儿，专业教师7人。（母银林）

【村级两委换届选举】 2016年，久安乡7个行政村村支两委进行换届选举。4月27日，全乡召开支部选举动员培训会，6月23日，完成村党支部换届，选举产生支委委员22名，支部书记7名。10月17日召开村委换届动员部署会，12月8日完成村委换届，选举产生村委成员30人，村主任7名，副主任1名。（母银林）

久安乡村基本情况表

村名	户数（户）	户籍人口（人）	常住人口（人）	组数（组）	常年耕地面积（公顷）		自然村寨（个）	行政区域面积（公顷）
					总面积	其中:田		
小山村	502	1249	1032	5	52.29	35.3	5	3.31
雪厂村	784	2487	1720	6	94.41	45.89	7	7.24
打通村	809	2242	1898	11	92.46	52.95	11	7.53
吴山村	1181	3457	3251	11	149.6	70.6	9	10.6
拐耳村	515	1484	1216	8	69.6	38.83	5	5.47
久安村	762	2229	1682	10	118.96	60.01	10	8.38
巩固村	665	2009	1609	8	98.75	49.42	7	6.13
合　计	5218	15157	12408	59	676.07	353	54	48.66

（母银林）

（责任编辑　姚　毅）

燕楼镇便民利民服务大厅（杨小平 摄）

社 区

花溪年鉴
2017HUA XI YEARBOOK

5月5日，阳光社区组织"城市夜话"活动（阳光社区 供稿）

花溪年鉴 HUA XI YEARBOOK 2017

明珠社区

【概况】 明珠社区服务中心位于花溪小学斜对面吉林路126号，辖溪北和朝阳两个居委会。溪北居委会位于溪北路蟠龙巷对面，朝阳居委会位于朝阳村茗桂花园内。社区划分为37个网格，12个成型小区，152个楼栋，内有贵州大学、贵州民族大学、贵州省职工疗养院、省军区花溪干休所、花溪区人民医院、花溪小学等多家院校及企事业单位。社区属花溪区中心城区，地处花溪北大门，毗邻花溪国家级城市湿地公园和花溪公园，距市中心约17公里，距区行政中心1.2公里。辖区面积5.1平方公里，常住人口38323（含高校）人，流动人口3687人。已婚育龄妇女3103人，出生人口174人（其中，符合政策生育172人，早育2人），常住人口符合政策生育率100%，人口自增率3.25‰，出生率4.6‰。辖区内有9个党支部（其中4个建制党支部，5个功能性党支部），党员155名。社区下设两办五部，分别是综合办、网格办、社事部、城管部、经服部、群工部党建部，核定正式编制28人，现在岗23人。

2016年，明珠社区围绕服务群众“最后一米”的问题，以问题为导向，以民生服务为抓手，全面提升社区服务管理水平，强力推进“创经验、推样板”建设。明珠社区实现城镇居民人均可支配收入增长10%。社会消费品零售总额增长11.5%，建立辖区内商贸流通企业管理信息数据库，完成新增10家企业上限入统。省外资金实际到位46000万元，增长15%；2016年新签约项目2个，完成新增投产项目2个。

2016年12月22日，国家卫生计生委通报表彰明珠社区朝阳居委会通过销账式管理个性服务帮助流动人口融入社区的典型案例。（明珠社区）

【社会事业发展状况】 2016年，明珠社区新增城镇居民养老保险参保完成161人，新增城镇居民医疗保险参保总计208人，新增就业816人，社区城镇登记失业率为2.9%。灵活就业补贴申报7人，享受15622元补助。吸毒康复人员帮扶就业指导37人。

完成职业技能培训50人；就业小额担保贷款新增贷款120万元；组织开展留守儿童困境儿童关爱活动，投入使用留守儿童困境儿童精准化管理信息系统，适时更新数据；完善公共法律服务体系建设，完成“一村（居）一法律顾问”配备工作。加强安全生产工作，全年事故数为0，各类安全事故死亡人数控制为0，其中，道路交通事故死亡人数为0。推进综治、维稳、反邪教工作，落实社会治安综合治理工作领导责任制。开展“两严一降”，刑事案件发案数与2015年比下降15%，群众安全感较2015年有所提升；实现流动人口登记准确及时率达95%；出租房屋登记备案率达95%；用工单位主动申报率达80%以上；用工单位用工人员登

11月3日，明珠社区社会组织孵化基地授牌和颁发聘书仪式（明珠社区 供稿）

记报告率达95%以上；流动人口重点对象建档率达100%；流动人口重点对象再次犯罪率与2015年比下降3%。

2016年，明珠社区被市网格化服务管理指挥调度中心确定为“社会和云”试点社区，全市首批网格监督员定点明珠社区开展培训工作。在2016年举办的贵阳数博会上，社区的网格精细化服务管理平台作为全市大数据探索成果代表进行展示，得到各界好评。花溪区钟阳书记调研明珠社区，对大数据提出的“以数据为基础、以创新为手段、利用小平台、做好大服务，立足全省争第一、融入全国，发出明珠好声音”的要求，社区信息平台建设稳步推进。一是设施设备满足常规需要。自2015年3月以来，明珠社区在市委群工委等相关部门的支持下，依靠原有网格化管理信息平台，先后完善“社会和云”相关工作设施设备。2016年，社区有高清数字360°摄像头44个（可实时传输）、生物识别枪机14个，公安“平安在线”枪机摄像头102个（拷贝传输）。同时，社区配备网格员手持终端40个（含每月300M流量）和相关的存储器、UPS等配套设施满足现有使用需要。二是网格基础进一步完善。社区设置有网格管理办公室，安排专门人员负责大数据工作。社区在市、区群工委的指导下，完成社区网格的边界划分，确保网格之间无空档、无重叠。社区结合工作实际，制订网格员考核管理办法，加强网格员工作实效。三是大数据应用初见成效。社区以网格化管理信息系统作为基础，GIS地图、基础数据模块为社区工作提供基础数据库支持。在案件处置方面，社区主要接办全市12345热线和筑城微治上报案件，案件受理数600余件，结案率高于98%。利用“社区1+1”作为网格员上报信息的补充渠道。为加快明珠社区作为试点社区的建设力度，市网格化指挥调度中心正在支持完成明珠社区倾斜摄影单体化和数据关联工作。

（明珠社区）

【为民办实事】 救济工作。2016年，明珠社区享受城市最低生活保障的有107户，154人，每月发放低保金81211元。2016年新增34人，其中为10人戒毒康复人员申请低保。解决支付临时救济11人，共5.6万元，其中为戒毒康复人员4人提供2.6万元救助。

优抚工作。明珠社区现有驻区部队1支（省军区干休所），复退军人218人（其中抗美援朝2人、“两参”人员9人、残疾军人1人）。2016年，社区为2名人员办理城镇低保、为4名人员办理公租房，为2名人员办理灵活就业社保补贴，为1名人员办理医疗救助450元，为1名残疾军人办理优抚医疗救助742元，为2名人员办理临时救助6000元。4次为辖区复员退伍军人183人免费代办公交免费乘车卡。在重阳节、春节对辖区空巢老人、失能老人、特困老人进行走访慰问，发放慰问金10800元，发放80岁以上高龄补贴311080元。2016年解决残疾人临时救济1人，1500元；赠送轮椅给残疾人7张，申请燃油补贴2人，为29名残疾人发放价值2000元各类物资，有27人申请精准志愿服务。

2016年，明珠社区本着服务为民，进一步提高辖区内居民的生活、居住环境，分别完成对园亭山院落、教师回迁楼院落、贵大家属区院落（学子路段）、溪北小区老旧院落、海狮楼院落及周边区域进行改造提升。（明珠社区）

【流动人口社会融合管理】 明珠社区朝阳居委会，坐落于花溪公园旁，毗邻贵州大学和贵州民族大学。居委会常住人口4861人，其流动人口2432人，户籍人口和流动人口几乎各占一半。2015年以来，朝阳居委会利用大数据探索流动人口社会融合工作，社区工作人员在平时入户采集信息开展工作的同时，了解流动人口实际困难，“记帐式登记”将其需求收集整理编制成台帐，“销帐式管理”帮助解决流动人口生产生活中的困难。

记帐式登记。一是记好及时帐。针对流动人

口多、流动性大的特点，朝阳居委会在数据采集及时性下功夫，实施“311”采集时限要求，即新增流动人口到居委会后，居委会在3天之内入户采集或者要求房东于三日内报知居委会，1天之内与派出所数据进行比对，1天之内将流动人口数据录入人口管理系统。

二是记好完整帐。为了解流动家庭人口情况，朝阳居委会与公安、计生、就业、民政等7家部门进行信息对接，设计出30项需要采集的各类信息目录，在入户采集信息时，确保把相关信息采集到位，为民服务和管理工作奠定基础。

三是记好准确帐。为确保采集到准确的流动家庭信息，朝阳居委会采取“131”的工作方式，即“一告知”：在居委会初次入户时，完整告知流动人口各部门对流动人口服务、管理的相关政策，流动人口需要准备的相关资料以及需要帮助解决的相关诉求等；“三回访”：原始材料不完整的及时回访采集，实居人员未见到的及时回访见面，有需要帮助解决诉求的及时回访明确；“一核实”：居委会在采集信息后，及时将所采集的信息与流动人口原户籍地相关部门进行核实，确保数据真实性。

四是记好个性帐。为做好流动人口的民生服务工作，朝阳居委会在信息采集的同时，还要专门了解流动人口的困难和需要帮助解决的急迫问题，建立民生服务“帐本”，进行跟踪服务。同时，在日常工作中，居委会还开展民情日记登记表制度，对包括流动人口在内的各类居民诉求进行登记，形成个性化的“民生帐目”，跟踪服务落实。

销帐式管理。朝阳居委会对所建立的“记帐”，采取销帐式管理的方式，切实实现流动人口服务、管理工作。

一是实施时间管理，建立销帐时限。对流动人口反应的民生问题，居委会一般情况下在7个工作日内将相关情况反馈给受理对象，并在当天完成对系统或民情日记表的修改记录。

二是实施购买服务，发挥社会资源。购买流管志愿者服务，吸纳相对专业的志愿者参与到流动人口服务、管理工作来；购买社会组织服务，建立朝阳向日葵小微社会组织联合会，整合14支小微社会组织通过文化活动、慰问走访等方式参与流动人口精神文化建设和关爱工作；组织楼、栋长队伍，发挥热心群众的作用，参与到流动人口服务、管理中，做到对流动人口的变动情况进行及时、准确的掌握。

三是实施细帐管理，做好汇总统计。朝阳居委会定期对流动人口提出的各类诉求进行汇总统计，对所有流入人口的需求进行精准采集，通过反复上门摸清需求实际，将需解决的问题按照卫计类、住建类、民政类、人社类、市场监管类、教育类进行分类记录。居委会解决不了的问题，一周内分类总结汇总一次，向社区、区级职能部门寻求支持和帮助，力求最大限度地给予解决。

四是实施销帐落实到人，责任追究到底。朝阳居委会实行解决问题“第一责任人负责制”：居委会为每一个工作人员统一配备一部计生小组长流动人口服务户籍手持终端机。明确小组长是问题销帐第一责任人，针对录入的问题自己能解决的必须在3个工作日内解决，解决不了的上报居委会每天的晨会，由居委会领导提出解决办法，并由第一责任人在7个工作日内进行追踪解决。在规定时间应解决而未解决的，一户一件扣除对应工作人员一定的绩效工资，如因流入人口资料准备不齐或国家相关政策不允许办理的及时告知并做好耐心解释。细化责任到人：居委会人社工作人员负责一周更新一次居委会的招聘信息栏；低保工作人员负责对辖区内的流动人口困难人群提出民政救济方案，并在一个月内落实到位；社区医生必须在3个月内对辖区内新增流动人口进行健康体检并完善相关资料。“监督措施强硬、确保奖罚分明”：居委会书记、主任组成监督小组，对辖区内流入的人口进行抽查，对流动人口提出的问题未登记、未按时处理的，扣除相关工作人员相应的年终绩效，对保质保量完成工作的，给予相关工作人员绩效奖励。取得成效。开展“记帐式登记、销帐式管理”以来，朝阳居委会累计为流动人口提供服务咨询1427人次；梳理出各类正常需求问题962个；帮助解决356人就业；化解邻里矛盾12起；帮助流动人口子女6人进入公立学校就读；通过发动辖区居民献爱心捐款方式为5个流入“五保户”购买养老保险，并联系户籍所在地为他们办理低保和合作医疗；帮助215名流动儿童参加贵州大学志愿者提供的书法、绘画、篮球、足球、二胡等课程培训；帮助8名大龄男女青年脱单。在流动人口提出的962个问题中，已解决602个，解决比例达62.58%，剩下的362个未解决问题中有148个是因流动人口离开、68个是因流动人口提供的资料不齐，其146个问题资料已上报到区级相关部门。

朝阳居委会利用自身条件，解决流动人口个性化方面的需求，招募贵州大学的学生志愿者团队，开展儿童兴趣爱好培训班，免费为流动人口小孩做业余爱好培训；为6名流动人口“五保户”老人提供“一对一爱心呼叫”服务，确保老人的需要在第一时间得到呼应；居委会志愿者与流动人口空巢老人结对子，用“爱心呼唤器”提供“精准”需求服务；为使流动人口中的大龄青年尽快脱单，居委会与小孟工业园区的几个工厂联系，举办“相识在花溪”为主题的大型相亲活动；居委会设立幼儿代管点，周一至周五下午4点至7点，免费为流动人口子女提供临时看护，解决流动人口因上班时间不确定无法准时接送孩子的难题。（明珠社区）

花溪年鉴 HUA XI YEARBOOK 2017

阳光社区

【概况】 阳光社区地处花溪城市中心，辖区总面

明珠社区2016年“新型社区 温馨家园”建设情况

项目名称	施工单位	监理公司	建设内容	项目资金情况/万元			开工时间	竣工时间
				拦标价	预算评审价	合同价		
园亭山院落	贵州富强建筑工程有限公司	武汉土木工程建设监理有限公司贵州分公司(2.5%)	1、值班室修缮;2、新建大门;3、新建花池;4、更换护栏;5、人行梯步改造;6、清掏排污沟;7、地面贴大理石;8、地面硬化;9、粉刷墙面;10、修建文化墙;11、围墙贴文化石;12、围墙改造;13、拆除枯死树木;14、规划停车位;15、修建排水沟;16、新建沉沙井;17、安装健身器材;18、新建凉亭;19、安装休闲桌椅;	158.44	108.30	108.13	2016.7.20	2016.9.20
教师回迁楼院落	贵州黔阳建筑安装工程有限公司		1、值班室修缮;2、新建花池;3、绿化整治;4、地面贴大理石;5、粉刷墙面;6、人行梯步改造;7、维修石护栏;8、清掏排污沟;9、屋顶琉璃瓦改造;10、新建凉亭;11、新建长廊	114.80	79.49	78.75	2016.8.5	2016.10.20
贵大家属区院落(学子路段)	贵州典宗云建设工程有限公司		1、值班室修缮;2、修建花池;3、铺设透水砖;4、踏步贴砖;5、道路白改黑;6、划设行车线;7、规划停车位;8、安装健身器材;9、修建凉亭;10、廊架;	155.97	133.27	133.15	2016.7.28	2016.10.11
溪北小区老旧院落	贵州富强建筑工程有限公司	贵州国龙项目管理咨询有限(2.5%)	1、新建大门;2、围墙改造;3、新增路灯;4、移栽灌木;5、新建文化墙;6、下水道改建;7、人行道改建;8、小区地面硬化;9、小区道路白改黑;10、规划停车位	199.88	157.65	157.355	2016.10.18	2017.1.11
海狮楼院落及周边区域	贵州典宗云建设工程有限公司		1、新建围墙;2、新建不锈钢大门;3、拆除旧花池、洗碗池;4、花池改造;5、道路白改黑;6、新建排污沟;7、铺设透水砖;8、踏步贴砖;9、清掏化粪池;10、墙体改善;11、沿路商铺门头改善;12、划设行车线	84.02	76.39	76.10	2016.10.18	2017.1.12
合计				713.11	555.10	553.49		

积11.46平方千米，北起花溪河花溪大桥，南至区级行政办公中心，西起田园北路，东至大将山山脊。辖清溪、清华、花溪、仙人洞、棉花关、贵筑、望哨坡、徐家冲、学士9个居委会（其中学士支部是2016年9月成立），划分为130个网格。辖区居民人口96288人，其中贵大南区在校学生5390人，流动人口17188人。辖区楼群院落148个，主干道3条，次干道21条、背街小巷57条、2个中心农贸市场、个体工商户2800余家，机关企事业单位963家，汇聚花溪区行政办公中心、贵州大学（南校区）、湿地公园、红阳厂、清华中学、花溪一中、二中、二小、一至四幼，中医院，以及多家银行、超市、培训中心等，是典型的综合性社区。

2016年，阳光社区按照市委、市政府《关于进一步加强和改进社区工作的十条意见》文件要求，将原有的“一厅四部”（即：便民利民服务大厅、党政工作部、社会事务部、群众工作部、城市管理部）改置为“一厅二办五部”（即：便民利民服务大厅、综合办公室、网格管理办公室、党建工作部、群众工作部、社会服务部、城乡管理部、经济服务部）。核定正式编制26人，实际在编18人，在岗在编人员16人。在编人员中党员10人；少数民族5人；大学本科14人，大学专科4人。

阳光社区现有17个党支部（其中包括7个非公党支部：贵州英迪商业管理有限公司党支部、贵州德贝斯餐饮管理有限公司党支部、贵州合力购物有限责任公司党支部、佳宇商贸有限公司农院分公司党支部、阳光社区餐饮业非公联合党支部、凯宜物业党支部、七彩阳光服务社党支部），647名党员，其中预备党员11名，少数民族116名，研究生11名，大学本科176名，大学专科126名，中专73名。社区获省“花溪区2014－2016年度文明单位”“贵州省科普工作先进集体”等称号。2016年，撰写各类调研信息6篇，上报信息196篇，有21篇信息在《贵阳晚报》《贵阳日报》等媒体上报道，有26篇信息被中央、省、市文明网采用。（阳光社区）

【社会事业发展状况】 2016年，社区发展壮大17支文体志愿队伍。完成城镇新增就业1434人，城镇登记失业率控制在2.26%以内，全年组织74人参与职业技能培训，自主创业人数309人，带动就业592人，场租补贴36人次，新增创业实体309户。推荐3家个体工商户申请小额担保贷款，新增贷款18万元。城乡居民养老保险累计参保人数1242人，累计金额482800元。办理城镇职工基本医疗保险8人。办理失地农民城镇职工养老保险参保24人。办理城镇居民医疗保险参保590人，续保80人。办理新型农村医疗保险参保3103人，参保率100%。合医报销1257人次，报销42265.74元。发放城低保金511万元，发放农低保金16万元，临时救助全年发放30.55万元。开

3月9日，阳光社区老年文体志愿服务队定期开展排练（区委群工委 供稿）

展教育救助19人，发放金额49000元。公租房申报110户、审核公租房家庭826户。申请实物配租172户，全年公租房保障872户（其中二类无补贴户21户）。户籍老人6352人，享受低保148人，80岁以上享受高龄补贴的有904人，100岁以上老人2人。社区连续3年开展“幸福阳光”关爱老年人健康免费体检公益活动，设立居家养老支持中心和社区互联网医院O2O两级体验站。辖区登记退伍复员军人980人，其中享受定补的有87人，办理免费乘车IC卡637张。完成“12345”公共服务热线分派的任务11153件，完成结案11053，处置率99.1%，占全区社区（乡镇）应受理总数的67%。社区全年投入安防经费70万元，组建专兼职的巡逻队伍，做好楼群院落的值守，联合派出所，加大防控力度。在各居成立出租房屋租赁登记点，登记备案6449户，办理流动人口居住证13662个，确保流动人口登记信息及时准确率达95%。流动人口居住证办理率98.%。在阳光社区就业的流动人口就业登记率100%。流动人口重点关注对象等级管控率100%，全部分门别类纳入管控，并落实相应的跟踪管理。核查的流动人口刑事犯罪嫌疑人在全员人口信息平台的录入率为100%。开展6次禁毒预防宣传教育进学校活动；社区、各居委会举行大小禁毒宣传40余次，发放禁毒宣传资料11万份。辖区9个居委会开展“无毒害”居委会创建工作。（阳光社区）

【为民办实事】 2016年，社区获批温馨家园项目5个，涉及资金617.17万元。对松散老旧院落，实行院落治理与院落整治相结合，按照“一院一策、群众参与、长效治理”的原则，确保整治1个院落实现1个院落的自治。完成8个星级平安小区建设，并通过开展植树活动、新建小区绿化，平安建设、城市综合提升改造等活动，新增和提升小区文明、平安、绿色建设。社区服务大厅实行AB角延时服务，六个服务窗口全年接待服务人数24380人次，其中延时工作时间接待办理3156人次。以社区大党委为核心，动员社会力量，组织和开展“七彩系列”主题活动：红色行动亮身份、黄色行动创文明、蓝色行动保平安、绿色行动优环境、橙色行动送温暖、青色行动助成长、紫色行动促和谐。与留守儿童、困境儿童家庭，结成一对一帮扶。联合辖区内高校、爱心企业、社会组织、志愿者共建，第三届“‘灵秀花溪·幸福阳光’温暖百分百”大型志愿公益活动开展，收集困难群体微心愿，联动辖区社会各界力量筹集爱心物资，并组织社区社会组织开展文艺汇演，在春节前夕让关爱传递到社区广大的困难家庭中。贵阳市科普大学阳光社区分校挂牌以来，邀请专家老师授课，开课58余次，所开设的课程以贴近生活、贴近实际、百姓喜欢的课程为主。开设课程有预防保健、家庭教育、家庭理财、计算机、法律常识、就业技能、科学健身、科技制作、心理咨询等专业。组织科普培训、咨询、讲座、文艺演出、宣传等活动32场次以上，每年联系社区医院医生免费为辖区居民提供常规检查及咨询，发放各类科普宣传材料6800余份，接受咨询服务的群众达2000人次。（阳光社区）

【创新服务】 阳光社区的“城市夜话”活动以辖区院落为单位，由社区主要领导带队，组织社区干部、网格民警、网格工作人员、在职党员、志愿者利用傍晚休息时间开展的。社区主要领导现场解读政策、倾听诉求，解疑释惑、论发展做承诺。活动遵循“意见收集→整改落实→效果反馈”三个环节，确保实现“四个零距离”，即：政策直通零距离、民生监督零距离、信访诉请零距离、社情民意零距离。2016年阳光社区“城市夜话”活动开展168次，收集问题112个，协调解决108个（其中与其他部门协调解决问题38个，解决实际困难64个，化解矛盾纠纷6起），还有4个问题正在协调处理中。涉及社区党员干部廉洁自律信访为零、举报为零、案件为零。（阳光社区）

【建立社会建设党委暨社会建设联合会】 2016年10月31日，社区建立“社会建设党委”暨“社会建设联合会”。社区党委通过“社会建设党委”“社会建设联合会”统筹社区各领域、各单位力量参与社会治理，强化社会领域党员群众联系服务，推进社区党建和其他领域党建统筹、融合发展，调动社会各方的力量，为发挥社会建设作用奠定基础。阳光社区“社会建设党委”书记暨“社会建设联合会”会长由阳光社区党委副书记兼任。

（阳光社区）

【星级社区及典型示范社区建设】 2016年，阳光社区贯彻落实省、市、区有关社会治理创新工作安排部署，筑牢基层“网底”，激发基层创新活力，深化“阳光12371”工作法（一个核心、双全服务、三社合力、七彩行动、一院一策），展现花溪区“新型社区、温馨家园”社区公益项目创建成果，突出亮点特色和典型示范，深化拓展新型社区建设，实现新型社区建设取得新进展。

（阳光社区）

【全国社区侨务工作示范单位】 2016年2月29日，贵州省侨办、贵阳市侨办代表国侨办为贵筑居委会所获“全国社区侨务工作示范单位”称号授牌。花溪区阳光社区贵筑居委会是贵州省获得这一殊荣的八家单位之一，也是花溪区唯一的一家单位。阳光社区贵筑居委会登记有归侨侨眷52人，近几年，侨务工作已融入居委会工作，形成爱侨、护侨、为侨的氛围。（阳光社区）

贵筑社区

【概况】 贵筑社区位于贵阳市南郊花溪区中心区域，辖区面积31.58平方公里，北起贵筑路，南至宏业化工公司，东抵田园路，属标准城乡结合地带，辖区地域辽阔、人员结合复杂。下设4个村2个居委会（尖山、天鹅、马洞、洛平4村，云上、大寨2个居委会），划分为65个网格，管理常住人口31259人，流动人口6343人。交通状况发达，主干道有田园路、明珠大道、迎宾大道等。辖区现有特种行业场所22家，其中旅店业：22家，网吧1家，娱乐场所1家，洗浴足疗2家，学校8所，农贸市场2家。辖区投资超亿元在建项目32家，其中重点项目十六家（保利、恒方、大学城配套设施及轻轨等）。（贵筑社区）

【社会事业发展状况】 2016年，社区组织实施春冬两季松材线虫普查及林业有害生物调查，做好森林防火工作；配合生态局完成辖区内野生鸟类监测工作；协助区生态局完成辖区内“六个严禁”违规用地调查核实工作；义务植树10500株；完成退耕还林154户112376.20元的补贴兑现和惠农森林保险工作。完成528户，831.92亩中央财政水稻良种补贴种植业统计上报和政策性水稻保险，以提高农户防御自然灾害的能力。

社区有育龄妇女9352人，已婚育龄妇女5901人；出生279人，全社区符合政策生育率96.7%；出生率8.29%，自然增长率3.7%。

落实2016年独生子女保健费、奖励费总计申报42850元，其中保健费申报143人，金额总计40525元；2016年新增保健费5人，金额总计2150元，2016年新增奖励费2人，金额总计350元。落实关爱女孩奖总计申报275人，金额总计165000元；关爱女孩新农保参保补贴275人，金额11000元；合医补贴451人，金额40590元。提前兑现独子奖申报人数176人，金额105600元。节育奖（40岁以下独子户）申报40人，金额12000元，节育奖合医申报47人，金额4170元，节育奖参保补贴40人，金额1660元。农村计生户父母死亡特别扶助一次性申报3户，补贴金额6000元。2016年新增独生子女死亡一次性抚慰金1户，金额50000元，独生子女伤残一次性抚慰金新增一户，金额20000万。长效节育奖发放政策内

3户，2400元。圆梦小康子女就学父母伤残补助5户，金额18000元整，新增一户，帮扶金额3000元。2016年三结合帮扶马洞村特困户22户，发放资金22000元整。2016年农村独女双女户高考一次性奖励4户，金额4000元。（贵筑社区）

【为民办实事】 贵筑社区为搞好社会治安综合治理，为每个村（居）增加两名警务助理，同时每个村（居）组建一支专职巡逻队，按“巡更”工作方案进行巡逻防控。社区投入18万元，建造社会治安综合治理岗亭5个（含人员工资）。加强“两严一降”工作宣传力度，投入1.4万元购买宣传抽纸5000盒，进行宣传发放；投入1万元制作宣传横幅100条；贵筑社区还在洛平新城免费为老百姓更换“C级锁芯”200把，在保利花二小沿线、天鹅、马洞的背街小巷、新牛马市等社会治安复杂路段安装无线监控探头60个，投入11.88万元。

2016年，贵筑社区城乡低保1187人次，发放低保金967157元。农村低保826人次，发放低保金250038元。困难群众17户50人发放67000元医疗救助金，为辖区内的6户10人因病发放城乡医疗救助金79990元。为辖区内的621位80岁以上的老人申报高龄补助，发放高龄补助金234460元。元旦春节对辖区内的16位失能老人、困难老人发放慰问金13200元。做好社区留守儿童的排查摸底、救助工作，“六一”期间为辖区内10名留守儿童送去5000元的慰问金，其中3名留守儿童已纳入低保作为长期的保障对象。（贵筑社区）

【项目推进状况】 1. 完成贵阳市市域快铁项目关口寨25户村民线内8.374亩土地补偿款的拨付工作，金额998189.17元；完成市域快铁项目的农房确权，88个编号，确权54个编号；市域快铁西南环线项目洛平村与思丫交界地150万元拨至贵筑社区；市域快铁西南环线项目涉及房屋88个编号，其中包含2个企业编号，涉及6万方左右，征收50671.52方，签82个编号，包含1家企业，未征收4个编号，包含一个村集体；市域快铁西南环线项目洛平村第五批土地补偿0.627亩，拨付75056.29元。

2. 孟溪路项目：完成孟溪路25座坟迁移补偿款165800元；完成孟溪路占用贵大实验田土地置换项目征地，土地面积为32.867亩；完成孟溪路20户村民房屋下软土土地征收面积4.698亩，补偿金额239282.29元；完成项目指挥部关于孟溪路补偿款动向的统计工作。

3. 奶牛场项目：完成尖山土地补差：稻田40.7586亩，旱地79.611亩，71户；完成尖山土地补偿耕地面积17.3404亩，其中稻田8.9307亩，旱地8.4097亩，30户；完成尖山青苗补差，稻田8.9307亩，旱地8.4097亩。堡坎、粪池应完成46户，已完成46户；完成丈量乱石堡坎1138.76立方米，水泥堡坎755.276立方米；水泥粪池4个；泥土粪池3个。完成果树林木清点工作：社区清点果树林木20163株，农业林业部门清点13491株。33654株，合计金额1539234元。坟墓完成情况：对坟墓清点1191座（其中大寨迁走182座，尖山迁走215座），完成率为33.3%。已经支付坟墓迁移补偿款200万元整。

4. 洛平北街安置点项目：贵筑社区牵头组织各相关职能部门对该地块上的土地、堡坎、林木、果树进行丈量清点完毕，其中第一批土地面积41.274亩，果树41080株，林木3010株，堡坎415.46立方米，泥土粪坑29个，水泥粪坑3个，以上项目共计拨款9215006.72元；第二批土地丈量完毕，共4.088亩，拨款489136.54元，资金拨付到洛平村账户。第三批土地已丈量完毕，共计土地1.233亩，果树5104株，共计510464.74元。第四批土地已丈量完毕共计土地1.7亩，共计203501.90元。资金已经拨到洛平村委会账户。

5. 花燕路安置点项目：坟墓完成情况：实际完成迁坟420座。土地及林木果树的完成情况：土地征收补偿款18535392.73元拨付到农户账户上。林木果树补偿款2597868.00元，其他附作物补偿款216533.00元，坟墓补偿款3377800.00元，资金已经拨到尖山村委会账户。

6. 清溪路改扩建设项目：清溪路项目线内土地2.343亩，拨付合计款项279652.77元；坟墓迁移4座，拨付27200元（包含每座200元工作经费）；林木补偿2株，拨付90元；果树补偿135棵，拨付13865元，剩余果树补偿140棵，拨付9480元；房屋涉及28户，31个编号，其中有11个公产，涉及面积15000余方，签约20个编号（包含1个公产红岩加油站，1个村集体），确权14个编号，拆除14000余方。

7. 恒大项目：贵筑社区牵头组织各相关职能部门对恒大项目进行房屋摸底征收工作，完成675个房屋的编号，分别为尖山村378个编号，洛平村81个编号，马洞村216个编号，完成率100%；房屋确权653个，其中尖山村完成367个，马洞村全部确权完成，洛平完成73个，完成率97%。

8. 花溪湖项目：花溪湖项目已丈量404.43亩，其中大寨村348.172亩，48636995.48元；云上村56.26亩，共计7859915.87元。花溪湖公园项目征收红线范围内涉及被征收户259个编号，总面积121803.35平方米，签约150个编号，79819.22平方米。

（贵筑社区）

花溪年鉴 HUA XI YEARBOOK 2017

清溪社区

【概况】 清溪社区服务中心地处花溪区城市中心南片区，东抵花孟社区，南接青岩镇，西、北与贵筑社区接壤。辖桐木岭村、花溪机械厂和幸福小区两个居委会，辖区总面积15.39平方公里，户籍人口13632人（其中流动人口3695人），4153户，其中农村人口3942人，803户。辖区有驻区单位及企业100余家，规模以上企业7家，学校、教育机构5所，医疗卫生2所。社区服务中心内设党群工作部、综合协调部，社会事务部、群众工作部、环境部，核定正式编制31人，在编在岗人员26人，退休人员13人，有共产党员30名。

为推进服务型党组织建设，在社区机关党支部开展十多个民生事务代办或送上门服务；以前“合医报销”要经过7道程序，现在只需将报销凭证交到社区全程代理点就可以由社区工作人员代办。开展“两提醒”服务，对到期未缴纳社保、医保的群众，主动打电话提醒。开展民生服务十上门活动，将代办完的残疾证、居住证、生育证、独生子女证等十个民生服务送到村、居民家中，提升群众工作满意率。

2016年，社区完成税收767.2万元，比2015年的任务增加194.64万元；完成规模工业增加值12548.6万元；完成固定资产投资3.7亿；引进外商投资项目6个，完成省外实际到位资金12亿元。

（陈维海）

【社会事业发展状况】 2016年，清溪社区城乡居民养老保险目标任务2199人，实际参保2095人，完成率95.27%；应征缴金额28万元，实际征缴金额32.18万元，完成率114.93%。居民医疗保险目标任务30人，实际完成34人，完成率113%。办理60岁以上老年优待证9人，70岁以上老年优待证23人。为辖区80岁以上老人办理高龄补贴165人，发放金额60200元。为辖区282名退伍军人办理免费乘车IC卡。其中A类52人，B类230人。发放辖区68人三个季度的水库移民补贴30600元。城市新增就业人员目标任务300人，完成300人。完成率100%。新型农村合作医疗参保人数完成3253人，完成率100%。成立三支文化服务队，有60人左右的规模，组织各种文化活动五次以上，参与人数达到1000以上。新增住房保障7户，预计年审210户。申报贵阳市困难残疾人生活补贴及重度残疾人护理补贴25名。帮助辖区2名残疾人家庭申请“阳光家园”计划残疾人托养服务资助。完成社区被征地农民身份认证73户，149人。做好城乡最低生活保障提标工作。城低从原来的530元提高到583元，农低从原来的235元提高到278元。社区、村两级严格审核，应保尽保，应退即退，社区有城乡低保户27户36人。新增4户5人，注销8户12人，调整1户2人。通过社会化发放每月及时足额发放到低保对象手中。申请临时救助3户，救助金额4000元。2016年，辖区出生68人，其中政策内67人、政策外1人，符合政策生育率达98.5%，出生率达5.17‰，自增率达0.81‰。清溪社区通过健全服务网络，强化服务功能，改善社区管理，提高工作效能，实现社区服务管理的全覆盖、全天候、零距离。社区设置15个网格，形成村（居）民委员会主任—社区中层干部——村（居）行政组长（党小组长）——育龄妇女小组长—网格社工——网格辅警为线条的网格队伍的社区网格化管理模式；2016年度共录入网格系统新增人口11355人，修改人口信息1277人，注销人口信息600条，录入新增育龄妇女796人。（陈维海）

为民办实事一览表

序号	村（居）	拟办实事	完成时限	完成情况	责任人	涉及金额（万元）
1	桐木岭村	在桐木岭村一组修建文娱小广场1个	2016年12月底	完成小广场的选址和地面硬化工作，安装健身娱乐设施等工作	刘宝菊	20
		在桐木岭村二组修建文娱小广场1个	2016年12月—2017年6月	2016年12月底完成了广场平基工作	刘宝菊	4
		基础设施建设	2016年10月底	修建桐木岭村一组、四组进寨、串户路	刘宝菊	30
2	机械厂居委会	基础设施建设	2016年9月底	维修、清理家属区3栋下水道	刘宝菊	1
		基础设施建设	2016年6月底	完成小广场的选址和地面硬化工作，安装健身娱乐设施等工作	刘宝菊	8
3	幸福小区居委会	基础设施建设	2016年10月	修复辖区内文化广场，补种、整理绿化带	刘宝菊	0.4
		精神文明教育	2016年3月—12月	开展以禁毒、文明院落、最美阳台等文艺演出	刘宝菊	1.5

（陈维海）

【加强社区村支两委的组织建设】 一是加强基层党组织建设。2016年2月，机械厂成立党支部，将机械厂片区282名党员全部进行属地化管理。按时完成村、居党支部换届选举工作。

二是抓好社区村居民委员会换届工作。选优配强村、居民委员会班子，强化基层组织的自治功能、服务功能、发展功能。

三是落实党风廉政建设党委的主体责任和纪委的监督责任。组织学习《条例》和《准则》，按照《贵州省国家公职人员、村（社区）干部落实惠民政策行为规范（试行）的通知》要求，落实“四要、五严禁”，完成辖区24名村居干部及156名亲属享受非普惠制政策情况的上报；党委和纪委约谈89人次；发现民生问题21个，办结21个。

（陈维海）

清溪社区项目建设情况表

序号	项目名称	项目情况
1	南溪苑安置房项目（25号地块）	南溪苑安置房征收土地220多亩，顺利完成项目的施工协调服务工作。
2	溪南广场项目	征收土地49.878亩，顺利完成征收工作及施工协调服务工作。
3	市国安局花溪区业务用房项目	完成征地18.201亩，顺利完成征收工作及施工协调服务工作。
4	贵阳小河戒毒所项目	完成征地49.572亩，顺利完成征收工作及施工协调服务工作。
5	思杨路延伸段	完成154.36亩的土地征收，迁坟134座，征收房屋86000多平方米
6	清溪路改扩建道路建设项目	完成征地164.5397亩，迁坟5座，征收房屋27000多平方米，同时完成相关弃土场25.65亩土地征收和电力迁改项目征收工作；
7	韩国风情园一期板桥H-1、2、3、4号地块综合整治项目	完成土地征收954亩，迁坟955座，房屋征收约3098平方米；完成韩国风情园二期湿地水体公园征地240.144亩，征收房屋8114平方米
8	花溪区保障性住房排污管网项目	完成征地46.068亩，顺利完成征收工作及施工协调服务工作。
9	清溪社区幼儿园（花三幼）建设项目	完成征地面积11亩，迁坟3座，顺利完成征收工作及施工协调服务工作。

（陈维海）

溪北社区

【概况】 溪北社区地处贵阳市二环城市带南段，坐落于花溪大道、甲秀南路两条主干道花溪北段，西抵石板镇，东、南与平桥、金竹、小孟、金欣社区接壤，是花溪区的北大门，总面积22平方公里，辖吉麟、养牛、竹林、上水、石板井、董家堰6个居委会，6.34万人（常驻人口3.95万人，流动人口2.39万人）。辖区内有泰邦生物制药有限公司、穗黔物流、天威建材等5家规模以上企业以及各类中小企业100余家。辖区有贵州大学、贵州民族大学两所重点高校和贵阳孔学堂，贵阳国家级城市湿地公园贯穿溪北全境，文化、旅游资源得天独厚。2016年，溪北社区党委被评为先进基层党组织，溪北社区服务中心被授予区级文明单位。 （张建国）

【社会事业发展状况】 2016年，城镇新增就业目标数700人，完成数790人，完成目标任务113%；职业技能培训目标数50人，完成数67人，完成目标任务134%；完成农村劳动力调查4600余人，分别按上级要求建立台账，并录入就业系统；配合区就业局举办两场大型招聘会；建立341名退伍军人及39名吸毒康复人员一户一档，并按上级要求建立台账。完成低收入困难人群中有劳动能力55人的就业帮扶，对退伍军人341人完成就业帮扶。对4户留守儿童家庭进行就业帮扶走访。城乡居民养老保险应参保人数4000人，实际参保人数4380人，参保率109%。

开展社会救助和医疗报销。上报城乡医疗救助9人，救助金额65664元；上报城乡临时救助15人（包含急难救助），救助金额60000元；辖区有低保家庭98户149人（其中农村低保34户54人、城镇低保64户95人），做到应保尽保。对辖区4名留守儿童进行关爱，实时掌握他们的生活学习困难。审核门诊及住院处方2303人次，报销补偿费用92940.47元；审核上报大病补偿22人次，补偿费用271100.55元，累计审核门诊、住院及大病补偿2325人次，累计补偿金额364041.02元。

做好“双拥”工作。发放重点优抚对象春节慰问金69人6900元，发放农村籍退役老兵老年生活补助金41人52880元；重点优抚对象生活补助发放254340元；为退役军人办理乘车IC卡274人。与辖区卫星站开展军民共建活动，为他们建立流动图书站，为随军家属召开就业推荐会，提供各种就业岗位信息。

加大农民工工资拖欠清理力度，维护农民工权益。对辖区企业和政府投资性建设项目工程进行农民工工资支付情况排查，走访4家建筑工地，并对其中有拖欠工人工资行为的2家建筑工地召开区属相关部门参与的协调会。无一例因拖欠农民工工资引起的上访事件。配合区劳动仲裁院完成4起劳动仲裁纠纷。

开展大扶贫工作，对帮扶对象精准施策。辖区有低收入困难户38户60人，通过精准帮扶，辖区所有低收入困难户2016年人均收入超过4300元。

关爱残疾人。对辖区残疾人进行详细摸底调查，为180名残疾人建立基础台账，了解残疾人基础信息和需求，为他们解决生活上的实际困难，为25名残疾人办理免费乘车卡。（张建国）

【为民办实事】 组织开展各类精神文明活动。社区开展道德讲堂活动36场，主办溪北社区2016年迎春杯篮球赛，配合区直有关部门完成“三下乡”、“文化进万家”、“布依六月六”等活动的举办，引导群众开展“我们的节日”系列活动。组织干部群众参与在孔学堂、青岩古镇等地举办的各类文化活动。

人居环境逐步改善。社区自筹资金投入43533.5元，完成麦翁“一户一盆花”靓丽工程打造。改造完成养牛居委会117户（含企业）建筑外立面；社区办理45户公租房，按照区城建部门要求进行年审。每月联合城管等区直部门对吉麟村、上水老街等重要区域开展卫生集中整治行动，宣传和引导广大群众参与卫生大扫除等志愿服务活动，对门面延伸和占道经营进行治理，督促沿街门面经营户落实“门前三包”。加强“牛皮癣”清理力度，协调区直有关部门对辖区交通主干道破损的路面进行修复，对墙体进行粉刷，对护栏进行修复，道路两边新增绿化种植。协调玉蝶板块、贵大二期及董家堰一、二组工地对破损的挡板进行修复更换，同时协调诗意广场对破损围墙及乱堆乱放进行处理；聘请工人对花溪大道、甲秀南路破损围墙进行粉刷；对辖区主干道的脱落公益广告进行更换。协调养牛居委会对航天路垃圾斗安置处进行平整，由京溪公司增加垃圾斗1个，在上水居委会增加垃圾斗1个，由京溪公司负责清运，确保垃圾入斗并做到日产日运。

加强水源地保护。配合区直相关部门做好饮用水水源保护区内的工业排污口排查，加强水源保护区的控违力度，重点加大对螃蟹井、吉林高坝、董家堰花溪河流域片区、上水寨、团寨片区等生活排污的管理，加大对村民的宣传教育，做到村民生活排污不进入花溪河域，集中饮用水源地水质达标率实现100%。

加强空气质量防控，有效防止空气污染。加强辖区的宣传和巡查，开展巡查20余次，入户宣传20余次，开展规劝10余次。对辖区工程车过往的主干道，组织辖区企业排班对道路进行洒水降尘。配合区生态局在高坝、螃蟹井等区域推行无烟烧烤。

“两严一降”和禁毒工作。社区制作宣传纸巾2000盒、海报1500份、知识手册折页5000份、楼层贴1000份等。建立10个综治宣传栏，并制作20块固定宣传栏、悬挂横幅近100条，发放宣传材料一万余份。在吉麟居委会率先落实“以房管人”制度，通过走访和信息比对，清理出8名有违法犯罪前科人员（已录入列管），并增加10余名有违法犯罪倾向的重点关注人员（已采集指纹卡、照片等身份信息），实现发案有监控可寻、重点人口有房可落实、巡逻有重点区域开展、经侦基础信息有登记，有效降低刑事发案率。社区吸毒人员登记在册数98人，占比（户籍人口数）0.52%，社会面吸毒人员数63人（社区戒毒25人、社区康复12人、参加药物维持治疗2人、戒断三年未复吸16人、其他（社会面有吸毒史人员）8人）；在场在所吸毒人员数28人（强制隔离戒毒20人、服刑1人、看守所羁押6人、行政拘留1人）、死亡7人。社区建立“阳光驿站”，聘请1名国家三级心理咨询师、2名全科执业医生、2名阳光妈妈、8名社工、5名涉毒人员家属，加大对吸毒人员的帮扶和教育力度，防止吸毒人员复吸，加大社会救助，社区戒毒、社区康复人员符合条件办理低保待遇和提供临时救助。通过全面落实措施，强化部门联动和包保责任，精准戒毒平台维护到位，动态管控维护到位，强制隔离戒毒执行率100%、社区戒毒社区康复执行率100%、强制戒毒出所未满三年执行率100%，就业安置率100%。 （张建国）

【重点项目建设工作】 1. 天河潭大道建设项目全部完成土地征收工作。天河大道起点接贵安大道云凹大桥，终点接甲秀南路金戈桥，全长7.2公里，在溪北社区辖区2.1公里，占地230亩。该项目施工建设基本正常，同时开展天河潭沿线住房的立面整治工作。2. 花溪互通项目建设项目基本完成土地征收工作，农房征收全部完成。3. 阳光数据产业中心建设项目一期建设项目土地征收基本完成。4. 玉蝶板块一期项目征地和房屋拆迁全部完成。5. 花溪广场建设项目基本完成。6. 花石路项目全面启动，石板井段征拆任务全部完成，吉麟段进入住户搬离拆迁阶段。 （张建国）

黔江社区

【概况】 黔江社区地处贵阳市花溪区黔江路，北接南明区，南以长江路及其延伸段为界，面积3.06平方公里，5.1万人，其中常住人口4.2万，流动人口约0.9万。社区有5个党支部，有党员314名，入党积极分子3名。 （王清清）

【平安社区创建工作】 2016年，黔江社区以增强社区居民安全感为目的，深化平安社区创建工作。一是健全防范体系和网络。打击与防范并举，治标与治本兼顾，社区管理与派出所、居委会、驻区单位紧密结合，推行社区志愿者“平安家园”活动，落实社会治安综合治理目标管理责任制，规范和维护社区治安秩序，采取“巡处一体化”的“极限用警”警务机制，发挥群防群治的基层作用，让居民出门放心、在家安心、生活舒心。二是加强社区法制教育工作和社区治安综合治理工作。建立健全社区法律服务、普法宣传、调解、帮教、信访等组织，增强社区化解矛盾、沟通党和政府同人民群众联系的功能，发挥社区作为城市稳定第一道防线的作用。2016年“两抢一盗”实现发案数下降5%的目标（实际下降9%），没有发生一起群体性事件和赴省进京非访案件。

以“多彩贵州”文明行动为抓手，整治老旧居民区和背街小巷环境卫生。2016年累计开展爱国卫生志愿大扫除20余次，清扫卫生死角200余处，垃圾130余吨，清理野广告29000余处，清掏疏通下水道化粪池6处，购买垃圾桶30个。以“12319”（12345）热线和百姓书记交流平台为抓手，围绕市容环境、街面秩序、噪音扰民、违章建筑及其他突发事件，加强网格巡逻巡查，为民解决难题。全年拆除违章建筑4户，1200余平方米，整治占道经营3500余起，“12319”

(12345）热线接案390起，结案376起，结案率96.41%。以“三创一强一提升”活动为抓手，为民办实事解难事。全年协调落实江南苑小区、十里江南小区、黔江厂家属区、华烽厂家属区自来水二次加压事宜，落实长江路农贸市场升级改造和协调小城故事小区、德盛园小区轻轨炮损处理等工作，修理移除贵柴五栋小区、花溪区第一实验学校周围枯树、危树30余棵，修复黔江厂504栋及华烽二区围墙，修复破损井盖、雨篦子20余处。升级改造黔江厂307栋旁小广场。依托“三年千院”行动计划完成西秀小区及贵柴五栋小区改造项目。

2016年，黔江社区利用社区已有的文化站、活动室、广场以及社区单位的各类文化设施，以“我们的节日”为载体，开展文化活动20起。社区针对青少年、老年人、残疾人等不同人群，完善各类活动设施和设备。社区在辖区每个小区内设立固定宣传栏，落实到每个部门进行管理和更新，宣传法律法规和居民在生产生活中应该注意的事项。

（王清清）

【社会事业发展状况】 2016年，城镇新增就业1506人，零就业家庭保持动态为零，新增创业实体28家，创业人数136人，对809名离退休托管人员实现100%服务管理。完善低保救助“三公示”制度，救济救助补贴慰问900余人，金额148余万元。提供计划生育优质服务。开展“三按月”、双诚信双承诺及其他日常工作。落实贵州省利益导向四项制度，累计受益人数200余人，兑现各类扶助抚慰奖励金61.237万元。 （王清清）

清浦社区

【概况】 清浦社区是贵阳市首批开展城市基层管理体制改革试点工作的社区之一，是以永红厂、电杆厂、西工厂、柴油机厂和轴承厂等企业职工家属聚居区为主体的“单位型社区”，地处长江路以南，西南环线以北，黄河路以西沿线，珠江路及其延伸段以西。辖清水江、浦江、盘江3个居委会，面积1.28平方公里，人口4.2万人。辖区内有城管局经开区执法分局、经开区公安分局等机关单位；有三甲贵航三〇〇医院和清水江、盘江社区卫生服务站等医疗机构；有贵阳市三十四中、浦江小学、花溪区四小、南欣中学，田田英语培训学校等教学机构；有中行、建行、交行、信用社等金融机构；有律师事务所、会计师事务所、维修行业协会等社团；有小型酒店、超市及零商铺面1000余家。

社区党委有5个基层党组织，其中中心党支部1个、居委会党支部3个、社会组织党支部1个，党员277名。另有驻区单位党委8个、党组织136个，党员3260名。

清浦社区内设“两办五部”，事业编制20名。社区现有在编人员19名，其中班子成员4名，中层干部7名，一般工作人员8名。

清浦社区城管部围绕“贵阳市爱国卫生长效管理”标准，对辖区内环境卫生进行整治，先后对西工厂家属区、300医院家属区、麦兆小区、老政府宿舍、沙子坡家属区、老小河镇政府宿舍、天力柴油机厂家属区、金夏小区、方源小区、轴承厂家属区、紫竹院等30余家小区的房前屋后乱堆乱放的杂物进行清运，运垃圾20余车；清掏食品大楼及金竹苑、西工厂家属区“201”化粪池，阳光嘉园下水道；清理华新公寓、沙子坡、东方公寓、麦兆小区、电机厂、金厦小区、西工生活区等区域野广告3000余条。

2016年，社区妇联获得“省级五星级示范妇女之家”称号；韩小明同志获得“2016年全省社区消防宣传大使”称号。 （清浦社区）

【社会事业发展状况】 民政工作：2016年社区享受低保家庭62户105人，其中新增低保户4户10人，取消13户28人，发放低保金547416元；临时救助和医疗救助61户140人次，发放临时救助款156500元；14户26人次居民申请医疗救助，发放医疗救助款189491元。

残疾人工作：2016年发放残疾人及残疾人子女就读，补助35人及低保困难残疾人子女就读补助3人。发放阳光家园家庭补贴（2家），每家1500元，共发放3000元。

计生工作：2016年，清浦社区总人口数为32581人，出生人口306人，其中一孩205人，二孩97人，多孩4人；男孩171人，女孩135人，（政策外一孩6人，政策外二孩3人，政策外多孩2人），常住人口符合政策生育率98.32%，流动人口符合政策生育率90%。

劳动保障工作：新增就业目标任务1500人，完成1680人，完成率112%，园区新增就业目标任务800人，完成800人，完成率100%，失业人员再就业目标任务550人，完成550人，完成率100%，充分就业社区巩固率为100%，登记失业率控制在2.0%，办理就业失业登记证155本。新增创业实体共73户，其中私营企业20户，个体工商户168。新增创业人数73人，新增创业带动就业人数134人。其中，新增私营企业带动就业人数39人，新增个体工商户带动就业95人，1、2季度新增注册资金共计5663.5万元，私营企业5363万元，个体工行户300.2万元。城镇居民基本医疗保险新增扩面目标人数200人，已完成扩增232人，完成率114%。城乡居民社会养老保险应参保人数：138、实际参保人数108，完成率78.26%。征缴金额414270.34。完成指纹认证人数1790、特殊认证49人。

2016年申请廉租住房登记的48户，有40户在本年度进行登记上报，社区享受公租住房户达到197户。

（清浦社区）

【党的基层组织建设】 清浦社区完成居委会党组织换届选举工作，配齐配强基层党组织班子成员；加强社会组织党建工作，成立清浦社区圆梦爱心社党支部，在辖区三个居委会党支部、圆梦爱心社党支部设立党员服务站，将党员组织关系接转、党员教育管理、党内关怀等工作规范化，提升党的基层组织凝聚力。在“两学一做”学习教育中，各支部结合实际，拟定支部学习教育计划，组织党员日、重走长征路等活动，把诵读党章、党规和习总书记系列讲话精神作为重点，把观看革命教育片、教育基地等作为党员组织生活的重要内容，党员干部人人参与。各支部落实“三会一课”制度，抓好党员组织关系、党费收缴、软弱涣散党组织排查整顿等工作，基层组织建设进一步规范。

在“七一”前后，圆梦爱心社党支部联合辖区西工幼儿园、蓝贝儿艺术学校等六家单位举办庆“七一”文艺演出，参加活动的各单位演出20余个节目，辖区500余人观看。清水江居委会党支部与辖区内贵航三〇〇医院开展文艺活动；社区

清浦社区妇联、辖区非公企业共同开展家庭文明故事会活动(清浦社区 供稿)

党委、各党支部先后开展党委书记讲党课、党支部书记讲党课、党小组长讲党课、普通党员讲党课活动；盘江居委会党支部组织党员、预备党员、入党积极分子开展“重温入党誓词，讲述入党故事”主题教育活动。迎奥运党小组组长韩仁芬向大家讲述自己入党的经历、讲述入党至今的心路历程、讲述入党之后的收获、讲述多年来自己怎样开展志愿活动，怎样为群众服务，怎样做合格党员的故事。（张梅　王胤）

【创建省级五星级示范妇女之家】　2016年度，清浦社区妇联以创建省级五星级示范妇女之家为契机，与花溪区妇联、工会、团委以及辖区内几家志愿者组织开展系列活动：先后开展家教知识公益讲座1次，160余人参加；开展“明礼知耻 崇德向善在家庭”知识讲座3次，100人次参加；开展“家庭文明故事会，家风家训大家谈”活动2次，50余人次参加；开展“平安家庭”创建活动5次：发放宣传资料1000余份；开展妇女维权服务及反家暴法宣传6次，发放宣传资料1000余份，发放宣传小礼品1200余份；做好妇女信访调解工作，2016年接访3人，妇联成功调解2人；开展扶贫帮困活动，先后看望慰问辖区留守儿童、困难妇女、困难老人、失独老人等十余次；开展“最美阳台”、“生态文明家庭”的创建工作，2016年新增创建生态文明家庭1890户，生态文明示范户10户。成功创建省级五星级示范妇女之家。

（杨炳琴）

【安全生产工作】　2016年，清浦社区全年出动车辆22台次，人员60人次，对辖区范围内的重点区域、地段、单位、密集场所、密集企业、建筑工地、防汛安全，老旧房屋安全、地质灾害、道路交通、烟花爆竹等进行安全生产隐患检查、排查，发现隐患26处，提出整改意见13条。在“安全生产月”宣传期间，悬挂横幅标语、喷绘和图画20条。

开展老楼危楼检查、排查。重点对浦江电杆厂7栋、8栋，清水江辖区115楼、300医院5栋、6栋，盘江男红楼等辖区C级危房进行检查，未发现新的较明显的安全隐患。对排查有隐患的115楼、男红楼已完成维修、加固工作。（清浦社区）

瑞华社区

【概况】　瑞华社区地处花溪区长江路及其延伸路段以南，珠江路以东，毗邻黔江社区和清浦社区，属于城市中心区。瑞华社区有大兴星城、中兴世家、瑞和家园、动力厂家属区、螺栓厂家属区、华阳厂家属区、华阳花园、万科大都会、万科金域华府、万科亲爱的、万科花城、恒大翡翠华庭和恒森自在城13个住宅小区，辖区面积为4.12平方公里，7.78万人，其中流动人口23000人，户籍人口44597人。辖区内原为工矿区，有航空央属三线搬迁企业、市属工业企业和与之配套的医院、学校和商业机构等单位，是集商务、文化和居住等功能一体的“综合型社区”。（王　超）

【社会事业发展状况】　2016年，区就业局下达城乡统筹就业目标任务数1500人，完成1510人，完成率100.67%；其中城镇失业人员再就业550人。社区托管人员为1210人，有8名重点稳控对象，走访探望生病住院托管人员167人，死亡悼念15人，帮助托管去世人员家属办理去世人员后事，及申请丧葬补助金及抚恤金2人，上门帮助看望及电话慰问托管人员1012次。1月，瑞华社区正式启动2016年度领取基本养老金资格认证工作，2016年完成认证1651人。城乡居民养老保险缴费12人、待遇申领6人、死亡停保6人。办理城镇居民医疗保险578人、制卡412个。2016年，社区实现计生“双降”目标，出生率为11.58‰，自然增长率为5.26‰，符合政策生育率为96.85%。兑现奖励扶助资金21.8425万元。常住人口符合政策生育率96.85%，流动人口符合政策生育率98%，流出办证率100%。加大计生工作宣传力度，社区张贴计生墙报10期、黑板报8期、横幅25条，各类计生宣传资料发放4000余份，发放计生宣传品1500余份，发放避孕药具2000个。瑞华社区全年刑事发案控制数在120起以内，2016年发案为110起（含万科）。辖区内有低保户22户37人，发放城市最低生活保障金220385元；春节慰问金15800元；发放低保户大米215斤、油43公斤；发放"两参人员"生活补贴154560元；申请临时救助11人，救助金额38475元；申请医疗救助8人，救助金额152208元。社区春节期间走访慰问失独家庭10户、困难党员、老党员和老干部12人，发放慰问金6000元；与贵州2频道及红华家电携手为社区14户困难户送去关怀；"八一"举办复退军人茶话会，邀请辖区内的"两参人员"座谈、并向他们发放慰问金。社区申报"新型社区·温馨家园"社区公益事业项目（"三年千院"行动计划），对瑞华社区华阳家属区破损道路进行修复、螺栓家属区绿化进行修复、增补。

（王　超）

【提升社会治理信息化水平】 1. 通过数据整合，提升社区服务能力。瑞华社区作为贵阳市10个新型社区开展网格化服务管理试点工作的社区之一。通过将人口数据，包括流动人口、户籍人口、计生数据、劳动就业和社会保障数据进行整合；将事件数据进行归类，实现多部门资源共享。借助手机移动智能终端，以3G网络实现信息数据的实时采集、实时上传，多处使用，使公共管理服务资源向社区聚集。在数据整合的基础上，推行综合业务受理模式，实现"一个窗口受理、一个网络流转、一个程序审批，一站式办结"的服务，实现对社区居民的全方位服务管理。

2. 通过以房管人，破解流动人口管理难题。社区网格管理员按照"以房管人"、"一户一档"的原则，建立流动人口、房屋出租户、刑释解教人员、"法轮功"等邪教人员的台账，加强对流动人口和出租房屋的管理，特别对无身份证、无正当职业、无固定住所的"三无"人员和暂住人员进行重点清理。并将采集的流动人口、出租房屋信息及时录入社区网格化信息管理服务系统，确保实有人口、出租房屋等基础信息的准确。按照分片包干的原则，联合居委会、小区物业、出租屋房东、居民小组长、楼门院长等，形成网格管理责任链，通过电话、短信、QQ等形式及时提醒网格管理员所负责网格内的流动人口、出租房屋信息变动情况，堵塞管理漏洞，保证流动人口处处有人管，时时有人抓，实现人口信息动态化、信息化条件下的全覆盖跟踪管理，为信访维稳、治安防范等提供强有力的信息支持。

3. 通过矛盾排查，筑牢维护社区稳定防线。社区将"网格化"服务管理模式植入到群众信访、矛盾纠纷排查化解工作的源头中，第一时间掌控信息，提高社区防控的管理水平和应急能

6月24日，瑞华社区华阳居委会党总支换届选举大会（瑞华社区 供稿）

力。发挥“一格五员”作用，通过加强对单元网格的部件和事件巡查，将辖区各类社会矛盾和群众反映事项全部纳入网格管理，形成“网中有格、按格定责、人在格上、事在网中”的工作格局，实现对重点人员的动态监测、对重点区域或设施的实时监控、对隐患矛盾的及时化解，防止各类矛盾的叠加、升级。为辖区居民构筑全覆盖、全天候、立体式的动态防控屏障，实现“联系无缝隙、管理无盲点、服务无遗漏、安全无隐患、和谐有保障”的服务管理目标，提高社区的治安防控管理水平和应急能力，群众安全满意度得到全面提升。

4. 通过“网格化”社会管理体系，实现“大厅受理，网格支撑”全科医生的服务模式。瑞华社区自推行网格化管理创新工作开始，便民服务大厅为居民提供便捷、高效、满意的服务质量。社区对“九大便民服务”进行重新诠释，以网格管理为大厅窗口提供信息基础，大厅窗口为社区居民提供服务，最终实现综合业务、综合办理为主线，将社区网格管理员和便民服务大厅工作人员工作任务进行详细分解，从而让网格管理员与大厅工作人员密切配合，建立起纵横联动、上下贯通的工作网络系统。（王　超）

兴隆社区

【概况】 2010年3月，按照中共贵阳市委、贵阳市人民政府的统一部署，原小河区开展贵阳市城市基层管理体制改革试点工作，将原黄河街道办事处所辖的部分居委会剥离，成立兴隆社区服务中心，辖锦江、兴隆、香江、淮河4个居民委员会，66个居民小组。辖区总人口18523户36264人，居住有汉族、苗族、布依族、壮族、傣族、满族、仡佬族、土家族、侗族、彝族、白族等民族。面积1.96平方千米。

境内有大型商住楼盘14个，即兴隆城市花园、香江花园、永诚明彩居、碧园花城、榕筑花园、三江小区、榕筑鲜花广场、香港城、卓越小区、华田亲水湾、龙湾国际、翡翠大厦、卓越时代大厦、长城嘉苑。

中心设有党政工作部、社会事务服务部、城市管理部、群众工作部4个服务部门，1个便民服务大厅，有工作人员88人，其中正式在编人员17名（行政编制2人，全额拨款事业编制15人），城管下派人员2人，劳动协管员11人，计生专干27人，低保工作人员2人，公益性岗位22人。

辖区内驻有经开区管委会、政务服务中心、经开区房屋征收管理局和贵阳市国土资源管理局经开分局、贵阳市国税局经开分局、贵阳市地税局经开分局、经开区工商局，有家政服务企业一家（香江家政服务有限公司）。

社区弘扬“奉献他人、提升自我”的志愿服务理念，开展学雷锋“绿丝带”志愿服务活动。2016年，社区在志愿贵阳平台注册1742名志愿者。依托社区志愿者服务站，组织志愿者向各类弱势群体提供志愿服务25余次，2300余人参与社区志愿活动，近300名中小学生参加“小小志愿者”活动。

社区每月组织开展各类文体活动，以“我们的节日”在春节、清明节、端午节、中秋节、重阳节、国庆节等开展文化活动，张贴“讲文明 树新风”公益广告海报、宣传栏及横幅，营造共建文明、和谐兴隆的氛围。

辖区有部队医院1个（中国人民解放军第四十四医院），社区卫生服务站4个，小诊所10余个，医药销售连锁服务店10余个。（兴隆社区）

【社会事业发展状况】 2016年，社区完成新增就业岗位任务1203人，占全年目标任务1100人的106%，其中，完成下岗失业人员就业645人；完成下岗失业人员培训2人；发放小额担保贷款3人。社区城镇失业率控制在0.4%以下，三个充分就业社区达标巩固率达100%，就业转失业人员同比增幅也控制在15%以下。

新增城镇居民医疗保险参保182人，为辖区90名60周岁以上城镇居民申报城镇居民社会养老保险。

2016年，发放公益性岗位人员岗位补贴341760元，缴纳公益性岗位人员社会保险补贴323026.28元，发放劳动协管员劳动报酬283052元，缴纳劳动协管人员社会保险补贴127181.25元。社区原有公益性岗位人员30人，退休5人，转岗4人，新增6人，清退1人，开除1人，现在岗公益性岗位人员25人。

对25户公租申请家庭进行收入调查核实；办理老年证162本；发放“两参人员”中央一次性补贴3960元，春节一次性慰问3600元，2016年生活补助67680元；发放困难侨眷慰问金300元；为服务区191位（其中百岁老人1人）80岁以上高龄老人发放高龄营养补贴136800元整，男113人，女78人。根据区老龄工作要求，上报60岁以上困难老人8人，半自理和不能自理老人2人；根据区委、区政府移民工作的要求，对辖区移民进行排查，共1户，3人。其中2人为原住地扶持人口，属于移民的外嫁子女。

辖区低保户28户，51人，发放城镇低保救助金173605元。其中：发放城低保金146311元整，发放中央一次性补贴37人，11100元整；“两节”慰问金16户，5400元整；春节慰问金37人，8400元整；慰问品米370斤，慰问品油74斤（折合人民币金额2394元整）。统计困境儿童5人；完成城乡精神病患者人员信息采集23人，其中残专工作人员1人。

2016年，辖区出生人口442人，人口出生率为11.98‰，比上年上升3.89‰；人口自然增长率为5.39‰，比上年上升3.24‰。

辖区有托管老人187人，社区探望生病住院人员7人。上门探望315人、电话慰问518人，并作好记录；托管联系卡发放率达100%。社区开展创建入户及电话宣传623户，发宣传资料800余份，在片区内开展劳动保障法律法规宣传活动，发放劳动保障政策资料800余份；收集审核辖区申报租金补贴15人资料，走访调查15人次，创业典型2户，创业项目征集1户，宣传工伤保险政策，发放资料100余份。

（兴隆社区）

【为民办实事】 两节期间，走访、慰问贫困残疾人及困难家庭10户，发放慰问金2000元；慰问优抚对象一户（李锡奎），发放慰问金300元；慰问烈军属217人，发放慰问金32550元；2016年享受城乡临时救助9户18人，发放救助金9400元整，享受城乡医疗救助3户5人，发放救助金28246元整，发放民政救灾物资棉被10床、棉衣和棉裤10套。

为81名残疾人办理免费乘车卡；建立残疾人康复服务档案24份；上报“阳光家园计划”残疾人托养服务（家庭）资助申请表10份及2016年度3名精防医生个人资料。

元旦、春节期间慰问贫困残疾人15人，发放慰问金3000元，组织残疾人参加区残联举行“助残日”文艺活动演出，制做“助残日”活动横标，发放慰问金1500元，发放盲人电饭煲1套。2016年“六一”儿童节慰问残疾儿童1人，发放慰问金200元。发放张洪燕家救助金1500元。录入残疾人专项调查144份；组织4名残疾人参加区残联举办大数据的招聘会。“全国爱耳日”活动制作横幅进行宣传爱耳护耳知识；开展“爱眼日”活动制作宣传横幅。组织4人参加省残联组织的就业培训，为64名残疾人办理残疾人免乘车卡。

（兴隆社区）

【中国人民解放军第四十四医院】 医院位于小河区黄河路67号，占地面积240平方千米，是一所集医疗、教学、科研、预防和保健为一体的三级甲等医院，贵州省及贵阳市首批医疗保险定点医院。医院有医疗用房35平方千米，展开床位600张，设有23个科室、50余个专业，有工作人员

700余名，其中高级职员60余人，中级职称200余人。拥有核磁共振、全身螺旋CT、三维彩超、直线加速器、X－刀、大型X光机、各式电子内窥镜、椎间盘镜、全自动生化分析仪及准分子激光治疗仪等先进医疗设备。医院眼科、耳鼻喉科、肝胆外科、创伤外科、泌尿外科、老年内科、肿瘤科及优生优育专业等形成专科优势。年平均收治病人1万人次，门诊病人18万人次，大中手术4000余例，并承担国内外高等医学院专科、本科及硕士研究生的临床教学任务，年平均发表学术论文100余篇、交流论文200余篇，几年来获军地科技成果奖30余项。1999年通过贵州省高等医学院临床教学基地检查评审，经军、地批准挂牌为贵阳医学院非直属医院（黄河医院）。医院重视精神文明建设，先后获得"全国拥政爱民先进单位"、"全国军民共建先进单位"、"贵州省精神文明建设红旗单位"等称号，1997年荣立集体三等功，2003年医院在抗击"非典"中再立新功，派出医疗队增援北京小汤山，完成任务，受到国家和军队的表彰。医院每年派医疗队深入各扶贫点，进行专题讲座、教学查房、手术带教、病例讨论等。近年来医院先后组派37支医疗队、派出医务人员700人次，免费诊治病人65500余人，无偿提供价值200余万元的药品、器材。八一电影制片厂《西部军人》纪录片摄制组专题报道44医院的扶贫事迹，而44医院正是《西部军人》在西南地区唯一一所被选取镜头的军队医院。医院还与上海八五医院、上海西郊骨科医院、武警山东总队医院、解放军161医院、南京81医院、武警南京医院、广州458医院、沈阳463医院等全国知名医院开展长期合作。医院在坚持为部队服务的同时，全面向地方开展诊疗服务。（兴隆社区）

【碧园花城影院】 影院位于小河区黄河路42号碧园花城商场三楼，隶属于贵阳市碧园文化传媒有限公司。营业面积3700多平方米，室内近100个停车位，多功能影厅6个，观众座位近773个，其中1号厅162个座位，2号厅124个座位，3号厅166个座位，4号厅114个座位，5号厅105个座位，6号厅102个座位，可容纳观众近1000人。是全国罕见的超大侯影厅。影城有最高放映技术的3D厅，1、3号厅为3D厅，放映3D电影及外国原版电影。影城按国家五星级影院标准设计，全部采用驰名世界Fidek功放和音响、英国DOLBY服务器、美国哈克尼斯银幕、比利时BARCO投影系统等业界高规格的进口设备，座椅设计极为人性化，设有残疾人专座，以45度角阶梯式分布，视线一览无遗。银幕采用美国哈克尼斯超大银幕：1号厅银幕宽7.8米、高3.4米，2号厅银幕宽7.3米、高3.0米，3号厅宽7.8米、高3.4米，4号厅银幕宽7.1米、高3.0米，5号厅银幕宽7.7米、宽3.3，6号厅银幕宽6.0米，高2.5米。影城一楼时尚餐厅，二楼海纳广场商场，三楼沃尔玛商场及影城，集中西式品牌餐饮、影视精品、咖啡、红酒吧、书吧、休闲会所于一体，星级服务一流。（兴隆社区）

花溪年鉴 HUA XI YEARBOOK 2017

平桥社区

【概况】 平桥社区服务中心成立于2011年4月29日，位于南明区、花溪区交界处，是按大型工矿企业为依托的居民住区划分的城镇社区，含五山、北门、中曹三个居委会及以上地域内的企事业单位、社会团体。辖区面积1.9平方公里，人口1.9万人（常住人口1.6万人，流动人口0.3万人）。平桥社区服务中心办公地点设在花溪大道中段103号，现有干部职工70余人，其中在编干部职工15人（含副科级领导干部3人）。中心设立综合办公室、党建工作部、群众工作部、社会服务部、城乡管理部、经济服务部、网格管理办7个部室。辖区内有凯宏家居超市、黔城华联生活超市、中建四局施工公司、致远城达出租汽车有限公司、中建四局二公司、东风液压厂、矿山机器厂、贵阳市三十六中、小河区第三实验小学、馨苑幼儿园等三十多家企事业单位。社区党委下辖5个基层党组织（中心党支部1个、“两新”党组织3个、居委会党支部1个），现有党员72名。预备党员3名，入党积极分子2名。五山、北门居委会党支部隶属于贵阳矿山机器厂党委。社区党委实行的是区域化大党委制，兼职委员8名，其中兼职副书记由中建四局黔局总经理和贵阳矿山机器厂副书记担任，兼职委员由3个居委会党支部书记或主任及辖区企业党支部负责人担任。

2016年，社区开展“两学一做”学习教育活动，推进全面从严治党。社区党委召开专题会议传达学习中央和省、市、区委精神，党建工作部结合社区实际制定学习计划，社区按月召开“两学一做”集中学习会、专题学习会16次。完成“党建红云”大数据云平台党员信息录入工作，组织社区在职党员12人完成手机安装“两学一做”学习教育云平台，按时登陆参与答题，学习中央、省委、市委关于“两学一做”的最新部署和各地开展学习教育的信息。（平桥社区）

【社会事业发展状况】 平桥社区以新发展理念为统领，落实两孩政策。开展“双诚信双承诺”工作，与辖区1482户诚信计生家庭签订承诺协议，常住人口签约率超过96%，全年登记办理生育服务证58份。指导居委会计生协会开展“五大幸福计生行动”、“幸福工程”、“送政策、送温暖”活动，为计生困难家庭送去慰问金800元。全年新增就业目标1320人，完成率91.03%，充分就业社区持续巩固率达100%，办理《就业失业登记证》45本，新增实体入户40户，带动就业45人。全年办理居民养老保险175人，征缴城镇居民养老保险金额68000元，按时完成退休人员指纹认证工作，入户认证率100%。2016年，社区新增低保户3户5人，取消不符合城镇低保2户4人，低保金发放1123人次，779496元，补差增加5人，金额591元；为辖区困难居民申请临时救助32户70人，112500元；医疗救助17户39人，146143元；急难救助1户1人，15000元。社区重视社会化戒毒康复站的建设和运行，全年建立社戒社康人员“一人一册”帮扶台账42人，通过走访摸排，为困难家庭提供帮助，为5户申请临时救助，帮助1户纳入低保。（平桥社区）

【为民办实事】 开展“新型社区·温馨家园”公益事业项目申报建设工作，解决与社区群众生活息息相关的水不通、气不畅、灯不亮、路不平、卫生差、治安乱等现实问题，完善社区基础设施建设。2016年社区上报项目2个，涉及项目资金348.2万元。

社区以中国传统节日为契机，相继开展“我们的节日”元宵灯谜会、“弘扬文明祭祀，倡导绿色生活”、“粽子香迎端午节”、“我们的节日·七夕”故事会、“中秋送祝福，平桥一家亲”以及“我们的节日·重阳节”等系列主题活动6次。组建社区文艺队伍10余支，参加省、市、区组织的各项文艺表演活动。2016年花费万余元用于公益事业的活动经费。

平桥社区围绕“六个加强”打造平安社区。一是加强联席会议制度，按季度与平桥社区派出所民警、居委会主任、综治委员召开警务联席会，分析研判每月发案情况，提出有针对性的防范措施。二是加强宣传教育，全年社区开展禁毒知识、流动人口管理、“两严一降”、国家安全知识、防范电信诈骗等宣传30次，投入10万余元制作宣传横幅、展板、台历、玻璃杯、扇子等，累计发放宣传资料3000份、安全防范手册800本。三是加强矛盾纠纷排查化解力度，各居委会设立人民调解委员会，定期召开社情民意收集会，完善矛盾纠纷登记台账。社区及居委会调解辖区各类矛盾纠纷45起，调解率100%，调解成功32起，占比96.9%。四是加强流动人口登记管理，开展流动人口拉网式梳理，依托贵阳市全员人口服务管理信息平台建立台账，社区有租赁房屋1195户，流动人口（不包括六城区）5346人。五是加强“三防工程”，加强实施人防工程力度：社区投入5万余元设立楼栋院落守护员17名、综治巡逻队员15名。物防工程：修建围墙800米、治安岗亭6个、安装监控探头300余个、单元门禁200个、小区出入主门禁系统2套。技防工程：鼓励辖区住户安装“平安E家”报警电话、免费为居民安装更换超“B”锁芯102个。六是加强重点人员管理，引导刑释解教人员和强制隔离戒毒人员融入社会生活。社区建立社会化戒毒康复站，邀请心理辅导专家为社戒社康人员做心理辅导并建立咨询档案。

2016年，平桥社区制定《平桥社区2016年依法治社区工作要点》，将此项宣传教育活动纳入年度工作安排部署，开展法制宣传活动。

（平桥社区）

【换届选举工作】 社区按照《花溪区平桥社区2016年人大换届选举工作实施方案》工作要求和时间安排，选举出辖区5名人大代表。中曹居委会党支部采用“两推一选”的形式，选举产生党支部委员3人、居委会党支部书记1人、选举产生平桥社区党委出席中共花溪区第十一次代表大会代表两名。

（平桥社区）

人口基本状况表

单位：人

居委会	总户数（户）	总人口							
		合计	男	非农业人口	当年出生人口	死亡人口	迁出人口	出生率	自然增长率
中曹居委会	3512	7647	3936	5344	65	44	50		
五山居委会	1676	3197	1648	2350	9	25	7		
北门居委会	2845	4959	2554	3524	30	66	13		

航天社区

【概况】 航天社区服务中心成立于2011年4月29日，是以自然道路、河流、街道、巷道形成的地块划分的城市社区，面积1.8平方公里，位于驻贵阳市花溪区漓江路141号，辖滨河、漓江、航天园3个居委会，有蒙古族、苗族、回族、朝鲜、布依族、水族、白族、壮族等31个少数民族。辖区人口7900户、2.3万人。

社区党委现有3个党支部、直管党员157名。社区，全年组织政治理论学习40余次。辖区内有中国航天科工集团061基地等大型国企和数十家民营企业，有漓江小学、航天园幼儿园、贝蕾中英文幼儿园、金博士幼儿园等教育机构，有贵阳银行、农村商业银行等金融机构，有经开区建设管理局、国税分局、小河供电局、漓江卫生服务站、航天园职工医务室等行政事业单位，有小型酒店、超市及零商铺面数百家。

2016年，社区新招募志愿者180名，开展关爱他人、关爱社会、关爱自然“三关爱”活动，服务内容有环境卫生、法律、禁毒宣传等；开展科教、法律、文体、卫生四进社区和排队日、步行日、无车日、让座日等活动，全年组织志愿活动40余次，6000人次参与志愿服务活动。

（航天社区）

【社会事业发展状况】 2016年，社区办理《就失业登记证》60本，办理离退休人员指纹认证376人，纸质认证168人；完成新增就业信息采集和系统录入1107人，目标完成率为100.6%，通过省级抽查；完成辖区内新增实体入户126家，采集到新增实体带动就业人数184人；为24名自主创业的人员申请进行资料收集和资格初审，推荐6名创业人员办理小额担保贷款，上报创业技能培训人员55人；完成城乡居民基本养老保险参保106人，目标完成率为101%，完成养老应征缴金额20600元，目标完成率为343%，完成城镇居民基本医疗保险新增扩面203人，目标完成率101%；完成人力资源调查，统计录入人力资源信息5530人，开展百分之一抽样调查，入户143户。（航天社区）

【为民办实事】 航天社区开展低保减量提标和分类施保取消工作，调整率达100%。辖区有低保户36户77人，取消低保户数3户6人，发放低保金33.3572万元；在元旦、春节期间，发放一次性补贴及各类补贴资金3.3万元；为13户居民办理临时救助，发放救助金25000元；申报医疗救助5户8人，发放救助金7500元；全面摸排统计辖区留守儿童，为22名辖区留守儿童建立基础档案，结合志愿、慰问等活动开展关爱帮扶；发放高龄长寿补贴44080元；全年为辖区老年人办理老年证30本。按照要求办理退伍军人免费乘车IC卡402人，发放退伍军人光荣牌441块、发放复退军人宣传手册327本，元旦、春节期间发放“两参人员”补贴1500元，保险补助金710元，上半年发放两参人员生活补助费10800元、发放60周岁以上农村籍退役老兵生活补贴费990元；发放“两节”烈军属慰问金12200元。

开展“住有所居”工程。按照保障性住房审核程序，完成经济适用房、公租房审核和入户调查工作。全年接待受理保障房咨询及申请5人次，审核通过5份公租房申请、3份经适房申请，通过市统一摇号，对辖区48户公租房保障户进行实物配租。

2016年，航天社区申报“新型社区 温馨家园”社区公益事业项目（“三年千院”行动计划）3个，批复实施2个，投入资金总额187.5万元，改造滨河居委会2个老旧居明小区，涉及绿化工程、环境整治、安保工程、健身器材安装及附属设施建设，改善居民生活环境，提高小区建设管理水平，得到群众的认可。（航天社区）

【人口基本情况】 截至2016年年底，辖区总人口22947人，总户数7956户，完成手术数298例，符合政策生育率达98.84%，和去年同期相比，符合政策生育率持平；计划生育居民自治率达100%；出生率为7.30‰，人口自然增长率为1.98‰，流动人口符合政策生育率94.44%；流动人口登记准确及时率100%；无“两非”案件发生。（航天社区）

【卫生工作】 航天社区做好小区及道路清扫保洁，消除卫生死角，环境绿化美化，环卫设施完善，污水排放通畅。加大“整脏治乱”专项整治的工作力度，宣传卫生知识。除安排中心环卫工人对辖区主次干道、平桥广场进行日常保洁外，采取网格化管理，定人定岗，明确职责，确保管理无空档。督促辖区各路段门面经营户落实“门前三包”责任制，督促各居、小区物管做好小区卫生保洁工作；加强对保洁队员的监督管理，清除、覆盖野广告；整治漓江广场的夜市摊点及流动摊贩。2016年，社区开展环境卫生集中整治活动13次，出动工作人员700余人次，取缔违章占道经营1380余起，清理野广告2000多处，清理流动摊贩1500余起。

（航天社区）

航空社区

【概况】 航空社区地处小河经开区南部，2016年3月，“美城新都”和“一鸣宽城”划规航空社区后，航空社区的管辖面积由原来的1.26平方公里，增至5平方公里。总户数8648（常住户数6709，流动户数1939），总人口14270人（常住人口：11424，流动人口：2846）。社区主要由贵州红林机械有限公司、贵州枫阳液压有限责任公司、王武监狱三家企事业单位和“一鸣宽城”小区和“美城新都”小区组成。下辖三个居委会（枫阳居委会、松花江居委会、红林居委会）。辖区有公立学校2所（花溪区第九小学、花溪区第二实验学校）；民办幼儿园2所（红林幼儿园、枫阳幼儿园）及185厂单身宿舍。

航空社区党委下辖社区服务中心党支部、松花江居委会党支部、枫阳居委会党支部，有党员82名，航空社区服务中心党支部党员14名。松花江居委会党支部党员23名，枫阳居委会党支部党员45名。社区编制数18人，实有人数15人（正科2人，副科3人，管理岗6个，专技岗2个，工勤岗2个），各类工作人员79人（其中劳动协管员11人，计生专干16人，城管下派6人，低保人员2人，残联工作人员1人，网格管理员41人，禁毒专干2人），社区自聘9人。

社区注重精神文明建设，以购买服务和补助误餐费、车费的形式，支持社区各类文体团队在“八一”建军节、国庆节、春节等重大节日进行社区公益性文艺演出和书画作品展；社区关工委举办青少年书画展；9月17日，航空社区在“一鸣宽城”举办花溪区“百姓健康舞”排舞比赛，红林舞蹈队、阳光舞蹈队分别获第二、第三名；枫阳居委会组织在枫阳广场开展纪念建党95周年文艺活动。（班　静）

【为民办实事】 2016年，社区申请4个项目（照明工程——路灯安装项目11万完成；三个居委会垃圾清运费19649元整，环卫工人工资63036元整；王武家属区院落改造项目已按要求提交申报资料，预算资金95万，正在实施）解决社区下水道堵塞、卫生脏乱差、小区不安全等以往没人管、没钱管、没办法管的问题。2016年，社区申报“新型社区 温馨家园”、“三年千院”项目，完成红林、枫阳小区门球场标准化建设项目；完成红林、枫阳、松花江小区路灯安装工程，完善一批环卫设施、小区广场配套设施项目，改善小区环境，开放小区公共设施；完成红林、松花江、枫阳小区的绿化和公厕等市政公共设施的摸底调查，为三个小区的绿化和公厕等市政公共设施的升级改造做好准备。申报“新型社区 温馨家园”社区公益事业项目（“三年千院”行动计划）项目17个，申报资金171.10万元。社区完善志愿者服务保障机制，完成爱心银行的建设。

2016年社区制止违法建筑抢建10起；拆除违章建筑2起，15平方米；32户按照法律文书程序依法处理。对群众诉求办结率达到95%以上。12345平台上报筑城微治案件113起，处理113起。贵阳市12345《12319》公共服务热线管理平台共接到举报案件174起，处理174起。

（班　静）

【社会事业发展状况】 2016年，城镇新增就业1200人，完成城镇新增就业901人，城镇登记失业人员再就业26人，新技术开发区新增创业实体35户，带动就业97人；城镇登记失业率控制在0.89%以内；确保城镇登记失业率控制在4%以内；完成职业技能培训50人。新增城镇居民医疗保险127人，新增创业实体36户，为辖区8名城镇居民申报城镇居民养老保险，89名居民已领取养老待遇。2016年，就业小额担保贷款新增贷款80万元。

按照“公平、公正、公开”的要求，审核社区低保对象35户45人，发放中央一次性补贴、“两节”慰问金、低保金31.47658万元，慰问品（大米、信用油等物资）576余斤。解决困难户及困难职工住房问题，申请公共租赁低收入认定20户，对符合条件的20户进行认定；对符合条件的困难职工，由社区进行担保，申请第一批6套公租房；为145位老人办理老年证，为754人发放高龄补贴26.532万元；重度残疾人护理补贴25人，12840元；为5户残疾人家庭子女申请就读补助；为6户残疾人申请燃油补贴；为101个残疾人办理残疾人乘车卡；彩票公益金辅助器具发放5人；为两参人员发放生活费3.864万元，临时救助54500元，为伤残军人发放医疗补助1089元。为13人次困难群众发放临时救助资金5.45万元。

2016年国家全面放开二孩生育政策出台后，社区为居民群众提供国家全面二孩政策、法律、生育服务。2016年，社区开展宣传活动21次，张贴宣传画24幅，悬挂宣传横幅25条，发放宣传资料5000余份。社区独生子女保健费发放44户，12575元，其中有4户享受独生子女一次性奖励费1050元；失独扶助4户，共计10.89万元；圆梦小康9户，共计1.4万元。向3个居委会拨付计生专项经费3.6万余元。

社区巩固“三创”成果、推进长效管理和“打造整洁、清爽、舒适、靓丽、有序的市容环境”为目标，开展“世界无烟日”“爱国卫生月”等节日的宣传活动，发放爱国卫生宣传资料600余份。社区开展除“四害”工作，将政府招标采购免费提供的灭蟑360袋、杀虫饵剂4瓶，灭鼠药360斤，按照科学方法，进行统一灭杀。（班　静）

【社会治安综合治理】 2016年，社区健全和完善“三调联动”工作机制，调解民间纠纷28起，其中调解成功28起，成功率100%。辖区受理来信来访17起，办理答复17起，化解处理各类矛盾纠纷22件，无一起群体事件发生，无到省进京上访发生。矛盾纠纷排查发现率达100%。开展反邪教宣传教育活动4次，制作宣传横幅12条，发放各种宣传资料1000余份，制作宣传栏3期9块。对青少年进行反邪教育1次。辖区有在册“法轮功”人员13人，2016年成功转化“法轮功”人员1人，辖区未发生“法轮功”人员滋事等情况。

2016年，社区戒毒康复13人，建立档案13本，“四定一动”档案录入基本完善，禁毒宣传覆盖率为100%，青少年吸毒人员新增为0，社区戒毒康复人员每月定时尿检，管控率达到100%，就业安置率为95%以上。辖区有登记在册吸毒人员48名（阿片类吸毒人员40人），其中上网48人，社区戒毒、社区康复15人（执行率达100%），强制隔离戒毒5人（强制隔离戒毒执行率达100%），建立一人一档15人（建档率达100%），死亡6人。退休2人，就业人数42人。全年查获吸毒人6人。社区包居领导及网格包片干部主动上门对吸毒人员进行帮教、慰问，全年慰问社区康复人员3人。社区投入经费1万余元，制作《2016年航空社区禁毒、安全防范知识彩页》5000份，《禁毒宣传小手册》4000份，《禁毒家庭承诺书》8600份。组织开展禁毒宣传活动10次，在辖区主要通道悬挂横幅12条，出宣传栏4期（16块）、制作永久性禁毒宣传标语1块，发放禁毒宣传资料2800余份、禁毒宣传小礼品2100余份，签禁毒家庭承诺书3000余份，签订率100%。在枫阳小区广场，组织播放《禁毒宣传记录片》，悬挂禁毒宣传横幅等进行禁毒宣传教育。

航空社区按照区综治办关于全力打造“平安花溪”的统一部署，通过政府补贴等形式号召辖区居民安装“平安E家”防盗报警装置、“超B”级防盗锁芯。对持证残疾人、低保户、退伍军人、被盗家庭等群体实施免费安装。共装“平安E家”489套、超B级锁芯完成安装124户。

社区为提高群众安全感，强化社会治安防范措施，实施“亮灯工程”，申报单元防盗门维修及安装。亮灯工程安装共126盏，申报防盗门新装及维修111道。（班　静）

【网格化服务管理工作】 2016年，配合实施“社会和云”工程建设，完成“社会和云”数据共享交换工作及数据采集更新任务。完成“和贵阳”APP安装100%，已有网格易帐号签到达到100%。

社区根据辖区3个居委会实际设置3个片区，

41个网格，网格员41人（每个网格设置1－2人，无下派人员担任该职务），配备网格长3名，由居委会书记、主任担任网格长，按照包片制度，社区班子成员包片分管各个网格。在网格管理工作中匹配专项工作经费，提高服务效率。2016年，采集信息工作已完成，社区群众已全部录入网格系统，纳入服务范畴。社区覆盖率100%。

2016年航空社区网格员上报筑城微治案件250多起。其中市容环境类230余起，公共安全类10余起，道路交通类10余起。（班 静）

金欣社区

【概况】 金欣社区服务中心驻花溪区金溪路，位于花溪区西北部，距贵阳市中心18公里，距花溪区人民政府驻地11公里。金欣社区东联西南环线、南联花溪、西联石板镇、北联甲秀南路，面积5.89平方公里。辖区以汉族、布依族为主。辖区内总户数4863户，总人口12252人，常住人口出生人数42人。

社区服务中心设置党建工作部、综合办公室、城市管理部、经济服务部、网格办公室、群众工作部、社会服务部（下辖社区办事服务大厅）七个部室，人员编制数为18人，现有领导干部4人，在职在编工作人员9人。

社区按照“五级”党建管理服务模式，党委－居委会党总支－片区党支部－网格党小组－党员责任区为基础，形成社区党委为核心，社区党组织为基础，驻区单位党组织和党员共同参与的城市基层党建工作模式。社区党委所辖11个基层党组织，其中：机关党支部1个、居党总支2个、居党支部7个，非公企业党支部1个，共有中共党员138人（其中，正式党员136人，预备党员2人）。（金欣社区）

【社会事业发展状况】 2016年，社区办理乘车卡55张，办理居住证147个，发放残疾人辅助器具3副拐杖、1台轮椅、1部手机；在册享受低保户45户92人，发放低保金2.8905万元。享受低保户次594户次，人次1260人次，全年发放低保金37.8391万元。2016年元旦、春节慰问金3.3300万元，“两节”物价补贴金1.5600万元，“两节”一次性生活补贴金0.94756万元。全年享受80岁以上高龄生活补贴的人数167人，享受金额9.4740万元。2016年发放全年“两参人员”生活补贴金3.3120万元，“两参人员”“两节”及“八一”节慰问金0.36万元；军烈属春节慰问12人、0.18万元。2016年全年享受临时困难救助20户42人，发放临时困难救助金8万元；2016年享受医疗救助3户7人，发放医疗救助金0.5043万元。2016年审低收入65户152人。（金欣社区）

【为民所办实事】 2016年，金欣社区服务中心经过多方协调和努力，齿轮厂、朝晖厂、金苑小区等家属区的部分居民将占用的绿化带的土地让出，由金农、金溪居委会组织委员、网格信息员、志愿者、社区居民代表等在让出的绿化地内种植桂花、美人蕉、绣球花、杜鹃花、菊花、果树、草种等花木。社区投入经费开展增绿工作，在朝晖厂家属区健身场花园和篮球场花园内安装喷水装置，种植桂花10棵、果树20余棵、美人蕉1000株、绣球花500株、杜鹃花2000株、菊花1000株、撒播草种210斤。

按照“三年千院”的工作要求，加快旧小区综合改造，投入近200万元对金欣社区齿轮厂老旧小区进行改造，改善居民居住条件，小区内实现“排水通、路面平、路灯亮、功能全、环境美”的目标。社区投入10万元经费对朝晖厂老旧小区进行绿化升级改造，硬化小区道路，绿化楼前院落，美化小区环境。

金欣社区投资20余万元在辖区治安重点区域、主要进出道路、各个交叉道口和小区单元门口，安装80个电子监控摄像头，利用电子监控设备对辖区社会治安动态实行全天候监控。

社区辖区有贵州朝晖厂、贵阳电线厂、贵阳齿轮厂、压铸厂、风机厂等政策性破产改制企业，下岗职工较多，精神生活较为贫乏，常有打架、斗殴、盗窃发生。为丰富辖区居民文化生活，加强社区精神文明建设，金溪居委会组织3支文艺宣传队，利用舞蹈、诗歌、快板等多种形式向辖区居民宣传党的政策、好人好事，给居民带来正能量。金农居委会组建“金欣社区艺术团”，成员有40人，业余群众演员有60人。参加小河区迎“五一”文艺演出、“贵州省国际标准舞锦标赛”、参加“花溪区春节民族民间歌舞大联欢”等省、市、区组织和社区自行组织的30多场文艺演出。

“金欣艺术团”以“我们的节日”为载体，利用元旦、春节、清明、劳动、中秋、国庆、重阳等节假日，开展文艺表演、诗歌朗诵、书画展览等形式的活动10次，参与1000余人次。艺术团组织20人的志愿者，到金竹养老院慰问演出、参加安顺西秀区留守儿童开学典礼、与花溪区爱华小学“六一儿童节”联欢、花溪区怡心苑老年公寓重阳文艺演出等活动，参加花溪区组织的打一场禁毒人民战争的倡议演出活动，并选派艺术团成员参加阳光妈妈志愿者培训班。（金欣社区）

【“新型社区·温馨家园”创建活动】 金欣社区在辖区内开展新闻媒体及社区LED大屏幕宣传社会主义核心价值观24字内容，道德讲堂开展以核心价值教育8次，在辖区张贴“讲文明树新风”宣传海报40余份；开展节俭养德宣传活动，张贴宣传海报12幅，发放宣传文明餐桌倡议书40余份，文明餐桌提示牌29个；发放宣传折页1000份，文明手册5000册，张贴海报200张。

开展21期道德讲堂活动，在宣讲过程中突出道德内涵，强化道德需求，明确具体标准，力求取得实效。在公民道德实践活动中，涌现出孝老爱亲的黄娜霞同志，有敬业奉献的劳动协管员王丽珍同志，有敬业奉献的党建指导员王正坤等12个同志的故事。9月，组织工作人员前往花溪区参观时代楷模先进事迹巡演；社区通过道德讲堂进网格的形式，将精神文明宣传、党风廉政建设、讲党课等内容贯穿其中。社区在辖区内8个网格开展道德讲堂演讲，参与人次达到1200余人次。3月以来社区开展23次志愿服务活动，其中植树节活动1次，卫生大扫除活动12次，关爱困难家庭活3次，关爱未成年人活动1次，关爱空巢老人活动3次，关爱残疾人活动2次，义务献血1次，文明交通活动引导3次，总计有志愿者300余人参与，社区工作人员40余人参与，发放宣传资料680余份，慰问品20余份。社区还开展3次诚信教育宣教活动，开展1次无人售票诚信宣传活动，发放宣传手册500余份，张贴海报60份。为加强未成年人思想道德建设，社区建立心理咨询室，开展家长学校教育培训6次，参与人次达到300余人次。组织未成年人开展趣味活动2次，读书活动4次，开展志愿服务活动3次。每月定期开展宣传干部上讲堂活动，由社区领导干部、工作人员宣讲身边的好人好事，并组织参加花溪区宣传干部上讲堂比赛活动，每月按时开展推荐身边好人活动，组织辖区居民为身边好人投票。在元旦节、劳动节、中秋节以及国庆节组织文艺汇演，在重阳节组织辖区内的老年人参加象棋、跳棋及书画展活动，参加活动的居民1000余人次；组织辖区居民参加花溪区组织的全民健身活动，金欣书画院老年人象棋队在2016年花溪区老年人运动会中获一等奖，金欣艺术团歌舞队成员代表社区参加多次市区比赛。

金欣社区加强“两严一降”宣传，提升群众安全感，在辖区居民出行路段和人群密集场所制作张贴宣传标语20条、宣传栏10个、发放宣传单3000份。开展宣传进小区、进家庭、进企业、进学校活动，利用赶集天开展宣传活动，加大宣传力度，社区制作纸巾2500份、纸杯65000个、环保袋2500个，共计30000余元，由社区领导和包居干部带领工作人员进家入户发放宣传纪念品，请居民填写《金欣社区提升群众工作满意度调查表》和《金欣社区公众安全感测评问卷》。

2016 年，累计更新宣传内容 4 期，发放宣传资料 1000 余份。严守生态红线，打击违法建筑。社区按照市、区要求，制定社区打击违法违章建筑行为专项整治行动工作方案，成立工作领导小组，明确工作目标和任务。在主要路段悬挂 5 条宣传横幅，提高群众知晓率，增强辖区居民依法报建、依法建设意识。城管部联合派驻社区的城管中队对辖区相关路段进行违建巡查，建立巡查记录。发动居委会、网格长按照网络化管理要求，划分责任区，责任落实到人。全年，社区出动工作人员 800 余人次，取缔违章占道经营摊点 432 起（处），清退门面延伸占道 135 起（处），清理野广告 1200 余处，纠正乱停乱放、乱吐乱扔等不文明行为 400 起（次），清理、清运生活垃圾和建筑垃圾共计约 300 吨，清扫夜市经营户留下的油污路面 80 余米。加强巡查，强化垃圾秸秆焚烧管控，全年，社区出动 500 余人次，扑灭各种火源 600 余次。在社区办公楼周边、辖区主要路段及居委会办公楼前等人流量密集区域张贴各类环境卫生宣传标语 80 余条、发放环境卫生保护倡议书 2000 余份，更新创模宣传栏 4 期，组织开展环境卫生大扫除 15 次，参与人数达 800 余人次。

（金欣社区）

花溪年鉴 HUA XI YEARBOOK 2017

黄河社区

【概况】 贵阳市花溪区黄河社区服务中心是 2011 年 4 月 29 日正式挂牌成立的贵阳市城市基层管理体制改革试点之一，社区设立社区党委和社区服务中心，为正科级事业单位，位于花溪区珠江路珠江商贸广场，地处花溪区西北部，距贵阳市中心 14 公里，距花溪区人民政府驻地 18 公里。

黄河社区辖区面积 9.2 平方公里，辖 4 个行政村：大坡村、中院村、珠显村、洛解村，有村民小组 33 个，村集体土地基本被城市建设征用，仍有 6 个自然寨作为城中村项目有待改造。2016 年，辖区四村有住户 13000 余户、41000 余人，其中常住户 1973 户、7790 人；流动人口 11000 余户、33000 余人，流动人口占总人口的 81%。

黄河社区服务中心下设：党建工作部、经济服务部、社会服务部、城乡管理部、群众工作部、综合办公室、网格办公室等 7 个部门，设立便民利民服务大厅，大厅设有 4 个综合服务窗口，分别负责提供涉及民政民族事务、劳动和社会保障、计生、城市管理和住房建设、综治调解和法律咨询等各项服务。社区有工作人员 75 人，其中行政编制 7 人（班子 5 人，科员 2 人），全额拨款事业编制 16 人，其他类人员 56 人（含社区临聘人员及花溪区司法局、经开城管大队下派人员）。社区党委有 5 个基层党组织（其中农村党支部 4 个，社区机关党支部 1 个），党员 260 名，其中农村党员 243 名，机关党员 17 名。2016 年发展党员 5 名。

（王予希）

【平安社区建设】 一是落实信访维稳“一号工程”，排查化解积案。2016 年，社区通过与各级部门的联动，办结市领导交办信访案件 1 件（严加巧），化解一号工程百日攻坚战 1 件（洛解村肖朝富），化解办结率达 100%。二是以禁毒康复站建设为依托，推进辖区禁毒康复工作。会同公安机关查找 4 名下落不明戒毒康复人员，确保社戒社康工作落到实处、不踩假水。2016 年，黄河社区吸毒人员总人数 75 人，社区戒毒 16 人，社区康复 17 人，戒断脱毒 14 人，社会面有吸毒史人员 6 人，在场在所 18 人，死亡 4 人；社区管控率为 100%、社区戒毒康复执行率为 100%、社会面阿片类吸毒人员就业安置率为 100%、25 岁以下青少年吸毒人员实现零增长、药物维持门诊运转完成情况已完 100%。三是以“两严一降”专项工作为引领，提升群众安全感。按月召开警民联席会议。推进“人防、物防、技防”工程。投入 160 余万元，实现安装防盗门104扇、监控器323个、照明路灯70余盏、门锁插销500个，治安岗亭9个，报警灯箱39个。争创“星级平安示范小区”。将洛解村珠江商贸广场小区创建为市级“四星级平安示范小区”。开展特殊地段集中清查行动。全年组织清查行动20次，排查出流动人口重点对象51人，对重点流动人口建立“一人一档”，进行动态管理。建立绩效激励机制。全年对辖区4个村表彰零发案4次、协助破案3次，完成控制目标37次，发放考核奖励资金39000元。2016年与2015年度发案178起相比下降27起，下降15.16%，完成“两严一降”年度工作目标。四是社区村寨卫生、市场管理等多项工作齐抓共管，通过省、市、区包括“多彩贵州文明行动”“整脏治乱”“市三创工作”、爱国卫生在内的各项检查。以保障“数博会”期间环境卫生为切入点，与辖区经营户补充签订“门前三包”责任书300余份，清理辖区野广告35000余张，清理市场及路面延伸占道2000起，清运生活垃圾3000余吨，突击清运辖区各类暴露垃圾约1500余吨。5月完成辖区活禽交易场所取缔工作。2016年拆除违法建筑10起，拆除面积1200平方米。现场制止暂扣工具10户，3户违章建筑进入执法程序。五是强化安全生产“红线”责任意识，实现安全生产零事故。2016年上半年，对辖区物流园、老旧村寨、人流密集场所、木材加工厂等地开展12次消防安全大排查，联合经开区消防大队在珠显村物流园开展消防安全演练活动1次，同时，先行垫付资金（各村10000元）给所辖4村购置消防器材用于村级消防站建设。4个村均在相应合理地段建设村级消防站各一座。在汛期到来前，安排人员对辖区村寨老旧危房进行摸底，对中院村甘平新村安置房出现开裂的情况及时进行处置，疏散居住在楼栋中的村民至安全地，并帮助村民协调房屋开发商铁五建公司对开裂房屋进行安全性检测及修复，未出现人员伤亡和财产损失的情况。加大对辖区地质灾害隐患点的监测，全年辖区未出现重特大安全事故。强化森林防火工作经费保障，投入1万余元拨付到村组织各村护林员严格落实责任，加大巡查力度，辖区未出现森林火灾事故。六是2016年社区运用社会治理大数据云平台，第一时间组织各村网格员下载并安装“社会和云”相关APP，并及时将社区39个网格基础信息录入系统。通过推广“社会和云”服务管理平台，强调民众参与社区管理的必要性，也为群众与社区之间的沟通构建桥梁和渠道。自平台运行以来，网格员通过手机APP采集、更新、修改人口数据3.5万余条。

（王予希）

【为民办实事】　按照区群工委提出的“三访四查五看六保”工作要求，研究制定黄河社区扶贫工作实施方案，及时成立领导小组，强化工作组织保障，并建立工作月例会制度，与各村签订2016年大扶贫战略行动目标责任状，细化分解扶贫战略行动目标任务，责任包保到各个部门负责人及各村负责人。经前期摸底排查，精准识别出9户12人的低收入困难群体，采取分解包保责任到人的动态管理模式，社区党委书记包保2户，纪委书记包保2户，社区党委副书记包保1户、2名服务中心副主任各包保2户。2016年，辖区9户12人人均可支配收入已越过2016年精准识别贫困户标准线4300元，实现脱贫。（王予希）

【社会事业发展状况】　2016年，社区固定投资目标任务数1.72亿，全年完成固定资产投资1.3475亿元，完成全年任务的78%。完成辖区非公企业人才统计、农村实用人才调查统计、全国第三次农业普查、人口抽样调查、重点企业抽查等各项统计调查工作。作好就业及培训工作，完成统筹培训40人，新增就业人数1180人，完成全年目标任务数（1100人）107.3%；完成调查用工单位数1188个，就业困难人员认定29人，其中13人已就业。为辖区就业、失业人员办理《就业失业登记证》98本，其中就业登记33人，失业登记65

人；完成辖区内290家新增创业实体的入户调查工作。"城乡居民养老保险"新参保6人，340人次缴费，缴费金额133500元。申报场租补贴66户，118800元（其中已发放43户，82800元）。协助企业死亡离退休人员供养直系亲属领取生活补助费资格认证25人次，协助办理异地参保退休人员领取养老金生存认证8人，对特殊人群10人城乡居民养老保险缴费进行认证（重度残疾 低保户），5人军龄认证、办理城镇居民医疗保险77人次，办理新农保死亡退保事宜14人次。完成离退休托管指纹认证352人，其中3人因瘫痪和长期住院申请特殊认证。加强低保管理工作，2016年发放农村低保金55272元，发放农村五保户2户2人、共计12000元；发放两节慰问金、冬季取暖费及中央一次性补贴8户13人、共计2400元；发放城镇低保金56696元；发放春节慰问金、"两节"物价补助6户3900元；发放2016年元旦、春节慰问物资6户7人、35公斤大米、7瓶食用油；发放2016年春节慰问金及冬季取暖费2人17100元（其中，慰问金600元、物价补助2人1000元，电费补助2人110元）。开展殡葬管理宣传活动，2016年开具29份领取骨灰证明，辖区火化率100%。做好复员退伍军人的帮扶工作，及时发放两参人员补贴148600元、两节慰问金7800元；发放60岁农村籍退役士兵生活补贴20人26315元；发放两节慰问金19人5700元；为退役军人办理乘车卡共计156张，其中A类卡45人，B类卡115人。帮助辖区失地农民申报2016年子女入学奖励45人68500元；帮助辖区移民申报2016年度子女入学奖励补贴5000元；申报发放失地农民老年生活补贴770人225380元。（王予希）

【组织建设】 黄河社区按照相关法律法规程序，针对各村实际制定相应预案，下派四个工作指导组负责各村"两委"换届工作指导。2016年12月，完成所辖各村第十届"两委"换届选举工作，新一届村"两委"成员有22人，其中，女性5人，占总数的23%；少数民族人数6人，占总数的27%；大专以上学历5人，占总数的23%。新一届村"两委"成员平均年龄41岁，对村"两委"干部进行任前培训38人。完成花溪区第十一次党代会代表推选工作，选出的3名代表中，领导干部1名，各类专业技术人员1名，各条战线先进模范人物1名；妇女党员1名，少数民族党员1名，符合区委分配的代表构成。完成花溪区第十七届人民代表大会换届选举工作，经选举产生的4名代表中，中共党员3名，非中共党员1名；工人、农民、专业技术人员2名；少数民族1名，符合代表结构比例建议。完成推荐出席党的十九大和省第十二次党代会代表工作，采取党员大会、电话、微信联系和上门通报情况等方式，使社区6个基层党支部、272名党员参与率、知晓率均达到100%；发挥社区大党委战斗堡垒作用，抓好"两学一做"学习教育活动。每月组织党员集中学习，把学习党章和系列讲话贯穿始终，全年各党支部开展"两学一做"专题学习45次，专题讨论15次，党员干部讲党课12次，6月邀请市委党校邓跃星教授到社区作"两学一做"专题宣讲会；7月各支部以文艺汇演、知识竞赛、红色征途等形式庆祝建党95周年活动；8月各支部围绕不忘初心、继续前进的8个方面进行专题学习讨论。9月各支部开展"讲党课"活动，鼓励普通党员踊跃走上讲堂，参与"微型党课"活动。（王予希）

花溪年鉴 HUA XI YEARBOOK 2017

三江社区

【概况】 三江社区辖龙王、尖山、大寨、场坝、毛寨和周家寨6个行政村47个村民组，地处城郊结合部，总面积6.72平方公里，属于典型的农村社区。三江社区有党的基层组织12个，其中社区党委1个，党支部11个（其中村党支部6个，非公企业党支部3个，供销社党支部1个，社区服务中心党支部1个），有党员389名。辖区有人口56129人，其中常住人口13949人，流动人口42180人。辖区重点项目有市政项目：轻轨一号线（毛寨段）、麻堤河污水处理厂项目；工业项目：大数据安全产业园、格力空调、富巨热效能产业园、海跃模具产业园、汽车零部件产业园；棚户区改造项目：龙王村棚户区改造、大寨村棚户区改造、万达项目。（三江社区）

【社会事业发展状况】 在劳动就业方面：完成城乡统筹就业1222人，其中城镇新增1122人，农村富余劳动力转移100人，旅游业人员就业228人。为符合条件的就失人员发放《就业失业登记证》113本。

在社会保障方面：做好新型农村社会养老保险收缴和养老金审核工作，做好相关帐目、数据的统计和上报，确保养老金及时发放，2016年收取1126人55万余元，参保4052人。

在民政事务方面：社区严把低保审核关，让辖区弱势群体“应保尽保”。2016年，发放城镇低保金194605元；发放农村低保金208282元；为辖区6名困难群众发放临时生活困难救助72000元，为辖区2名困难群众发放医疗救助41579元；为辖区内130位80岁以上高龄老人发放高龄补贴46680元。为231名退伍军人办理乘车卡。申请场租补贴人数7人，金额12600元。

在卫生计生方面：2016年社区人口自然增长率4‰，常住人口符合政策生育率97.2%，流动人口符合政策生育率92.7%。全年完成节育手术283例，其中结扎10例，上环229例，补救19例。全年为245名流动人口办理婚育证。

教育工作：一是做好“控辍保学”相关工作，走访辖区学校，对辖区学校的学生辍学情况进行检查并登记，配合教育局，搞好辖区中小学生户籍情况核实表，做好辖区控辍保学相关工作。二是按照花溪区政府印发的文件要求，对辖区所有学校进行走访，检查各学校的安全情况，完成相关数据采集，针对存在的安全隐患提出整改意见，对无证办学的学校提出整改要求。三是按照省、市、区相关部门提出的各社区要在辖区所有义务教育阶段学校悬挂“控辍保学”宣传标语的工作要求，督促辖区各学校在显眼的地方悬挂永久性标语。四是签订《花溪区人民政府教育工作目标》，并做好相关工作。（三江社区）

【为民办实事】 2016年，社区在区级平安在线的基础上，对辖区各村寨治安盲点启动平安在线视频监控安装工程。社区安装133个视频监控并投入使用，通过平安在线大数据监控平台全面服务辖区内的社会治安综合治理工作，辖区2016年安全感测评分值达96.67。

对辖区内的大寨村众慧农贸市场、场坝村三江农贸市场、毛寨村西南环线农贸市场的家禽饲养业统计调查。并配合区商务局，对辖区农贸市场进行白条禽改造工程。（三江社区）

【网格化服务管理工作】 2016年，三江社区紧跟大数据的步伐，通过加入贵阳网格化信息管理平台，将社区休眠或停留在原始台账资料上的数据激活起来，同时以此平台为基础，将网格、民政、就业、社保、计生、党建等社区的主要工作和各类管理服务资源数据纳入平台集成管理。在合理划分网格的基础上，全面有效的收集数据，通过网格长、网格员在自己的工作辖区里对“人、地、事、物、情、组织”等六类数据及就业失业、残疾、低保、老龄化人员及优抚对象等多项专业数据实时采集后上传至社区，及时与社区其他平台进行对接，从而实现整个社区的基础管理数据有效采集、实时更新。通过大数据的管理，提升社区服务水平，使得社区服务更加精细化。通过数据平台，还可以为村民提供民政、住房、人口、计生、劳保等政务办理流程信息，并对社区及村近期正在办理事项进行贴心提醒。（三江社区）

花溪年鉴 HUA XI YEARBOOK 2017

小孟社区

【概况】　小孟社区服务中心位于贵阳市花溪区东北部，地理位置为东经106°36′至107°40′北纬26°28′至27°33′之间。东临对崖山、南抵花孟公路、西与花溪区接壤、北邻航空社区和三江社区。服务中心办公地点驻红艳村（开发大道左侧），距花溪区政府7.7公里，距贵阳市11.6公里。贵惠大道、开发大道贯穿整个辖区，金戈路、科技路、三号路、五号路连接东西。服务面积29.68平方公里，其中陆地29.42平方千米，占99.12%；水域0.26平方千米，占0.88%。总人口19120人，其中常住人口12137人，流动人口6983人，以布依族、苗族为主的少数民族人口约占总人口48.2%，人口密度约为每平方千米645人。社区下辖红艳、王宽、王武、丰报云、翁岩、付官、陈亮7个行政村，28个村民组。社区党委下辖基层党组织8个（含7个农村党支部，一个服务中心党支部），有党员347人，预备党员10名，入党积极分子22人，递交入党申请19人。社区有七个内设机构（综合办公室、网格管理办公室、党建工作部、城乡管理部、经济服务部、社会服务部与群众工作部）。中心有工作人员66名，其中行政编制6人，事业编制17人，临聘及下派人员43人。

有大数据产业、新医药产业、高端装备制造业企业100余家，如货车帮、勤帮食品安全技术有限公司贵州分公司、奇瑞汽车贵州万达客车生产线、贵州同济堂制药有限公司骨科中药生产基地、中国烟草贵州中烟工业有限公司贵阳卷烟厂、贵州劲嘉新型包装材料有限公司、贵阳普天物流技术有限公司等企业。

（小孟社区）

【社会事业发展状况】　人口：社区上报出生人口数233人，人口出生率11.2‰、人口自然增长率8‰、补报往年出生数9人；

就业：2016年城镇登记失业率2%；全年新增城乡就业1058人。其中，城镇新增就业完成803人，农村剩余劳动力转移完成255人，完成职业技能培训57人，小贷咨询21人，申报返乡创业扶持3人，申报场租补贴6人，发放场租补贴金额9000元。新增实体调查成功116户，带动就业143人，申报场租补贴9户，征集创业项目1个，收集创业典型2个，返乡农民工就业48人，创业24人。

社保：新型农村社会养老保险累计缴费176人，完成缴费金额748312万元；办理居民医保37人；2016年失地农民身份认证329户，1245人；农村低保新增1户、取消6户、调整4户，共36户72人，发放低保金256225元；城镇低保共计7户9人57944元。

优抚补助：发放283人高龄老人补贴98820元；五保老人补贴500元，困难医疗救助3人

1月13日，小孟社区"三下乡四进社区"活动在陈亮村（小孟社区 供稿）

78780元；办理“两参人员”、退役军人乘车卡178张，发放优抚金276000元，春节慰问发放17100元；发放老兵慰问金38100元；发放60岁农村籍退役士兵生活补贴52680元；两参人员发放优抚金276000元、发放义务兵家属优待金116889元；发放“阳光家园”救助金2户3000元；持证残疾人共263人，助残日慰问3户90元；发放2017年参战老兵医疗保险金7120元；办理优抚医疗报销5户，发放报销补助5886元。

发放长效绝育奖励4000元，独生子女保健费、奖励费和一次性奖励费25200元，提前兑现独子奖励138600元，新农保参保补贴14760元，新型农村合作医疗65790元，农村计划生育节育奖励3690元，“关爱女孩”153000元，计生两户增发养老金50400元，放弃政策内生育二孩生育家庭7000元，“圆梦小康”子女就学父母伤残补助21500元，农村奖励扶助42000元，独女、双女高考一次性奖励7000元；二是组织辖区妇检活动2次，妇检率达90%，计划怀孕夫妇免费孕前优生检查102对、开展宫颈癌筛查453人。

（小孟社区）

【为民办实事】 2016年，小孟社区深入推进信访维稳“一号工程”，办理信访案件10件，初信初访化解率达95%以上；接收“12345”案件189件，回复189件，办结178件，未办结为11件。完成书记—区长交流平台接收案件1件，回复1件。完成区人大建议办理1件，协办1件；区政协提案办理1件，协办1件，办复率100%.

办理贫困残疾人精神病医疗救助项目申请3人、辅助器具申领5人、参加就业2人；残疾人证新办（5人）、补办（5人）、电子商务培训2人工作；发放慰问贫困残疾人（15户）慰问金3000元、生活困难临时补助2500元、残疾人驾驶机动轮椅燃油补贴20人。

对环城高速可视范围内（丰报云村）环境卫生等问题进行及时整改。统一设计更换开发大道沿线红艳新村30余经营户门面牌匾。申报“2016温馨家园”项目，修建红艳村文化广场及步行街。

小孟社区2016年组建12人半专业化森防工作应急队，配合各村森防应急队伍累计开展森防应急行动15次。开展森林防火宣传活动5次，印发资料500余份、树立警示牌7块、悬挂张贴标语50余条、流动宣传车200余人次。设置巡防卡点14个。在重要时段、重要节点开展安全生产检查5次。针对小企业、小作坊，易燃易爆行业，消防、地质灾害、堰塘堰湖、道路交通、学校等行业领域共组织检查组150个，检查人员350人次。检查企业300家次，排查出一般隐患103项，并树立警示标牌70余个，整改101项。

2016年，通过教育扶贫、产业扶持、转移就业、易地搬迁等措施促进社区53户，125人的贫困人口脱贫；易地搬迁5户，9人。（小孟社区）

【文化活动】 2016年，社区成立10余支志愿服务队伍，注册人数1580人。全年参加志愿者服务活动每月不少于3次，人年均服务时长67.15小时。

小孟舞蹈队有队员21名，2016年参加12次演出，其中比赛7次，汇报慰问演出5次。获一等奖2次，二等奖3次，三等奖2次，优秀奖2次。10月20日，由小孟社区承办的贵阳市2016年度“社区小舞台·百姓大圆梦”在小孟社区航空职业技术学院举行，吸引群众千余人。

组织开展以“传承好家训·培育好家风”为主题科学宣教活动，开展精神文明宣传活动50余起，发放宣传海报共1000余份，惠及群众5000余人；组织开展远程教育学习120余场次，在线学习时长达100小时涉及3000人次。完成“最美家庭”、“慈母、贤妻、孝女之星”评选活动；2016年生态文明家庭创建评选285户，上报20户；“最美阳台、最美庭院”评选上报两户。2016年，图书室藏书2000余册，订阅报刊杂志35种。

（小孟社区）

【小孟社区文物】 1. 柯氏民居：2016 年 5 月王宽村棚户区改造项目已保护搬迁。

2. 摆架石雕：2016 年 5 月王宽棚户区改造项目已拆迁，现由王宽村村委会保管。

3. 陈家祠堂：2011 年因普天项目入驻，王宽村朱家院整体拆迁，该文物点损毁。

4. 朱家院龙窑群：2011 年因普天项目入驻，王宽村朱家院整体拆迁，该文物点损毁。

5. 龙永秀家祠：位于红艳村，保存完整。门牌坊上名称为“龙永秀公家祠”

6. 赵文彬公馆：位于陈亮村，完整存在。

7. 陈亮桥：完整存在。位于陈亮村陈亮堡中部，靠近村委会（陈亮堡为目前陈亮村村委会所在地，当地人称“陈亮堡”，为陈亮村最大的自然村寨）。

8. 清水桥：完整存在。清水桥处于小孟工业园南片地块开发红线范围，因项目开发入驻将被拆除。（另，按照上级部门发回小孟社区核对的清水桥照片，照片中的石桥称为清水桥，但据称该桥并非清代修建；另有一座桥，当地人称“新桥”，该桥为清代修建，但在 2012 年开发大道建设中被拆除。）

9. 刘复礼墓：完整存在。

10. 刘清墓：墓址尚存在，但外露墓砖有 2 块掉落。

11. 赵氏墓：完整存在。

12. 陈亮水碾房遗址：部分残存。上半部垮塌，下半部仍在，目前在原址上续接为现代民房。

13. 赵家坡墓群：完整存在。

14. 穿洞遗址：位于丰报云村，完整存在。为自然形成的山洞。

15. 落飘三星桥：位于付官村，完整存在。

16. 傅官堡屯门：完整存在。牌坊名称为“付官堡屯门”。

17. 刘氏墓群：完整存在。

18. 陈鸾墓：已迁移。2012 年 8 月初 5 因桐荫路建设迁移至落飘猫猫凹。新墓体完整存在。

19. 大穿洞壁题：完整存在。

20. 回龙井：完整存在。

21. 回龙寺碑：完整存在。

22. 付鼎臣宅：完整存在。

23. 蚂蚁山明墓群：位于王武村，现存。

24. 翁岩桥：位于翁岩村，完整存在。

25. 许易氏墓：完整存在。 （小孟社区）

【项目推进】 2016 年，完成王宽棚户区改造搬迁项目、贵惠大道给水排污工程等项目，同时推进小黄河改造陈亮段，玉蝶电线厂、王宽布依新寨一期、王宽布依新寨二期、市域快铁、孟溪路、六号路等 20 余个在建项目。征收房屋 14. 64 万方，土地 600 亩，迁坟 300 余座，协调处理矛盾纠纷 60 余起。组织召开辖区项目推进大型协调会一次。王宽棚户区改造搬迁项目，历时 17 天，占地 288 亩，涉及 532 户 2000 余人的搬迁、370 栋 14 .1 万方房屋征收、200 余座坟墓迁移。 （小孟社区）

花溪年鉴 HUA XI YEARBOOK 2017

金竹社区

【概况】 金竹社区位于花溪区西北部，距贵阳市中心 11 公里，总面积 17. 6 平方公里（含阿哈水库水域面积 5 平方公里），金竹社区服务中心驻滥泥村（鑫中路），距花溪区人民政府驻地 12 千米。辖金山、滥泥、竹林 3 个行政村，47 个村民小组，98% 是布依族。境内地貌以丘陵为主，南部较为平坦，北部起伏较大，最低海拔 1080 米，最高海拔 1300 米，具有高原性和季风性气候特点，气候温和湿润，夏无酷暑，冬无严寒，基本无大的自然灾害，有利于农作物生长。

金竹社区服务中心是正科级事业单位，内设党建工作部、社会事务部、经济服务部、城市管理部、群众工作部、综合办、网格办（五部两办）和一个便民利民服务大厅。服务大厅现设有四个窗口，办理劳动及社保、创业扶持、库区移民扶

9月22日，金竹社区开展“9·22”无车日宣传活动（金竹社区 供稿）

持、农村低保、民政工作、流动人口服务及计生服务六个事项。中心有工作人员45人，其中行政编制7人（领导班子4人，副主任科员1人，科员2人），全额拨款事业编制16人，自聘人员9人，流动协管员3人、劳动协管员2人、低保专干1人，花溪区司法局下派人员2人、经开区城管局下派5人。

社区党委有五个党支部，有党员225名，预备党员3名，入党积极分子15名，无流动党员。下辖3个村委会有“两委”干部23名，“两委”委员“交叉任职”5名；100%高中以上学历，35岁以下的3名。辖区内有2所小学：金山小学有学生183人，教师12人。竹林小学有学生227人，教师13人。

辖区内有2所社区卫生室，有工作人员3人，其中专业卫生人员3人。2016年共完成诊疗3000人次。

2016年，金竹社区固定资产投资5200万元。

（谢　勇）

【社会事业发展状况】　2016年，新增城镇就业岗位80个，完成100%；完成旅游就业6个，为年度目标的100%；就业失业证办理17人；11月，完成城乡统筹培训69人（创业培训讲座45人，创业培训8人，职能培训16人），为年度目标60人的115%；2016年新增参保人数82人（其中待遇领取32人），参保人数2173人，完成目标任务2277人的95.43%；交费902人次（其中待遇领取人员38人）；2016年11月收费246300元，完成目标任务24万元的102.6%。完成自主创业经营场所租金补贴材料初审及入户核实7户。

推进社会救助工作。2016年农村低保对象有73户141人。发放临时困难救助10户37人，金额30000元，医疗救助1人，金额3469元。优抚医疗救助1人，金额1441元。做好残疾人的关爱帮扶工作。建立辖区困难留守儿童台账，联动区各职能部门对辖区留守儿童进行帮扶。（谢　勇）

【为民办实事】　精准扶贫建档立卡低收入困难户96户206人，其中3800元－4300元的低收入困难户7户16人，其中1户由于其家庭收入不符合低收入困难户标准，故不再纳入低收入贫困户家庭。另外6户金竹社区结合花溪区2016年市级财政专项扶贫补助资金建立因户施策帮扶。2016年有89户享受到爱心物资。针对竹林村杜家坝组扶贫问题，社区通过修建村级道路并成立合作社等方式完成。在杜家坝开展栽种230亩椿菜、130亩樱花树、100亩樱桃树，实现该村组贫困户的脱贫致富。

“新型社区、温馨家园”项目申请4批，涉及21个项目（照明工程、环境整治、文体设施及串户路修建等）全部完成。所有项目的归档按照“新型社区、温馨家园”一目一档的要求整理完成。

解决移民存折账号遗失、错漏等情况 49 次；完成 2016 年的水库移民直补资金和项目扶持资金的申报及发放工作；完成水库移民后期扶持管理信息系统金竹辖区的数据录入工作；完成 2016 年移民老龄生活补助发放工作，共计 412080 元；完成粮差补助发放工作，共计 142358 元。（谢 勇）

【人口基本情况】 2016 年，辖区符合政策生育率 95.3%。辖区新增流动人口 276 人，比对信息 191 条，录入全员人口信息平台流动人口 10116 人. 其中烂泥村 8215 人；金山村 1216 人；竹林村 685 人。（谢 勇）

【重点工程项目】 金竹生态总部经济城项目（主要由多彩贵州街和“碧桂园 · 贵阳 1 号”房地产开发组成）：多彩贵州街项目是以贵州省九个地州市的文化特色为依托，以寻根贵州原生态文化的旅游客群为市场目标，打造一条具有贵州特色的“全域旅游”文化街，以此作为贵州原生态文化展示的缩影和窗口，实现原生态在都市中的时尚演绎，提升示范区文化底蕴内涵。“碧桂园 · 贵阳 1 号”房地产开发项目总用地面积 206306.39 平方米，建筑面积 83 万平方米，东西长 714 米，南北宽 565 米。该项目建成后能带动周边城市功能板块的整体产业升级，形成人文化、现代化、生态化的新型城市带。2016 年 10 月，配合经开区征收部门完成 130 户农房的征收工作。

打造贵阳市绿色生态走廊，结合辖区村寨实际激活村集体经济造血功能，达到“企业有发展、村集体有积累、村民有收入”的共赢目标。方案已报市生态委备案，规划项目列入 2017 年的建设申报项目。

对贵安大道金竹段两侧 230 米范围内进行景观综合整治，绿地建设面积 30 万平方米。协助经开区建管局完成贵安大道沿线 892 户农房外立面改造工程。（谢 勇）

【创新社会治理】 以“三个一”模式，即村委会每周召开一次学习讨论会，社区每月召开一次业务培训会，社区每两月开展一次业务考试考核。以网格化管理助推流动人口社会治理创新。在流动人口管理中，由派出所、社区群众工作部、网格办、社会事务部形成部门联动，统一数据采集渠道、统一数据信息交换、统一系统数据。建社区工作联动微信群，推动社区事务处置方式创新。金竹社区建立社区联动工作微信群，通过网格员在巡查中及时将网格内发生的市容市貌、民生服务、公共设施等的问题报送至微信群，社区相应职能部门进行处置，事件解决后将处置结果反馈给网格员进行执行效果的监督。实现小事不出网格，大事不出社区，实现社区的内部循环管理。以社区数据化促进社区管理服务方式创新。金竹社区依托“云”系统实现辖区居民计生、医保、

3 月，金竹社区开展计划生育宣传服务活动（金竹社区 供稿）

社保等60多项基础信息的数据化、系统化，同时通过对房屋状态、重点户用不同颜色标记，做到重点信息一目了然，有针对性的开展管理服务工作。（谢　勇）

花孟社区

【概况】　花孟社区成立于2012年10月12日，下辖4个基层党支部，有党员209名。有3个行政村（麦乃村、把伙村、杨中村），村两委成员25名，村民组长18名，党小组长15名，村民代表88名，有16个村民组，总面积20.4平方公里。现有1832户，总人口6888人，其中流动人口1257人。布依族、苗族占80%，属纯农业村落。生产作物以水稻和玉米为主，局部村组种有草莓，村集体经济发展和村民收入处于低水平阶段，没有规模化、专业化的种植、养殖业，村民仍秉承着单家独户的传统农业。

花孟社区原为副科级财政全额拨款事业单位，后于2013年9月升格为正科级单位，核定编制23名，其中党委成员4名。实有在册干部职工20人，其中书记1名，主任1名，副书记1名，副主任1名，副主任科员2名，在编职工14名。

2016年，花孟社区获得“贵阳市民族团结进步创建活动示范社区”称号。

（花孟社区）

【为民办实事】　协调资金350余万元，改善辖区水、电、路、讯、房、林、电商等与民生相关的基础设施建设。完成杨中村陇头寨“三年千院”项目及把伙村大塘寨“美丽乡村·四在农家”一事一议项目迎检准备。在区计生协会的指导下，基本完成杨中村陇头寨计生家庭能力提升硬环境改造和设备购置安装等工作。完成区委党校周边环境整治项目。实施把伙村饮水管网改造项目，解决群众用水困难。

加强网格队伍建设。配齐网格工作人员并组织网格员入户采集登记等业务培训，提升网格员业务水平。落实《花孟社区网格员管理及考核制度》，加强流动人口清理及入户巡查登记。要求网格员每周上报辖区网格内新增流出流入人口，详细登记房屋租赁情况，对流动人口中重点对象入户走访三次，特殊关注户走访两次，一般户要求一月走访一次。开展矛盾纠纷排查调处。2016年辖区有各类矛盾纠纷及不稳定因素45件，排查45件。严防“两抢一盗”发案数，全年发案15起，发案数比2015年下降。开展“打一场禁毒人民战争”工作，悬挂横幅20余幅，墙体固定标语10余面，发放张贴宣传资料1000余份。联合“阳光妈妈”开展禁毒文艺演出1次，“6.26”禁毒宣传1次，社区工作人员禁毒知识培训2次，在辖区内对吸毒人员大排查，每月与三江派出所比对辖区吸毒人员增减情况，2016年社区登记在册17名吸毒人员。社区群众安全感2016年上半年得分97.78，

3月4日，贵阳市卫计局家庭发展处领导调研花孟社区家庭服务中心帮扶的布依豆腐加工坊（区计生协会 供稿）

社区社会治安满意度2016年上半年得分90.22。

2016年拆除违章建筑116户，14400平方米。完成辖区51户危房改造户的上报及审核，改造完成50户。为确保“多彩贵州文明行动”，投入经费32万元用于环境卫生整治。配合区安监局组织辖区各企业进行安全生产培训、检查，与辖区企业签订安全生产目标责任书，2016年无重大安全事故发生。做好森林防火工作，社区服务中心成立森林防火应急分队，实行领导带班制度，对各卡点进行巡查，在火灾高发期间实行应急队全天待命制度，全年组织3次（160人次）扑灭森林火灾，保卫人民生命财产。

完成人大建议、政协提案的回复，回复率100%，满意率100%。（花孟社区）

【社会事业发展状况】 2016年落实低保户37户75人，全年发放低保补助266151元；临时救助11户37人，救助金额33000元；医疗救助1户，救助金额7005元；大扶贫系统中登记49户，106人，对低收入困难户吴祥坤、陈洪江发放扶贫资金9000元；开展“拥军工作月”活动，走访退伍军人125人次。发放两参生活费134320元，发放农村籍60岁以上退伍老兵生活补助21840元；为残疾人办理免费乘车卡66张。发放80岁以上老人高龄补贴46900元。做好辖区劳动就业和社会保障工作。完成城镇新增就业95人，完成率118.7%；完成园区新增就业44人，完成率110%；完成失业人员再就业5人，完成率100%；农村富余劳动力转移51人，完成率102%；完成职业技能培训51人，完成率113%；完成城乡居民基本养老保险参保人数、基金征缴收入目标任务：其中应参保人数1500人，累计参保人数1496人，参保率97%；应征缴150000元，累计缴费金额164700元，缴费率101%。待遇发放594人。兑现2016年度公益林补偿金132875.2元；完成土地确权1034户，申请颁证面积5917.59亩；完成全国农业普查工作。完成人口计生半年检、年度省检及各项单项指标检测，实现“双降一升”目标任务，人口出生率为9.5‰，符合政策生育率为97‰，人口自然增长率为5.1‰，人口出生性别比为72，各项指标均达目标要求。（花孟社区）

【重点项目建设】 围绕“四路两校一园区”（开发大道五期、梦溪路、市域快铁、思杨路、清华中学分校、区委党校、烟叶复烤产业园区）及杨中村安置房等重点项目，与区有关部门共同完成征地173.40亩，房屋拆迁34759.7平方米，迁坟120余座。协调解决因项目开发引发的矛盾纠纷30余起。项目推进的同时，开展招商引资工作，累计完成固定资产投资10020万元。（花孟社区）

花孟社区人口基本状况表

单位	常住人口	流动人口		育龄妇女	已婚育龄妇女	一孩		二孩		多孩		出生率	常住人口政策生育率	常住人口年初以来死亡人数	手术数
		流入	流出			政策内	政策外	政策内	政策外	政策内	政策外				
花孟	6207	1593	87	1798	1323	34	1	28	1	0	0	9.86‰	96.88%	29	26

（责任编辑　周年辉）

通过“三年千院”项目改造后的航天社区大寨散居宿舍小区（杨小平 摄）

人物

花溪年鉴
2017HUA XI YEARBOOK

区委书记钟阳(左二)走访慰问贫困农户(王文娟 摄)

领导人名录

本名录收录2016年花溪区党政机关、行政事业单位、区管国有企业的副科级以上班子领导干部，人名后有＊的，是2016年因各种原因免职的，其余为年底仍在职。

中共花溪区委员会

书　记：钟　阳

副书记：向子琨* 梅　俊 秦建军* 洪　兵 韩友芳*(挂职) 许世均(挂职) 陈启榆(挂职)

常　委：张建忠* 卢代康 赵代刚 韩匡时(挂职) 薛昌柱 汤慧勇* 谢秩刚 禄　竹 宋　力* 马　彪 秦永康

中共花溪区委员会各工作部门

办公室

主　任：周　印

副主任：张　莉 禹　易 郭　鑫

政策研究室

主　任：童建明*

副主任：冉婷婷* 曾　菲

督办督查局

主　任：李　蕾

副主任：郭荣建 刘洪军

机要局

局　长：赵克忠* 刘海川

保密办

主　任：刘海川* 雷安远

保密局

局　长：刘海川* 雷安远

深化改革办公室

专职副主任：雷安远* 刘海峰

群众工作委员会

副书记：杨　刚(常务) 李　宏 徐群红* 石　军 刘显福

群工中心

副主任：徐群红*(常务)(兼) 石　军 王大清(兼)* 周培涛(兼)

组织部

部　长：薛昌柱

副部长：池晓静(常务) 方毓琴(兼) 陈建新(兼) 赵明镜

部务委员：陈方霞

党建办副主任：何才伟

宣传部

部　长：卢代康

副部长：侯　申(常务) 蔡　越 戴佳村

文明办

主　任：蔡　越

副主任：李文义

“整脏治乱”专项行动领导小组办公室

主　任：谢　梅

统战部

部　长：卢代康* 禄　竹

副部长：王家才（常务） 蒙秉中

政法委

书　记：宋　力* 马　彪

副书记：李文和（常务） 杨方红

刘显福 游　浩

纪工委书记：李文和

维稳办

主　任：刘显福

副主任：赵　权

综治办

主　任：李文和* 游　浩

副主任：魏惠强

国安办

主　任：游　浩

副主任：安能文

禁毒办

主　任：杨方红

副主任：左丽达

流动人口管理办公室

主　任：梁小涛（副科级）

机构编制委员会办公室

主　任：田晓筑

副主任：张路莎

编委办机构编制专职督查员：尹　梅

事业单位登记管理局局长：郑金萍

直属机关工作委员会

书　记：周敢松*

副书记：杨洪媛 佘云云

纪工委书记：杨洪媛

离退休干部工作局

局　长：陈建新

副局长：陈玉和 高　源

老年大学

副校长：周国琴（常务）

党史研究室

主　任：郭　涯

副主任：黄依莉

党　校

校　长：

副校长：杨桂林（常务） 张庭跃

办公室主任：赵文忠

教务处主任：张　燕*

后勤总务室主任：覃　英

中共花溪区纪律检查委员会

书　记：汤慧勇* 谢秩刚

副书记：王培华（常务）* 汤　娜

任海峰

常　委：程家新 岳　莉 王效宙

周　刚

监察局

局　长：汤　娜

副局长：任海峰 齐　松

第一纪工委（区监察局第一监察分局）

书　记（局　长）：王效宙

副书记（副局长）：杨扉扉 杨洪媛

第二纪工委（区监察局第二监察分局）

副书记（副局长）：赵志刚

第三纪工委（区监察局第三监察分局）

书　记（局　长）：岳　莉

副书记（副局长）：赵　平

第四纪工委（区监察局第四监察分局）

书　记（局　长）：任海峰

副书记（副局长）：周　平

办公室主任：刘　宇

干部室（纪检监察干部监督室）主任：刘　天*

第一纪检监察室主任：周　刚

第二纪检监察室主任：付　旭

第三纪检监察室主任：艾凌云*

案件审理室主任：徐显奇

信访室主任：骆建伟

纪检检察机关举报中心主任：姚　立

花溪区第十六届人大常委会

主　任：任渝生

副主任：楚湘黔　张吉林　孙　昕(兼)*

王小兵　张宝祎　吴治岑

张贵昇

党组书记：任渝生*　秦建军

副书记：张吉林

办公室

主　任：杨晓娟

副主任：周　海　刘　涛

花溪区第十六届人大常委会各专委

选举任免联络工委

主　任：龙兴灿

内务司法工委

主　任：刘贤忠

财经工委

主　任：甘　露*　吴诚书

科教文卫工委

主　任：郭际昕

农经民宗工委

主　任：陈正华

城建与环资工委

主　任：王培华

副主任：肖　莎*

花溪区人民政府

区　长：向子琨*　梅　俊

副区长：洪　兵(常务)　张建忠(挂职)*

赵代刚　禄　竹　马　彪

秦永康　袁　莉　谭　虎(挂职)

范振新(挂职)

党组书记：向子琨*　梅　俊

花溪区人民政府各工作部门

办公室(外事侨务办、国有资产监督管理办公室)

主　任：黄亚军

副主任：李　斌　池　巍　安雄鹰

彭科芬　田　晓　罗　充

纪检组长：马鸿飞*

国有资产监督管理办公室

副主任：马鸿飞(常务)

应急办

副主任：金帮灿*(常务)　杨万军

国防教育办

主　任：车　伟

信访局

局　长：徐群红*　石　军

副局长：王大清　周培涛

法制办

主　任：赵萍萍

人防办(交通战备办)

主　任：姚险峰

政务服务中心

主　任：石　雄

副主任：白荣智　李　媛

金融工作办公室

副主任：刘　容

发展和改革局

局　长：安中发

副局长：徐国霞　李　健

党委书记：安中发

纪委书记：罗呈敏

价格监督检查局

局　长：刘文云

节能减排监察大队

大队长：刘泽非

教育局

局　长：甘　健

副局长：唐海军* 罗维佳

党委书记：甘 健

纪委书记：周 平

教育督导室副科级督学：卫文灿 冯 霞

科学技术局(知识产权局)

局 长：贺 智

副局长：李 琛 王 青

党组书记：贺 智

纪检组长：贺承铁

工业和信息化局

局 长：曾兴宽

副局长：龙玉昆 杨 勇 曾志云

党委书记：曾兴宽

纪委书记：向 超

旅游局

局 长：王 伟* 危大勇

副局长：王 敏 蒋先美

党组书记：王 伟

纪检组长：唐琳莉

旅游执法大队

队 长：杨云深

民族事务局(宗教事务局)

局 长：杨通强

副局长：雷 英* 夏筑生 赵克忠

党组书记：杨通强

纪检组长：周汝阳

民政局

局 长：黄兴翠* 蔡 舟

副局长：雷 兰 曾涛峰

党委书记：黄兴翠* 蔡 舟

纪委书记：杨泽珍

老龄委办公室

专职副主任：欧阳贵姿

司法局

局 长：王春风

副局长：董仁滨 汤 森

党组书记：王春风

纪检组长：万春兰* 曾 敏

政工科科长：文 江

依法治区办公室

专职主任：樊晓文

公证处

主 任：高卫政

财政局(农业综合开发办公室)

局 长：周会智

副局长：叶 刚 罗 倩

党委书记：周会智

纪委书记：童师慧

基层财政管理局

局 长：沈小平

国库集中支付中心

主 任：张万菊

财政局社区中心分局

局 长：王 丽

财政局孟关乡分局

局 长：田 凤

财政局青岩镇分局

局 长：王 彦

财政局黔陶分局

局 长：

财政局高坡乡分局

局 长：李灵开*

财政局马铃乡分局

局 长：何正东

财政局燕楼镇分局

局 长：周 勋

财政局麦坪镇分局

局 长：熊燕芳

财政局久安乡分局

局 长：朱国林

财政局石板镇分局

局 长：刘祖坤

人力资源和社会保障局

局 长：方毓琴

副局长：雷　进　　陈婷婷

党委书记：方毓琴

纪委书记：杨扉扉

就业局(区创业指导服务中心)

局　长：侯红波

劳动保障监察大队

队　长：夏安楠

社会保险收付管理中心

主　任：张吉英

人事劳动争议仲裁院

院　长：鲁惠敏

人才交流储备中心(区人才市场管理委员会办公室)

主　任：蒋明华

生态文明建设局(环境保护局、林业绿化局)

局　长：张君发

副局长：刘荣祥　　邵先云*　胡万福　徐应周

党委书记：张君发

纪委书记：谢能红

林业公安派出所

所　长：王春秋

环境监察大队

大队长：吴忠斌

住房和城乡建设局

局　长：卓　牵

副局长：殷丽霞　　陈勇建*　欧阳旭燚

党委书记：卓　牵

纪委书记：吴利霞

房屋征收局

局　长：谢　冬

副局长：明祖平　　徐　焱

棚户区城中村改造办公室

副主任：杨天斌

交通运输局

局　长：尹文君

副局长：陈小进　　宋亚菲

党委书记：尹文君

纪委书记：骆建伟*　　杨条江

公路管理所

所　长：何传琦

农业局(扶贫开发办公室)

局　长：刘光强*　　刘明福*　徐群红

副局长：杨万军*　　杨条江*　雷　英　陈晓虎

党委书记：刘光强*　　刘明福*　　徐群红

纪委书记：赵　平

农产品加工中心

主　任：赵利晖*

动物卫生监督所

所　长：彭　羽

水务管理局(两库一河保护局)

局　长：张建军

副局长：艾　素　　焦明书

党委书记：张建军

纪委书记：田　耘

商务局(粮食局)

局　长：班士平

副局长：徐世海　　龙海波

党委书记：班士平

纪委书记：徐园琴

商务综合执法大队

队　长：邵朝海

卫生和计划生育局

局　长：张丽娜*　　黄兴翠

副局长：黎昌华　　唐　鸽　　姚　军

党委书记：张丽娜*　　黄兴翠

纪委书记：周琴云

卫生监督局

局　长：严　翔

卫生和食品药品监督管理局合医办

主　任：汪　莉

食品药品稽查执法大队

教导员：伍凤金

疾控中心

主　任：张著秋

人口与计划生育行政执法大队

大队长：张　珊

审计局

局　长：吴　萍

副局长：熊玉云　　杨　帆

党组书记：吴　萍

纪检组长：王仁桂

城市管理局(城市综合执法局)

局　长：练余天*　　余光平

副局长：王　贵　　刘兴吉*　吴洪刚

党委书记：吴诚书*　　余光平

纪委书记：吴啟文

城市综合执法大队

教导员：杜　军

市政管理所

所　长：罗梅迟

环境卫生管理所

所　长：聂　雁

统计局

局　长：邓彩红

副局长：涂贻荣　　田　艳

党组书记：邓彩红

纪检组长：王兴芬

乡镇统计管理办公室(花溪区第三产业统计调查中心)

专职副主任：杨　俊

统计局统计执法中队

队　长：张　娜

文体广电局(新闻出版局、版权局)

局　长：杨　旭

副局长：阮启彬　　龙聚盛

党委书记：杨　旭

纪委书记：王　敏

文化市场综合执法大队

队　长：郭益乾*

文化馆

馆　长：曹　新

安全生产监督管理局

局　长：王文敬*　　王明放

副局长：周文林　　徐会全

党组书记：王文敬*　　王明放

纪检组长：王永龙

安全生产监督执法大队

队　长：邓　钦

市场监督管理局(工商行政管理局、质量技术监督局、食品药品监督管理局)

局　长：邓松江

副局长：林　林*　　李　洁　　盛建钧　　赵　明

党委书记：邓松江

纪委书记：袁　敏

档案局(档案馆、区地方志编纂委员会办公室)

局　长(馆　长、主　任)：杨　忠

副局长(副馆长、副主任)：杨　琴

纪检组长：吴　琦

党组书记：杨　忠

水利水电工程移民局

局　长：王　颖*

副局长：左华忠

党组书记：王　颖*

纪检组长：赵廷举

爱国卫生运动委员会办公室

主　任：胡　鸿

副主任：张能源

投资促进局(会展经济促进办公室)

局　长：黄昌伟

副局长：李化隆*　　王　斌

党组书记：黄昌伟

纪检组长：赵志刚*

新闻信息中心

副主任：何　东　　姜　华

国家城市湿地公园管理处（花溪公园管理处）

处　长：李保军

副处长：王定忠

党委书记：李保军

党委副书记：王定忠

综合协调部

副部长：余　海

环境整治部

副部长：吴　军

经营管理部

副部长：唐永洁

安全保卫部

副部长：张君学

天河潭风景区管理处

处　长：吴镇地

副处长：林　华

生态工业（石材）园区建设开发办公室

副主任：管　路（常务）*　徐国敏

综合协调部

副部长：张敢勇

开发部

副部长：李迎春

供销合作社联合社

主　任：陈华信

副主任：赵　娟*　毕　蓉　艾凌云

党委书记：陈华信

纪委书记：苏　峰

机关事务局

局　长：王忠华

副局长：周前超　黄作云

政协花溪区委员会

主　席：谌业华

副主席：孙　剑　张朝洲　李　莎　李　瑾　何　勇　邹吉鸿　吴同恒*

秘书长：吴　硕

副秘书长车　荣　徐　辉

党组书记：宋　力

办公室主任：吴　硕

政协花溪区委员会各专委

提案法制委员会

主　任：曾少海

经济科技委员会

主　任：田为民

文史宣传学习委员会

主　任：郭　霞

教文卫体委员会

主　任：项彦丽

委员联络办公室

主　任：梁国同

人口资源与环境委员会

副主任：欧阳桂枝

智力支边办

主　任：赵　欣

政法机关

贵阳市公安局花溪分局

局　长：胡文院

副局长：吴立新　周　勇　雷　军

政　委：王海涛

副政委：宋云喜*

党委书记：胡文院

纪委书记：李　凌

政工室主任：赵　忠

花溪区人民法院

院　长：吴　莎

副院长：方兴林*　王　冰　伍　威　谢　彪

党组书记：吴　莎

纪检组长：郑品超

政工科科长：杨　志

花溪区人民检察院

检察长：王筑生*

副检察长：沈重实　　范湘丽　　周　伦

党组书记：李　钧

纪检组长：罗　康

政工科科长：季　勇

群众团体

总工会

主　席：张吉林

副主席：廖俊文(常务)　　游廷志
　　　　沈新秀

共青团花溪区委

书　记：李　博*　刘　天

副书记：李　茸

妇女联合会

主　席：李德琼

副主席：刘正琴

科学技术协会

主　席：盛亚平

副主席：余开阔

文学艺术界联合会

主　席：石文辉

副主席：刘华兴

工商业联合会(花溪区商会)

主　席：李亦然

副主席：何崇义*　赵　娟

党组书记：蒙秉中

残疾人联合会

理事长：熊　忠

副理事长：徐忠云

残疾人综合服务中心

主　任：王　刚*

红十字会

专职副会长：徐　洋*

秘书长：刘建明

计划生育协会

专职副会长：熊　伟

秘书长：秦长芳

学校医院

清华中学

校　长：兰　珩

副校长：宋文琳　　韦朝中

党委书记：兰　珩

纪委书记：李　谦

花溪区人民医院

院　长：张应碧

副院长：叶　凌　　吴　铎　　田　巍

党委书记：张应碧

花溪区中医院

院　长：李红阳

副院长：祖　鹏

党委书记：李红阳

乡　镇

孟关乡

中共孟关乡委员会

书　记：吴小强

副书记：简秀华　　宫连虎*　金洪峰

纪委书记：张　鹏

政法委书记：金洪峰*　　卢兆亮

组织委员：班　艳*　　安　燕

孟关乡人大主席团

主　席：安能云

孟关乡人民政府

乡　长：简秀华

副乡长：金洪峰（兼）* 杨佐荣（兼）
谭永龙* 龙超林* 卢兆亮（兼）
郭 姣
武装部部长：杨佐荣

青岩镇

中共青岩镇委员会

书 记：孙 昕
副书记：蔡 舟* 宫连虎 欧阳宇航
纪委书记：侯忠昶
政法委书记：邹建云* 谭永龙
组织委员：李绍明* 汤正彩

青岩镇人大主席团

主 席：杨炳祥* 石 军* 李 博

青岩镇人民政府

镇 长：蔡 舟* 宫连虎
副镇长：邹建云（兼）* 欧阳宇航（兼）*
谭永龙（兼） 李雪斌（兼）
危大勇* 石坤文
武装部部长：欧阳宇航* 李雪斌

黔陶乡

中共黔陶乡委员会

书 记：张 波
副书记：王明友* 杨 艳 龙礼云*
刘 飞
纪委书记：李 丹* 罗 刚
政法委书记：卢兆亮* 邹建云
组织委员：陈春婕

黔陶乡人大主席团

主 席：罗 永

黔陶乡人民政府

乡 长：王明友* 杨 艳
副乡长：唐克昌（兼）徐明友* 卢兆亮（兼）*
李利健* 邹建云（兼） 吴春常
武装部部长：唐克昌

高坡乡

中共高坡乡委员会

书 记：赵福兰
副书记：杨 洋* 唐家贵 刘 飞*
刘明高
纪委书记罗 刚* 赵 伟
政法委书记：徐 金* 邱 波
组织委员：刘海峰* 魏华英

高坡乡人大主席团

主 席：李灵英* 龙礼云

高坡乡人民政府

乡 长：杨 洋* 唐家贵
副乡长：徐 金（兼）*唐家贵* 王家乾（兼）
赵黎波* 邱 波（兼）许建伟
武装部部长：王家乾

马铃乡

中共马铃乡委员会

书 记：刘明福* 班士秀
副书记：班士秀* 罗 军 张顺忠*
范如松
纪委书记：王 毅* 李 丹
政法委书记：安永德
组织委员：范如松* 易思宇

马铃乡人大主席团

主 席：罗 永* 张顺忠

马铃乡人民政府

乡 长：班士秀* 罗 军
副乡长：安永德（兼）王金礼* 穆廷刚（兼）
易思宇* 郭仁松
武装部部长：穆廷刚

燕楼镇

中共燕楼镇委员会

书 记：王效宇
副书记：周 治* 杨 云 尹 磊

纪委书记：曾志刚* 李明珠
政法委书记：吕 钢
组织委员：安 燕* 班 艳

燕楼镇人大主席团

主 席：魏绍伦

燕楼镇人民政府

镇 长：周 治* 杨 云
副镇长：吕 钢(兼)刘明高* 汪小波(兼)* 魏华英* 王金礼(兼) 左 波
武装部部长：汪小波* 王金礼

麦坪镇

中共麦坪镇委员会

书 记：王明放* 周 治
副书记：罗 宇 陈 勇
纪委书记：杨益翔* 曾志刚
政法委书记：吴 波* 姚金义
组织委员：余 菸

麦坪镇人大主席团

主 席：周晓强

麦坪镇人民政府

镇 长：罗 宇
副镇长：吴 波(兼)*王成良* 姚金义(兼) 李平勇* 李利健(兼) 丁明超
武装部部长：姚金义* 李利健

久安乡

中共久安乡委员会

书 记：赵 蓉
副书记：杨 云* 王明友 王洪斌
纪委书记：汪小波
政法委书记：李 军
组织委员：赵 伟* 王晓友

久安乡人大主席团

主 席：罗孝伦

久安乡人民政府

乡 长：杨 云* 王明友
副乡长：李 军(兼)王晓友* 刘 龙(兼) 罗 军* 雷红梅
武装部部长：刘 龙

石板镇

中共石板镇委员会

书 记：吴同恒* 徐书培
副书记：欧阳旭燚* 王文敬 黎世林* 赵福春
纪委书记：赵福春* 杨益翔
政法委书记：谢俭丽* 吴 波
组织委员：曾 敏* 李绍明

石板镇人大主席团

主 席：石 军* 杨炳祥

石板镇人民政府

镇 长：欧阳旭燚* 王文敬
副镇长：谢俭丽*(兼) 陈 超*(兼) 袁 辛* 曾志云* 吴 波(兼) 徐明友(兼)代 薇
武装部部长：陈 超* 徐明友

社 区

明珠社区

中共明珠社区委员会

书 记：杜凤琴
副书记：钟 浩*
纪委书记：钟 浩* 王 刚
政法委书记：钟 浩*
组织委员：钟 浩*

明珠社区服务中心

主 任：单长发
副主任：冯 莹 徐 昕
武装部部长：钟 浩(兼)*

阳光社区

中共阳光社区委员会

书　记：朱洪峡
副书记：刘家庆　　冉茂山
纪委书记：冉茂山*
政法委书记：冉茂山*
组织委员：冉茂山

阳光社区服务中心

主　任：刘家庆
副主任：林芝国　　周恒莉
武装部部长：冉茂山(兼)*

贵筑社区

中共贵筑社区委员会

书　记：沈　鹏
副书记：周春成　　吴洪刚*
纪委书记：吴洪刚*　　袁耕耘
政法委书记：吴洪刚*
组织委员：吴洪刚*

贵筑社区服务中心

主　任：周春成
副主任：宋云仙*　　王　欢　　李　波
武装部部长：吴洪刚(兼)*

清溪社区

中共清溪社区委员会

书　记：刘宝菊
副书记：周森林　　程华强
纪委书记：程华强*　　谭　梅
政法委书记：程华强*
组织委员：程华强

清溪社区服务中心

主　任：周森林
副主任：何爱国　　汤锡伟
武装部部长：程华强(兼)*

溪北社区

中共溪北社区委员会

书　记：李　智
副书记：余光平*　　孙定学
纪委书记：孙定学*
政法委书记：孙定学*
组织委员：孙定学

溪北社区服务中心

主　任：余光平*
副主任：谭　梅*　　陈　洋
武装部部长：孙定学(兼)*

黔江社区

中共黔江社区委员会

书　记：曾　军
副书记：肖明珠　　夏　曦
纪委书记：夏　曦*
政法委书记：夏　曦*
组织委员：夏　曦

黔江社区服务中心

主　任：肖明珠
副主任：曾　挺
武装部部长：夏　曦(兼)*

清浦社区

中共清浦社区委员会

书　记：彭　薏*　　倪笑波
副书记：梁洪峰*　　钟　浩　　黎　茵*
　　胡　乐
纪委书记：黎　茵*
政法委书记：黎　茵*
组织委员：黎　茵*　　胡　乐

清浦社区服务中心

主　任：梁洪峰*
副主任：王丽珍　　胡　亮*
武装部部长：黎　茵(兼)*

瑞华社区

中共瑞华社区委员会

书　记：王轶楠

副书记：刘　松　　单文梅

纪委书记：单文梅*

政法委书记：单文梅*

组织委员：单文梅

瑞华社区服务中心

主　任：刘　松

副主任：徐　亮*　　李新梅

武装部部长：单文梅(兼)*

兴隆社区

中共兴隆社区委员会

书　记：倪笑波*　　张海波

副书记：张海波*　　张　伟

纪委书记：张　伟*

政法委书记：张　伟*

组织委员：张　伟*

兴隆社区服务中心

主　任：张海波*　　张　伟

副主任：张　东

武装部部长：张　伟(兼)*

平桥社区

中共平桥社区委员会

书　记：万红梅

副书记：蔡　强　　朱　雷

纪委书记：朱　雷*

政法委书记：朱　雷*

组织委员：朱　雷

平桥社区服务中心

主　任：蔡　强

副主任：吴永斌*

武装部部长：朱　雷(兼)*

航天社区

中共航天社区委员会

书　记：王尤平

副书记：唐　玲　　颜　奇

纪委书记：颜　奇*

政法委书记：颜　奇*

组织委员：颜　奇

航天社区服务中心

主　任：唐　玲

副主任：王建敏(兼)何丹丹

武装部部长：颜　奇(兼)*

航空社区

中共航空社区委员会

书　记：王　军

副书记：刘　蓉　　刘　涛*

纪委书记：刘　涛*　　赵利晖

政法委书记：刘　涛*　　国兴香

组织委员：刘　涛*

航空社区服务中心

主　任：刘　蓉

副主任：国兴香

武装部部长：刘　涛(兼)*　　国兴香

金欣社区

中共金欣社区委员会

书　记：李承龙

副书记：徐　刚　　马　剑

纪委书记：马　剑*

政法委书记：马　剑*

组织委员：马　剑

金欣社区服务中心

主　任：徐　刚

副主任：赵志刚

武装部部长：马　剑*(兼)

黄河社区

中共黄河社区委员会

书　记：黄筑东

副书记：高　伐* 　宋弗曦

纪委书记：宋弗曦* 　徐　亮

政法委书记：宋弗曦*

组织委员：宋弗曦

黄河社区服务中心

主　任：高　伐*

副主任：屠　波　何　禯

武装部部长：宋弗曦(兼)*

三江社区

中共三江社区委员会

书　记：田　野

副书记：蒋顺强　杜昌云

纪委书记：杜昌云* 　吴永斌

政法委书记：杜昌云*

组织委员：杜昌云

三江社区服务中心

主　任：蒋顺强

副主任：莫　飞　赵　杰

武装部部长：杜昌云(兼)*

小孟社区

中共小孟社区委员会

书　记：徐书培*

副书记：刘振宇　刘　伟

纪委书记：刘　伟*

政法委书记：刘　伟*

组织委员：刘　伟

小孟社区服务中心

主　任：刘振宇

副主任：李　林　尹　华

武装部部长：刘　伟(兼)*

金竹社区

中共金竹社区委员会

书　记：梅　丽

副书记：周忠林　黄元鸿

纪委书记：黄元鸿* 　郭益乾

政法委书记：黄元鸿*

组织委员：黄元鸿

金竹社区服务中心

主　任：周忠林

副主任：王安华　李朝刚

武装部部长：黄元鸿(兼)*

花孟社区

中共花孟社区委员会

书　记：张　恩

副书记：杨　艳* 　胡　乐* 　黎　茵

纪委书记：胡　乐*

政法委书记：胡　乐*

组织委员：胡　乐* 　黎　茵

花孟社区服务中心

主　任：杨　艳* 　练余天

副主任：袁耕耘* 　曾　珂

武装部部长：胡　乐(兼)*

2016年获市级以上先进人物名录

全国三八红旗手

黄永绂　花溪区阳光妈妈志愿者协会会长

全国计划生育协会先进个人

熊　伟

贵州省“十佳慈母”：

黄永绂

贵州省优秀共产党员

杨家发　高坡派出所民警

贵州省优秀党务工作者

杜凤琴　花溪区明珠社区党委书记

王　刚　花溪农商银行

贵州省“文朝荣式好支书”

曹加明　麦坪镇杉一村党支部书记

贵州省计划生育协会先进个人：

秦长芳

贵州省“‘明礼知耻、崇德向善’身边好人”

王文娟　黔江社区

贵州省农信系统“六先”共产党员

王　莉　花溪农商银行

贵州省名校长

兰　珩　贵阳市清华中学校长

全省社区消防宣传大使

韩小明　清浦社区

贵阳市优秀共产党员

杨家发　高坡派出所民警

国　绯　花溪区中医院内科主任

韦保学　贵阳市清华中学教师

周沁芳　花溪区发展和改革局投资管理科科长

陈啟发　花溪区溪北社区养牛居委会党支部书记

刘开英　花溪区委党建指导员

胡　萍　花溪区阳光社区棉花关居委会党支部书记、主任

周　莉　花溪区国税局征收管理科科长

贵阳市优秀党务工作者

佘云云　花溪区直属机关工委副书记

杜凤琴　花溪区明珠社区党委书记

朱洪峡　花溪区阳光社区党委书记

吴小强　花溪区孟关苗族布依族乡党委书记

谢　彪　花溪区人民法院党组成员、机关党委书记、政工科科长

曹加明　花溪区麦坪镇杉一村党支部书记

张　华　花溪区黔江社区黄河居委会党支部书记、主任

周珍芝　贵州省汽车汽配行业商会党支部书记

龙　应　贵阳市花溪区人民检察院办公室主任、党总支书记、工会主席石板镇汽车汽配商会行业党总支

贵阳市先进工作者

邱启梅　花溪区财政局

贵阳市首批“三名”工作室优秀个人

兰　珩　清华中学

宋文琳　清华中学

逝世人物

张文俊（1933 年—2016 年），男，汉族，清镇市人，1954 年 1 月加入中国共产党。1951 年 3 月至 12 月在贵阳专署税务干训班学习。1952 年 1 月至 1955 年 12 月任贵筑县专卖局股长。1956 年 1 月至 1961 年 4 月任贵筑县花溪区监委秘书。1961 年 5 月至 1964 年 5 月任花溪区委组织部副部长。1964 年 5 月至 1965 年 5 月任花溪区委组织部部长。1965 年 7 月至 1973 年 5 月任青岩公社社长。1973 年 5 月至 1976 年 5 月任花溪区革委农业办公室副主任。1976 年 5 月至 1977 年 12 月任花溪区组织部、党武公社副部长兼公社书记。1977 年 12 月至 1980 年 6 月任中共花溪区委常委兼花溪区公社党委书记。1980 年 6 月至 1983 年 12 月任花溪区委副书记（其间：1980 年 12 月至 1981 年 5 月任花溪区革委主任，1981 年 5 月至 1983 年 12 月任花溪区政府区长）。1983 年 12 月至 1992 年 11 月任花溪区委书记。1992 年 11 月至 1998 年 12 月任贵阳市九届人大常委会副主任。曾任贵州省第六届党代表，贵州省第六届人大代表，贵阳市第四届、第五届、第六届党代表，第四届、第五届市委委员，贵阳市第七届、第八届、第九届人大代表。

张文俊在市人大常委会工作期间，分管联系市人大农村民族宗教委员会，不论在立法、监督方面还是代表履职方面，他重视调查研究工作，深入基层、深入农村、为民办事，自觉履行人大代表应当履行的职责，为贵阳市的法制建设和农业及农村工作作出贡献。

张文俊退休后，先后在市关工委、市老干部网球协会任职，为贵阳市关心下一代工作和老年网球事业作出贡献。2002 年至 2011 年任贵阳市人大机关离退休党支部书记，经常组织离退休老同志开展健康有益的活动，使老同志们老有所学、老有所为、老有所乐，充分发挥党员的先锋模范作用。

张文俊为人正直、平易近人、廉洁奉公、作风正派、原则性强，能用共产党员标准严格要求自己，坚持党的实事求是的思想路线，经常深入基层调查研究。任区乡领导时，同公社干部、大队干部同吃、同住、同劳动，带领群众发展生产，为干部、群众排忧解难，为花溪建设，为花溪区经济发展做了大量的工作，做出了较大贡献。

（张应碧 供稿）

（责任编辑　杨　琴）

附录

花溪镇山村（唐世海 作品）

浅谈如何开展房屋拆迁工作

花溪区人大副主任　张宝祎

“千难万难，房屋拆迁第一难”。房屋拆迁工作由于其政策敏感、矛盾多发且涉及面广，一直都是工作的难点，社会关注的热点，媒体追踪的焦点。在城市建设发展过程中，与群众利益最紧密，矛盾最突出，难度也最大，是当前处理党群关系、政群关系的重要方面。房屋拆迁工作关系贵阳市经济发展和社会稳定，如何贯彻以人为本的理念，切实做好房屋拆迁工作，是我们在房屋拆迁各项目中思考和总结的问题，按照本次县干班安排，我结合自己开着的房屋拆迁项目实际情况，在对项目进行深入调研后，将工作经验进行梳理和总结，浅谈一下如何快速、高效、平稳的开展房屋拆迁工作：

一、收集信息

项目信息有助于我们“知己知彼”，是提供研判和决策依据，同时也是增强谈判实力的前提，在项目正式实施之前，收集项目相关信息对整个征拆工作的开展非常重要，应收集哪些方面的信息，从已开展的工作经验来看包括：

（一）收集项目实施宏观信息

该项目为什么要拆迁？按照规划拆迁之后该地段作何用途？拆迁主体是谁？上级领导给予的拆迁时间有多少？是否已完善相关拆迁手续？等收集到这些信息后，可帮助区政府了解整个项目的政治意义和项目是否为公益性质做界定，这也为前期的宣传、机构和人员配备奠定基础。

（二）收集项目区房屋具体信息

一般情况下，项目开始前都会聘请第三方对项目区进行摸底，摸底公司收集到的房屋信息主要包括征收区域房屋结构、面积、有证房屋面积、农房面积、无证面积、栋数、户数、房屋分布、装修情况、房屋附属物等基本情况，掌握这些情况固然重要，但往往在第三方摸底过程中存在很多问题：

（1）由于很多项目给予的摸底时间紧，摸底公司仓促行动，整体数据与实际数据不符；

（2）由于村民抵触入户难，漏摸、重摸现象频发，甚至有些公司摸底时由于无法入户，只测量外围面积与实际不符；

（3）房屋编号混乱，不利于后期领导层统一分区、分片进行责任分解。

为避免这类现象的发生，在摸底公司入户摸底过程中需注意以下问题：

（1）摸底正式开始前，需根据房屋位置顺序进行合理编号，房屋编号的一致性和合理性有助于后期征拆指挥部对房屋征拆情况进行快速，高效的管理；

（2）按照项目区域的房屋情况，合理分配摸底时间，给尽可能多的时间把房屋基础数据摸准、摸实，杜绝出现敷衍摸底的现象发生；

（3）由于摸底公司对项目区不熟悉，需全程配备社区、村组工作人员陪同，以便能入户摸底测量，确保获取准确的房屋信息；

（三）收集项目区人员信息

掌握房屋具体信息后，最为关键的是收集这些房屋所有人的详细信息，具体需掌握房屋所有人的姓名、性别、民族、出生日期、户口性质、身份证号以及家庭成员关系、社会关系，区分外来户和本地户，同时对每户的思想动态进行掌握。

为能有效掌握项目区人员信息，可采取以下几项措施：

（1）在房屋拆迁公告下发后，组织多个服务队，具体人员主要是基层社区，村、组工作人员，并根据不同人员对各家各户的熟悉情况进行分组、分片入户了解每户人对房屋拆迁的意愿及诉求动向；因每户人思想动态会随房屋拆迁工作的不断推进而改变，在整个过程中，各工作组要掌控动迁人的思想动态，及时提供给指挥部，以便更好的做到“对症下药”的决策。

（2）在各工作组入户调查过程中，要尽量收集详细的房主信息，最基础的是收集被征收人姓名、性别、民族、出生日期、户口性质、身份证号以及家庭成员关系等信息。相关过程中往往只有小部分人会积极配合登记相关信息，大部分村民是拒绝登记相关信息的，拒绝配合登记住户信息可从公安户籍管理处获取，或直接从乡、镇或社区调取计生档案进行登记；同时最为关键的是如何获取被征收人的社会关系，一般情况下被征收人不会轻易主动暴露其相关社会关系，可从乡、镇、社区领导干部或村组干部处进行了解和登记。

二、归类分析

根据掌握的房屋及其被征收人的信息，将房屋和人员进行分类整理，为领导提供决策依据。

（一）房屋信息分类

1. 面积分类

《贵阳市农村村民个人建房确权标准及工作规则》规定：“村民改、扩建住宅，新占地面积应当连同原有宅基地面积一并计算，用地面积和建筑面积（含原有住房宅基地面积及附属设施用地）市辖区和其他市人民政府确定的区域，按每户宅基地面积不超过130平方米，建筑面积不超过240平方米标准执行。”房屋面积大小一方面决定被征农房是否符合确权规定；同时也是农户能获得征拆补偿多少的关键。为此在完成房屋摸底后，根据摸底面积和项目区总户数进行分类，一般情况下分四类：小面积户（小于240m^2），中户面积（大于240m^2小于480 m^2），大面积户（大于480m^2小于720 m^2），超大面积户（大于720m^2）。

2. 结构分类

房屋结构不同征收补偿标准也不同，所以在房屋摸底的基础上，将房屋结构进行分类，一般情况下房屋结构分三类：框架结构类，砖混结构类和砖木结构类。

3. 持证情况分类

被征项目区房屋因持证情况不同，被征户期待的补偿底限也不同，因此需将房屋的持证情况进行分类，通常分为三类：持双证类（即持土地使用证和房屋产权证）、持施工许可证类、无证类，其中无证类房屋有两种情况，一类是本地村民修建，另一类是外地人修建类。

4. 房屋使用性质分类

房屋使用性质也决定了补偿标准的高低，一般房屋使用性质可分为：含经营性质类房屋（其中又分为农房改为经营性质类和原本持经营性质房产证的房屋）、公产类、纯居住类。

（二）人员信息分类

人员分类情况一般根据被拆迁户的心理状态进行分类，说实在话，当拆迁公告出来时，被拆迁人各有各的思想动态，比较典型的有下列五种心理状态

1. 积极配合类

这是被拆迁户获悉自己所有或使用的房屋要

进行拆迁时表现出一种愉快和兴奋的行为特征。形成这种心理的原因是被拆迁户对旧居的厌烦和对新居的向往。当拆迁实施单位进入现场时，被拆迁户一般都是态度和蔼、热情主动、积极配合，拆迁工作人员与其相处也比较和谐。

2. 犹豫不定类

当房屋拆迁工作启动时，部分被拆迁户怀有一种恐惧心理状态。他们在不同程度上关心自己利益的实现，主要特征是表现出忧虑和慌张，在这种情况下，被拆迁户对拆迁工作人员一般缺乏信任感，生怕工作人员克扣面积、贬低价格及折旧率等。凡事总是斤斤计较、犹豫不决、举棋不定。

3. 消极被动类

有些被拆迁户当遇上房屋拆迁的规定、标准、和原则与自己所要求的条件不一致时，就处于一种消极心理状态，通常表现出一种不卑不亢、行动迟缓、不抵触也不配合，拖延的行为特征。

4. 蛮横抵触类

当房屋拆迁工作进入实施阶段时，部分被拆迁户认为这是实现个人利益的关键时刻，力求经济利益或其他利益最大化，以拒不拆迁为筹码，表现为横扯和要挟行为，拒绝谈判签约，抱团联合聚众抵触拆迁。

5. 依权施压类

有部分项目区为上级领导的家乡、故里，为保留原村寨历史原貌，领导的亲属以领导的名义，或多方寻求上级领导支持向地方政府施压，阻碍拆迁进度。

三、顶层设计

（一）成立领导机构

征拆工作的关键是要有一个扎实、团结、实干的领导层，在上级下达征拆通知以后，要第一时间成立领导机构，有了领导机构就可以安排布置开展下一步的工作计划，领导机构是整个征拆工作的核心。

（二）组织人员力量

领导机构成立后，得立即组织人员力量，在人员力量方面要根据征拆工作需要组织相关人员，相关人员可从各相关单位抽调或通过社会招聘，但有三个关键点，一是人员数量要足够开展整个工作；二是需要有不同专业满足房屋拆迁的各方面需求；三是抽调的工作人员要有高度的责任心，做好吃苦、加班的准备。

（三）明确落实责任

领导机构和人员力量组建后，为快速形成战斗力，必须明确落实责任，在领导机构统一研究部署下通过召开专题会或下发责任分解表的形式，按不同工作人员的特长和能力做好责任分工。

（四）制定工作方案

根据前期收集的房屋及人员信息，按照分析归类的情况，制定工作方案，工作方案要把已成立的领导机构和已组织的人员力量以公文书面形式体现在方案中，同时方案要对工作开展计划时限和各工作组的分工职能予以明确，特别是要有的放矢的针对每一类情况做好应对准备，提前做好预案。

（五）确定征收代办公司

在所有工作准备完成后，按照法定程序通过招标或比选的方式确定，征收代办公司；好的征收代办公司对房屋征拆工作很重要，选择的征拆代办公司必须具有几方面特长：一是有丰富的征拆经验，二是有足够的人手，三是有明睿的洞察能力；四是有强烈的责任感。

四、深入细致开展工作

征收流程各环节要衔接顺畅、运行有序，积极动员农户，确保洽谈签约一户，当日完成房屋确权、合同审核，并快速打存折兑现农户，达到“动员有力、快速签约、快速确权、快速审核、快速兑现、快速搬家、快速拆除”。

（一）深入开展群众工作

根据项目区房屋征拆情况，成立相应的工作小组加强群众思想动员工作，负责动员群众到征收公司谈判，具体谈判工作由征收公司负责，而做好群众工作要把握好以下两个重点。

1. 把握群众的真实心理

深入了解被征收户的所思所想，是做好房屋征收工作的前提。在贵大二期和湿地公园二期征拆项目中，通过走访、座谈发现被征收户普遍存在以下心理：一是担忧心理。尽管他们也从心里认为房屋征收是一件大好事，但是总担心自己会吃亏，担忧自己的利益不能最大化，并由此衍生出攀比心理，比周围邻居房屋的确权、看征收人员是否一把尺子，比房屋评估的价值、看征收人员是否真正公平合理，比对被征收户的基本态度、看征收人员是否"欺软怕硬"。征收中，持这种心理的人不在少数。二是从众心理。评估、签约、选房、腾房，看你看他，等待观望，容易抱成一团。三是误解心理。极少数人不明事理，误读以往房屋征收情况，妄加评说，发布不实之词，并由此以讹传讹，造成不少被征收户对现行房屋征收工作的误解。四是对抗心理。少数人消极对抗，有的借机发泄曾经的怨气（如政府原强拆过其违章建筑）；有的以要求解决其他与征收无关的诉求为前提，谈条件讲交换；有的一叶遮目，刻意夸大目前社会上的一些阴暗面宣泄对政府的不满。至于不谈政策，无根无据漫天要价的，也大有人在。以上心理，有的是正常的现象，需要我们正视，以确保被征收人合法利益最大化；有的需要进行引导、宣传，只要我们坚持标准和原则，就能赢得被征收户的理解信任；有的则需要教育、帮助和警醒，需要我们以理服人、以情动人、理直气壮主张公平正义，打击歪风邪气。

2. 站在群众的基本立场做工作

房屋征收工作说到底是为了贵阳市的经济社会发展，而贵阳市经济社会的发展最终还是为了民生。因此，房屋征收工作最根本的是要追求服务群众、服务民生的根本目的。由此，在去年以来的房屋征收工作中，我们确立了"赢得被征收户对征收工作的理解与支持、树立政府征收工作人员的良好形象、增强干群的凝聚力并为今后的征收工作奠定良好基础"的工作宗旨。确立了这样的工作立场，我们也就真正理解了"真正趴下身子做好征收"的工作要求。工作中，我们千方百计去维护被征收户合法权益，同时，坚定不移打击征收工作中的歪风邪气，努力去赢得征收工作的公平公正。更为重要的是，面对群众强烈的诉求、愿望，我们总是带着深厚的感情，理解他们的想法和愿望，真诚倾听他们的呼声，真实反映他们的诉求，真情关心他们的疾苦，与他们平起平坐，平等对话，耐心细致地说服解释。

（二）谈判签约

代办公司负责组织业务人员完成与搬迁户洽谈、签约工作；及时完善合同、协议等相关资料，及时做好房屋确权申办、合同送审、统计、建档等工作。要求洽谈一户、签约一户，当天申办房屋确权、当天送审合同。

（三）房屋确权

项目属地乡镇、社区负责按房屋确权，在谈判签约工作完成后，征收公司快速将资料送予责任单位完成房屋确权、乡镇或社区收到确权申办资料后、当天完成确权，确权工作不过夜。

（四）合同审核

房屋征收局负责合同审核工作，收集整理资料档案，要求征收局收到代办公司送审合同后、当天完成审核，确保合同审核不过夜。

（五）资金兑现

资金管理单位负责征收补偿资金的测算、组织及筹措，强化资金管理，确保资金安全，保障资金及时到位兑现补偿；对资金使用情况进行统计和填报。要求在合同审核后，当天协调银行机构打出存折，快速兑现农户。

（六）快速搬家

群众工作组在领导存折后，快速组织群众搬家，在群众完成搬家后将存折发放到群众手中，其中需注意的问题是，凡未搬家和未搬完家交房拆除的，禁止发放存折。

（七）快速拆除

群众办完家后，群众工作在对已交房屋进行验收、清理、保管房屋及附属设施；在确保安全的前提下，对民用一般管线的迁改，组织工程机械及人员完成房屋拆除工作；及时清理现场；妥善处理好因拆除工作引起的矛盾纠纷及遗留问题。

五、特殊情况处理

（一）钉子户产生的原因

前面已经分析了被征拆户的心理类型，而消极被动类、蛮横抵触类、依权施压类共三类最容易产生钉子户，一旦处理不好将给征收工作带来巨大困难，钉子户除了主观原因以外，客观上，当事人双方没有完全体现平等、自愿、等价的交易原则。其次，工作方式简单、粗暴，在政策面前不能人人平等，都是钉子户产生的原因，一般情况下钉子户会表现以下行为：

（1）漫天要价不讲理，把动拆迁视为捞一票的机会，撒无赖。翻手为云，覆手为雨，自以为老子天下第一，这一类人，一般没有后台，没有关系，但有三四个狐群狗党，给他当狗头军师，自己并没有多少文化，也不懂多少政策、法规，这类人中，地痞、流氓，无业人员、刑满分子居多。

（2）后台撑腰型有一定的社会关系，自持无恐，有文化、懂政策，喜欢钻政策的空子，其背后往往有高人的指点。他们以利润为目标。当他们的目标没有达到的时候，高层的电话、条子纷纷涌来。他们会见好就收，只要达到目的。

（3）社会的弱势群体自我保护。收入低、生活压力大，以至不信任任何人，他们的信念是坚持到底就是胜利，他们对今后的生活顾虑太多了，对生活没有多少信心，如果他们计算补偿能不能买套房，并且不能节余一点生活费，他们会耍无赖，会点小聪明，甚至抵抗到底。

（二）应对措施

通过对归类分析，按不同类别采取相应措施，对个别类别制定“特殊”措施推进征收工作。

1. 漫天要价不讲理的农户

根据相关法律法规，按照签订协议的法律效力及约束力进行法律法规宣传，采取政策洗脑攻心和告诫毁约弊端等措施，动员快速搬家、集中拆除，形成高压态势和政府强硬的态度；同时做好通过法定程序申请法院执行的准备。

2. 有一定的社会关系的农户

运用行政手段，通过省、市、区三级联动的力量化解，对搬出说情签条的“后台”的被拆迁群众，通过行政上报行请更上一级领导对其“后台”进行解释，让领导真正理解征拆工作的重要性，让“后台”领导反过来做权益人的思想工作，快速达成拆迁协议。

3. 对弱势、困难家庭的农户

收集困难农户诉求，安排人员在原则内有针对性解决，推动房屋拆迁签约。

（三）其他类特殊处理方式

1. 对经营性房屋的农户

由工商、税务、卫监、环保等有关部门从监管执法方面做好配合工作，对经营行为有问题的依法从重打击，促使经营性房屋签约；如项目区有类似“斗鸡场”、“麻将馆”等场所的，采取相应措施，先行迁移或取缔，净化环境，震慑人心，表明政府征收态度。

2. 对家族抱团的农户

分析家庭（家族）成员，找准核心人员，千

方百计攻破核心人员签约，达到“以点带面”的效果；对在单位或村委工作的，采取组织措施，做通其亲属工作快速签约；对有劣迹者，密切注视日常行为，在适当时候采取必要措施促使签约。

3. 对不同房屋座落位置的农户

采取“先外后内、先点后面”的措施，对路边房屋先动员签约进行拆除，对内部住户造成影响，促使签约；先签约拆除寨口、路口位置房屋，将未签约房屋撕开、分块，甚至造成出行、水、电等生活不便，促进快速签约。

4. 其他意愿的农户

根据农户拆迁意愿，对要求不突破原则的，反复做工作快速签约搬家；对要求过高的，采取高压态势，表明政府态度，打压抵制行为和心理，以及告知报裁程序，使其快速签约。

六、小结房屋拆迁面临的主要困难

（一）群众利益诉求平衡难

房屋拆迁过程中，群众最关心、最看重的是自身的经济利益。因此，一部分农户为了获取更大的经济利益，想千方设百计寻求自认为合理的要求，常常采取不签字、阻挠工程进度等方式，谋求不正当权益。加之房屋拆迁涉及面广、人口多，又涉及到自身的利益，往往极易抱团，极少数人别有用心的加以煽动，出谋划策以此缠住政府，提出与房屋政策相悖的要求，这些都无形中增加了政府工作的难度。

（二）矛盾问题协调难

在和被拆迁农户做思想工作时最主要的矛盾有以下几个：一是动员会上有些群众无组织无纪律，户户能当家，个个是代表，一户不满意，甚至夫妻一方不满意，拆迁工作都会陷于无休止的谈判之中。二是界址不清，难以划分。由于过去经济欠发达，利益不大，村与村之间，组与组之间界址划分不是十分明确，但是，由于房屋拆迁补偿带来的利益，导致双方争吵不休，很难划定，房屋拆迁工作难以顺利开展。三是房屋拆迁补偿费分配难以落实到位。由于部分群众把房屋拆迁当作发家致富的大好机遇，想从房屋拆迁这块利益蛋糕中多分一点，都想按照有利于自家利益来确定分配方式，吵闹不休，互相观望，致使补偿费长期无法落实到位。这些矛盾和问题，导致短时间内难以协调到位，从而为房屋拆迁工作增添无形的压力。

（三）征绝农民后续发展难

被拆迁农民领到补偿费后，由于没有一技之长坐吃山空，后续生活保障将十分困难。其他被拆迁区域农民虽大多身处市郊，谋生手段较多，但文化程度相对较低，务工技能较差。面对既得利益的丧失，很担心失地后的生活。每次开展拆迁工作，相当部分群众提出失地农民今后的生存、发展、建房问题，其妥善解决是征收土地的先决条件，这是我们拆迁工作中面对的首要问题，也是必须考虑的一大现实问题。

七、建议

要破解拆迁工作难题，必须坚持以科学发展观为指导，统筹经济社会发展，围绕实现房屋拆迁和社会稳定两大目标，以强化群众思想教育为主导，协调理顺部门联合执法为支撑，坚持分工与协作、责任与任务相统一的原则，实行一级抓一级、一级对一级负责的工作机制，逐级逐部门逐层次的落实工作责任，整合工作力量，突出工作重点，突破工作难题，全力保障发展用地需求。为此，提出对策和建议如下：

（一）加强宣传引导，营造良好的社会氛围

拆迁拆迁工作的顺利与否，离不开被拆迁群众的理解和支持，因此，拆迁拆迁职能部门要牢固树立“宣传先行”的工作理念，采取多种方式，加强拆迁拆迁政策宣传，公开拆迁计划和拆迁拆迁程序，使群众真正了解政策，理解和支持房屋拆迁工作。要克服急躁和盲动心理，采取多种方

式，多了解群众的想法，多分析群众的顾虑，占在他们角度考虑问题，有针对性地做好群众的宣传、解释工作，要带着感情上门沟通，根据实际情况，采取一家一户走访的方式进村入户进行宣传，要讲清讲透房屋拆迁的法律法规和相关政策，要多为困难群众着想，以人性化的工作态度，柔性的工作方式赢得群众的理解和支持。

（二）完善相关政策，依法开展房屋拆迁

县、区级人民政府及房屋拆迁部门，要认真研究相关的法律法规，要吃透房屋拆迁有关政策，科学比较新旧政策规定的差异，结合本地实际，在不违背上级精神的前提下，科学合理地制定房屋拆迁的相关规定，规范房屋拆迁行为，统一房屋补偿标准，严明工作纪律，划分职责义务，杜绝一户一价、随意提高补偿标准的现象发生。乡镇政府、社区要做好房屋拆迁的后续处理工作，要依法依规地介入房屋拆迁补偿费分配方式，防止强势家族、强势分配的事情发生，最大限度地减少新的矛盾纠纷发生。

（三）工程中简单的活可以交给农民来做

工程中技术含量低的活，比如挖土方、临时设施等，可以交给农民承包，但要保证质量。技术含量高的一定要把好关，由专业人员施工，不准农民来干。遇到农民要求供应地材、机械等，在同等条件下可由农民供应。这样，一来可以令农民赚到一些钱，解决今后生活问题，二来农民有事做了，干扰施工的几率就减少了。但绝不能无限度地答应农民的所有要求，必要时态度一定要强硬。

（四）加强失地农民社会保障体系建设和后续发展建设

一是要做好被拆迁农民就业培训和社会保障工作，分类分层次地落实保障培训责任，最好能够与落户企业实行对口培训，让失地农民感受和体会到政策的优越性。二是结合城郊拆迁的实际，对城郊农业户房屋拆迁安置，采取城郊农民乐意接受的土地安置方式，尽快抓好规划设计、选址安置等工作的落实，打消群众顾虑，争取“拆、建”同时进行。三是要针对失地农民自主创业制定一些优惠政策，积极鼓励失地农民自主创业，多渠道增加失地农民收入。

实践证明，做好征地拆迁工作，只要始终把“一切为了群众”作为征拆工作的出发点和落脚点，坚持发动群众、组织群众、依靠群众，以深入细致的宣传思想工作为先导，注重维护群众的合法利益，真心实意地为他们解难题、谋发展，就一定能够又好又快地搞好重大项目的征地拆迁工作，和谐有序地推进城镇化建设。

发展大数据+农村电子商务　推动农村经济发展

花溪区人大副主任　楚湘黔

随着信息技术的快速发展，以电子商务为代表的信息网络经济，已成为当今世界发展最快、创新最活跃、带动力最强、渗透性最广的产业。在大数据迅猛发展的背景下，领导干部服务和推动大数据产业发展能力水平将对电子商务发展起到积极作用。发展大数据+农村电子商务，可推动农村经济发展，加快同步小康进程。

一、对农村电商的认识和感悟

电商的发展成为拉动我国消费需求、促进传统产业升级、发展现代服务业的重要引擎，对于农村而言，发展电商，能够直接服务农民，创新农业，在推动农村发展、脱贫致富等方面将起到积极的促进作用，我们必须主动出击，抢抓这个机遇。

一是抢抓机遇，推动农村电商发展。

农村电子商务发展大有可为，我们必须用发展的眼光看待。当今社会网络营销冲击着传统经营，农村电商发展谁走在前面谁就有更大的机会成功，贵阳市正如火如荼推进大数据产业，出台了一系列鼓励和支持的政策，花溪区也正积极发展农村电商，借助基于大数据互联网的营销来发展地方经济。一方面是让花溪区的农民朋友与市民共享电商的便利，另一方面是通过电商平台积极推介营销花溪的农副产品，助推三农发展。

二是实施电商扶贫，推动脱贫攻坚。

结合花溪区乡村的现状，可以借助互联网实施电商扶贫，电商扶贫，是我国互联网时代扶贫方式的一种创新，可用“互联网+扶贫”来表示，其主要内涵是政府帮助扶贫对象通过开办网店等电子商务的方式达到减贫、脱贫目的的一种实践动。可以借助电子商务的优势，在线上售卖花溪本地特色人产品。

三是培育品牌，探索发展办法。

虽然农村的农特产品种类丰富，质量也有保证，但是由于要在互联网上进行营销，所以产品的卖相，也就是产品包装是一个非常重要的因素，因此我们要结合地方的文化特色、民族特色，积极培育一批较为有代表性的地方品牌，同时加大宣传力度，提高产品知晓率。此外，政府还要引导提高农村物流的运营能力，注重农村电商人才的培养，这样才能更好、更快、更强的发展农村电子商务。

二、几点体会

1. 把握机遇，用新思路引领新发展。

农村电子商务与扶贫攻坚行动的结合，弥补了社会扶贫力量整合“短板”，使得电商扶贫成为拓展农村电子商务平台的主要手段；“互联网+”的新型模式，让农村发展电子商务有了新的平台，结合乡村供销体系实施电商计划，助推电子商务扶贫机制，改变农民生产生活观念，充分利用空间时间推动电子商务发展。

2. 联动互推，多举措助力电商发展。

发展农村电商，不能只依靠某一方面的力量，而是要通过政府推动、社会参与、协会引领、市场推进、金融支撑、媒体助力的合力支撑，强有力的推动农村经济转型发展。依托农村淘宝、微信微博等微媒体的应用、多方助力、精准扶贫等渠道，打通了农村电商发展壁垒，也是我们应该采取的手段。通过线上线下融合发展的电子商务模式，让农产品电商、乡村电商、县域电商形成一个产业链，实现农产品从地头到餐桌的销售闭环，实现地方特色产品有形象有品牌有销量，真正促进地方经济发展。

3. 创新模式，加大电商人才培训力度。

农村电子商务要发展，有一批掌握电商知识的人才是基础，是关键。结合农村特点和村官岗位特征和职责，积极鼓励村官开展电子商务创业已经迫在眉睫。要大力培育新型职业农民，壮大电商人才队伍，注重从具有较高文化知识的村民中选拔人员进行培养，提高农村电商参与人的专业水平，打造富民、便民、惠民的农村信息化综合服务平台，健全农村电商人才队伍，为发展好农村电子商务打造强力的人才支撑，打造富有特色的农产品电子商贸，因地制宜，走出一条适合自身发展需求的电商道路。

4. 强化宣传，突出“农”特色

发展农村电商，农产品不能缺少，农产品属于深度体验性产品，在政府、社会、媒体多方推动下，内外联动，搭建第三方交流平台，多渠道营销，让农产品在第一时间进入每位消费者手中，用户体验过后的口碑传播更利于产品本身的宣传，提升农产品品质也就至关重要。运用好社会化传播手段，会让我们的营销插上翅膀。

5. 提升品质，打造一批农特产品

无论是线上还是线下，想要获得消费者的长期青睐，产品本身的品质是最为重要的。因此，无论是传统营销还是电商，必须充分发挥地方优势，打造一批绿色、安全有机的农特产品，以提升地方品牌的影响力。

6. 发展农村电商，助力农旅一体化发展

花溪区作为老牌风景名胜区，在省市的大力支持下，现正在加快建设全域文化旅游创新区。如何在互联网背景下，借助旅游业发展推动农村电商发展也是值得思考的。农旅一体化发展，开展乡村旅游是必然，可以结合旅游，开展线下线上互动，比如，在乡村旅游过程中，开发农村旅游产品，通过线上招募游客，组团到乡村进行旅游消费，开展旅游体验，制作农产品，然后再购买产品等活动。

总之，在互联网背景下，大数据+电商是一次机遇，也是一次挑战，我们要对发展农村电商有信心。虽然现在农村电商工作起步不久，困难不少，但是在相关政策的支撑下，在政府的引导和重视下，在专业人士的指导下，在创业人士的积极参与下，一定会通过发展农村电商带动人民群众增收，推动同步小康。

（责任编辑　杨玉屏）

索 引

使用说明

一、本索引采用内容分析索引法，按索引要目汉语拼音字母顺序排列。

二、索引标目后的数字表示内容所在的页码。

D

E

F

G

H

J

K

L

M

N

P

Q

R

S

T

W

X